Schriftenreihe

Wirtschaftspolitik in Forschung und Praxis

Band 31

ISSN 1619-8867

Verlag Dr. Kovač

Andreas Findeis

Technologie- und Gründerzentren als Instrument zur Förderung der Regionalentwicklung

Eine regionalwirtschaftliche Erfolgsanalyse unter Berücksichtigung der Gründungsforschung

Verlag Dr. Kovač

Hamburg
2007

VERLAG DR. KOVAČ
FACHVERLAG FÜR WISSENSCHAFTLICHE LITERATUR

Leverkusenstr. 13 · 22761 Hamburg · Tel. 040 - 39 88 80-0 · Fax 040 - 39 88 80-55

E-Mail info@verlagdrkovac.de · Internet www.verlagdrkovac.de

D 100

Bibliografische Information der Deutschen Nationalbibliothek
Die Deutsche Nationalbibliothek verzeichnet diese Publikation
in der Deutschen Nationalbibliografie;
detaillierte bibliografische Daten sind im Internet
über http://dnb.d-nb.de abrufbar.

ISSN: 1619-8867

ISBN: 978-3-8300-3042-3

Zugl.: Dissertation, Universität Hohenheim, 2006

Printed in Germany

Gedruckt auf holz-, chlor- und säurefreiem Papier Alster Digital. Alster Digital ist alterungsbeständig und erfüllt die Normen für Archivbeständigkeit ANSI 3948 und ISO 9706.

Vorwort

Die vorliegende Arbeit enstand während meiner Zeit als wissenschaftlicher Mitarbeiter des Fachgebiets VWL insb. Wirtschaftstheorie II an der Universität Hohenheim von Mai 2001 bis März 2006.

Meinem Doktorvater Prof. Dr. Klaus Herdzina gilt mein herzlicher Dank für die Unterstützung bei der Themenfindung, die fachlichen Gespräche, Anregungen und die Motivation sowie das entgegengebrachte Vertrauen. Dem Zweitgutachter Prof. Dr. Christoph Müller danke ich für die Übernahme und die rasche Erstellung des Gutachtens.

Ein besonderer Dank gilt meinen Kolleginnen und Kollegen, die mich in dieser Zeit begleitet haben, stets für fachliche Diskussionen zur Verfügung standen und nicht zuletzt auch für die so wichtigen sozialen Kontakte gesorgt haben. Insbesondere danke ich Rahel Aichele, Frank Baumgärtner, Isabell Benignus, Rainer Berger, Stephanie Fleischmann, Ursula Geiler, Kai Geisslreither, Jorge Gonsalvez, Inge Huttenlocher, Susanne Müller, Matthias Rösch, Markus Schreyer, Stephan Seiter, Ralph Setzer, Julia Spies und Carsten Wander.

Dieses Buch widme ich in tiefer Dankbarkeit meinen Eltern und meinem Bruder, die mich stets unterstützt und ermuntert haben, sowie Alexandra, die mir vor allem in der Endphase meiner Promotion eine unermesslich wichtige Stütze war.

Inhaltsverzeichnis

Abbildungsverzeichnis

Tabellenverzeichnis

Abkürzungsverzeichnis

ABL	Alte Bundesländer
ADT	Arbeitsgemeinschaft Deutscher Technologie- und Gründerzentren e.V.
ARL	Akademie für Raumforschung und Landesplanung
BAW	BAW Institut für Wirtschaftsforschung GmbH, Universität Bremen
BBR	Bundesamt für Bauwesen und Raumordnung
BfA	Bundesversicherungsanstalt für Angestellte
bifego	Betriebswirtschaftliches Institut für empirische Gründungs- und Organisationsforschung e.V.
BMBF	Bundesministerium für Bildung und Forschung
BMWA	Bundesministerium für Wirtschaft und Arbeit
BTU	Beteiligungskapital für kleine Technologieunternehmen
CEPR	Centre for Economic Policy Research
CES	Center for Economic Studies
CSES	Centre for Strategy & Evaluation Services
DtA	Deutsche Ausgleichsbank
DIW	Deutsches Institut für Wirtschaftsforschung
EAGFL	Europäischer Ausrichtungs- und Garantiefonds für die Landwirtschaft
EG-BIC	Europäische Gründer- und Innovationszentren / EG-Gründer- und Innovationszentren
EFRE	Europäische Fonds für regionale Entwicklung
ESF	Europäische Sozialfonds
ELR	Entwicklungsprogramm Ländlicher Raum
ENSR	European Network for SME Research
ERIS	European Regional Innovation Survey
ERP	European Recovery Program
EU	Europäische Union
FAB	Forschungsagentur Berlin GmbH
FhG	Fraunhofer Gesellschaft
DIHK	Deutscher Industrie- und Handelskammertag
FIAF	Finanzinstrument für die Ausrichtung der Fischerei
FuE	Forschung und Entwicklung

FUTOUR	Förderprogramm für die Unterstützung technologieorientierter Gründungen
GA	Gemeinschaftsaufgabe
GEM	Global Entrepreneurship Monitor
GG	Grundgesetz
GREMI	Groupe de Recherche Europeen sur les Milieux Innovateurs
GWR	Gemeinschaftsaufgabe „Verbesserung der regionalen Wirtschaftsstruktur“
GZ	Gründerzentren
HWWA	Hamburgisches Welt-Wirtschafts-Archiv
IAB	Institut für Arbeitsmarkt- und Berufsforschung
IASP	International Association of Science Parks
IfM	Institut für Mittelstandsforschung Bonn
ifo	ifo Institut für Wirtschaftsforschung e.V.
IHK	Industrie- und Handelskammer
IKT	Informations- und Kommunikationstechnologie
InvZulG	Investitionszulagengesetz
IRE	Innovating Regions in Europe
ISI	Institut Systemtechnik und Innovationsforschung (Fraunhofer-Gesellschaft)
IWH	Institut für Wirtschaftsforschung Halle
IZA	Institute for the Study of Labor
KfW	Kreditanstalt für Wiederaufbau
KMU	Kleine und mittlere Unternehmen
MES	Minimum Efficient Scale
MOS	Minimum Optimal Scale
NBER	National Bureau of Economic Research
NBL	Neue Bundesländer
NIW	Niedersächsisches Institut für Wirtschaftsforschung
OECD	Organisation for Economic Co-operation and Development
REM	Regional Entrepreneurship Monitor
RIS	Regional Innovation Strategies
RITTS	Regional Innovation and Technology Transfer Strategies and Infrastructures
ROG	Raumordnungsgesetz
RWI	Rheinisch-Westfälisches Institut für Wirtschaftsforschung

SBDB	Small Business Administration Data Base
SMSA	Standard Metropolitan Statistical Area
SOEP	Sozio-ökonomisches Panel
StWG	Gesetz zur Förderung der Stabilität und des Wachstums der Wirtschaft
TGZ	Technologie- und Gründerzentren
TOU	technologieorientierte Unternehmensgründungen
TOU-NBL	(Modellversuch) Technologieorientierte Unternehmensgründungen in den neuen Bundesländern
TU	Technische Universität
TZ	Technologiezentren
VC	Venture Capital
WHU	Wissenschaftliche Hochschule für Unternehmensführung (Otto Beisheim-Hochschule)
ZEW	Zentrum für Europäische Wirtschaftsforschung
ZIN	Zukunftsinitiative für die Regionen Nordrhein-Westfalens

1. Einleitung: Zielsetzung und Aufbau der Arbeit

Im März 2000 hat der Europäische Rat auf seiner Tagung in Lissabon das strategische Ziel festgelegt, die Europäische Union bis 2010 „zum wettbewerbsfähigsten und dynamischsten wissensbasierten Wirtschaftsraum in der Welt“ zu machen.[1] Die „Schaffung eines günstigen Umfelds für die Gründung und Entwicklung innovativer Unternehmen, insbesondere von KMU“ bildet einen wichtigen Maßnahmenbereich zur Umsetzung der Lissabon-Strategie. Die Europäische Kommission hat dazu im Jahr 2003 das Grünbuch „Unternehmergeist in Europa“ veröffentlicht, das einen umfassenden Ansatz zur Förderung der unternehmerischen Initiative mit den drei Wirkungsebenen „Mensch“, „Unternehmen“ und „Gesellschaft“ einfordert und dementsprechend als zentrale Zielsetzungen „mehr Unternehmer“ und „wachstumsstärkere Unternehmen“ sowie als langfristiges Ziel den Aufbau einer „Unternehmergesellschaft“ festlegt.[2] Die hierbei angeregten Ansatzpunkte zur Initiierung von Unternehmensgründungen und zur Unterstützung der Entwicklung junger und kleiner Unternehmen wurden zusammen mit den Ergebnissen der durch das Grünbuch ausgelösten öffentlichen Diskussion im Jahr 2004 durch den „Entrepreneurship Action Plan“ aufgegriffen.[3] In diesem entwickelt die Kommission fünf strategische Politikbereiche zur Unterstützung der unternehmerischen Initiative. Diese umfassen die Förderung der unternehmerischen Mentalität, verbesserte Finanzierungsmöglichkeiten, die Unterstützung der Unternehmer zu Wachstum und Wettbewerbsfähigkeit und die Schaffung eines KMU-freundlicheren Regelungs- und Verwaltungsumfelds sowie das Ziel, mehr Menschen zum selbstständigen Unternehmertum zu ermutigen. Auch das im Juli 2005 erneuerte Lissabon-Programm setzt weiterhin auf die Förderung von Unternehmensgründungen. Der Maßnahmenkatalog umfasst insbesondere die Forcierung einer Unternehmerkultur („entrepreneurship culture“) an Schulen und Hochschulen sowie die Verbesserung der Finanzierungsmöglichkeiten für innovative Unternehmensgründungen.[4]

Die Auseinandersetzung mit dem Forschungsobjekt „Unternehmensgründungen“ ist somit nicht nur dem akademischen Interesse geschuldet, sondern wird in zunehmendem Maße auch durch die Nachfrage der Politik nach wissen-

---

1 Vgl. Europäischer Rat (2000).
2 Vgl. Europäische Kommission (2003).
3 Vgl. Europäische Kommission (2004b).
4 Vgl. Europäische Kommission (2005a), S. 7,12.

schaftlich fundierten Erkenntnissen und Empfehlungen geleitet. Der Beitrag von Unternehmensgründungen zur Förderung der gesamtwirtschaftlichen und regionalwirtschaftlichen Entwicklung findet zunehmend in der Formulierung wirtschaftspolitischer Zielsetzungen Berücksichtigung. Dies spiegelt sich nicht nur in den Strategiekonzeptionen der Europäischen Union wider, sondern auch in dem breiten Spektrum an Förderprogrammen, Modellprojekten und Gründerwettbewerben, die sowohl vom Bund, als auch auf der Ebene der Bundesländer und der Regionen initiiert werden. Zur Fundierung, Bewertung, Verbesserung und Weiterentwicklung der wirtschaftspolitischen Maßnahmen werden wiederum aus ökonomischen Theorieansätzen abgeleitete und empirisch bestätigte Erkenntnisse benötigt. Tatsächlich liegt zum Forschungsthema „Unternehmensgründungen" bereits ein sehr breites und mittlerweile schon unübersichtliches Spektrum an wissenschaftlichen Erkenntnissen aus verschiedenen sozialwissenschaftlichen Forschungsdisziplinen vor.

Diese Arbeit verfolgt nun das Ziel, die Themenblöcke „Regionalentwicklung" und „Unternehmensgründungen" miteinander zu verknüpfen. Die Verbindung wird durch das Förderinstrument „Technologie- und Gründerzentren" (TGZ) hergestellt, dessen Erfolgswirksamkeit hier bewertet wird. Die Realisierung der TGZ-Konzeption begann in Deutschland im November 1983 mit der Eröffnung des Innovations- und Gründerzentrums in Berlin. Seither werden kontinuierlich neue Zentren eröffnet, je nach Abgrenzung und Definition sind gegenwärtig rund 270 bis 310 Zentren im Betrieb. Das Unterstützungsinstrument TGZ ist somit schon seit über 20 Jahren im Einsatz und hat mittlerweile eine annähernd flächendeckende Verbreitung erreicht, so dass es gerechtfertigt erscheint, nun ein Fazit zu ziehen und die längerfristige Wirksamkeit der TGZ-Konzeption kritisch zu hinterfragen.

Hierzu wird ein mehrstufiger Ansatz verfolgt. Als erster Schritt wird das Konzept der „Regionalentwicklung" erläutert. Anschließend wird die Wirksamkeit der Technologie- und Gründerzentren als Instrument der Regionalentwicklung analysiert. Da Technologiezentren und Gründerzentren in der Praxis nicht eindeutig voneinander getrennt werden können[5], werden diese Einrichtungen im Rahmen dieser Arbeit zu der Kategorie *Technologie- und Gründerzentren (TGZ)* zusammengefasst, dementsprechend werden TGZ als *ein* Instrument eingestuft. Dabei wird festgestellt, dass die bisherigen Evaluierungsbeiträge nur in gerin-

---

[5] Vgl. dazu Abschnitt 3.1.1.

gem Umfang auf Erkenntnisse des Forschungsbereichs "technologieorientierte Unternehmensgründungen" zurückgreifen. Daher wird in einem weiteren Schritt der Themenbereich „Unternehmensgründungen“ aufbereitet, indem die wesentlichen theoretischen und empirischen Erkenntnisse dieses Forschungsbereichs dargestellt werden. Die Arbeit schließt dann mit einem Fazit zur Wirksamkeit der TGZ als Instrument zur Förderung der Regionalentwicklung.

Diese Arbeit verfolgt somit zwei zentrale Zielsetzungen:

1. Die Bewertung der Wirksamkeit von TGZ als Instrument der Regionalentwicklung.
2. Die Identifikation und Bewertung von gründungsbezogenen Forschungserkenntnissen und Theorieansätzen, die zur Fundierung der TGZ-Konzeption herangezogen werden können, die das Potenzial und die Grenzen des Instruments TGZ aufzeigen und die zur Fundierung zukünftiger TGZ-Evaluationen genutzt werden können.

Als methodischer Ansatz wird eine systematische Literaturauswertung gewählt, d.h. auf eine eigene Primärdatenerhebung, z.B. in Form einer standardisierten Befragung oder eines Fallstudienansatzes, wird bewusst verzichtet. Aufgrund des individuellen Charakters des Unterstützungsinstruments TGZ und der Bedeutung der regionsspezifischen Rahmenbedingungen erscheint ein Fallstudienansatz zwar grundsätzlich als geeignet. Der individuelle Charakter bedingt jedoch gleichzeitig eine geringe Generalisierbarkeit der Ergebnisse. Zur Ableitung aussagekräftiger Ergebnisse wäre demnach über die bislang vorliegenden Fallstudien hinaus eine erhebliche Anzahl an weiteren Fallstudien – sowohl die spezifische Ausgestaltung der TGZ-Konzeption als auch die regionalen Rahmenbedingungen betreffend – erforderlich, was den Rahmen einer Dissertation sprengen würde. Eine systematische Literaturauswertung, welche sowohl die bislang vorliegenden Fallstudien als auch die verfügbaren standardisierten Erhebungen erfasst, ermöglicht dagegen eine breitere Informationsbasis und erlaubt neben einem umfassenderen Überblick gleichzeitig die Berücksichtigung vieler unterschiedlicher, spezifischer Fragestellungen. Zudem können Ergebnisverzerrungen (z.B. durch die Verwendung suboptimaler Indikatoren) bei einzelnen Studien eher ausgeglichen werden. Dadurch wird eine stärkere Generalisierbarkeit der

Ergebnisse erreicht, was eine besser fundierte Bewertung des Unterstützungsinstruments TGZ erlaubt.

Der detaillierte Aufbau der Arbeit stellt sich nun wie folgt dar. Dem mehrstufigen Ansatz entsprechend gliedert sich diese Arbeit in drei große Blöcke. Der erste Block (*Kapitel 2*) beschäftigt sich mit der „Regionalentwicklung". Ausgehend von der gesamtwirtschaftlich orientierten Regionalpolitik und der kommunalen Wirtschaftsförderung wird der Begriff der Regionalentwicklung entwickelt. Die Ziele, Träger, Instrumente und Strategieansätze der Regionalentwicklung werden vorgestellt, theoretisch fundiert und diskutiert. Der Schwerpunkt liegt dabei auf den entwicklungspotenzial- und innovationsorientierten Regionalentwicklungsansätzen. Die Darstellung und Bewertung des Instruments „Technologie- und Gründerzentren" bilden den zweiten Block (*Kapitel 3*). Zuerst wird das Konzept der Technologie- und Gründerzentren erläutert, indem nach einer begrifflichen Abgrenzung das Zielsystem, das Leistungsangebot und die Organisationsstruktur von TGZ beschrieben werden. Anschließend wird eine umfassende und systematische Wirkungsanalyse konzipiert, anhand derer eine Erfolgsbeurteilung der TGZ-Konzeption vorgenommen wird. Ausgehend von den Ergebnissen zu den einzelnen Bestandteilen der Wirkungsanalyse, die aus der systematischen Literaturauswertung gewonnen werden, wird die Erfolgswirksamkeit anhand der Umsetzung der einzelnen Zielsetzungen des Zielsystems der TGZ-Konzeption beurteilt. Der dritte Block (*Kapitel 4)* beschäftigt sich dann mit dem Forschungsobjekt „Unternehmensgründungen". Hier werden die wesentlichen theoretischen und empirischen Forschungserkenntnisse referiert und analysiert. Nach einer begrifflichen Abgrenzung und einem Überblick über die Dimensionen der gesamtwirtschaftlichen Bedeutung von Unternehmensgründungen werden die wichtigsten Ansätze zur theoretischen Fundierung des Forschungsobjekts „Unternehmensgründungen" vorgestellt und diskutiert. Der Schwerpunkt liegt hierbei auf den volkswirtschaftlichen Theorieansätzen. Anschließend an einen Überblick über das Ausmaß, die Entwicklung und die räumliche Struktur des Gründungsgeschehens in Deutschland werden die Bestimmungsfaktoren von Unternehmensgründungen erläutert, zusammengefasst und systematisiert. Hierzu werden jeweils empirische Ergebnisse referiert und die relevanten Theorieansätze zur Fundierung der Determinanten erläutert, wobei neben der Volkswirtschaftlehre auch Theorieansätze aus anderen sozialwissenschaftlichen Forschungsdisziplinen berücksichtigt werden. Danach werden die Existenzfestigkeit (das Überleben) und die Entwicklung junger Unternehmen untersucht, darauf aufbauend werden dann die Entwicklungsdeterminanten von Unternehmensgründungen zusammengefasst und systematisiert. Abschließend werden die spezifischen Gründungsprobleme und Entwicklungshemmnisse junger Unternehmen zusammengefasst, beschrieben und analysiert. *Kapitel 5* verbindet die Erkenntnisse des vierten Kapitels mit dem Unterstützungsinstrument TGZ und stellt damit wiederum die Verbindung zum ersten Themenblock „Regionalentwicklung" her. Zuerst wird das Instrument TGZ dazu in das Spektrum einer gründungsfördernden Wirtschaftspolitik eingeordnet. Anschließend wird diskutiert, inwieweit und in welcher Form TGZ als Instrument zur Förderung des Gründungsaufkommens, als Instrument zur Unterstützung der Entwicklung von Gründungsunternehmen und als Instrument zum Abbau der spezifischen Gründungsprobleme und Entwicklungshemmnisse geeignet sind. Darauf aufbauend werden schließlich die Konsequenzen für die Konzeption und die Durchführung von Wirkungsanalysen erörtert. Es werden Ansätze aufgezeigt, wie die einzelnen Bestandteile einer systematischen Wirkungsanalyse ausgestaltet werden können, um eine bessere Erfassung der Wirkungsbestandteile zu erreichen. Dabei wird insbesondere auf zusätzliche Erhebungsinhalte hingewiesen sowie auf Aspekte, die für die verbesserte Erfassung der Kausalzusammenhänge relevant sind. In *Kapitel 6* wird abschließend beurteilt, ob die TGZ-Konzeption als wirksames Instrument der Regionalentwicklung einzustufen ist.

Um die Lesbarkeit zu vereinfachen, wird im Folgenden nicht zwischen männlichen und weiblichen Berufs- bzw. Funktionsbezeichnungen unterschieden. Anstelle von *Gründer/in* steht also *Gründer*, dies gilt ebenso für die Begriffe *Unternehmer*, *Berater,* und *TGZ-Manager.* Weiterhin werden aus Vereinfachungsgründen die von den jungen Unternehmen entwickelten und vermarkteten Produkte, Verfahren und Dienstleistungen im Folgenden unter dem Begriff *Güter* oder *Produkte* subsumiert.

2. Die Förderung der Regionalentwicklung in Deutschland

2.1. Die Grundlagen der Regionalpolitik und die Konzeption der Regionalentwicklung

2.1.1. Der Begriff und die Ziele der Regionalpolitik

2.1.1.1. Begriffliche Abgrenzungen

Bevor der Begriff der Regionalpolitik abgegrenzt wird, soll zuerst der Begriff der Region näher spezifiziert werden. Eine Region bezeichnet einen durch bestimmte Kriterien bzw. Methoden abgegrenzten, zusammenhängenden Teilraum mittlerer Größenordnung in einem Gesamtraum. Regionen werden hier als Raumeinheiten der mittleren Hierarchieebene unterhalb des Nationalstaats und oberhalb der kommunalen Ebene definiert (damit werden mehrere Staaten umfassende Raumgebilde nicht unter dem Regionsbegriff subsumiert). Im Folgenden werden sowohl politisch-administrativ abgegrenzte Raumgebilde (z.B. Landkreise) als auch durch sozi-ökonomische Verflechtungsbeziehungen gebildete Raumgebilde unter dem Regionsbegriff subsumiert. Es ist zu beachten, dass der Regionsbegriff in vielen der in den folgenden Abschnitten zitierten empirischen Beiträge unbestimmt bleibt.

Der Begriff der Regionalpolitik ist in der ökonomischen und raumwirtschaftlichen Literatur nicht eindeutig belegt. Je nach Zielsetzung und Untersuchungsgegenstand stehen ökonomische, raumplanerische oder kulturell-gesellschaftspolitische Aspekte im Vordergrund. Im Folgenden ist die ökonomisch orientierte Regionalpolitik von Interesse. Die ökonomisch orientierte Regionalpolitik ist ein Bestandteil der allgemeinen Wirtschaftspolitik.[6] Sie ist auf

---

6 Die Wirtschaftspolitik wird gemeinhin in die drei Bereiche Ordnungs-, Struktur- und Konjunktur- bzw. Prozesspolitik gegliedert (vgl. z.B. Peters 2000, S. 1; Tuchtfeldt 1993, S. 2f). Die Regionalpolitik bildet dabei einen Bestandteil der Strukturpolitik. Dem wirtschaftspolitischen Instrumentarium entsprechend kann auch eine Unterteilung in Ordnungs- und Prozesspolitik vorgenommen werden. Die Ordnungspolitik umfasst dabei alle Maßnahmen, die auf die Gestaltung und Erhaltung der Rahmenbedingungen (Wirtschaftsordnung) gerichtet sind. Die Prozesspolitik beinhaltet alle Maßnahmen zur (kurz- und mittelfristig orientierten) Steuerung der Abläufe der marktlichen Wirtschaftsprozesse innerhalb des gegebenen ordnungspolitischen Rahmens (vgl. Berg, Castel und Hartwig 1999, S. 248). Die Strukturpolitik – und damit auch die Regionalpolitik – besitzt dabei sowohl eine ordnungspolitische als auch eine prozesspolitische Dimension, da sie die Schaffung, Erhaltung und Gestaltung von Wirtschaftsstrukturen zum Ziel hat (vgl. Seltsam 2001, S. 15f). Zumindest für die Regionalpolitik kann aber eine deutliche Dominanz der prozesspolitischen Dimension konstatiert werden.

einzelne Teilräume bezogen, d.h. es ist eine Wirkungsentfaltung zugunsten der Entwicklung einzelner Teilräume innerhalb eines Gesamtraums intendiert. Diese Beeinflussung der Teilräume dient der besseren Durchsetzung der gesamtwirtschaftlichen Zielsetzungen.[7] Die Regionalpolitik ist damit trotz ihrer teilraumbezogenen Fokussierung den Zielsetzungen der gesamtwirtschaftlich orientierten Wirtschaftspolitik verpflichtet. Sie strebt dazu eine zielgerichtete Gestaltung der gegenwärtigen oder der zu erwartenden Regionalstruktur der Volkswirtschaft an.[8] In der Literatur werden die Begriffe „Regionalpolitik", „regionale Wirtschaftsförderung", „regionale Wirtschaftspolitik" und „regionale Strukturpolitik" zumeist synonym verwendet.[9] Einzelne Autoren setzen den Begriff „Regionalpolitik" dagegen mit der „Raumordnungspolitik" gleich.[10] In dieser Arbeit wird der Begriff „Regionalpolitik" der Mehrheit der Autoren folgend im Sinne von „regionaler Wirtschafts- und Strukturpolitik" verwendet.

Der Begriff „kommunale Wirtschaftsförderung" fasst die Politikbereiche und Maßnahmen zusammen, die auf der Ebene unterhalb der Bundesländer, also auf regionaler und kommunaler Ebene, initiiert werden.

2.1.1.2. Ziele der Regionalpolitik

Als Bestandteil der allgemeinen Wirtschaftspolitik verfolgt auch die Regionalpolitik die Erfüllung des wirtschaftspolitischen Zielkatalogs. Das oberste wirtschaftspolitische Ziel bildet das Wohlstandziel, d.h. die Maximierung der ökonomischen Wohlfahrt der Gesellschaft.[11] Diesem übergeordnet sind die gesell-

---

7 Vgl. Fürst, Klemmer und Zimmermann (1976), S. 3.

8 Vgl. Pohle (1995a), S. 39.

9 Vgl. Eberstein (1999), S. 3.

10 Vgl. dazu Schlotböller (2001), S. 12. Aufgabe der Raumordnung ist es, die raumrelevanten Aktivitäten des Staates und der Gemeinden aufeinander abzustimmen und zu einem möglichst widerspruchsfreien Konzept zusammenzufügen (vgl. Ernst 1995, S. 753). Dazu werden zentrale Berichts- und Planungsdokumente (Bundesraumordnungsbericht, Landesentwicklungspläne) erstellt, die die Grundlage für die raumrelevanten Planungen und Maßnahmen der untergeordneten Raumeinheiten bilden. Die Raumplanung ist damit ein wichtiges Instrument, um die Ordnung des Raums zu erreichen. Die der Raumplanung übergeordnete Raumordnung hat primär eine koordinierende und leitbildende Funktion. Die Raumordnung berücksichtigt dabei nicht nur ökonomische, sondern auch soziale und ökologische Belange. Daraus kann ein Überordnungsverhältnis der Raumordnungspolitik gegenüber der Regionalpolitik abgeleitet werden. Als raumwirksamer Fachbereich wird die Regionalpolitik durch die Raumordnungspolitik mit anderen Politikbereichen koordiniert, sie bildet jedoch kein unmittelbares Instrument zur Erreichung raumordnungspolitischer Ziele (vgl. Scherer 1997, S. 25).

11 Zum Begriff der Wohlfahrt bzw. des Wohlstands vgl. z.B. Giersch (1960), S. 97ff; Külp (1982), S.469ff; Luckenbach (2000), S. 17ff. Grundsätzlich wird darunter die langfristig bestmögliche

schaftlichen Grundwerte Freiheit, Gerechtigkeit, Frieden und Sicherheit, die wiederum dem obersten gesellschaftlichen Ziel, dem Gemeinwohl, dienen. Da die Zielsetzungen der höchsten Ebenen aber weitestgehend einen „Leerformelcharakter“[12] aufweisen, bedürfen sie einer Konkretisierung und Operationalisierung durch untergeordnete Zielsetzungen, die für die Anwendung und Umsetzung in der Praxis – d.h. für die tatsächlich praktizierte Wirtschaftspolitik – geeigneter sind. Für die allgemeine Wirtschaftspolitik ist daher ein hierarchisches Zielsystem zu formulieren, das die Ziel-Unterziel-Mittel-Beziehungen aufzeigt.[13] Zu den das Wohlfahrtsziel konkretisierenden Zielsetzungen zählen das Stabilitäts-, das Wachstums-, das Struktur- und das Verteilungsziel. Diese Zielsetzungen können entsprechend weitergehend aufgespaltet und operationalisiert werden. Gemeinhin wird die Regionalpolitik mit drei primären Zielsetzungen begründet:[14]

1. **Wachstumsziel** (auch räumliches Allokationsziel): Demnach strebt die Regionalpolitik die optimale räumliche Allokation der Produktionsfaktoren an, um den Output der gesamten Volkswirtschaft zu maximieren.[15] Dem Marginalprinzip entsprechend ist das Optimum bei der Angleichung der Grenzproduktivität über alle Teilräume hinweg erreicht. Das Wachstumsziel ist damit eindeutig gesamtwirtschaftlich ausgerichtet, die Interessen der einzelnen Teilräume werden nicht berücksichtigt. Die Teilräume werden vielmehr als potenzielle Wachstumsträger für das gesamtwirtschaftliche Wachstum angesehen. Dementsprechend sind die Regionen zu fördern, die den höchsten Beitrag zum gesamtwirtschaftlichen Wachstum leisten können. Aufgrund der mehr oder weniger starken Immobilität der Faktoren Arbeit und Boden beziehen sich die regionalpolitischen Eingriffe vor allem auf die Mobilisierung des Faktors Kapital. Zur Legitimation des Wachstumsziels kann vor allem §1 des Stabilitätsgesetzes (Gesetz zur Förderung der Stabilität und des Wachs-

---

Versorgung der Volkswirtschaft mit privaten und öffentlichen Gütern verstanden, wobei gesellschaftliche Nebenbedingungen zu berücksichtigen sind.

12 Vgl. Tuchtfeldt (1993), S. 11.

13 Zu den hierarchischen Zielsystemen der Wirtschaftspolitik vgl. z.B. Berg, Cassel und Hartwig (1999), S. 239; Tuchtfeldt (1993), S. 9ff.

14 Vgl. dazu Eckey (1978), S. 66ff; Fürst, Klemmer und Zimmermann (1976), S. 99ff; Scherer (1997), S. 53ff.

15 Langfristig wird Wachstum durch die Steigerung der Menge der eingesetzten Produktionsfaktoren und den technischen Fortschritt ermöglicht (vgl. Eckey 1978, S. 68). Damit kann insbesondere die innovationsorientierte Regionalpolitik (Abschnitt 2.2.3) mit dem Wachstumsziel begründet werden.

tums der Wirtschaft StWG) von 1967 angeführt werden, sowie die „Grundsätze der regionalen Wirtschaftspolitik“[16] des Bundesministeriums für Wirtschaft aus dem Jahr 1968. Bei der praktischen Umsetzung stellt sich allerdings die Frage, ob auch potenzielle Produktionsfaktoren (d.h. bisher ungenutzte Ressourcen) bzw. alternative potenzielle Faktorallokationen der vorhandenen Produktionsfaktoren berücksichtigt werden müssen. Zudem wird ein sehr guter Informationsstand des Staates vorausgesetzt, schließlich müssen die für die Regionalpolitik verantwortlichen Akteure die jeweilige Höhe des Grenzprodukts der staatlichen Maßnahmen bestimmen können, um eine Entscheidung über die effizienteste Aufteilung der Fördermittel zu treffen. Diese Einwände verdeutlichen, dass das Wachstumsoptimum in der Realität kaum erreichbar ist.

2. **Verteilungsziel** (auch Ausgleichs- oder Distributionsziel): Ziel ist die Angleichung der Lebensverhältnisse über die Teilräume hinweg, also der Abbau von regionalen Disparitäten.[17] Dabei wird aber nicht die Einheitlichkeit der Lebensverhältnisse angestrebt (im Sinne einer vollständigen Nivellierung), sondern deren Gleichwertigkeit. Das gesellschaftliche Ziel der gleichwertigen Lebensverhältnisse kann aus Art. 72 Abs.2 GG sowie den §1 Abs. 2 Nr. 6 und §2 Abs.2 Nr. 1 ROG abgeleitet werden.[18] Die Formulierung „Gleichwertigkeit“ lässt dabei einen erheblichen Spielraum für die Existenz von räumlichen Entwicklungsunterschieden, in der regionalpolitischen Praxis ergibt sich daraus das Problem der objektiven Bestimmung und Messung der Gleichwertigkeit. Als zu berücksichtigende Aspekte können neben den Einkommenserzielungsmöglichkeiten insbesondere die Versorgung mit nichttransportierbaren Dienstleistungen sowie ein ausreichender Wohn- und Umweltwert angeführt werden. Das Gesetz über die Gemeinschaftsaufgabe „Verbesserung der regionalen Wirtschaftstruktur“ schreibt vor, dass die Förderung auf die Gebiete, deren Wirtschaftskraft erheblich unter dem Bundesdurchschnitt liegt,

---

[16] Vgl. dazu Paffenholz (2002), S. 60f. In den Grundsätzen werden insbesondere die Ziele „optimale regionale Wirtschaftsstruktur“ und „Mobilisierung aller Produktionsfaktoren für das Wirtschaftswachstum“ genannt.

[17] Regionale Disparitäten bezeichnen die Unausgeglichenheiten in den Raumstrukturen eines Gesamtraums, d.h. es existieren Abweichungen in einzelnen Teilräumen gegenüber einer hypothetischen paritätischen Referenzverteilung (vgl. auch BBR 2000, S. 315). Diese Unausgeglichenheiten äußern sich in unterschiedlichen Lebens- und Arbeitsbedingungen sowie in ungleichen wirtschaftlichen Entwicklungsmöglichkeiten.

[18] Das Ausgleichsziel kann weiterhin durch das Sozialstaatsprinzip (Art. 20 Abs.1 GG) und die Forderung nach dem „Ausgleich unterschiedlicher Wirtschaftskraft im Bundesgebiet“ (Art. 104a Abs.4 GG) legitimiert werden (vgl. Schlotböller 2001, S. 23).

konzentriert werden soll (§1 Abs.2, Nr.1). Diese Vorschrift kann ebenfalls als Grundlage für das Verteilungsziel gewertet werden.

3. **Stabilitätsziel**: Demnach strebt die Regionalpolitik die Verbesserung der regionalwirtschaftlichen Stabilität („Absicherung gegen konjunkturelle und strukturelle Krisen") mittels der Schaffung einer heterogeneren regionalen Wirtschaftsstruktur an. Ziel ist die Etablierung und Sicherung möglichst stabiler Einkommens- und Beschäftigungsverhältnisse in den Regionen. Eine dem Stabilitätsziel verpflichtete Regionalpolitik richtet sich damit vor allem auf einseitig (mono-)strukturierte Regionen sowie auf Regionen, in denen erhebliche sektorale Umstrukturierungsprozesse ablaufen bzw. zu erwarten sind. Das Stabilitätsziel kann ebenfalls aus dem Stabilitätsgesetz abgeleitet werden.

Die drei Zielsetzungen stehen zwar grundsätzlich in einer horizontalen Zielbeziehung zueinander, in der regionalpolitischen Praxis spielt das Stabilitätsziel aber keine tragende Rolle. Die regionalpolitische Diskussion dreht sich zumeist nur um die Frage des Vorrangs zwischen dem Wachstums- und dem Verteilungsziel. Nach der gegenwärtigen Ausgestaltung der deutschen Regionalpolitik hat diese die primäre Aufgabe, wirtschaftlich schwächere bzw. strukturschwache Regionen zu unterstützen, deren Standortnachteile abzubauen und dadurch ihre wirtschaftliche Entwicklung zu forcieren.[19] Damit kann eine Vorrangstellung des Verteilungsziels bei gleichzeitiger Berücksichtigung wachstumspolitischer Belange konstatiert werden. Die Frage nach der Vorrangstellung der Zielsetzungen ist relevant, da Wachstum- und Verteilungsziel nicht nur in einem komplementären, sondern auch in einem konkurrierenden Beziehungsverhältnis stehen können. Bei Vorliegen eines Konkurrenzverhältnisses erfolgt die Verfolgung der einen Zielsetzung zu Lasten einer geringen Zielerreichung des anderen regionalpolitischen Ziels und erfordert daher ein entsprechendes gesellschaftliches Werturteil. Ein entsprechendes Konkurrenzverhältnis ist denkbar, wenn Fördermittel dem Bedürftigkeitsprinzip entsprechend in strukturschwachen Regionen eingesetzt werden und damit für eine alternative Verwendung in einer unter wachstumsorientierten Aspekten förderungswürdigeren Region nicht mehr zur Verfügung stehen.[20] Wenn der Mitteleinsatz in den strukturschwachen Regionen einen geringeren gesamtwirtschaftlichen Wachstumseffekt initiiert, kann die

---

[19] Vgl. z.B. Deutscher Bundestag (2004), S. 8.

Wachstumsdifferenz gegenüber der wachstumsoptimalen Verwendung als Opportunitätskosten des Präferierens der Verteilungszielsetzung und damit als Indikator für das Ausmaß der Konkurrenzbeziehung gewertet werden. Solche Konkurrenzverhältnisse bestehen insbesondere bei noch nicht ausgeschöpften Agglomerationsvorteilen. Ist das Ballungsoptimum noch nicht erreicht, ist eine weitere räumliche Konzentration der ökonomischen Aktivitäten wachstumspolitisch sinnvoll.[21] Bei Verfolgung des Wachstumsziels kann auch die passive Sanierung[22] einzelner Teilräume – z.B. in Form einer massiven Abwanderung von Arbeitskräften – zweckmäßig sein, was aber dem Ausgleichsziel zuwiderläuft.

2.1.1.3. Begründung der Regionalpolitik

Die Regionalpolitik bildet einen Eingriff des Staates in die Abläufe und Ergebnisse der freien Markt- und Wettbewerbsprozesse. Aus der Festlegung auf die Marktwirtschaft als dem für die deutsche Volkswirtschaft zu präferierende Wirtschaftssystem folgt auch – zumindest implizit – die Anerkennung der aus den marktwirtschaftlichen Steuerungsmechanismen resultierenden Ergebnisse wie z.B. die räumliche Faktorallokation. Ein korrigierender Eingriff des Staates bedarf daher einer Begründung. Diese Begründung kann nach ökonomischen Kriterien geführt werden oder der Eingriff kann anhand normativer Grundsätze legitimiert werden, welche im außerökonomischen oder zumindest in einer „Grenzzone zwischen ökonomischen und außerökonomischem Bereich“[23] anzusiedeln sind.

Ökonomisch orientierte Begründungsansätze argumentieren, dass die wettbewerblichen Marktprozesse zu einer suboptimalen räumlichen Aufteilung der Produktionsfaktoren führen können, die eine optimale gesamtwirtschaftliche Entwicklung verhindert. Diese suboptimale Faktorallokation kann auf diverse Marktversagenstatbestände zurückgeführt werden.[24] Hier sind zum einen externe Effekte – in räumlicher Hinsicht vor allem in Form von Agglomerationsvor- und

---

20 Vgl. Pohle (1995a), S. 44f.

21 Vgl. Fürst, Klemmer und Zimmermann (1976), S. 99f.

22 Zum Begriff der passiven Sanierung vgl. z.B. Herdzina (1995), S. 129.

23 Krätzschmar (1995), S. 44.

24 Für einen Überblick über die Marktversagensursachen vgl. Fritsch, Wein und Ewers (1999), S. 91ff. Sie unterscheiden externe Effekte, Unteilbarkeiten, Informationsmängel, Anpassungsmängel und Nichtrationalität.

-nachteilen auftretend – zu nennen.[25] Externe Effekte verfälschen den marktlichen Lenkungsmechanismus, da die Preise nicht alle Kosten und Nutzen widerspiegeln. Die Funktion des Preises als Knappheitsindikator wird dadurch eingeschränkt, was eine Faktorfehlallokation in Form einer suboptimalen räumlichen Ballung ökonomischer Aktivitäten nach sich ziehen kann. Bei der praktischen Umsetzung besteht allerdings das Problem, dass der theoretische Idealzustand des Ballungsoptimums aufgrund von Informations- und Messproblemen nicht bestimmbar ist und zudem aufgrund des wirtschaftsstrukturellen Wandels nicht statisch fixiert werden darf.[26] Als weitere Argumente für regionalpolitische Eingriffe können interne Ersparnisse („economies of scale“) und Unteilbarkeiten genannt werden.[27] Diese bewirken eine Absenkung der langfristigen Durchschnittskosten bei einer großbetrieblichen Produktion und damit eine Konzentration der Produktion auf wenige Raumpunkte. Unteilbarkeiten reduzieren wiederum die Mobilität des Produktionsfaktors Kapital und können so zu Anpassungsproblemen führen. Die mangelnde Mobilität der Produktionsfaktoren wird weiterhin als eigenständige Eingriffsrechtfertigung angeführt.[28] Während die neoklassische Wachstumstheorie die vollständige Mobilität der Produktionsfaktoren und deren sofortige Reaktion auf Preissignale voraussetzt – wodurch in Kombination mit den anderen Prämissen der neoklassischen Theorie dauerhafte räumliche Marktungleichgewichte faktisch ausgeschlossen werden – reagieren die Produktionsfaktoren (insbesondere der Faktor Arbeit) in der Realität nicht oder nur mit zeitlicher Verzögerung auf Preissignale. Wenn der Faktor Kapital schneller als der Faktor Arbeit auf die Preissignale reagiert, kann dies erhebliche Anpassungsprobleme sowie negative soziale Nebeneffekte wie z.B. Massenentlassungen und Langzeitarbeitslosigkeit zur Folge, haben.[29] Eine unzureichende räumliche Mobilität verhindert wiederum eine optimale räumliche Allokation der Ressourcen, wodurch regionale Entwicklungspotenziale unausgeschöpft bleiben. Die Immobilität des Faktors Arbeit ist vor allem auf emotionale und soziale Ursachen wie bestehende soziale Bindungen und „Heimatverbundenheit“ zurückzuführen und wird durch (vermeintlich) irreversible Investitionen

25 Vgl. Fürst, Klemmer und Zimmermann (1976), S. 9f. Die Agglomerationsfaktoren werden im Einzelnen in Abschnitt 4.4.3.2 beschrieben.

26 Vgl. Krätzschmar (1995), S. 48f.

27 Vgl. Fürst, Klemmer und Zimmermann (1976), S. 10.

28 Vgl. Eckey (1978), S. 73f; Fürst, Klemmer und Zimmermann (1976), S. 10f.

29 Darauf aufbauende regionalpolitische Maßnahmen sind aber eher als „außerökonomisch“ motivierte Eingriffe einzustufen.

wie dem Erwerb von Wohneigentum aber auch die nivellierende Wirkung der tarifvertraglichen Lohnpolitik[30] verstärkt. Die Immobilität des Faktors Kapital wird dagegen in erster Linie durch Informationsasymmetrien (mangelndes Wissen um Gewinnerzielungsmöglichkeiten) und langfristige Bindungen in (teil-) irreversible Investitionsobjekte verursacht. Schließlich kann der regionalpolitische Eingriff auch unter dem Aspekt der Startgerechtigkeit gerechtfertigt werden.[31] Dieses Argument setzt an der unterschiedlichen Ressourcen- und Potenzialausstattung der Regionen an. Neben der Ausstattung mit Produktionsfaktoren, insbesondere Infrastruktur, sind dabei auch historische Komponenten wie tradierte Produktions- und Konsumstrukturen und Nachteile der räumlichen Lage zu berücksichtigen. Die Maßnahmen der Regionalpolitik sind im Rahmen der ökonomischen Begründung auf eine effizientere Allokation und den Abbau von Nachteilen in den marktwirtschaftlichen Wettbewerbsprozessen ausgerichtet. Das Wachstums- und das Stabilitätsziel können damit ökonomisch begründet werden.

Neben den ökonomischen Rechtfertigungen können auch außerökonomische Begründungsansätze für regionalpolitische Eingriffe in die Marktprozesse und -ergebnisse angeführt werden (Integrations- und Ausgleichsargument). Diese Argumentationslinie stellt die marktwirtschaftliche Rahmenordnung zwar nicht an sich in Frage, aber die durch die Marktprozesse bewirkte räumliche Aufteilung der Produktionsfaktoren und der ökonomischen Aktivitäten wird als „ungerecht" eingestuft, da sie den gesamtgesellschaftlichen Zielsetzungen und Leitbildern – wie z.B. den „gleichwertigen Lebensverhältnissen" – widerspricht.[32] Die Lebensbedingungen in den strukturschwachen und ökonomisch benachteiligten Regionen sind zu verbessern, da eine passive Sanierung dieser Teilräume über eine massive Abwanderung der Arbeitskräfte bzw. der Bevölkerung als nicht wünschenswert oder nicht verantwortbar eingestuft wird. Die Vermeidung ausgeprägter Entwicklungsdivergenzen dient der Schaffung und Aufrechterhaltung eines homogenen Staatswesens und einer stabilen Gesellschaft.[33] Wie bereits angeführt können die unerwünschten sozialen Nebeneffekte der Anpassungsprozesse sowie die fehlende interregionale Chancengleichheit

---

30 Vgl. dazu Krätzschmar (1995), S. 50f.

31 Vgl. Pohle (1995a), S. 36. Fürst, Klemmer und Zimmermann (1976, S. 13) stufen diese Argumentation aber als primär außerökonomisch ein, da sie auf dem allgemeinen Gerechtigkeitspostulat basiert.

32 Vgl. Pohle (1995a), S. 38.

33 Vgl. Fürst, Klemmer und Zimmermann (1976), S. 7.

hierbei einen regionalpolitischen Eingriff rechtfertigen. Die Regionalpolitik übt damit eine korrigierende Funktion in Bezug auf die Nachteile eines wachstumspolitisch eigentlich wünschenswerten Zustands aus.[34] Das Verteilungsziel wird damit in erster Linie außerökonomisch begründet. Es ist letztlich Ausdruck des Gerechtigkeitspostulats[35] und dient somit der Erfüllung der den wirtschaftspolitischen Zielsetzungen übergeordneten gesellschaftlichen Zielsetzungen bzw. Grundwerten.

Sowohl die europäische als auch die deutsche Regionalpolitik verfolgen in erster Linie Ausgleichs- und Verteilungszielsetzungen.[36] Die derzeit praktizierte Regionalpolitik wird damit primär normativ begründet und entzieht sich einer ökonomisch orientierten Rechtfertigung. Es kann jedoch durchaus überprüft werden, ob die Regionalpolitik unter ökonomischen Gesichtspunkten „schädlich" ist, d.h. ob die regionalpolitischen Eingriffe zu einer Verschlechterung der marktwirtschaftlichen Ergebnisse bzw. zu einer Behinderung der marktlichen Wettbewerbsprozesse führen. Es kann also hinterfragt werden, ob die regionalpolitischen Maßnahmen zu „Staatsversagen" und damit zu einer Verfehlung der oben genannten wirtschaftpolitischen Zielsetzungen führen. Weiterhin kann überprüft werden, ob die regionalpolitischen Programme zieladäquat sind und effizient umgesetzt werden, also ob zumindest die Umsetzung nach ökonomischen Kriterien als sinnvoll eingestuft werden kann. Dem letztgenannten Aspekt tragen die EU und auch die deutsche Regierung mittlerweile verstärkt Rechnung, indem für alle Förderprogramme eine umfassende Evaluation durch neutrale wissenschaftliche Einrichtungen vorgeschrieben wird.[37] Neben einer reinen Vollzugskontrolle beinhalten die Evaluierungen mittlerweile auch Ansätze zu einer Zielerreichungs- und Wirkungskontrolle. Eine fundierte Effizienzbewertung ist dagegen bisher nicht erkennbar. Eine Beurteilung der Wirksamkeit und damit letztlich der Berechtigung wird damit zumindest ansatzweise ermöglicht. Die ökonomische Evaluationsforschung befindet sich allerdings noch im An-

---

34 Vgl. Fürst, Klemmer und Zimmermann (1976), S. 8.

35 Vgl. Eckey (1978), S. 67.

36 Siehe dazu die Abschnitte 2.1.2.1 und 2.1.2.2.

37 Die EU schreibt für die Strukturfondsinterventionen eine Ex-ante, eine Halbzeit und eine Ex-post Bewertung vor (vgl. Europäische Kommission 1999, Art. 40ff). Für die Förderung durch die Gemeinschaftsaufgabe wird eine Vollzugs-, Zielerreichungs- und Wirkungskontrolle vorgeschrieben (vgl. Deutscher Bundestag 2004, S. 29ff).

fangsstadium.[38] Eine systematische, umfassende und abschließende Beurteilung der Regionalpolitik ist damit noch nicht möglich.

2.1.1.4. Theoretische Fundierung der Regionalpolitik

Für die theoretische Fundierung der Regionalpolitik, d.h. für die Begründung der Eingriffsnotwendigkeit sowie für die Wahl und Ausgestaltung der regionalpolitischen Strategien und Instrumente, steht eine Vielzahl von Theorieansätzen und Konzepten aus einem breiten forschungsparadigmatischen Spektrum zur Verfügung. Die meisten Theorien sind aber nur in der Lage, einzelne Wirkungszusammenhänge isoliert zu beschreiben und zu erklären. Eine in sich geschlossene, widerspruchsfreie und systematische Raumwirtschaftstheorie, die eine ganzheitliche Fundierung der Regionalpolitik ermöglicht, also alle Bestandteile und Wirkungszusammenhänge beschreiben und erklären kann sowie zu allen relevanten Fragestellungen Empfehlungen ableiten kann, existiert bisher nicht. Dies ist insbesondere darauf zurückzuführen, dass den diversen Ansätzen ein gemeinsames, übergeordnetes Paradigma fehlt.[39] *Dietrich et al.* führen vier Aspekte auf, die einem einheitlichen theoretischen Konzept entgegenstehen: die existierenden Theorien kommen zu unterschiedlichen Aussagen, ob die wirtschaftlichen Entwicklungsprozesse überhaupt zu einer räumlichen Ballung der wirtschaftlichen Aktivitäten führen, die Ansätze differieren in der Interpretation der räumlichen Konzentrationsprozesse im Hinblick auf die gesamtwirtschaftliche Wohlfahrt, die einzelnen Theorien berücksichtigen unterschiedliche Variablen und Kausalitäten zur Erklärung der räumlichen Entwicklungsprozesse, schließlich verwenden die Theorien unterschiedliche analytische Instrumentarien, Erklärungsmuster und Terminologien.[40]

Zu den wesentlichen Theorieansätzen zählen die „klassischen" Standorttheorien (hierzu werden die Beiträge von *von Thünen, Weber, Predöhl, Palan-*

---

[38] Je nach Ausrichtung und institutioneller Nähe zu den Trägern kommen die Bewertungen zu unterschiedlich positiven Beurteilungen, insbesondere die von der Europäischen Kommission veröffentlichten Berichte zum wirtschaftlichen und sozialen Zusammenhalt kommen erwartungsgemäß zu positiven Einschätzungen der Wirksamkeit der regionalpolitischen Maßnahmen. Zum Stand und zu den Ergebnissen der Evaluation der deutschen und der europäischen Regionalpolitik vgl. z.B. Bachtler (2001); BBR (2001); Lammers und Niebuhr (2002); Toepel und Schwab (2005); Wiechmann und Beier (2004).

[39] Vgl. Krieger-Boden (1995), S. 48.

[40] Vgl. Dietrich et al. (1998), S. 30.

der, Isard, Christaller und *Lösch* gezählt[41]), die Exportbasistheorie, die polarisationstheoretischen Ansätze (insbesondere die Beiträge von *Myrdal* und *Hirschman* sowie das sektorale Wachstumspolkonzept nach *Perroux* und dessen regionalwirtschaftliche Weiterentwicklung durch *Paelinck, Boudeville, Pottier* und *Lasuén*), die neoklassische Außenhandels- und Wachstumstheorie, die neue/endogene Wachstumstheorie, die neue Außenhandelstheorie, die Wirtschaftsstufentheorien (Normalstrukturtheorien), die Ansätze der New Economic Geography (insbesondere die Beiträge von *Krugman*), die Produktlebenszykluskonzepte, die Milieuansätze (insbesondere das Konzept des innovativen Milieus der *GREMI* Gruppe), das Konzept der flexiblen Spezialisierung und Produktion (insbesondere die Beiträge von *Piore und Sabel, Scott* und *Storper*), die diversen regionalen Netzwerk- und Clusteransätze (z.B. *Porter, Rehfeld*) und die Konzepte industrieller Distrikte („industrial districts")[42] sowie die Potenzialfaktorenansätze (z.B. das Konzept des endogenen Entwicklungspotenzials). Eine Beschreibung der einzelnen Ansätze würde den Rahmen dieser Arbeit sprengen, neben der Auflistung der Ansätze kann daher nur auf die einschlägige regionalökonomische Literatur verwiesen werden.[43]

Durch die neueren Theorieansätze wie die endogene Wachstumstheorie oder die New Economic Geography hat sich zwar die theoretische Basis verbreitert. Eine Orientierung der Regionalpolitik an einer konsistenten theoretischen Grundlage ist aber nach wie vor nicht möglich.[44] Die Handlungsanweisungen, die sich aus den einzelnen Theorieansätzen ableiten lassen, fallen oft widersprüchlich, teilweise sogar gegensätzlich aus.[45] Der „Reichtum" an Theoriebausteinen mit denen sich die unterschiedlichsten Zielsetzungen, Eingriffsstrategien und Instrumente begründen lassen, erhöht den diskretionären Entscheidungsspielraum der Akteure der Wirtschaftspolitik, die damit auch politisch-normativ motivierte Entscheidungen wissenschaftlich begründen können.

---

41 Die Beiträge von *Christaller* und *Lösch* firmieren auch unter der Bezeichnung „Theorie der zentralen Orte".

42 Der Begriff „industrial districts" wird bereits von *Marshall* eingeführt, ohne dass dieser eine explizite regionalökonomische Theorie formuliert.

43 Zur Beschreibung der Theorieansätze vgl. z.B. Krieger-Boden (1995); Lauschmann (1976); Maier und Tödtling (1992), (1996); Schätzl (1996).

44 Vgl. Berger (1999), S. 46.

45 Vgl. Scharff (1993), S. 76.

2.1.2. Die Träger der Regionalpolitik

Grundsätzlich können alle Institutionen, die über politische und ökonomische Einflussmöglichkeiten auf die regionalpolitische Entscheidungssituation verfügen, als Träger der Regionalpolitik eingestuft werden.[46] Neben den staatlichen Institutionen, d.h. der jeweiligen Exekutive, Legislative und Judikative der Gebietskörperschaften, können damit auch private Akteure und Verbände (z.B. private Wirtschaftsfördergesellschaften, Arbeitgeberverbände) sowie lokale Körperschaften des öffentlichen Rechts (z.B. Sparkassen, Kammern) zu den Trägern der Regionalpolitik gezählt werden. Im Folgenden werden nur die staatlichen Institutionen aufgeführt, da nur diese den oben genannten wirtschaftspolitischen Zielen primär verpflichtet sind, während die privaten Akteure auch andere Zielsetzungen, die unter Umständen den Zielsetzungen der Wirtschaftspolitik zuwiderlaufen, vorrangig verfolgen können. Der hierarchischen Gliederung entsprechend werden die drei föderalen Ebenen EU, Bund und Länder sowie Regionen und Kommunen unterschieden. Andere Institutionen des öffentlichen Rechts werden nicht explizit berücksichtigt.

2.1.2.1. EU-Strukturpolitik

Die Europäische Union bzw. die Europäische Kommission hat sich seit der Schaffung des europäischen Regionalfonds (EFRE) und der Einsetzung eines Ausschusses für Regionalpolitik im Jahr 1975 über die Jahre hinweg zum zentralen und bestimmenden Akteur der Regionalpolitik entwickelt. Die Regionalpolitik – in der Terminologie der EU als Strukturpolitik bzw. strukturpolitische Maßnahmen bezeichnet – umfasst mittlerweile rund ein Drittel des gesamten EU-Haushalts.[47] Die europäische Ebene übt damit einen entscheidenden Einfluss auf die Ausgestaltung der Regionalpolitik und die Förderung der regionalen Entwicklung in Deutschland aus. Eine kurze Beschreibung der wesentlichen Bestandteile der europäischen Regionalpolitik ist daher unerlässlich, auch wenn der Fokus dieser Arbeit auf der deutschen Regionalpolitik liegt.[48] Der Einfluss der

---

46 Vgl. Pohle (1995b), S. 96.

47 Vgl. Europäische Kommission (2004a), S. 13.

48 Für eine detaillierte Beschreibung der gegenwärtig praktizierten EU-Strukturpolitik sowie deren Entwicklung vgl. z.B. Axt (2000); Ridinger (2001). Die folgenden Ausführungen orientieren sich an diesen Quellen. Dabei ist zu berücksichtigen, dass auch andere Politikbereiche der EU (und damit auch andere Generaldirektionen neben der GD Regionalpolitik) Auswirkungen auf die Regionalentwicklung zeitigen können. Hier sind insbesondere die Agrar-, Verkehrs-, Telekommuni-

EU vollzieht sich im Wesentlichen auf zwei Wirkungsebenen, erstens aktiv durch die Gestaltung und Umsetzung eigener Förderprogramme und -maßnahmen, zweitens gibt die EU durch die Beihilferegelungen des EG-Vertrags den Rahmen und die Grenzen für die Ausgestaltung der nationalen Regionalpolitik vor.

Primäre Zielsetzung der europäischen Regionalpolitik ist der Abbau der zum Teil erheblichen regionalen Disparitäten zwischen und innerhalb der einzelnen Mitgliedsstaaten und damit die Stärkung des wirtschaftlichen, sozialen und territorialen Zusammenhalts der Union.[49] Die EU-Strukturpolitik der gegenwärtigen Programmplanungsperiode (2000 bis 2006) verfolgt dazu die drei Ziele:

- Förderung der Entwicklung und der strukturellen Anpassung der Regionen mit Entwicklungsrückstand (Ziel 1)
- Unterstützung der wirtschaftlichen und sozialen Umstellung der Gebiete mit Strukturproblemen (Ziel 2)
- Unterstützung der Anpassung und Modernisierung der Bildungs-, Ausbildungs- und Beschäftigungspolitiken und -systeme (Ziel 3)

Das Ziel 1 ist mit einer Ausstattung von annähernd drei Viertel der gesamten Strukturfondsmittel der mit Abstand bedeutendste Bestandteil der europäischen Regionalpolitik, die neuen Bundesländer wurden beispielsweise vollständig als Ziel 1 Fördergebiet eingestuft.

Zusätzlich zu den Förderzielen stellt die Europäische Kommission durch vier Gemeinschaftsinitiativen weitere Fördermittel zur Verfügung: INTERREG III: (grenzübergreifende, transnationale und interregionale Zusammenarbeit),URBAN II (Wiederbelebung städtischer Problemgebiete), LEADER + (Initiativen zur Entwicklung ländlicher Räume) und EQUAL (Bekämpfung von Diskriminierungen auf dem Arbeitsmarkt).

Bei den Gemeinschaftsinitiativen handelt es sich um Förderprogramme, die von der Europäischen Kommission in eigener Regie im gesamten Gemeinschaftsgebiet umgesetzt werden können, wenn die Kommission der Aktion ein

---

kations-, Energie-, Umwelt-, Forschungs- und Entwicklungs- und die Wettbewerbspolitik zu nennen.

49 Vgl. dazu auch die Bestimmungen zum wirtschaftlichen und sozialen Zusammenhalt nach Art. 158ff EG-Vertrag (Europäische Kommission 2002, S. 103ff).

besonderes Interesse für die Gemeinschaft beimisst. Für die Gemeinschaftsinitiativen stehen annähernd fünf Prozent der gesamten Strukturfondsmittel zur Verfügung.

Die Finanzierung der EU-Strukturpolitik erfolgt aus vier Fonds (EFRE, ESF, EAGFL Abteilung Ausrichtung, FIAF), wobei die einzelnen Fonds jeweils nur spezifische Aufgaben übernehmen können, so dass die einzelnen Ziele und Gemeinschaftsinitiativen aus unterschiedlichen Fonds bzw. aus einer Kombination mehrerer Fonds finanziert werden. Der Europäische Fonds für regionale Entwicklung (EFRE) kann zusätzlich in geringem Umfang innovative Maßnahmen (Studien, Pilotprojekte, Erfahrungsaustausch) auf Gemeinschaftsebene finanzieren.[50] Als zusätzlicher Strukturfonds fördert der Kohäsionsfonds die Konvergenz der Mitgliedsstaaten. Da er ganze Länder durch Großprojekte in den Bereichen Umweltschutz und transeuropäische Verkehrsnetze unterstützt, kann der Kohäsionsfonds nicht zur Regionalpolitik im engeren Sinne gerechnet werden. Zur Umsetzung der Förderziele und der Gemeinschaftsaufgaben steht entsprechend der jeweiligen Fondsverordnungen eine breite Palette an Maßnahmen zur Verfügung. Zu diesen zählen unter anderem die Unterstützung gewerblicher Investitionen und Infrastrukturinvestitionen sowie Maßnahmen zur Erschließung des endogenen Potenzials. Letzteres beinhaltet auch die Unterstützung des Technologietransfers, die Verbesserung des Zugangs von Unternehmen zu Finanzierungsangeboten sowie Maßnahmen zur Anregung und Unterstützung lokaler Entwicklungs- und Beschäftigungsinitiativen.

Die Europäische Kommission übt neben ihrer aktiven Förderpolitik auch einen indirekten Einfluss auf die Gestaltung der nationalen Regionalpolitiken aus. Diese Einflussnahme erfolgt insbesondere durch die Regelungen zur Beihilfekontrolle nach den Art. 87ff EG-Vertrag sowie durch die „Leitlinien für staatliche Beihilfen mit regionaler Zielsetzung“ und den „Multisektoralen Regionalbeihilferahmen für große Investitionsvorhaben.“ Gemäß Artikel 87 (I) sind staatliche Beihilfen generell mit dem Gemeinsamen Markt unvereinbar, die Abschnitte II und III nennen jedoch einige Ausnahmebereiche, in denen Beihilfen mit dem Gemeinsamen Markt vereinbar sind bzw. als vereinbar erklärt werden können.[51] Hierzu zählen unter anderem Beihilfen zur Förderung von wirtschaftlichen Gebieten, in denen die Lebenshaltung außergewöhnlich niedrig ist oder in denen erhebliche Unterbeschäftigung herrscht und Beihilfen zur Förderung ge-

---

50 Vgl. dazu Europäische Kommission (1999), Art. 22; Europäische Kommission (2005b).

wisser Wirtschaftszweige oder Wirtschaftsgebiete. Damit sind die regionalpolitischen Fördermaßnahmen der Mitgliedsstaaten generell zulässig, jedoch bedürfen die nationalen Fördermaßnahmen einer Genehmigung der Europäischen Kommission. Die Ausgestaltung, die Intensität und der Umfang der regionalen Wirtschafts- und Strukturpolitik in den einzelnen Mitgliedsstaaten werden damit durch die Europäische Kommission reglementiert und beschränkt.[52]

2.1.2.2. Bund und Länder

Nach Art. 30 GG sind grundsätzlich die Länder für die Förderung der ökonomischen Entwicklung in den Regionen verantwortlich. Eine alleinige Trägerschaft der Regionalpolitik durch die Bundesländer ist jedoch nicht vorgesehen, der Bund ist vielmehr maßgeblich in die Ausgestaltung der Regionalpolitik involviert. Zentrales Element der deutschen Regionalpolitik ist die Gemeinschaftsaufgabe „Verbesserung der regionalen Wirtschaftsstruktur" (GWR).[53] Gemäß Art. 91a GG und dem Gesetz über die Gemeinschaftsaufgabe „Verbesserung der regionalen Wirtschaftsstruktur" (WiStruktG) vom 06.10.1969 liegt die Zuständigkeit für die regionale Wirtschaftsförderung bei den Ländern, wobei der Bund an der Erstellung des Rahmenplans mitwirkt. Die Finanzierung erfolgt zu gleichen Anteilen durch Bund und Länder. Die Durchführung der in den Rahmenplänen beschlossenen Fördermaßnahmen ist alleinige Aufgabe der Länder, die dazu regionale Förderprogramme erstellen. Die Kommunen sind nicht eingebunden. Die im Rahmen der Gemeinschaftsaufgabe (GA) geplanten Regionalbeihilfen und der Umfang der Förderkulisse werden zuvor durch die EU-Kommission gemäß der Regelungen zur Beihilfekontrolle in den Artikeln 87ff. des EG-Vertrags auf ihre Wettbewerbskonformität hin überprüft.

Die Inhalte und Bestimmungen der Regionalförderung werden durch den Rahmenplan geregelt, der jährlich überprüft und gegebenenfalls angepasst wird. Der Rahmenplan ist wiederum bei der Ausgestaltung der ergänzenden Landesförderprogramme zu berücksichtigen. Der gegenwärtig gültige 33. Rahmenplan umfasst den Zeitraum 2004 bis 2007. Durch den Rahmenplan werden die För-

---

51 Vgl. dazu Europäische Kommission (2002), S. 67ff.

52 Gemäß den Leitlinien für staatliche Beihilfen mit regionaler Zielsetzung kann die Kommission den Umfang der Fördergebiete in den einzelnen Mitgliedsstaaten, die jeweils zulässige Förderintensität sowie den Umfang der förderfähigen Investitionsmaßnahmen festlegen (vgl. Deutscher Bundestag 2004, S. 28).

53 Vgl. dazu Deutscher Bundestag (2004); Eckey (2001).

dergebiete und die Art und Ausgestaltung der Förderinstrumente bundesweit einheitlich festgelegt, die regionalen Förderprogramme der Länder zusammengefasst und die Maßnahmen mit den dafür vorgesehenen Mitteln aufgelistet. Die Festlegung der Fördergebiete erfolgt auf der Ebene von Arbeitsmarktregionen. Die Förderfähigkeit wird durch einen aus mehreren unterschiedlich gewichteten Einzelindikatoren gebildeten Regionalindikator bestimmt. Förderfähig sind zum einen Investitionsvorhaben der gewerblichen Wirtschaft. Der Exportbasistheorie[54] entsprechend werden nur Unternehmen gefördert, die ihre Güter überwiegend überregional absetzen. Die Förderhöchstsätze hängen vom Ausmaß der Strukturprobleme der Fördergebiete ab sowie von der Größe der Unternehmen. Technologieorientierte Unternehmen und Existenzgründungen werden explizit als wichtige Zielgruppen genannt.[55] Auch nicht investive Unternehmensaktivitäten können gefördert werden, wenn sie zur Stärkung der Wettbewerbsfähigkeit und Innovationskraft von KMU beitragen. In diesem Sinne förderfähig sind z.B. Beratungsleistungen, Schulungen und Maßnahmen zur Humankapitalbildung.[56] Weiterhin kann auch der Ausbau der wirtschaftsnahen Infrastruktur durch Mittel der Gemeinschaftsaufgabe finanziert werden. Dazu zählen auch die Einrichtung und der Ausbau von Technologie- und Gründerzentren.[57]

Primäre Zielsetzung der Regionalpolitik im Rahmen der Gemeinschaftsaufgabe ist der Ausgleich der Standortnachteile der strukturschwachen Regionen und der Abbau der Entwicklungsunterschiede.[58] Daneben wird aber auch ein Beitrag zur global ausgerichteten Wachstums- und Beschäftigungspolitik angestrebt. Damit wird dem Ausgleichziel eine Vorrangstellung vor dem Wachstumsziel eingeräumt. Mit der Unterstützung bei der Bewältigung der erforderlichen Strukturanpassungen als Folge des Strukturwandels wird auch das Stabilitätsziel durch die Gemeinschaftsaufgabe erfasst. In der Praxis greift die stabilitätsorientierte Regionalpolitik im Sinne einer Krisenvermeidungsstrategie zu-

[54] Die Exportbasistheorie unterstellt, dass die in andere Regionen exportierenden Betriebe die wirtschaftliche Basis einer Region bilden. Die durch Exporte erzielten Einkommen setzten Multiplikatoreffekte im lokalen Sektor in Gang, die zusätzlich zu den Einkommenszuwächsen des Exportsektors zu weiteren regionalen Einkommenszuwächsen führen (vgl. z.B. Maier und Tödtling 1996, S. 37ff; siehe auch Abschnitt 2.2.1). Im Rahmenplan wird dieser Zusammenhang als Primäreffekt bezeichnet (vgl. Deutscher Bundestag 2004, S. 40).

[55] Vgl. Deutscher Bundestag (2004), S. 11f, 42, 252.

[56] Vgl. Deutscher Bundestag (2004), S. 46f.

[57] Vgl. Deutscher Bundestag (2004), S. 49 (Artikel 7.2.8).

[58] Vgl. Deutscher Bundestag (2004), S. 8.

meist nur kurzfristig konservierend ein, ein langfristiges Strategiekonzept ist in der Regel nicht erkennbar.[59]

Neben der Gemeinschaftsaufgabe existiert eine Vielzahl von weiteren Förderprogrammen und Förderinstrumenten, die explizit oder zumindest implizit[60] der Regionalpolitik und der Unterstützung der Entwicklung strukturschwacher Regionen zugerechnet werden können. Die Programme unterscheiden sich in ihrer räumlichen und sektoralen Ausrichtung. Einige Programme sind auf die neuen Bundesländer beschränkt, eine zunehmende Anzahl zielt auf die Entwicklung des innovativen Entwicklungspotenzials und die Vernetzung regionaler innovativer Akteure. Beispielhaft für das breite Spektrum an regional wirksamen Fördermaßnahmen des Bundes werden im Folgenden kurz zwei Förderprogramme vorgestellt.

- „Unternehmen Region" – BMBF-Innovationsinitiative Neue Länder:[61] die Initiative fördert den Aufbau von regionalen Innovationsnetzwerken in den neuen Bundesländern und umfasst die vier Einzelprogramme „InnoRegio", „Innovative regionale Wachstumskerne", „Zentren für Innovationskompetenz" und „Interregionale Allianzen für die Märkte von morgen (Innovationsforen)". Regionale Kooperationsbündnisse werden bei der Entwicklung eines eigenen technologischen Profils, das auf den endogenen Entwicklungspotenzialen der Region aufbaut, unterstützt. Ziel ist die Förderung solcher Kooperationen, aus denen sich echte Kompetenz-Cluster entwickeln können. Die Gründung innovativer Unternehmen ist ein wichtiger Bestandteil dieser Initiative.
- Modellversuch „Förderung des Auf- und Ausbaus von TGZ im Beitrittsgebiet": Im Rahmen des Modellversuchs wurde der Auf- und Ausbau von 15 TGZ in den neuen Bundesländern durch das BMBF gefördert, für zehn weitere Standorte wurden die Konzeptionsarbeiten gefördert.[62]

---

59 Vgl. Krätzschmar (1995), S. 59.

60 Neben der expliziten Regionalpolitik existieren eine Reihe von Fachpolitiken wie z.B. Agrar-, Forschungs-, Technologie-, Mittelstands-, Arbeitsmarkt-, Industrie-, Verkehrs- und Bildungspolitik, die ebenfalls regionalpolitische Wirkungen ausüben können bzw. auch regionalpolitische Zielsetzungen erfüllen können.

61 Vgl. BMBF (2005a).

62 Vgl. Pleschak (1995), S. 10ff.

Auch die einzelnen Bundesländer haben zusätzlich zu ihrer Beteiligung an der Gemeinschaftsaufgabe eigene regionale Förderprogramme aufgelegt. Die Gemeinschaftsaufgabe übt damit keine grundsätzliche „Sperrwirkung" für die regionalpolitischen Maßnahmen der Bundesländer aus.[63] Jedoch sollten deren Initiativen die Zielsetzungen der Rahmenplanung nicht konterkarieren.[64] Zudem wird durch die Gemeinschaftsaufgabe der Umfang der zusätzlichen Landesförderung hinsichtlich zulässiger Fördergebietsfläche und Intensität beschränkt. Die Förderprogramme der Länder unterliegen ebenso wie die des Bundes der Zulässigkeitsüberprüfung entsprechend der Beihilfekontrolle der Artikel 87ff. des EG-Vertrags.

Seit den neunziger Jahren ist eine gewisse Änderung in der regionalpolitischen Ausrichtung erkennbar, die auf eine stärkere Einbindung und Verantwortung der regionalen Ebene setzt und unter den Schlagworten „Regionalisierung der Regionalpolitik" oder „Regionalpolitik von unten" diskutiert wird.[65] Der Bedarf einer stärkeren Dezentralisierung der Regionalpolitik kann sowohl aus dem Subsidiaritätsprinzip als auch aus dem Konzept der endogenen Entwicklungspotenziale[66] abgeleitet werden. Demzufolge sind die regionalen Akteure stärker in die Entscheidungs- und Gestaltungsprozesse einzubinden, da die Akteure vor Ort über bessere Kenntnisse bezüglich der Stärken und Schwächen sowie der spezifischen Entwicklungspotenziale und -hemmnisse ihrer Region verfügen. Neben einer stärkeren Dezentralisierung und einer Schärfung der regionalen Profile setzt die Regionalisierung auch auf eine intensivierte Kooperation und Koordination der regionalen Akteure und Maßnahmen.[67] Die Umsetzung des Regionalisierungsgedankens erfolgt bisher vor allem durch integrierte regionale Entwicklungskonzepte und Regionalkonferenzen, eine Vorreiterrolle nimmt hier insbesondere das Land Nordrhein-Westfalen mit der Zukunftsinitiative für die Regionen Nordrhein-Westfalens (ZIN) ein.[68] Integrierte regionale Entwicklungskonzepte und Regionalmanagementvorhaben werden mittlerweile auch durch die Gemeinschaftsaufgabe gefördert (beginnend mit dem 24. Rahmenplan).[69] Die geförderten Ansätze sollen eine Stärkung der Regionalentwicklung und der Mo-

---

63 Vgl. Eikelpatsch (2001), S. 2.
64 Vgl. Eberstein (1999), S. 36.
65 Vgl. Icks und Richter (1999), S. 66, 68f.
66 Vgl. Scharff (1993), S. 4. Das Konzept wird in Abschnitt 2.2.2 erläutert.
67 Vgl. dazu Havighorst (1997), S. 12f.
68 Zur Beschreibung der ZIN vgl. Havighorst (1997), S. 68ff.
69 Vgl. Deutscher Bundestag (2004), S. 16f.

bilisierung des endogenen Entwicklungspotenzials nach dem Bottom-up Prinzip ermöglichen. Ein praktisches Problem besteht hierbei allerdings in der sinnvollen Abgrenzung der Regionen.[70] Die bestehenden verwaltungstechnischen und raumplanerischen Regionssysteme sind hierzu oft nicht geeignet. Trotz einiger Erfolg versprechender Ansätze dominiert in Deutschland noch die traditionelle „Regionalpolitik von oben".

2.1.2.3. Regionale und kommunale Ebene

Die Kommunen nehmen innerhalb der regionalen Wirtschaftspolitik unterschiedliche Rollen ein. Sie kommen sowohl als mittelbar Betroffene, Adressaten und Träger mit der regionalen Wirtschaftspolitik in Berührung.[71] Durch die Förderung von betrieblichen Investitionsvorhaben auf dem Gebiet einer Gemeinde ändern sich deren Standortbedingungen. Die Kommune ist somit mittelbar von der regionalen Wirtschaftspolitik betroffen, da ihre eigenen Planungen durch die veränderten Rahmenbedingungen beeinflusst werden. Gleichzeitig kann sich die Gemeinde selbst als Projektträger engagieren – z.B. im Rahmen der Infrastrukturförderung der Gemeinschaftsaufgabe – und ist damit direkter Nutznießer (Adressat) der Regionalpolitik. Schließlich kann die Gemeinde auch durch eigene Maßnahmen zu einem aktiver Träger der Regionalpolitik werden. Die rechtliche Grundlage für eine eigenständige Wirtschaftsförderung bildet Art. 28 Abs. 2 GG.[72] Dem Subsidiaritätsprinzip entsprechend erhalten die Gemeinden das Recht, die „Angelegenheiten der örtlichen Gemeinschaft im Rahmen der Gesetze in eigener Verantwortung zu regeln". Die Kommunen fungieren damit einerseits als Verwaltungsbehörden, indem sie Verwaltungsaufgaben für übergeordnete Gebietskörperschaften wahrnehmen (so genannte Aufgaben im übertragenen Wirkungskreis).[73] Sie verfügen zudem über eigene Zuständigkeitsbereiche (so genannte Aufgaben im eigenen Wirkungskreis), d.h. Aufgaben, welche die Bürger und die örtliche Gemeinschaft unmittelbar betreffen. Dieser Zuständigkeitsbereich wird als kommunale Selbstverwaltung bezeichnet. Zur Erfüllung der Aufgaben im Rahmen der kommunalen Selbstverwaltung dürfen die Kommunen eigene Steuern und Abgaben erheben. Im Rahmen ihrer kommunalen Planungs- und Steuerhoheit können die Kommunen daher eine eigenverantwort-

---

70 Vgl. dazu z.B. Berger (1999), S. 161ff.
71 Vgl. Paffenholz (2002), S. 74.
72 Vgl. Seltsam (2001), S. 72.

liche Wirtschaftsförderung betreiben. Diese Aktivitäten werden unter der Bezeichnung „kommunale Wirtschaftsförderung“ zusammengefasst. Die kommunale Wirtschaftsförderung umfasst alle Maßnahmen der Gemeinde im Rahmen ihrer originären Entscheidungskompetenz, die geeignet sind, Standortbedingungen für die Wirtschaft zu schaffen und zu verbessern und damit die regionalwirtschaftliche Entwicklung strategisch und zielorientiert steuernd zu beeinflussen. Hauptziel ist die Wohlfahrtssteigerung der lokalen Bevölkerung, die Umsetzung erfolgt durch die Förderung von Unternehmen. Dazu werden direkte und indirekte Steuerungsinstrumente eingesetzt.[74]

Bezüglich der konkreten Zielsetzungen kann auf der kommunalen Ebene ein gewisses Konfliktpotenzial festgestellt werden. Einerseits fungieren die Kommunen als Verwaltungsbehörden der übergeordneten Gebietskörperschaften und wirken dadurch an der Realisierung der gesamtwirtschaftlich ausgerichteten regionalpolitischen Zielsetzungen mit. Auch als Fördermittelempfänger tragen sie letztlich zur Verwirklichung der gesamtwirtschaftlichen Zielsetzungen bei.[75] Andererseits verfolgen die Kommunen im Rahmen der kommunalen Wirtschaftsförderung eigene Zielsetzungen.[76] Die Ziele können wiederum in ein hierarchisches Zielsystem gebracht werden:

Oberziel: Wohlfahrtssteigerung der lokalen Bevölkerung

Unterziele:

1. ökonomische Ziele

- Beschäftigungsziel (Schaffung und Sicherung eines diversifizierten Angebots an Arbeits- und Ausbildungsplätzen)
- Diversifizierung der Wirtschaftsstruktur (Schaffung und Erhaltung einer ausgewogenen Wirtschaftsstruktur, um die Anfälligkeit gegenüber strukturellen und konjunkturellen Krisen zu reduzieren)
- Fiskalisches Ziel (Sicherung und Steigerung der kommunalen Finanzkraft)

2. *außerökonomische Ziele* (allgemein: Steigerung der Lebensqualität)

---

73 Vgl. dazu Pohle (1995b), S. 93, 99.

74 Für einen Überblick über verschiedene Definitionsansätze vgl. Seltsam (2001), S. 61ff. Einige Elemente dieser Ansätze haben Eingang in die hier vorgenommene Begriffsbestimmung gefunden.

75 Vgl. Seltsam (2001), S. 24.

Die untergeordneten Zielsetzungen können wiederum in diverse Teilziele aufgespaltet werden. So können z.B. das Beschäftigungsziel wie auch das Diversifizierungsziel durch die Teilziele „Steigerung der Anzahl der Unternehmensgründungen" und „Unterstützung des Überlebens und der Entwicklung von kleinen und jungen Unternehmen" konkretisiert werden.

Zu den gängigen Maßnahmen der kommunalen Wirtschaftsförderung zählen die Gewerbeflächen-/Liegenschaftspolitik, die Steuer- und Tarifpolitik, Finanzhilfen, Realtransfers, Informationsbereitstellung und Beratungsleistungen, die Auftragsvergabe an lokale Unternehmen, Standortwerbung und Regional-/ Stadtmarketing, die allgemeine Infrastrukturpolitik, Qualifizierungsmaßnahmen, die Effizienzsteigerung der kommunalen Verwaltung sowie die Initiierung und Förderung von Standortgemeinschaften z.B. in Form von Technologie- und Gründerzentren.[77] Die Maßnahmen können in direkte und indirekte Maßnahmen untergliedert werden.[78] Die direkte Wirtschaftsförderung beinhaltet Fördermaßnahmen, die speziell auf ein bestimmtes Unternehmen zugeschnitten sind wie z.B. ein individueller Ansiedlungskostenzuschuss. Von indirekten Maßnahmen profitieren alle Unternehmen (potenziell) gleichermaßen, sie sind dazu geeignet die generelle Standortqualität der Gemeinde zu verbessern. Die direkte Wirtschaftsförderung ist aus ordnungspolitischer Sicht prinzipiell abzulehnen, da Subventionen den Preismechanismus verfälschen.[79] Die Beeinflussung und Verzerrung der individuellen Wettbewerbschancen kann in einer nicht leistungsbedingten Verdrängung nicht geförderter Unternehmen resultieren. Auch die Maßnahmen der kommunalen Wirtschaftsförderung unterliegen generell der Wettbewerbsaufsicht des Bundes sowie den Regelungen der Beihilfekontrolle in den Artikeln 87ff. des EG-Vertrags. Viele Maßnahmen sind generell mit den Bestimmungen des EG-Vertrags vereinbar. Zum einen werden Infrastruktur- und andere indirekte Wirtschaftsförderungsmaßnahmen nicht unter dem Beihilfebegriff subsumiert.[80] Die Förderung von Unternehmensgründungen und kleinen Unternehmen fällt zumeist unter die „De-minimis"-Regelung[81], wodurch diese För-

---

76 Vgl. dazu z.B. Götz (1999), S. 19f; Haug (2004), S. 50f; Seltsam (2001), S. 99.

77 Für eine Übersicht vgl. z.B. Götz (1999), S. 70ff; Haug (2004), S. 52ff; Icks und Richter (1999), S.9ff.

78 Vgl. z.B. Hahne (1995), S. 18; Paffenholz (2002), S. 75.

79 Vgl. Seltsam (2001), S. 71.

80 Vgl. Seltsam (2001), S. 78.

81 Demnach sind staatliche Beihilfen nicht anmeldepflichtig, wenn die gewährte Gesamtsumme über drei Jahre nicht 100.000 Euro überschreitet (vgl. Europäische Kommission 2001a).

dermaßnahmen nicht anmeldepflichtig werden, zudem sind staatliche Beihilfen an KMU[82] ebenfalls nicht anmeldepflichtig.

Das grundsätzliche Problem der kommunalen Wirtschaftsförderung besteht darin, dass sie innerhalb eines für sie nicht veränderbaren Rahmens – rechtliche Regelungen, gesamtwirtschaftliche Trends, Politik der übergeordneten Gebietskörperschaften, räumliche Lage, Sektoralstruktur – agiert, d.h. der originär beeinflussbare Aktionsspielraum ist vergleichsweise gering. Die eigenen Instrumente können nur innerhalb bestimmter Rahmenbedingungen eingesetzt werden, die Rahmenbedingungen selbst – die für unternehmerische Entscheidungen möglicherweise größere Relevanz aufweisen – können nicht geändert werden. Beispielsweise kann die Kommune zwar ein engagiertes Standortmarketing betreiben und günstige Gewerbeflächen ausweisen, auf die unzureichende Verkehrsinfrastrukturausstattung kann sie aber kaum Einfluss nehmen, da die Entscheidungskompetenz bezüglich der überregionalen Verkehrsinfrastrukturbereitstellung bei übergeordneten Gebietskörperschaften liegt. Die Kommunen treten somit als Anbieter der Standortqualität auf, ohne alle dafür relevanten Faktoren beeinflussen zu können.[83] Viele Autoren propagieren gleichzeitig eine zunehmende Bedeutung der kommunalen Wirtschaftsförderung aufgrund der europäischen Integration und der zunehmenden ökonomischen Globalisierung sowie der Fortschritte der Transport-, Informations- und Kommunikationstechnologien.[84] Die räumliche Mobilität der Güter und der Produktionsfaktoren erhöht sich, die Kommunen unterliegen einem intensivierten nationalen und internationalen Standortwettbewerb um die Ansiedlung und Bindung von Unternehmen. Da sich der Konkurrenzdruck für die Kommunen erhöht und diese als Teil eines de facto größer gewordenen Aktionsraums an Bedeutung und Einfluss verlieren, ist es um so erforderlicher, dass die Kommunen die ihnen zur Verfügung stehenden Mittel mit ihrem begrenzten Wirkungsumfang möglichst effektiv und effizient einsetzen. Eine eigenständige kommunale Wirtschaftsförderung – möglichst in Form interkommunaler Kooperationsmodelle –

---

82 Als KMU werden unabhängige Unternehmen mit maximal 250 Beschäftigten und einem Jahresumsatz von maximal 40 Mio. Euro oder einer Jahresbilanzsumme von maximal 27 Mio. Euro eingestuft. Investitionsbeihilfen und Beihilfen für die Inanspruchnahme von Unternehmensdienstleistungen (z.B. Beratungen) sind unter bestimmten Voraussetzungen von der Anmeldepflicht befreit (vgl. Europäische Kommission 2001b).

83 Vgl. Grabow, Henckel und Hollbach-Grömig (1995, S. 256) für eine Darstellung der jeweiligen kommunalen Gestaltungsspielräume in Bezug auf die einzelnen unternehmerisch relevanten Standortfaktoren.

84 Vgl. z.B. Haug (2004), S. 75f; Icks und Richter (1999), S. 7f; Osterhoff (2000), S. 37ff.

als Ergänzung zu den regionalpolitischen Maßnahmen der übergeordneten Gebietskörperschaften erscheint daher unumgänglich.

Angesichts des begrenzten originären Handlungsspielraums und des zunehmenden internationalen Wettbewerbdrucks sowie der begrenzten finanziellen Mittel stellt sich daher die Frage, ob die kommunale Wirtschaftsförderung tatsächlich einen spürbaren Einfluss auf die regionale Entwicklung ausüben kann. Eine eindeutige Messung des Zusammenhangs zwischen Ausmaß und Qualität der kommunalen Wirtschaftsförderung und der Regionalentwicklung steht aufgrund diverser Operationalisierungsprobleme noch aus. Eine solche Messung müsste alle relevanten Instrumente sowie die Umsetzung der Wirtschaftsförderung im Rahmen der kommunalen Verwaltung erfassen und gleichzeitig in der Lage sein, alle relevanten Aspekte der Regionalentwicklung als endogene Variablen zu erklären. Zudem müsste eine eindeutige Trennung der Wirkung der kommunalen Wirtschaftsförderung von überregionalen Einflüssen gewährleistet werden. Eine Evaluation der Wirksamkeit der kommunalen Wirtschaftsförderung ist nur in Ansätzen möglich, wissenschaftlich fundierte Beiträge sind dementsprechend rar. Eine Bestätigung der Erfolgswirksamkeit findet sich beispielsweise in der Untersuchung der Erfolgsfaktoren der kommunalen Wirtschaftsförderung in Ostdeutschland im Zeitraum 1995 bis 2000 durch *Blume*.[85] Der Autor ermittelt einen signifikant positiven Zusammenhang zwischen der Qualität der kommunalen Wirtschaftsförderung und dem lokalen Beschäftigungswachstum. Erfolgswirksam ist demnach vor allem ein ausgewogener Mix aus traditionellen und modernen Maßnahmenbündeln, eine zielgruppenorientierte Ansiedlungspolitik ist dagegen ebenso wenig erfolgswirksam wie eine diskriminierende Wirtschaftsförderung mit Schwerpunktsetzung auf Subventionen. Inwieweit die Ergebnisse auf Gesamtdeutschland übertragen werden können ist allerdings unklar, zudem beruht die Erfolgsbeurteilung auf einer DIW-Unternehmensbefragung und ist somit als tendenziell subjektiv zu werten.

2.1.2.4. Die Beziehung zwischen kommunaler Wirtschaftsförderung und gesamtwirtschaftlicher Regionalpolitik: zur Entwicklung des Begriffs der Regionalentwicklung

Die eigenen Zielsetzungen der Kommunen sind nicht unbedingt vollständig deckungsgleich mit den Zielen der allgemeinen Wirtschaftspolitik und der gesamtwirtschaftlichen Regionalpolitik.[86] Im Sinne einer „Wirtschaftspolitik für die eigene Region“ verfolgt die kommunale Wirtschaftsförderung in erster Linie eigene Interessen, d.h. die Förderung der eigenen wirtschaftlichen Entwicklung steht im Vordergrund, wobei auf gesamtwirtschaftlich orientierte Zielsetzungen übergeordneter Gebietskörperschaften allenfalls nachrangig Rücksicht genommen wird. Das Oberziel der Wohlfahrtssteigerung der lokalen Bevölkerung weist bereits auf ein gewisses Konfliktpotenzial hin. Die Zielgruppen der kommunalen Wirtschaftsförderung und der Regionalpolitik differieren, da letztere dem Wohl der Gesamtbevölkerung verpflichtet ist. Auch die weit verbreitete Darstellung der kommunalen Wirtschaftsförderung als erforderliche Reaktion auf den interkommunalen Standortwettbewerb[87] zeigt, dass diese in erster Linie „egoistische“ Ziele verfolgt. Da die kommunale Wirtschaftsförderung grundsätzlich einen Teilbereich der allgemeinen Wirtschaftspolitik bildet, ist eine generelle Unvereinbarkeit der Ziele und Maßnahmen der kommunalen Wirtschaftsförderung mit den Zielen und Maßnahmen der Regionalpolitik aber nicht gegeben. Der Rahmenplan der Gemeinschaftsaufgabe verweist hierzu auf die Empfehlungen des Planungsausschusses zur kommunalen Wirtschaftsförderung.[88] Demnach haben die Kommunen ihre Verpflichtung zu bundes- und landestreuem Verhalten zu berücksichtigen, eigene Maßnahmen, welche die Regionalpolitik von Bund und Ländern behindern oder dieser zuwiderlaufen, sind demnach nicht zulässig. Die Kommunen werden aufgefordert, direkte Fördermaßnahmen zu unterlassen. Die kommunale Wirtschaftsförderung ist gehalten, sich auf indirekte Maßnahmen wie die Bereitstellung von Infrastruktur und Beratungs- und Informationsleistungen zu konzentrieren.

Es können allerdings Unterschiede in der Gewichtung und Rangfolge der Zielsetzungen festgestellt werden. Während die gesamtwirtschaftlich orientierte Regionalpolitik in erster Linie ausgleichs- und verteilungspolitische Zielsetzungen verfolgt, ist bei den Zielsetzungen der kommunalen Wirtschaftsförderung eine stärkere wachstums- und stabilitätspolitische Ausrichtung erkennbar. Wie schon in Abschnitt 2.1.1.2 dargelegt wurde, können zwischen den einzelnen Zielen Zielkonflikte auftreten. Aufgrund der Zieldifferenzen und der z.T. unterschiedlichen Interessenslagen ist eine vollständige Einordnung der kommunalen

---

85 Vgl. dazu Blume (2004).

86 Siehe dazu Abschnitt 2.1.1.2 und 2.1.2.3.

87 Vgl. z.B. Götz (1999), S. 23ff. Iglhaut (1994, S. 61) schreibt der kommunalen Wirtschaftsförderung die Aufgabe zu, „einen Standort im harten Wettbewerb zu platzieren und zu verkaufen“.

Wirtschaftsförderung unter die Regionalpolitik nicht möglich, d.h. die kommunale Wirtschaftsförderung ist kein vollständig untergeordneter Politikbereich ohne eigenständige Zielsetzungen. Die kommunale Wirtschaftsförderung steht eher „neben" der Regionalpolitik. Durch die Tendenz zur „Regionalisierung der Regionalpolitik" verschwimmen die Grenzen zwischen der Regionalpolitik und der kommunalen Wirtschaftsförderung, eine eindeutige Abgrenzung der beiden Politikbereiche wird damit weiter erschwert.

Daher werden die beiden Bereiche im weiteren Verlauf dieser Arbeit unter der Bezeichnung „Förderung der Regionalentwicklung" oder verkürzt als „Regionalentwicklung" zusammengefasst. Anstelle der „Regionalentwicklungsförderung" wird zumeist verkürzt nur die Bezeichnung „Regionalentwicklung" verwendet. Auch wenn die Bestandteile „Politik" bzw. „Förderung" damit nicht mehr explizit verwendet werden, ist die Bezeichnung „Regionalentwicklung" als zielorientierter und gesteuerter Prozess zu verstehen und damit Bestandteil einer zielorientierten, systematischen Politik und nicht Ausdruck unabhängiger, „chaotischer" Entwicklungsprozesse.

2.1.3. Die Instrumente der Regionalentwicklung

Nachdem einige Instrumente der Regionalpolitik und der kommunalen Wirtschaftsförderung bereits in den vorangegangenen Abschnitten genannt wurden, werden die gängigen Instrumente zur Förderung der Regionalentwicklung im Folgenden nochmals in systematischer Form zusammengefasst. Die einzelnen Förderansätze können generell den folgenden vier Gruppen von Instrumenten zugeordnet werden:[89]

- Information und Beratung: z.B. Standortkataloge, Stadt-/Regionalmarketing, Gründer-, Kooperations-, Technologie-, Innovationsberatung.[90]

---

88 Vgl. dazu Deutscher Bundestag (2004), S. 15.

89 Für einen Überblick über die Instrumente der Regionalpolitik vgl. z.B. Dietrich et al. (1998), S. 72ff; Krätzschmar (1995), S. 62ff; Maier und Tödtling (1996), S. 174ff. Für einen Überblick über die Instrumente der kommunalen Wirtschaftsförderung vgl. z.B. Götz (1999), S. 70ff; Icks und Richter (1999), S.9ff.

90 Zu dieser Gruppe können als schwächere Form auch Empfehlungen, Zureden und Appelle („moral persuasion") hinzugerechnet werden. Des Weiteren können hierunter die im Zusammenhang mit den sogenannten weichen Standortfaktoren diskutierten Ansätze zur Schaffung eines wirtschaftsfreundlichen Klimas in der lokalen Verwaltung und die kundenorientierte Zusammenfassung administrativer Zuständigkeiten („One-Stop-Agency") subsumiert werden.

- Infrastrukturbereitstellung: z.B. Ausbau der wirtschaftsnahen Infrastruktur, Auf- und Ausbau der FuE-Infrastruktur (Hochschulen, sonstige Forschungseinrichtungen, Technologietransferagenturen), Standortgemeinschaften wie Technologie- und Gründerzentren, Aus- und Weiterbildung.[91]
- finanzielle Anreize: z.B. Ansiedlungshilfen, Investitionszulagen/-zuschüsse, Kredite/Bürgschaften, Steuer-/Tariferleichterungen, Start-/Risikokapital, Realtransfers wie subventionierte Grundstücke.
- administrative Maßnahmen: z.B. Ansiedlungsge- und -verbote, Regulierung von Investitionen und Gründungen.

Die Instrumente zeichnen sich durch eine zunehmende Eingriffsintensität aus. Zudem unterscheiden sie sich in ihrer primären Einflussrichtung. Hier können die Kategorien Veränderung des Handlungsraums, Prämierung/Diskriminierung von Alternativen und Einflussnahme auf Kenntnisstand/Wertesystem unterschieden werden.[92] Die finanziellen Anreize bewirken beispielsweise in erster Linie eine Prämierung bzw. Diskriminierung, während die Infrastrukturbereitstellung stärker über die Beeinflussung des Handlungsraums auf die Entscheidungsfindung der Wirtschaftssubjekte wirkt. Abgesehen von einzelnen administrativen Maßnahmen sind die Instrumente zwar geeignet, die Entscheidungsprozesse der Akteure zu beeinflussen, die Entscheidung selbst bleibt aber in der Verantwortung des Unternehmers.

Technologiezentren und Gründerzentren werden nach dieser Systematik zwar als infrastrukturelle Instrumente eingestuft, tatsächlich vereint die TGZ-Konzeption aber mehrere Förderansätze in sich und kann somit als ganzheitliche Förderkonzeption aufgefasst werden. Neben der Bereitstellung von Infrastruktur werden auch finanzielle Anreize geboten (z.B. subventionierte Miete, kostenlose Beratung) sowie Informations- und Beratungsleistungen erbracht.[93] Einen weiteren, in der obigen Systematik nicht explizit berücksichtigten Ansatz bilden die Maßnahmen zur Vernetzung der regionalen Akteure. Im Gegensatz zur überwiegenden Mehrheit der bisher genannten Instrumente hat die Vernetzung einen primär indirekten Charakter, da sie keinen direkten Nutzen für die beteiligten Unternehmen erbringt, sondern lediglich einen Anstoßeffekt für weitere gemein-

---

91 Für die kommunale Wirtschaftsförderung ist noch die Liegenschaftspolitik zu ergänzen. Die Ausweisung und Erschließung von Gewerbeflächen kann als Infrastrukturpolitik im weiteren Sinn interpretiert werden.

92 Vgl. Fürst, Klemmer und Zimmermann (1976), S. 155.

same Aktivitäten der regionalen Akteure bewirken kann. Die Maßnahmen zur Netzwerkbildung kommen vor allem im Rahmen der potenzial- und innovationsorientierten Regionalentwicklung (Abschnitt 2.2.2 und 2.2.3) zum Einsatz, als konkrete Maßnahmen können z.B. die Einrichtung von Kooperationsbörsen und die Schaffung von Institutionen in Public-Private-Partnership (z.B. gemeinsame Beratungseinrichtungen, „Gründermessen" etc.) genannt werden. Damit können einzelne Maßnahmen der Vernetzung unter die Rubrik Information und Beratung subsumiert werden, jedoch können auch TGZ eine vernetzende Funktion ausüben. Die Vernetzung bildet damit eher ein Grundprinzip der Förderung, das durch verschiedene instrumentelle Ansätze realisiert werden kann.

2.2. Die Strategieansätze der Regionalentwicklung

Aufgabe dieses Abschnitts ist es, einen Überblick über die wichtigsten Strategieansätze zur Förderung der wirtschaftlichen Entwicklung von Regionen zu vermitteln. Diese Ansätze beziehen sich sowohl auf die regionalpolitischen Maßnahmen des Bundes und der Länder als auch auf die Maßnahmen der Kommunen. Die europäische Regionalpolitik wird im Folgenden nicht explizit berücksichtigt. Die folgenden Ausführungen sind damit auf die gesamtwirtschaftlich orientierte Regionalpolitik sowie auf die kommunale Wirtschaftsförderung bezogen. Im Folgenden wird dafür die übergreifende Bezeichnung „Regionalentwicklung" verwendet.

Zur Förderung der regionalwirtschaftlichen Entwicklung werden zwei grundsätzliche Strategieansätze unterschieden:[94] die Unternehmensansiedlungsförderung (Akquisition mobiler Betriebe; mobilitätsorientierte Strategie, Abschnitt 2.2.1) und die Aktivierung des endogenen unternehmerischen Potenzials (Bestandentwicklung und -pflege, Abschnitt 2.2.2 und 2.2.3).

2.2.1. Mobilitätsorientierte Regionalentwicklung: Unternehmensansiedlungsförderung

Die Regionalpolitik und die kommunale Wirtschaftsförderung verfolgten lange Zeit in erster Linie eine mobilitätsorientierte Strategie.[95] Zentrale Prämisse der

---

93 Das Leistungsangebot von TGZ wird in Abschnitt 3.1.3 beschrieben.

94 Vgl. z.B. Icks und Richter (1999), S. 4; Koschatzky (1997), S. 191; Maier und Tödtling (1996), S. 179.

95 Vgl. Icks und Richter (1999), S. 4f; Meyer-Krahmer (1990), S. 343.

Unternehmensansiedlungsförderung (im Folgenden: Ansiedlungsförderung) ist die Existenz eines umfangreichen Potenzials an interregional mobilen Betrieben und Arbeitskräften. Zur theoretischen Fundierung der Ansiedlungsförderung werden insbesondere die Exportbasistheorie und die Wachstumspolkonzepte herangezogen. Die Exportbasistheorie unterstellt, dass die in andere Regionen exportierenden Betriebe die wirtschaftliche Basis („basic sector") einer Region bilden. Die durch Exporte erzielten Einkommen setzten Multiplikatoreffekte im lokalen Sektor („non-basic sector") in Gang, die zusätzlich zu den Einkommenszuwächsen des Exportsektors zu weiteren regionalen Einkommenszuwächsen führen.[96] Dementsprechend richtet sich die Ansiedlungsförderung vor allem auf industrielle Großunternehmen mit überregionalen Absatzgebieten, wobei auch gezielt unselbstständige Zweigwerke akquiriert werden. Den Wachstumspolkonzepten entsprechend soll die Ansiedlung von großen Industriebetrieben die Entstehung von Wachstumspolen und Entwicklungszentren unterstützen.[97] Die anzusiedelnden Betriebe sollten dabei die Charakteristika einer „motorischen Einheit" im Sinne *Perroux'* aufweisen, d.h. über eine gewisse Mindestgröße verfügen, einer wachstumsstarken Branche angehören und über Input-Output-Beziehungen eine stark ausgeprägte Verflechtung mit der übrigen regionalen Wirtschaft ermöglichen. Durch die Realisierung von internen und externen Ersparnissen und durch Innovationen wirkt die motorische Einheit als Antriebsmotor für die wirtschaftliche Entwicklung, durch die Expansion der motorischen Einheit nimmt zugleich ihr Bedarf an Inputfaktoren zu, wodurch Wachstumsimpulse auf andere Wirtschaftssektoren ausgehen.[98] In Bezug auf die spezifischen Zielsetzungen der kommunalen Wirtschaftsförderung dient die Ansiedlungsförderung in erster Linie dem Beschäftigungsziel und dem fiskalischen Ziel. Dem Diversifizierungsziel wird dagegen kaum Rechnung getragen, da die Frage der Branchenzugehörigkeit zumeist von nachrangiger Bedeutung ist.[99] Zu den wesentlichen Instrumenten einer kommunalen Ansiedlungspolitik zählen die Schaffung und günstige Bereitstellung von Gewerbeflächen, der Ausbau der (Verkehrs-)Infrastruktur, das Standortmarketing sowie finanzielle Anreize wie steuer- und tarifpolitischen Vergünstigungen und die Investitionsförderung.[100]

---

[96] Vgl. dazu Maier und Tödtling (1996), S. 37ff.
[97] Vgl. dazu Maier und Tödtling (1996), S. 181ff.
[98] Vgl. Schilling-Kaletsch (1976), S. 17ff.
[99] Vgl. Icks und Richter (1999), S. 5.
[100] Vgl. dazu auch Seltsam (2001), S. 162.

Die Wirksamkeit einer reinen Ansiedlungsförderung wird seit Mitte der 1970er Jahre jedoch zunehmend in Frage gestellt, eine Reihe von Untersuchungen ermittelt einen deutlichen Rückgang des Umfangs der Industrieansiedlungen.[101] Es wird geschätzt, dass nicht einmal 10% der jährlich neu entstehenden Arbeitsplätze durch Ansiedlungen geschaffen werden, der überwiegende Anteil geht auf Betriebserweiterungen bestehender Unternehmen und Existenzgründungen zurück.[102] Damit werden die Möglichkeiten zur Umverteilung der Beschäftigung und zum Abbau von regionalen Disparitäten stark eingeschränkt. Zudem besteht die Gefahr einer zu geringen qualitativen Ausrichtung mit dem Aufbau eines Unternehmensbestands, dessen Existenz auf längere Sicht ungewiss ist und nicht geeignet ist, den Entwicklungsrückstand strukturschwacher Regionen abzubauen.[103] Ein Beispiel hierfür bilden die so genannten verlängerten Werkbänke, d.h. reine Produktionsbetriebe ohne eigene strategische Entscheidungsbefugnisse. Diese Betriebe wurden in der Vergangenheit aufgrund geringer Flächenkosten und unter Ausnutzung von Investitionszulagen insbesondere in ländlichen Gebieten aufgebaut. Da Kapital, Flächenverfügbarkeit und gering qualifizierte Arbeitskräfte die wichtigsten Inputfaktoren für diese Betriebsform darstellen, reagieren sie besonders empfindlich auf Kostenunterschiede. Folge ist ein zunehmender internationaler Standortwettbewerb mit einem seit längerem zu beobachtenden Trend zur Verlagerung von Produktionsstätten ins Ausland. Eine gewisse Wiederbelebung erlebte die Ansiedlungsförderung Anfang der 1990er Jahre in den neuen Bundesländern. Nach dem Zusammenbruch der ostdeutschen Wirtschaft in Folge der Wiedervereinigung setzte die Politik verstärkt auf die Ansiedlung von Industriebetrieben, um industrielle Kerne zu erhalten bzw. zu errichten, welche die Grundlage für die wirtschaftliche Entwicklung der ostdeutschen Regionen bilden sollten.[104] In den ersten Jahren nach der Wiedervereinigung war tatsächlich ein gewisser Ansiedlungsboom zu erkennen, aber spätes-

---

101 Einen Überblick gibt Pieper (1994), S. 42ff. Steinröx (1995, S. 90) schätzt, dass pro Jahr weniger als 100 Unternehmen mit mehr als 50 Beschäftigten einen neuen Standort außerhalb ihrer bisherigen Standortgemeinde gründen. Pieper (1994, S. 193f) schätzt das jährliche interregionale Industrieansiedlungspotenzial auf durchschnittlich 120 Unternehmen bei abnehmender Tendenz in den neuen Bundesländern.

102 Vgl. Steinröx (1994), S. 38.

103 Vgl. Meyer-Krahmer (1990), S. 343.

104 Ein wichtiges Instrument hierzu war – neben der Ausweitung der GA auf die neuen Bundesländer – die Förderung von betrieblichen Investitionen nach dem Investitionszulagengesetz (InvZulG) von 1991 (Neufassung 1999). Das Investitionszulagegesetz beschränkt die Förderung auf die neuen Bundesländer (vgl. dazu Mautsch 2003). Das 2004 ausgelaufene Gesetz wurde durch das inhaltlich geänderte Investitionszulagengesetz 2005 ersetzt.

tens seit Mitte der 1990er Jahre ist auch in den neuen Bundesländern ein Rückgang der Betriebsverlagerungen zu verzeichnen.[105]

Das theoretische Fundament der Ansiedlungsförderung, die Exportbasistheorie, kann dahingehend kritisiert werden, dass implizit eine ausreichend ungenutzte Produktionskapazität der regionalen Wirtschaft vorausgesetzt wird.[106] Wenn dies nicht der Fall ist und der exportierende Großbetrieb nur eine geringe Verflechtungsintensität mit der regionalen Wirtschaft aufweist – dies ist gerade bei Zweigniederlassungen von Großunternehmen erkennbar[107], die zumeist in überregionale, konzerngesteuerte Netzwerke eingebunden sind – fallen die Multiplikatoreffekte und damit der regionale Entwicklungsimpuls entsprechend geringer aus. Ähnliche Vorbehalte können auch gegen das *Perroux'sche* Wachstumspolkonzept vorgebracht werden, da dieses grundsätzlich keine räumlich-geographische Begrenzung der Input-Output-Verflechtungen der motorischen Einheit vorsieht.[108] Schließlich kann einer ansiedlungsorientierten Regionalentwicklungspolitik entgegengehalten werden, dass jede Ansiedlung aus gesamtwirtschaftlicher Perspektive lediglich eine Betriebsverlagerung und damit eine Umverteilung von Arbeitsplätzen, zumeist ohne positive Netto-Beschäftigungseffekte, darstellt und damit die Gefahr eines interkommunalen bzw. interregionalen Abwerbungswettbewerbs (Stichwort „Subventionswettlauf") in sich birgt. Ein gesamtwirtschaftlich positiver Nettoeffekt wäre demnach vor allem bei Betriebsverlagerungen aus dem Ausland zu erwarten. Bei innerdeutschen Betriebsverlagerungen müsste der Nachweis erbracht werden, dass der neue Standort eine stärkere Expansion der Unternehmensaktivitäten ermöglicht und daraus – unter Berücksichtigung der Multiplikatoreffekte bei den mit dem verlagernden Unternehmen wirtschaftlich verbundenen Unternehmen – eine Beschäftigungsausweitung resultiert, die am bisherigen Standort nicht möglich gewesen wäre. Solange Betriebsverlagerungen keine Verbesserung der Allokationseffizienz ermöglichen, ist die Ansiedlungsförderung auf überregionaler

---

105 Vgl. Hahne (1995), S. 19.

106 Vgl. Maier und Tödtling (1996), S. 43. Für weitere Kritikpunkte an der Exportbasistheorie im Zusammenhang mit der Ansiedlungsförderung vgl. Dietrich et al. (1998), S. 93ff.

107 Vgl. Icks und Richter (1999), S. 6.

108 Dazu ist der von *Perroux* verwendete Raumbegriff zu beachten. Der ökonomische Raum wird als eine Art Kräftefeld mit der motorischen Einheit als Mittelpunkt (Brennpunkt) verstanden, und hat damit keine konkrete geographische Dimension (vgl. Schilling-Kaletsch 1976, S. 9f). Das Konzept wird daher auch als sektorales und nicht als regionales Wachstumspolkonzept bezeichnet. Es ist damit nur bedingt zur Fundierung regionalwirtschaftlicher Entwicklungskonzepte geeignet.

Ebene ein reines Nullsummenspiel.[109] Finanzielle Beihilfen als Instrument zur Ansiedlungsförderung sind besonders problematisch einzustufen, da das Potenzial von Mitnahmeeffekten – und damit von Wohlfahrtverlusten – sehr hoch ist.[110] Zudem sind sie aufgrund ihrer sehr selektiven Wirkungen und den damit verbundenen Verzerrungen der Wettbewerbsverhältnisse aus ordnungspolitischer Sicht sehr bedenklich.

2.2.2. Aktivierung des endogenen unternehmerischen Entwicklungspotenzials

2.2.2.1. Einführung

Angesichts der rückläufigen Anzahl mobiler Unternehmen und der diversen Nachteile einer reinen Unternehmensansiedlungsförderung setzte Ende der 1970er Jahre ein Umdenken in der regionalpolitischen und regionalwissenschaftlichen Diskussion ein. Die Konzentration auf regionsexterne Faktoren (insbesondere den Produktionsfaktor Kapital, durch dessen Mobilisierung die Regionalentwicklung forciert werden sollte) wird als ursächlich für die relative Erfolglosigkeit der Regionalpolitik eingestuft.[111] Stattdessen wird eine stärkere Berücksichtigung von regionalen Entwicklungs- und Innovationspotenzialen propagiert. Die Regionalförderung ist demnach verstärkt auf die Aufdeckung und Aktivierung der endogenen Entwicklungspotenziale einer Region auszurichten. Eine einheitliche Theorie der endogenen Entwicklungspotenziale hat sich allerdings bislang nicht herausgebildet. *Scharff* unterscheidet drei Theoriehauptlinien – die produktionstheoretische, die außenhandelstheoretische und die dissoziationstheoretische Fundierung.[112] In der Sekundärliteratur werden die Begriffe „endogenes Entwicklungspotenzial der Region“ und „regionales Entwicklungspotenzial“ zumeist synonym verwendet.

---

[109] Vgl. Dietrich et al. (1998), S. 93.
[110] Vgl. Dietrich et al. (1998), S. 100f.
[111] Vgl. Sternberg (2003a), S. 5.
[112] Vgl. dazu Scharff (1993), S. 131ff. Der grundlegende Beitrag innerhalb des deutschen Sprachraums stammt von Hahne (1985).

2.2.2.2. Theoretische Fundierung: Das Konzept des endogenen Entwicklungspotenzials

Der Begriff des regionalen Entwicklungspotenzials kann auf *Giersch*[113] zurückgeführt werden.[114] Das regionale Entwicklungspotenzial umfasst „die Gesamtheit der in einer Region vorhandenen Produktionsfaktoren und deren Allokation, unter Beachtung der mittel- bis langfristigen sozioökonomischen und ökologischen Entwicklungsmöglichkeiten des jeweiligen Teilgebiets einer Volkswirtschaft".[115] Zum „endogenen Potenzial" einer Region zählen die Ausstattung mit Kapital und Arbeitskräften, die Infrastrukturausstattung, das Ressourcen- Flächen- und Umweltpotenzial (inklusive geographischer, geologischer und klimatischer Bedingungen), das Wissens- und Innovationspotenzial (inklusive des „Innovationsklimas"), das Marktpotenzial, soziokulturelle Faktoren (inklusive Mentalität, Regionalbewusstsein und die Ausprägung des „entrepreneurial spirit"), bestehende handwerkliche und gewerbliche Traditionen (z.B. ein spezifisches handwerkliches Know-how, spezifische Produktionsverfahren) sowie die Vernetzung der regionalen Akteure.[116] Das endogene Potenzial umfasst damit neben ökonomischen Faktoren auch soziale, kulturelle, politische und ökologische Elemente. Die sozioökonomische Entwicklung einer Region hängt vom Umfang und der Nutzung der vorhandenen Potenziale ab.[117] Die Aktivierung dieser Potenziale, also die bessere Auslastung und alternative Nutzung der bestehenden und unter Umständen brachliegenden Ressourcen ermöglicht damit – zusätzliches – wirtschaftliches Wachstum. Da die Potenzialfaktoren unterschiedlich knapp sind, müssen dazu die Engpassfaktoren, die das regionale Produktionsvolumen limitieren, identifiziert und durch gezielte Investitionen erweitert werden. In Anlehnung an die Theorie der komparativen Kostenvorteile empfiehlt sich eine Spezialisierung auf die Potenzialfaktoren, bei denen die Standortvorteile gegenüber anderen Regionen möglichst groß sind. Eine enge und effektivere intraregionale Verflechtung der Teilpotenziale ermöglicht die Nutzung von Komplementaritäten und Synergieeffekten.[118] Gleichzeitig limitiert die Potenzialausstattung die

---

[113] Vgl. Giersch (1964).
[114] Vgl. Scharff (1993), S. 1.
[115] Scharff (1993), S.2. Scharff (1993, S. 118) weist darauf hin, dass der Entwicklungsbegriff umfassender zu verstehen ist. Die Entwicklung beinhaltet sowohl das Wirtschaftswachstum i.S. der Ausweitung des Produktionspotenzials als auch dessen strukturelle Veränderung.
[116] Zu den Bestandteilen des endogenen Potenzials vgl. Hahne (1985), S. 22f; Hahne (1995), S. 21f.
[117] Vgl. im Folgenden Schätzl (1996), S. 148ff.
[118] Vgl. Maier und Tödtling (1996), S. 187.

Entwicklungsmöglichkeiten. Das endogene Entwicklungspotenzial bestimmt damit die Obergrenze der möglichen wirtschaftlichen, sozialen und ökologischen Aktivitäten einer Region.[119] Es ist somit ein hypothetisches Konstrukt, welches das langfristig maximal mögliche Produktionsvolumen bei vollständig ausgelasteten und optimal allozierten Potenzialfaktoren angibt.[120]

Die einzelnen Hauptlinien des Entwicklungspotenzialkonzepts verfolgen unterschiedliche Schwerpunkte und strategische Ansätze zur Nutzung der Entwicklungspotenziale und streben letztlich auch unterschiedlich weit reichende Wachstumswirkungen an.[121] Während der produktionstheoretische Ansatz der *Giersch'schen* Prägung durch die Beseitigung von Entwicklungsengpässen die gesamtwirtschaftliche Optimierung anstrebt, setzt die außenhandelstheoretische Linie auf die Identifizierung von „innerregionalen Produktionsvorteilen"[122], die einen auf komparativen Produktionsvorteilen spezialisierten interregionalen Handel ermöglichen. Dies dient in erster Linie dem Wachstum der Region, trägt dabei aber auch zum gesamtwirtschaftlichen Wachstum bei. Die dissoziationstheoretischen Ansätze propagieren dagegen eine Abkopplung der Region vom gesamtwirtschaftlichen Kontext. Durch die Förderung von intraregionalen Verflechtungen der einzelnen Potenziale und der Initiierung „innerregionaler Kreisläufe"[123] – also letztlich der Bildung von regionalen Netzwerken – soll in erster Linie die regionale Entwicklung gegenüber den gesamtwirtschaftlichen und regionsexternen Einflüssen stabilisiert werden.[124] Damit sind die bereits in den vorherigen Abschnitten skizzierten Zielkonflikte zwischen den Wachstums- und Verteilungszielen sowie zwischen den Zielsetzungen der kommunalen Wirtschaftsförderung und der gesamtwirtschaftlich orientierten Regionalpolitik erkennbar. Die Gemeinsamkeit der Ansätze besteht in der Betonung der Bedeutung regionaler Entwicklungspotenziale. Die Potenzialausstattung differiert zwischen den Regionen, die regionsspezifischen Potenziale müssen identifiziert und genutzt werden, um das Wachstum – der Region und/oder des Gesamtraums – zu forcieren. Vor allem mit dem dissoziationstheoretischen Ansatz ist die Vorstellung von einer „Endogenität der Potentialfaktoren" verbunden, also der Ent-

119 Vgl. Hahne (1984), S. 4.
120 Vgl. ähnlich Scharff (1993), S. 111f.
121 Vgl. dazu Scharff (1993), S. 2f, S. 126ff und ausführlich S. 131ff.
122 Vgl. Hahne (1985), S. 26.
123 Vgl. Hahne (1985), S. 34.
124 Sternberg (2000b, S. 203) nennt hier z.B. die Unabhängigkeit von Entscheidungen regionsexterner Konzernzentralen.

stehung und Entfaltung einer eigendynamischen Entwicklung auf Grundlage der regional vorhandenen Ressourcen.[125]

2.2.2.3. Zielgruppen der potenzialorientierten Regionalentwicklung

Mit der potenzialorientierten Betrachtung rücken die bereits in der Region ansässigen Unternehmen sowie alle Akteure, die zukünftig für die Gründung eines Unternehmens in Frage kommen, in den Mittelpunkt der Betrachtung. Sie bilden das „unternehmerische endogene Potenzial" für die weitere Entwicklung der Region. Die Regionalentwicklung wird also nicht mehr durch externe Impulse – die Ansiedlung von Betrieben – angestoßen, sondern erfolgt aus den eigenen ökonomischen Ressourcen heraus. Eine dementsprechend ausgerichtete regionale bzw. kommunale Wirtschaftsförderung wird häufig als Bestandspflege oder besser als Bestandsentwicklung bezeichnet. Der Begriff „Bestandsentwicklung" verdeutlicht, dass nicht die Bewahrung bestehender Bestände oder gar die Pflege „kränkelnder Patienten" im Vordergrund steht, sondern die Weiterentwicklung der wirtschaftlichen Basis der Region.[126] Im weiteren Verlauf dieser Arbeit wird zumeist die alternative Bezeichnung „potenzialorientierte Regionalentwicklung" verwendet.

Zielgruppe der potenzialorientierte Regionalentwicklung sind damit in erster Linie die ortsansässigen Unternehmen (vgl. Abbildung 2.1).[127] Die Maßnahmen richten sich auf die Existenzsicherung,[128] die Unterstützung der Expansion und die Verhinderung der Abwanderung von bestehenden Unternehmen. Dabei stehen kleine und mittlere Unternehmen im Vordergrund, da sie zumeist den Löwenanteil des regionalen Betriebsbestandes stellen. Außerdem sind KMU zumeist stärker mit der regionalen Wirtschaft verflochten als Großunternehmen, d.h. sie entlasten vor allem den regionalen Arbeitsmarkt, weisen starke Input-Output-Verflechtungen mit anderen regionalen Unternehmen auf und erzielen einen hohen Anteil ihres Absatzes innerhalb der Region.[129] Weiterhin richtet sich die Förderung auf die Initiierung und Unterstützung von Neugründungen.

---

[125] Vgl. Scharff (1993), S. 4. Dies setzt allerdings eine ausreichende Ausstattung mit relevanten und mobilisierbaren Potenzialen voraus (vgl. Scharff 1993, S. 157).

[126] Vgl. Hahne (1995), S. 21.

[127] Vgl. dazu z.B. Icks und Richter (1999), S. 7; Osterhoff (2000), S. 43; Seltsam (2001), S. 166.

[128] Wobei die Wirtschaftsförderung natürlich nicht auf die künstliche Lebenserhaltung dauerhaft nicht überlebensfähiger Betriebe ausgerichtet sein darf.

Abbildung 2.1: Zielgruppen der potenzialorientierten Regionalentwicklung

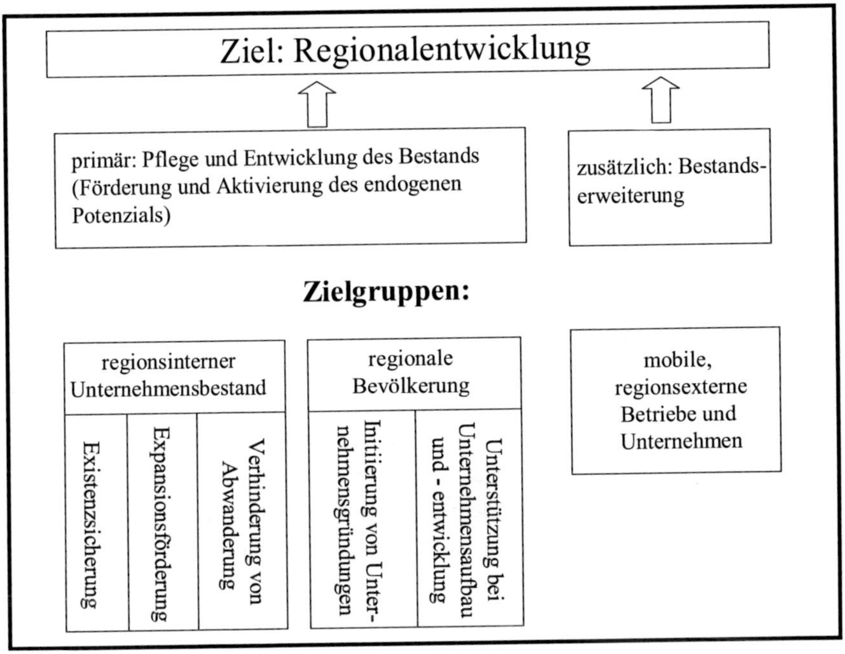

Quelle: Eigene Darstellung.

Das Gründungsaufkommen wird durch eine Vielzahl von regionsspezifischen Einflussgrößen – wie z.B. die vorhandenen Inkubatoreinrichtungen, das Grün dungsklima, unterstützende und intermediäre Einrichtungen, demographische Faktoren, Finanzierungsmöglichkeiten – beeinflusst.[130] Unternehmensgründungen reagieren also deutlich auf die einzelnen Bestandteile des endogenen Potenzials bzw. sie interagieren mit den Potenzialelementen. Das Gründungsaufkommen und auch die Entwicklung[131] von jungen Unternehmen weist damit ein hohes Maß an „Endogenität"[132] oder „regionsinterner Determiniertheit" auf. Aufgrund der empirisch nachgewiesenen räumlichen Immobilität sind Gründungs-

---

129 Vgl. Storey (1982), S. 167.

130 Vgl. Sternberg (2003a), S. 10f. Die Gründungsdeterminanten werden detailliert in Abschnitt 4.4 behandelt.

131 Die Entwicklungsdeterminanten, zu denen auch umfeldbezogene (regionsspezifische) Faktoren zählen, werden detailliert in Abschnitt 4.7 behandelt.

132 Sternberg (2003a), S. 12.

unternehmen selbst zum endogenen Potenzial der Region zu zählen.[133] Wegen der ausgeprägten Endogenität und der räumlichen Immobilität sind Unternehmensgründer eine Erfolg versprechende Zielgruppe für eine potenzialorientierte Regionalentwicklung. Eine Politik, die auf die Aktivierung der endogenen Potenziale ausgerichtet ist, muss gerade auch die Erschließung des bisher nicht genutzten unternehmerischen Potenzials anstreben. Damit bilden die potenziellen Unternehmer innerhalb der lokalen Bevölkerung sowie die im Aufbau befindlichen neuen Unternehmen eine wichtige Zielgruppe der endogenen Regionalentwicklung. Aber auch mobile Betriebe bilden eine Zielgruppe, da durch Ansiedlungen das Entwicklungspotenzial der Region erweitert werden kann.

2.2.2.4. Umsetzung der potenzialorientierten Regionalentwicklung

Grundsätzliches Ziel der potenzialorientierten Regionalentwicklung ist die Sicherung und Verbesserung der Wettbewerbsfähigkeit der regionalen Unternehmen sowie des Standorts selbst. Dem engpassorientierten Entwicklungspotenzialkonzept entsprechend sind dafür zuerst die regionsspezifischen Entwicklungsengpässe und -hemmnisse für die Gründung und Entwicklung von Unternehmen zu identifizieren. Die Hemmnisse können aus den unterschiedlichsten Bereichen resultieren, zu denken ist beispielsweise an eine ungünstige Struktur der Inkubatoreinrichtungen, eine risikoaverse Mentalität der regionalen Bevölkerung oder eine restriktive Kreditpolitik der regionalen Finanzierungsinstitutionen.[134] Darauf aufbauend sind dann engpassbezogene Zielsetzungen zu formulieren und dementsprechend abgestimmte Instrumente zu entwickeln.[135] Beispielsweise können regionale Gründerwettbewerbe und regionale Gründermessen veranstaltet werden oder regionale Gründungsfonds eingerichtet werden. In Anlehnung an den dissoziationstheoretischen Ansatz ist vor allem die Vernetzung der regionalen Akteure zu fördern, um den Aufbau von intraregionalen Kreisläufen zu unterstützen. In Bezug auf Unternehmensgründungen bilden insbesondere Unterstützungsnetzwerke für Existenzgründer und Maßnahmen zur Förderung des Wissens- und Technologietransfers Erfolg versprechende Ansätze. Dem Ansatz der Spezialisierung auf komparative Vorteile entsprechend kann die Gründungsförderung auf zukunftsträchtige Sektoren fokussiert werden, um zur Entwicklung

---

133 Vgl. Sternberg (2000b), S. 203.
134 Vgl. Sternberg (2003a), S. 16.
135 Vgl. Steinröx (1995), S. 91.

eines regionalen Technologieprofils beizutragen. Allerdings ist eine solche einseitige „pick-the-winners"-Strategie als sehr riskant einzustufen.[136] Schließlich setzt diese Strategie voraus, dass die Akteure vor Ort die Zukunftschancen einzelner Märkte und Technologie korrekt einschätzen können. Die potenzialorientierte Regionalentwicklung weist somit im Gegensatz zur traditionellen Unternehmensansiedlungsförderung einen deutlich stärkeren individuellen Charakter auf. Die Entwicklung von Standardförderungsansätzen und Standardmaßnahmenprogrammen, die auf beliebig viele Regionen angewandt werden können, ist kaum möglich, da die einzelnen Regionen und Standorte über unterschiedliche Stärken- und Schwächenprofile verfügen, also spezifische Entwicklungshemmnisse und Entwicklungsressourcen aufweisen.

Im Vergleich zur Ansiedlungsförderung verfügt die potenzialorientierte Strategie über ein wesentlich breiteres Maßnahmenspektrum. Zusätzlich zu den mobilitätsorientierten Instrumenten wie Gewerbeflächenbereitstellung (Flächenmanagement), Infrastrukturausbau sowie Regionalmarketing und Standortwerbung (Entwicklung eines regionalen Leitbilds) werden Maßnahmen der betrieblichen Weiterbildung, der Förderung von Kooperationen zwischen Unternehmen und mit anderen lokalen Akteuren, des Wissens- und Technologietransfers, der Beratung sowie der Förderung von Standortgemeinschaften (z.B. Technologie- und Gründerzentren) eingesetzt.[137] Mit der Fokussierung auf bestehende KMU und potenzielle Unternehmensgründer – und deren gezielte Förderung z.B. durch Beratung und Weiterbildung – rückt der Mensch als relevanter Akteur in den Mittelpunkt der Betrachtung und verdrängt das „anonyme" Großunternehmen. Damit gewinnt auch das Humankapital als Wirtschaftsfaktor an Bedeutung, die Förderung und Weiterentwicklung des Humankapitals wird zu einem wichtigen Bestandteil der Regionalentwicklung. Die potenzialorientierte Regionalentwicklung erhält dadurch den Charakter einer humankapitalorientierten Regionalpolitik, während die traditionelle Ansiedlungsförderung aufgrund ihrer materiellen und physischen Ausrichtung als sachkapitalorientierte Regionalpolitik eingestuft werden kann.

Auf die spezifischen Ziele der kommunalen Wirtschaftsförderung Bezug nehmend kann festgestellt werden, dass die potenzialorientierte Regionalentwicklung insbesondere dem Beschäftigungsziel dient und gleichzeitig geeignet ist, zur Diversifizierung der regionalen Wirtschaftsstruktur beizutragen. Das fis-

---

[136] Vgl. Sternberg (2003a), S. 15.

kalische Ziel tritt – zumindest kurzfristig – in den Hintergrund, da von jungen und kleinen Unternehmen zumeist kein hoher Gewerbesteuerertrag zu erwarten ist.[138] Längerfristig kann ein prosperierender und diversifizierter Unternehmensbestand aber die finanzielle Basis der Kommune stabilisieren. Die potenzialorientierte Regionalentwicklung wird zudem als argumentative Grundlage für die Forderung nach einer Regionalisierung der Regionalpolitik herangezogen.[139]

Einschränkend ist darauf hinzuweisen, dass die der potenzialorientierte Regionalentwicklungsstrategie zugrunde liegende Konzeption der regionalen Entwicklungspotenziale selbst gewisse Schwächen in der theoretischen Fundierung aufweist. Da die entwicklungspotenzialorientierten Konzepte weitgehend als Gegenkonzept zur Unternehmensansiedlungsförderung formuliert wurden, fehlt es den Ansätzen an theoretischer Geschlossenheit und Konsistenz.[140] Aufgrund der unzureichenden Konkretisierung und Operationalisierung der einzelnen Potenzialfaktoren wird die praktische Umsetzung erschwert.[141] Der Begriff des Entwicklungspotenzials wird zwar häufig verwendet, eine klare inhaltliche Begriffsbestimmung wird dabei oftmals aber nicht vorgenommen. Er kann daher oft nicht hinreichend „greifbar" für die Ableitung konkreter Entwicklungsmaßnahmen gemacht werden. Problematisch ist zudem die zumeist vergangenheits- bzw. gegenwartsbezogene Erfassung der Potenziale, bei der die Prognose zukünftiger Anforderungen unterbleibt, mit der Folge der Überbewertung augenblicklicher Stärken und Schwächen.[142] Bezogen auf die Förderung von Existenzgründungen kann dies dazu führen, dass Existenzgründer dazu ermutigt werden, Gründungsprojekte zu realisieren, deren Geschäftsidee langfristig nicht überlebensfähig sind, da z.B. die Veränderung des regionalen Nachfragevolumens und der Nachfragestruktur sowie des Nachfrageverhaltens nicht ausreichend antizipiert werden. Problematisch ist weiterhin die oftmals fehlende Konkretisierung des Regionsbegriffs, so dass die Bestimmung der für eine erfolgreiche Umset-

---

137 Vgl. dazu z.B. Hahne (1995), S. 24ff; Seltsam (2001), S. 166f.

138 Von einem Großunternehmen ist generell ein höheres Steueraufkommen zu erwarten. Allerdings können Konzerne Gewinn- und Verlustverrechnungsmöglichkeiten zwischen den einzelnen Unternehmensteilen nutzen, so dass für einzelne Betriebsstandorte unter Umständen keine Gewerbesteuer anfällt.

139 Für die „Regionalisierung der Regionalpolitik" vgl. auch Abschnitt 2.1.2.2.

140 Vgl. Maier und Tödtling (1996), S. 187.

141 Scharff (1993, S. 160) weist darauf hin, dass eine verbindliche Klärung der zeitlichen und räumlichen Abgrenzung sowie des Potenzial- und Entwicklungsbegriffs noch aussteht. Der Begriff der regionalen Entwicklungspotenziale muss als „weitgehend inhaltsleer" betrachtet werden (Scharff 1993, S. 161). Diese Einschätzung hat grundsätzlich auch heute noch Bestand.

142 Vgl. Scharff (1993), S. 161.

zung erforderlichen räumlichen Dimension erschwert wird. Damit stellt sich die Frage, ob eine potenzialorientierte Regionalentwicklung sinnvoll für alle Kommunen angewendet werden kann.

2.2.3. Innovationsorientierte Regionalentwicklung

2.2.3.1. Einführung

Die innovationsorientierte Regionalentwicklung bzw. die innovationsorientierte Regionalpolitik ist ebenfalls auf das endogene Entwicklungspotenzial der Region ausgerichtet, dabei allerdings auf die Bereiche Innovation und Technologie fokussiert.[143] Damit kann die innovationsorientierte Regionalpolitik als ein Teilbereich bzw. eine spezifische Ausprägung der entwicklungspotenzialorientierten Regionalpolitik[144] angesehen werden. Die innovationsorientierte Regionalentwicklung bildet somit ebenfalls einen alternativen Entwicklungsstrategieansatz gegenüber der traditionellen Unternehmensansiedlungsförderung. Gleichzeitig bildet sie das regionalisierte Element der ebenfalls seit Anfang der 1970er Jahren stark an Bedeutung gewinnenden staatlichen Technologie- und Innovationspolitik.[145] Angesichts des wachsenden internationalen Wettbewerbsdrucks durch die fortschreitende Globalisierung und die Beschleunigung des technologischen Fortschritts setzt sich die Erkenntnis durch, dass für die Erhaltung der Wettbewerbsfähigkeit einer Volkswirtschaft deren Innovationsfähigkeit entscheidend ist. Um diese zu unterstützen und die „Technologie- und Umsetzungslücke"[146] abzubauen, engagiert sich der Staat zunehmend in der Forschungs- und Innovationsförderung. Nach einer anfänglich auf wenige thematische Schwerpunkte konzentrierten Förderung von Spitzen- bzw. Schlüsseltechnologien, von der hauptsächlich Großforschungseinrichtungen sowie FuE-betreibende Großunternehmen profitierten, folgte ein Strategiewechsel hin zu einer breiter gefächerten Förderung der Innovationsaktivitäten, bei der nun auch innovierende KMU sowie die Vernetzung der diversen innovationsrelevanten Akteure auf nationaler

143 Vgl. dazu Maier und Tödtling (1996), S. 188ff.

144 Vgl. Scharff (1993), S. 174f und 200f.

145 Meyer-Krahmer (1989, S.1) definiert Innovationspolitik als „...die staatliche Einflußnahme auf die technologische Entwicklung und ihre wirtschaftliche Umsetzung." Die Innovationspolitik umfasst damit die Unterstützung von Wissenschaft und Wirtschaft von der ersten Ideengenerierung bis hin zur Markteinführung (vgl. Koschatzky 2003a, S. 111). Die Technologiepolitik bildet einen Teilbereich der Innovationspolitik, der sich auf die früheren Abschnitte des Innovationsprozesses bezieht (vgl. Feldmann 1999, S. 15).

und regionaler Ebene berücksichtigt werden.[147] Gleichzeitig verlagert sich die Konzeption und Umsetzung der Innovationspolitik stärker auf die regionale E-bene, so dass von der Entwicklung einer dezentralen Innovationspolitik gesprochen werden kann.[148] Während die ursprüngliche zentrale Innovations- und Technologiepolitik keine räumlichen Wirkungen intendierte und aufgrund der räumlichen Ungleichverteilung der Nutznießer tendenziell die regionalen Disparitäten verstärkte[149], nimmt die dezentrale Innovationspolitik Rücksicht auf die regionalen Gegebenheiten. Die innovationsorientierte Regionalpolitik kann damit auch als eine Verknüpfung der Innovationspolitik mit der Regionalpolitik aufgefasst werden.[150]

Wie im Fall der potenzialorientierten Regionalentwicklung liegt auch der innovationsorientierten Regionalpolitik bzw. Regionalentwicklung kein einheitliches theoretisches Fundament zugrunde. Neben dem Konzept des endogenen Entwicklungspotenzials werden vor allem die Konzepte des innovativen Milieus und der regionalen Innovationsnetzwerke sowie der Transaktionskostenansatz zur theoretischen Fundierung herangezogen.[151] Eine Vielzahl von Veröffentlichungen propagiert unter den Schlagworten „innovationsorientierte Regionalpolitik“[152], „regionale Innovationspotenziale“ oder „regionale Innovationssysteme“[153] die Existenz endogener Innovationspotenziale, deren Aktivierung die Ini-

---

146 Henze (1992), S. 16.

147 Einen Überblick über die Neuorientierung der Innovationspolitik gibt z.B. Behrendt (1996), S. 13ff.

148 Vgl. dazu Tidelski (2002), S. 31ff.

149 Vgl. Meyer-Krahmer (1990), S. 346f, 350.

150 Vgl. dazu Feldmann (1999), S. 55. Er bezieht sich allerdings nur auf den Teilbereich Technologiepolitik.

151 Vgl. Fritsch et al. (1998), S. 245ff.

152 Das Konzept der innovationsorientierten Regionalpolitik wurde im Wesentlichen von *Ewers* mit Koautoren Ende der 1970er Jahre entwickelt (vgl. z.B. Ewers und Wettmann 1978).

153 Die Ansätze der Innovationssysteme beruhen auf der Ansicht, dass für die wirtschaftliche Entwicklung von Wirtschaftsräumen nicht nur die Innovationsleistungen der einzelnen Unternehmen relevant sind, sondern vor allem auch deren Interaktion untereinander und mit dem öffentlichen Sektor (vgl. Fischer 2002, S. 125). Innovationssysteme bestehen aus Unternehmen (sowohl produzierende Betriebe als auch Dienstleister), überbetrieblichen Organisationen und Verbänden, öffentlichen Einrichtungen (z.B. wissenschaftliche Einrichtungen) sowie Institutionen (Gesetze, Regeln, Normen). Das Konzept der Innovationssysteme wurde seit Ende der 1980er Jahre zuerst auf der Ebene von Nationalstaaten („National Systems of Innovations“, vgl. hierzu die Beiträge von *Freeman*, *Nelson* und *Lundvall*) entwickelt, seit Beginn der 1990er Jahre wird die Konzeption auf die regionale Ebene übertragen (vgl hierzu die Beiträge von *Cooke* mit Koautoren). Die Systemansätze gehen über die betriebliche Betrachtungsebene hinaus, indem auch die räumliche Dimension und – mit der Berücksichtigung von Institutionen – auch die soziale Dimension der Wirtschafts- und Innovationsprozesse erfasst werden.

tiierung und Forcierung innovativer Prozesse und dadurch (regional-) wirtschaftliche Entwicklung ermöglicht.

2.2.3.2. Theoretische Fundierung: das Konzept des innovativen Milieus, der Ansatz der Netzwerkökonomik und der Transaktionskostenansatz

Zum Begriff des regionalen Innovationspotenzials und Darstellung der Innovationsprozesse

Grundsätzlich kann das regionale Innovationspotenzial definiert werden als die Gesamtheit aller Faktoren, welche die Innovationsleistung einer Region fördern oder hemmen.[154] Zum Innovationspotenzial einer Region zählen neben den innovierenden bzw. innovationsfähigen und innovationsinteressierten Unternehmen, den unternehmens- und innovationsorientierten (privaten und öffentlichen) Dienstleistungen sowie den öffentlichen und privaten Forschungseinrichtungen insbesondere auch die Vernetzung der einzelnen regionalen Akteure sowie die innovationsrelevanten Politikmaßnahmen selbst. Einen Überblick über die relevanten Bestandteile des regionalen Innovationspotenzials gibt Abbildung 2.2.

Eine innovationsorientierte Regionalpolitik zielt auf die Entstehung, Beschleunigung und Ausbreitung des technologischen Fortschritts innerhalb einer Region.[155] Der Konzeption liegen die Annahmen zugrunde, dass vom regionalen Innovationsgeschehen tatsächlich ein spürbar positiver Einfluss auf die Regionalentwicklung ausgeht und dass die Innovationsfähigkeit der Unternehmen wesentlich von den regionalen Standortbedingungen abhängt.[156] Aufgrund des prozessualen Charakters des technologischen Fortschritts[157] bilden sowohl die Invention als auch die Innovation und die Diffusion Ansatzpunkte für die regionalpolitischen Maßnahmen, d.h. sowohl die Entwicklung neuer Technologien und darauf aufbauender Produkte, Dienstleistungen und Verfahren als auch deren Ausbreitung durch Anwendung (Adoption), Anpassung (Adaption) und Weiterentwicklung innerhalb der Unternehmen der Region soll durch die innovationsorientierte Regionalpolitik unterstützt werden. Dazu müssen die oben

154 Vgl. Sternberg (2003a), S. 6.
155 Vgl. Scharff (1993), S. 200.
156 Vgl. Ewers und Brenck (1992), S. 312. Die theoretische und empirische Fundierung dieser Ausgangshypothesen ist allerdings als bislang unzureichend einzustufen (vgl. Weibert 2001, S. 17f).
157 Vgl. dazu Herdzina (1981), S. 85f.

aufgeführten Elemente des regionalen Innovationspotenzials auf- und ausgebaut, aktiviert bzw. stimuliert und miteinander vernetzt werden.

Abbildung 2.2: Systematik des regionalen Innovationspotenzials

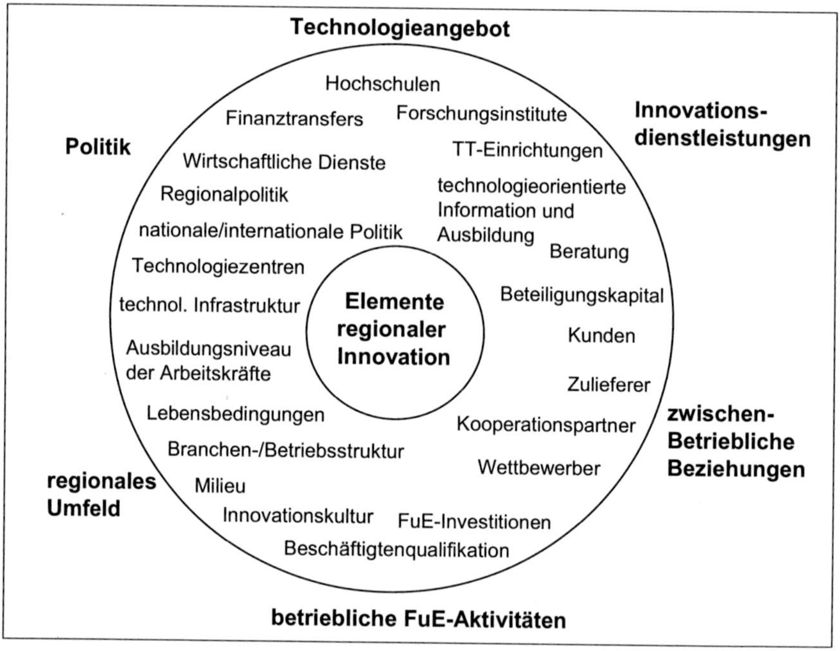

Quelle: Koschatzky (1997), S. 187.

Das Innovationsgeschehen ist durch fünf charakteristische Merkmale gekennzeichnet:[158] Unsicherheit (aufgrund unvollständiger Informationen und begrenzter Informationsverarbeitungsmöglichkeiten kann der wirtschaftliche Erfolg zu Beginn des Innovationsprozess nicht vorhergesehen werden), die zunehmende Abhängigkeit vom wissenschaftlichen Fortschritt, die wachsende Komplexität von Forschung und Innovation (die zur Ablehnung linearer Innovationsmodelle führt), die Bedeutung von Wissen und Lernprozessen durch Produktion und Produktnutzung (dabei ist zwischen implizitem und explizitem Wissen zu unterscheiden) sowie den kumulativen Charakter des technischen Wissens (die Tech-

[158] Vgl. Dosi (1988a), S. 222f sowie ausführlicher Koschatzky (2001), S. 39ff.

nikentwicklung verläuft pfadabhängig, es bilden sich technische Paradigmen und Trajektorien heraus).

Die Vertreter der innovationsorientierten Regionalentwicklung betonen daher, dass die Innovationsprozesse ein erhebliches Maß an Arbeitsteilung und Interaktion erforderlich machen.[159] Dies ist auf die für die technologische Entwicklung erforderliche fortschreitende Spezialisierung zurückzuführen, sowie auf den zunehmend systemischen Charakter der Innovationen – d.h. das komplexe Zusammenwirken komplementärer Technologiefelder – und die „Verwissenschaftlichung" der Entwicklungsprozesse, bei der praxisgebundenes Erfahrungswissen durch analytisches Erkenntniswissen ersetzt wird.[160] Schließlich wird der Innovationswettbewerb immer härter und der Innovationslebenszyklus verkürzt sich, was ebenfalls für eine Arbeitsteilung zur Bündelung von FuE-Potenzialen spricht.[161] Die Arbeitsteilung erfolgt sowohl zwischen innovierenden Unternehmen sowie zwischen Anbietern und Abnehmern als auch zwischen Unternehmen und öffentlichen Wissensproduzenten und Technologietransferinstitutionen. Aufgrund des arbeitsteiligen Charakters des Innovationsprozesses greift eine alleinige Ausrichtung auf *den* Innovator zu kurz, stattdessen sind alle relevanten Akteure und deren Beziehungen zu berücksichtigen, was sich auch in der Bezeichnung „regionales Innovations*system*" widerspiegelt.[162] Bei den innovationsbezogenen Austauschbeziehungen kann idealtypischerweise eine statische und eine dynamische Dimension unterschieden werden.[163] Der statische Wissenstransfer umfasst den Austausch und die Übertragung bestehenden, „fertigen" Wissens, während der dynamische Wissenstransfer die Erweiterung der Wissensbasis durch Interaktion, im Folgenden als „kollektives Lernen" bezeichnet, beinhaltet. Die Notwendigkeit zur Vernetzung der Akteure auf der regionalen Ebene wird mit der Bedeutung des impliziten oder taziten Wissens (auch „sticky information" oder „tacit knowledge") für Innovationen begründet.[164] Das Konzept des impliziten Wissens trägt dem Umstand Rechnung, dass nicht alle Formen von Wissen kodifizierbar sind. Implizites Wissen kann nicht formal und

---

159 Vgl. Tödtling und Kaufmann (1999), S. 700.
160 Vgl. Semlinger (1998), S. 20.
161 Vgl. Semlinger (1998), S. 20.
162 Vgl. Fritsch (2004a), S. 110.
163 Vgl. dazu Tödtling, Lehner und Trippl (2004), S. 5.
164 Der Begriff wurde maßgeblich von Polanyi (1966) entwickelt. Explizites und implizites Wissen dürfen dabei nicht als zwei eindeutig trennbare Wissensarten aufgefasst werden. Vielmehr bewegt sich das Wissen in einem Kontinuum zwischen vollständig explizitem und vollständig implizitem Wissen (vgl. Howells 2002, S. 873).

in einer systematischen Sprache abgebildet werden (z.B. in Form von Marktanalysen, Blaupausen, Publikationen oder Messdaten), es lässt sich nur schwer artikulieren und kann daher nur schwer interpersonell und über räumliche Distanzen übertragen werden. Dies betrifft vor allem Wissen aus neuen Erkenntnisfortschritten und innovationsrelevantes technologisches Wissen sowie Wissen in Form von Erfahrungen, Fähigkeiten und Fertigkeiten. Da dieses Wissen in Personen gebunden und kontextabhängig ist, sind gerade die verbale und nonverbale Kommunikation sowie die Interaktion für den Wissenstransfer erforderlich. Persönliche Kontakte, Gespräche im informellen Rahmen, Interaktion mit den Wissensträgern sowie Beobachtungen („learning by doing", „learning by using", „learning to learn")[165] sind hierzu wichtige Transfermechanismen. Zudem erleichtern gegenseitige Vertrauensverhältnisse den Austausch.[166] Die räumliche Nähe erleichtert diese informellen „face-to-face"-Kontakte.[167] Der Zugang zu innovationsrelevantem, implizitem Wissen ist für die Schaffung und Erhaltung der Innovationsfähigkeit der Unternehmen erforderlich, die Einbindung in regionale Netzwerke erleichtert daher den Wissenstransfer.[168] Davon profitieren insbesondere KMU, die aufgrund ihrer geringeren Größe eine kleinere unternehmensinterne Wissensbasis aufweisen und gleichzeitig größere Probleme haben, unternehmensexternes Wissen zu akquirieren.

Weiterhin liegt den Konzepten der regionalen Innovationssysteme und der innovationsorientierten Regionalpolitik ein interaktives Innovationsmodell zugrunde. Während das lineare Innovationsmodell, das lange Zeit die theoretische Grundlage für die staatliche Innovationspolitik bildete, Innovationen als Ergebnis einer streng linearen Abfolge von Grundlagenforschung, angewandter Forschung, Produktentwicklung, Markteinführung und Diffusion modelliert – wobei eine strikte Arbeitsteilung unterstellt wird, bei der die Wissenschaft für die Grundlagenforschung zuständig ist und somit die grundlegenden Neuerungen anstößt, worauf die Unternehmen die Innovationsansätze aufnehmen und

165 Vgl. Howells (2002), S. 872.

166 Vgl. Breschi und Lissoni (2001), S. 258. Vertrauen bezeichnet die erfahrungsgestütze Erwartung, dass die andere Partei wohlwollend oder zumindest nicht absichtsvoll schädigend auf die eigenen Handlungsmöglichkeiten und -ziele einwirkt. Ein guter Leumund, freundschaftliche Beziehungen und nicht enttäuschte Erwartungen in der Vergangenheit bilden und vertiefen Vertrauensverhältnisse (vgl. Semlinger 1998, S. 43). Bestehen Vertrauensverhältnisse, sind die Akteure bereit, auch riskantere Vorleistungen zu erbringen, da sie kein opportunistisches Verhalten ihrer Transaktionspartner erwarten.

167 Vgl. Audretsch und Feldman (1996), S. 256ff.

168 Vgl. Fritsch et al. (1998), S. 244.

dann durch eigene Forschung und vor allem Entwicklung zur Marktreife weiterentwickeln – begreift das interaktive Innovationsmodell den Innovationsprozess als einen laufenden Interaktionsprozess zwischen Markt, Unternehmen und Forschung mit fortwährenden Rückkopplungen.[169] Innovationen beginnen nicht zwangsläufig mit Forschungsarbeiten im Wissenschaftssektor („science push"), sondern können auch durch Nachfrager oder Kooperationspartner angestoßen werden („demand pull").[170] Außerdem entstehen wesentliche Innovationsimpulse aus Lernprozessen während der Produktion.[171]

Abbildung 2.3: Das interaktive Innovationsmodell

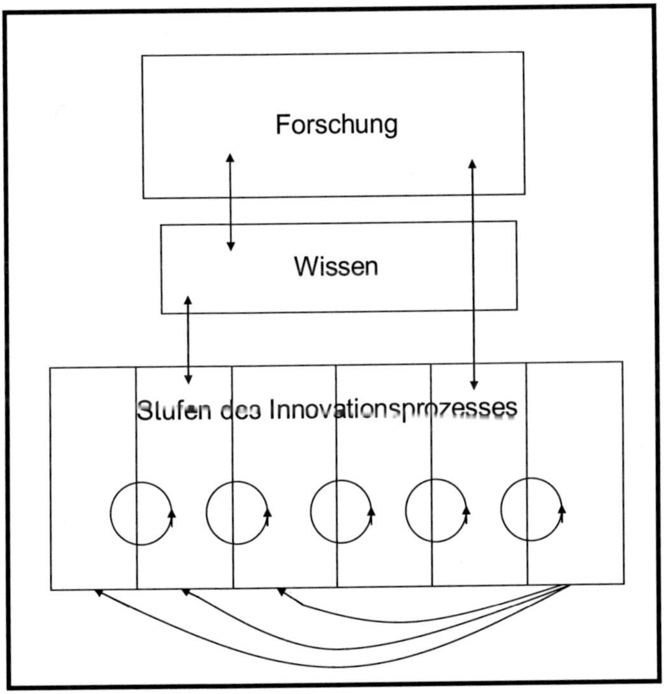

Quelle: Vereinfachte Darstellung nach Kline/ Rosenberg (1986), S. 290.

---

169 Für die Darstellung der Innovationsmodelle vgl. z.B. Tidelski (2002), S. 23ff. Eines der grundlegenden interaktiven Innovationsmodelle ist das „Chain-linked" Modell von Kline und Rosenberg (1986).

170 Vgl. Mönnich (2004), S. 136.

171 Vgl. Kline und Rosenberg (1986), S. 288; Koschatzky (2001), S. 45.

Im Gegensatz zum linearen Modell entwickelt sich der Innovationsprozess nicht nur in eine Richtung – entlang einer „Innovationswertschöpfungskette" – weiter. Die Entwicklungsstufen sind vielmehr rückwirkend miteinander verbunden, d.h. Produktentwicklung und -vertrieb sowie Forschung und Wissenschaft können sich jederzeit wechselseitig Impulse geben. Der Wissenschaftssektor steht somit eher „neben" den betrieblichen Innovationsprozessen, wobei die Unternehmen an jeder Stelle der Innovationskette bei Bedarf auf die bestehende Wissensbasis des Wissenschaftssektors zugreifen können und gegebenenfalls weitere, gezielte Forschungsprozesse auslösen können (vgl. Abbildung 2.3). Außerdem sind in den einzelnen Stufen des Innovationsprozesses auch Interaktionen mit Kunden, Zulieferern und Wettbewerbern möglich. Als unmittelbare Konsequenz daraus ergibt sich auch hier die Notwendigkeit zur Vernetzung aller innovationsrelevanten Akteure.

Analog zu dem im vorherigen Abschnitt skizzierten Engpasskonzept sind nun die Schwachstellen in den regionalen Innovationsprozessen bzw. im regionalen Innovationssystem zu identifizieren und bestehende sowie zukünftige Engpässe abzubauen.[172] Dies setzt eine umfassende und detaillierte Analyse der bestehenden regionalen Wirtschaftsstruktur und der vorhandenen Innovationsbasis sowie der eventuell bestehenden Netzwerkstrukturen voraus. Je nach Ausstattungsstand ist dann die erforderliche Innovationsinfrastruktur erst aufzubauen, oder – wenn bereits ein mehr oder weniger gut entwickeltes Innovationssystem besteht – die Funktionsfähigkeit des Innovationssystems zu sichern und zu verbessern, indem die Potenzialelemente stimuliert und vernetzt werden.[173] Im Fall der Existenz verkrusteter, innovationsfeindlicher Netzwerkstrukturen ist zu prüfen, inwieweit diese „modernisiert" werden können oder ob diese eventuell aufgelöst werden müssen. Neben den vermuteten Innovationsbarrieren bildet die mangelnde Innovationsbereitschaft einen weiteren wichtigen Ansatzpunkt, dabei ist der Fokus vor allem auf kleine und mittlere Unternehmen gerichtet, da diese zumeist größere Probleme im Innovationsprozess[174] aufweisen.[175] Dem Potenzialgedanken folgend ist davon auszugehen, dass einzelne innovationsrelevante Ressourcen in der Region bisher brachliegen. Die Aktivierung des endogenen Innovationspotenzials umfasst damit auch bisher nicht innovierende Unterneh-

---

172 Vgl. auch Scharff (1993), S. 209.

173 Vgl. Fritsch (2004a), S. 119f.

174 Für die Innovationsaktivitäten der KMU und deren Probleme im Innovationsprozess vgl. z.B. Harhoff, Licht et al. (1996); KfW (2005a), S. 85ff, 94ff; Rammer (2004).

men und innovative Unternehmensgründungen.[176] Im Folgenden werden drei Theorieansätze diskutiert, die zur Fundierung eines solchen potenzialorientierten und vernetzenden Strategieansatzes herangezogen werden können.

Das Konzept des innovativen Milieus

Das Milieukonzept wurde Mitte der 1980er Jahre von der französischen „GREMI-Schule“ entwickelt und hat seither eine Vielzahl von Ergänzungen und Weiterentwicklungen von diversen Autoren aus unterschiedlichen Forschungszweigen erfahren, so dass bisher keine einheitliche und allgemein anerkannte Milieutheorie vorliegt. Dementsprechend existiert auch keine einheitliche Definition des Milieubegriffs. Dem vielfach zitierten Beitrag von *Camagni* zufolge kann das Milieu definiert werden als

> *„the set, or the complex network of mainly informal social relationships on a limited geographical area, often determing a specific external "image" and a special internal „representation“ and sense of belonging, which enhance the local innovative capability through synergetic and collective learning processes.“*[177]

Das innovative Milieu ist gekennzeichnet durch das Zusammenspiel von Akteuren verschiedener Bereiche in einem begrenzten geographischen Raum.[178] Dazu sind neben vorwiegend kleinen und mittelgroßen Unternehmen explizit auch Behörden sowie Forschungs- und Bildungseinrichtungen zu zählen. Zwischen den Milieuakteuren bestehen informelle soziale Kontakte. Es existiert ein regionales Gemeinschaftsgefühl bzw. eine regionale Identität, ein „Milieubewusstsein“.[179] Eine zentrale Rolle spielen die kollektiven und kumulativen Lernprozesse, durch die das Milieu erst zu einem *innovativen* Milieu wird.[180] Kollektive Lernprozesse entstehen aus der Verknüpfung von Informationen und komple-

---

175 Vgl. Ewers und Wettmann (1978), S. 469ff; Scharff (1993), S. 209.
176 Vgl. auch Koschatzky (1997), S. 186.
177 Camagni (1991), S. 3.
178 Ein Milieu muss zwar nicht zwangsläufig auf eine Region beschränkt sein, die Wirkung des Milieus wird durch die räumliche Nähe jedoch maßgeblich erhöht (vgl. Fritsch et al. 1998, S. 246). Allerdings wird die räumliche Begrenzung („limited geographical area“) nicht einheitlich spezifiziert, was die Abgrenzung und Identifikation von innovativen Milieus in der Praxis erschwert.
179 Vgl. Fromhold-Eisebith (1995), S. 34f, 40.
180 Vgl. Fromhold-Eisebith (1995), S. 32.

mentärem Wissen aus verschiedenen Bereichen.[181] Dabei geht es nicht nur um den Austausch bestehenden, „fertigen" Wissens, sondern in erster Linie um die Erweiterung des Wissensbestands durch Interaktion. Die räumliche Nähe ermöglicht eine hohe Kommunikationsdichte und erleichtert informelle, persönliche Kontakte – so genannte „face-to-face"-Beziehungen – sowie den Aufbau von Vertrauensverhältnissen, die wiederum dauerhafte und intensive Verflechtungsbeziehungen zwischen den Milieu-Akteuren ermöglichen. Dadurch werden die gemeinsame Informationsbeschaffung und -auswertung und Austauschprozesse – insbesondere von Wissen mit implizitem Charakter – erleichtert. Die räumliche Nähe erleichtert somit die Internalisierung der externen Effekte der Wissensproduktion, d.h. die Nutzung von Wissensspillovereffekten.[182] Im Verbund mit der intraregionalen Mobilität der Arbeitskräfte und den engen Lieferverflechtungen bilden diese die Basis für kollektive Lernprozesse. Das innovative Milieu unterstützt zudem die Gründung von Unternehmen[183], da der Gründer durch das enge regionale Kontaktnetzwerk besseren Zugang zu Informationen und Ressourcen wie z.B. Kapital und Mitarbeiter erhält.

Prägend für den Milieuansatz ist die gleichzeitige Einbettung der Netzwerkbeziehungen und der Lernprozesse in einen räumlichen und einen soziokulturellen Bezugsrahmen. Im Gegensatz zu anderen Ansätzen der räumlichen Vernetzung wie dem Konzept industrieller Distrikte („industrial districts"[184]) ist der Milieuansatz dynamisch ausgerichtet, da die innovativen Milieus aufgrund der Interaktionslogik und der Lerndynamik ständigen Umwandlungs- und Evolutionsprozessen unterworfen sind.[185] Verantwortlich für die Innovationen sind dabei nicht einzelne Unternehmen, sondern letztlich das „aktive" Milieu im Sinne eines funktionalen, netzwerkartigen Sozial- und Wirtschaftsraums.[186] Während das Konzept industrieller Distrikte vor allem die arbeitsteilige Vernetzung von Un-

181 Vgl. Fromhold-Eisebith (1995), S. 37.

182 Vgl. Fritsch (2004a), S. 115. Zum Begriff der Wissensspillover vgl. ausführlicher Abschnitt 4.4.3.2.

183 Vgl. Fromhold-Eisebith (1999), S. 169.

184 Das Konzept der industriellen Distrikte greift auf die Arbeiten *Marshalls* zurück, der bereits Ende des 19. Jahrhunderts die Bedeutung der räumlichen Nähe für die industrielle Produktion hervorhob. Ausgehend von den industrieökonomischen Arbeiten von *Piore und Sabel (1984)* über postfordistische Produktionskonzepte („flexible Spezialisierung") propagieren die Vertreter des Konzepts der industriellen Distrikte die Vorteile der arbeitsteiligen Produktion von funktional differenzierten Klein- und Mittelbetrieben innerhalb kleiner räumlicher Einheiten, wobei vor allem Beispielregionen (z.B. „Drittes Italien" – Emilia-Romagna, Baden-Württemberg) zur Bestätigung herangezogen werden.

185 Vgl. auch Maillat (1998), S, 9.

186 Vgl. Rösch (2000), S. 162.

ternehmen und die Ausnutzung von Agglomerationsvorteilen durch die räumliche Ballung von funktional interdependenten Betrieben betont[187], ist der Milieuansatz weiter gefasst, da prinzipiell alle wesentlichen regionalen Akteure berücksichtigt werden. Indem die Bedeutung von Einflussfaktoren wie Mentalität, Identität, Klima oder Kommunikationsverhalten betont wird, werden nicht nur „harte" ökonomische Faktoren, sondern auch „weiche" soziale, kulturelle, personen- und gesellschaftsbezogene Aspekte als relevante Theoriebestandteile erfasst. Damit liegt dem Milieukonzept kein ausschließlich ökonomisch-geographischer, sondern auch ein soziokultureller Ansatz zugrunde.[188]

In Bezug auf die Gestaltung der innovationsorientierten Regionalentwicklung ist zu berücksichtigen, dass auch regionale Milieus einem Lebenszyklus unterworfen sind. Nach einer Entwicklungs- und Wachstumsphase – d.h. der Herausbildung des innovativen Milieus – kann auch eine Stagnations- und Rückbildungsphase folgen, in der die regionalen Netzwerke „verkrusten" und die Region schließlich in einem „sklerotischen" Zustand erstarrt.[189] Um dies zu vermeiden, ist eine gewisse Offenhaltung und Flexibilität des regionalen Innovationsmilieus gegenüber seiner Umwelt erforderlich. Ein weiteres Problem besteht darin, dass die Entstehung des *innovativen* Milieus nicht befriedigend erklärt werden kann.[190] Es besteht gewissermaßen die Vorstellung, dass ein bestehendes regionales Milieu durch eine Initialzündung „innovativ" wird.[191] Die engen und vielfältigen Kontakte innerhalb des regionalen Milieus erhöhen die Wahrscheinlichkeit, dass innovationsrelevantes technologisches Wissen mit finanziellen und geschäftlichen Möglichkeiten zusammengebracht und weiterentwickelt wird. Bestehende latente Kontakte zwischen komplementären Innovationsakteuren (z.B. Unternehmen, Forschungseinrichtungen) können dann schnell aktiviert und ausgebaut werden, so dass Innovationsprozesse forciert werden können. Allerdings wird der anfängliche Entstehungsprozess zumeist nur sehr allgemein dargestellt, so dass die Ableitung konkreter Ansatzpunkte für die Politikgestaltung erschwert wird. Zudem stellt sich die Frage der Steuerbarkeit der

---

187 Vgl. dazu Adrian (2003), S. 13.

188 So weisen z.B. Maillat et al. (1995, S. 259, 261) darauf hin, dass neben der räumlichen Nähe auch die kulturelle Nähe (gemeinsame Werte, Regeln und Leitbilder, Zusammengehörigkeitsgefühl) für die Entstehung der Innovationsprozesse erforderlich ist.

189 Vgl. dazu Rösch (2000), S. 164ff.

190 Butzin (2000, S. 153) wirft dem GREMI-Ansatz sogar eine tautologische Argumentation vor, da dieser dann von einem innovativen Milieu ausgeht, wenn lokale Innovationsfähigkeit bereits vorhanden ist oder Lernprozesse bereits innovativ wirken.

191 Vgl. dazu Fromhold-Eisebith (1995), S. 36f.

innovativen Prozesse, da die (latenten) Verbindungen zwischen den einzelnen Milieuakteuren vorab nicht vollständig bekannt sind. Aufgrund der zentralen Bedeutung der Vertrauensverhältnisse für die Funktionsfähigkeit innovativer Milieus ist zudem die „Erzeugbarkeit" innovativer Milieus in Frage zu stellen.[192] Der Aufbau von Vertrauensverhältnissen erfolgt über einen längeren Zeitraum, da diese Verhältnisse auf sozialen Interaktionen von Personen beruhen, sind sie letztlich nicht planbar. Die Entstehung von Milieus erfolgt damit zu einem nicht unerheblichen Anteil zufällig, die Entwicklung folgt einer „chaotischen" Eigendynamik. Es ist daher fraglich, inwieweit eine zentrale Institution diese Prozesse tatsächlich initiieren und steuern kann. In Bezug auf eine Politik der innovationsorientierten Regionalentwicklung erscheint die Weiterentwicklung von bestehenden Milieus zu innovativen Milieus Erfolg versprechender als die Schaffung eines innovativen Milieus „aus dem Nichts" heraus. Schließlich stellt sich die Frage der Übertragbarkeit der vorwiegend aus Fallstudien gewonnenen Erkenntnisse auf andere Regionen und damit die grundsätzliche Frage nach der Eignung des Milieukonzepts zur Ableitung von generell gültigen Empfehlungen für die Ausgestaltung und Umsetzung von Regionalentwicklungsstrategien. Einerseits erscheint das Milieukonzept gerade für die theoretische Fundierung von Regionalentwicklungsstrategien in ländlichen und eher strukturschwachen Regionen sehr Erfolg versprechend, da sich viele der genannten Beispiele auf kleine, nicht-metropole und zum Teil auch strukturell benachteiligte Regionen beziehen.[193] Andere regionale Vernetzungsansätze wie z.B. das Konzept der regionalen Innovationssysteme[194] formulieren dagegen sehr anspruchsvolle Bedingungen und Voraussetzungen für die Existenz regionaler Innovationsnetzwerke, die von vielen ländlichen und peripheren Regionen kaum erfüllt werden können, so dass diese Konzepte in diesen Regionstypen letztlich nicht umgesetzt werden können. Andererseits ist es gerade der Fallstudiencharakter der grundlegenden Beiträge, der die generelle Übertragbarkeit in Frage stellt. Das Milieukonzept wurde letztlich auf der Basis einiger weniger Beispielregionen entwickelt. Da diese Beispielregionen jeweils spezifische Entstehungsgeschichten aufweisen, ist die gezielte Übertragbarkeit auf andere Regionen mit anderen spezifischen Rahmenbedingungen und Restriktionen fraglich.

---

192 Vgl. dazu Fromhold-Eisebith (1999), S. 172f.

193 Vgl. Koschatzky (2001), S. 207 für die Einstufung der Beispielregionen.

194 Vgl. z.B. Braczyk, Cooke, Heidenreich und Krauss (1998); einen Überblick gibt Koschatzky (2001), S.173ff.

Der Ansatz der Netzwerkökonomik – regionale Innovationsnetzwerke

Eng verbunden mit dem Konzept des innovativen Milieus ist der netzwerkökonomische Ansatz. Wie bereits beim Milieukonzept muss auch für den Netzwerkansatz das Fehlen einer einheitlichen Theorie konstatiert werden. Vielmehr ist der Netzwerkbegriff zu einem Modewort der wirtschafts- und sozialwissenschaftlichen Diskussion geworden. Die rapide anwachsende Netzwerkliteratur, die aus unterschiedlichen Fachrichtungen von Soziologen, Politologen, Wirtschaftsgeographen sowie Betriebs- und Volkswirten gespeist und weiterentwickelt wird, verhindert die Herausbildung einer konsistenten Theorie. Ein umfassender und systematischer Überblick über den Stand der Netzwerkforschung ist an dieser Stelle daher nicht möglich.[195] Dem Milieubegriff vergleichbar existiert eine Vielzahl von unterschiedlichen Netzwerkbegriffen, ohne dass sich eine allgemein anerkannte Netzwerkdefinition herausgebildet hat.[196] Grundsätzlich sind Netzwerke eine spezifische Form der Interaktion mit externen Partnern.[197] Netzwerke bilden dabei eine Kooperationsform zwischen mindestens drei (formal) autonomen Akteuren, welche unterschiedliche aber voneinander abhängige Interessen verfolgen.[198] Die Kooperation erfolgt auf freiwilliger Basis und ist längerfristig ausgerichtet, die Akteure sind tendenziell gleichberechtigt.[199] Das Verhalten der Netzwerkakteure ist durch Vertrauen geprägt.[200] Die Kooperation ist zielgerichtet und reziprok[201] und dient der gemeinsamen Ausnutzung von Synergieeffekten. Durch das Fehlen vertraglicher Bindungen und die Möglichkeiten, je

---

195 Für einen Überblick, allerdings mit einer Schwerpunktsetzung auf regionalen Netzwerken, vgl. z.B. Adrian (2003), S. 16ff; Genosko (1999), S. 32ff.

196 Koschatzky (2001, S, 121ff) gibt einen Überblick über verschiedene Definitionen und Abgrenzungsansätze des Netzwerkbegriffs.

197 Vgl. Koschatzky (2001), S. 120f.

198 Die hier verwendete Netzwerkbeschreibung orientiert sich an Adrian (2003), S. 11.

199 Auch wenn die Netzwerkpartner tendenziell gleichberechtigt sind und teilweise übereinstimmende Interessen verfolgen, bestehen zwischen ihnen doch Wettbewerbsverhältnisse. Netzwerke zeichnen sich also durch gleichzeitige Wettbewerbs- und Kooperationsbeziehungen, eine so genannte „Coopetition" (vgl. Nalebuff und Brandenburger 1996), aus. Ein Beispiel hierfür ist vorwettbewerbliche gemeinsame Forschung, deren Ergebnisse dann von den Partnern jeweils eigenständig und in Konkurrenz zueinander vermarktet werden.

200 Vgl. Scheidt (1995), S. 276f. Vertrauen bezeichnet die erfahrungsgestütze Erwartung, dass die andere Partei wohlwollend oder zumindest nicht absichtsvoll schädigend auf die eigenen Handlungsmöglichkeiten und -ziele einwirkt (vgl. Semlinger 1998, S. 43). Bei Vertrauensverhältnissen sind die Akteure bereit, auch riskantere Vorleistungen zu erbringen, da sie kein opportunistisches Verhalten ihrer Transaktionspartner erwarten. Zur Bedeutung von Vertrauen zur Bestimmung kooperativen Verhaltens vgl. auch Schechler (2002), S. 128ff.

201 Reziprozität liegt vor, „wenn auf eine Leistung eine Gegenleistung folgt und die Leistung des Individuums gleichzeitig seine Pflicht und sein Recht ist" (Scheidt 1995, S. 276).

nach Ressourcenbedarf (temporär) neue Teilnehmer aufnehmen zu können, zeichnen sich Netzwerke durch eine hohe Flexibilität aus.[202] Netzwerke weisen zudem eine gewisse Redundanz in den Beziehungsstrukturen auf, d.h. die einzelnen Netzwerkakteure besitzen Wahlmöglichkeiten und sind somit nicht übermäßig stark von einem Netzwerkpartner abhängig. Formal betrachtet bestehen Netzwerke grundsätzlich aus Knoten (Akteure und Organisationen) und Verbindungen (formelle und informelle Beziehungen zwischen den Akteuren).[203] Im Gegensatz zu innovativen Milieus sind Netzwerke stärker akteursbezogen, wobei der Fokus – zumindest in der ökonomischen Literatur – eindeutig auf den Beziehungen zwischen Unternehmen, insbesondere Zuliefererverflechtungen liegt.

Netzwerke haben grundsätzlich keine räumliche Dimension, jedoch können auch Netzwerkbeziehungen als *regionales Netzwerk* auf einen begrenzten Raum beschränkt werden. Die räumliche und kulturelle Nähe zwischen den Netzwerkakteuren wirkt dann als stabilisierender und Kooperationen fördernder Faktor und erleichtert die Netzwerkbildung.[204] Innovative Milieus können damit als eine mögliche Ausprägung eines regionalen Netzwerks oder als regionaler Bereich eines übergreifenden Innovationsnetzwerks interpretiert werden.[205]

In Bezug auf die innovationsorientierte Regionalentwicklung sind vor allem Innovationsnetzwerke von Interesse. Innovationsnetzwerke umfassen Interaktionsbeziehungen, die explizit und bewusst im Hinblick auf innovatorische Zielsetzungen aufgebaut werden und der Förderung gemeinsamer Lernprozesse, der Kanalisierung des Wissenstransfers, dem Abbau von Technik- und Marktunsicherheiten sowie dem Erwerb komplementärer technischer Kompetenzen dienen.[206] Der Zusammensetzung entsprechend können vertikale und horizontale Innovationsnetzwerke unterschieden werden. Vertikale Netzwerke sind schwerpunktmäßig an der Wertschöpfungskette ausgerichtet (Beziehungen zu Kunden und Zulieferern), horizontale Netzwerke umfassen dagegen Beziehungen zu anderen innovierenden Unternehmen derselben Wertschöpfungsstufe sowie Kontakte zu Forschungs-, Beratungs- und Transfereinrichtungen.[207] Innovations-

---

[202] Vgl. Koschatzky (2001), S. 138.

[203] Vgl. Adrian (2003), S. 11.

[204] Vgl. Bianchi und Bellini (1991), S. 489; Koschatzky (2001), S. 145f.

[205] Zum Verhältnis zwischen innovativen Milieus und Innovationsnetzwerken vgl. Fromhold-Eisebith (1995), S. 36f. Eine trennscharfe Abgrenzung zwischen den beiden Konzepten gelingt ihr aber nach Ansicht des Verfassers nicht.

[206] Vgl. dazu Fromhold-Eisebith (1995), S. 35; Koschatzky (2003b), S. 9.

[207] Vgl. Koschatzky (2003b), S. 9.

netzwerke ermöglichen die Nutzung komplementärer Kompetenzen, wodurch Effizienzvorteile und Synergieeffekte erzielt werden können. Für kleine Unternehmen ist zudem der Kapazitätserweiterungsaspekt relevant. Die innovationsbezogenen Lernprozesse basieren auf der Appropriation und Transformation von durch Netzwerkkontakte zugänglich gemachten Informationen und schaffen dadurch Informationsasymmetrien zu Gunsten der Netzwerkpartner.[208] Durch die längerfristige Ausrichtung und die gemeinsamen Zielsetzungen entstehen Vertrauensverhältnisse zwischen den Netzwerkpartnern.[209] Die oftmals nicht hierarchischen Beziehungsstrukturen erleichtern ebenfalls den Vertrauensaufbau. Im Fall regionaler Netzwerke werden informelle „face-to-face"-Kontaktbeziehungen erleichtert, die den Austausch impliziten, nicht kodifizierten Wissens ermöglichen. Innovationsnetzwerke können somit auch als gezielt aufgebaute Spilloverkanäle zur Internalisierung von Spillovereffekten aus Innovationsaktivitäten interpretiert werden.[210] Innovativen KMU ermöglicht die Einbindung in regionale Netzwerke zusätzlich den Zugang zu globalen Wissens- und Informationsnetzwerken, wenn überregional vernetzte Akteure wie z.B. Großunternehmen und Forschungseinrichtungen Teil des regionalen Netzwerks sind und eine „Antennenfunktion" übernehmen.[211] Die „Antennen" nehmen dabei durch ihre interregionale Vernetzung regionsexternes Wissen auf und machen es für die regionalen Akteure nutzbar.

Wie bereits bei den innovativen Milieus geschildert besteht auch bei Netzwerken die Gefahr der Erstarrung. Gegen den Einstieg neuer Teilnehmer abgeschottete Netzwerke mit wenig anpassungsfähigen Netzwerkakteuren können sich in tradierten Routinen verfangen und letztlich die Regionalentwicklung hemmen.[212] Netzwerke sind daher nur dann entwicklungsfördernd, wenn sie die Fähigkeit zum Lernen und zur Anpassung an Veränderungen besitzen.[213]

Semlinger weist darauf hin, dass der Aufbau von Kooperations- und Netzwerkbeziehungen mit einem erheblichen zeitlichen, finanziellen und organisatorischen Aufwand verbunden ist, wobei das dann geschaffene Netzwerk den Charakter eines öffentlichen Gutes hat, d.h. die einzelnen Netzwerkmitglieder können von der Nutzung der Netzwerkexternalitäten kaum ausgeschlossen

---

208 Vgl. Storper (1996), S. 762.
209 Vgl. Koschatzky (2003b), S. 10.
210 Vgl. Koschatzky (2001), S. 136.
211 Vgl. Fritsch et al. (1998), S. 247.
212 Grabher (1993, S. 260ff) bezeichnet dies als. „lock-in Effekte".
213 Vgl. Koschatzky (2001), S. 152.

werden.[214] Diese investiven Vorleistungen für die Schaffung eines öffentlichen Guts – streng genommen handelt es sich um ein Clubgut, da Nicht-Netzwerkmitglieder von der Nutzung ausgeschlossen sind – können die Grenzen einzelwirtschaftlichen Engagements übersteigen. Als Konsequenz plädiert *Semlinger* für die öffentliche Unterstützung des Kooperationsaufbaus bei KMU-Netzwerken. Entsprechende Begründungen werden dann auch für Netzwerk bildende Förderprogramme wie InnoRegio oder BioRegio herangezogen. Wie bereits bei den innovativen Milieus erläutert ist dabei aber auch die Frage nach der grundsätzlichen externen Steuerbarkeit und Initiierbarkeit von Netzwerkstrukturen zu beachten.

Der Transaktionskostenansatz

Die Vorteile der Netzwerkintegration können weiterhin durch die Transaktionskostentheorie erklärt werden.[215] Der Transaktionskostenansatz stellt Netzwerke als eine hybride Organisationsform zur Koordination von Austauschbeziehungen (Transaktionen) dar, die innerhalb des Kontinuums zwischen den beiden Grundformen Markt (anonymer Spotmarkt) und Hierarchie (unternehmensinterne Transaktionsabwicklung), einzuordnen ist.[216] Eine Transaktion bezeichnet die Übertragung von Leistungen oder Gütern über technisch trennbare Schnittstellen.[217] Als Transaktionskosten werden die Kosten definiert, die bei der Inanspruchnahme des Marktes bzw. des Preismechanismus für die Durchführung von Transaktionen anfallen. Transaktionskosten werden für gewöhnlich in die Typen Such- und Informationskosten, Verhandlungs- und Entscheidungskosten sowie Überwachungs- und Durchsetzungskosten unterteilt.[218] Die Höhe der Transaktionskosten wird durch die Eigenschaften der Transaktion (Unsicherheit/Komplexität und Ausmaß der Faktorspezifität), die Transaktionshäufigkeit und die Transaktionsatmosphäre sowie durch das Verhalten der Transaktionspartner (Opportunismus und begrenzte Rationalität) bestimmt.[219] Entsprechend der jeweils vorliegenden Bedingungskonstellation wählen die Unternehmen die

---

214 Vgl. dazu Semlinger (1998), S. 23f, 26, 48f.

215 Vgl. Genosko (1999), S. 44ff. Der Transaktionskostenansatz in der hier beschriebenen Form ist grundlegend auf die Beiträge von *Williamson* zurückzuführen. Der Ansatz wird in Abschnitt 4.2.1 ausführlicher erläutert.

216 Vgl. Williamson (1991), S. 284.

217 Vgl. Williamson (1990), S. 1.

218 Vgl. Richter und Furubotn (1999), S. 51.

219 Vgl. Williamson (1975), S. 20ff; Williamson (1990), S. 49ff.

effizienteste – d.h. Transaktionskosten minimierende – Koordinationsform. Die Netzwerkbildung wird damit primär durch Kostenaspekte begründet, während der im vorherigen Abschnitt erläuterte netzwerkökonomische Ansatz stärker auf den Aspekt der längerfristigen Bindung zur Verfolgung strategischer Interessen und zur Realisierung von Synergien und Komplementaritäten abhebt.[220]

Da Innovationsprozesse einen einmaligen Charakter haben, den Einsatz spezifischer Faktoren erforderlich machen (wodurch sich die Anzahl der potenziellen Transaktionspartner reduziert), mit hohen Unsicherheiten behaftet sind (die vollständige Spezifikation der Innovationsergebnisse ist ex ante nicht möglich[221]) und gleichzeitig das Verhalten der Transaktionspartner (wie z.B. die Vertragseinhaltung) schlecht beobachtbar ist, unterliegen „Innovationstransaktionen" einer hohen Opportunismusgefahr. Die Transaktionskosten einer rein marktlichen Abwicklung sind daher zumeist prohibitiv hoch, der Bedarf an spezifischen Inputfaktoren verhindert die vollständige Durchführung der Innovationsprozesse innerhalb eines Unternehmens, so dass die Integration in Innovationsnetzwerke, welche auf Dauer ausgerichtet sind und daher die Gefahr kurzfristig motivierten opportunistischen Verhaltens reduzieren[222], am effizientesten einzustufen ist. Die in Netzwerken gegebene Redundanz – d.h. für eine bestimmte Transaktionsart stehen prinzipiell mehrere Netzwerkmitglieder zur Verfügung – reduziert die Abhängigkeit von einzelnen Akteuren und erhöht die Flexibilität, da bei Ausfall eines Transaktionspartners Ausweichmöglichkeiten bestehen.[223] Für die innovationsorientierte Regionalentwicklung kann daraus der Unterstützungsansatz abgeleitet werden, den Aufbau und die Entwicklung von und die Integration in regionsbasierte Innovationsnetzwerke zu fördern, um die Innovationsaktivitäten der regionalen Unternehmen, insbesondere von KMU, zu unterstützen und zu forcieren sowie weitere regionale Akteure zu Innovationsaktivitäten zu ermutigen (z.B. in Form von Gründungen technologieorientierter Unternehmen).

---

220 Vgl. auch Koschatzky (2003b), S. 8f.

221 Vgl. Fritsch (2004a), S. 111. Zudem bestehen beträchtliche Informationsasymmetrien bezüglich des Werts des eingebrachten Wissens. Der Nutzen des Wissens, welches ein Partner in den Innovationsprozess einbringt, kann von den anderen Partnern vorab schlecht beurteilt werden. Bei einer vollständigen ex ante Offenlegung des Wissens entfiele dagegen der Anreiz, die Transaktion durchzuführen (vgl. Fritsch 2004a, S. 111).

222 Bei opportunistischem Verhalten riskiert der Transaktionspartner seine Netzwerkmitgliedschaft und dadurch die Chance auf die Durchführung zukünftiger Transaktionen. Damit droht auch der Verlust versunkener Kosten wie z.B. in Form der in der Vergangenheit aufgebauten Reputation.

223 Vgl. Fritsch et al. (1998), S. 248.

2.2.3.3. Zielgruppen der innovationsorientierten Regionalentwicklung

Entsprechend der Ausrichtung der potenzialorientierten Regionalentwicklung (siehe Abbildung 2.1) können verschiedene Zielgruppen für eine innovationsorientierte Regionalentwicklung identifiziert werden.[224] Dem Konzept der potenzialorientierten Regionalentwicklung entsprechend bilden einerseits die bereits in der Region aktiven Unternehmen, wiederum insbesondere KMU, eine zentrale Zielgruppe. Diese können weiter in bereits innovierende, nicht innovierende aber innovationsinteressierte und nicht innovationsinteressierte aber grundsätzlich innovationsfähige Unternehmen unterteilt werden.[225] Bisher nicht innovierende Unternehmen müssen zu Innovationsleistungen motiviert werden, dabei müssen entweder Innovationshemmnisse abgebaut (bei innovationsinteressierten Unternehmen) oder die grundsätzliche Bereitschaft zur Innovation geweckt werden (bei nicht innovationsinteressierten Unternehmen). Bereits innovierende Unternehmen sind in ihren Innovationsaktivitäten zu unterstützen und zu einer Verstärkung ihrer Innovationsleistungen anzuregen. Dabei sind gesonderte Maßnahmen für die Teilgruppe der jungen innovierenden Unternehmen zu konzipieren, da diese spezifische Probleme aufweisen wie z.B. die Finanzierung des Unternehmenswachstums oder die Vermarktung der Innovationen. Eine weitere zentrale Zielgruppe bilden Unternehmensgründer, insbesondere die Gründungen von innovativen und technologieorientierten Unternehmen (gerade auch in Form von Spin-off Gründungen aus bestehenden Unternehmen und FuE-Einrichtungen) sind hierbei von Interesse.[226] Zur gezielten Erweiterung des regionalen Innovationspotenzials kann weiterhin die Ansiedlung von mobilen innovierenden Unternehmen aus anderen Regionen gefördert werden. Einen detaillierten Überblick über die Zielgruppen und die Ansatzpunkte zur Förderung der regionalen Innovationspotenziale gibt Abbildung 2.4.

---

224 Vgl. auch Koschatzky (2001), S. 329f; Meyer-Krahmer (1990), S. 350f.

225 Ein weiteres Segment bilden nicht innovationsinteressierte und nicht innovationsfähige Unternehmen (z.B. Kleinstunternehmen in „alten" Sektoren). Diese sind als Zielgruppe nicht relevant.

226 Der Begriff der technologieorientierten und innovativen Unternehmensgründungen wird in Abschnitt 4.1.2.2 ausführlicher erläutert.

Abbildung 2.4: Zielgruppen der Förderung regionaler Innovationspotenziale

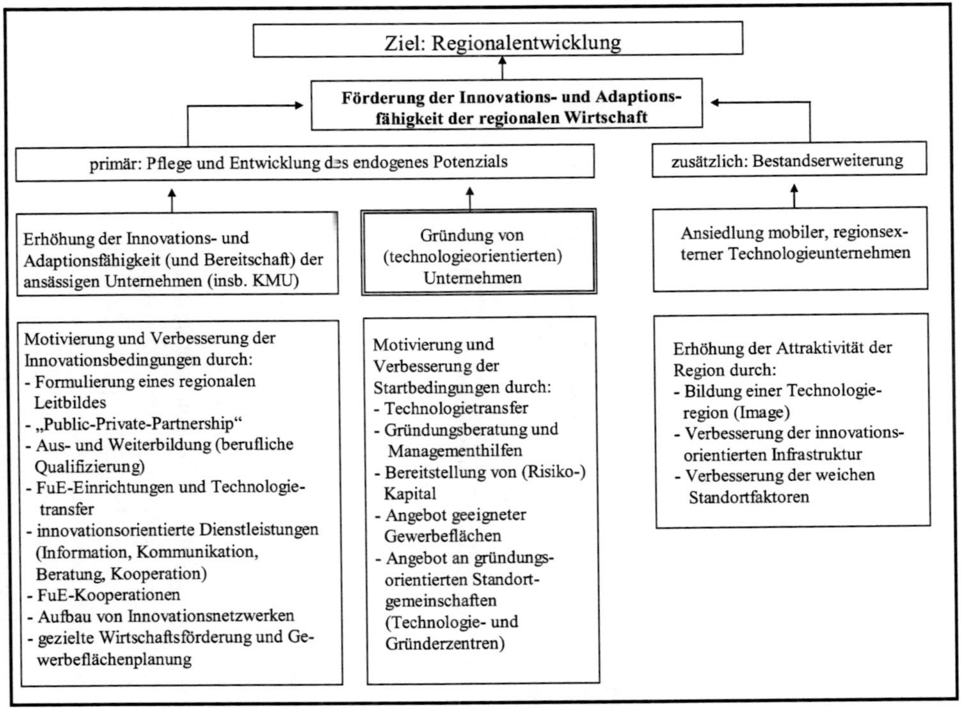

Quelle: Eigene Darstellung in Anlehnung an Koschatzky (1997), S. 193.

Die einzelnen Maßnahmen der innovationsorientierten Regionalentwicklung können den Instrumenten „Infrastrukturausbau“ und „Information und Beratung“ zugeordnet werden. TGZ bilden dabei einen Maßnahmenansatz zur Förderung von Unternehmensgründungen, zusätzlich können sie auch unter die Maßnahmen „Verbesserung der innovationsorientierten Infrastruktur“ und „innovationsorientierte Dienstleistungen“ subsumiert werden. Die Vernetzung der Akteure bildet wie in Abschnitt 2.2.3.2 erläutert einen wesentlichen Bestandteil der innovationsorientierten Regionalentwicklung. Der Aufbau von Wissens-, Innovations-, Produktions- und Absatznetzwerken spielt daher eine wichtige Rolle. Dazu müssen zuerst die regionalen Innovationsressourcen identifiziert, aktiviert und gezielt gefördert werden. Die Fördermaßnahmen umfassen sowohl die Sensibilisierung und Aktivierung der regionalen Akteure (unter anderem auch in Form von technologieorientierten Unternehmensgründungen) als auch die Bereitstellung von Informationen, das Setzen von Innovations- und Kooperationsanreizen, die Schaffung der erforderlichen institutionellen Rahmenbedingungen sowie die (finanzielle) Unterstützung beim Netzwerkaufbau und Maßnahmen zur Integration der regionalen Netzwerke in nationale und internationale Innovationsnetzwerke. Da auch hier – wie im Fall der potenzialorientierten Regionalentwicklung – dem Menschen und damit der Humankapitalausstattung eine tragende Rolle zukommt, kann die innovationsorientierte Regionalentwicklung ebenfalls als Ansatz einer humankapitalorientierten Regionalentwicklungsförderung charakterisiert werden.

2.2.3.4. Umsetzung der innovationsorientierten Regionalentwicklung

Innovationsorientierte Regionalentwicklungsstrategien können zum einen im Rahmen der kommunalen Wirtschaftsförderung umgesetzt werden, z.B. durch die Errichtung eines Technologie- und Gründerzentrums oder durch den Aufbau einer Technologietransfereinrichtung in Zusammenarbeit mit der örtlichen Hochschule. Die vorangegangenen Ausführungen, insbesondere zur Vernetzung der regionalen Akteure, deuten aber darauf hin, dass eine Politik der innovationsorientierte Regionalentwicklung einen etwas größeren räumlichen Rahmen benötigt, da innerhalb einer einzelnen Gemeinde zumeist nicht alle relevanten Bestandteile des endogenen Innovationspotenzials vorhanden sind. Die Maßnahmen werden daher zumeist für eine Region konzipiert. Die Umsetzung kann zum einen „von unten“ erfolgen, indem sich mehrere Kommunen oder auch

Landkreise zu einer (Innovations-)Region zusammenschließen und für diese eine innovationsorientierte Regionalentwicklungsstrategie entwerfen. Eine dementsprechend konzipierte Regionalentwicklungspolitik könnte auch als „kommunale Wirtschaftsförderung auf regionaler Ebene" eingestuft werden. Andererseits kann die innovationsorientierte Regionalentwicklung auch „von oben", d.h. im Rahmen der Regionalpolitik, angestoßen werden. Allerdings wird die Ableitung von Gestaltungsempfehlungen durch den zumeist unbestimmten und qualitativen Regionsbegriff erschwert. Innerhalb des Konzepts der regionalen Innovationssysteme wird die Region als ökonomischer und politischer Handlungsrahmen verstanden, wobei die Region über eigene finanz- und steuerwirtschaftliche Kompetenzen verfügen muss.[227] Regionen können daher als unterhalb der Nationalebene rangierende Raumeinheiten definiert werden, die aber über ausreichend eigenverantwortliche Handlungsspielräume verfügen müssen, um eigene Politikmaßnahmen implementieren und finanziell alimentieren zu können. Nach Ansicht von *Koschatzky* entsprechen in Deutschland die Bundesländer dieser Definition.[228] Nach Ansicht des Autors dieser Arbeit ist es aber auch denkbar, dass die im Rahmen der „Regionalisierung der Regionalpolitik" unterhalb der Ebene der Bundesländer gebildeten Regionen – zu denken ist hier in erster Linie an die administrativen Regionen der Länder Baden-Württemberg und Nordrhein-Westfalen – als „regionale Innovationssysteme" wirken können.

Der Strategieansatz, Innovationsprozesse gezielt in einzelnen Regionen zu initiieren und zu unterstützen und die Regionalentwicklung durch die Aufdeckung und Aktivierung der endogenen Innovationspotenziale zu fördern, schlägt sich mittlerweile in einer Vielzahl von Förderprogrammen und Modellversuchen nieder. Die Programme setzten dabei zumeist auf die Erstellung regionaler Entwicklungsstrategien und die Vernetzung der regionalen Akteure. Die Initiierung und Unterstützung von (technologieorientierten) Unternehmensgründungen bildet häufig einen wichtigen Bestandteil der Förderkonzeption. Auf Bundesebene sind hier z.B. das bereits zitierte Programm „Unternehmen Region" – BMBF-Innovationsinitiative Neue Länder mit dem InnoRegio-Wettbewerb sowie der BioRegio-Wettbewerb und der daran anknüpfende BioProfile-Wettbewerb zu nennen.[229] Auch die Europäische Kommission hat vergleichbare Programme entworfen, zu nennen sind hier z.B. die RIS-Projekte (Regional Innovation Stra-

227 Vgl. dazu Koschatzky (2001), S. 176f.
228 Vgl. Koschatzky (2001), S. 177.
229 Vgl. BMBF (2005a); BMBF (2005b).

tegies) und das RITTS-Programm (Regional Innovation and Technology Transfer Strategies and Infrastructures).[230] Die Übersicht über die Programme auf europäischer und nationaler Ebene verdeutlicht, dass Maßnahmen der regionalen Ebene nicht losgelöst von den höheren Ebenen konzipiert werden sollten. Andernfalls droht eine Konkurrenz paralleler oder überschneidender Unterstützungsmaßnahmen, die sich in ihrer Wirkung gegenseitig schwächen oder sogar konterkarieren können.

Die innovationsorientierte Regionalentwicklung erscheint in erster Linie für die regionalpolitischen Zielsetzungen Wachstum und Stabilität geeignet zu sein, bezogen auf die Zielsetzungen der kommunalen Wirtschaftsförderung können vor allem das Diversifizierungs- und das Beschäftigungsziel unterstützt werden. In der praktischen Umsetzung dominiert allerdings die Aufgabe der Modernisierung der regionalen Wirtschaftsstruktur, so dass die innovationsorientierte Regionalentwicklung allein wohl nicht zur Erfüllung der Beschäftigungsziele ausreicht.[231] Inwieweit die innovationsorientierte Regionalenwicklung zur Angleichung der Lebensverhältnisse – dem Ausgleichsziel der gesamtwirtschaftlich orientierten Regionalpolitik – beiträgt, also den Aufholprozess rückständiger Regionen unterstützt, ist dagegen nicht eindeutig geklärt. Durch die Aktivierung des endogenen Innovationspotenzials kann tatsächlich ein Entwicklungs- und Aufholprozess in Gang gesetzt werden. Dies setzt allerdings voraus, dass die wirtschaftsschwachen Regionen über eine erforderliche Mindestausstattung an Potenzialfaktoren verfügen. Da prosperierende Regionen – insbesondere Ballungsräume – häufig über eine bessere Ausstattung mit Potenzialfaktoren verfügen[232] besteht die Gefahr einer Verschärfung der Divergenz, wenn diese Regionen ebenfalls das eigene Innovationspotenzial aktivieren und fördern. Während die ursprüngliche, maßgeblich durch *Ewers* geprägte Konzeption von einer systematischen Benachteiligung der ländlichen und peripheren Regionen im Innovationsprozess ausging und daher in erster Linie einen Beitrag zum interregionalen Ausgleich anstrebte, hat sich die innovationsorientierte Regionalpolitik im Lauf der Zeit stärker zu einer „regionalisierten Innovationspolitik" weiterentwickelt, die in erster Linie die Förderung von Innovationsprozes-

---

230 Vgl. IRE (2005).

231 Vgl. dazu Meyer-Krahmer (1990), S. 356.

232 Fritsch weist allerdings darauf hin, dass die Innovationsaktivitäten zwar stark räumlich konzentriert sind, dass für die Funktionsfähigkeit eines regionalen Innovationssystems aber die Intensität und Qualität der Vernetzung der Akteure wichtiger sind als die Größe des Clusters (vgl. dazu Fritsch 2004a, S. 108f).

sen unter Berücksichtigung der räumlichen Dimension verfolgt.[233] Inwieweit dadurch eine interregionale Angleichung der Wirtschaftskraft gelingt, hängt in erster Linie von den jeweiligen Voraussetzungen in den wirtschaftsschwächeren Regionen ab. Die innovationsorientierte Regionalentwicklung kann damit sowohl zu Divergenz- als auch zu Konvergenzprozessen beitragen.

2.3. Fazit: Gründungsunternehmen als Zielgruppe und TGZ als Instrument der Regionalentwicklung

Wie die Ausführungen der vorangegangenen Abschnitte gezeigt haben, bilden Gründungsunternehmen bzw. Unternehmensgründer eine wichtige Zielgruppe für eine Politik der Regionalentwicklungsförderung. Dies betrifft sowohl die gesamtwirtschaftlich orientierte Regionalpolitik als auch die Wirtschaftsförderung auf der kommunalen und regionalen Ebene. Die Erkenntnis, dass kleine und junge Unternehmen sowie gründungsbereite und -interessierte Personen einen bedeutenden Beitrag zur Regionalentwicklung leisten können, und dass die Initiierung von Gründungen und die Förderung der Entwicklung junger Unternehmen ebenfalls zur Erfüllung der regionalpolitischen Zielsetzungen beitragen können, ist maßgeblich auf den regionalpolitischen „Paradigmenwandel" von der Ansiedlungsförderung hin zur potenzialorientierten Regionalentwicklung zurückzuführen. Kleine und junge Unternehmen sowie gründungsinteressierte, -fähige und -bereite Personen bilden einen wichtigen Bestandteil des endogenen Entwicklungspotenzials. Potenzielle Gründer können als brachliegende Ressource interpretiert werden, die durch die Maßnahmen der Regionalentwicklung aktiviert, d.h. zusätzlich genutzt werden können. Das Gründungsaufkommen und auch die Entwicklung von jungen Unternehmen weisen ein hohes Maß an „Endogenität" bzw. „regionsinterner Determiniertheit" auf, d.h. sie werden durch eine Vielzahl von regionsspezifischen Einflussgrößen beeinflusst. Aufgrund dieser ausgeprägten Endogenität und der räumlichen Immobilität sind Unternehmensgründer eine Erfolg versprechende Zielgruppe für eine potenzialorientierte regionale Wirtschaftsförderung. Auch innerhalb der innovationsorientierten Regionalentwicklung, die als eine spezifische Ausprägung der potenzialorientierten Regionalentwicklung einzustufen ist, bilden Gründungsunternehmen eine wichtige Zielgruppe. Die Gründung von Unternehmen bildet dabei eine Möglichkeit, technologisches Wissen für die Entwicklung neuer Produkte und

[233] Vgl. Fritsch (2004a), S. 117ff.

Verfahren nutzbar zu machen. Dies beruht auf der Hypothese, dass das technologische Wissen nicht einfach frei verfügbar ist – wie „Manna vom Himmel fällt" – sondern, unter anderem, in Personen gebunden ist. Aufgrund des impliziten Charakters des technologischen Wissens und der Existenz von erheblichen Informationsasymmetrien bildet die Gründung eines eigenen Unternehmens oft den einzig gangbaren Weg, um dieses Wissen nutzbar zu machen.[234] Die potenziellen Gründer innovativer Unternehmen können somit ebenfalls als brachliegende Ressourcen des regionalen Innovationspotenzials aufgefasst werden. Innerhalb des weiten Spektrums von Unternehmensgründungstypen bilden innovative und technologieorientierte Gründungsunternehmen damit eine wesentliche Zielgruppe der Regionalentwicklung.

Die Gründung neuer Unternehmen bildet damit einen wichtigen Bestandteil des regionalen Entwicklungs- und Innovationspotenzials. Die folgenden Kapitel dieser Arbeit beschäftigen sich nun mit der Frage, wie dieser Bestandteil im Rahmen einer Politik der Regionalentwicklung gefördert werden kann. Zur Förderung von Unternehmensgründungen steht eine breite Palette an Instrumenten und Maßnahmen zur Verfügung. Im Folgenden gilt das Interesse einer spezifischen Unterstützungsmaßnahme, nämlich den Technologie- und Gründerzentren. Dieses Instrument wurde dem Maßnahmenbereich der Infrastrukturförderung zugeordnet, vereint aber auch andere Maßnahmenelemente in sich wie z.B. die Beratung und Information, finanzielle Unterstützung und die Vernetzung. TGZ bilden damit ein umfassendes, ganzheitliches Instrument der Gründungsförderung. Sie werden im Rahmen der kommunalen Wirtschaftsförderung eingesetzt sowie im Rahmen der gesamtwirtschaftlich orientierten Regionalpolitik. Auf europäischer Ebene können TGZ als europäische Gründer- und Innovationszentren (EG-BIC) durch Mittel des EFRE gefördert werden.[235] Zur Umsetzung der innovationsorientierten Regionalentwicklung werden TGZ als spezifisches Instrument zur Unterstützung von technologieorientierten Unternehmensgründungen eingesetzt. Im folgenden Kapitel wird daher die TGZ-Konzeption detailliert dargestellt und auf seine Eignung als Instrument zur Förderung der Regionalentwicklung hin überprüft.

---

[234] Dieser Aspekt wird in Abschnitt 4.4.4 nochmals aufgegriffen.
[235] Vgl. Europäische Kommission (2000a), S. 41.

3. Die Wirksamkeit der Technologie- und Gründerzentren

3.1. Die Konzeption der Technologie- und Gründerzentren

3.1.1. Begriffliche Abgrenzung

Die Wissenschaft beschäftigt sich seit nunmehr rund 20 Jahren mit dem Konzept der Technologie- und Gründerzentren (TGZ). Im Laufe dieser Zeit wurde von einer Vielzahl von Autoren aus unterschiedlichen Forschungsbereichen eine Reihe von Definitionsansätzen ausgearbeitet, die hier nicht im Einzelnen aufgeführt werden sollen. Auch soll auf das Hinzufügen eines weiteren, eigenen Definitionsversuches verzichtet werden, stattdessen wird hier exemplarisch die *Sternberg`sche* TGZ-Definition wiedergegeben. Anschließend werden verwandte bzw. angrenzende Konzepte beschrieben und von der TGZ-Konzeption abgegrenzt. Unter dem Begriff der „TGZ-Konzeption" werden in dieser Arbeit das Zielsystem mit den Zielgruppen sowie die Ausgestaltung des Leistungsspektrums und die organisatorische Ausgestaltung subsumiert.

In einem der ersten umfassenden und theoretisch wie auch empirisch fundierten Beiträge definiert *Sternberg* – in Anlehnung an *Heuer*[236] – TGZ als:[237]

> *„(E)ine Standortgemeinschaft von relativ jungen und zumeist neu gegründeten Stammunternehmen (...), deren betriebliche Tätigkeit vorwiegend in der Entwicklung, Produktion und Vermarktung technologisch neuer Produkte, Verfahren und Dienstleistungen liegt und die im TGZ auf ein mehr oder weniger umfangreiches Angebot an Gemeinschaftseinrichtungen und Beratungsleistungen zurückgreifen können."*

Damit können die punktuelle räumliche Ballung in einem Gebäude(-komplex), die Konzentration auf eigenständige, innovative und neugegründete bzw. junge Unternehmen, sowie die Bereitstellung eines diversifizierten Unterstützungsangebots als die zentralen Elemente der TGZ-Konzeption identifiziert werden. Auf die Dauer der Unterstützung wird in diesem Definitionsansatz nicht eingegangen. In einer neueren Version des Definitionsansatzes ergänzt *Sternberg* noch

---

236 Vgl. Heuer (1985), S. 166.
237 Sternberg (1988), S. 86f.

den Aspekt des „befristeten Aufenthalts".[238] Die Mietdauer ist bei den meisten TGZ offiziell auf drei oder fünf Jahre beschränkt. Die zeitliche Begrenzung der Unterstützung ist ein wesentliches Element des Förderkonzepts, da eine dauerhafte Unternehmenssubvention gerade nicht beabsichtigt ist. Vielmehr sollen TGZ die Funktion eines „Durchlauferhitzers" übernehmen.[239] Innerhalb der begrenzten Unterstützungsphase sollen die Unternehmen die kritischen Phasen des Gründungsprozesses überstehen und ihre innovativen Ideen zur Marktreife entwickeln. Durch die Unterstützung soll die Unternehmensentwicklung gesichert und eventuell beschleunigt werden. Für die Gründungsphase im weiteren Sinn kann ein Zeitraum von rund fünf Jahren veranschlagt werden[240], d.h. erst nach dieser Zeit haben die Gründungsunternehmen – zumindest komplexere Gründungsprojekte wie eben technologieorientierte Gründungen – eine stabile Position erreicht, die eine annähernd gleichberechtigte Teilnahme an den Markt- und Wettbewerbsprozessen ermöglicht. Studien zur Entwicklung von Unternehmensgründungen zeigen, dass diese in den ersten Jahren ihrer Existenz einem erhöhten Liquidationsrisiko unterliegen, erst nach sechs bis zehn Jahren setzt eine Stabilisierung des Liquidationsrisikos ein und die jungen Unternehmen weisen eine ähnlich hohe Überlebenswahrscheinlichkeit wie etablierte Unternehmen auf.[241] Die begrenzte Aufenthaltsdauer deckt damit zwar einen großen Teil des Gründungsprozesses ab, eine vollständige Absicherung aller kritischen Phasen der Unternehmensentwicklung ist allerdings nicht immer gegeben.

Auf die mit der Errichtung und dem Betrieb eines TGZ verbunden Zielsetzungen geht der *Sternberg'sche* Definitionsansatz nicht ein. Da mit der TGZ-Konzeption ein umfassendes Zielsystem[242] verbunden ist, erscheint die Berücksichtigung der Zielsetzungen in der Definition als nicht praktikabel. Bei einer umfangreichen Zielauflistung würde der Rahmen eines prägnanten Definitionsansatzes gesprengt, bei der Beschränkung auf einzelne Zielsetzungen besteht die Gefahr einer selektiven, nicht repräsentativen Auswahl. Die regionale Basis und der regionale Bezug kommen durch die *Sternberg'sche* Definition ebenfalls nicht explizit zum Ausdruck. Da Technologie- und Gründerzentren hier – wie auch in der überwiegenden Mehrheit der Literatur – als Instrument der kommunalen Wirtschaftsförderung behandelt werden, wird der regionale Bezug implizit

---

238 Vgl. Sternberg et al. (1997), S. 2.
239 Vgl. z.B. Seeger (1997), S. 43.
240 Siehe Abschnitt 4.1.2.5.
241 Siehe Abschnitt 4.5.2.

vorausgesetzt. In einigen Definitionsansätzen wird weiterhin auf die Trägerschaft durch Gebietskörperschaften oder generell durch öffentliche Einrichtungen hingewiesen.[243] Durch die Einstufung als Instrument der Regionalentwicklung wird die maßgebliche Beteiligung öffentlicher Akteure zumindest implizit vorausgesetzt. Da zudem eine wachsende Beteiligung privater Akteure zu beobachten ist[244], erscheint eine ausdrückliche Berücksichtigung in der Definition ebenfalls nicht erforderlich zu sein. *Behrendt* kritisiert zudem, dass die Bezeichnung „Standortgemeinschaft“[245] den angebotspolitisch-instrumentellen Charakter der TGZ-Konzeption etwas verdeckt.[246] Die Ansammlung von jungen Unternehmen und Unternehmensgründungen erfolgt gezielt durch das TGZ, während eine Standortgemeinschaft grundsätzlich auch aus der Eigeninitiative der Unternehmen heraus entstehen kann. Er verändert daher die *Sternberg'sche* Definition dahingehend, dass das TGZ als „...eine in der Regel öffentlich betriebene Einrichtung der kommunalen oder regionalen Wirtschaftsförderung“ eingestuft wird, in der „...ausgewählte, relative junge und zumeist neu gegründete Stammunternehmen gefördert werden...“ sollen. Durch diese Ergänzung wird der aktive, instrumentelle Charakter verdeutlicht, der durch den weiter gefassten Begriff der Standortgemeinschaft nicht ausreichend zum Tragen kommt.

Bezüglich der im TGZ zulässigen Unternehmensaktivitäten bestehen gewisse Einschränkungen. Gemäß der obigen Definition werden die Entwicklung, Produktion und Vermarktung technologisch neuer Produkte als wesentliche betriebliche Tätigkeiten angesehen. Um dem Aspekt der Forschungsorientierung Rechnung zu tragen, werden bei der Konzeption teilweise Beschränkungen hinsichtlich der zulässigen Tätigkeiten vorgenommen. Dementsprechend ist in einigen TGZ die Produktion nur eingeschränkt gestattet.[247]

In der Praxis haben sich unter dem Oberbegriff der Technologie- und Gründerzentren mittlerweile eine Vielzahl von Zentrentypen herausgebildet, die sich in der genauen Ausgestaltung ihres Leistungsangebots und ihres Aufnahmereglements, ihren Zielsetzungen, ihren Zielgruppen und den beteiligten Akteuren z.T. erheblich unterscheiden. Generell können die zwei Idealtypen *Gründerzent-*

---

242 Siehe Abschnitt 3.1.2.1.

243 Vgl. z.B. Meyer und Imberg (1999), S. 15.

244 Vgl. Sternberg et al. (1997), S. 52f.

245 Eine Standortgemeinschaft besteht aus einer „...Gruppe von Betrieben (...) mit sachlichen oder organisatorischen Verflechtungen...“ (Hüttermann 1985, S. 11 zitiert in Sternberg 1988, S. 86).

246 Vgl. dazu Behrendt (1996), S. 6f.

247 Vgl. z.B. Sternberg (1988), S. 147.

rum (GZ) und *Technologiezentrum (TZ)* unterschieden werden. Eine Trennung zwischen Gründerzentren und Technologiezentren lässt sich prinzipiell anhand der angesprochenen Zielgruppen vornehmen. Während sich Gründerzentren generell an Existenzgründer richten, konzentrieren sich Technologiezentren auf technologieorientierte Unternehmensgründungen und junge Technologieunternehmen, wobei Gründungsunternehmen nicht zwangsläufig die wichtigste Zielgruppe bilden. Zudem sind die Aspekte der Forschungsförderung und des Technologietransfers stärker ausgeprägt. Technologiezentren sind außerdem zumeist durch einen hochschulnahen Standort gekennzeichnet.[248] Die in der Realität auftretenden Zentren lassen sich aber meist nicht eindeutig einem dieser Idealtypen zuordnen, sondern entsprechen eher einer Mischform innerhalb des Kontinuums zwischen den Ausprägungen „reines Gründerzentrum" und „reines Technologiezentrum". So sind teilweise auch Einstufungen wie „Gründerzentrum mit Technologieorientierung" zu finden. Die Bezeichnung der Zentren ist für die Einordnung in dieses Spektrum zumeist keine Hilfe, da sich die Träger bei der Namensgebung oftmals weniger an der konzeptionellen Ausgestaltung des Zentrums orientieren, sondern eher Marketing- und Imageaspekte in Erwägung ziehen. So sind neben den Bezeichnungen Gründerzentrum und Technologiezentrum auch Namen wie Technologiefabrik, Innovationszentrum, Technologiepark, Gründerpark, Technikzentrum, Mittelstandszentrum oder Impulszentrum zu finden. Der Bundesverband der deutschen Technologie- und Gründerzentren ADT e.V. verwendet den Oberbegriff *Innovationszentren*, unter dem Gründer- und Technologiezentren sowie Wissenschafts- und Technologieparks subsumiert werden.[249] Da die vom ADT vorgenommene Einordnung in Gründer- und Technologiezentren auf der Selbsteinschätzung ihrer Mitglieder beruht, bietet auch diese keine verlässliche Möglichkeit, die Zentren korrekt zuzuordnen.

Im Folgenden wird für die allgemeine Darstellung die Bezeichnung TGZ verwendet, während auf die Besonderheiten von Technologiezentren und Grün-

---

[248] In Baden-Württemberg wurde anfänglich der hochschulnahe Standort als Bestandteil des Anforderungsprofils festgelegt, damit Zentren als „Technologiezentren" durch das Wirtschaftsministerium gefördert werden konnten. Die in den ländlichen Regionen errichteten Zentren, die der Steinbeis-Stiftung unterstanden, wurden dagegen als „Technologiebetreuungszentren" tituliert (vgl. dazu Kaden 1991, 51f).

[249] Die Mehrheit der deutschen Technologie- und Gründerzentren ist Mitglied im ADT e.V. (Arbeitsgemeinschaft Deutscher Technologie- und Gründerzentren e.V.). Gegenwärtig (Stand: Januar 2005) vertritt der ADT durch seine Mitglieder direkt 174 Innovationszentren (vgl. ADT 2005). Der ADT veröffentlicht in regelmäßigen Abständen in einem Sammelband eine Auflistung seiner Mitglieder, bei der auch eine Einteilung in Gründerzentren und Technologiezentren vorgenommen wird (vgl. aktuell Baranowski, Dressel und Heukeroth 2002).

derzentren jeweils gesondert hingewiesen wird. Die Verwendung des Begriffs „Zentrum“ deutet dabei auf eine enge räumliche Begrenzung der Standortgemeinschaft, zumeist in einem einzigen Gebäude oder einem einzelnen Gebäudekomplex, hin. Deshalb werden großflächige Einrichtungen wie Innovations-, Technologie- und Forschungsparks sowie Science Parks und Research Parks nicht unter den TGZ-Begriff subsumiert. TGZ können jedoch als ein Bestandteil in ein Parkkonzept integriert sein oder die Keimzelle eines geplanten Parks bilden. In diesen Fällen wird darauf hingewiesen, dass das TGZ mit einem Technologiepark[250] kombiniert wird. Einzelne Einrichtungen führen explizit die Bezeichnung Technologiepark, wobei zumeist lediglich ein TGZ mit einer größeren Ansiedlungsfläche gekoppelt ist. In diesem Fall werden diese Einrichtungen im Folgenden ebenfalls unter der Bezeichnung TGZ subsumiert.

Das Konzept des *Forschungsparks (Science Parks)* hat seinen Ursprung in den amerikanischen Vorbildern wie z.B. dem Stanford Industrial Park und beinhaltet die institutionalisierte Verknüpfung von Universitäten und/oder größeren Forschungseinrichtungen mit Gewerbeansiedlungsflächen in einer parkähnlichen Umgebung. Die *IASP*[251] definiert *Science Parks* folgendermaßen:

> *"A Science Park is an organisation managed by specialised professionals, whose main aim is to increase the wealth of its community by promoting the culture of innovation and the competitiveness of its associated businesses and knowledge-based institutions. To enable these goals to be met, a Science Park stimulates and manages the flow of knowledge and technology amongst universities, R&D institutions, companies and markets; it facilitates the creation and growth of innovation-based companies through incubation and spin-off processes; and provides other value-*

---

250 Die Bezeichnung Technologiepark wird in den folgenden Abschnitten als Synonym für die Bezeichnungen Innovations- und Forschungspark sowie Science und Research Parks verwendet. In Frankreich werden entsprechende Einrichtungen als „Technopole“ bezeichnet (vgl. dazu Feldmann 1999, S. 63ff). Zwischen den einzelnen Parktypen lassen sich zwar wiederum inhaltlich-konzeptionelle Unterschiede – insbesondere in Bezug auf die wissenschaftliche Ausrichtung und die Verknüpfung mit Forschungseinrichtungen – festmachen, wobei die Abgrenzung wie bereits bei den Zentrenkonzepten nicht trennscharf ist. Diese Unterscheidungen werden im Folgenden nicht weiter berücksichtigt, da die Parkkonzepte nicht im Zentrum dieser Arbeit stehen.

251 Die IASP (International Association of Science Parks) ist ein internationales Netzwerk von Science Parks, dem 277 Einrichtungen in über 60 Ländern angehören (Stand: Januar 2005; vgl. IASP 2005a).

added services together with high quality space and facilities". (IASP International Board, 6 February 2002).[252]

Die Förderung von Unternehmensgründungen besteht vor allem in der Initiierung und Unterstützung von Spin-off Gründungen von Universitätsmitarbeitern und ehemaligen Studenten. Des Weiteren verfügen Science Parks in der Regel über ein eigenes, an den Park angeschlossenes Gründerzentrum.[253] Die Förderung von Unternehmensgründungen und KMU ist allerdings nicht die alleinige und zentrale Zielsetzung von Forschungsparks.[254] Die Förderung von Innovationsprozessen durch die Vernetzung der Innovationsakteure und die Verbesserung des Technologietransfers bildet die eigentliche Motivation des Parkkonzepts. Science Parks sollen damit eine verbesserte ökonomische Nutzung der akademischen Forschungsergebnisse ermöglichen. Dementsprechend werden technologieorientierte Gründungsunternehmen zwar als eine Zielgruppe eingestuft, der Ansiedlung von großen und etablierten FuE-intensiven Unternehmen kommt in der Praxis aber häufig eine größere Bedeutung zu. Im Gegensatz zu TGZ ist die Ansiedlungsdauer nicht zeitlich begrenzt. Um den Parkcharakter der Standortgemeinschaft zu wahren, werden häufig Einschränkungen hinsichtlich der zulässigen betrieblichen Aktivitäten vorgenommen, so sind in vielen Parks industrielle Produktionsanlagen nicht erlaubt. Während die Parkkonzepte in den USA und anderen europäischen Ländern wie Großbritannien, Frankreich und Schweden weit verbreitet sind, ist in Deutschland die Bildung von Forschungsparks bisher nur an einigen wenigen Standorten im Ansatz erkennbar.[255] Als Beispiele werden der Technologiepark Universität Bremen und der Forschungs- und Technologiepark Berlin-Adlershof genannt.[256] Es ist allerdings zu berücksichtigen, dass – ähnlich wie im Fall der Technologiezentren – nicht alle Einrichtungen den hohen Anforderungen entsprechen, die an einen Science Park per Definition gestellt werden.[257]

Ebenfalls vom Konzept der TGZ abzugrenzen sind die *Industrie- bzw. Gewerbeparks* und *Gewerbehöfe*. Diese Einrichtungen sind ebenfalls als Stand-

---

252 Vgl. IASP (2005b). Es wird darauf hingewiesen, dass der Begriff „Science Park" durch die Bezeichnungen „Technology Park", „Technopole" oder „Research Park" ersetzt werden kann.
253 Vgl. Willms (2001), S. 6.
254 Vgl. Sternberg (1988), S, 87.
255 Vgl. Mitsch (2000), S. 86.
256 Vgl. Wilmes, Keil und Schroeder (1997); Willms (2000).
257 Vgl. Willms (2001), S. 4.

ortgemeinschaft einzustufen, wobei schwerpunktmäßig kleine und mittlere produzierende Betriebe bzw. Handwerksbetriebe aber auch Großunternehmen angesiedelt werden.[258] Da zumeist keine explizite Unterstützung von Unternehmensgründungen verfolgt wird und abgesehen von der Gewerbeflächenbereitstellung häufig keine weiteren Leistungsangebote für die Unternehmen zur Verfügung gestellt werden, sind diese Standortgemeinschaften nicht zur TGZ-Konzeption zu zählen. Die zumeist fehlende Technologieorientierung unterscheidet sie zudem von den Technologiezentren. Industrie- und Gewerbeparks sowie Gewerbehöfe werden daher nicht unter dem Begriff TGZ subsumiert. Allerdings treten in der Praxis öfters Fälle auf, bei denen de facto reine Gewerbeparks als Gründer- oder Technologiezentren tituliert werden. In der folgenden Tabelle werden die Standortgemeinschaftstypen nach sechs gängigen Kriterien abgegrenzt.

Tabelle 3.1: Kriterien zur Abgrenzung von Standortgemeinschaften

Kriterium	**Einrichtungstyp**			
	Gewerbepark	**Gründer-zentrum**	**Technologie-zentrum**	**Forschungs-park**
wichtigster Unternehmenstyp	KMU, z.T. Zweigbetriebe	Neu-gründungen	KMU	Zweigbetriebe
häufigstes Betätigungs-feld der Unternehmen	Produktion	Dienstleistung, z.T. FuE bzw. Produktion	keine Schwer-punkte (FuE, Dienstleistung, Produktion, Vermarktung)	FuE, Dienst-leistungen
Verweildauer	unbegrenzt	begrenzt	z.T. begrenzt	unbegrenzt
Ausstattung mit Gemeinschafts-einrichtungen und Dienstleistungen	kaum vorhanden	umfangreich	vorhanden	nicht vorhanden
räumliche Orientierung der Einrichtung	regional	lokal	regional	überregional
Technologieorientierung der Unternehmen und der Einrichtung	schwach	schwach bis stark	stark	sehr stark

Quelle: Sternberg (1995), S. 203.

---

[258] ZumBbegriff des Industrie- bzw. Gewerbeparks vgl. z.B. die ausführliche Begriffbestimmung bei Gareis (2002), S. 9ff).

Standortgemeinschaften können damit als Kontinuum von Gewerbe-/Industrieparks und Gewerbehöfen über Gründerzentren, Technologiezentren bis zu Innovations-, Technologie- und Forschungsparks aufgefasst werden. Die Übergänge zwischen den einzelnen Typen sind in der Praxis zumeist nicht trennscharf, sondern eher fließend. Aus diesem Spektrum werden im Folgenden nur die Technologie- und Gründerzentren (TGZ) behandelt. Bei Bedarf wird zudem die Einbindung von TGZ in übergeordnete Parkkonzepte berücksichtigt.

3.1.2. Die Zielsetzungen und Zielgruppen

3.1.2.1. Zielsetzungen

Die Einrichtung eines TGZ ist in der Regel mit einer ganzen Reihe von Zielvorstellungen verbunden.[259] Dabei werden die verschiedenen Zielsetzungen häufig unsystematisch nebeneinander aufgelistet, obwohl die einzelnen Ziele in einer Ziel-Mittel-Beziehung bzw. einem hierarchischen Verhältnis zueinander stehen. Aufgabe dieses Abschnitts ist es daher, die einzelnen Zielsetzungen, die in den diversen forschungs- und praxisorientierten Beiträgen genannt werden, zu systematisieren und Zielbeziehungen aufzuzeigen. Den verschiedenen Beiträgen gemein ist die primär regionale Ausrichtung der TGZ-Konzeption, d.h. das räumliche Wirkungsfeld ist auf den lokalen bzw. regionalen Bereich beschränkt. Dem Zielsystem der Regionalpolitik vergleichbar kann auch für TGZ ein oberstes Ziel wie die „Steigerung der Wohlfahrt der Bevölkerung der Region“ oder die „Stärkung der Wettbewerbsfähigkeit der Region“ festgelegt werden, das aufgrund seiner allgemeinen Formulierung weitestgehend einen Leerformelcharakter aufweist und daher eine Konkretisierung durch untergeordnete Zielsetzung erforderlich macht. Das oberste Ziel wird durch die *grundsätzlichen* Zielsetzungen von TGZ konkretisiert. Diese Zielsetzungen haben größtenteils einen mittelbaren und längerfristigen Charakter. Sie können damit auch als *Oberziele* der TGZ-Konzeption bezeichnet werden.

---

[259] Für die Ziele von TGZ vgl. Behrendt (1996), S. 48ff; Elle et al. (1997), S. 55ff; Habersam et al. (1994), S. 89f; Kaden (1991), S. 58ff; Liefner (2002), S. 11f; Meyer und Imberg (1999), S. 17; Mitsch (2000), S. 89, 147; Pett (1994), S. 78; Pleschak (1995), S. 5, 40; Pleschak (1997a), S. 229f; Riedel, Scharr et al. (1999), S. 556; Seeger (1997), S. 40; Sternberg (1988), S.89ff, 139; Tamásy (1996), S. 18f.

Zu den *Oberzielen* von TGZ zählen:

- die Schaffung und Sicherung von (qualifizierten und zukunftssicheren) Arbeitsplätzen und der Abbau von Arbeitslosigkeit in der Region,
- die Diversifizierung der regionalen Wirtschaftsstruktur,
- die Modernisierung der regionalen Wirtschaftsstruktur (durch die Unterstützung des Aufbaus von zukunftsträchtigen – technologieorientierten – Wirtschaftszweigen),
- die Erhaltung und Nutzung von Humankapital für die Region und
- die Sicherung und Verbesserung der kommunalen Einnahmen.

Das Modernisierungsziel kann prinzipiell mit dem Diversifizierungsziel zu der Zielsetzung „Förderung des sektoralen Strukturwandels" zusammengefasst werden. Durch die Bezeichnungen Diversifizierung und Modernisierung werden zwei unterschiedliche Aspekte des Strukturwandels abgedeckt. Mit der Diversifizierung wird eine Erweiterung der regionalen Wirtschaftsbasis angestrebt. Dem Portfoliogedanken folgend dient die Verbreiterung der Branchenstruktur dem Risikoausgleich und dem Abbau sektoraler Abhängigkeiten. Dies betrifft insbesondere ländliche Regionen sowie altindustrialisierte und monostrukturierte Regionen. Während mit dem Diversifizierungsziel grundsätzlich keine Festlegung auf bestimmte Sektoren verbunden ist, verfolgt das Modernisierungsziel eine spezifische Erweiterung des Branchenspektrums um innovative Wirtschaftszweige und eine gezielte Umschichtung der regionalen Wirtschaftsaktivitäten hin zu zukunftsträchtigen Sektoren.

Die Oberziele bedürfen aufgrund ihrer hierarchischen Stellung und ihrer allgemein gehaltenen Formulierung einer weiteren Konkretisierung durch Unterziele bzw. Zielsetzungen mit Mittelcharakter. Dementsprechend können

- die Motivierung von (innovativen und technologieorientierten) Unternehmensgründungen,
- die Unterstützung der Überlebensfähigkeit und der Entwicklung von neugegründeten und jungen (innovativen und technologieorientierten) Unternehmen und
- die Initiierung und Unterstützung von Innovationsprozessen

als die *unmittelbaren und zentralen* Zielsetzungen von TGZ angesehen werden. Diese unmittelbaren Zielsetzungen stellen demnach die notwendigen, aber nicht hinreichenden Voraussetzungen für die Erreichung der grundsätzlichen, mittelbaren Zielsetzungen (Oberziele) dar.[260] Die Förderung von Unternehmensgründungen hat damit bereits einen Mittelcharakter, d.h. sie ist kein Ziel an sich und erfolgt nicht zum Selbstzweck. Diese zentralen Ziele können weiter in *Unterziele mit instrumentellen Charakter* aufgespaltet werden:

- Steigerung der Gründungsneigung der potenziellen Gründer
- Steigerung der Gründungsfähigkeit der potenziellen Gründer
- Steigerung der Überlebensfähigkeit von Gründungsunternehmen und jungen Unternehmen (Unterstützung bei der Überwindung der Existenz gefährdenden Probleme)
- Steigerung der Entwicklungsfähigkeit von Gründungsunternehmen und jungen Unternehmen (Unterstützung bei der Überwindung der Entwicklungshemmnisse)
- Förderung und Intensivierung des Wissens- und Technologietransfers[261] und der Vernetzung von Anbietern und Nachfragern technologischen Wissens (Vernetzung der regionalen Innovationspotenziale bzw. Vernetzung der Elemente des regionalen Innovationssystems)

Diese Unterziele haben einen instrumentellen Charakter, da z.B. die Steigerung der Gründungsneigung keinen Nutzen an sich aufweist, sondern nur ein Mittel darstellt mehr Unternehmensgründungen zu initiieren (die wiederum dazu beitragen sollen, Arbeitsplätze zu schaffen, die regionale Wirtschaftsstruktur zu differenzieren etc.). Die Steigerung der Gründungsneigung bezieht sich auf die Stimulierungsfunktion von TGZ. Bisher nicht interessierte Personen sollen zu einer Entscheidung für die Selbstständigkeit motiviert werden. Durch die Steige-

---

[260] Vgl. dazu auch Chef und Müller-Merbach (1999), S. 3f und 11ff.

[261] Der Begriff „Technologietransfer" wird definiert als die Übertragung von Wissen in allen Ausprägungsformen, also sowohl von Basiswissen als Ergebnis der Grundlagenforschung als auch von anwendungsorientierten Wissen über Produkte und Verfahren, dem zu deren Nutzung und/oder Markteinführung notwendigen Know-how sowie von konkreten Verfahrenstechniken und Gütern von einem Technologieproduzenten an einen Technologienutzer (in Anlehnung an Böhler et al. 1989, S. 23). Der vertikale Technologietransfer verläuft entlang der Stufen des Innovationsprozesses, bewirkt also eine Heranführung der Wissensträger an den Stand der Technologie. Der horizontale Technologietransfer bewirkt eine Know-how Übertragung auf der gleichen Ebene, wodurch die Anzahl der Wissensträger erhöht wird (vgl. Träger und Uhlmann 1984, S. 54). TGZ dienen in erster Linie dem vertikalen Technologietransfer. Der Technologietransfer kann durch unterschiedliche Übertragungsformen vollzogen werden, z.B. durch Spin-off Unternehmensgründungen, Personaltransfer, Informationsaustausch (von informellen Kontakten bis hin zu vertraglich vereinbarten Beratungsleistungen), gemeinsame FuE-Kooperationen und Nutzung technischer Ausstattung und Anlagen.

rung der Gründungsfähigkeit soll indessen eine bereits gründungsinteressierte Personen zur Unternehmensgründung befähigt werden, indem beispielsweise die finanziellen Möglichkeiten geschaffen und erforderlichen Qualifikationen und Kenntnisse vermittelt werden. Die Steigerung der Überlebens- und Entwicklungsfähigkeit bezieht sich dagegen auf bereits gegründete Unternehmen und setzt am Abbau bzw. an der Kompensation der Entwicklungshemmnisse junger Unternehmen an. Aus diesen Unterzielen können schließlich die *Aufgabenstellungen von TGZ* abgeleitet werden, dazu zählen z.B.:

- die Bereitstellung kostengünstiger Gewerbeflächen und einer auf Gründungsbedürfnisse ausgerichteten Infrastruktur,
- die Schaffung eines auf die betrieblichen Entwicklungsengpässe angepassten Informations- und Beratungsprogramms,
- die Hilfestellung bei Kapitalbeschaffung,
- die Kontaktvermittlung (Herstellung und Verbesserung von bestehenden intra- und interregionalen Kontaktnetzen),
- die Schaffung von Fühlungsvorteilen für die Unternehmen (inklusive der gezielten Ansiedlung von „passenden“ Unternehmen),
- die Initiierung und Verbesserung des Technologie-, Wissens- und Informationstransfers sowie die Initiierung und Verbesserung der Zusammenarbeit zwischen wissenschaftlicher Forschung und industriellen Anwendern (Vernetzung der regionalen Innovationspotenziale).

Zusätzlich zu den bisher genannten Zielsetzungen können bei der Errichtung von TGZ auch Zielsetzungen aus anderen kommunalpolitischen Bereichen eine Rolle spielen wie z.B. die städtebauliche Zielsetzung der Wiedernutzung leer stehender Gebäude oder von Industriebrachen im innerstädtischen Bereich oder Zielsetzungen des Stadt- bzw. Standortmarketing wie die Etablierung eines regionalen Technologieprofils und die Verbesserung des Standortimages. TGZ sollen demnach dazu beitragen ein unternehmens-, gründungs- und wirtschaftsfreundliches Klima in der Region zu erzeugen.[262] Da solche „Klimaeffekte“ schwer greifbar, d.h. durch Indikatoren abbildbar sind, entzieht sich diese Zielsetzung weitestgehend einer Überprüfung. Aus der Zielsetzung „Sicherung und Verbesserung der kommunalen Einnahmen“ lässt sich zusätzlich das eher prag-

---

[262] Vgl. dazu Sternberg (1988), S. 234f.

matische Unterziel einer möglichst hohen Auslastung bzw. möglichst geringer Leerstände zur Verbesserung der (kurzfristigen) Rentabilitätssituation[263] ableiten. Es ist zu beachten, dass in der Praxis die Gewichtung der einzelnen Zielsetzungen von der Zusammensetzung der Trägerorganisationen abhängt, wobei die einzelnen Zielsetzungen, zumindest bei kurzfristiger Sichtweise, in Konkurrenz zueinander stehen können.[264] Schließlich ist zu berücksichtigen, dass nicht in jedem Fall alle der hier aufgelisteten Zielsetzungen bei der Konzeption eines TGZ tatsächlich Berücksichtigung finden. Zudem liegt nicht allen TGZ-Konzeptionen ein systematisches hierarchisches Zielsystem zugrunde, teilweise verfügen die Träger der TGZ nur über diffuse und unpräzise Zielvorstellungen. Das Zielsystem der TGZ-Konzeption wird in Abbildung 3.1 nochmals zusammengefasst dargestellt.

Die Förderung von Unternehmensgründungen und jungen Unternehmen nimmt damit vordergründig die zentrale Position im Zielsystem der TGZ-Konzeption ein. Der Mittelcharakter dieser Zielsetzung darf aber nicht übersehen werden, letztlich werden Unternehmensgründungen nicht zum Selbstzweck gefördert, sondern zur Verwirklichung der Oberziele wie der Schaffung von Arbeitsplätzen oder der Diversifizierung der regionalen Wirtschaftsstruktur. An diesen Zielen ist letztlich auch der Erfolg einer TGZ-Konzeption zu messen. In der Praxis ist dieser Zielsystemzusammenhang aber nicht von allen Verantwortlichen verinnerlicht worden. So zeigen Befragungen der Träger, dass die Förderung von Unternehmensgründungen oft als primäre Zielsetzung genannt wird, während die eigentlichen Oberziele nur nachrangig genannt werden.[265]

---

263 Der Begriff „kurzfristige Rentabilität“ wird hier verwendet, um zu verdeutlichen, dass sich die Auswirkungen eines Zentrums z.T. erst mit zeitlicher Verzögerung (z.B. im Falle von Gewerbesteuereinnahme durch erfolgreich aus dem Zentrum ausgezogene Unternehmen) spürbar werden. Die kurzfristige Rentabilität kann näherungsweise durch die Gegenüberstellung der laufenden Kosten des Zentrums und der laufenden Einnahmen durch Miete, Beratungsentgelte, Servicenutzungsentgelte etc. bestimmt werden.

264 Vgl. Behrendt (1996), S, 49 für die (unterschiedlichen) Zielsetzungen der potenziellen Träger eines TGZ. Die Träger von TGZ werden in Abschnitt 3.1.4 behandelt.

265 Vgl. z.B. Sternberg et al. (1997), S. 39, 193.

Abbildung 3.1: Zielsystem der TGZ-Konzeption

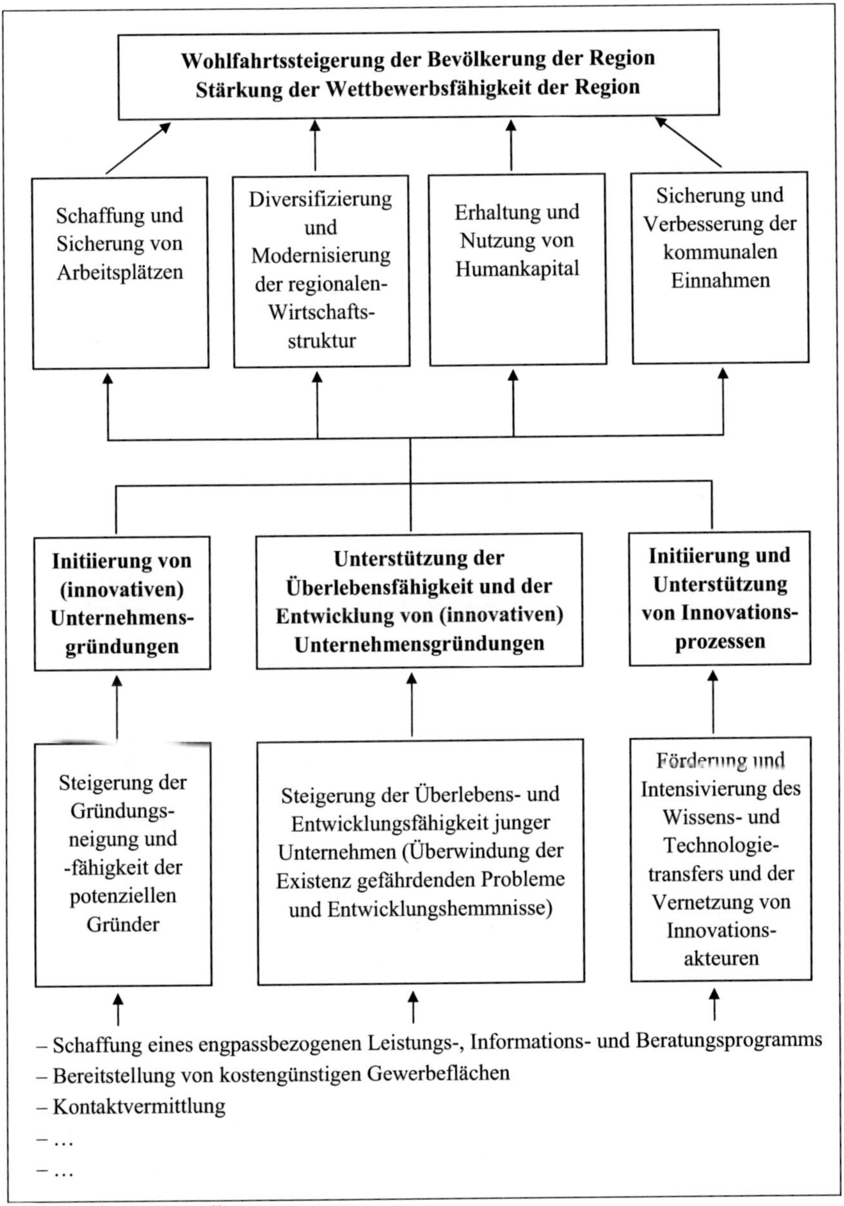

Quelle: Eigene Darstellung.

Den zweiten zentralen Aspekt der TGZ-Konzeption bildet die Förderung der regionalen Innovationsprozesse bzw. des regionalen Innovationssystems durch die Initiierung und Intensivierung des Wissens- und Technologietransfers. Dieser Zielkomplex wird sinnvollerweise vor allem von Technologiezentren verfolgt. Der Zielkomplex Innovationsförderung hat schnell an Bedeutung gewonnen, da die anfänglich erhofften starken Beschäftigungseffekte sich bald als zu optimistisch und nicht realisierbar erwiesen und einzelne Bundesländer wie Baden-Württemberg und Nordrhein-Westfalen eine umfassendere und stärker technologieorientierte TGZ-Konzeption verfolgen.[266]

3.1.2.2. Zielgruppen

Die Zielgruppen eines Zentrums werden grundsätzlich durch die konkreten Zielsetzungen, aber auch durch die organisatorische Struktur[267] des Zentrums bestimmt. Entsprechend der unmittelbaren und zentralen Zielsetzungen von TGZ kommen in erster Linie als Mieter in Frage:[268]

- (innovative) Gründungsunternehmen (bei TZ: vor allem technologieorientierte Gründungsunternehmen; insbesondere auch Spin-offs und Spin-outs aus bestehenden Unternehmen und staatlichen sowie privaten Forschungseinrichtungen)[269] und
- junge (innovative) kleine und mittlere Unternehmen (bei TZ: vor allem technologieorientierte KMU)

Als „jung“ werden Unternehmen eingestuft, deren Gründung zum Einzugszeitpunkt bereits mehr als ein halbes aber nicht mehr als drei Jahre zurückliegt.[270] Bereits frühzeitig wurde von einigen Autoren die Frage der Tragfähigkeit der TGZ-Konzeption aufgeworfen, d.h. es wird bezweifelt, ob überhaupt genügend technologieorientierte Unternehmen gegründet werden, um eine dauerhafte Aus-

---

266 Vgl. Behrendt (1996), S. 50f.

267 Siehe dazu Abschnitt 3.1.4.

268 Für die Zielgruppen von TGZ vgl. Groß (1997), S. 24; Kaden (1991), S. 61ff; Mitsch (2000), S.90f; Pleschak (1997a), S. 229.

269 Die Begriffe „technologieorientierten Unternehmensgründung“ und „Spin-off“ werden in den Abschnitten 4.1.2.2 und 4.1.2.3 detailliert erläutert.

270 Bei einem Alter zwischen einem halben und drei Jahren kann man davon ausgehen, dass sich das Unternehmen noch im Gründungsprozess im weiteren Sinn befindet, d.h. das Unternehmen ist

lastung der Zentren zu gewährleisten. *Sternberg* geht beispielsweise davon aus, dass das vorliegende Regenerierungspotenzial von 250 bis 300 technologieorientierten Unternehmensgründungen pro Jahr nicht ausreicht, um die zum damaligen Zeitpunkt bestehenden rund 1.000 Betriebsstätten langfristig und annähernd gleichmäßig auszulasten.[271] Da seither die Zahl der TGZ stark zugenommen hat, sollte sich die Problematik eher noch verschärft haben. Bei einer weiter gefassten Abgrenzung des Begriffs der technologieorientierten Unternehmensgründungen und insbesondere der Berücksichtigung der wissensintensiven Dienstleistungsgründungen kann allerdings von einem erheblich größeren Pool an potenziellen Mietern ausgegangen werden.[272] *Fritsch* errechnet beispielsweise für den Zeitraum 1998-2002 eine durchschnittliche Anzahl von 3.137 Gründungen in FuE-intensiven Branchen, darunter 1.172 Spitzentechnologiegründungen, bezogen auf den weiter gefassten Bereich der wissensintensiven Branchen sind sogar 53.312 Gründungen zu verzeichnen.[273] Trotzdem bleibt die Frage der Tragfähigkeit einer der kritischsten Aspekte der TGZ-Konzeption.

Da die Bezeichnungen „technologieorientiert" und „Unternehmensgründung" bzw. „Gründungsunternehmen" nicht verbindlich festgeschrieben sind, verfügen die Zentrenbetreiber über einen entsprechend weiten Spielraum bei der Auswahl der Mieter.[274] In vielen TGZ sind daher tatsächlich mehrfach weitere Mieter anzutreffen, die sich keinem der obigen Mietertypen zuordnen lassen. Da eine zu enge Begrenzung der Zielgruppe und eine rigorose Durchsetzung der Aufnahmekriterien zu Konflikten mit Auslastungs- und Rentabilitätszielen führen kann, hat in der Praxis das jeweilige regionale Gründer- und Unternehmenspotenzial Einfluss auf die Bestimmung der Zielgruppen und die Auswahl der Mieter. Gerade in ländlichen und peripheren Standorten kann dies zur Folge haben, dass die Auswahlkriterien laxer gehandhabt und auch ältere Unternehmen oder nicht innovative bzw. technologieorientierte Gründungen als Mieter akzeptiert werden.[275] Zudem wird die Beschränkung der Aufenthaltsdauer oftmals fle-

---

noch nicht hinreichend gefestigt und etabliert. Zur Darstellung des Gründungsprozesses siehe Abschnitt 4.1.2.5.

271 Vgl. Sternberg (1988), S. 254.

272 Siehe auch Abschnitt 4.1.2.2 für die Abgrenzung der technologieorientierten Unternehmensgründungen.

273 Vgl. Fritsch (2005), S. 23.

274 Vgl. Sternberg et al. (1997), S. 40f.

275 Vgl. z.B. Liefner (2004), S. 298. Tamásy (1996, S. 84) ermittelt, dass rund ein Viertel der ostdeutschen TGZ-Manager aufgrund des unzureichenden Gründerpotenzials eine „pragmatische Vorgehensweise" bei der Auswahl der Mieter verfolgt. Die Hälfte der durch den Modellversuch geför-

xibel gehandhabt.[276] So ist zu beobachten, dass junge Unternehmen auch nach Überschreiten der maximal zulässigen Mietdauer – diese beträgt in der Regel drei bis fünf Jahre – im Zentrum verbleiben[277], um einen hohen Auslastungsgrad sicherzustellen und positive Betriebszahlen wie z.B. geschaffenen Arbeitsplätze vorweisen zu können. Dies ist vor allem vor dem Hintergrund zu sehen, dass die Zentren nach dem Ablauf der Anlaufunterstützung wie z.B. der Förderung im Rahmen des Modellversuchs oder durch Anschubfinanzierungsprogramme der einzelnen Bundesländer selbsttragend, also vollständig kostendeckend, arbeiten sollen (da Verluste aus dem laufenden Betrieb durch Zuschüsse der Träger ausgeglichen werden müssen). Es stellt sich damit die Frage, inwieweit die der TGZ-Konzeption ursprünglich zugrunde liegende „Brutkastenfunktion" in der Praxis tatsächlich zum Tragen kommt. Dem Brutkastenprinzip zufolge sind im TGZ Unternehmen zu betreuen, die noch nicht marktfähig sind, aber nach einer bestimmten Entwicklungsphase dazu in der Lage sein werden („make more winners").[278] Junge Unternehmen, die bereits soweit stabilisiert sind, dass sie auch ohne die Unterstützung der TGZ überlebens- und entwicklungsfähig sind, gehören streng genommen nicht mehr zur Zielgruppe. Eine enge Auslegung des TGZ-Konzeption bei der Mieterauswahl ist daher mit erheblichen Schwierigkeiten verbunden, da einerseits Erfolg versprechende Gründungen ausgewählt werden sollen, wobei aber eine Unterstützung von dauerhaft nicht überlebensfähigen Gründungsprojekten zu vermeiden ist. Bewirkt die Unterstützung lediglich eine künstliche Lebensverlängerung gescheiterter Gründungen, werden die Selektionskräfte des Marktes außer Kraft gesetzt und es werden öffentliche Mittel verschwendet, wodurch letztlich die gesamte TGZ-Konzeption in Frage gestellt würde. Andererseits dürfen die Unternehmen *noch* nicht zu erfolgreich sein, um die Wahrscheinlichkeit von Mitnahmeeffekten[279] gering zu halten. Mitnahmeeffekte entstehen dann, wenn die Unternehmen auch ohne die Unterstützung durch das TGZ gegründet worden wären und sich positiv entwickelt hätten, d.h. es werden lediglich Eigenmittel durch öffentliche Mittel substituiert, ohne dass die

---

derten ostdeutschen TGZ gibt an, dass das Gründerpotenzial geringer ist, als bei der Konzeption erwartet (vgl. Pleschak 1995, S. 31).

276 Vgl. z.B. Meyer und Imberg (1999), S. 89.

277 In den nordrhein-westfälischen Zentren haben z.B. nach 3 (5) Jahren nur durchschnittlich 40% (62%) der Gründer das Zentrum wieder verlassen (vgl. Elle et al. 1997, S. 144).

278 Vgl. auch Behrendt (1996), S. 56.

279 Ein Mitnahmeeffekt liegt nach Zimmermann (1987, S. 339) dann vor wenn „der (...) Adressat einer finanziellen Anreizmaßnahme diejenige Aktivität, die nach Absicht des Gebers der Anreiz bewirken sollte, teilweise oder in vollem Umfang auch ohne diesen Anreiz entfaltet hätte."

Förderung einen tatsächlichen Mehrwert erzeugt. Eine Konzentration auf bereits erfolgreiche Gründungen und Gründungsprojekte mit einem sehr hohen Erfolgspotenzial („pick the winners“) ist daher neben methodischen Problemen – so kann die Verfügbarkeit valider Erfolgsindikatoren durchaus in Frage gestellt werden – aufgrund ordnungspolitischer Vorbehalte abzulehnen. Wenn Gründungsprojekte von den Akteuren der Wirtschaftspolitik mit hoher Wahrscheinlichkeit als Erfolg versprechend eingestuft werden können, müsste dies auch privaten Institutionen möglich sein. Damit sollten diesen Gründungen grundsätzlich auch marktliche Unterstützungsangebote – wie z.B. Venture Capital oder Beratungsangebote zu gründerfreundlichen Konditionen – zur Verfügung stehen. Wenn damit kein erhebliches Marktversagen vorliegt, sinkt der Nettoförderungseffekt und es droht ein hohes Ausmaß an Mitnahmeeffekten. Bei einer entsprechend engen Auslegung der Aufnahmekriterien besteht damit die Gefahr einer nicht unerheblichen Ausfallquote, da die tatsächliche Marktfähigkeit ex ante nicht vollständig gesichert bestimmt werden kann.

Wie die empirischen Auswertungen zeigen, liegt bei den meisten Zentren keine „reine Brutkastenorientierung“ vor.[280] Gerade Technologiezentren nehmen nicht nur Gründungsunternehmen auf, sondern zählen technologieorientierte Unternehmen – KMU sowie ausgelagerte FuE-Abteilungen großer Unternehmen – generell zu ihrer Klientel. Dabei wird eine „gesunde Mischung“ aus Gründungsunternehmen und etablierten Unternehmen angestrebt, um eine möglichst effiziente Förderung des Technologietransfers und eine optimale Vernetzung der Innovationsakteure zu erreichen. Aus Auslastungsgründen und um die oben aufgeführten Aufgabenstellungen – z.B. Technologietransfer, Beratung, Netzwerkbildung – erfüllen zu können, werden zudem oft weitere regionale Wirtschaftsakteure in das Zentrum aufgenommen wie z.B. Forschungs- und Entwicklungsabteilungen von Großunternehmen, einzelne Institute von Forschungseinrichtungen, Qualifizierungs-, Weiterbildungs- und Beratungseinrichtungen, Technologietransferstellen, Wirtschaftsförderer und Servicegesellschaften.

Der Motivierungsfunktion entsprechend kann weiterhin die gesamte erwerbsfähige Bevölkerung der Region (das regionale Gründerpotenzial) als Zielgruppe definiert werden, wobei vor allem die gründungsinteressierten Personen sowie gründungsfähige, aber bislang nicht gründungsinteressierte Personen relevant sind. Eine weitere Zielgruppe bilden schließlich Gründer, junge Unterneh-

---

280 Vgl. dazu Abschnitt 3.2.3.

men und KMU aus der Region, die nicht im Zentrum eingemietet sind, aber bestimmte Leistungen – zumeist gegen Entgelt – in Anspruch nehmen. In vielen Zentren bietet das Zentrumsmanagement Beratungsleistungen wie z.B. Gründungs- oder Marketingberatung auch für externe Gründer und Unternehmen an.[281] Dies geschieht einerseits, um auch auf diesem Weg zur Erfüllung der Zielsetzungen „Motivierung von Unternehmensgründungen“ und „Unterstützung von jungen Unternehmen“ beizutragen, andererseits können dadurch weitere Einnahmequellen erschlossen werden. Zuletzt kann auch, zumindest in Einzelfällen, die Verwaltung der Gebietskörperschaften eine Zielgruppe darstellen, wenn dem Zentrenmanagement Aufgaben der kommunalen Wirtschaftsförderung und der Regionalentwicklung übertragen werden.

Abschließend ist die Vorteilhaftigkeit einer inhaltlichen Spezialisierung von TGZ zu diskutieren. Vor allem in den letzten Jahren ist bei vielen Zentren eine Strategie der Bildung technologischer Schwerpunkte beobachtbar.[282] Für eine Spezialisierung auf einzelne Technologiefelder und einer damit verbundenen Homogenisierung der Mieterstruktur lassen sich in der Tat einige Argumente aufführen. So ermöglicht die Schwerpunktbildung die Ausschöpfung von Synergieeffekten wie z.B. bei der Zulieferung oder der gemeinsamen Lösung technologischer Probleme.[283] Zudem kann das Serviceangebot auf die spezifischen Bedürfnisse der Mieter hin optimiert werden.[284] Die inhaltliche Übereinstimmung erleichtert außerdem die Vernetzung der Mieter untereinander sowie mit den anderen Innovationsakteuren der Region. Schließlich kann durch die Spezialisierung das Profil des Zentrums geschärft werden – ein heterogen zusammengesetztes Zentrum erhält leicht das Image eines „Gemischtwarenladens“ – und das Zentrum kann zur Bildung eines entsprechenden Technologie-Images der Region beitragen. Insbesondere in Gebieten mit einer hohen Zentrendichte wie z.B. Nordrhein-Westfalen[285] und Sachsen[286] kann eine Spezialisierung zudem erforderlich sein, um sich in einem engen Markt von den „Konkurrenten“ abzusetzen. Da TGZ ein begrenztes Einzugsgebiet aufweisen, können sich die „Märkte“ nebeneinander liegender Zentren überlappen, so dass diese um das Gründerpotenzial konkurrieren müssen. Gegen eine Spezialisierungsstrategie

---

281 Vgl. z.B. Tamásy (1996), S. 120.
282 Vgl. z.B. Franz (1996, S. 30f) für die Branchenprofile der ostdeutschen TGZ.
283 Vgl. Behrendt (1996), S. 54.
284 Vgl. Mitsch (2000), S. 91.
285 Vgl. Habersam et al. (1994), S. 92.
286 Vgl. Franz (1996), S. 28.

lassen sich jedoch auch eine Reihe gewichtiger Argumente aufführen. Aus rein pragmatischen Erwägungen stellt sich die Frage, ob dauerhaft überhaupt ein ausreichend großes branchen- bzw. technologiespezifisches Gründerpotenzial in der Region vorhanden ist, um eine rentable Auslastung des Zentrums gewähren. Eine zu starke inhaltliche Übereinstimmung kann außerdem das Konkurrenzdenken und damit Misstrauen unter den Mietern fördern, so dass Synergiepotenziale nicht ausgeschöpft werden.[287] Die unmittelbare Nähe zu direkten Wettbewerbern wird von vielen Unternehmen als nicht wünschenswert eingestuft, da sie die Imitation von Geschäftsideen und die Abwerbung von Mitarbeitern befürchten.[288] Eine einseitige Ausrichtung auf ein einzelnes Technologiefeld ist zudem riskant, da der längerfristige Erfolg nicht abgeschätzt werden kann und gleichzeitig eine (teil-)irreversible Entscheidung getroffen wird (d.h. die Festlegung auf einen „technologischen Pfad"), die zumindest kurzfristig nicht ohne weiteres revidiert werden kann. Dem Portfolioprinzip entsprechend ermöglicht eine heterogene Mieterstruktur dagegen einen technologischen Risikoausgleich, zudem hält sich das Zentrum die Option offen, an neuen Erfolg versprechenden Technologietrends zu partizipieren. Weiterhin stellt sich die grundsätzliche Frage, inwieweit die Akteure der kommunalen Wirtschaftsförderung in der Lage sind, die optimale technologische Ausrichtung zu bestimmen – was impliziert, dass diese Akteure einen besseren Informationsstand haben als die forschenden Organisationen und innovierenden Unternehmen selbst. Es ist also *von Hayeks* Warnung vor einer „Anmaßung von Wissen" zu beachten.[289] Nach Ansicht *von Hayeks* wirken die freien Wettbewerbsprozesse der Marktwirtschaft als ein Entdeckungsverfahren, d.h. die optimale Güterstruktur kann nicht ex ante bestimmt werden, sondern wird erst durch die wettbewerblichen Marktprozesse offen gelegt.[290] Die Vorstellung eines Entdeckungsverfahrens kann auch auf den Bereich der Forschung und technologischen Entwicklung übertragen werden. Die erfolgreichen Technologiefelder und deren Anwendungsfelder werden dementsprechend erst durch einen wettbewerblichen Forschungs- und Innovationsprozess „entdeckt", eine vorherige Festlegung auf einen Erfolg versprechenden Technologiebereich durch die Träger eines TGZ ist damit hoch spekulativ. Eine Spezialisierung von Technologiezentren ist daher nicht grundsätzlich empfehlenswert.

---

287 Vgl. Behrendt (1996), S. 54.
288 Vgl. Bauer und Hannig (1992), S. 15.
289 Vgl. von Hayek (1975).
290 Vgl. von Hayek (1968).

Gerade in ländlichen Regionen mit einem geringeren absoluten Gründerpotenzial und ohne eine bereits bestehende technologische Ausrichtung erscheint eine Spezialisierungsstrategie nicht angeraten. Eine heterogene Ausrichtung des Zentrums, die dem gesamten Spektrum des regionalen Potenzials Rechnung trägt, ist als Erfolg versprechender einzustufen. Eine Spezialisierungsstrategie ist dagegen vor allem bei Technologiezentren in Agglomerationsräumen, die über ein größeres technologiespezifisches Gründerpotenzial und eine bereits bestehende technologische Schwerpunktsetzung verfügen, anwendbar. Zu denken ist hierbei an Standorte, an denen forschende Großunternehmen und/ oder Universitäten bereits einen technologischen Entwicklungspfad vorgeben und gleichzeitig ein ausreichendes Gründerpotenzial „produzieren".

3.1.3. Das Leistungsangebot

Der *Sternberg'schen* Definition zufolge stellen TGZ ein „mehr oder weniger umfangreiches Angebot an Gemeinschaftseinrichtungen und Beratungsleistungen" bereit.[291] In der Praxis hat sich ein breites Spektrum an Unterstützungsleistungen herausgebildet, wobei das jeweilige Angebot zum Teil erheblich zwischen den einzelnen Zentren differiert. Grundlegend können Infrastruktur (Raumangebot und zentrale Gemeinschaftseinrichtungen) und Dienstleistungen unterschieden werden.[292].Die Dienstleistungen können weiter in Serciveleistungen (z.B. Rezeption, Sekratariat), Beratungsleistungen (z.B. Finanz-, Existenzgründungs-, Patentberatung) und Vermittlungsleistungen (z.B. Kooperationsvermittlung, Vermittlung externer Beratungsleistungen) untergliedert werden. Einzelne Leistungen können als Standardangebote von TGZ bezeichnet werden, da sie von nahezu allen Einrichtungen angeboten werden. Zu diesen Standardleistungen zählen insbesondere Basisangebote wie die Bereitstellung einer Telefonzentrale oder eines Kopiergeräts sowie die allgemeine Gründungsberatung. Die Gewährung vergünstigter Mietkonditionen unterhalb des ortsüblichen Mietniveaus kann dagegen nicht als grundlegendes Kriterium eingestuft werden, da viele TGZ keine subventionierten Mieten anbieten.[293] Ein grundsätzlicher Vorteil besteht aber in der größeren räumlichen Flexibilität, da nur die tatsächlich benötigte Fläche angemietet werden muss und nachträgliche Erweiterungsmöglich-

---

291 Vgl. Sternberg (1988), S. 86f.
292 Vgl. Behrendt (1996), S. 52 für eine ausführliche Übersicht.
293 Vgl. Sternberg et al. (1997), S. 45.

keiten bestehen. Zudem ist die Miethöhe häufig dem Alter der Mieter bzw. der Mietdauer entsprechend gestaffelt, so dass Neugründungen zu Beginn ihres Aufenthalts im TGZ eine spürbare Entlastung erfahren. Das Leistungsspektrum eines Zentrums wird maßgeblich durch dessen Ausrichtung und dessen primäre Zielgruppen bestimmt, so werden beispielsweise Patent- und Technologieberatungen oder Gemeinschaftslabore vor allem von Technologiezentren angeboten. Grundsätzlich können die TGZ-Leistungen in Infrastrukturleistungen (Raumangebot und zentrale Gemeinschaftseinrichtungen) und Dienstleistungen (Service-, Beratungs-, Informations- und Vermittlungsleistungen) unterteilt werden.

Die Infrastruktur- und Serviceleistungen dienen in erster Linie der Fixkostenreduzierung, da die Unternehmen Investitions- und Personalkosten externalisieren können. Da die Abrechnung häufig entsprechend der tatsächlichen Inanspruchnahme erfolgt, werden Fixkostenbestandteile in variable Kosten umgewandelt. Bei einem entsprechend geringen Bedarf in der Anfangszeit kann dadurch die Kostenbelastung gering gehalten werden. Diese Leistungen tragen damit dem begrenzten finanziellen Spielraum der Unternehmensgründungen Rechnung. Viele Gründer nennen die Finanzierung des Unternehmensaufbaus und der Unternehmensentwicklung als primäres Problem bzw. Entwicklungshemmnis, wobei vor allem die Kombination aus geringen Eigenmitteln und Restriktionen bei der Kapitalaufnahme zu Finanzierungsengpässen führt.[294] Die Infrastruktur- und Serviceleistungen haben damit den Charakter einer indirekten finanziellen Unterstützung und werden von den Unternehmen dementsprechend positiv beurteilt und häufig genutzt. Ziel ist es, die Inanspruchnahme schrittweise zu reduzieren. So können die Gründungsunternehmen beispielsweise bei einzelnen Bürotätigkeiten (z.B. Postdienst, Buchhaltung) anfangs durch das Zentrenpersonal entlastet werden und bei einer positiven Entwicklung, wenn der wachsende Aufwand die Einstellung zusätzlichen Personals rechtfertigt, die Aufgaben schrittweise selbst übernehmen.

Die speziell an die Bedürfnisse von Gründern und jungen Unternehmen angepassten und zentral bereitgestellten Informations-, Beratungs- und Vermittlungsleistungen (die im Folgenden unter der Bezeichnung Beratungsleistungen zusammengefasst werden) bilden den originär innovativen Aspekt der TGZ-Konzeption.[295] Damit schafft die TGZ-Konzeption einen echten Mehrwert gegenüber herkömmlichen Unterstützungsansätzen wie z.B. Gewerbeparks, die

294 Vgl. ausführlicher Abschnitt 4.8.2.1.

teilweise ebenfalls vergünstigte Mietkonditionen und in begrenztem Unfang zentrale Gemeinschaftseinrichtungen anbieten. Durch die Bündelung der Beratungsleistungen entsteht eine Transaktionskosten senkende „One-Stop-Agency“ Lösung. Die Beratungsleistungen setzen an den (vermeintlichen) Schwachstellen und Entwicklungshemmnissen von Gründungsunternehmen und jungen Unternehmen an. Diese Schwachstellen betreffen zum einen die Person des Unternehmensgründers selbst. So weisen vor allem die Gründer technologieorientierter Unternehmen eine einseitige Qualifikationsstruktur mit Defiziten im kaufmännischen und betriebswirtschaftlichen Bereich auf.[296] Als Hemmnisse der Unternehmensentwicklung werden neben der Finanzierung vor allem die Vermarktung sowie die Organisationsentwicklung identifiziert.[297] Insbesondere bei technologieorientierten Gründungen besteht die Befürchtung, dass die Gründer einseitig auf die technologischen Probleme fixiert sind und der Marktanalyse, dem Markteintritt und dem Marketing zu wenig Aufmerksamkeit schenken bzw. diese Herausforderungen aufgrund ihrer einseitigen Qualifikation nicht meistern können. Durch die Beratungsleistungen sollen den Gründern die notwendigen Kenntnisse und Qualifikationen vermittelt werden. Die erforderliche Wissens- und Qualifikationsvermittlung erfolgt entweder durch das Zentrumsmanagement bzw. im Zentrum ansässige Beratungs- und Servicedienstleister[298] oder das Zentrumsmanagement vermittelt die Kontakte zu geeigneten Anbietern. Das Zentrumsmanagement baut dazu ein möglichst breit gefächertes und umfassendes regionales Informations- und Kooperationsnetzwerk auf. Dabei werden spezifische Beratungsleistungen wie Finanzierungs-, Marketing-, Organisationsentwicklungs-, Recht- und Patentberatung in Zusammenarbeit mit oder ausschließlich durch externe Spezialisten erbracht, während die allgemeine Gründungsberatung inklusive der Erarbeitung einer Unternehmens- bzw. Gründungskonzeption sowie die Fördermittelberatung zumeist durch das TGZ-Management vorgenommen wird.[299] Die Gründungs- und die Fördermittelberatung erfolgen für die Gründer oftmals kostenlos. Das Einbeziehen externer Akteure vermeidet den Aufbau von parallelen Strukturen und ist zumeist kostengünstiger als die Ent-

---

[295] Vgl. auch Sternberg (1988), S. 92, 142.

[296] Vgl. ausführlicher Abschnitt 4.8.2.5.

[297] Vgl. ausführlicher Abschnitt 4.8.2.1 und 4.8.2.2.

[298] Im Zentrum ansässige privatwirtschaftliche Anbieter (z.B. Steuerberater, Rechtsanwälte) und Dependenzen öffentlicher Beratungseinrichtungen (z.B. Vertretung der regionalen Wirtschaftförderungsgesellschaft).

[299] Vgl. Bauer und Hannig (1992), S. 27ff; Groß (1997), S. 26; Heukeroth et al (2000), S. 71f.

wicklung eigener Kompetenzen. Dies betrifft insbesondere spezifische Beratungsleistungen wie z.B. im Patent- und Steuerrecht, bei denen die Einstellung eines Spezialisten eigens für das TGZ zu kostenaufwändig wäre. Insbesondere Technologiezentren bieten zusätzlich Technologieberatungsleistungen an und vermitteln Kontakte zu anderen technologieorientierten Unternehmen und Forschungseinrichtungen, um den Wissens- und Technologietransfer und die Vernetzung der regionalen Innovationsakteure zu forcieren. Grundlage hierfür ist die Vermutung, dass technologieorientierte Gründungen oft nicht über das gesamte erforderliche technologische Wissen oder alle erforderlichen Anlagen verfügen und gleichzeitig Probleme haben, sich Zugang zu den komplementären Wissensbestandteilen oder technischen Anlagen zu verschaffen.[300] Die Informations-, Beratungs- und Vermittlungsleistungen stehen zumeist nicht nur den TGZ-Unternehmen, sondern grundsätzlich auch anderen Unternehmen der Region zur Verfügung, wobei für diese oftmals andere Konditionen gelten. Es zeigt sich, dass die TGZ-Leistungen vor allem in Ostdeutschland auch von externen Unternehmen genutzt werden, zudem nehmen viele TGZ-Unternehmen diese Leistungen auch nach ihrem Auszug weiter in Anspruch.[301]

Unter ordnungspolitischen Gesichtspunkten kann der Aufbau eines eigene Beratungsangebots durch das TGZ parallel zu bestehenden privatwirtschaftlichen Anbietern allerdings als problematisch eingestuft werden, da eine Verdrängung der privaten Beratungsangebote durch das staatlich subventionierte TGZ-Angebot zu befürchten ist.[302] In ländlichen Regionen sind solche Verdrängungswirkungen allerdings kaum zu erwarten, da oftmals keine stark ausgeprägt privatwirtschaftliche Beratungs- und Unterstützungsinfrastruktur vorhanden ist. Durch die vielfach verfolgte Vernetzungsstrategie mit externen Beratungsanbietern unter Berücksichtigung der jeweiligen Spezialisierung ist auch an TGZ-Standorten in Agglomerationsräumen nur ein begrenztes Verdrängungspotenzial zu erwarten.

Abschließend ist noch auf die bereits angesprochene Möglichkeit der Anbindung eines TGZ an einen Technologie- bzw. Forschungspark oder ein Gewerbegebiet hinzuweisen.[303] Die Anbindung bietet den TGZ-Unternehmen die

---

300 Vgl. ausführlicher Abschnitt 4.8.2.3.

301 Vgl. Seeger (1997), S. 74; Pleschak (1995), S. 47.

302 Vgl. Salomo (1999), S. 27.

303 33% der an einer ADT-Umfrage teilnehmenden 101 TGZ bezeichnen sich als zugehörig zu einem Technologiepark, 46% grenzen an Gewerbegebiete, 39% befinden sich in traditionellen Industriegebieten (Mehrfachnennung möglich; vgl. Groß 1997, S. 18).

Möglichkeit, nach dem Auszug einen Standort in unmittelbarer Nähe des TGZ zu finden. Dadurch können die Beratungs- und Vermittlungsleistungen des TGZ weiterhin genutzt werden und Kooperationsbeziehungen mit anderen Mietern fortgeführt werden. Gleichzeitig kann damit sichergestellt werden, dass die Region auch längerfristig von den positiven Effekten der Unternehmensgründungen wie z.B. der Schaffung von Arbeitsplätzen oder der Vermarktung von Innovationen profitiert. Zudem steht dem TGZ mit den anderen Einrichtungen des Technologieparks ein breiteres Spektrum an potenziellen Kooperations- und Transferpartnern zur Verfügung. Die Anbindung an einen Technologiepark (für TZ) und die Verknüpfung mit einem Gewerbegebiet (bei GZ) bildet somit eine notwendige Bedingung für eine erfolgreiche TGZ-Konzeption.

3.1.4. Die Organisationsstruktur

Bezüglich der rechtlichen und organisatorischen Struktur von TGZ ist die Trennung in Träger(-gesellschaft) und Betreibergesellschaft charakteristisch.[304] Als Träger werden die Organisationen und Personen bezeichnet, welche das TGZ finanziell oder mit geldwerten Leistungen wie z.B. durch die Überlassung eines Grundstücks ausstatten und das unternehmerische Risiko des Betriebs tragen.[305] In dieser Eigenschaft legen die Träger die Grundsätze und die Richtlinien für den Betrieb des Zentrums fest, die Leitung für das laufende Geschäft des Zentrums wird dagegen in der Regel einem rechtlich selbstständigen Betreiber bzw. einer Betreibergesellschaft übertragen.[306] Häufig wird das TGZ dazu an die Betreibergesellschaft vermietet.[307] Als Träger fungieren zumeist die lokalen Gebietskörperschaften wie Kommunen und Landkreise (bzw. deren jeweilige Wirtschaftsfördergesellschaften), daneben engagieren sich vor allem Hochschulen, Kreditinstitute (insbesondere Sparkassen und Genossenschaftsbanken), Industrie- und Handelskammern, Privatunternehmen und vereinzelt auch aus Handwerkskammern, Fördervereine und Privatpersonen.[308] Vielfach werden mehrere regionale Wirtschaftsakteure gemeinsam in die Trägerschaft eines TGZ einbe-

---

304 Vgl. Seeger (1997), S. 39. Bei kleinen TGZ wird aber auch teilweise auf die Schaffung einer separaten Betreibergesellschaft verzichtet, Träger und Betreiber sind dann identisch (Mitsch 2000, S. 92).

305 Vgl. Mitsch (2000), S. 92.

306 Als Rechtsform wird zumeist eine GmbH gewählt (vgl. Elle et al. 1997, 28ff; Tamásy 1996, S. 85).

307 Vgl. Behrendt (1996), S. 124.

308 Vgl. Franz (1996), S. 29; Sternberg (1988), S. 90f, 151f; Sternberg et al (1997), S. 52.

zogen. Dadurch können die Akzeptanz und Unterstützungsbereitschaft in der Region und damit auch die Erfolgsaussichten des Zentrums gesteigert werden. Erfolg versprechend erscheint hierbei der Ansatz, im Rahmen einer Public-Private-Partnership privatwirtschaftliche Akteure und Institutionen des öffentlichen Rechts gemeinsam einzubinden. Zudem bietet die Zusammenfassung von wichtigen lokalen Organisationen und Personen in einer Trägergesellschaft erste Möglichkeiten zum Aufbau von Kontakt- und Innovationsnetzwerken, von denen die Mieter der Zentren später profitieren können. Da die einzelnen Träger vielfach unterschiedliche Interessensschwerpunkte verfolgen[309], besteht bei einer großen und heterogenen Trägergruppe allerdings ein stärkeres Konfliktpotenzial bezüglich der Ziele und Zielgruppen des TGZ, der Ausgestaltung des Leistungsprogramms oder der Aufnahmeregelungen. So kann z.B. eine Hochschule das Ziel verfolgen, möglichst innovative Unternehmen und eigene Absolventen als Mieter zu gewinnen, während die Gemeindevertreter an einer möglichst schnellen Belegung interessiert sind und dafür bereit sind, Abstriche bei der Technologieorientierung der Mieter hinzunehmen.

Eine rein private Trägerschaft ist bisher eher die Ausnahme. Ein Beispiel hiefür ist das aus den USA stammende *Inkubator-Konzept*.[310] So genannte *(Corporate) Business Incubators* werden meist von Großunternehmen, Venture Capital Gesellschaften oder Unternehmensberatungen gegründet. Es handelt sich hierbei um rein gewerblich ausgerichtete Einrichtungen, die primär Renditeziele verfolgen und zur regionalen Wirtschaftsförderung allenfalls einen indirekten Beitrag (als „positiven externen Effekt") leisten. Der Inkubator geht zumeist eine Eigenkapitalbeteiligung am Start-up Unternehmen ein, im Unterschied zu „klassischen" VC-Gesellschaften erfolgt die Unterstützung bereits während der Seedphase der Unternehmensentwicklung.[311] Ein spezifischer Mehrwert der Inkubatorunterstützung besteht in der Bereitstellung von Netzwerken. Eine wichtige Zielgruppe sind Spin-off Gründungen aus dem Inkubatorunternehmen.[312] Eine weitere Form privater Zentren sind die von Einzelpersonen getragenen *Independent Business Incubators*.[313] Diese Form weist Parallelen zum Konzept der

---

[309] Vgl. z.B. Behrendt (1996), S. 49.

[310] Vgl. im Folgenden Lendner (2004), S. 29ff sowie Witt und Zillmer (2001).

[311] Aufgrund der übereinstimmenden Zielsetzungen können die Inkubatoren aber trotzdem unter die formellen Venture Capital Geber subsumiert werden (vgl. Bandulet, 2005, S. 48), wobei eben Unterschiede im Unterstützungszeitpunkt und -umfang bestehen.

[312] Vgl. Grimaldi und Grandi (2005), S. 113.

[313] Vgl. Grimaldi und Grandi (2005), S. 113.

„Business Angels" auf und ist in Deutschland bislang nicht relevant. Zunehmende Verbreitung finden dagegen so genannte Hochschulinkubatoren, die Unternehmensgründungen durch Absolventen und Hochschulmitarbeiter fördern sollen und dazu ein breites Spektrum an Unterstützungsleistungen bieten, worunter auch die Nutzung von Räumlichkeiten innerhalb des Campus, Beratungs- und Betreuungsangebote (zum Teil im Rahmen von Mentorenprogrammen) und das Angebot an Fortbildungskursen (teilweise integriert in das reguläre Curriculum) zählen.[314] Eine zentrale Zielsetzung dieses Inkubatorkonzepts bildet die Verbesserung der kommerziellen Verwertung der wissenschaftlichen Forschungsergebnisse. Kennzeichnend für Hochschulinkubatoren ist die enge organisatorische und räumliche Anbindung an eine Hochschule und die frühzeitige Unterstützung von Unternehmensgründungen bereits innerhalb der Vorgründungsphase. Im Gegensatz zu „normalen" TGZ werden keine bereits existierenden Unternehmen unterstützt, die Unterstützung erstreckt sich zudem oftmals nur auf einen kurzen Zeitraum (Vorgründungs- und Gründungsphase). Vielfach sind Hochschulinkubatorkonzepte weiter gefasst konzipiert und sehen eine enge Zusammenarbeit mit „normalen" TGZ vor.

Für die Wahrnehmung des Tagesgeschäfts ist der Betreiber bzw. die Betreibergesellschaft verantwortlich, die dazu ein TGZ-Management installiert. Zu den Aufgaben des TGZ-Managements zählen die Auswahl und Betreuung der Mieter, die Organisation der Bereitstellung von Gemeinschaftseinrichtungen und der zentralen Dienstleistungen, die Verwaltung der Immobilie, die Anbahnung und Pflege der Kontakte zu den Kooperationspartnern und die Erbringung von Beratungsleistungen, sofern diese nicht durch externe Kooperationspartner oder die Träger selbst erbracht werden.[315] Weiterhin ist es Aufgabe der Betreiber, durch eine aktive Öffentlichkeitsarbeit für einen hohen Bekanntheitsgrad und dementsprechendes Interesse bei potenziellen Gründern wie bei potenziellen Kooperationspartnern zu sorgen. Das TGZ-Management besteht in der Regel aus einem zumeist hauptberuflichen Geschäftsführer, sowie je nach Größe des Zentrums aus mehreren Mitarbeitern.[316]

Als weitere involvierte regionale Akteure können Förderer und Kooperationspartner genannt werden. Förderer unterstützen TGZ durch finanzielle oder

---

314 Stahlecker und Lo (2004, S. 24ff) unterscheiden hierbei die Formen Pre-Inkubator, Gründerräume/-zimmer, Inkubator an der Hochschule und Inkubator im TGZ. Bei letzteren fungiert die Hochschule als (alleiniger) Gesellschafter des Zentrums.

315 Vgl. Mitsch (2000), S. 92; Tamásy (1996), S. 18

geldwerte Zuwendungen (z.B. Überlassung von Grundstücken, Bereitstellung von Leistungen) ohne eine direkte Gegenleistung zu erhalten.[317] Zur Gruppe der Förderer sind vor allem öffentliche Einrichtungen zu zählen, die mit der Unterstützung politische oder Image-Interessen verfolgen. Im Gegensatz zu den Trägern haben sie keinen direkten Einfluss auf die Konzeption und den Betrieb des TGZ. Kooperationspartner bieten Leistungen – meist gegen Entgelt – an. Als Kooperationspartner kommen z.B. Hochschulen, Wirtschaftsfördergesellschaften, Steuerberater, Patent- und Rechtsanwälte und Beratungsstellen der IHK in Frage, z.T. unterhalten sie dafür eigene Büros in den TGZ. Häufig werden die Kooperations- und Kontaktnetzwerke des TGZ durch die Einrichtung eines Beirats institutionalisiert.[318] Der Beirat berät das TGZ-Management, unterstützt es bei der Akquisition und Auswahl der Mieter, baut Kontakte zur Wirtschaft und Politik auf und erbringt Beratungsleistungen für die TGZ-Unternehmen.

3.1.5. Ein Überblick über die Verbreitung und Entwicklung von Technologie- und Gründerzentren in Deutschland

Mit der Eröffnung des Innovations- und Gründerzentrums in Berlin im November 1983 begann die Realisierung der TGZ-Konzeption in Deutschland. Seither wurden jährliche mehrere Zentren neu eröffnet. Ein erste Boomphase setzte in den Jahren 1985 und 1986 ein, eine zweite Gründungswelle war im Zeitraum 1991 bis 1993 zu verzeichnen, die vor allem durch die Gründung zahlreicher Zentren in Ostdeutschland – vielfach gefördert im Rahmen des Modellversuchs „Förderung des Auf- und Ausbaus von TGZ im Beitrittsgebiet" – getragen wurde. Während die Zentren anfänglich nahezu ausschließlich an Hochschulstandorten entstanden, werden neue Zentren zunehmend auch in ländlichen Regionen errichtet.[319] Die exakte Anzahl an TGZ ist schwer zu quantifizieren, da keine allgemeinverbindliche TGZ-Definition vorliegt und sich mittlerweile eine Vielzahl von Zentrentypen herausgebildet hat, die zum Teil nur bedingt der ursprünglichen TGZ-Idee entsprechen. Einen ersten Näherungswert bietet die Mitgliederzahl des ADT. Aufgrund der Aufnahmekriterien des ADT kann davon ausgegangen werden, dass dessen Mitglieder tatsächlich weitestgehend der TGZ-Konzeption entsprechen. Gegenwärtig (Stand Januar 2005) vertritt der ADT 174

---

316 Vgl, Sternberg et al. (1997), S. 49.

317 Vgl. dazu Mitsch (2000), S. 91f.

318 Vgl. z.B. Kaden (1991), S. 70f; Tamásy (1996), S. 86.

Innovations- und Gründerzentren.[320] Da längst nicht alle TGZ Mitglied im ADT sind, bewegt sich die Gesamtzahl eher in der Größenordnung von 270 bis 310 Zentren.[321] Allerdings kann vermutet werden, dass sich unter diesen Zentren auch einige Einrichtungen befinden, die eher den Charakter eines Gewerbeparks aufweisen.

Nach Angaben des ADT wurden bis 1995 ca.180 Zentren in Gesamtdeutschland eröffnet (inklusive Nicht-Mitglieder), davon rund 60 in den neuen Bundesländern.[322] Da bisher nur in vereinzelten Fällen Zentren geschlossen oder zu Gewerbeparks umgewidmet wurden, existiert eine durchaus beachtliche Anzahl an Einrichtungen, die aufgrund ihres Alters von mindestens zehn Jahren spürbare regionalwirtschaftliche Effekte zeitigen sollten. Selbst wenn eine durchschnittliche Aufenthaltsdauer von fünf Jahren unterstellt wird, sollten diese Einrichtungen bereits die dritte Mietergeneration beherbergen, d.h. zwei Mietergenerationen sollten die TGZ bereits wieder verlassen haben und zur Entwicklung der TGZ-Region beitragen.

Einen Überblick über die räumliche Verteilung der Zentren gibt Abbildung 3.2. Abbildung 3.3 zeigt zusätzlich die Verteilung der Zentren auf die Regionstypen und siedlungsstrukturellen Kreistypen nach der Systematik des Bundesamts für Bauwesen und Raumordnung. Abbildung 3.2 verdeutlicht die Sonderstellung Nordrhein-Westfalens bei der Umsetzung der TGZ-Konzeption. Der Aufbau von TGZ wurde frühzeitig systematisch gefördert und in die regional- und technologiepolitische Strategie des Landes integriert. Im Gegensatz zu Baden-Württemberg, das in den 1980er Jahren ebenfalls die TGZ-Konzeption in die innovationspolitische Entwicklungsstrategie des Landes integrierte, wurde der Ausbau der Zentreninfrastruktur auch in den 1990er Jahren intensiv vorangetrieben.[323] In anderen alten Bundesländern spielt die TGZ-Konzeption keine Rolle (z.B. Hessen), oder der Ausbau erfolgte erst zu einem späteren Zeitpunkt (z.B. Bayern). Innerhalb der neuen Bundesländer nehmen Sachsen und Brandenburg eine führende Position ein. Die Dichte des TGZ-Netzwerks – sowohl bezogen auf die Bevölkerung als auch auf die Erwerbstätigen – ist in den neuen Bundesländern nahezu doppelt so hoch wie in den alten Bundesländern.[324] Inner-

---

319 Vgl. Heukeroth et al. (2000), S. 53f.
320 Vgl. ADT (2005).
321 Vgl. hierzu Meyer und Imberg (1999), S. 20; Heukeroth et al. (2000), S. 12.
322 Vgl. Groß (1997), S. 5.
323 Vgl. Elle et al. (1994), S. 49ff für NRW und Kaden (1991), S. 20ff für BaWü.
324 Vgl. Groß (1997), S. 7.

halb der alten Bundesländer verfügt Nordrhein-Westfalen über die mit Abstand höchste Zentrendichte unter den Flächenländern.

Abbildung 3.2: Verteilung der Technologie- und Gründerzentren

Quelle: ADT (2005).

Nach der Auswertung von *Herr* befindet sich die Mehrheit der Zentren in Agglomerationsräumen, 47% der TGZ weisen einen Standort in einem Oberzentrum auf.[325] Der Einteilung lagen die Standorte von 199 TGZ zugrunde, die damaligen 162 Mitgliedszentren des ADT wurden dabei vollständig erfasst. Die Aufteilung sollte daher annähernd repräsentativ für die siedlungsstrukturelle Verteilung der aktuellen ADT-Zentren sein. In Bezug auf die Übereinstimmung mit der Verteilung aller Zentren sind die Standorte in den ländlichen und verstädterten Räumen vermutlich etwas unterrepräsentiert. Es ist zu vermuten, dass sich

325 Vgl. Herr (2000), S. 55.

unter den Zentren, deren Betreibergesellschaften nicht Mitglied des ADT sind, einige Einrichtungen mit einer geringeren Technologieorientierung (d.h. eher reine Gründerzentren) befinden, die wiederum stärker in ländlichen Regionen sowie Unter- und Mittelzentren präsent sind.

Abbildung 3.3: Verteilung nach Regions- und Kreistypen

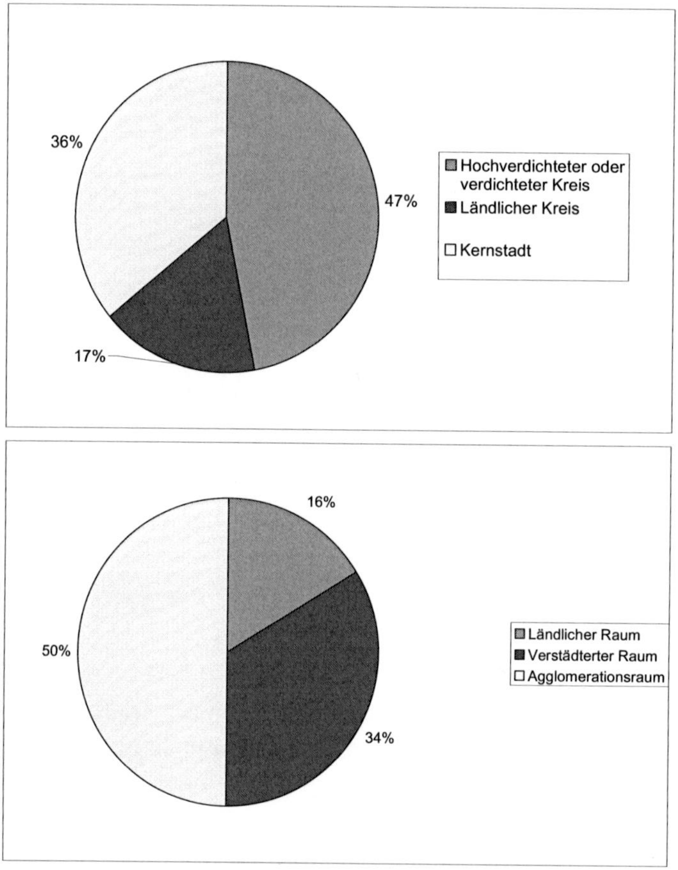

Quelle: eigene Darstellung in Anlehnung an Herr (2000), S. 54f.

Zumindest kann aufgrund der vorliegenden Einteilung konstatiert werden, dass eine nicht unerhebliche Minderheit der TGZ in ländlichen Regionen errichtet wurde. TGZ sind damit kein ausschließlich auf Agglomerationsräume und

Hochschulstandorte beschränktes Instrument der Regionalentwicklung. Die Ergebnisse *Herrs* decken sich tendenziell mit denen der MINERVA-Studie des ADT, an der 177 TGZ teilnahmen.[326] Demnach befinden sich 28,2% der Zentren in ländlichen Regionen, 44,6% an Wissenschaftsstandorten (d.h. in von Hochschulen und/oder großen außeruniversitären Forschungseinrichtungen) sowie 27,1% an industriell geprägten Standorten (d.h. Regionen mit (ehemals) stark ausgeprägtem Industriebestand ohne Wissenschaftseinrichtungen). Der Anteil der Zentren in ländlichen Regionen hat dabei kontinuierlich zugenommen.

3.2. Die Wirkungen und der Erfolg von Technologie- und Gründerzentren – Ein Überblick über den Forschungsstand

3.2.1. Übersicht über den Forschungsstand und Konzeption einer Wirkungsanalyse

3.2.1.1. Überblick über bisherige Forschungsbeiträge

Die Wirksamkeit von TGZ und damit die generelle Berechtigung der Förderkonzeption TGZ wurden bereits frühzeitig kritisch hinterfragt.[327] Bereits Mitte der 1980er Jahre wurden empirische Untersuchungen durchgeführt, welche die Wirkungen von TGZ ermitteln sollten, wobei der Fokus anfangs auf den Beschäftigungseffekten lag. Mit dem ersten umfassenden, einzelwirtschaftlich ausgerichteten und auch heute noch häufig zitierte Beitrag hat *Sternberg* erstmals im Rahmen einer Totalerhebung eine parallele Befragung von TGZ-Leitern und TGZ-Unternehmen vorgenommen, wodurch eine stärkere Objektivität in der Beurteilung ermöglicht wird. Anfang und Mitte der 1990er Jahre wurden eine Reihe von Forschungsarbeiten durchgeführt, die ebenfalls eine umfassendere Wirkungsanalyse der TGZ-Konzeption zum Ziel hatten. Viele Beiträge stammen aus der Fachdisziplin der Wirtschaftsgeographie, hierbei sind insbesondere die im Rahmen des DFG-Schwerpunktprogramms „Technologischer Wandel und Regionalentwicklung in Europa" geförderten Teilprojekte des Forschungsprojekts „Wirkungsanalysen von Technologiezentren in Deutschland" zu nennen.[328]

---

326 Vgl. dazu Heukeroth et al. (2000), S. 54. Die Kategorie „ländlicher Raum" wird hier allerdings nur negativ als Restkategorie abgegrenzt.

327 Vgl. z.B. Krist (1985), S. 181; Unterkofler (1989), S. 207f; Welsch (1985), S. 14f; Wilhelm, Corsten und Peckedrath (1985), S. 625.

328 Im Einzelnen sind dies die Dissertationen von Behrendt (1996), Seeger (1997) und Tamásy (1996) sowie zusammenfassend Sternberg et al. (1997).

Rein ökonomisch, insbesondere volkswirtschaftlich orientierte Beiträge bleiben dagegen eine Ausnahmeerscheinung. Viele der Beiträge leisten zwar eine sehr umfassende und detaillierte empirische Auswertung, vielfach bewegt sich diese aber hauptsächlich auf deskriptivem Niveau. Das Fehlen einer umfassenden ökonomisch-theoretischen Fundierung – insbesondere bezüglich der eigentlich für die TGZ-Konzeption grundlegenden Aspekte „Unternehmensgründung“ und „Unternehmensentwicklung“ – kann bei vielen Arbeiten kritisiert werden. Eine der wenigen Ausnahmen bildet der Beitrag von *Steinkühler*. Aufbauend auf der Modellierung eines Erfolgsfaktorenbezugrahmens für Unternehmensgründungen und unter der Berücksichtigung betriebswirtschaftlicher Gründungsforschungsbeiträge führt er eine Analyse der Erfolgswirksamkeit von TGZ für Unternehmensgründungen durch, wobei er als Referenzmaßstab für die Erfolgsbeurteilung der TGZ-Unternehmen einen Kontrollgruppenansatz verwendet.[329] Die Aussagekraft der Studie wird allerdings durch den geringen Umfang des Datensatzes empfindlich eingeschränkt. Einen Überblick über die wichtigsten empirischen Forschungsbeiträge zur Analyse der Wirksamkeit von TGZ gibt die folgende Tabelle 3.2. Die Auflistung ist sicherlich nicht vollständig. Vor allem Beiträge aus der „Frühzeit“ der TGZ-Evaluation wurden nicht berücksichtigt, da diesen zumeist nur ein geringer Stichprobenumfang zugrunde lag und die erfassten Einrichtungen selbst noch im Aufbauprozess befindlich waren. Weiterhin werden nur Studien zu deutschen Einrichtungen berücksichtigt. Zwar werden „Incubation Centres“, „Business Incubators“ und Science Park“ Konzeptionen auch in anderen europäischen Ländern (z.B. Großbritannien, Italien, Schweden, Niederlande) sowie in den USA verfolgt, dementsprechend liegen auch empirische Beiträge zur Evaluierung dieser Einrichtungen vor. Da diese Konzeptionen aber z.T. deutlich von der in Deutschland dominierenden TGZ-Konzeption abweichen, sind die empirischen Ergebnisse nur bedingt vergleichbar und werden daher im Folgenden nicht berücksichtigt.

Ergänzend zu den mehrere Zentren umfassenden Querschnittsanalysen werden auch mehrere Fallstudien, die jeweils auf die Analyse einer einzelnen Einrichtung beschränkt sind, berücksichtigt. Die referierten Fallstudien behandeln das Technologiezentrum Dortmund (*Klesse*), das Bremer Innovations- und Technologiezentrum (*Russ und Färber; Sünner und Willms*), das Technologie- und Gewerbezentrum Flensburg (*Hahne*), den Technologie- und Gründerpark

[329] Vgl. Steinkühler (1994), S. 49ff. Den TGZ-Unternehmen wird dazu eine Gruppe aus jeweils mög-

Nordhorn (*Venerius*) und die TechnologieFabrik Karlsruhe (*Dietzfelbinger, Hoffmann und Orlemann*). Einschränkend ist darauf hinzuweisen, dass zwei Fallstudien durch direkte Beteiligung der Betreiber entstanden und somit als nur bedingt objektiv einzustufen sind.

Tabelle 3.2: Übersicht Forschungsarbeiten

Autor / Insitution	Umfang und räumlicher Bezug	Stichprobe Unternehmen	Untersuchungszeitraum
Sternberg (1988); Universität Hannover, Abteilung Wirtschaftsgeographie	31 TGZ in den ABL	177 (54,5%)	1985-1986
Kaden (1991); Universität Münster, Fachgebiet Geographie	10 TGZ in BaWü	91 (62,7%)	1989-1990
Klesse (1992); Universität Dortmund	1 TGZ (Dortmund)	34 (97,1%) + 8 ausgezogene Un. (80%)	1990
Hahne (1992); Inst. für Regionale Forschung und Information, Flensburg	1 TGZ (Flensburg)	15 (100%)	1991
Bauer und Hannig (1992); WHU Koblenz, Lehrstuhl für BWL, insb. Marketing	50 TGZ in Deutschland	216 (ca. 25%)	1992
Tappe (1993); Universität Münster, Fachbereich Geowissenschaften	50 TGZ in den ABL	41[330]	1991-1992
Pett (1994); Universität Mainz, Fachbereich Rechts- und Wirtschaftswissenschaften	76 TGZ in den ABL	173 (13,1%)	1990
Steinkühler (1994); Universität Kiel, Lehrstuhl für Organisation	19 TGZ in den ABL	35 ausgezogene Un. (36,5%)[331]	1991 1992
Habersam et al. (1994); Universität Witten/Herdecke, Inst. Organisationstheorie und -entwicklung; Sekretariat für Zukunftsforschung	30 TGZ in NRW; darunter 3 regionale Fallstudien mit 16 TGZ	k.A.	1992-1993
Pleschak (1995); ISI (FHG)	26/24 TGZ in den NBL.[332]	210 (41,7%)	1993-1994

lichst ähnlichen, nicht TGZ-unterstützen Unternehmensgründungen gegenübergestellt.

330 Die TGZ-Manager wurden mittels eines standardisierten Fragebogens befragt, die Gründer durch leitfadengestützte Interviews. Die Unternehmensbefragung hat eher Fallstudiencharakter.

331 Die Kontrollgruppe besteht aus 34 Unternehmen.

332 26 TGZ für Planungsphase sowie Auf- und Ausbau, 24 TGZ für Nutzung und Wirkungen. Die Ergebnisse überschneiden sich mit denen von Tamásy (1996), da Pleschak lediglich die im Rahmen des Modellversuchs geförderten TGZ untersucht, während Tamásy sämtliche ostdeutsche TGZ berücksichtigt.

Autor / Insitution	Umfang und räumlicher Bezug	Stichprobe Unternehmen	Untersu-chungs-zeitraum
Venerius (1995); Universität Osnabrück, Fachgebiet Geographie	1 TGZ (Nordhorn)	5 (71,4%)/10 (83,3%)[333]	1986/198 8
Behrendt (1996); Universität Hannover, Abteilung Wirtschaftsgeographie	67 TGZ in den ABL	408 (26%)	1993
Tamásy (1996); Universität Hannover, Abteilung Wirtschaftsgeographie	36 TGZ in den NBL	272 (42%)	1993-1994
Franz (1996)[334]; IWH	46 TGZ in den NBL	-	1994
Russ und Färber (1996); BITZ (Betreiber), BAW	1 TGZ (Bremen)	29[335] (100%)	1995
Seeger (1997); Universität Hannover, Abteilung Wirtschaftsgeographie	67 TGZ in Deutschland	164 ausgezo-gene Un. (43,3%)	1993-1994
Fiedler und Kühn (1997); Universität Rostock, Institut für Allgemeine Elektrotechnik	17 TGZ in den NBL	-	1994-1995
Groß (1997); ADT (ATHENE-Projekt)	101 TGZ in Deutschland	-	1996
Elle et al. (1997); Universität Köln, Finanz-wissenschaftliches Forschungsinstitut; Hans-Dieter Elle + Partner	55 TGZ in NRW (davon 3 in Planung)	240 (15%)	1996-1997
Dietzfelbinger, Hoffmann und Orlemann (1997); IHK-Unternehmens- und Technolo-gieberatung Karlsruhe GmbH (Betreiber)	1 TGZ (Karlsruhe)	37 (69%) + 19 ausgezogene Un. (45%)	1997
Groß, Nyderle und Aßmann (1998)[336]; ADT (ATHENE-Projekt)	101 TGZ in Deutschland	289 akademi-sche Grün-dungen (12%)	1996-1997
Groß und Pleschak (1999); ADT, ISI (FhG)	8 TGZ in Thüringen	24 (ca. 10%)	1997-1998

333 Die Untersuchung umfasst zwei Erhebungsrunden.

334 Keine Primärdatenerhebung; Auswertung anhand des ADT-Handbuchs.

335 Weitere drei Unternehmen mit Domizilvertrag (d.h. keine Räume im BITZ aber Nutzungsrechte) sowie vier Transfer- und Forschungseinrichtungen. Einzelne Auswertungen beziehen sich auch auf die Gesamtzahl aller bisherigen TGZ-Unternehmen (80 Unternehmen und acht Transfer- und Forschungseinrichtungen).

336 Der Beitrag deckt sich z.T. mit Groß (1997). In Groß (1997) wurden die Ergebnisse der Befragung der TGZ-Manager im Rahmen des ATHENE-Projekts veröffentlicht, in Groß, Nyderle und Aßmann (1998) werden zusätzlich die Ergebnisse der Unternehmensbefragung im Rahmen des ATHENE-Projekts publiziert.

Autor / Insitution	Umfang und räumlicher Bezug	Stichprobe Unternehmen	Untersu-chungs-zeitraum
Meyer und Imberg (1999); Stiftungslehrstuhl KMU, Universität Flensburg	22 TGZ in Brandenburg und Berlin	227 (80,5%)	1997-1999
Riedel, Scharr et al. (1999); ifo	10 TGZ in Thüringen	-	1997-1998
Mitsch (2000); Naturwissenschaftlich-mathematische Fakultät, Universität Heidelberg	89 Gemeinden[337] (aktuelle und geplante TGZ-Standorte)	-	k.A.
Herr (2000); TU Dresden, Fakultät Architektur	199 (126) TGZ in Deutschland[338]	-	1997-1998
Heukeroth et al. (2000); ADT, ISI, FAB, Peschke + Partner (MINERVA-Projekt)	177 TGZ in Deutschland	-	1998
Sünner und Willms (2002); BAW	1 TGZ (Bremen)	43 ausgezogene Un. (48,8%)	2002
Liefner (2002), (2004)[339]; Universität Hannover, Geographisches Institut	16 TGZ in Niedersachsen	163 Mieter (51%) + 92 ausgezogene Un. (35%)	2001

Quelle: Eigene Darstellung.

Die Ergebnisse der einzelnen Beiträge werden in den folgenden Abschnitten referiert, um die wichtigsten Bestandteile der Wirkungen von TGZ untersuchen und damit die Erfolgsaussichten der TGZ-Konzeption abschätzen zu können. Dazu ist auf drei methodische Schwächen hinzuweisen, die bei einigen der Studien auftreten. Eine Schwäche besteht in der Verwendung eines unbestimmten Regionsbegriffs. Die Region wird zwar häufig als Abgrenzungskriterium verwendet – z.B. Anteil der Gründer aus der Region, Verbleib der TGZ-Unternehmen nach Auszug in der Region – eine systematische Regionsabgrenzung wird aber zumeist nicht vorgenommen. Die Regionsabgrenzung erfolgt entweder anhand administrativer Grenzen (z.B. „Stadtgebiet“) oder anhand eines

337 Befragt wurden die für die Wirtschaftsangelegenheiten zuständigen Vertreter der kommunalen Verwaltung.

338 Der sekundärstatistischen Auswertung liegen 199 TGZ zugrunde, die Primärdatenerhebung erfolgt in 126 TGZ.

Radius um des TGZ (z.B. 20 km, 50 km), in mehreren Fällen ist es nicht ersichtlich, wie der Regionsbegriff definiert wurde. Die Vergleichbarkeit der Ergebnisse der einzelnen Studien wird dadurch erheblich beeinträchtigt. Zweitens beschränken die allermeisten Studien die Untersuchung auf TGZ-Unternehmen, ohne auch vergleichbare, nicht geförderte Unternehmen zu berücksichtigen. Damit fehlt ein verlässlicher Referenzmaßstab für die Bewertung der Wachstumsraten, Überlebensquoten oder der Innovationsleistungen der TGZ-Unternehmen. Erst eine Analyse der Erfolgsdifferenzen zwischen den Gruppen ermöglicht eine realistische Einschätzung der Wirkungen von TGZ. Drittens werden häufig Durchschnittswerte verwendet, die durch einige wenige Ausreißer leicht verzerrt werden können. Die Verwendung von Medianwerten ermöglicht grundsätzlich repräsentativere Aussagen. Da entsprechende Angaben aber zumeist nicht vorliegen, werden im Folgenden Durchschnittswerte referiert.

3.2.1.2. Zur Konzeption einer Wirkungsanalyse

Eine Wirkungsanalyse kann definiert werden als „die Untersuchung und Bewertung der Wirkungsweise und Wirksamkeit eines Programms oder Instruments“[340]. Dabei ist der Kausalzusammenhang zwischen Wirkung und Ursache, also dem zu bewertenden Unterstützungsinstrument, zu analysieren. Ziel ist es, einen Beeinflussungserfolg des Instruments nachzuweisen. Im konkreten Fall stellt sich die Frage, ob das Instrument TGZ eine Verhaltensänderung bei den unterstützten Unternehmen und (potenziellen) Gründern bewirkt und ob daraus wiederum positive Auswirkungen für die TGZ-Region entstehen. Eine Wirkungsanalyse der TGZ-Konzeption sollte demnach an deren Zielsetzungen ausgerichtet werden. Wie aus den Ausführungen in Abschnitt 3.1.2.1 hervorgeht, liegt der TGZ-Konzeption ein mehrstufiges Zielsystem zugrunde, was bereits eine gewisse Komplexität in der Wirkungsanalyse bedingt. Weiterhin sollte die Wirkungsanalyse nicht auf eine reine Zielereichungskontrolle beschränkt bleiben, sondern auch die tatsächliche Wirkungsweise der TGZ untersuchen. Durch die Vielzahl der involvierten Akteure, die Kombination verschiedener Unterstützungsinstrumente sowie die unterschiedlichen regionalwirtschaftliche Rahmenbedingungen wird die Komplexität der Wirkungsanalyse weiter gesteigert.

---

339 Für die Auswertungen in Liefner (2004) wurden die Zentren ohne explizite Technologieorientierung ausgeschlossen. Dadurch verbleiben 14 TGZ und 225 Unternehmen.

340 Vgl. Meyer-Krahmer (1989), S. 42.

Es existiert eine Vielzahl an Erfolgsfaktoren und Einflussgrößen, die auf vielfältige Art und Weise untereinander verbunden sind. Eine Erfolgskontrolle, die lediglich anhand der Untersuchung univariater Ursache-Wirkungsbeziehungen erfolgt, kann der Komplexität der TGZ-Konzeption nicht gerecht werden. Für die Durchführung einer Wirkungsanalyse ist daher die Erstellung einer umfassenden Erfolgsfaktoren- und Einflussgrößensystematik erforderlich. Entsprechende Systematisierungsversuche liegen von *Behrendt* und *Steinkühler* vor.

Behrendt unterscheidet zwischen externen und internen Erfolgsfaktoren.[341] Zu den externen Faktoren zählen das Engagement und die Kooperation regionaler Akteure, das Zielgruppenpotenzial, die FuE-Einrichtungen und sonstige externe Einflussfaktoren („regionale Potenziale" wie Verfügbarkeit qualifizierter Arbeitskräfte, berufsspezifische Aus- und Weiterbildungsangebote, Risikokapital etc.). Die internen Erfolgsfaktoren umfassen das TGZ-Management sowie die Infrastruktur und Serviceleistungen. Die Faktoren „Unternehmen" bzw. „Unternehmensgründung", d.h. die betriebs- und gründer- bzw. personenbezogenen Erfolgsfaktoren werden damit weitgehend aus der Systematik ausgeklammert, auch wenn in der empirischen Auswertung einzelne gründerbezogene Aspekte wie Gründungsmotive und Qualifikation berücksichtigt werden. Zwischen den einzelnen Elementen der internen und externen Erfolgsfaktoren bestehen jeweils vielfältige Interdependenzbeziehungen, die hier nicht im Einzelnen wiedergegeben werden können. Allerdings wird keine echte Verknüpfung der externen mit den internen Erfolgsfaktoren vorgenommen. Die beiden Erfolgsfaktorensysteme bleiben somit weitgehend isoliert nebeneinander stehen.

Aufbauend auf den Erkenntnissen betriebswirtschaftlicher Gründungsforschungsbeiträge modelliert *Steinkühler* einen Erfolgsfaktorenbezugrahmen für durch TGZ unterstützte Unternehmensgründungen.[342] Als unternehmensbezogene Erfolgsfaktoren werden die Person des Gründers, die Geschäftsidee, die Ressourcenausstattung sowie der Aspekt Management und Konzeption berücksichtigt. Die einzelnen Erfolgsfaktoren wirken sowohl direkt auf den Erfolg als auch indirekt über die Einflussnahme auf andere Erfolgsfaktoren. Das TGZ wird durch die Erfolgsfaktoren Selektion, Leistungen (Räumlichkeiten, Service, Beratung), Kontaktherstellung und Image erfasst. Die TGZ bezogenen Faktoren wirken in erster Linie über die Beeinflussung der unternehmensbezogenen Faktoren auf den Unternehmenserfolg, teilweise ist auch eine direkte Wirkung auf den

341 Vgl. dazu Behrendt (1996), S. 58ff, 64ff.

Erfolg möglich. Externe Faktoren werden nur sehr rudimentär durch den Faktor Standort berücksichtigt. Damit weisen beide Systematisierungsansätze gewisse Schwachstellen auf, da einzelne Bereiche relevanter Erfolgfaktoren überhaupt nicht oder nicht ausreichend differenziert erfasst werden.

Im Rahmen einer internationalen Studie untersucht *Lendner* die Erfolgsfaktoren von Hochschulinkubatoren.[343] Hochschulinkubatoren können vereinfacht als räumlich und organisatorisch mit einer Universität verbundene TGZ beschrieben werden. Als Erfolgsfaktoren werden die Vernetzung des Inkubators mit anderen wissenschaftlichen Einrichtungen, Kapitalgebern, Beratern, anderen Unternehmen und öffentlichen Einrichtungen, das Leistungsspektrum des Inkubators, die Aufnahme- und Auszugskriterien sowie die Erfahrungen der Inkubatormitarbeiter berücksichtigt. Der Erfolg eines Inkubators wird anhand der Überlebensquote, des Mitarbeiter- und Umsatzwachstums sowie der Finanzierungsquote der betreuten Unternehmen gemessen. Externe Faktoren werden vollständig aus der Analyse ausgeklammert. Positiv zu bewerten ist die Berücksichtigung der Vernetzungseffekte, allerdings wird nur das Netzwerkangebot, also die Anzahl und Art der Netzwerkpartner, berücksichtigt, nicht aber die Inanspruchnahme des Netzwerks durch die Gründungsunternehmen. Im Gegensatz zu den Arbeiten von *Behrendt* und *Steinkühler* erfolgt die Datenerhebung nur auf der Ebene der Inkubatoren, d.h. der Erfolg wurde nur im Durchschnitt pro Inkubator erhoben, damit können Informationen auf der Unternehmensebene nicht berücksichtigt werden. Aufgrund der internationalen Ausrichtung der Studie und des geringen Anteils an deutschen Einrichtungen – die überwiegende Mehrheit der ausgewerteten Inkubatoren stammt aus Frankreich, Großbritannien und den USA – ist die Vergleichbarkeit mit den deutschen Beiträgen nur sehr eingeschränkt gegeben, daher wird die Arbeit im Folgenden nicht berücksichtigt.

Ebenfalls als international vergleichende Studie konzipiert ist der im Auftrag der Europäischen Kommission erstellte Report *Benchmarking of Business Incubators*, der die Ableitung von Handlungsempfehlungen auf Basis eines Best Practice Ansatzes verfolgt.[344] Grundlage für das Benchmarking bilden 13 Fallstudien zu einzelnen TGZ aus Ländern der EU sowie standardisierte Befragungen von 78 TGZ und 71 TGZ-Unternehmen. Der Report untersucht sehr umfassend Erfolgsfaktoren und entwickelt Handlungsempfehlungen für die Planung,

---

342 Vgl. dazu Steinkühler (1994), S. 50ff.
343 Vgl. dazu Lendner (2004), S. 105ff.
344 Vgl. CSES (2002).

die Gestaltung und den Betrieb sowie für die Erfolgsbewertung von TGZ. Dem Benchmarkingansatz liegt ein prozessorientiertes Input-Output-Modell zugrunde, wobei die Inputs (Ressourcen und Zielsetzungen der Stakeholder, Managementressourcen und Gründungsprojekte) durch den Inkubationsprozess (die diversen TGZ-Unterstützungsleistungen) in Outputs (die Auswirkungen der erfolgreich ausgezogenen Unternehmensgründungen auf die lokale Wirtschaft) umgewandelt werden.[345] Zwar ermöglicht die Unternehmensbefragung eine differenziertere Bewertung als die alleinige Befragung von TGZ-Managern, unternehmensbezogene Erfolgsfaktoren werden aber trotzdem nur ansatzweise erfasst. Externe, regionsbezogene Erfolgsfaktoren werden zumindest implizit erfasst, so wird beispielsweise darauf hingewiesen, dass TGZ in einen übergeordneten (raumbezogenen) Strategierahmen eingebettet werden sollten, und dass eine Markpotenzialanalyse durchgeführt werden sollte. Da von einer Fallstudie abgesehen keine deutschen TGZ in die Untersuchung einbezogen wurde, werden die Ergebnisse des Reports im Folgenden nicht berücksichtigt.

Aufbauend auf den vorliegenden Systematisierungsansätzen wird im Folgenden der Versuch unternommen, eine umfassende Erfolgsfaktoren- und Einflussgrößensystematik als Grundlage für eine Wirkungsanalyse der TGZ-Konzeption zu erstellen. Durch die Unterscheidung von Erfolgsfaktoren und Einflussgrößen soll lediglich dem Umstand der unterschiedlichen Wirkungsweise der einzelnen Faktoren Rechnung getragen werden. Während einzelne Größen direkte Auswirkungen auf den Erfolg des Instruments TGZ ausüben, wirken sich andere Faktoren eher mittelbar aus, haben somit den Charakter von Rahmenbedingungen, die aber gleichfalls bei der Erfolgsbeurteilung der TGZ-Konzeption berücksichtigt werden müssen. Da der Übergang zwischen primär direkt wirkenden Erfolgsfaktoren und hauptsächlich mittelbar wirkenden Einflussgrößen teilweise fließend ist, wird auf eine konkrete Zuordnung der einzelnen Faktoren in diese beiden Gruppen verzichtet. Neben den regionalen Einflussgrößen und den TGZ bezogenen Erfolgsfaktoren sind auch gesamtwirtschaftliche und sektorspezifische Rahmenbedingungen zu berücksichtigen. Weiterhin werden unternehmens- und gründerbezogene Erfolgsfaktoren erfasst, wobei nicht nur Strukturgrößen wie die Ressourcenausstattung oder Personenmerkmale, sondern auch verhaltensbezogene Faktoren (z.B. Nutzung der Ver-

345 Vgl. CSES (2002), S. 25.

mittlungsangebote, Innovationsverhalten, Integration in Netzwerke) einzubeziehen sind.

Abbildung 3.4 bildet die Erfolgsfaktoren- und Einflussgrößensystematik in einem stark vereinfachten Modell ab. Aus Gründen der Übersichtlichkeit werden nicht alle Einzelfaktoren und deren Interdependenzen sowie nicht alle potenziellen Wirkungsbeziehungen wiedergegeben. So sind z.B. der Gruppe der regionalen Akteure weitere Institutionen wie Wirtschaftsförderungsgesellschaften oder Unternehmensverbände sowie auch Einzelpersonen zuzuordnen. Die regionalen Akteure können direkt auf das TGZ einwirken durch eine Beteiligung als Träger sowie durch die Mitarbeit als Kooperationspartner oder Beirat. Sie können außerdem in Form von sporadischer Unterstützung und projektbezogener Zusammenarbeit mit dem TGZ interagieren. Weiterhin können sie direkt mit den TGZ-Unternehmen interagieren (z.B. in Form von Informations- und Beratungsleistungen, Kooperationen, Zulieferer- und Kundenbeziehungen), wobei die Kontakte durch Vermittlungsleistungen des TGZ-Managements sowie aktiv durch die TGZ-Unternehmen oder die regionalen Akteure zustande kommen können. Außerdem wirken die regionalen Akteure – insbesondere FuE-Einrichtungen – auch als Inkubatoreinrichtungen und beeinflussen dadurch das regionale Gründerpotenzial. Die vorliegende Übersicht soll also vor allem das breite Spektrum an Erfolgsfaktoren und relevanten Einflussgrößen veranschaulichen, ohne eine vollständige Abbildung aller denkbaren Wirkungszusammenhänge zu leisten. Dabei ist die kombinierte Wirkungsweise der Erfolgsfaktoren zu beachten, so können sich z.B. einzelne Aspekte des TGZ-Leistungsangebots in Abhängigkeit von den Eigenschaften des Gründungsunternehmens und des Gründers unterschiedlich auf den Unternehmenserfolg auswirken. Die Darstellung soll weiterhin den prozessualen Charakter der TGZ-Konzeption verdeutlichen. Das TGZ begleitet die Entwicklung der zu unterstützenden Unternehmen über einen längeren Zeitraum hinweg, im Idealfall von der initiierten Gründung über die Stabilisierungs- und Wachstumsphase bis zur Weiterentwicklung nach dem erfolgreichen Auszug und der Ansiedlung in der TGZ-Region.

Abbildung 3.4: Erfolgsfaktoren- und Einflussgrößensystematik der TGZ-Konzeption

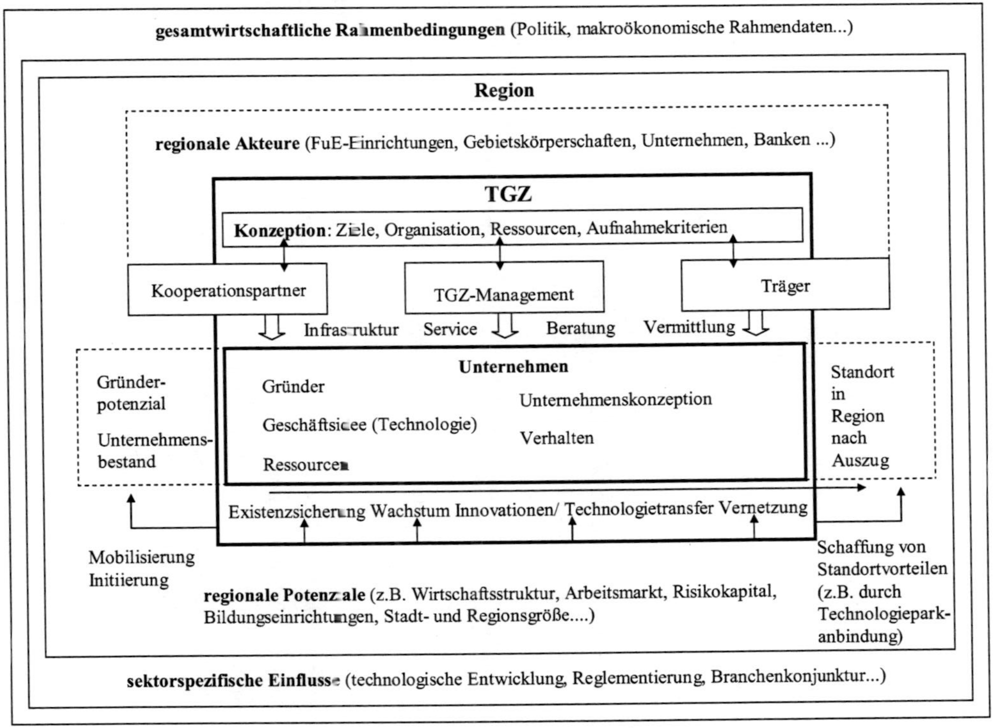

Quelle: Eigene Darstellung.

Die Wirkungsanalyse muss nicht nur der hier skizzierten Komplexität der Erfolgs- und Einflussfaktoren Rechnung tragen, sondern auch die vielfältigen Wirkungen der TGZ-Konzeption berücksichtigen. Eine fundierte Wirkungsanalyse – im weiteren Verlauf wird hierfür auch die synonyme Bezeichnung Evaluation verwendet – sollte daher ein breites Spektrum an Aspekten umfassen. Die folgenden Aspekte sollten bei einer umfassenden Wirkungsanalyse von TGZ berücksichtigt werden:[346]

- Analyse der intendierten Wirkungen, d.h. *Zielerreichungsgradanalyse* (Effektivitätsanalyse: z.B. Ausmaß der Beschäftigungseffekte und der initiierten Unternehmensgründungen) mit den Bestandteilen *Zielgruppenanalyse* (z.B. Abgleich der Mieterstruktur mit den aus den Zielsetzungen abgeleiteten Zielgruppen) und *Akzeptanzanalyse* (z.B. Inanspruchnahme und Bewertung der TGZ-Leistungen durch die TGZ-Unternehmen) sowie eventuell ergänzend einer *Beeinflussungsanalyse* (Analyse der Lerneffekte; z.B. bewirkt die Nutzung der TGZ-Leistungen tatsächlich eine Verhaltensänderung bei den TGZ-Unternehmen? Passen sich die Struktur und die Organisation der TGZ an die Bedürfnisse der TGZ-Unternehmen an?). Dabei ist auch der Aspekt der *Nachhaltigkeit* zu beachten (z.B. Existenz eines dauerhaften Auslastungspotenzials; Generieren eines stetigen Stroms an Auszügen mit einer hohen Standorttreue; Sicherstellung der längerfristigen Finanzierung der laufenden Ausgaben).
- *Analyse der nicht-intendierten Wirkungen* (z.B. Vergrößerung des Zentrums-Peripherie-Gefälles, Ausmaß der Verdrängungswirkungen); die nicht-intendierten Wirkungen können dazu in zielkonforme, zielindifferente und zielinkonforme Wirkungen unterteilt werden.
- Analyse der *Mitnahmeeffekte.* Mitnahmeeffekte erfassen die nicht dem Instrument zurechenbaren Wirkungen (z.B. Anzahl der Unternehmen, die auch ohne die Existenz des TGZ gegründet worden wären). Durch die Berücksich-

---

[346] Die folgende Übersicht orientiert sich an der Auflistung von Sternberg et al. (1997, S. 17) und erweitert diese. Grundsätzlich sollte einer Wirkungsanalyse eine Vollzugsanalyse vorangestellt werden, bei der überprüft wird, inwieweit die ex ante eingeplanten Mittel mit den tatsächlich eingesetzten Mitteln übereinstimmen. Damit wird überprüft, in welchem Umfang (geplante) Maßnahmen durchgeführt worden sind. Im Zusammenhang mit dem Instrument TGZ kann z.B. überprüft werden, ob die für die Errichtung und den laufenden Betrieb des Zentrums eingeplanten Mittel vollständig abgerufen wurden. Auf die Vollzugsanaylse wird im Rahmen dieser Arbeit verzichtet.

tigung von Mitnahmeeffekten und nicht-intendierten Wirkungen können die „Nettowirkungen" bestimmt werden.

- Überprüfung der dem Instrument zugrunde liegenden Annahmen (z.B. Übereinstimmung des Unterstützungsangebots mit den vermeintlichen Problemen und Hemmnissen der Unternehmensgründungen). Da hierbei der konzeptionelle Ansatz des Instruments analysiert wird, wird dieser Aspekt auch als *Konzeptionsanalyse* bezeichnet.
- Wirtschaftlichkeits- bzw. *Effizienzanalyse* (Gegenüberstellung der Wirkungen mit den Kosten der Errichtung und des Betriebs von TGZ und Vergleich mit den Effizienzindikatoren anderer Fördermaßnahmen)

Die einzelnen Analyseaspekte unterscheiden sich erheblich in ihrer Durchführbarkeit.[347] Während beispielsweise die Zielgruppen- und die Akzeptanzanalyse keine wesentlichen Probleme bereiten, sind die vollständige Effektivitätsanalyse und vor allem die Erhebung der nicht intendierten Wirkungen, der Mitnahmeeffekte und der Beeinflussungseffekte nur bedingt praktikabel. Zum einen besteht in Bezug auf die zeitliche Dimension die Problematik der ausreichenden Erfassung der mittel- und langfristigen Wirkungen. Neben den direkten Wirkungen sind dabei auch Folgewirkungen wie z.B. Multiplikatoreffekte zu berücksichtigen.[348] Weiterhin bereitet die Zurechnung Probleme, d.h. die Aufdeckung der tatsächlichen Kausalzusammenhänge. Eine Zielerreichungs*grad*analyse setzt außerdem voraus, dass explizite und quantitative Zielvorgaben formuliert wurden, was bei vielen TGZ nicht der Fall ist.

Die in Tabelle 3.2 aufgeführten Studien erfassen jeweils nur einzelne Ausschnitte der Erfolgsfaktorensystematik und berücksichtigen in der Regel nicht alle der aufgeführten Analyseaspekte. Zumeist werden eine Zielgruppen-, eine Akzeptanz- und eine Mitnahmeanalyse durchgeführt. Effektivitätsanalysen werden meist nur ansatzweise durchgeführt, da nur einzelne der intendierten Effekte durch das jeweilige Erhebungsdesign erfasst werden können. Da die Studien nicht als Panelerhebungen konzipiert wurden, können Lerneffekte nicht direkt ermittelt werden. Nur der Vergleich mit den Ergebnissen älterer Studien ermöglicht Hinweise auf Lerneffekte, wobei deren Aussagekraft aufgrund der eingeschränkten Vergleichbarkeit gering ist. Eine echte Überprüfung der zugrunde liegenden Annahmen wird kaum vorgenommen, ebenso werden nicht-

---

347 Vgl. auch Sternberg et al. (1997), S. 17.

intendierte Wirkungen kaum systematisch erhoben und analysiert. Auch umfassende Effizienzanalysen liegen bislang – mit einer Ausnahme – nicht vor.

In den Abschnitten 3.2.3 bis 3.2.7 werden nun die einzelnen Bestandteile der Wirkungsanalyse durchgeführt – soweit dies durch die vorliegenden Studien ermöglicht wird. Eine echte Effektivitätsanalyse im Sinne eines Soll-Ist-Vergleichs ist dabei nicht möglich, stattdessen werden die ermittelten Auswirkungen referiert. Eine grundsätzliche Zielerreichungsbewertung anhand der in Abschnitt 3.1.2.1 erstellten Zielsystematik erfolgt dann in Abschnitt 3.3.2.

3.2.2. Größe und Auslastung der Zentren

Vorab wird ein kurzer Überblick zur Größe und zum Auslastungsgrad der Zentren gegeben, um deren potenzielle Regionalwirksamkeit besser beurteilen zu können. Nach Angaben des ADT befinden sich in den deutschen TGZ gegenwärtig (Stand: März 2005) rund 7.500 Unternehmen, bislang wurden über 8.000 Unternehmen erfolgreich aus den Zentren ausgegründet.[349] Durchschnittlich betreut ein Zentrum 32 Unternehmen, davon 19 Gründungsunternehmen, zusätzlich sind pro Zentrum zwei Servicefirmen, drei Institute und eine Betreibergesellschaft eingemietet.[350] 56% der TGZ betreuen bis zu 20 Unternehmen, 37% zwischen 21 und 60 Unternehmen, nur 7% der Zentren betreuen mehr als 60 Unternehmen.[351] Diese Angaben sind mittlerweile zwar etwas veraltet, durch die Erweiterung einiger Zentren dürfte sich die Größenverteilung zugunsten der größeren Zentren verschoben haben. Der Anteil der kleinen Zentren mit maximal 30 betreuten Unternehmen dürfte jedoch nach wie vor erheblich sein. Die Zentren in ländlichen Regionen sind tendenziell kleiner dimensioniert, allerdings sind die TGZ in ländlichen Regionen auch deutlich jünger, d.h. überproportional viele Zentren befinden sich noch im Aufbauprozess, so dass sich hier Alters- und Größeneffekte überlagern können.[352] Nach Angaben des ADT sind pro Jahr und TGZ durchschnittlich rund sechs Einzüge zu verzeichnen, wobei nicht alle Einzüge durch Neugründungen erfolgen.[353] Diese Angaben deuten bereits auf ein nur begrenztes Regionalentwicklungspotenzial der TGZ hin.

---

348 Vgl. Herdzina und Koglin (1999), S. 7.
349 Vgl. ADT (2005).
350 Vgl. Heukeroth et al. (2000), S. 58.
351 Vgl. Groß (1997), S. 9.
352 Vgl. Heukeroth et al. (2000), S. 58, 60.
353 Vgl. Groß (1997), S. 39.

Der Auslastungsgrad der Zentren ist ein erster wichtiger Indikator für deren Wirksamkeit. Ein niedriger Auslastungsgrad kann darauf hindeuten, dass das regionale Gründerpotenzial zu gering ist, dass die Mobilisierungswirkungen des TGZ unzureichend oder die Zielgruppenauswahl zu restriktiv ist. Einrichtungen mit einem dauerhaft niedrigen Auslastungsgrad müssen als Fehlschläge eingestuft werden. Wenn aufgrund von Auslastungsproblemen vermehrt ältere und nicht innovative Unternehmen aufgenommen werden, verliert das Zentrum seinen TGZ-Charakter und sollte zu einem Gewerbezentrum umgewandelt werden. Eine weitere Unterstützung dieser Einrichtungen mit öffentlichen Mitteln – über die normale Zuwendung für Gewerbezentren hinaus – kann dann nicht mehr legitimiert werden. Der ADT stuft einen Auslastungsgrad von 90% als Vollauslastung ein, da auch Ersatzflächen für expandierende TGZ-Unternehmen vorgehalten werden müssen.[354] Nach allgemeinen Erfahrungen wird die Vollauslastung frühestens im dritten Geschäftsjahr erreicht. Einen Überblick über den durchschnittlichen Auslastungsgrad gestaffelt nach dem Eröffnungsjahr gibt die folgende Abbildung 3.5.

Abbildung 3.5: Auslastungsgrad nach Eröffnungsjahr (Stand: 1998)

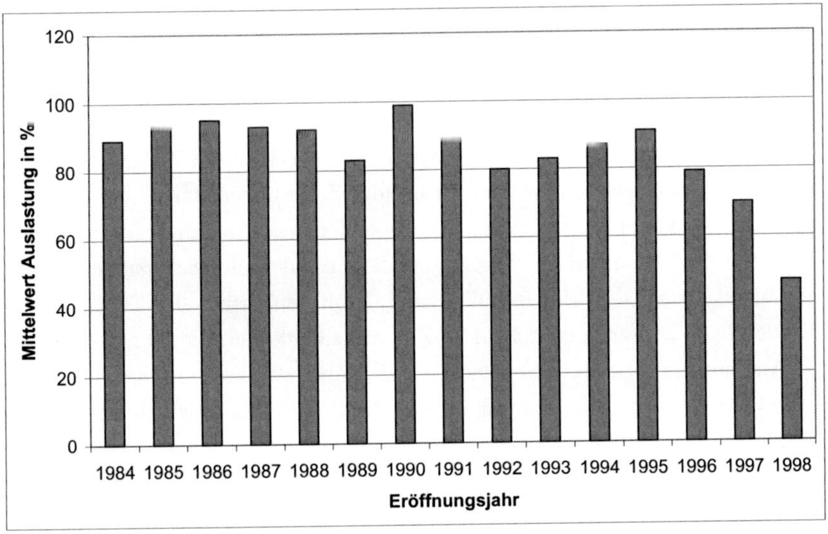

Quelle: Heukeroth et al. (2000), S. 69.

[354] Vgl. dazu Groß (1997), S. 33.

Die Betrachtung von Durchschnittswerten verdeckt allerdings den Umstand, dass einige Zentren nicht voll ausgelastet sind, während andere Einrichtungen aufgrund der starken Nachfrage bereits mehrfach das Flächenangebot ausgeweitet haben. Die Zentren in ländlichen Regionen weisen mit durchschnittlich 80% einen niedrigeren Auslastungsgrad auf als die TGZ an Wissenschaftsstandorten mit 90%[355], wobei dieser Umstand zumindest teilweise auf das geringere Durchschnittsalter der TGZ in ländlichen Regionen zurückzuführen ist. Außerdem ist zu beobachten, dass die Auslastung in den Bundesländern mit der geringeren Zentrendichte höher ist, was möglicherweise auf eine Konkurrenzbeziehung aufgrund überschneidender Einzugsgebiete zwischen benachbarten Zentren hinweist. Zudem gibt es Hinweise, dass vor allem ostdeutsche TGZ in strukturschwachen Regionen schlecht ausgelastet sind[356], wobei sich diese Beobachtungen durch die bereits angesprochenen Alterseffekte etwas relativieren. Ein hoher Auslastungsgrad allein lässt aber nicht automatisch auf den Erfolg der TGZ-Konzeption schließen, da eben auch die Mieterstruktur zu berücksichtigen ist.

3.2.3. Zielgruppenanalyse

3.2.3.1. Analyse der Mieterstruktur

In diesem Abschnitt wird Mieterstruktur der Zentren mit den aus den Zielsetzungen der TGZ-Konzeption abgeleiteten Zielgruppen verglichen. Die möglichst enge Übereinstimmung der Mieterstruktur mit den Zielgruppenvorgaben bildet eine notwendige Bedingung dafür, dass die TGZ ihren Zielsetzungen gerecht werden können. Eng verbunden mit der Zielgruppenanalyse ist die Frage nach der Existenz und der praktischen Anwendung der Aufnahmekriterien. Diese bestimmen zusammen mit dem regionalen Gründerpotenzial maßgeblich die Zusammensetzung der Mieterstruktur und damit den Erfolg der TGZ. Ein Erfolgsvergleich zwischen einzelnen TGZ wird dadurch gleichzeitig erschwert, da die Aufnahmekriterien gewissermaßen als „Self-Fullfilling-Prophecy" wirken. Einen Überblick über die Zielgruppen und die tatsächliche Mieterstruktur geben Tabelle 3.3 und Tabelle 3.4.

Die genannten Zielgruppen entsprechen weitgehend den aus der Zielsystematik abgeleiteten Zielgruppen. Innovative Gründungsunternehmen als primä-

---

[355] Vgl. Heukeroth et al. (2000), S. 70.
[356] Vgl. Franz (1996), S. 33f.

re Zielgruppe der TGZ-Konzeption werden tatsächlich durchgehend als wichtigste Zielgruppe angegeben. Daneben werden junge und etablierte Technologieunternehmen bzw. innovative Unternehmen (Zielgruppe für TZ) und Existenzgründer generell (Zielgruppe für GZ) genannt. Die zusätzliche Aufnahme von FuE-Abteilungen etablierter Unternehmen, von privaten und öffentlichen Forschungseinrichtungen sowie von Technologietransferstellen und Wirtschaftsförderungseinrichtungen trägt dem Vernetzungs- und Transferauftrag der TGZ Rechnung. Lediglich die Nennung von Dienstleistungsunternehmen und Unternehmen generell entsprechen nicht dem Zielgruppenraster und sind wohl eher Auslastungserwägungen geschuldet. Einzelne Zentren betreiben allerdings eine Strategie der reinen Negativauswahl, d.h. es existieren keine Zugangskriterien, sondern lediglich Ausschlussgründe. Diese Vorgehensweise ist grundsätzlich abzulehnen, da eine Steuerung der TGZ-Konzeption im Hinblick auf die Zielsetzungssystematik dadurch kaum möglich ist.

Tabelle 3.3: Zielgruppen der TGZ

Studie	Ergebnisse
Behrendt (1996)	innovative Unternehmensgründer (65,7%), FuE-Abteilungen etablierter Un. (56,7%), innovative Un. generell (53,7%), Dienstleistungsun. (43,3%), öffentl. Einrichtungen wie Technologietransferstellen und Wirtschaftsförderung (22,4%), Existenzgründer generell (10,4%).
Groß (1997)	innovative Gründer (90%), Technologieun. (70%), Spin-offs aus der Wissenschaft/Industrie (62%/51%), produktionsnahe/FuE-nahe Dienstleister (55%/52%), Existenzgründer generell (48%), private/öffentl. Forschungseinrichtungen (41%/39%), Forschungsun. (39%), Un. generell (31%).
Mitsch (2000)	technologieorientierte Unternehmensgründungen (60,6%), Hightech-Betriebe (22,7%), FuE-betreibende Betriebe (19,7%), Negativauswahl (16,7%), Unternehmensgründungen (12,1%).
Sternberg (1988)	innovative Existenzgründungen (69,7%), innovative Un. generell (48,5%), FuE-Abteilungen größerer Un. (24,3%), Existenzgründer generell (15,2%).
Tamásy (1996)	Rang 1: innovative Gründer und max. zwei Jahre alte innovative Jungunternehmen (100%); Rang 2: innovative etablierte Unternehmen (44,4%), Gründer und Jungunternehmen allgemein (44,7%); nachrangig: nicht auf Gewinnerzielung gerichtete Institutionen (75%), etablierte Unternehmen allgemein (66,7%).

Quelle: Eigene Darstellung.[357]

[357] Für die Prozentangaben vgl. Behrendt (1996), S. 127; Groß (1997), S. 24; Mitsch (2000), S. 163; Sternberg (1988), S. 147; Tamásy (1996), S. 84.

Wie die Übersicht in Tabelle 3.4 zeigt, stellen Unternehmensgründungen mindestens die Hälfte der Mieter. Unter den übrigen Mietern können viele zumindest als junge Unternehmen eingestuft werden. Ältere, etablierte Unternehmen bilden damit nur eine Minderheit. Bezüglich der Altersstruktur erfüllen die Zentren die Zielsetzungen der TGZ-Konzeption weitgehend.

Tabelle 3.4: Mieterstruktur der TGZ

Studie	Ergebnisse
Bauer und Hannig (1992)	72,6% Existenzgründungen, 16,4% Spin-off Gründungen; Mietdauer: 26,5% < 1 Jahr, 43,6% 1-3 Jahre, 29,9% > 3 Jahre.
Behrendt (1996)	62,1% Neugründungen, 23,6% ältere Un. (mind. 1 Jahr alt), 6,2% bzw. 4,2% Ausgründungen aus privaten Un. bzw. öffentlichen Forschungseinrichtungen, 1,5% FuE-Abteilungen größerer Un.; Anteil: TOU 52,9%; Durchschnittsalter: 48 Mon.
Dietzfelbinger, Hoffmann und Orlmann (1997)	durchschnittl. FuE-Intensität 30%; Durchschnittsalter: 2,5 Jahre; durchschnittl. Verweildauer: 2,9 Jahre (92% ziehen nach spätestens 5 Jahren aus). (jeweils aktuelle und ehemalige Mieter).
Elle et al. (1997)	55% Neugründungen; Anteil technikgebundener Un.: 47%.
Groß (1997)	73% Neugründungen; 77% Technologieunternehmen (Hochschulstandorte: 79%, ländliche Regionen: 65%); 26% Hauptbetätigungsfeld FuE, 24% Produktion und Vertrieb, 42% Dienstleistungen.
Groß und Pleschak (1999)	Anteil Technologieunternehmen: 59% (zusätzlich 17% technologieorientierte Dienstleister ohne FuE).
Heukeroth et al. (2000)	56% Gründer (Wissenschaftsstandorte: 53,9%; ländlicher Raum: 60,2%); 34% ältere Unternehmen (mind. 1 Jahr alt); 5% Institute; 5% Betriebsgesellschaften und Servicefirmen; 76,6% technologieorientierte Unternehmen (Wissenschaftsstandorte: 82%; ländlicher Raum: 70,1%).
Klesse (1992)	61,8% Neugründungen, 11,8% Jungunternehmen, 5,8% mittelständische Un., 20,6% FuE-Abteilungen bestehender Un.
Liefner (2002)	4% wurden vor Errichtung des ersten TGZ gegründet; Median Alter: 5 Jahre, Median Aufenthaltsdauer: 33,5 Monate (beachte: Medianwerte beinhalten auch ausgezogene Un.); 82,6% der Un. verfügen über mind. einen FuE-Mitarbeiter, 25% der Un. haben Schutzrechte angemeldet (beachte: jeweils inkl. ausgezogene Un.).
Meyer und Imberg (1999)	Durchschnittsalter: 4,3 Jahre (73,3% zwischen 0 und 5 Jahre alt); durchschnittliche Verweildauer in TGZ: 3,1 Jahre (ca. 13% bereits länger als 5 Jahre im TGZ).
Pett (1994)	67,1% Neugründungen (Einzug max. 6 Mon. nach Gründung); 15,2% älter als 2 Jahre; 47% der Unternehmen bescheinigen sich selbst einen hohen Innovationsgrad.

Studie	Ergebnisse
Russ und Färber (1996)	72,7% unabhängige Einzelfirmen (davon 50% Gründung aus Universität Bremen), 15,2% Filialen von etablierten Unternehmen, 12,1% Transfereinrichtungen; 47,2% (83,3%) der Mieter (inkl. Transfereinrichtungen) sind maximal 3 (5) Jahre alt.
Seeger (1997)	durchschnittl. Verweildauer der ausgezogenen Gründungen: 44 Mon. (hochinnovativ: 49 Mon.; hohe Wachstumsdynamik: 48 Mon.; keine längere Verweildauer an peripheren Standorten). Während der Gründungsphase haben 61,9% der Un. ihr Haupttätigkeitsfeld im FuE-Bereich. Die FuE-Personalintensität sinkt von 37,1% (Einzug) über 24,9% (Auszug) auf durchschnittl. 22,8% nach dem Auszug. Der Anteil von Un. ohne FuE-Personal sinkt von 53,8% (Einzug) auf 47,9% (Auszug) und steigt danach auf 51,7%.
Sternberg (1988)	22% der Un. wurden lange vor Einzug gegründet; Durchschnittsalter: 24 Monate; 18,6% (68,9%) haben Tätigkeitsschwerpunkt angewandte Forschung (Entwicklung); 73,8% unterhalten Kontakte zu FuE-Einrichtungen.[358]
Sünner und Willms (2002)	57% wurden im BITZ gegründet, 43% sind als bestehende Unternehmen eingezogen; durchschnittliche Verweildauer im BITZ: 4,7 Jahre; 64% Technologieunternehmen, 36% Dienstleistungsun.
Tamásy (1996)	4% sind zum Einzugszeitpunkt älter als vier Jahre, 56,6% wurden im Einzugsjahr gegründet; Durchschnittsalter: 1,7 Jahre; 35,6% keine FuE-Ausgaben, 48,5% haben eine FuE-Umsatzintensität von über 8,5%; 24,3% bezeichnen Produkt als völlige bzw. weitgehende Neuheit; 18,4% (45,6%) haben Tätigkeitsschwerpunkt Forschung (Entwicklung).
Venerius (1995)	100% Neugründungen.
Riedel, Scharr et al. (1999)	62,3% Existenzgründungen, 31% verlagerte Unternehmen, 6,7% Behörden; 12,5% der gewerblichen TGZ-Unternehmen werden als technologieorientiert eingestuft.

Quelle: Eigene Darstellung.[359]
Angaben: Die Einstufung als Neugründung oder älteres Unternehmen richtet sich nach dem Alter zum Eintrittszeitpunkt.

358 67,2% der Unternehmen haben einen Technologieindexwert von ≥ 4, d.h. mindestens vier von sieben Kriterien für die Technologieorientierung werden erfüllt (vgl. Sternberg 1988, S. 209).

359 Für die Prozentangaben (bzw. die Berechnungsgrundlagen) vgl. Bauer und Hannig (1992), S. 6; Behrendt (1996), S. 135, 143, 145; Dietzfelbinger, Hoffmann und Orlmann (1997), S. 62, 87; Elle et al (1997), S. 116, 121; Groß (1997), S. 29, 39, 47; Groß und Pleschak (1999), S. 26; Heukeroth et al. (2000), S. 58, 74, 104, 107; Klesse (1992), S. 44f; Liefner (2002), S. 22f, 33f; Meyer und Imberg (1999), S. 66; Pett (1994), S. 140, 225; Riedel, Scharr et al. (1999), S. 440f; Russ und Färber (1996), S. 71f, 74; Seeger (1997), S. 84, 122; Sternberg (1988), S. 157, 199f; Sünner und Willms (2002), S. 4f; Tamásy (1996), S. 105f, 140; Venerius (1995), S. 74. Einige Studien berücksichtigen bei der Analyse der Mieterstruktur nur privatwirtschaftliche Unternehmen (d.h. im Zentrum eingemietete Transferstellen und Beratungsorganisationen werden nicht erfasst). Dadurch werden die Angaben zum Anteil der Neugründungen an allen Mietern leicht verzerrt. Die positiveren Werte der ostdeutschen Zentren sind auf deren geringes Alter zurückzuführen, da zum Befragungszeitpunkt häufig gerade die erste Mietergeneration eingezogen ist.

Während die Bestimmung des Alters – und damit die Einordnung als Neugründung – wenige Probleme bereitet, gestaltet sich die Einstufung der Mieter als technologieorientiert bzw. innovativ deutlich schwieriger. Teilweise erfolgt die Zuordnung gemäß der angegebenen Tätigkeitsschwerpunkte bzw. der Branchenzugehörigkeit oder anhand der eigenen Einschätzung der Mieter. Einige Autoren kombinieren mehrere Indikatoren wie z.B. den Akademikeranteil, die FuE-Umsatzintensität, die Anzahl oder den Anteil der FuE-Beschäftigten, den Innovationsgrad der Produkte, die Kontaktintensität zu FuE-Einrichtungen und Patentanmeldungen zur Bestimmung der Technologieorientierung. Dementsprechend sind die Ergebnisse der einzelnen Studien nur bedingt vergleichbar. Der Überblick deutet zumindest darauf hin, dass ein nicht unerheblicher Anteil der Mieter tatsächlich als technologieorientiert bzw. innovativ im engeren Sinn eingestuft werden kann.

Nach Auswertung von Zeitreihen ist der Anteil der Unternehmensgründungen jedoch rückläufig. So hat sich beispielsweise der Anteil der Unternehmensneugründungen in den nordrhein-westfälischen TGZ von 71% im Jahr 1986 auf 55% in 1995 reduziert.[360] Viele Zentren leiden im Zeitablauf unter Auslastungsproblemen und setzen deshalb die Zugangsvoraussetzungen herab. Aufgrund eines nicht ausreichenden Gründerpotenzials werden vermehrt ältere sowie weniger forschungsorientierte und dafür stärker dienstleistungsorientierte Unternehmen aufgenommen.[361] Das TGZ-Management steht dabei vor einem Entscheidungsdilemma. Um eine Durchlauferhitzerfunktion auszuüben, ist für eine begrenzte Aufenthaltsdauer der Unternehmen zu sorgen, expandierenden Unternehmen ist ein schneller Auszug nahezulegen, wodurch sich die Auslastungsproblematik verschärft. Andererseits sind gerade ältere Unternehmen aus betriebswirtschaftlichen Gründen attraktiver, da das Mietniveau häufig entsprechend der Aufenthaltsdauer und des Unternehmensalters progressiv gestaffelt ist. Dies ist vor allem vor dem Hintergrund zu sehen, dass die Zentren nach dem Ende der Anlaufunterstützung selbsttragend, d.h. vollständig kostendeckend, arbeiten sollen. Die Zielgruppenanalyse der ostdeutschen Zentren zeigt, dass

---

360 Vgl. Elle et al. (1997), S. 117.

361 Vgl. dazu Behrendt (1996), S. 143, 145, 155f; Elle et al. (1997), S. 116ff. Groß (1997, S. 41) ermittelt einen geringeren Anteil technologieorientierter Gründungen in jüngeren TGZ. Er führt dies aber nicht auf Auslastungsprobleme oder eine abnehmende Qualität der Zentren (bzw. der neuen Standorte) zurück, sondern auf das breitere Funktionsspektrum der TGZ in der regionalen Wirtschaftsförderung. Für das BITZ in Bremen wird dagegen ein im Zeitablauf zunehmender Anteil an technologieorientierten Mietern ermittelt (vgl. Sünner und Willms 2002, S. 5).

diese bereits von vornherein ein geringeres Anspruchsniveau an den Tag legen und das Problem des zu geringen Gründerpotenzials – vermutlich aufgrund der Erfahrungen der westdeutschen Zentren – antizipieren, da etablierte Unternehmen und Gründungsunternehmen allgemein häufiger explizit als Zielgruppen genannt werden.

Diverse Studien zeigen zudem, dass die Technologieorientierung der Mieter in Zentren in Agglomerationsräumen bzw. an Hochschulstandorten höher ist als in ländlichen und peripheren Regionen gelegenen Zentren.[362] Dies spricht dafür, dass das Potenzial an technologieorientierten Gründungen in ländlichen Regionen vielfach nicht ausreicht, um die Auslastung der Zentren dauerhaft zu gewährleisten. Um Leerstände zu vermeiden, werden hier auch ältere Unternehmen und nicht technologieorientierte Gründungen aufgenommen. Bei der Konzeption eines Zentrums sollte daher das regionale Innovationspotenzial und die generellen Standortgegebenheiten genauestens überprüft werden, um die Gefahr einer späteren Zielverfehlung ex ante zu reduzieren. In ländlichen Standorten ist ein reines Gründerzentrum, welches auf die generelle Förderung von Gründungen ausgerichtet ist, wahrscheinlich sinnvoller. Ein praktisches Problem besteht allerdings in der verlässlichen Abschätzung des Gründerpotenzials. Nach einer Befragung des ADT können nur wenige TGZ-Manager das technologieorientierte Gründerpotenzial ihrer Region aufgrund der vorhandenen Inkubatororganisationen zahlenmäßig einschätzen.[363] Der Errichtung eines TGZ müsste daher eine umfassende Standort- und Potenzialanalyse vorangestellt werden. Die rückläufigen Anteile der Unternehmensgründungen und technologieorientierten Unternehmen können daher auch als Belege für unzureichende Planungs- und Konzeptionsarbeiten gewertet werden. Bei einer zu optimistischen Einschätzung des regionalen Gründerpotenzials ist dieses schnell erschöpft, so dass vermehrt auch nicht den unmittelbaren Zielsetzungen entsprechende Mieter aufgenommen werden müssen, um die Auslastung des Zentrums sicherzustellen womit aber die Legitimation des Instruments TGZ zunehmend in Frage gestellt wird.

---

362 Vgl. Behrendt (1996), S. 153, 194; Elle et al (1997), S. 122; Franz (1996), S. 34; Groß (1997), S. 47; Heukeroth et al. (2000), S. 57, 104; 107; Liefner (2004), S. 294, 298f, Seeger (1997), S. 132, Sternberg (1988), S. 245.

363 Vgl. Heukeroth et al. (2000), S. 76.

Tabelle 3.5: Herkunft der Mieter

Studie	Ergebnisse
Behrendt (1996)	72,7% stammen aus der Stadt/Region des TGZ-Standorts (in Agglomerationsräumen: 76,3%, in ländlichen Räumen: 56%); 81,6% haben einen Hochschulabschluss; 32,5% waren zuvor in Forschungseinrichtung beschäftigt, 56,6% in Unternehmen.
Dietzfelbinger, Hoffmann und Orlmann (1997)	80% haben einen Hochschulabschluss; 32% waren zuvor in (Fach-) Hochschulen beschäftigt, 59% in Unternehmen, 7% in sonst. Forschungseinrichtungen (jeweils aktuelle und ehemalige Mieter).
Groß (1997)	26% Spin-offs aus Hochschulen, 7% aus sonstigen Forschungseinrichtungen, 7% aus der Industrieforschung; insgesamt 49% Spin-offs aus der Wissenschaft (57% an Hochschulstandorten, 34% an Standorten ohne Forschungseinrichtungen).
Pett (1994)	ca. 80% stammen aus Inkubatoren, die maximal 50km vom TGZ-Standort entfernt sind; 39,3% waren zuvor in einer Forschungseinrichtung beschäftigt.
Russ und Färber (1996)	30% Gründungen aus Universität Bremen, weitere 48,8% der TGZ-Unternehmen aus der Region/Umland (jeweils bezogen auf alle bisherigen TGZ-Unternehmen).
Seeger (1997)	78% stammen aus der Stadt/Region des TGZ-Standorts.
Sternberg (1988)	50,3% stammen aus Inkubatoren aus der Stadt des TGZ-Standorts; 75,2% haben einen Hochschulabschluss; 24,6% waren zuvor in Hochschulen beschäftigt, 59,1% in Unternehmen.
Tamásy (1996)	78,2% stammen aus der Stadt/Region des TGZ-Standorts; 40% waren zuvor in Forschungseinrichtungen beschäftigt.
Venerius (1995)	53,8% Spin-off Gründungen aus Unternehmen; 46,2% der Gründer haben einen Hochschulabschluss.

Quelle: Eigene Darstellung.[364]

Die Ergebnisse der Tabelle 3.5 belegen die ausgeprägte räumliche Immobilität der Gründer, dies gilt insbesondere für technologieorientierte Unternehmen und Spin-offs aus Forschungseinrichtungen. Letzteres kann vermutlich auf die häufige Kopplung von Technologiezentren mit Hochschulen zurückgeführt werden. Dafür spricht auch der Umstand, dass der Anteil der Spin-off Gründungen aus der Wissenschaft an TGZ-Standorten ohne eine Anbindung an Forschungsein-

364 Für die Prozentangaben (bzw. die Berechnungsgrundlagen) vgl. Behrendt (1996), S. 147; Dietzfelbinger, Hoffmann und Orlmann (1997), S. 80f; Groß (1997), S. 48; Pett (1994), S. 131, 134; Russ und Färber (1996), S. 71; Seeger (1997), S. 68; Sternberg (1988), S. 163, 165; Tamásy (1996), S. 143, 145; Venerius (1995), S. 74f.

richtungen deutlich geringer ist.[365] Im peripher und hochschulfern gelegenen TGP Nordhorn weist z.B. kein einziger Mieter einen wissenschaftlichen Ursprung auf.[366] Ein hoher Anteil aus der Region stammender Mieter ist zugleich ein erstes Indiz für die Initiierungsfunktion von TGZ, d.h. die Zentren können eventuell zur Aktivierung des endogenen Gründerpotenzials beitragen.

Zusammenfassend kann festgehalten werden, dass die Mieterstruktur bezüglich der Altersstruktur und der Technologieorientierung annähernd den aus den Zielsetzungen der TGZ-Konzeption abgeleiteten Zielgruppen entspricht (es ist realistischerweise nicht zu erwarten, dass die TGZ vollständig mit technologieorientierten Gründungsunternehmen besetzt sind). Damit ist eine notwendige Bedingung für die Erfolgswirksamkeit der TGZ-Konzeption erfüllt. Bedenklich sind allerdings der konstatierte rückläufige Anteil der Gründungsunternehmen im Zeitablauf – was als Indikator für eine unzureichende Nachhaltigkeit des Instruments TGZ gewertet werden kann – sowie die geringere Technologieorientierung der Mieter in Zentren in ländlichen Regionen. Außerdem verdeckt die Durchschnittsbetrachtung, dass einzelne Zentren eine deutliche Abweichung von der idealen Mieterstruktur aufweisen können. In diesen Fällen muss eventuell eine Verfehlung der TGZ-Konzeption konstatiert werden. Im Einzelfall ist dazu allerdings ein Abgleich mit dem individuellen Zielsystem des Zentrums erforderlich.

3.2.3.2. Analyse des längerfristigen Auslastungspotenzials

Nachdem die gegenwärtige Mieterstruktur analysiert wurde und die Frage aufgeworfen wurde, ob für die bestehenden Einrichtungen überhaupt ein dauerhaft ausreichendes Mieterpotenzial vorhanden ist, werden nun hierzu einige – allerdings nur sehr grobe – Abschätzungen vorgenommen. Der ADT vertritt gegenwärtig (Stand: Januar 2005) 174 Mitglieder, insgesamt ist deutschlandweit mit 270 bis 310 Zentren zu rechnen, wobei nicht alle dieser Einrichtungen tatsächlich der in den Abschnitten 3.1 und 3.2 erläuterten TGZ-Konzeption entsprechen.[367] Da nach Angaben des ADT pro Jahr und Zentrum im Durchschnitt sechs Einzüge zu verzeichnen sind[368], liegt ein durchschnittlicher Bedarf an 1.074 bzw.

365 Vgl. Groß (1997), S. 48.
366 Vgl. Venerius (1995), S. 75.
367 Vgl. Abschnitt 3.1.5.
368 Vgl. Abschnitt 3.2.2.

1.620 bis 1.860 neuen Mietern pro Jahr vor.[369] Da in der Anzahl der tatsächlichen Einzüge bereits Auslastungs- und Akquisitionsprobleme enthalten sein können, sollte der tatsächliche Mieterbedarf eher noch höher angesetzt werden. Alternativ lässt sich der jährliche Neumieterbedarf anhand der durchschnittlichen Mieterzahl und der Mieterumschlagsdauer errechnen. Bei durchschnittlich 32 Mietern pro Zentrum[370] und einer Mietdauerbeschränkung von drei bis fünf Jahren[371] (d.h. der Mieterbestand wird alle drei bis fünf Jahre erneuert) ergibt sich ein durchschnittlicher jährlicher Mieterbedarf pro Zentrum von 6,4 (fünf Jahre Umschlagsdauer) bzw. 10,67 (drei Jahre Umschlagsdauer). Bezogen auf die Anzahl von 174 bzw. 270 bis 310 Zentren ergibt sich ein jährlicher Bedarf zwischen mindestens 1.114 (174 Zentren, fünf Jahre Umschlagsdauer) und maximal 3.308 (310 Zentren, drei Jahre Umschlagsdauer) neuen Mietern, also (technologieorientierten) Unternehmensgründungen. Da die Anzahl von durchschnittlich 32 Mietern pro Zentrum nicht mit einer Vollauslastung aller Zentren gleichgesetzt werden kann, sind die berechneten Werte tendenziell noch zu niedrig angesetzt. Allerdings ist zu berücksichtigen, dass nicht alle Mieter eines Zentrums tatsächlich Neugründungen sind (und aufgrund der TGZ-Konzeption auch nicht sein müssen) und dass nicht alle Zentren als reine Technologiezentren konzipiert sind, so dass – wie bereits im vorherigen Abschnitt referiert – bei vielen TGZ auch nicht technologieorientierte Gründungsunternehmen zur Zielgruppe zählen. Dementsprechend kann der tatsächliche Bedarf an technologieorientierten Gründungen etwas niedriger angesetzt werden. Auf Basis der Betriebsdatei der Beschäftigtenstatistik ist ein Aufkommen von über 50.000 wissensintensiven Gründungen pro Jahr zu verzeichnen.[372] Ausgehend von der Kategorie der wissensintensiven Gründungen – die allerdings weitergefasst ist als die der technologieorientierten Gründungen – liegt also ein prinzipiell dauerhaft ausreichendes Mieterpotenzial vor. Auslastungsprobleme können sich jedoch aufgrund der ungleichen räumlichen Verteilung der Zentren und der Unternehmensgründungen ergeben, da die technologieorientierten Gründungen stark auf Ballungsräume konzentriert sind[373], während ein nicht unerheblicher Anteil der TGZ in ländli-

---

[369] Hierbei wird aus Vereinfachungsgründen unterstellt, dass jedes ADT Mitglied nur ein Zentrum betreibt.

[370] Vgl. Abschnitt 3.2.2; die Angaben stammen ebenfalls vom ADT.

[371] Vgl. Abschnitt 3.1.1.

[372] Vgl. Abschnitt 4.1.2.2.

[373] Vgl. Abschnitt 4.3.2.

chen Regionen verortet ist (16% bzw. 28% aller Zentren).[374] Da die Zentren in ländlichen Regionen zumeist eher als Gründerzentren konzipiert sind, ist hier aber mit einem geringeren Bedarf an technologieorientierten Gründungen zu rechnen.

Dementsprechend ist davon auszugehen, dass für das Instrument TGZ prinzipiell dauerhaft eine hinreichend große Anzahl an potenziellen Nutznießern zur Verfügung steht. Die Mindestvoraussetzung für die Rechtfertigung des Einsatzes des Instruments TGZ ist damit gegeben. Allerdings verdeckt die Durchschnittsbetrachtung auch hier wieder den Umstand, dass einzelne Zentren durchaus unter Auslastungsproblemen leiden – worauf auch schon im vorherigen Abschnitt hingewiesen wurde – so dass für diese Standorte der Einsatz des Instruments TGZ durchaus in Frage gestellt werden kann.

3.2.4. *Akzeptanz- und Beeinflussungsanalyse: Nutzung, Beurteilung und Erfolgsrelevanz der TGZ-Leistungen*

Die Durchführung einer Akzeptanzanalyse setzt eine erfolgte Zielgruppenanalyse voraus, da nur bei einer weitgehenden Erfüllung der Zielgruppenvorgaben sinnvollerweise überprüft werden kann, ob die auf die Zielgruppen ausgerichteten Unterstützungsleistungen auch in Anspruch genommen werden.

Die Leistungen der TGZ können generell in die zwei Bereiche Infrastruktur- und Serviceleistungen sowie Beratungs- und Kontaktvermittlungsangebote unterteilt werden. Diverse Befragungen von TGZ-Unternehmen ergeben, dass die Mieter in erster Linie die Infrastruktur- und Serviceleistungen nutzen und diese auch überwiegend positiv bewerten, während die Beratungs- und Kontaktvermittlungsangebote deutlich seltener in Anspruch genommen werden und gleichzeitig deren Bedeutung und Qualität kritischer beurteilt werden.[375] Die Fixkostensenkung wird als wichtigster Grund für einen Einzug in ein TGZ identifiziert.[376] Gleichzeitig kommt der Beratung und Kontaktvermittlung – den eigentlichen innovativen Bestandteile der TGZ-Konzeption, die einen Mehrwert gegenüber anderen Förderansätzen schaffen und letztlich die Nutzung des „neuen“ Förderinstruments TGZ rechtfertigen sollen – in der Praxis nicht die Bedeu-

---

374 Vgl. Abschnitt 3.1.5.

375 Vgl. Bauer und Hannig (1992), S. 23ff, 30ff; Elle et al. (1997), S. 148ff; Groß und Pleschak (1999), S. 42; Liefner (2002), S. 48ff; Meyer und Imberg (1999), S. 76ff, S. 90ff; Pleschak (1995), S. 112ff; Sternberg et al. (1997), S. 76ff.

376 Vgl. Bauer und Hannig (1992), S. 14; Meyer und Imberg (1999), S. 89; Sternberg (1988), S. 178.

tung zu, die ihr nach der ursprünglichen Vorstellung der Initiatoren von TGZ zukommen sollte. Es zeigt sich dabei, dass die TGZ-Manager die Bedeutung der Beratungsleistungen tendenziell überschätzen, die Wichtigkeit und die Qualität der Beratungsleistungen werden von den Managern zumeist höher eingeschätzt als von den TGZ-Unternehmen.

Für die geringere Wertschätzung und Nutzung der Beratungsleistungen können verschiedene Begründungsansätze angeführt werden. Zum einen ist es denkbar, dass die Beratungsangebote nicht problemadäquat sind, d.h. die dem Angebot zugrunde liegenden Annahmen bezüglich der Probleme und Entwicklungshemmnisse von Unternehmensgründungen sind nicht korrekt. Aber auch wenn die Beratungsbedürfnisse weitgehend korrekt eingeschätzt werden, ist es möglich, dass die Qualität des Angebots als unzureichend einzustufen ist. Dieser Zusammenhang ist vor allem bei kleineren Zentren denkbar, die von einem allein verantwortlichen Manager geführt werden. Aufgrund der hohen zeitlichen Belastung und des breiten Aufgabenspektrums ist eine detaillierte und individuell abgestimmte Beratung hier oftmals nicht möglich. Drittens ist davon auszugehen, dass bei vielen Gründern ein unzureichendes Problembewusstsein vorliegt, d.h. die Gründer sind sich oftmals ihrer eigenen Defizite nicht bewusst und fragen entsprechende Beratungsleistungen nicht nach bzw. schätzen diese als nicht wichtig oder erfolgswirksam ein. Außerdem ist es denkbar, dass die Gründer zwar grundsätzlich ihren Beratungsbedarf erkennen, aber nicht ausreichend über das Leistungsprogramm des Zentrums und der angeschlossenen Netzwerkpartner informiert sind. Schließlich kann die geringe Nutzung auch als Indikator für die Existenz von Mitnahmeeffekten gewertet werden. Die Unternehmen wählen den TGZ-Standort vor allem zur Ausnutzung finanzieller Vorteile in Form von subventionierten Mieten und sind an der Nutzung weitergehender Beratungsleistungen überhaupt nicht interessiert. In der Praxis ist oftmals eine Kombination der einzelnen Begründungsansätze wirksam.[377] Andererseits zeigen Auswertungen, dass rund 30% der ehemaligen TGZ-Unternehmen weiterhin Leistungen des TGZ in Anspruch nehmen.[378] Dies spricht wiederum dafür, dass

[377] Heukeroth et al. (2000, S. 92) weisen zudem auf mögliche Erfassungsprobleme bei der Befragung bezüglich des Beratungsumfangs hin. Demnach werten viele Mieter nur die Vergabe eines offiziellen Beratungsauftrags nicht aber die laufenden informellen Gespräche mit dem TGZ-Management als Beratungsleistung. Außerdem können Gründer bei Interviews dazu neigen, die Erfolgsrelevanz und die Nutzungsintensität der Beratung zu untertreiben um die eigenen unternehmerischen Leistungen nicht zu schmälern (Heukeroth et al. 2000, S. 93).

[378] Vgl. Seeger (1997), S. 74; Steinkühler (1994), S. 265.

die Leistungen des TGZ nicht vollständig an den Bedürfnissen der Unternehmen vorbeigehen. Das Zentrumsmanagement hat daher die Aufgabe, die Adäquatheit des Leistungsangebots zu überprüfen, die Qualität der eigenen Leistung kritisch zu hinterfragen (und gegebenenfalls verstärkt externe Experten einzubinden) sowie für eine stärkere Sensibilisierung bei den Gründern zu sorgen.

Aufgrund der eher ernüchternden Ergebnisse bezüglich der Nutzung und Wertschätzung der Beratungsleistungen kann eine geringe Erfolgsrelevanz dieses Unterstützungsaspekts erwartet werden. *Seeger* kann dementsprechend auch keine statistisch signifikanten Einflüsse der Ausgestaltung der TGZ-Konzeption (Leistungsfähigkeit des TGZ-Managers, Anzahl der Gesellschafter, Umfang des Beratungs- und Dienstleistungsangebots, Auswahlkriterien und relative Miethöhe) auf die Überlebensfähigkeit der TGZ-Unternehmen feststellen, lediglich für ein umfangreiches Beratungs- und Dienstleistungsangebot kann eine signifikante Steigerung der Wachstumsfähigkeit ermittelt werden.[379] Die Auswertung erfolgt allerdings nur mittels eines univariaten Vergleichs in Form eines Chi-Quadrat-Tests, zudem werden die TGZ bezogenen Einflussgrößen durch sehr grobe Hilfsindikatoren abgebildet, wodurch möglicherweise Informationen verloren gehen. Außerdem befinden sich TGZ mit einem größeren Leistungsangebot häufiger in Regionen mit einer höheren Standortgunst, so dass der vermeintliche Zusammenhang zwischen Wachstum und Leistungsumfang möglicherweise auch auf regionsspezifische Faktoren zurückzuführen ist.[380] Entgegen der Vermutungen eines höheren Beratungsbedarfs bei Hightech-Gründungen kann *Seeger* ferner keine positivere Bewertung der Beratungsleistungen durch innovativere Unternehmen feststellen.[381]

Dagegen weist *Steinkühler* – allerdings anhand eines wenig umfangreichen Datensatzes – die Erfolgswirksamkeit der Unterstützung durch TGZ nach.[382] Dabei spielen die Kontaktvermittlung, die Beratung und der verbesserte Zugang zu öffentlichen Förderungsangeboten eine wesentliche Rolle. Die Unterstützung schlägt sich vor allem in einem verbesserten Planungs- und Informationsverhalten der Unternehmen nieder. Allerdings ist ein deutlicher Anteil des Erfolgs auch auf Selektionseffekte zurückzuführen, d.h. die TGZ steuern durch entsprechende Aufnahmekriterien den späteren Erfolg ihrer Mieter. Die Befunde

---

379 Vgl. dazu Seeger (1997), S. 109ff.
380 Vgl. Seeger (1997), S. 152.
381 Vgl. Seeger (1997), S. 77.
382 Vgl. Steinkühler (1994), S. 153ff, insb. zusammenfassend S. 215f, 234, 238f, 244f und 250.

zeigen weiterhin, dass die „besseren“ Gründer – d.h. besser vorbereitete Gründer sowie Gründer mit einer aufgeschlossenen und selbstkritischen Haltung – die TGZ-Leistungen besser zu nutzen verstehen.[383] Dies spricht wiederum dafür, dass TGZ nicht nur ein diversifiziertes Leistungsangebot vorhalten sollten, sondern auch für eine entsprechende Sensibilisierung der Gründer Sorge tragen müssen. Gegebenenfalls ist dieser Aspekt bereits bei der Auswahl der Mieter zu berücksichtigen. Weiterhin wirken sich auch der Entwicklungsstand des Zentrum – und damit auch des TGZ-Managers – sowie der TGZ-Unternehmen auf die Beratungsqualität bzw. die Nutzung und Bewertung der Beratungsleistungen aus.[384] Die Befunde verdeutlichen damit auch die bereits angesprochene kombinierte Wirkungsweise der Erfolgsfaktoren (siehe Abbildung 3.4). Die Person des Gründers – seine Humankapitalausstattung sowie seine Bereitschaft, eigene Defizite anzuerkennen und Hilfestellungen anzunehmen – bildet einen eigenen Erfolgsfaktor der TGZ-Konzeption. Bei der Analyse der Erfolgswirksamkeit der TGZ-Leistungen sind somit die unterschiedlichen Ausprägungen dieses Erfolgsfaktors zu berücksichtigen, ansonsten kann die Wirksamkeit der TGZ-Leistungen nicht korrekt beurteilt werden. Die univariate Überprüfung der Kausalität „Beratungsleistungen – Unternehmenserfolg“ greift zu kurz, eine multivariate Analyse, die gleichzeitig TGZ bezogene sowie unternehmens- und regionsspezifische Einflussgrößen berücksichtigt, ist für die Aufdeckung der tatsächlichen Kausalitäten geeigneter.

Aus den Ausführungen der Abschnitte 3.1.3 und 3.1.4 geht hervor, dass der TGZ-Manager eine zentrale Position in der TGZ-Konzeption einnimmt. Der Manager und seine Qualifikation bilden damit ebenfalls einen wichtigen Erfolgsfaktor für die Wirksamkeit der TGZ-Konzeption. Mittlerweile werden die meisten Zentren von einem hauptamtlichen Zentrumsleiter geführt, vielfach stehen dem Manager weitere Mitarbeiter zur Seite.[385] Außerdem hat der Anteil der kaufmännisch-betriebswirtschaftlich ausgebildeten Zentrenleiter signifikant zugenommen. Wenn der Leiter selbst nicht über entsprechende Qualifikationen verfügt, können diese Defizite häufig durch kompetente Mitarbeiter innerhalb der Geschäftsführung kompensiert werden. Bezüglich der zwei zentralen Kritikpunkte früherer Studien – der hohe Anteil von Zentrumsleitern in Teilzeit und die vornehmlich ingenieur- und naturwissenschaftliche Ausbildung der TGZ-

---

383 Ähnlich auch Seeger (1997), S. 77.

384 Vgl. Heukeroth et al. (2000), S. 95ff.

385 Vgl. dazu Sternberg et al. (1997), S. 49f.

Manager, die für Defizite bei der Beratung und Kontaktvermittlung verantwortlich gemacht wurden – können somit deutliche Lerneffekte bei den Verantwortlichen konstatiert werden.

3.2.5. Analyse der Mobilisierungs- und Existenzsicherungseffekte zur Approximation des Mitnahmeeffekts

Mobilisierungswirkungen

Ein echter regionalwirtschaftlicher Mehrwert entsteht nur dann, wenn durch das TGZ Unternehmen gegründet werden, die sonst nicht gegründet worden wären und wenn sich die jungen Unternehmen im Vergleich zu einer hypothetischen Situation ohne Unterstützung durch TGZ besser entwickeln. Der zuerst genannte Aspekt der Gründungsinduzierung wird im Folgenden unter dem Stichwort Mobilisierungseffekt diskutiert. Der Mobilisierungseffekt verkörpert damit die in den Abschnitten 2.2.2 und 2.2.3 geforderte Aktivierung des endogenen Potenzials und trägt der Zielsetzung der Initiierung von Unternehmensgründungen durch die Steigerung der Gründungsneigung und -fähigkeit (Abschnitt 3.1.2.1) Rechnung. Die Mobilisierung erfolgt zum einen durch das Kosten senkende Leistungsangebot, welches das Sicherheitsbedürfnis der unentschlossenen Gründer anspricht, weiterhin üben erfolgreiche Gründungen im TGZ eine Vorbildfunktion für potenzielle Gründer aus.[386] Die in Tabelle 3.6 zusammengefassten Befragungsergebnisse zeigen übereinstimmend, dass der originäre Mobilisierungseffekt eher gering ausfällt, d.h. die überwiegende Mehrheit der Unternehmen wäre nach Ansicht der Gründer auch ohne die Existenz und die Unterstützung des TGZ gegründet worden.

Der Mobilisierungseffekt scheint sich damit auf maximal 20% aller Neugründungen veranschlagen zu lassen.[387] Eine exakte Bestimmung des Mobilisie-

---

[386] Vgl. dazu Behrendt (1996), S. 177.

[387] Der schwache Mobilisierungseffekt ist möglicherweise auch ein Beleg für eine, vor allem anfänglich, inadäquate Akquisitionspolitik des TGZ-Managements. Bauer und Hannig (1992, S. 20ff) weisen darauf hin, dass die TGZ-Leiter zumeist indirekte Kommunikationswege (z.B. Pressemittelungen, Kooperation mit Wirtschaftsfördergesellschaften, Banken, Kammern und Verbände) nutzen und nur gelegentlich potenzielle Gründer durch direkte Kommunikation (z.B. Vorträge in Hochschulen, Existenzgründerseminare) ansprechen. Dementsprechend wurden die meisten Gründer durch Pressemittelungen und Hinweise von Freunden und Kollegen auf das TGZ aufmerksam, nur eine Minderheit wurde direkt durch das Zentrumsmanagement informiert (vgl. Bauer und Hannig 1992, S. 19). Neuere Untersuchungen ermitteln dagegen eine offensivere und direktere Vorgehensweise des TGZ-Managements (vgl. Groß und Pleschak 1999, S. 51f; Groß 1997, S. 50f), was auf Lerneffekte bei den Betreibern hindeutet.

rungseffekts ist allerdings nicht möglich, da von den Gründern ein Vergleich mit einem hypothetischen Referenzfall gefordert wird. Es ist daher zu vermuten, dass die Befragungsergebnisse den effektiven Mobilisierungseffekt unterzeichnen, da die Gründer den tatsächlichen Umfang der Unterstützungswirkungen des TGZ im Nachhinein unterschätzen. Außerdem werden die „externen" Mobilisierungseffekte nicht erfasst, d.h. die Stimulierung von Gründungen außerhalb des Zentrums. Die Vorbildwirkungen erfolgreicher TGZ-Unternehmen sowie die Möglichkeit, TGZ-Leistungen mitzunutzen, können weitere Personen dazu motivieren, ein Unternehmen zu gründen, ohne dann aber in das TGZ einzuziehen. Ausgehend von den direkten Mobilisierungseffekten ist jedoch davon auszugehen, dass die externen Motivierungseffekte eher vernachlässigbar sind. Andererseits können sich die befragten Gründer auch ihrer Mitnehmerposition bewusst sein und daher ihre Bedürftigkeit strategisch übertreiben, wodurch der Mobilisierungseffekt überzeichnet würde.

Tabelle 3.6: Mobilisierungseffekte von TGZ

Studie	Ergebnisse
Behrendt (1996)	6,2% aller Neugründungen; 9,3% wären bei Nichtexistenz des TGZ außerhalb der Region gegründet worden (Agglomerationsräume: 7,5%, ländlicher Raum: 17,4%).
Elle et al. (1997)	17% aller Neugründungen wären nicht in der bestehenden Form gegründet worden (35% in ländlichen Regionen, 21% an Hochschulstandorten, 9% in Industrieregionen); 24% hätten Un. wahrscheinlich nicht in derselben Region/Standort gegründet.
Pett (1994)	9,5% aller Neugründungen (weitere 10,5% nicht sicher).
Seeger (1997)	4% aller erfolgreich ausgezogener Neugründungen; 8,7% wären bei Nichtexistenz des TGZ außerhalb der Region gegründet worden.
Sternberg (1988)	5,6% aller TGZ-Unternehmen; 81,8% der Un. hätten sich auch ohne Existenz des TGZ in der Region niedergelassen.
Tamásy (1996)	1,5% aller TGZ-Unternehmen wären nicht gegründet worden, 7,7% außerhalb des TGZ-Standorts (5,5% sind nicht sicher).

Quelle: Eigene Darstellung.[388]

388 Für die Prozentangaben (bzw. die Berechnungsgrundlagen) vgl. Behrendt (1996), S. 176, 194; Elle et al. (1997), S. 160; Pett (1994), S. 195; Seeger (1997), S. 67f; Sternberg (1988), S. 181, 193; Tamásy (1996), S. 107.

Eine zu starke Mobilisierungswirkung kann allerdings auch negative regionalwirtschaftliche Auswirkungen zeitigen, wenn an sich nicht geeignete Personen durch die Risiko reduzierenden Unterstützungsleistungen des TGZ zur Selbstständigkeit „verleitet" werden. In der Realität sollte diese Gefahr aber eher gering ausfallen, da das TGZ-Management die Erfolgsaussichten und die Qualität der Unternehmenskonzeption durch ein umfassendes Bewertungsverfahren überprüfen und ungeeignete Gründungsprojekte schnell identifizieren kann.

Ausgehend von maximal 20% durch das TGZ induzierte Gründung kann der Mitnahmeeffekt damit auf mindestens 80% veranschlagt werden. Hohe Mitnahmeeffekte stellen die Förderkonzeption an sich in Frage, da sie einen geringen Mehrwert der Fördermaßnahme und eine Verschwendung öffentlicher Mittel bei gleichzeitiger Verzerrung der Wettbewerbsverhältnisse – Unternehmensgründungen, die nicht in den Genuss der Unterstützung durch TGZ kommen, werden benachteiligt – anzeigen. Das Ausmaß des Mitnahmeeffekts kann allerdings reduziert werden, wenn sich die Unternehmen, welche auch ohne das TGZ gegründet worden wären, durch die Unterstützung der TGZ besser entwickeln und eine höhere Existenzsicherheit erlangen. Eine abschließende Abschätzung des Ausmaßes der Mitnahmeeffekte kann an dieser Stelle daher noch nicht vorgenommen werden.

Existenzsicherung

Dem Brutkastenprinzip folgend sollten insbesondere Gründungsunternehmen in TGZ aufgenommen werden, welche *noch* nicht selbst – d.h. auf sich alleine gestellt – überlebensfähig sind. Durch die umfangreiche Unterstützung der TGZ sollen diese jungen Unternehmen soweit in ihrer Entwicklung stabilisiert werden, dass sie nach einer gewissen Zeitdauer auch ohne die weitere Unterstützung durch das TGZ überlebensfähig sind. Dementsprechend sollten die Gründungen während des Aufenthalts im TGZ und auch nach dem Auszug geringere Insolvenzquoten aufweisen als vergleichbare junge Unternehmen ohne Förderung.

Die Insolvenzraten der TGZ-Unternehmen sind tatsächlich sehr gering (Tabelle 3.7). Allerdings sind die Werte insbesondere für die ostdeutschen TGZ (*Pleschak*) nur bedingt aussagekräftig. Die ostdeutschen Zentren weisen zum Befragungszeitpunkt ein geringes Alter auf, dementsprechend bezieht sich die Auswertung zumeist auf die erste Mietergeneration und hier wiederum auf sehr junge Unternehmen. Dieselben Einschränkungen gelten auch für die Ergebnisse der *Sternberg*-Studie. Nur anhand einer Analyse der Unternehmensaufgaben über einen längeren Zeitraum hinweg kann beurteilt werden, ob die Zentren tatsächlich dazu beitragen, dauerhaft überlebensfähige Unternehmen zu schaffen.

Des Weiteren gilt es, einen Mehrwert im Vergleich zu nicht geförderten Unternehmensgründungen nachzuweisen, womit sich die Frage nach geeigneten Referenzgrößen stellt. Grundsätzlich sollten hierfür andere technologieorientierte Gründungen geeignet sein. Allerdings stellt sich die Frage der grundsätzlichen Vergleichbarkeit von TGZ-Unternehmen mit anderen technologieorientierten Gründungen.

Tabelle 3.7: Ausfallquoten

Studie	Ergebnisse
Dietzfelbinger, Hoffmann und Orlmann (1997)	Ausfallquote bis 1997: 4,6% (6 der aktuellen und ausgezogenen 130 TGZ-Unternehmen). 26% der ausgezogenen Un. befinden sich nicht mehr (mehrheitlich) im Besitz der Gründer.
Elle et al. (1997)	Ausfallquote nach 4 (7) Jahren: 12 % (21%).
Groß (1997)	Ausfallquote bis 1996: 5,5% der Mieter; nur ältere Zentren (bis 1988): 8,1%.
Groß und Pleschak (1999)	Ausfallquote bis Ende 1997: 3,8% (15 Un.).
Liefner (2002)	25 Unternehmen (einige Zentren machen hierzu keine Angaben, daher können keine Ausfallraten berechnet werden).
Pleschak (1995)	Ausfallquote bis 1994: 1,1% (6 Unternehmen).
Russ und Färber (1996)	Ausfallquote bis Ende 1995: 13,6% (9 Unternehmen Konkurs/ Geschäftsbetrieb eingestellt; 3 Firmen haben ihre Niederlassung im TGZ geschlossen; Basis: alle bisherigen Mieter inkl. Transfereinrichtungen).
Seeger (1997)	von den 177 in Jahr 1986 befragten Unternehmen sind bis Ende 1993 18% in Konkurs gegangen, 4% wurden aufgekauft, bei 24,9% konnte der Verbleib nicht geklärt werden.
Sternberg (1988)	Ausfallquote bis 1986: 0,9% (3 Unternehmen).
Sünner und Willms (2002)	Ausfallquote bis 2002: 25,4% der ausgezogenen Unternehmen (= 30 erloschene Un.); weiter 13,5% konnten nicht ermittelt werden (möglicherweise unbekannt verzogen oder fusioniert).

Quelle: Eigene Darstellung.[389]

[389] Für die Prozentangaben (bzw. die Berechnungsgrundlagen) vgl. Dietzfelbinger, Hoffmann und Orlmann (1997), S. 71, 119; Elle et al. (1997), S. 166; Groß (1997), S. 39; Groß und Pleschak (1999), S. 27; Liefner (2001), S. 39; Pleschak (1995), S. 41; Russ und Färber (1996), S. 87; Seeger (1997), S. 100; Sternberg (1988), S. 233; Sünner und Willms (2002), S. 3.

Dem Brutkastenprinzip folgend sollten eigentlich gezielt Unternehmensgründungen aufgenommen werden, die ohne die Unterstützung des TGZ noch nicht überlebensfähig sind. Da diese somit als besonders Insolvenz gefährdet einzustufen sind, kann selbst bei einer gleichen oder sogar einer höheren Ausfallrate im Vergleich zu nicht geförderten Gründungen eine Existenzsicherungswirkung von TGZ bestehen. Außerdem liegen bislang nahezu keine Erkenntnisse darüber vor, wie sich die Ausfallraten der Unternehmen nach dem Auszug aus dem TGZ entwickeln. Die Auswertungen von *Seeger* sind hier nur bedingt hilfreich, da bei rund einem Viertel der in einer früheren Studie befragten Unternehmen der Verbleib nicht geklärt werden konnte, wodurch keine aussagekräftige Ausfallraten berechnet werden können.

Zusammenfassend kann festgehalten werden, dass die TGZ zumindest darin erfolgreich zu sein scheinen, das Überleben der Unternehmensgründungen kurzfristig sicherzustellen. Hier stellt sich indes die Frage, inwieweit die TGZ durch ein entsprechendes Selektionsverfahren für die Aufnahme von ex ante Erfolg versprechenden Gründungsprojekten mit geringem Risiko gesorgt haben. Auch dieser Aspekt kann durch die vorliegenden Auswertungen nicht abschließend geklärt werden.

Analog zu den bereits diskutierten Mobilisierungseffekten kann weiterhin das Ausmaß des Existenzsicherungseffekts abgeschätzt werden (Tabelle 3.8). Der Existenzsicherungseffekt entspricht dem Anteil der Unternehmen, die sich ohne die TGZ-Unterstützung als nicht überlebensfähig einstufen. Nur diese Unternehmen sind tatsächlich von den TGZ abhängig, sind also echte Nutznießer im Sinne der Brutkastenfunktion. Für die Unternehmen, die sich auch ohne die TGZ-Leistungen als überlebensfähig einstufen stellt sich dagegen die Frage, ob sie die Leistungen tatsächlich weiterhin in Anspruch nehmen sollten oder ob hier bereits Mitnahmeeffekte vorliegen. Die Auswertungen zeigen, dass nur rund ein Viertel der TGZ-Unternehmen auf die Unterstützung des Zentrums angewiesen ist, um den Bestand des Unternehmens sicherzustellen. Somit wären bei rund 75% der Mieter Mitnahmeeffekte zu vermuten.

Da die hier referierten Auswertungen auf den subjektiven Einschätzungen der Gründer beruhen, ist die verlässliche Quantifizierung des tatsächlichen Existenzsicherungseffekts mit ähnlich starken Unsicherheiten behaftet wie die Ermittlung des wahren Ausmaßes des Mobilisierungseffekts. Einerseits ist es denkbar, dass die Gründer die Unterstützungswirkung des TGZ unterschätzen und gleichzeitig ihre eigenen Fähigkeiten überschätzen, so dass der Existenzsicherungseffekt unterschätzt wird. Andererseits können sich die befragten Gründer auch ihrer „Mitnehmerposition" bewusst sein und daher ihre Bedürftigkeit strategisch übertreiben, wodurch der Existenzsicherungseffekt überzeichnet würde. Schließlich ist darauf hinzuweisen, dass ein hoher Anteil von alleine nicht überlebensfähiger Unternehmen (und damit ein starker Existenzsicherungseffekt) nicht per se für den Erfolg eines TGZ spricht, da die Unterstützung dauerhaft nicht überlebensfähiger Unternehmen auch nicht das Ziel der TGZ-Konzeption sein darf.

Tabelle 3.8: Existenzsicherung

Studie	Ergebnisse
Behrendt (1996)	für 7,9% sind TGZ-Leistungen derzeit überlebensnotwendig; 15,6% sind noch nicht überlebensfähig, aber in „einiger Zeit".
Liefner (2002)	18% der ehemaligen Mieter sehen TGZ als ausschlaggebend für Erfolg der Gründung an, 32% (33%) stufen den Beitrag des TGZ als relevant (unterstützend) ein.
Pett (1994)	6% nicht überlebensfähig; 16,8% ungewiss.
Sternberg (1988)	24,3% gegenwärtig ohne TGZ nicht überlebensfähig.

Quelle: Eigene Darstellung.[390]

Angesichts der im Allgemeinen hohen Liquidationsraten bei Unternehmensgründungen[391] sprechen die vergleichsweise geringen Ausfallraten unter den TGZ-Unternehmen sowie die ermittelten Abhängigkeiten dafür, dass TGZ – unter Berücksichtigung der diversen Unsicherheiten und Einschränkungen – tatsächlich einen nicht ganz unerheblichen Existenzsicherungseffekt für Unternehmensgründungen ausüben können. Dem Existenzsicherungseffekt scheint damit eine etwas stärkere Bedeutung zuzukommen als dem Mobilisierungseffekt.

390 Für die Prozentangaben vgl. Behrendt (1996), S. 178f; Liefner (2002), S. 50; Pett (1994), S. 207; Sternberg (1988), S. 193. In der Studie von *Liefner* ist die Bezeichnung Erfolg allerdings nicht unbedingt deckungsgleich mit der Existenzsicherung.

391 Vgl. dazu Abschnitt 4.5.2

3.2.6. Effektivitätsanalyse: Beschäftigungseffekte, Technologietransfer und regionale Vernetzung

3.2.6.1. Beschäftigungseffekte

Die Schaffung und Sicherung von qualifizierten und zukunftssicheren Arbeitsplätzen wurde in Abschnitt 3.1.2.1 als eine der primären Zielsetzungen der TGZ-Konzeption identifiziert. TGZ sollen das regionale Gründerpotenzial sensibilisieren, um zusätzliche Gründungen zu initiieren. Weiterhin soll die Entwicklung der Gründungsunternehmen unterstützt und verbessert werden. Neben der Mobilisierungsfunktion übernimmt das TGZ damit auch eine „Treibhausfunktion" (oder auch „Durchlauferhitzerfunktion"), da die Unterstützung zu einer schnelleren und besseren Unternehmensentwicklung beitragen soll.[392] Das Unternehmenswachstum wird dabei zwar nicht vollständig durch das TGZ induziert, es sollte aber ein positiver Nettoeffekt gegenüber der hypothetischen Situation ohne Unterstützung existieren. Analog zur Einschätzung der Mobilisierungswirkungen kann auch das Fehlen eines TGZ-induzierten Nettobeschäftigungseffekts als Beleg für die Existenz von Mitnahmeeffekten gewertet werden. Der tatsächliche Nettoeffekt bzw. Mehrwert lässt sich indes kaum gesichert bestimmen. Einen denkbaren Ansatz zur Ermittlung des Mehrwerts bildet der Vergleich mit Kontrollgruppen. Die Bildung von echten Kontrollgruppen, d.h. Unternehmen, die in allen Aspekten den TGZ-Unternehmen entsprechen, ist allerdings kaum praktikabel. Eine Befragung der Gründer scheitert an der mangelnden Fähigkeit der Gründer, den Wirkungszusammenhang zwischen allen Aspekten der Unterstützung und der Unternehmensentwicklung verlässlich zu bestimmen. Die des Öfteren praktizierte Vorgehensweise[393], die Gründer nach dem Ausmaß der Bedeutung des TGZ-Leistungsangebots für die Unternehmensentwicklung zu befragen, ermöglicht allenfalls eine grobe Einschätzung des Mehrwerts, zumal meist nur eine grobe Ordinalskalierung verwendet wird.

Beschäftigungswachstum und Unternehmensgröße

Bei der Interpretation der ermittelten Daten zur Beschäftigungsentwicklung sind zwei Aspekte zu berücksichtigen. Der TGZ-Konzeption zufolge sollten expandierende Unternehmen möglichst schnell aus dem TGZ ausziehen, da sie dessen

---

[392] Vgl. Behrendt (1996), S. 178.

Unterstützung nicht mehr zum Überleben benötigen („Brutkastenfunktion"). Daher dürften eigentlich keine starken Beschäftigungseffekte bei TGZ-Unternehmen zu verzeichnen sein, die Beschäftigungszuwächse sollten vor allem nach dem Auszug einsetzen. Zweitens sind die konjunkturellen Rahmenbedingungen während des Erfassungszeitraums zu berücksichtigen. Vor allem bei der Verwendung eines kurzen Zeitraums besteht die Gefahr, dass ein nicht repräsentativer Ausschnitt der Konjunkturentwicklung erfasst und dadurch der tatsächliche Beschäftigungseffekt verzerrt wird. Aufgrund der angeführten Zuordnungsprobleme werden in der folgenden Tabelle 9 zunächst nur die gesamten Beschäftigungseffekte der TGZ-Unternehmen aufgeführt.

Durchschnittliche jährliche Wachstumsraten von 20% bis über 40% sprechen auf den ersten Blick für eine beachtliche Beschäftigungsentwicklung bei den TGZ-Unternehmen. Diese Werte sind allerdings in zweifacher Hinsicht zu relativieren. Zum einen steht hinter den hohen Wachstumsraten nur eine geringe absolute Beschäftigungswirkung. Dementsprechend liegt die durchschnittliche Anzahl der Beschäftigten zum Befragungszeitpunkt zumeist bei unter zehn Mitarbeitern. Starke regionale Beschäftigungseffekte sind von den TGZ-Unternehmen demnach zumindest während des Zentrenaufenthalts nicht zu erwarten. Weiterhin verdeckt die Betrachtung von Durchschnittswerten das breite Spektrum von individuellen Unternehmensentwicklungsprozessen. Diverse Studien zeigen, dass viele – auch technologieorientierte – Unternehmensgründungen kaum wachsen, stagnieren oder sogar Beschäftigung abbauen, während einige wenige Gründungen ein sehr starkes Beschäftigungswachstum realisieren.[394]

Schließlich stellt sich die Frage, inwieweit die TGZ-Unternehmen tatsächlich ein stärkeres Beschäftigungswachstum im Vergleich zu nicht unterstützten Unternehmensgründungen realisieren können. Nachdem die Mobilisierungswirkungen von TGZ als eher unwesentlich eingestuft wurden, ist der Nachweis TGZ-induzierter Wachstumswirkungen – neben den Existenzsicherungswirkungen – erforderlich, um die TGZ-Konzeption zu rechtfertigen. Um einen solchen Nachweis führen zu können, werden verlässliche und sinnvolle Referenzwerte benötigt, die bei den hier vorliegenden Studien aber kaum zum Einsatz kommen. Eine weitere Möglichkeit zur Abschätzung des Mehrwerts bietet der Vergleich mit einer Kontrollgruppe.

---

393 Vgl. z.B. Seeger (1997), S. 75.
394 Siehe dazu Abschnitt 4.1.3.1.

Tabelle 3.9: Beschäftigungswachstum und Unternehmensgröße

Studie	Ergebnisse
Behrendt (1996)	durchschnitt. Beschäftigungszunahme je TGZ-Unternehmen während des TGZ-Aufenthalts: 3,97 (nur Neu- und Ausgründungen); durchschnittliche jährliche Wachstumsrate der Mieter: 28,1%; durchschnittl. Beschäftigtenzahl: 8,0.
Elle et al (1997)	durchschnittl. jährl. Wachstumsrate ca. 25% (bezogen auf die ersten 4 Jahre im TGZ) durchschnittl. Beschäftigtenzahl nach 4 Jahren TGZ-Aufenthalt: 7,6 (nur Spin-off: 9,8).
Groß, Nyderle und Aßmann (1998)	nur akademische Gründungen: durchschnittl. jährl. Wachstumsrate ca. 24,6% (bezogen auf die ersten 5 Jahre); durchschnittl. Beschäftigtenzahl steigt von 4 im Gründungsjahr auf 7,8 im Erhebungsjahr (6,3 bei Spin-offs aus Hochschulen, 12,8 bei Spin-offs aus Großunternehmen).
Heukeroth et al. (2000)	durchschnittl. Beschäftigtenzahl bei Gründungsunternehmen: 5 (5,4 an Wissenschaftsstandorten, 4,0 im ländlichen Raum); bei älteren Un.: 7 (7,7 an Wissenschaftsstandorten, 5,2 im ländlichen Raum).
Klesse (1992)	durchschnittl. jährl. Wachstumsrate ca. 44% (bezogen auf die ersten 3 Jahre im TGZ); durchschnittl. Beschäftigtenzahl: 15,5 (davon 10,4 Vollzeitarbeitsplätze); Anteil kleiner Unternehmen: 38,2%.
Liefner (2002)	jährlicher Beschäftigungszuwachs beträgt eine Person (Median); Anteil kleiner Unternehmen: 65,9% (beachte: inklusive ausgezogener Un.).
Meyer und Imberg (1999)	durchschnittl. Beschäftigtenzahl: 5,4 (nur feste Mitarbeiter); Anteil kleiner Unternehmen: 90%.
Pett (1994)	durchschnittl. jährliche Wachstumsrate ca. 28%; Anteil kleiner Unternehmen: 73,6%; durchschnittl. Beschäftigtenzahl: 9,53.
Steinkühler (1994)	durchschnittl. jährliche Wachstumsrate 49% (Mittelwert) bzw. 36% (Median).
Sternberg (1988)	Anteil kleiner Unternehmen: 81,4%, durchschnittl. Beschäftigtenzahl: 7,1.
Tamásy (1996)	durchschnittl. jährliche Wachstumsrate ca. 38% (bei 5,2% der Unternehmen hat sich die Beschäftigtenzahl reduziert, bei 33,8% blieb die Beschäftigtenzahl konstant); Anteil kleiner Unternehmen: 79,4%; durchschnittl. Beschäftigtenzahl: 6,36.
Venerius (1995)	durchschnittl. Beschäftigtenzahl (inkl. Gründer): 3,5.
Riedel, Scharr et al. (1999)	durchschnittl. Beschäftigtenzahl: 4,6; 63,9% der TGZ-Unternehmen haben weniger als fünf Beschäftigte.

Quelle: Eigene Darstellung.[395]

---

[395] Für die Prozentangaben (bzw. die Berechnungsgrundlagen) vgl. Behrendt (1996), S. 144, 181, 193; Elle et al (1997), S. 163; Groß, Nyderle und Aßmann (1998), S. 130f; Heukeroth et al. (2000), S. 61f; Klesse (1992), S. 48, 52, 57; Liefner (2002), S. 26f; Meyer und Imberg (1999),

Anhand eines solchen Kontrollgruppenvergleichs kann *Steinkühler* eine stärkere Beschäftigungsentwicklung bei TGZ-Unternehmen feststellen, dies betrifft allerdings nur den Mittelwertvergleich, der aussagekräftigere Medianvergleich ergibt dagegen keinen Unterschied. Lediglich beim Umsatzwachstum schneiden die TGZ-Unternehmen in beiden Fällen deutlich besser ab. Die Auswertungen zeigen weiterhin, dass die TGZ-Unternehmen zum Gründungszeitpunkt tendenziell kleiner sind und die Größennachteile durch ein stärkeres Wachstum vor allem in den ersten Jahren wettmachen.[396] Diese Beobachtung kann als Bestätigung für die oben genannte „Treibhausfunktion" gewertet werden.

Abschätzung des regionalwirtschaftlichen Nettobeschäftigungseffekts

Um den tatsächlichen regionalen Beschäftigungseffekt eines TGZ zu ermitteln, dürfen nur die Nettoeffekte berücksichtigt werden, d.h. der Mobilisierungseffekt (siehe Tabelle 3.6), der Existenzsicherungseffekt (siehe Tabelle 3.8) und der induzierte Wachstumseffekt. Der induzierte Wachstumseffekt erfasst das durch die TGZ-Unterstützung bewirkte zusätzliche Beschäftigungswachstum. Der Existenzsicherungseffekt umfasst die Beschäftigungsentwicklung in den Unternehmen, die ohne die Unterstützung nicht überlebt hätten, wobei hier nur die dauerhaft überlebensfähigen Gründungen berücksichtigt werden sollten. Der Mobilisierungs- und der Existenzsicherungseffekt sind im Prinzip rein hypothetische Effekte, da ex post nicht definitiv nachgewiesen werden kann, ob ein Unternehmen ohne die Unterstützung durch ein TGZ nicht gegründet worden wäre oder nicht überlebt hätte. Wie die Auswertungen in Abschnitt 3.2.5 zeigen, sind diese Effekte eher schwach bis mittelmäßig stark ausgeprägt.

Weiterhin sind Verdrängungs- und Multiplikatoreffekte inklusive der jeweiligen Akzeleratorwirkungen zu berücksichtigen. Der Verdrängungseffekt erfasst die Beschäftigungsverluste, welche bei anderen Unternehmen in der Region durch die TGZ-Unternehmen entstehen. Hier besteht das wesentliche Problem darin, einen Kausalzusammenhang zwischen Beschäftigungsverlusten und Unternehmensgründungen herzustellen. Ein hoher Verdrängungseffekt ist unter

---

S. 67, 69; Pett (1994), S. 235; Riedel, Scharr et al. (1999), S. 438f; Steinkühler (1994), S. 165; Sternberg (1988), S. 158, 220; Tamásy (1996), S. 129; Venerius (1995), S. 76. Die Angaben zu den durchschnittlichen Beschäftigtenzahlen und dem Anteil der kleinen Unternehmen bezieht sich auf den Befragungszeitpunkt. Unterschiede zwischen den Studien können z.T. auf das unterschiedliche Durchschnittsalter der Zentren zum Befragungszeitpunkt zurückgeführt werden.

396 Vgl. Steinkühler (1994), S. 165, 167ff.

ordnungspolitischen Gesichtspunkten als problematisch einzustufen, wenn die TGZ-Förderung zu einer subventionsbedingten Faktorfehlallokation führt und dadurch eine nicht leistungsbedingte Marktverdrängung von nicht geförderten Unternehmen bewirkt.[397] Der Multiplikatoreffekt erfasst die Beschäftigungswirkungen bei anderen Unternehmen der Region, die mit den TGZ-Unternehmen als Zulieferer oder Anwender der innovativen Leistungen in Verbindung stehen. Weitere Multiplikatorwirkungen entstehen durch die Einkommensverwendung, also die Verausgabung der Gewinne sowie der Löhne und Gehälter. Die Beschäftigungswirkungen durch Multiplikator- und Verdrängungseffekte dürfen aber nur insoweit dem TGZ zugerechnet werden, wie sie auf zusätzlich induzierten Gründungen sowie das stärkere Wachstum von TGZ-Unternehmen zurückzuführen sind. Das Ausmaß der Verdrängungs- und Multiplikatoreffekte wird durch die Regionsabgrenzung, die bestehende regionale Wirtschaftsstruktur und die regionalwirtschaftliche Vernetzung[398] der TGZ-Unternehmen bestimmt. So dürften technologieorientierte Gründungen in ländlichen Regionen mit einer niedrigen Ausstattung an Hightech-Betrieben zwar einen geringeren Verdrängungseffekt ausüben, gleichzeitig muss auch mit einem schwächeren Multiplikatoreffekt gerechnet werden, da die erforderlichen Zulieferbetriebe und Kooperationspartner fehlen. Die Multiplikatorwirkungen entstehen dann primär außerhalb der Region. Eine verlässliche Quantifizierung der Verdrängungs- und Multiplikatoreffekte ist allerdings nahezu unmöglich, die meisten Autoren verwenden entsprechend grobe Schätzwerte ohne deren Zustandekommen näher zu erläutern.

Schließlich sind auch Ansiedlungseffekte, d.h. Beschäftigungseffekte durch Unternehmen, die ohne das TGZ nicht in der betreffenden Region gegründet worden wären, zu berücksichtigen. Aufgrund der geringen räumlichen Mobilität der meisten Gründer sind von diesem Effekt nur unwesentliche Beschäftigungswirkungen zu erwarten. Unter dem Ansiedlungseffekt können weiterhin die Beschäftigungswirkungen durch die Verlagerung von bestehenden Unternehmen aus anderen Regionen in das TGZ subsumiert werden. Da TGZ in erster Linie auf Unternehmensgründungen ausgerichtet sind, sollte dieser Effekt ebenfalls schwach ausfallen. Als Beschäftigungseffekte im weiteren Sinne können letztlich auch die Auswirkungen bei TGZ-externen Unternehmen berücksichtigt werden, welche ebenfalls von den Leistungen des TGZ profitieren wie

---

397 Vgl. Salomo (1999), S. 27.

z.B. durch die Nutzung von Beratungs- und Serviceleistungen. Auch hier dürfen nur die zusätzlich induzierten Wachstumseffekte berücksichtigt werden, wobei sich die Identifizierung der entsprechenden Kausalitäten noch schwerer als bei den TGZ-Unternehmen gestalten dürfte. Für die Beurteilung der Auswirkungen auf den regionalen Arbeitsmarkt ist weiterhin die räumliche Herkunft der Beschäftigten zu berücksichtigen. Eine hohe Einpendlerquote reduziert den regionalwirtschaftlich relevanten Beschäftigungseffekt.[399] Die folgende Abbildung 3.6 systematisiert die einzelnen Beschäftigungseffekte der TGZ.

Abbildung 3.6: Systematik der regionalwirtschaftlichen Beschäftigungseffekte

	Beschäftigung durch Mobilisierungseffekt
+	Beschäftigung durch Ansiedlungseffekt
+	Beschäftigung durch Existenzsicherungseffekt
+	Beschäftigungswachstum durch induzierten Wachstumseffekt
+	Beschäftigungswachstum durch Multiplikatoreffekte
+	Beschäftigungswachstum durch TGZ-induzierte Wachstumseffekte bei TGZ-externen Unternehmen
–	Beschäftigungsverluste durch Verdrängungseffekte
=	regionalwirtschaftlicher Nettobeschäftigungseffekt

Quelle: Eigene Darstellung.

Ausgehend von Schätzungen für die Höhe der einzelnen Effekte, Angaben über die tatsächliche Anzahl der Arbeitsplätze in TGZ-Unternehmen und Schätzungen bzw. konkrete Werte für den Verlagerungseffekt – der berücksichtigt, dass auch bereits bestehende Unternehmen aus der Region in das TGZ einziehen, wodurch Arbeitsplätze lediglich verlagert werden – ist versucht worden, den tatsächlichen regionalwirtschaftlichen Beschäftigungseffekt abzuschätzen.

Behrendt errechnet mit einem Multiplikatoreffekt von 1,5, einem Wachstumseffekt von 10% (d.h. ein um zehn Prozentpunkte höheres jährliches Beschäftigungswachstum), einem Verdrängungseffekt von 17,1% und einem Mobilisierungseffekt von maximal 20% einen Beschäftigungseffekt für alle west-

---

398 Siehe dazu Abschnitt 3.2.6.2.

deutschen TGZ bis Ende 1993 in Höhe von 5.672 Arbeitsplätzen.[400] Der Ansiedlungseffekt wird aufgrund der hohen Immobilität der Gründer als quantitativ unbedeutend eingestuft. *Pett* ermittelt anhand eines Multiplikatoreffekts von 1,5 und eines Mobilisierungseffekts in Höhe von 13,4% einen Beschäftigungseffekt von 2.625 Arbeitsplätzen für 76 westdeutsche TGZ bis 1990, wobei er keine induzierten Wachstumseffekte berücksichtigt.[401] Die Schätzung bezieht sich allerdings nur auf die aktuell in den Zentren befindlichen Unternehmen, durch die bereits ausgezogenen Unternehmen werden zusätzliche Beschäftigungseffekte bewirkt, die in dieser Berechnung nicht enthalten sind. Für die bis 1994 erfolgten 379 Auszüge schätzt *Seeger* den Gesamtbeschäftigungseffekt inklusive Multiplikatorwirkungen auf rund 8.130 Arbeitsplätze von denen wiederum ca. 5.840 auf die TGZ-Region entfallen.[402] Da Verdrängungs-, Mobilisierungs- (bzw. Mitnahme-) und nicht-induzierte Wachstumseffekte nicht berücksichtigt werden, überzeichnet die Schätzung den tatsächlichen Nettoeffekt. Für das 1985 gegründete Technologiezentrum Dortmund ermittelt *Klesse* unter Verwendung eines Multiplikators von 1,385 einen Beschäftigungseffekt bis zum Jahr 1990 in der Höhe von rund 890 Vollzeitarbeitsplätzen durch aktuell eingemietete und ausgezogene Unternehmen.[403] Für das 1986 eröffnete Bremer Technologiezentrum (BITZ) rechnen *Russ und Färber* unter Verwendung eines Multiplikators von 1,5 und einer Pendlerquote von 30% mit 717 bis 1995 geschaffenen Arbeitsplätzen durch aktuell eingemietete und ausgezogene Unternehmen im Raum Bremen.[404] Da die Autoren in beiden Fällen Mobilisierungs- und nicht-induzierte Wachstumseffekte nicht berücksichtigt, sind die tatsächlichen Beschäftigungseffekte deutlich niedriger zu veranschlagen. Neuere Auswertungen für das BITZ ergeben allerdings, dass die Mehrheit der neuen Arbeitsplätze nach dem Auszug außerhalb der TGZ-Region (d.h. des Landes Bremen) entsteht.[405] *Liefner* schätzt die Beschäftigungswirkungen aller niedersächsischen TGZ (15 Zentren) bis zum Jahr 2001 auf rund 10.200 Personen.[406] In die Schätzung gehen die Beschäftigten der aktuellen und der ausgezogenen TGZ-Unternehmen sowie deren Tochterunternehmen ein. Allerdings werden nur Bruttowerte betrachtet, d.h. Mitnahmeef-

399 Unter der Prämisse, dass TGZ zum Abbau von Arbeitslosigkeit in der Region beitragen sollen.
400 Vgl. Behrendt (1996), S. 194.
401 Vgl. Pett (1994), S. 237f.
402 Vgl. Seeger (1997), S. 147.
403 Vgl. Klesse (1992), S. 77.
404 Vgl. Russ und Färber (1996), S. 88.
405 Vgl. Sünner und Willms (2002), S. 4.
406 Vgl. Liefner (2002), S. 25.

fekte und nicht-induzierte Wachstumseffekte werden nicht berücksichtigt, Multiplikatoreffekte werden ebenfalls nicht einbezogen. Für 49 TGZ in NRW berechnen *Elle et al.* die Beschäftigungseffekte bis 1996 anhand eines pessimistischen und eines optimistischen Szenarios.[407] Das tatsächliche Ausmaß der Beschäftigungswirkungen sollte sich innerhalb dieses Spektrums befinden. Die Verwendung von Szenarien ist grundsätzlich positiv einzuschätzen, da dadurch den mannigfaltigen Erfassungsproblemen stärker Rechnung getragen wird. Da die Berechnung aber nach wie vor auf Hochrechungen und Schätzungen beruht, ist es auch denkbar, dass der tatsächliche Beschäftigungseffekt außerhalb des Spektrums liegt. Unter Berücksichtigung von Ansiedlungseffekten (19% bzw. 41%), Mobilisierungs- und induzierten Wachstumseffekten (9% bzw. 18%) sowie Multiplikatorwirkungen (Faktor 1,3 bzw. 1,5) ergibt sich ein Beschäftigungseffekt durch TGZ-Unternehmen, ausgezogene Unternehmen und TGZ-Beschäftigte, der zwischen 6.328 und 14.447 Arbeitsplätzen liegt. Einschränkend ist darauf hinzuweisen, dass für die ausgezogenen Unternehmen keine Werte vorlagen, so dass diese Beschäftigungseffekte allein aus der Anzahl der ausgezogenen Unternehmen und der durchschnittlichen Beschäftigungsgröße der entsprechenden TGZ-Unternehmen hochgerechnet wurde. Der hohe Ansiedlungseffekt, der deutlich über dem kombinierten Mobilisierungs- und Wachstumseffekt liegt, deutet zwar darauf hin, dass TGZ eine spürbare Attrahierungswirkung ausüben können und somit nicht nur auf die Aktivierung des endogenen Potenzials ausgerichtet sein müssen. Damit wird aber gleichzeitig die Gefahr eines interregionalen Verlagerungswettbewerbs bei einer hohen Zentrendichte offensichtlich.

Da diese Berechnungen in starkem Maß von Schätzwerten abhängen, die nur bedingt verlässlich bestimmt werden können (was auch durch die unterschiedlichen Werte, die in den einzelnen empirischen Beiträgen ermittelt werden, zum Ausdruck kommt), sollten entsprechende Beschäftigungszahlen sehr vorsichtig interpretiert werden. Insbesondere der induzierte Wachstumseffekt wird vielfach gar nicht oder nur als grober Schätzwert berücksichtigt. Ein überzeugender Quantifizierungsansatz liegt bisher nicht vor.[408] Ähnliches gilt auch

---

407 Vgl. Elle et al. (1997), S. 190ff, 193ff.

408 Elle et al. (1997) verwenden zwar einen differenzierten Ansatz, letztlich beruhen die Schätzungen aber ebenfalls nur auf Ad-hoc-Annahmen: Bei Unternehmen, die in der Befragung angaben, dass das TGZ auf die Unternehmensentwicklung einen „äußerst positiven Einfluss" genommen hat, wird im optimistischen Szenario eine Lenkungswirkung von 50% (d.h. die Hälfte der Beschäftigungsentwicklung ist auf das TGZ zurückzuführen), im pessimistischen Szenario von 25% unter-

für die Multiplikatorwirkungen. Die Erfassungsproblematik wird zudem noch durch die regionale Betrachtungsebene erschwert, da für die Bestimmung der Ansiedlungs-, Verdrängungs-, Multiplikator- und Verlagerungseffekte eine sinnvolle Regionsabgrenzung vorgenommen werden muss. Die Berücksichtigung des Ansiedlungseffekts verdeutlicht weiterhin, dass ein Teil der regionalwirtschaftlichen Beschäftigungseffekte aus gesamtwirtschaftlichem Blickwinkel nicht relevant ist. Solange diese Gründungen durch TGZ nur umgelenkt werden, bilden sie aus gesamtwirtschaftlicher Perspektive ein Nullsummenspiel. Nur Ansiedlungen aus dem Ausland würden daher einen Nettonutzen stiften. Lediglich unter dem Gesichtspunkt des gesamtwirtschaftlich orientierten regionalpolitischen Ausgleichsziels kann der Umlenkung von Unternehmensgründungen ein eigenständiger Nutzenaspekt zukommen. Weiterhin ist zu beachten, dass die TGZ-Unternehmen vielfach weitere Fördermaßnahmen in Anspruch nehmen, eine Trennung der Wirkungen der TGZ-Unterstützung von den Wirkungen der anderen Fördermaßnahmen aber im Rahmen der Studien nicht vorgenommen werden kann.[409] Eine Aufgabe des TGZ-Managements besteht gerade darin, die Unternehmen bei der Nutzung von Förderprogrammen zu beraten. Es ist damit nicht abschätzbar, ob die Beschäftigungsentwicklung bei den Unternehmen tatsächlich in erster Linie auf der TGZ-Unterstützung beruht, oder ob diese Effekte nicht auch auf die vermittelten Fördermittel zurückzuführen sind.

Qualitative Beschäftigungseffekte

Da die quantitativen Beschäftigungseffekte vor allem bei kurzfristig orientierter Betrachtung eher gering ausfallen, wird von den TGZ-Befürwortern verstärkt auf die qualitative Beschäftigungswirkung hingewiesen. TGZ tragen demnach dazu bei, das Humankapitalpotenzial in der Region zu erhalten, der Abwanderung von qualifizierten Arbeitskräften („brain drain") wird entgegengewirkt. Dieser Argumentationsstrang kann vor allem für die Begründung von TGZ in ländlichen Regionen herangezogen werden. Der Überblick in Tabelle 3.10 bestätigt, dass TGZ tatsächlich mehrheitlich qualitativ hochwertige Beschäftigungsverhältnisse schaffen. Der Akademikeranteil liegt zwischen 40% und 60%, während deutschlandweit nur rund 15% aller Erwerbstätigen über einen Univer-

stellt. Bei der Einstufung „positiver Einfluss" werden 25% bzw. 10% angesetzt. Für die Prozentwerte werden aber keine fundierten Begründungen angeführt, sie beruhen lediglich auf den subjektiven Annahmen und Einschätzungen der Forscher.

sitäts- oder Fachhochschulabschluss verfügen.[410] Die TGZ bewirken somit eher eine qualitative Verbesserung der regionalen Beschäftigungssituation als eine Entlastung des Arbeitsmarktes.[411]

Tabelle 3.10: Qualitative Beschäftigungseffekte

Studie	Ergebnisse
Behrendt (1996)	Akademikeranteil unter den Beschäftigten: 52,2%.
Elle et al. (1997)	Akademikeranteil unter den Beschäftigten: 54%.
Groß und Pleschak (1999)	Anteil FuE-Beschäftigter: 33% (1,6 Mitarbeiter pro Mieter).
Groß, Nyderle und Aßmann (2000)	Akademikeranteil unter den Beschäftigten: 54%.
Klesse (1992)	Akademikeranteil: 63% (nur Vollzeitbeschäftigte); 49% bei ausgezogenen Unternehmen; 54% der Akademiker haben in der Region studiert.
Liefner (2004)	Akademikeranteil: 39,1% ; Anteil FuE-Beschäftigter: 23,4%.
Seeger (1997)	Akademikeranteil: 55,6% bei Ein- und 52,8% bei Auszug.
Sternberg (1988)	Akademikeranteil: 44,2%.
Tamásy (1996)	Akademikeranteil (Hoch- und Fachschulabschluss): 86,4%.
Tappe (1993)	Akademikeranteil: 61%.

Quelle: Eigene Darstellung.[412]

3.2.6.2. Technologietransfer und regionale Vernetzung

Die Ausführungen dieses Abschnitts beschäftigen sich mit zwei die Kooperationsneigung der TGZ-Unternehmen betreffenden Aspekten. Zum einen wird die Zusammenarbeit der TGZ-Unternehmen untereinander überprüft. Durch die räumliche Nähe innerhalb des Zentrums soll die Kontaktwahrscheinlichkeit erhöht und Aufbau von Vertrauen erleichtert werden. Ziel ist Steigerung der Kooperationsneigung der Gründer zur Ausnutzung von Synergieeffekten und zur

409 Vgl. Elle et al. (1997), S. 177.
410 Vgl. dazu BMBF (2004), S. 111f.
411 Vgl. Seeger (1997), S. 148.
412 Für die Prozentangaben (bzw. die Berechnungsgrundlagen) vgl. Behrendt (1996), S. 195; Elle et al. (1997), S. 214; Groß und Pleschak (1999), S. 29; Groß, Nyderle und Aßmann (2000), S. 124; Klesse (1992), S. 53; Liefner (2004), S. 294, Seeger (1997), S. 108; Sternberg (1988), S. 220; Tamásy (1996), S. 135, 143; Tappe (1993), S. 88.

Förderung des Wissens- und Technologietransfers. Im Idealfall gelingt der Aufbau eines kleinen Innovationsnetzwerks, das TGZ bildet den Ausgangspunkt für die Entwicklung eines innovativen Milieus. Das tatsächliche Ausmaß an Kooperationen wird vor allem durch die Größe des Zentrums (quantitativer Effekt durch Steigerung der Anzahl potenzieller Kooperationspartner) und die Zusammensetzung der Mieter (qualitativer Effekt: die Alters- und Branchenstruktur bestimmt die Interessensübereinstimmung und damit das konkrete Kooperationspotenzial) bestimmt. Der Kooperationsbegriff umfasst den Informationsaustausch, die gegenseitige Hilfe, die Bearbeitung von Gemeinschaftsaufträgen und die gegenseitige Auftragsvergabe. Tendenziell ist der Anteil kooperationsinteressierter Unternehmen bei den Neugründungen höher, da diese nicht auf bestehende Kooperationsnetzwerke außerhalb des TGZ zurückgreifen können.[413] Gegen die Aufnahme von Kooperationen spricht vor allem die Gefahr von Know-how-Abflüssen und damit des Verlusts von Wettbewerbsvorsprüngen.

Der zweite Aspekt umfasst die regionale Vernetzung der TGZ-Unternehmen. Dazu zählen einerseits die Umsatzstrukturen und die Zuliefererverflechtungen. Die regionale Verflechtung wirkt sich damit auf die im vorherigen Abschnitt diskutierten Multiplikator- und Verdrängungseffekte und dadurch auf die Beschäftigungswirkung der TGZ-Unternehmen aus. Außerdem bildet sie eine wichtige Voraussetzung für die Umsetzung der TGZ-Zielsetzung der Diversifizierung und Modernisierung der regionalen Wirtschaftsstruktur. Zur regionalen Vernetzung zählen weiterhin die Kooperationsbeziehungen mit regionalen Hochschulen und Forschungseinrichtungen sowie mit anderen technologieorientierten Unternehmen der Region. Die enge Vernetzung der TGZ-Unternehmen mit den regionalen Innovationsakteuren ist für eine weitere zentrale Zielsetzung der TGZ-Konzeption, die Initiierung und Unterstützung von Innovationsprozessen durch die Förderung des Technologietransfers, erforderlich. Im Idealfall trägt das TGZ dazu bei, ein regionales Innovationssystem auf- oder auszubauen. Dazu muss das TGZ allerdings eine gewisse Mindestgröße und Technologieorientierung aufweisen sowie inhaltlich eng auf das bestehende regionale Innovationspotenzial abgestimmt sein.

Grundsätzlich wird die Kooperationsintensität durch die Mieterstruktur beeinflusst, häufigere Kooperationsbeziehungen sind dementsprechend bei homogeneren Branchen- und Technologiestrukturen zu erwarten. Die in Tabelle

---

413 Vgl. Behrendt (1996), S. 186.

3.11 zusammengefassten Auswertungen zeigen, dass ein nicht unerheblicher Anteil der TGZ-Unternehmen miteinander kooperiert. Problematisch ist allerdings, dass vielfach nicht zwischen echten Kooperationen und reiner Auftragsvergabe unterschieden wird.

Tabelle 3.11: Kooperations- und Geschäftsbeziehungen

Studie	Ergebnisse
Behrendt (1996)	50% der TGZ-Unternehmen kooperieren mit anderen Mietern; 38,3% kooperieren nicht, sind aber daran interessiert; 30,2% des Umsatzes der FuE-betreibenden Unternehmen entfällt auf die Region.
Dietzfelbinger, Hoffmann und Orlmann (1997)	56% kooperieren mit anderen TGZ-Un.; 37% kooperieren nicht, sind aber daran interessiert; unter den ausgezogenen Un. ist der Anteil der kooperierenden Un. geringer (ca. 51%), der Anteil der Kooperationsinteressierten ist höher (ca. 46%).
Klesse (1992)	7,1% der Umsätze werden in der Region (Stadtgebiet) erwirtschaftet; 24% der Vorleistungen werden aus der Region bezogen.
Groß, Nyderle und Aßmann (1998)	nur akademische Gründungen: 13% (17%) der Umsätze werden lokal (regional) erwirtschaftet, 52% (18%) bundesweit (international).
Pett (1994)	40% aller TGZ-Unternehmen beziehen Vorleistungen und Vorprodukte von wichtigen Zulieferern aus unmittelbarer Zentrumsnähe (< 50 km); knapp 30% aller TGZ-Un. haben ihren wichtigsten Kunden in unmittelbarer Zentrumsnähe.
Seeger (1997)	58,1% unterhalten Kontakte zu anderen TGZ-Unternehmen während des TGZ-Aufenthalts, 46,3% nach dem Auszug. Durchschnittl. 31,3% (24,5%) der Umsätze werden während des TGZ-Aufenthalts (nach dem Auszug) mit Kunden in der Region (30km Umkreis) erzielt, 10,6% (12,7%) im Ausland; durchschnittl. 41% (37,3%) der Vorleistungen werden von Zulieferern aus der Region bezogen.
Sternberg (1988)	40,8% vergeben Aufträge an andere TGZ-Unternehmen; 24% (14%) der Umsätze werden mit Kunden in der TGZ-Stadt (übrige Region) erzielt, 12% im Ausland.
Tamásy (1996)	72,4% der TGZ-Unternehmen kooperieren mit anderen Mietern, 18,8% kooperieren nicht, sind aber daran interessiert; durchschnittl. werden 39,2% der Umsätze mit Kunden in der Stadt bzw. der Region des TGZ erwirtschaftet, bei hochinnovativen Unternehmen ist der Anteil deutlich niedriger (<18%);

Quelle: Eigene Darstellung.[414]

[414] Für die Prozentangaben (bzw. die Berechnungsgrundlagen) vgl. Behrendt (1996), S. 185, 196f; Dietzfelbinger, Hoffmann und Orlmann (1997), S. 106f; Groß, Nyderle und Aßmann (1998),

Die Auswertungen von *Seeger* zeigen, dass viele Unternehmen auch nach dem Auszug weiter Kontakte zu anderen TGZ-Unternehmen – sowohl ebenfalls ausgezogenen als weiterhin im Zentrum befindliche – unterhalten.[415] Die im TGZ geschaffenen Kontakt- und Kooperationsnetzwerke weisen also eine erhebliche Stabilität auf, auch nach einem Standortwechsel können die Netzwerkbeziehungen aufrechterhalten werden. Gleichzeitig vertiefen sich die Netzwerkbeziehungen – während die Kontakte im TGZ mehrheitlich dem informellen Informationsaustausch dienen, wird die Auftragsvergabe nach dem Auszug zur wichtigeren Kontaktart. Dauerhafte Netzwerkbeziehungen werden vor allem mit langfristig FuE-betreibenden Unternehmen realisiert. Informationen über weitergehende Formen der Zusammenarbeit – z.B. echte Kooperationen wie gemeinsame Entwicklungsarbeiten – liegen allerdings nicht vor. Inwieweit die ermittelten Kontaktbeziehungen tatsächlich den Charakter eines echten Innovationsnetzwerks aufweisen, bleibt daher ungewiss.

In der Absatzstruktur ist eine zunehmende überregionale Orientierung bei zunehmendem Unternehmensalter erkennbar. Da technologieorientierte Unternehmen oft spezifische Produkte anbieten, reicht der regionale Markt zumeist nicht aus, um die Existenz des Unternehmens dauerhaft zu sichern. Ein wachsender überregionaler Umsatzanteil ist damit gleichzeitig ein Indikator für den Erfolg der Innovationen. Die Zulieferbeziehungen zeigen generell eine deutliche, auch nach dem Auszug fortbestehende regionalwirtschaftliche Verflechtung der TGZ-Unternehmen. *Behrendt* ermittelt für die westdeutschen TGZ, dass der auf die Region entfallende Umsatzanteil an Hightech-Standorten deutlich höher ausfällt als in ländlich-peripheren und altindustrialisierten Standorten.[416]

Um die Zielsetzungen der Initiierung und Unterstützung von Innovationsprozessen und der Intensivierung des Wissens- und Technologietransfers zu erfüllen, sollte das TGZ für eine Vernetzung der TGZ-Unternehmen mit regionalen FuE-Einrichtungen sorgen und Kontakte zu diesen Einrichtungen vermitteln. Tabelle 3.12 gibt einen Überblick über entsprechende Kontaktbeziehungen.

Die Kontakte dienen vor allem dem Informationsaustausch, in einigen Fällen auch der technologischen Zusammenarbeit und der Personalakquisition.

S. 133; Klesse (1992), S. 72; Pett (1994), S. 239; Seeger (1997), S. 127, 141; Sternberg (1988), S. 182, 226; Tamásy (1996), S. 158f, 161.

415 Vgl. dazu Seeger (1997), S. 127f.

416 Vgl. Behrendt (1996), S. 196f. Nach den Befunden von Seeger (1997, S. 143) wirkt sich eine hohe Innovativität der regionalen Industriestruktur zwar positiv auf die Höhe der regionalen Zuliefererverflechtungen aus, nicht aber auf die räumliche Verteilung der Kundenverflechtungen.

Die günstige Nutzung von Großgeräten wird dagegen kaum genannt. Die Hochschulen können als wichtigster Kontaktpartner der TGZ-Unternehmen identifiziert werden, was aufgrund der vielfach verfolgten Anbindungsstrategie (TGZ in unmittelbarer Hochschulnähe) und der Herkunft der Gründer (sehr viele Gründer verfügen über einen akademischen Abschluss, viele Gründer waren zuvor in einer Hochschule beschäftigt) nicht überraschend ist. Aber selbst zu diesem zentralen Innovationsakteur unterhält nur rund die Hälfte der von *Behrendt* befragten Unternehmen zumindest gelegentliche Kontakte. Auch bei einer weiteren Unterteilung der Mieter in FuE-betreibende und nicht forschende Unternehmen verbleibt ein nicht unerheblicher Anteil an FuE-betreibenden Unternehmen ohne Hochschulkontakte.[417]

Tabelle 3.12: Kontakte zu FuE-Einrichtungen

Studie	Ergebnisse
Behrendt (1996)	39,2% (22,8%/18,2%) der TGZ-Unternehmen unterhalten Kontakte mit Hochschulen (FuE-Abteilungen privater Unternehmen/Fachhochschulen) zum Informationsaustausch und 14,6% (23,8%/5,8%) zur Übernahme von Aufträgen.
Dietzfelbinger, Hoffmann und Orlmann (1997)	68% kooperieren mit Forschungseinrichtungen (ehemalige Mieter: 84%, aktuelle Mieter: 59%).
Klesse (1992)	88,2% unterhalten Kontakte zu Hochschulen und Forschungsinstituten.
Seeger (1997)	64,9% unterhalten gelegentliche bis häufige Kontakte zu Hochschulen, 47,7% zu Fachhochschulen, 42,1% zu FuE-Abteilungen von Unternehmen und 37% zu außeruniversitären Forschungseinrichtungen.
Sternberg (1988)	61% unterhalten Kontakte zu Hochschulen, 20,4% zu Fachhochschulen, 15,7% zu außeruniversitären FuE-Einrichtungen und 13,9% zu FuE-Abteilungen von Unternehmen.
Tamásy (1996)	52,6% unterhalten gelegentliche bis häufige Kontakte zu Hochschulen, 23,6% zu Fachhochschulen, 34,6% zu außeruniversitären Forschungseinrichtungen und 35,7% zu FuE-Abteilungen von Unternehmen.

Quelle: Eigene Darstellung.[418]

Der Anteil der Unternehmen mit Kontakten zu FuE-Einrichtungen fällt in der *Seeger*-Studie deutlich höher aus, lediglich 20,5% der Unternehmen unterhalten

[417] Vgl. Behrendt (1996), S. 200.

[418] Für die Prozentangaben (bzw. die Berechnungsgrundlagen) vgl. Behrendt (1996), S. 199; Klesse (1992), S. 64; Seeger (1997), S. 125; Sternberg (1988), S. 200; Tamásy (1996), S. 155.

keinerlei Kontakte. Die deutlichen Unterschiede zwischen der *Behrendt* und der *Seeger*-Studie sind etwas überraschend. Da sich letztere auf die Angaben ausgezogener Unternehmen stützt, stammen die befragten Unternehmen mehrheitlich aus Zentren in den alten Bundesländern, daher dürfte eine große Überschneidung mit den von *Behrendt* untersuchten westdeutschen TGZ bestehen, lediglich die jeweils erfasste Mietergeneration differiert, da *Behrendt* aktuell eingemietete Unternehmen befragt. Eine Intensivierung der Kontaktbeziehungen nach dem Auszug kann nicht für die Unterschiede verantwortlich gemacht werden, da die von *Seeger* befragten Unternehmen mehrheitlich angaben, seit dem Auszug ein annähernd gleich bleibendes Kontaktniveau zu unterhalten. Die Abweichungen sind möglicherweise auf Unterschiede im Alter – da *Behrendt* aktuelle Mieter befragt, sind die Unternehmen jünger – und in der Technologieorientierung zurückzuführen. Letzteres kann aufgrund der in den Studien angewendeten unterschiedlichen Verfahren zur Abgrenzung der Technologieorientierung nicht abschließend überprüft werden. Jedoch weist *Behrendt* auf die abnehmende Technologieorientierung der Mieter im Zeitablauf hin[419], so dass vermutet werden kann, dass die früheren TGZ-Unternehmen – die in stärkerem Maße durch die *Seeger*-Studie erfasst werden – stärker technologieorientiert ausgerichtet sind und daher in größerem Umfang mit Hochschulen Kontakte unterhalten. Für die ostdeutschen TGZ kann zumindest generell festgestellt werden, dass die innovativeren Unternehmen die Innovationsunterstützenden Dienstleistungen und Kontaktmöglichkeiten auch stärker in Anspruch nehmen.[420]

Der vielfach verfolgten Strategie TGZ an Hochschulstandorten zu errichten liegt die Vorstellung zugrunde, durch die räumliche Nähe die Kontaktanbahnung zu erleichtern (d.h. Abbau von Informationsproblemen bei der Suche nach geeigneten Kontaktpartnern und der Hemmschwellen bei der Kontaktaufnahme mit wissenschaftlichen Einrichtungen) und den Wissens- und Personaltransfer zwischen Hochschulen und Unternehmen zu erleichtern.[421] Demnach sollte die

---

419 Vgl. dazu Behrendt (1996), S. 143, 145, 155f.

420 Vgl. Pleschak (1995), S. 93f.

421 Die Fallstudien zum TZ Dortmund und zur Technologiefabrik Karlsruhe scheinen dies eindrucksvoll zu bestätigen. Nach den Auswertungen von Klesse (1992, S. 65f) unterhalten rund 85% der TGZ-Unternehmen Kontakte zu den Dortmunder Hochschulen, die nicht nur dem Informationsaustausch, sondern in nicht unwesentlichem Umfang auch der gegenseitigen Auftragsvergabe dienen. Die starke Inanspruchnahme der Hochschulen dürfte – neben der hohen Übereinstimmung der Technologieschwerpunkte der TGZ-Unternehmen mit der wissenschaftlichen Ausrichtung der Hochschulen – vor allem durch die Aufnahmekriterien, die eine Nutzung des „Standorts Universität“ vorsehen (Klesse 1992, S. 27), begründet sein. Die TGZ-Unternehmen der Technologiefabrik unterhalten vor allem Kontakte zur örtlichen Universität und Fachhochschule sowie weiteren

Kontaktintensität eng mit der räumlichen Distanz der Hochschulstandorte korrelieren. Die Befragungsergebnisse bestätigen diese Hypothese aber nur bedingt. Im peripher und hochschulfern gelegenen TGP Nordhorn unterhält tatsächlich nur eine Minderheit der Mieter gelegentliche Kontakte zu Hochschulen und Forschungseinrichtungen.[422] *Behrendt* und *Seeger* weisen aber darauf hin, dass abgesehen von der direkten Nachbarschaft zur Hochschule die Entfernung für die Kontakthäufigkeit keine wesentliche Rolle spielt.[423] Hier wäre weiterhin zu überprüfen, ob diese Kontakte in erster Linie auf frühere Beschäftigungs- und Ausbildungsverhältnisse zurückzuführen sind[424], oder ob tatsächlich der Aufbau neuer Netzwerkbeziehungen gelungen ist. Für die „Inkubatorhypothese" spricht, dass die Kontaktintensität zu FuE-Einrichtungen bei Unternehmen in TGZ an peripheren, kleinstädtischen und hochschulfernen Standorten deutlich schwächer ausgeprägt ist.[425] Obwohl die räumliche Entfernung keinen limitierenden Faktor darstellt, ist die FuE-Verflechtung hier geringer. Dies kann möglicherweise mit der Herkunft der Gründer erklärt werden. Wenn diese aus ihrer vorherigen Tätigkeit keine persönlichen Kontakte mitbringen, fällt es ihnen schwerer, neue Kontakte aufzubauen. Da an den ländlichen peripheren Standorten ein deutlich geringerer Anteil der Gründer aus FuE-Einrichtungen stammt (da diese Inkubatortypen an diesen Standorten seltener sind), sind entsprechende Kontaktnetzwerke seltener bereits vorhanden.

Für das Ausmaß der regionalen Verflechtung und der Kontaktbeziehungen der TGZ-Unternehmen ist es zudem von nicht unwesentlicher Bedeutung, ob das TGZ-Management selbst in entsprechende Kontaktnetzwerke eingebunden ist. Ist dies der Fall, wird die Kontaktaufnahme für die TGZ-Unternehmen erleichtert, sie können durch das TGZ-Management in bestehende Innovationsnetzwerke aufgenommen und integriert werden. Fehlt eine entsprechende Netzwerkunterstützung, muss der Gründer die geeigneten Kooperationspartner „auf eigene Faust" identifizieren. Aufgrund der starken zeitlichen Belastung während des Unternehmensaufbaus sowie der hohen Transaktionskosten zur Identifizierung geeigneter Kooperationspartner und zur Aufnahme in das Netzwerk greifen

---

Karlsruher Forschungseinrichtungen (vgl. Dietzfelbinger, Hoffmann und Orlmann 1997, S. 111). Diese stark ausgeprägte Regionalorientierung dürfte vor allem auf die komplementäre regionale Forschungsinfrastruktur sowie auf die Herkunft der Gründer zurückzuführen sein.

422 Vgl. Venerius (1995), S. 82.

423 Vgl. Behrendt (1996), S. 201; Seeger (1997), S. 126.

424 Für diese Hypothese spricht, dass der Anteil der Unternehmen mit Hochschulkontakten bei Spinoff Gründungen deutlich höher ausfällt (vgl. z.B. Behrendt 1996, S. 199).

425 Vgl. dazu Seeger (1997), S. 126.

Gründer zumeist auf bestehende soziale Netzwerke zurück und verzichten auf den Aufbau neuer Beziehungen.[426] Dementsprechend bildet die „aktive Netzwerkbildung“[427], d.h. das Vorhalten eines diversifizierten regionalen Kontaktnetzwerks und die Vermittlung von Netzwerkkontakten eine wichtige Aufgabe des TGZ-Managements. Auf diesen Aspekt wurde auch bereits im Zusammenhang mit der Erbringung der Beratungsleistungen hingewiesen.[428] Die Auswertungen von *Behrendt* zeigen allerdings, dass lediglich knapp zwei Drittel aller westdeutschen TGZ über häufige und regelmäßige Kontakte zur IHK oder Handwerkskammer, zu Technologietransfer- und Finanzierungsinstitutionen sowie zu anderen TGZ verfügen.[429] Eine engere Zusammenarbeit mit außeruniversitären Forschungseinrichtungen, KMU und Großunternehmen ist noch deutlich seltener zu verzeichnen. Zu vergleichbaren Ergebnissen kommt *Tamásy* für die ostdeutschen TGZ, dabei dienen die Kontakte zumeist dem informellen Erfahrungsaustausch, intensivere Kooperationen wie die Durchführung gemeinsamer Veranstaltungen und die Vermittlung von Beratungen werden – abgesehen von den Kontakten zu den IHK und den Technologieagenturen – nur von einer Minderheit der Zentren durchgeführt.[430] Zu positiveren Ergebnissen kommen *Groß und Pleschak* für acht TGZ in Thüringen, jeweils drei Viertel der TGZ unterhalten regelmäßige Kontakte mit Universitäten und Fachhochschulen, die Hälfte unterhält regelmäßige Kontakte mit den Technologietransferstellen der Universitäten.[431] Nach Erkenntnissen der *MINERVA-Studie* des ADT arbeiten vor allem Zentren in ländlichen Regionen nur selten mit Wissenschaftseinrichtungen zusammen[432], was zumeist auf die dürftige innovationsinfrastrukturelle Ausstattung dieser Regionen zurückzuführen ist. Ein möglicher Ansatzpunkt zur Steigerung der regionalen Vernetzung der TGZ-Unternehmen könnte daher in der besseren Vernetzung der TGZ selbst – insbesondere mit den Akteuren des regionalen Innovationssystems – bestehen. Tatsächlich nennen rund drei Viertel der im Rahmen einer ADT-Studie befragten TGZ-Leiter den Ausbau der Kooperation mit Forschungseinrichtungen als Schwerpunktaufgabe für die weitere Pro-

---

426 Steinkühler (1994, S. 230) zufolge ist die von ihm ermittelte niedrige Bewertung der Vermittlung von Hochschulkontakten möglicherweise darauf zurückzuführen, dass die Gründer die Hochschulkontakte selbst mitbringen.

427 Vgl. Leuninger (2003), S. 125.

428 Siehe dazu auch Abschnitt 3.1.3.

429 Vgl. dazu Behrendt (1996), S. 201f.

430 Vgl. Tamásy (1996), S. 102.

431 Vgl. Groß und Pleschak (1999), S. 49.

432 Vgl. Heukeroth et al. (2000), S. 107.

filierung der Zentren.[433] Da die Kontaktintensität der TGZ zu regionalen Akteuren in hohem Maße mit deren Einbindung als Träger korreliert[434], sollte dieser Aspekt auch bei der organisatorischen Ausgestaltung der TGZ berücksichtigt werden.

3.2.6.3. Entwicklung der TGZ-Unternehmen nach dem Auszug

Bislang wurden nach Angaben des ADT über 8.000 Unternehmen erfolgreich aus den Zentren ausgegründet.[435] Nach Erfahrungswerten des ADT weisen die meisten TGZ eine Inkubatorrate (d.h. jährliche Auszüge bezogen auf den Bestand) von 10-20% auf.[436] Bei einem durchschnittlichen Bestand von 32 Unternehmen pro Zentrum[437] sind demnach ca. drei bis sechs Auszüge pro Jahr zu erwarten. Da nur wenige Zentren mehr als 50 Unternehmen beherbergen, sind auch an den Standorten größerer Zentren nur geringfügig höhere Werte zu erwarten.

TGZ können nur dann die vorgegebenen Zielsetzungen erfüllen, wenn die Unternehmen auch nach dem Auszug aus dem TGZ in der Region verbleiben. Aufgrund der Brutkastenfunktion der TGZ sollten die wesentlichen Regionalentwicklungsimpulse erst nach dem Auszug erfolgen. Eine hohe Standorttreue der TGZ-Unternehmen ist daher wesentlich für die Entfaltung eines spürbaren und nachhaltigen Beitrags zur Regionalentwicklung. Um die Unternehmen in der TGZ-Region zu halten, werden TGZ vielfach an Technologieparks angebunden.[438] Ein Großteil der bisher zitierten Studien beschäftigt sich jedoch nicht weitergehend mit dem Aspekt des Auszugs. Neben dem geringen Durchschnittsalter der Zentren zum Befragungszeitpunkt – oft ist der Wechsel von der ersten zur zweiten Mietergeneration noch nicht abgeschlossen – sind vor allem Verfügbarkeitsprobleme für die Nichtberücksichtigung verantwortlich. Eine vollständige Erfassung und Befragung der ausgezogenen Unternehmen ist deutlich komplizierter als bei den aktuellen Mietern. Sie hängt zum einen davon ab, in-

---

433 Vgl. Groß (1997), S. 31.

434 Vgl. Behrendt und Seeger (1995), S. 17. Mitsch (2000, S. 183) weist darauf hin, dass TGZ in ausschließlich kommunaler Trägerschaft deutlich seltener mit Technologiegebern zusammenarbeiten als TGZ, die von mehreren öffentlich-rechtlichen Trägern oder in Public-Private-Partnership betrieben werden.

435 Vgl. ADT (2005).

436 Vgl. Groß (1997), S. 39.

437 Vgl. Heukeroth et al. (2000), S. 58.

wieweit die Zentrenmanager über den Verbleib ihrer ehemaligen Mieter informiert sind. Adress- und Namensänderungen, Fusionen und Verkäufe erschweren die Identifikation. Außerdem dürfte die Antwortbereitschaft geringer sein, insbesondere bei mittlerweile gescheiterten Unternehmen.

Tabelle 3.13: Standorttreue der ehemaligen TGZ-Unternehmen

Studie	Ergebnisse
Dietzfelbinger, Hoffmann und Orlmann (1997)	insgesamt 59 Auszüge; 85% verbleiben in der Region (5% Verbleib unbekannt).
Elle et al. (1997)	515 erfolgreiche Auszüge insgesamt (ohne liquidierte Unternehmen); 62% verbleiben in Stadt/Kreis, 13% in anderen Bereichen des IHK-Bezirks, nur 11% verlassen NRW.
Klesse (1992)	insgesamt 10 Auszüge; die 8 befragten Un. verbleiben allesamt im Stadtgebiet.
Liefner (2002)	ca. 260 Auszüge insgesamt; 68% verbleiben in der Region; 7,4% außerhalb der Region; bei 24,6% ist Standort nicht feststellbar (jeweils bezogen auf die Stichprobe).
Russ und Färber (1996)	insgesamt 52 Auszüge (inkl. Transfereinrichtungen); 21,2% verbleiben im Technologiepark, 21,2% in anderen benachbarten Einrichtungen, 21,2% in der übrigen Region, 23% haben mittlerweile den Geschäftsbetrieb eingestellt.
Seeger (1997)	379 erfolgreiche Auszüge von Existenzgründungen; 65% verbleiben in der TGZ-Stadt, 22,6% in der übrigen Region (bis 30 km Umkreis); (jeweils bezogen auf Grundgesamtheit; liquidierte Unternehmen werden nicht in der Grundgesamtheit berücksichtigt)
Steinkühler (1994)	Entfernung des heutigen Standorts zum TGZ beträgt durchschnittl. 16,9 km (Standardabweichung 33,24).
Sünner und Willms (2002)	insgesamt 119 Auszüge; davon 25% liquidiert und 13,5% nicht ermittelbar (unbekannt verzogen, fusioniert etc.); von den 72 noch existierenden Unternehmen verfügen 55 über einen Unternehmensstandort (87,3% im Land Bremen) und 17 über mehrere Standorte (88,2% mind. 1 Standort im Land Bremen).
Riedel, Scharr et al. (1999)	insgesamt 110 Auszüge (davon 77 Existenzgründungen), davon 18 Geschäftsaufgaben.

Quelle: Eigene Darstellung.[439]

438 Rund 38% der 1999 untersuchten ADT-Mietgliedszentren sind in einen Technologiepark untergebracht (vgl. Herr 2000, S. 57).

439 Für die Prozentangaben (bzw. die Berechnungsgrundlagen) vgl. Dietzfelbinger, Hoffmann und Orlmann (1997), S. 63, 73; Elle et al. (1997), S. 147; Klesse (1992), S. 43f; Liefner (2002), S. 47;

Mit Ausnahme der Arbeiten von *Seeger* und *Steinkühler* liegen daher bislang keine eine umfassenden Befragungen von ausgezogenen TGZ-Unternehmen vor. Andere Forschungsbeiträge geben allenfalls die Anzahl der bisherigen Auszüge an. Über deren Entwicklung (Beschäftigungswachstum, Liquidation, Innovationsverhalten, Kooperationen, Einbindung in regionale Innovationsnetzwerke) ist dagegen wenig bekannt, oftmals liegen nicht einmal exakte Informationen darüber vor, wie viele Unternehmen in der Region verbleiben. Einen Überblick über die bisherigen Erkenntnisse zur Standortwahl der TGZ-Unternehmen gibt Tabelle 3.13.

Die wenigen verfügbaren Ergebnisse deuten auf eine stark ausgeprägte Standorttreue der TGZ-Unternehmen hin, die überwiegende Mehrheit der Unternehmen verbleibt am TGZ-Standort oder zumindest innerhalb der Region, wobei Liefner allerdings keine Angaben zur Regionsabgrenzung macht. Die detaillierten Auswertungen von Seeger ergeben keine nennenswerten Unterschiede im Standortwahlverhalten bei hochinnovativen und wachstumsdynamischen Unternehmen.[440] Kleinere TGZ-Standorte, d.h. Städte mit weniger als 100.000 Einwohnern, sind in eher von einer Standortverlagerung betroffen, wobei davon aber vor allem das direkte Umland profitiert. Auch regionsexterne Gründer verbleiben mehrheitlich in der TGZ-Region, so dass ein echter Akquisitionserfolg konstatiert werden kann. Neben privaten Gründen und der Kenntnis der lokalen Wirtschaftseinrichtungen bilden vor allem die Verfügbarkeit von preiswerten und infrastrukturell gut erschlossenen Grundstücken und Gebäuden sowie eine gute Verkehrsanbindung die wesentlichen Einflussfaktoren der Standortwahl.[441] Durch ein vorhersehendes Flächenmanagement – z.B. durch ein kombiniertes TGZ-Technologiepark-Konzept – kann das Standortwahlverhalten also durchaus im Sinn der Träger beeinflusst werden.

Die Anbindung des TGZ an einen Technologiepark wirkt sich den Befunden von *Elle et al.* zufolge bedingt positiv aus.[442] Der Anteil der ausgezogenen Unternehmen mit einem Standort in unmittelbarer Nähe des TGZs ist zwar bei diesen Zentren tatsächlich etwas höher, auf der Ebene der Stadt bzw. des Kreises ist der Effekt aber schon nicht mehr spürbar. Aufgrund dieser Ergebnisse ist zu

---

Riedel, Scharr et al. (1999), S. 442; Russ und Färber (1996), S. 87; Seeger (1997), S. 54, 58; Steinkühler (1994), S. 268; Sünner und Willms (2002), S. 4f.

440 Vgl. im Folgenden Seeger (1997), S. 135.

441 Vgl. Seeger (1997), S. 138.

442 Vgl. Elle et al. (1997), S. 147.

erwarten, dass die TGZ-Region auch längerfristig von der Entwicklung der von ihr geförderten Unternehmen profitieren kann.

Der Auszug aus dem TGZ kann als einschneidendes Ereignis gewertet werden, schließlich können einige Leistungen nicht mehr oder nur noch zu höheren Kosten in Anspruch genommen werden, Kontakte und Kooperationsbeziehungen werden womöglich unterbrochen. Befürchtungen, wonach der Auszug erhebliche Probleme für die Unternehmen aufwerfen und deren Entwicklung oder sogar deren Existenz gefährden kann, haben sich nach bisherigen Erkenntnissen nicht erfüllt.[443] Ein Sondereinfluss des Auszugs auf die Entwicklung der jungen Unternehmen ist demnach nicht erkennbar. Die zeitliche Befristung scheint folglich ausreichend zu sein, um der Existenzsicherungsfunktion im Rahmen des Brutkastenprinzips gerecht zu werden. Als wesentliche mit dem Auszug verbundene Probleme werden die Standortfindung, Liquiditätsengpässe sowie Finanzierungsprobleme identifiziert.[444] Aus den identifizierten Problemlagen lässt sich ein Bedarf für weitere Unterstützung- und Vermittlungsleistungen ableiten. Rund die Hälfte der von *Steinkühler* befragten Unternehmen nennt Wachstum als den entscheidenden Auszugsgrund, mehr als die Hälfte der von *Seeger* befragten ehemaligen TGZ-Unternehmen nennt fehlende Expansionsmöglichkeiten als wichtigen Auszugsgrund.[445] Darunter befinden sich auch viele Unternehmen, die noch nicht das Ende der regulären Mietzeit erreicht haben. Diese Ergebnisse sprechen einerseits für die Wirksamkeit der Durchlauferhitzerfunktion, andererseits weisen sie auch auf die Problematik fehlender TGZ-interner Expansionsmöglichkeiten hin, d.h. ein häufig propagierter Vorteil der TGZ-Konzeption – die flexible Flächennutzung mit sukzessiven Erweiterungsmöglichkeiten – kommt in der Praxis häufig nicht zum Tragen. Grund hierfür sind möglicherweise Rentabilitätserwägungen – um zusätzliche Einnahme zu generieren werden Erweiterungsflächen nicht freigehalten, sondern an weitere Gründer vermietet.

Nachdem in den vorangegangenen Abschnitten festgestellt wurde, dass von den TGZ-Unternehmen während ihres Zentrumsaufenthalts nur begrenzte Beschäftigungseffekte zu erwarten sind und gleichzeitig die Erwartung geäußert wurde, dass die wesentlichen Entwicklungsimpulse erst nach dem Auszug ein-

---

443 Vgl. dazu Steinkühler (1994), S. 264ff.

444 Vgl. Seeger (1997), S. 89.

445 Vgl. Steinkühler (1994), S. 265; Seeger (1997), S. 85.

treten werden, wird abschließend die Beschäftigungsentwicklung der ehemaligen Mieter untersucht (Tabelle 3.14).

Tabelle 3.14: Beschäftigungsentwicklung nach dem Auszug aus dem TGZ

Studie	**Ergebnisse**
Klesse (1992)	Die 8 befragten Un. haben die Beschäftigung von 128 Mitarbeitern bei Auszug auf 244 zum Befragungszeitpunkt ausgebaut. Der Akademikeranteil sinkt leicht, der Tätigkeitsschwerpunkt verschiebt sich in Richtung Dienstleistung und Produktion.
Liefner (2004)	Die aus den Zentren Hannover und Braunschweig ausgezogenen Un. wachsen durchschnittl. um 2,9 Beschäftigte pro Jahr (davon 1,3 hochqualifizierte Mitarbeiter).
Seeger (1997)	Die durchschnittl. Beschäftigtenzahl steigt von 3,6 im Einzugsjahr über 8,9 im Auszugsjahr auf 10,1 (< 2 Jahre seit Auszug) und 22,6 (≥ 4 Jahre seit Auszug)[446]; Anteil kleiner Un. (≤ 10 Beschäftigte) sinkt von 97,4% (Einzug) über 71,1% (Auszug) auf 71,4% (2 Jahre) und 46,1% (4 Jahre)
Sünner und Willms (2002)	Die Gesamtbeschäftigung steigt von 228 Mitarbeitern (davon 172 Vollzeit) bei Einzug in das BITZ auf 740 (Vollzeit: 595) bei Auszug auf aktuell (Stand 2002) 2.517 (Vollzeit: 2.021), davon 1.211 im Land Bremen (435 im Technologiepark).

Quelle: Eigene Darstellung.[447]

Die Auswertungen von *Seeger* weisen auf eine durchweg positive Entwicklung der Unternehmen nach dem Auszug hin. Bezogen auf die allerdings geringe Anzahl an Unternehmen, die das TGZ vor mehr als vier Jahren verlassen haben, ist mindestens eine Verdopplung der Gesamtbeschäftigung zu erwarten. Das Beschäftigungswachstum ist der Beschäftigungsentwicklung von technologieorientierten Gründungen im Allgemeinen durchaus ebenbürtig, allerdings kann kein eindeutiger Entwicklungsvorsprung gegenüber nicht TGZ-geförderten technologieorientierten Gründungen festgestellt werden.[448] In Bezug auf die qualitativen Beschäftigungswirkungen, d.h. der Entwicklung der Anzahl der hochqualifizierten Mitarbeiter, können ebenfalls erfreuliche Ergebnisse konstatiert werden. Der Akademikeranteil steigt von 52,8% bei Auszug auf durchschnittlich 53,8% bei

446 Es ist zu beachten, dass diesen Werten keine Paneldatenauswertung zugrunde liegt. Es wurden lediglich Durchschnittswerte der jeweiligen Altersklassen berechnet, d.h. die Angaben beruhen auf einer abnehmenden Anzahl von Unternehmen.

447 Für die Prozentangaben vgl. Klesse (1992), S. 58f, 67; Liefner (2004), S. 295; Seeger (1997), S. 104; Sünner und Willms (2002), S. 4.

448 Vgl. dazu auch die in den Abschnitten 4.6.1 und 4.1.3.1 zitierten Studien.

allen ausgezogenen Unternehmen an, der Anteil der Unternehmen ohne Akademiker geht kontinuierlich zurück.[449] Die Auswertungen für das BITZ in Bremen zeigen allerdings, dass die Mehrheit der neuen Arbeitsplätze außerhalb der TGZ-Region entsteht.

Bei der Auswertung der Beschäftigungsentwicklung der TGZ-Unternehmen während ihres Aufenthalts in Abschnitt 3.2.6 wurde bereits auf das breite Spektrum von individuellen Unternehmensentwicklungsprozessen hingewiesen, dies gilt auch für die Entwicklung nach dem Auszug, d.h. neben schrumpfenden und stagnierenden Betrieben bauen einige wenige expansive Unternehmen ihre Beschäftigung stark aus. *Seeger* identifiziert dementsprechend vier Entwicklungstypen:[450]

- Typ A: Unternehmen mit durchgängig langsamer, stagnierender oder negativer Entwicklung (24,3%).
- Typ B: Im TGZ langsam oder gar nicht wachsende Unternehmen mit großem Wachstumspotenzial nach dem Auszug (15,8%).
- Typ C: Im TGZ stark expandierende Unternehmen mit Entwicklungsproblemen nach dem Auszug (17,1%).
- Typ D: Unternehmen mit kontinuierlich starkem Wachstum im TGZ und nach dem Auszug (42,8%).

In Bezug auf die geforderten Beiträge der TGZ-Konzeption zur Förderung der Regionalentwicklung sind insbesondere die Unternehmen des Typs B und D von Interesse, die immerhin annähernd 60% der Mieter stellen. Als problematisch sind vor allem die Unternehmen des Typs A einzustufen, bei rund einem Viertel aller TGZ-Unternehmen kann somit eine Zielverfehlung der TGZ-Konzeption unterstellt werden. Diese vermeintlich hohe Fehlerquote ist allerdings etwas zu revidieren, da dadurch nur die beschäftigungspolitischen Zielsetzungen eindeutig erfasst werden, während mögliche Beiträge zur Erfüllung der anderen Zielsetzungen wie z.B. Diversifizierung und Modernisierung der regionalen Wirtschaftsstruktur damit nicht automatisch ausgeschlossen sind. Die Bewertung des Typs C gestaltet sich etwas problematisch. So ist zu vermuten, dass bei diesen Unternehmen der Auszug aus dem TGZ – eventuell bedingt durch fehlende TGZ-interne Expansionsmöglichkeiten – zu früh erfolgt. Eventuell weisen die

449 Vgl. Seeger (1997), S. 108.

Unternehmenskonzepte dieser Gründungsprojekte auch Schwächen auf, die durch die Unterstützung des TGZ bislang kompensiert werden konnten und die nun nach dem Wegfallen der Unterstützung voll zum Tragen kommen. In diesem Fall wäre ebenfalls eine Zielverfehlung zu konstatieren.

3.2.7. Effizienzanalyse: die Wirtschaftlichkeit der Zentren

Als Grundlage für eine Effizienzbeurteilung des Instruments TGZ ist die Frage zu klären, inwieweit die Zentren kostendeckend arbeiten. Einer Umfrage des ADT zufolge arbeiten 21% der Zentren kostendeckend auf der Basis von Mieteinnahmen, 17% erreichen die Kostendeckung durch zusätzliche Erträge aus der Realisierung von Projektaufträgen, 40% erhalten infolge der Auf- bzw. Ausbauphase noch Zuschüsse, 23% erhalten generell Zuschüsse, die z.T. auf die Strukturschwäche der Region und die Übernahme von Aufgaben der regionalen Wirtschaftsförderung zurückzuführen sind.[451] Tendenziell haben TGZ in ländlichen Regionen größere Probleme, die Eigenwirtschaftlichkeit zu erreichen.[452] Auswertungen für TGZ in Nordrhein-Westfalen durch *Elle et al.* ergeben, dass diese im Durchschnitt nur 66% der betrieblichen Aufwendungen durch Umsatzerlöse (Mieteinnahmen etc.) decken können, nach dem Abzug von sonstigen betrieblichen Erträgen und Zuschüssen Dritter verbleibt ein durchschnittlicher operativer Jahresverlust in Höhe von 2% der betrieblichen Aufwendungen, der von den Trägern getragen werden muss.[453] Dabei verursachen die fokussierten Zentren (rein auf Gründung und Ansiedlung ausgerichtete TGZ) tendenziell größere Defizite als diversifizierte Zentren, die zusätzlich die Leistungsbereiche Schulung, Finanzierung, Technologie- und Standortförderung anbieten.

Auf der Basis der Errichtungskosten und des Zuschussbedarfs für die laufenden Kosten versuchen einige Autoren Wirtschaftlichkeitsrechnungen durchzuführen, indem die Belastungen dem Nutzen gegenübergestellt werden. Dies führt zu Kennzahlen wie dem Subventionsbetrag pro geschaffenem Arbeitsplatz, anhand derer dann die Effizienz der TGZ-Förderung mit der Effizienz anderer Fördermaßnahmen – beliebte aber kaum geeignete Referenzgrößen sind z.B. die Steinkohlesubventionen – verglichen wird. Durch den Effizienzvergleich sollen dann Aussagen über die Opportunitätskosten der TGZ-Förderung ermöglicht

---

[450] Vgl. Seeger (1997), S. 106f.
[451] Vgl. Groß (1997), S. 32.
[452] Vgl. Heukeroth et al. (2000), S. 107.

werden. Da sowohl die exakte Erfassung der Kosten als auch der Beschäftigungswirkungen mit erheblichen Problemen behaftet sind, sind diese Ansätze sehr spekulativ und werden daher an dieser Stelle nicht näher ausgeführt.

Einen umfassenderen Ansatz verfolgen *Russ und Färber* bei der regionalwirtschaftlichen Bewertung des BITZ in Bremen, der hier stellvertretend für andere Ansätze vorgestellt wird.[454] Sie stellen den kumulierten Kosten (Investitionskosten und laufende Betriebszuschüsse aus dem Landeshaushalt) den kumulierten fiskalischen Nutzen gegenüber und ermitteln, dass die kumulierten Erträge bereits ab dem 4. Betriebsjahr die kumulierten Kosten übersteigen. Zur Berechnung der fiskalischen Erträge werden anhand der geschaffenen Arbeitsplätze – unter Berücksichtigung des Multiplikatoreffekts und der Pendlerquote – die Vermeidung von Sozialhilfekosten und die Vermeidung von Steuerausfällen sowie zusätzliche Steuereinnahmen geschätzt. Dabei wird unterstellt, dass durch die geschaffenen Arbeitsplätze entweder in gleichem Umfang Arbeitslosigkeit abgebaut wird, wodurch Sozialhilfekosten eingespart werden oder in gleichem Umfang eine arbeitsmarktinduzierte Abwanderung von Einwohnern verhindert (bzw. eine Zuwanderung bewirkt) wird, wodurch aufgrund des einwohnerabhängigen Berechnungssystems des Länderfinanzausgleichs und der Bundesergänzungszuweisung Steuerausfälle vermieden bzw. zusätzliche Steuereinnahmen generiert werden. Weiterhin werden zusätzliche Gemeinde- und Landessteuereinnahmen aus der Einkommens-, Körperschafts- und Gewerbesteuer erfasst. Die hier skizzierte Berechnung weist allerdings einige Schwachpunkte auf. So werden z.B. Bruttobeschäftigungseffekte herangezogen, damit werden Mitnahmeeffekte nicht berücksichtigt und die Beschäftigungswirkung wird überzeichnet, wodurch die Berechnung der fiskalischen Erträge auf einer überhöhten Grundlage erfolgt. Zudem sind die Hypothesen bezüglich der Arbeitsmarktwirkungen fraglich, es kann sicherlich nicht unterstellt werden, dass alle Beschäftigten der TGZ-Unternehmen ohne diese Beschäftigung Sozialhilfe in Anspruch nehmen müssten oder das Land Bremen verlassen würden. Schließlich werden durch die Sonderstellung der Stadt Bremen als eigenständiges Bundesland und Nettoempfänger im System des Länderfinanzausgleichs Erträge generiert, die so in anderen vergleichbaren TGZ-Standorten nicht verfügbar sind.

---

453 Vgl. dazu Elle et al. (1997), S. 269ff.

454 Vgl. dazu Russ und Färber (1996), S. 86ff.

3.3. Technologie- und Gründerzentren als wirksames Instrument der Regionalentwicklung

3.3.1. Vorbemerkungen

Mit diesem abschließenden Abschnitt soll der Frage nachgegangen werden, inwieweit die TGZ-Konzeption ein wirksames Instrument der Regionalentwicklung bildet. In Abschnitt 2.1.3 wurden Technologie- und Gründerzentren als Instrument der Infrastrukturbereitstellung eingestuft. Tatsächlich vereint die TGZ-Konzeption aber mehrere Förderansätze in sich und bildet somit eine ganzheitliche Förderkonzeption. Das Instrument TGZ kann dabei in zwei idealtypische Grundformen und somit in zwei Teilinstrumente unterteilt werden, die unterschiedliche Elemente des gesamten Aufgabenspektrums der TGZ-Konzeption abdecken. Das Teilinstrument Gründerzentrum dient in erster Linie der Förderung von Existenzgründungen, ist also auf die Aktivierung des endogenen unternehmerischen Potenzials ausgerichtet. Das Teilinstrument Technologiezentrum ist dagegen primär auf die Innovationsförderung ausgerichtet, dient also der Aktivierung des regionalen Innovationspotenzials und der Entwicklung regionaler Innovationssysteme. In Abschnitt 3.1 wurde allerdings auch darauf hingewiesen, dass diese idealtypische Trennung in der praktischen Umsetzung der TGZ-Konzeption kaum durchgehalten wird, die meisten Zentren bilden daher eine Mischform aus den beiden Idealtypen. Aufbauend auf den Erkenntnissen der vorherigen Abschnitte – insbesondere der Zielgruppenanalyse in Abschnitt 3.2.3 – kann zwar grundsätzlich der Versuch unternommen werden, die einzelnen Zentren den beiden Grundtypen zuzuordnen. Entsprechende Versuche wurden, abgesehen von der Selbsteinstufung der Mitglieder des ADT, auf breiter Ebene bisher kaum vorgenommen. *Sternberg* ist mit seinem Versuch, die im Jahr 1986 untersuchten 31 westdeutschen TGZ eindeutig zu klassifizieren, wenig erfolgreich.[455] Einige Einrichtungen konnten zum damaligen Zeitpunkt – wohl auch aufgrund des geringen Alters – nicht eindeutig zugeordnet werden, wobei bei einzelnen Einrichtungen der grundsätzliche TGZ-Charakter in Frage gestellt wird. Auch wenn die meisten TGZ mittlerweile eine längere Betriebszeit aufweisen, dürfte eine eindeutige und endgültige Zuordnung vielfach problematisch bleiben, da die Einrichtungen im Zeitablauf mit den Veränderungen in der

---

455 Vgl. dazu Sternberg (1988), S. 207ff.

Träger- und Mieterstruktur und in der Einschätzung des regionalen Gründerpotenzials ihren Charakter ändern können.

Die mit der Errichtung von TGZ verbundenen Zielsetzungen – und damit auch die anzustrebenden Zielgruppen, die einzusetzenden Unterstützungsinstrumente und die anzulegenden Erfolgsmaßstäbe – differieren erheblich zwischen den einzelnen Zentren in Abhängigkeit von den jeweiligen regionalwirtschaftlichen Rahmenbedingungen. Dementsprechend unterscheiden sich die Erwartungshaltungen bezüglich der zu erfüllenden Funktionen und Ziele, die Ansatzpunkte für die Entfaltung der Wirkungsmechanismen sind unterschiedlich ausgeprägt. Da die TGZ nicht losgelöst von ihrem regionalen Umfeld agieren können, sondern vielmehr in dieses integriert werden sollen, ist es für die Erfolgsbeurteilung der TGZ erforderlich, auch die jeweiligen regionalwirtschaftlichen Rahmenbedingungen bei der Bewertung zu berücksichtigen (siehe Abbildung 3.4). Für den Erfolg von TGZ spielen daher die regionalen Wirtschaftsakteure, die als Träger von TGZ und als Kooperationspartner für TGZ und deren Unternehmen zur Verfügung stehen, sowie das regionale Gründerpotenzial eine wichtige Rolle. Ebenso von Bedeutung ist die regionale Innovationsinfrastruktur, d.h. die Ausstattung mit Forschungs-, Technologietransfer- und Beratungseinrichtungen und anderen innovativen Unternehmen. Eine eindeutige Klassifizierung anhand eines Rasterschemas, wonach bei bestimmten Standortvoraussetzungen (z.B. Gemeindegröße, Hochschulstandort, Raumkategorie, Branchenstruktur, Arbeitsmarkt etc.) per se ein bestimmter Zentrentyp bzw. eine bestimmte TGZ-Konzeption einzusetzen ist, erscheint angesichts des breiten Spektrums an regionalwirtschaftlichen Umfeldfaktoren wenig sinnvoll.[456] Vielmehr sollte die TGZ-Konzeption jeweils individuell an die spezifischen regionalwirtschaftlichen Rahmenbedingungen angepasst werden, was eine umfassende und intensive Standort- und Potenzialanalyse voraussetzt. Damit muss letztendlich immer im Einzelfall geprüft werden, inwieweit das fragliche Zentrum die vorgegebenen individuellen Zielsetzungen erfüllt.[457] Eine Generalbeurteilung

---

456 Mitsch (2000, S. 86f, 101ff) leitet beispielsweise anhand der Potenzialausstattung (gebildet aus dem Innovations- und dem Wirtschaftspotenzial) eines TGZ-Standorts unterschiedliche Strategietypen für die Zentrenkonzeption ab. Allerdings unterscheidet er nur die zwei Strategietypen „Inwertsetzung“ und „Kompensation“, was dem breiten Spektrum an regionalen Umfeldbedingungen sicherlich nicht gerecht wird.

457 Dies setzt natürlich voraus, dass die einzelnen Zentren tatsächlich über explizit ausformulierte und verbindliche Zielsysteme verfügen, was nicht bei jedem Zentrum der Fall ist. Die individuellen Zielsetzungen können dabei durchaus von dem in Abschnitt 3.1.2.1 vorgestellten Zielsystem abweichen.

für alle deutschen TGZ ist daher nur bedingt hilfreich für die Ableitung von Politikempfehlungen. Daher erscheint es auch nur bedingt sinnvoll, einen generellen Kriterien- und Indikatorenkatalog aufzustellen, der für die Erfolgsbewertung aller TGZ gleichermaßen angewendet wird.

In den folgenden Abschnitten wird nun die prinzipielle Eignung der TGZ-Konzeption als Instrument der Regionalentwicklung überprüft. Als Grundvoraussetzung hierfür ist es erforderlich, dass die TGZ bei der praktischen Umsetzung der Konzeption die vorgegebenen Zielsetzungen erfüllen. Daher wird zuerst die Erfüllung der Zielsetzungen der TGZ-Konzeption (von denen anzunehmen ist, dass sie für alle TGZ zumindest mit einer gewissen Intensität verbindlich sind) anhand der in den vorherigen Abschnitten referierten empirischen Erkenntnisse überprüft. Da aufgrund der hierarchischen Stellung der Oberziele innerhalb des Zielsystems die Beurteilung von Kausalitäten bei diesen oftmals schwer fällt, ist auch eine Wirkungsüberprüfung von hierarchisch tiefer stehenden Unterzielen erforderlich.[458] Daher werden im Folgenden zuerst die Erfüllung der drei zentralen Zielsetzungen und danach die Erfüllung der fünf Oberziele beurteilt. Anschließend wird die TGZ-Konzeption mit den Zielsetzungen der Regionalpolitik und der kommunalen Wirtschaftsförderung abgeglichen. Abschließend wird untersucht, inwieweit die TGZ-Konzeption in die Strategieansätze der Regionalentwicklung integriert werden kann.

Aufgrund der Datenverfügbarkeit und des für diese Arbeit gewählten Ansatzes – mit der Entscheidung für eine Literaturauswertung anstelle eines Fallstudienansatzes – kann die oben empfohlene TGZ-individuelle Bewertung hier nicht durchgeführt werden. Stattdessen erfolgt eine aggregierte Bewertung, die auf den zumeist mehrere TGZ umfassenden Auswertungen empirischer Studien beruht, wobei jeweils auf regionstypenspezifische Besonderheiten und die Frage der Verallgemeinerungsfähigkeit von Ergebnissen eingegangen wird.

---

[458] Vgl. dazu die Darstellung des Zielsystems in Abschnitt 3.1.2.1.

3.3.2. Die Zielerfüllung der TGZ-Konzeption

3.3.2.1. Die zentralen Zielsetzungen der TGZ-Konzeption

Initiierung von (innovativen und technologieorientierten) Unternehmensgründungen.

Der Initiierungserfolg von TGZ fällt ziemlich schwach aus. Die in Abschnitt 3.2.5 referierten Befragungsergebnisse ergeben übereinstimmend, dass lediglich zwischen 10% und maximal 20% der Unternehmensgründungen durch TGZ initiiert werden, die überwiegende Mehrheit der Unternehmen wäre auch ohne deren Existenz gegründet worden, zum Teil allerdings nicht in der TGZ-Region. Dementsprechend muss hier eine deutliche Zielverfehlung bei einem hohen Mitnahmepotenzial konstatiert werden. Lediglich bei zuvor in öffentlichen Forschungseinrichtungen beschäftigten Gründern ist der Initiierungseffekt stärker ausgeprägt[459], damit erreichen TGZ zumindest bei einem ihrer wichtigsten Zielgruppensegmente einen überdurchschnittlichen Initiierungserfolg. Die vorliegenden Auswertungen ermöglichen keine tiefer gehende Analyse der Motivierungswirkung, es liegen keine Belege vor, ob die TGZ in erster Linie die Gründungsneigung (bisher nicht gründungsinteressierte Personen werden zur Entscheidung für die Selbstständigkeit motiviert) oder die Gründungsfähigkeit (bereits gründungsinteressierte Personen werden zur Unternehmensgründung befähigt) steigern. Zwar wird in einigen Studien eine Befragung der Gründer nach ihren Standortwahlentscheidung durchgeführt[460], diese sind aber zumeist sehr oberflächlich gehalten, so dass hier kaum Erkenntnisse über die tatsächliche Wirkungsweise abgeleitet werden können. Die vielfältigen Einflussgrößen und Bestimmungsfaktoren von Unternehmensgründungen werden somit kaum berücksichtigt. Demnach kann nicht beurteilt werden, inwieweit das Instrument TGZ mit den einzelnen Gründungsdeterminanten interagiert bzw. inwieweit es auf diese überhaupt Einfluss nehmen kann. Entsprechende Erkenntnisse sind aber unerlässlich, um die Initiierungs- und Motivierungswirkungen von TGZ fundiert beurteilen zu können.

---

[459] Vgl. Elle et al. (1997), S. 160; Pett (1994), S. 195.

[460] Vgl. z.B. Hahne (1992), S. 65f; Sternberg et al. (1997), S. 66ff.

Unterstützung der Überlebensfähigkeit und der Entwicklung von neugegründeten und jungen (innovativen und technologieorientierten) Unternehmen.

Die Unterstützungsleistungen der TGZ sollen einen Beitrag zur Überwindung der Existenz gefährdenden Probleme und der Entwicklungshemmnisse leisten und damit die Überlebens- und Entwicklungsfähigkeit der Unternehmensgründungen steigern. Die ermittelten Ausfallraten fallen zwar generell erfreulich niedrig aus (Tabelle 3.7), sind jedoch aufgrund der Erhebungszeitpunkte nur bedingt aussagekräftig. Verlässliche Erkenntnisse über die längerfristige Entwicklung der Ausfallraten – insbesondere auch nach dem Auszug – liegen kaum vor. Außerdem liegen keine überzeugenden Schätzungen des tatsächlichen Mehrwerts vor, d.h. es gilt nachzuweisen, dass die TGZ-geförderten Unternehmensgründungen ein niedrigeres Liquidationsrisiko aufweisen als vergleichbare, nicht geförderte Gründungen und dass dies auf die unterstützenden Leistungen der TGZ und nicht nur auf deren Selektionsstrategien zurückzuführen ist. Der Nachweis entsprechender Nettoeffekte ist allerdings stark abhängig von der herangezogenen Vergleichsgruppe, eine objektive Bestätigung ist damit kaum möglich. Eine gewisse Bestätigung bietet der – allerdings rein subjektiv erfasste – Existenzsicherungseffekt (Tabelle 3.8). Demnach gibt rund ein Viertel der Gründer an, ohne die Unterstützung durch das TGZ (womöglich) nicht überlebensfähig zu sein. Damit kann zumindest ein bedingter Erfolg bei der Sicherung der Überlebensfähigkeit festgestellt werden.

Die in Abschnitt 3.2.6 referierten durchschnittlichen jährlichen Wachstumsraten von 20% bis über 40% bei TGZ-Unternehmen sprechen auf den ersten Blick für einen beachtlichen Entwicklungseffekt der TGZ-Konzeption. Wie bei der Beurteilung der Unterstützung der Überlebensfähigkeit ist aber auch hier die Frage nach dem Mehrwert relevant und bisher nicht zufrieden stellend beantwortet. Der Nachweis einer besseren Entwicklung der TGZ-Unternehmen im Vergleich zu nicht geförderten technologieorientierten Unternehmensgründungen und die Bestätigung eines Beitrags der TGZ-Leistungen zu diesem Nettoeffekt ist erforderlich, um einen Beitrag der TGZ zur Entwicklung von Gründungen konstatieren zu können. Je nach gewählter Referenzgruppe kann ein entsprechender Beitrag nachgewiesen oder abgelehnt werden.

Der Entwicklungsbeitrag der TGZ-Konzeption beruht auf dem gezielten Abbau der Entwicklungshemmnisse, denen die jungen Unternehmen ausgesetzt sind. Für die Beurteilung der Zielerfüllung ist damit die Nutzung und Bewertung der Angebote des Leistungsspektrums relevant. Wie in Abschnitt 3.2.4 erläutert, zeigen die meisten Studien übereinstimmend eine rege Nutzung und positive Beurteilung der Infrastruktur- und Serviceleistungen, während die Beratungsleistungen deutlich seltener in Anspruch genommen und zudem als weniger bedeutend eingestuft werden. Die Kostenentlastung wird als wichtigstes Motiv für den Einzug in ein TGZ identifiziert. Damit scheint der Beitrag der TGZ zur Förderung der Unternehmensentwicklung in erster Linie an den Finanzierungsproblemen anzusetzen. Zum Abbau anderer Problemkomplexe wie der Produktentwicklung, der Markterschließung sowie der betriebswirtschaftlich-kaufmännischen Kompetenzdefizite scheinen die TGZ einen geringeren Beitrag zu leisten, wobei nicht eindeutig geklärt werden kann, ob dies auf das unzureichende Angebot der Zentren, das mangelnde Problembewusstsein der Gründer oder auf nicht zutreffende Annahmen (und damit auf theoriebasierten bzw. Theoriedefizit bedingten Konzeptionsfehlern) zurückzuführen ist. Wie berichtet gelingt *Steinkühler* ein Nachweis der Erfolgswirksamkeit der TGZ-Unterstützung, wobei die „besseren" Gründer die TGZ-Leistungen auch besser zu nutzen verstehen. Anscheinend nehmen gerade die kompetenteren Gründer, die eigentlich weniger Beratung benötigten, die Beratungsleistungen eher in Anspruch.[461] Damit kann nur ein bedingter Entwicklungsbeitrag der TGZ festgestellt werden, da eine aktive und aufgeschlossene Haltung der Unternehmer letztlich den Unterstützungserfolg der TGZ bedingt. Die Befunde verdeutlichen damit auch die bereits angesprochene kombinierte Wirkungsweise der Erfolgsfaktoren (siehe Abbildung 3.4). *Steinkühler* weist zudem darauf hin, dass ein deutlicher Anteil des Erfolgs auf Selektionseffekte zurückzuführen ist, d.h. die TGZ steuern durch entsprechende Aufnahmekriterien den späteren Erfolg ihrer Mieter. Die Erfolgswirksamkeit der TGZ-Konzeption trägt damit teilweise den Charakter einer „Self-fullfilling-prophecy". Wie berichtet ermittelt *Seeger* keine statistisch signifikanten Einflüsse der TGZ-Konzeption auf die Überlebens- und nur bedingte Einflüsse auf die Wachstumsfähigkeit der TGZ-Unternehmen. Somit kann grundsätzlich zumindest ein gewisser Beitrag der TGZ-Konzeption zur Unterstützung der Entwicklung von Gründungsunternehmen festgestellt werden. Es bestehen jedoch noch Defizite in der Erfassung der tatsächlichen Wirkungsmechanismen. Somit besteht ein Bedarf nach einer weiteren theoriegeleiteten und empirisch gestützten Fundierung der Entwicklungshemmnisse und -faktoren von Gründungen.

---

[461] Vgl. Heukeroth et al. (2000), S. 94f.

Initiierung und Unterstützung von Innovationsprozessen.

Bevor der Beitrag der TGZ zur Initiierung und Unterstützung von Innovationsprozessen untersucht wird, ist zuerst die fundamentale Frage nach der grundsätzlichen Eignung des der TGZ-Konzeption zugrunde liegenden linearen Innovationsmodells zu erörtern. Das lineare Innovationsmodell modelliert Innovationen als Ergebnis einer linearen Abfolge von Grundlagenforschung, angewandter Forschung, Produktentwicklung, Markteinführung und Diffusion.[462] Dabei wird eine strikte Arbeitsteilung unterstellt, bei der die Wissenschaft für die Grundlagenforschung zuständig ist und somit die grundlegenden Neuerungen anstößt, worauf die Unternehmen die Innovationsansätze aufnehmen und dann durch eigene Forschung und vor allem Entwicklungsarbeiten zur Marktreife weiterentwickeln. Es wird unterstellt, dass sich der Innovationsprozess nur in eine Richtung – entlang einer „Innovationswertschöpfungskette" – weiterentwickelt. Eine Behinderung des technischen Fortschritts entsteht dann, wenn die dieser Entwicklungsprozess an einer Stelle unterbrochen wird oder zumindest nicht reibungslos funktioniert, d.h. der Wissenschaftssektor produziert Innovationsansätze, die dann nicht weitergenutzt werden, es entsteht eine „Technologiehalde". Mittels Technologietransferförderung versucht der Staat dafür zu sorgen, dass diese Lücken oder Engpassstellen abgebaut und der technologische Fortschritt und damit das Wirtschaftswachstum beschleunigt werden. Die TGZ übernehmen nach dieser Vorstellung eine „Scharnierfunktion" zwischen Wissenschaft und Wirtschaft.[463] Diese lineare Sichtweise kommt besonders deutlich in der Zielsetzung der Unterstützung des personengebundenen Technologietransfers zum Ausdruck. Demnach bilden Spin-off Gründungen durch Wissenschaftler eine der primären Zielgruppen der TGZ-Konzeption, da durch diese eine Umwandlung von innovationsrelevantem technologischen Know-how in vermarktungsfähige Innovationen vollzogen wird, wobei die TGZ diesen Übergang unterstützen und im Idealfall überhaupt erst ermöglichen. Allerdings gilt das lineare Innovationsmodell gemeinhin als zu stark vereinfachend und nicht mehr zeitgemäß. Es wurde daher als Referenzmodell durch das in Abschnitt 2.2.3.20 beschriebene interaktive Innovationsmodell weitgehend abgelöst. Die TGZ-Konzeption beruht damit auf einem nicht realistischen Verständnis des Technologietransfers und der Innovationsprozesse, was eine geringe Wirkungsfähigkeit

---

462 Vgl. z.B. Tidelski (2002), S. 23f sowie Abschnitt 2.2.3.2.
463 Vgl. dazu Habersam et al. (1994), S. 97.

und letztlich eine Zielverfehlung der TGZ-Konzeption bedingen kann, da diese an den tatsächlichen Abläufen und Wirkungszusammenhängen vorbeigeht.[464]

Eine prinzipielle Ablehnung der TGZ-Konzeption als wirksames Instrument zur Förderung der Innovationsleistungen einer Region ist jedoch nicht angebracht. Die TGZ-Konzeption kann durchaus auch kompatibel zu den interaktiven und rekursiven Innovationsmodellen ausgestaltet werden. In diesem Fall sorgen die TGZ für eine umfassende Einbindung der geförderten Gründungen in die regionalen Wirtschaftskreisläufe und Innovationsnetzwerke und tragen zu einer breit angelegten Vernetzung aller Innovationsakteure bei. Eine entsprechend umfassende Vernetzung heterogener Innovationsakteure wird durch den Auf- und Ausbau von Innovationssystemen und innovativen Milieus (Abschnitt 2.2.3.2) ermöglicht. Entscheidendes Kriterium für die Existenz eines innovativen Milieus sind kollektive Lernprozesse der Milieuakteure, also eben gerade das Ablaufen von interaktiven innovationsbezogenen Prozessen mit der Einbindung vieler unterschiedlicher Innovationsakteure. Damit ist die Aufnahme und Unterstützung von technologieorientierten Gründungen – möglichst in Form von Ausgründungen aus Forschungseinrichtungen – durch TGZ alleine nicht ausreichend für die Beurteilung der Wirksamkeit der TGZ-Konzeption, entscheidend ist vielmehr der zusätzliche Vernetzungsbeitrag der Zentren.

Wie zuvor bei der Beurteilung der anderen Zielsetzungen, bestehen auch hier erhebliche Probleme, den Beitrag der TGZ zur Erfüllung der Zielsetzung „Initiierung und Unterstützung von Innovationsprozessen" exakt zu bestimmen. Die Erfassung aller Innovationsleistungen in den TGZ oder der erfolgreich umgesetzten Innovationen durch TGZ-Unternehmen überzeichnet den Beitrag der TGZ bei weitem. Dem bereits mehrfach angesprochenen Mehrwertprinzip folgend, dürfen nur die Innovationen der durch das TGZ initiierten Gründungen sowie der durch das TGZ in ihrer Existenz gesicherten Unternehmen berücksichtigt werden. Bei allen anderen TGZ-Unternehmen ist der Nachweis zu erbringen, dass der Innovationsprozess ohne die TGZ-Unterstützung nicht, nur zeitlich verzögert oder nur unter erheblichen Schwierigkeiten realisierbar gewesen wäre. Entsprechende Auswertungen liegen allerdings nicht vor. Die Beurteilung der Zielerfüllung muss sich daher wieder auf Hilfsindikatoren stützen. Als notwendige Bedingung für die Umsetzung der Zielsetzung ist eine ausreichende Anzahl von technologieorientierten Gründungen in den Zentren erforderlich.

464 Vgl. Habersam et al. (1994), S. 68ff.

Der Anteil der technologieorientierten bzw. innovativen Unternehmen bewegt sich nach den Auswertungen der diversen Studien in einem Spektrum zwischen 45% und 75% (Tabelle 3.4), womit zumindest ein nicht unerheblicher Anteil der Mieter grundsätzlich als Nutznießer des Technologietransfers und für die Einbindung in Innovationsnetzwerke geeignet ist. Als bedenklich einzustufen ist allerdings der von einzelnen Autoren ermittelte Rückgang der Technologieorientierung der Mieter im Zeitablauf. Der Anteil der zuvor in Forschungseinrichtungen beschäftigten Gründer gibt einen weiteren Hinweis auf die Wirksamkeit des Technologietransfers. Der personengebundene Technologietransfer (Personaltransfer und Spin-off Gründungen) kann als eine der effizientesten Transferformen eingestuft werden, da eine direkte Übertragung des in Personen gebundenen Wissens erfolgt. Damit wird insbesondere die Übertragung und Nutzung impliziten Wissens erleichtert. Zwischen einem Viertel und einem Drittel aller Gründer war zuvor in Hochschulen und sonstigen Forschungseinrichtungen beschäftigt. Bei diesen kann vermutet werden, dass die Gründung (auch) mit der Zielsetzung erfolgte, in der Inkubatororganisation erworbenes technologisches Wissen und entstandene Ideen im eigenen Unternehmen zu marktreifen Produkten weiterzuentwickeln. Zwar sind auch bei zuvor in Unternehmen beschäftigten Gründern entsprechende Zusammenhänge denkbar – schließlich haben Innovationsprozesse nicht zwangsläufig ihren Ausgangspunkt in der wissenschaftlichen Forschung – es liegen jedoch zumeist keine Angaben über deren vorherige Tätigkeit vor, so dass eine Beurteilung der Technologietransferwirkung erschwert wird. Allerdings ist zu beachten, dass dieser lineare Transferprozess – wie eingangs kritisiert – die tatsächlichen Innovationsprozesse eben nicht realistisch widerspiegelt.

Zusätzlich zur Existenz einer ausreichenden Anzahl an technologieorientierten Unternehmen ist daher deren tatsächliche Vernetzung als hinreichende Bedingung für die Zielerfüllung erforderlich. Hierbei ist zum einen die Vernetzung der TGZ-Unternehmen untereinander relevant.[465] Durch die räumliche Nähe soll die Kontaktaufnahme und der Aufbau von Vertrauensverhältnissen erleichtert werden, durch die gezielte Auswahl von in denselben Technologiebereichen tätigen Mietern sollen Synergiepotenziale erschlossen werden. Dadurch

[465] In Abschnitt 2.2.3.2 wurde darauf hingewiesen, dass der Aufbau von (Innovations-)Netzwerken mit einem erheblichen, gerade für kleine Unternehmen prohibitiv hohen Aufwand verbunden ist, woraus der Bedarf nach öffentlicher Unterstützung beim Netzwerkaufbau abgeleitet werden kann.

sollen FuE-Kooperationen initiiert und der Wissens- und Technologietransfer verbessert werden. Zwar kooperieren zwischen 40% und 70% der TGZ-Unternehmen mit anderen Mietern, allerdings liegen keine Angaben darüber vor, inwieweit sich diese Zusammenarbeit auf FuE-Tätigkeiten bezieht. Außerdem sagen die Ergebnisse nichts darüber aus, inwieweit das TGZ tatsächlich einen Beitrag zum Aufbau dieser Kontakte geleistet hat, ob also ein echter Mehrwert geschaffen wurde. So weisen *Habersam et al.* darauf hin, dass sich die Kooperationsintensität in den Zentren in Nordrhein-Westfalen nicht signifikant vom Umfeld abhebt, was z.T. darauf zurückzuführen ist, dass die Unternehmen vor dem Einzug keine detaillierten Kenntnisse über die Geschäftsbereiche der anderen Mietern haben und nicht am Entscheidungsprozess bei der Aufnahme neuer Mieter beteiligt sind.[466] Das Vernetzungs- und Transferpotenzial wird damit in erster Linie von der Größe der Zentren und der sektoral-technologischen Mieterstruktur sowie durch die entsprechenden Anstrengungen des Zentrumsmanagements bestimmt. Neben der Vernetzung der TGZ-Unternehmen untereinander ist vor allem deren Vernetzung mit FuE-Institutionen und FuE-betreibenden Unternehmen relevant. Zwar zeigen die Erhebungen dass die TGZ-Unternehmen mehrheitlich Kontakte zu Hochschulen, Fachhochschulen, sonstigen Forschungseinrichtungen und forschenden Unternehmen unterhalten (Tabelle 3.12), diese Kontakte dienen aber oftmals nur dem Informationsaustausch. Es ist davon auszugehen, dass lediglich ein Teil dieser Kontakte eine Intensität aufweist, die einen effektiven Technologietransfer ermöglicht. Zudem ist zu vermuten, dass ein nicht unerheblicher Teil der Kontakte zu Hochschulen und sonstigen Forschungseinrichtungen auf bereits bestehenden Beziehungen aus der früheren Tätigkeit der Gründer beruhen. Dieser Umstand sowie die Tatsache, dass einige TGZ selbst keine oder nur sporadische Kontakte zu Hochschulen und sonstigen Forschungseinrichtungen unterhalten, spricht dafür, dass der Beitrag der TGZ zur Vernetzung der Innovationsakteure, zur Netzwerkinitiierung und zur Förderung des Technologietransfers nicht überbewertet werden darf.

Da nahezu keine Aussagen über die Mobilisierungswirkung unter den technologieorientierten Gründungen und den zuvor in Forschungseinrichtungen

---

TGZ können nach dieser Argumentationslinie als Instrument zur Initiierung von Innovationsnetzwerken zwischen jungen und kleinen Technologieunternehmen eingestuft werden.

466 Vgl. Habersam et al. (1994), S. 123.

tätigen Gründern vorliegen[467] und da die Entstehung der FuE-Kooperationen und der innovationsbezogenen Kontaktnetzwerke nicht weitergehend analysiert wird, kann der tatsächliche Beitrag der TGZ letztlich nicht korrekt erfasst werden. Ein möglicher Ansatz zur Ermittlung der Wirksamkeit der TGZ besteht im Vergleich der innovationsrelevanten Kontaktbeziehungen von TGZ-Unternehmen mit denen vergleichbarer, nicht geförderter technologieorientierter Unternehmensgründungen. Eine höhere Kontaktintensität bei TGZ-Unternehmen spräche dann für die Wirksamkeit der TGZ. Da die Referenzgruppen aus denselben Regionen stammen sollten, liegen entsprechende Vergleichswerte bisher nicht vor. Einen weiteren Hinweis auf die Wirksamkeit der TGZ kann die Befragung der Mieter zur Nutzung und Beurteilung der TGZ-Leistungen im Bereich Kontaktvermittlung und Technologietransfer erbringen. Zwar geben die meisten Zentren an, Technologieberatungsleistungen – durch das TGZ-Management oder in Zusammenarbeit mit externen Kooperationspartnern – anzubieten[468], der Aspekt ist in den meisten Befragungen jedoch sehr allgemein gehalten, so dass nicht abgeschätzt werden kann, inwieweit diese Angebote tatsächlich zur Verbesserung des Technologietransfers beitragen (werden z.B. nur allgemeine Informationen angeboten oder werden gezielt Kontakte zu den jeweils kompetenten Hochschulinstituten vermittelt?). Entsprechend detaillierte und spezifizierte Nutzungs- und Bewertungsbefragungen wurden ebenfalls kaum durchgeführt. Die vorliegenden Auswertungen weisen zumindest übereinstimmend darauf hin, dass die Unternehmen die entsprechenden Leistungen der TGZ kaum in Anspruch nehmen und deren Nutzen nur gering einschätzen.[469] Auch diese Ergebnisse sprechen für einen nur mäßigen Beitrag der TGZ zur Vernetzung der Innovationsakteure und zur Förderung des Technologietransfers.

Der tatsächliche Beitrag der TGZ zur Förderung des Technologietransfers und zur Initiierung von Innovationsprozessen lässt sich also kaum verlässlich bestimmen. Wie bereits bei den anderen Zielsetzungen kann eine gewisse Zielerfüllung festgestellt werden, wobei wohl noch ein erhebliches Steigerungspotenzial vorhanden ist. Die Auswertungen deuten darauf hin, dass dieser Zielsetzung eine unterschiedliche Bedeutung in einzelnen Regionstypen zukommt. Die

---

[467] Lediglich Elle et al. (1997, S. 160) und Pett (1994, S. 195) weisen einen höheren Mobilisierungseffekt bei Gründern aus Forschungseinrichtungen nach.

[468] Vgl. Behrendt (1996), S. 131; Elle et al. (1997), S. 133; Groß (1997), S. 26; Pleschak (1995), S. 116; Pleschak und Groß (1999), S. 44.

[469] Vgl. Elle et al. (1997), S. 154; Liefner (2002), S. 48f; Pleschak (1995), S. 116; Steinkühler (1994), S. 227.

Mieter der Zentren in ländlichen Regionen und an hochschulfernen Standorten weisen eine geringere Technologieorientierung auf, die Kontaktintensität zu FuE-Einrichtungen ist bei Unternehmen in TGZ an peripheren, kleinstädtischen und hochschulfernen Standorten deutlich schwächer ausgeprägt.[470] Dies spricht dafür, dass die TGZ in ländlichen Regionen vor allem der Initiierung und Unterstützung von Existenzgründungen dienen und die Förderung der Innovationsprozesse eher auf die Zentren in Agglomerationsräumen und an Hochschul- bzw. Forschungsstandorten konzentriert ist. Zwar können in ländlichen Regionen bereits einige wenige technologieorientierte Gründungen spürbare Innovationsimpulse auslösen, wenn aber entsprechend komplementäre Einrichtungen in der Region nicht vorhanden sind, können diese Impulse nicht aufgenommen und umgesetzt werden. Dies bestätigt wiederum die oben erläuterte Notwendigkeit einer Einzelfallbewertung.

Fazit

Zusammenfassend kann bezüglich der Erfüllung der zentralen Zielsetzungen festgestellt werden, dass die TGZ diesen bisher nur in begrenztem Umfang gerecht werden. Insbesondere bei der Initiierung von Unternehmensgründungen muss eine deutliche Zielverfehlung konstatiert werden. Bei den anderen Zielsetzungen bestehen erhebliche Erfassungsdefizite, es ist von einer begrenzten Zielerfüllung bei gleichzeitig deutlichem Steigerungspotenzial auszugehen. Nachdem die zentralen Zielsetzungen nicht vollständig erfüllt werden, muss auch mit einer gewissen Zielverfehlung bei den Oberzielen – zu deren Konkretisierung und Realisierung die zentralen Zielsetzungen abgeleitet wurden – gerechnet werden. Der Wirksamkeit der TGZ-Konzeption zur Realisierung der einzelnen Oberziele wird im Folgenden bewertet.

---

[470] Vgl. dazu auch Seeger (1997), S. 126.

3.3.2.2. Die Oberziele der TGZ-Konzeption

Schaffung und Sicherung von (qualifizierten und zukunftssicheren) Arbeitsplätzen und der Abbau von Arbeitslosigkeit in der Region.

Wie in Abschnitt 3.2.5 und 3.2.6.1 erläutert, erfüllen TGZ die Initiierungs- und Entwicklungsunterstützungswirkungen nur bedingt, so dass auch bezüglich des Oberziels Beschäftigungsentwicklung nur begrenzte Wirkungen zu erwarten sind. Die Beschäftigungseffekte wurden bereits in den Abschnitten 3.2.6.1 und 3.2.6.3 detailliert erläutert, daher werden an dieser Stelle nur die wesentlichen Ergebnisse zusammengefasst.

Die Schaffung von Arbeitsplätzen nahm vor allem in den ersten Jahren eine zentrale Stellung in der TGZ-Konzeption ein. Dementsprechend liegen viele Beiträge vor, die eine Abschätzung der Beschäftigungswirkungen vornehmen. Wie erläutert kann hierzu nicht einfach die Gesamtbeschäftigung der TGZ-Unternehmen herangezogen werden, vielmehr dürfen nur die Mobilisierungs-, Existenzsicherungs- und zusätzlichen Wachstumswirkungen der TGZ-Förderung zugerechnet werden. Zudem müssen Verdrängungs- und Multiplikatoreffekte sowie die Standortwahl der TGZ-Unternehmen nach dem Auszug berücksichtigt werden, um die Nettobeschäftigungseffekte für die TGZ-Region korrekt bestimmen zu können. Aufgrund der geringen Anzahl von Unternehmen pro Zentrum, der zumeist geringen Beschäftigtenzahl pro TGZ-Unternehmen sowie der nur begrenzten Nettoeffekte können die TGZ keinen entscheidenden Beitrag zur Beschäftigungsentwicklung leisten, ein spürbarer Abbau der Arbeitslosigkeit ist daher nicht zu erwarten. Nach Angaben des ADT befinden sich in den deutschen TGZ gegenwärtig (Stand: März 2005) rund 7.500 Unternehmen mit ca. 56.000 Mitarbeitern, durch die bisher erfolgreich aus den Zentren ausgegründeten Unternehmen (über 8.000) wurden über 90.000 Arbeitsplätze geschaffen, so dass brutto insgesamt ca. 150.000 Arbeitsplätze durch die TGZ entstanden sind.[471] Bezogen auf die Gesamtbeschäftigung entspricht dies lediglich 0,38% aller Erwerbstätigen (nur Beschäftigte der aktuellen TGZ-Unternehmen: 0,14%)[472], wobei dieser Wert aufgrund der bereits erläuterten Einschränkungen den tatsächlichen Nettobeschäftigungsbeitrag noch deutlich überzeichnet. Der Beschäftigtenanteil variiert dabei deutlich zwischen den einzelnen

---

[471] Vgl. ADT (2005).

Bundesländern, von 0,026% in Bayern bis 0,412% in Berlin (jeweils nur Beschäftigte der aktuellen TGZ-Unternehmen, Stand: 1997)[473] Damit spielen TGZ auf der gesamtwirtschaftlichen Ebene keine Rolle als beschäftigungspolitisches Instrument.

Da TGZ in erster Linie ein Instrument der kommunalen Wirtschaftsförderung bilden, sollten die Beschäftigungswirkungen vor allem auf der regionalen Ebene bewertet werden. Insbesondere in ländlichen und strukturschwachen Regionen können bereits einige wenige hundert Arbeitsplätze eine deutliche Entlastung des regionalen Arbeitsmarkts bewirken. Allerdings befinden sich in den ländlichen Regionen oftmals eher kleine Zentren mit wenig technologieintensiven Unternehmensgründungen, wodurch die grundsätzlich geringen Beschäftigungseffekte weiter abgeschwächt werden. Sobald die Betrachtung über die Gemeinde des TGZ-Standorts hinaus auf das weitere Umland – also „die Region“ – ausgedehnt wird, verringert sich die Beschäftigungswirkung der TGZ deutlich. Da die wesentlichen und dauerhaften Beschäftigungswirkungen erst nach dem Auszug aus dem TGZ zu erwarten sind und da sich zwar viele TGZ-Unternehmen nach dem Auszug in der Nähe des TGZ-Standorts niederlassen, dabei aber oftmals das Gemeindegebiet verlassen (siehe Tabelle 3.13), bildet der regionale Arbeitsmarkt die sinnvollere Bezugsgröße als der kommunale Arbeitsmarkt. Selbst große und ältere Zentren wie die TechnologieFabrik Karlsruhe können hier nur begrenzte regionalwirtschaftliche Beschäftigungseffekte bewirken. Nach Angaben der Betreiber hat das Zentrum in den ersten 13 Jahren (d.h. bis 1997) rund 130 Unternehmensgründungen unterstützt, wodurch rund 2.500 Arbeitsplätze direkt und etwa 2.000 weitere Arbeitsplätze bei Zulieferbetrieben entstanden sind.[474] Bezogen auf die Gesamtbeschäftigung im Land- und Stadtkreis Karlsruhe entspricht dies nur 1,8% der sozialversicherungspflichtig Beschäftigten (Stand 30.6.1997; nur Stadtkreis Karlsruhe: 3,9%).[475] Da die von den Betreibern als Referenzgröße für den regionsinternen Verbleib der Unternehmen nach dem Auszug herangezogene Technologie-Region Karlsruhe weitere Städte und Landkreise umfasst, ist der tatsächliche regionalwirtschaftliche Beschäftigungseffekt noch geringer. Auswertungen für das BITZ in Bremen ergeben sogar, dass über die Hälfte der seit dem Auszug geschaffenen neuen Ar-

---

472 Eigene Berechnung auf Basis der Daten der VGR (Jahresdurchschnitt, Inlandskonzept, Stand 2004) nach Angaben des Statistischen Bundesamts.

473 Vgl. Groß (1997), S. 8.

474 Vgl. Dietzfelbinger, Hoffmann und Orlemann (1997), S. 70.

beitsplätze außerhalb der TGZ-Region – d.h. des Landes Bremen – entsteht.[476] Damit dürften die beschäftigungspolitischen Wirkungen der TGZ auch auf der Regionsebene eher niedrig ausfallen, wobei nicht ausgeschlossen wird, dass von einzelnen Zentren tatsächlich spürbare Beschäftigungswirkungen für das regionale Umfeld ausgehen können. Letztlich ist aber wiederum eine Einzelfallbeurteilung erforderlich, um die Erfüllung der Zielsetzung bewerten zu können.

Da die quantitativen Beschäftigungseffekte eher gering ausfallen, wird von den TGZ-Befürwortern verstärkt auf die qualitative Beschäftigungswirkung hingewiesen. Die Auswertungen der diversen Studien belegen, dass TGZ tatsächlich mehrheitlich qualitativ hochwertige Beschäftigungsverhältnisse – gemessen anhand des Akademikeranteils unter den Beschäftigten der TGZ-Unternehmen – schaffen (Tabelle 3.10). Allerdings ist zu beachten, dass hochqualifizierte Arbeitskräfte auch unter den gegenwärtigen Rahmenbedingungen bessere Chancen auf dem Arbeitsmarkt haben. Diese Arbeitskräfte wechseln mit einer höheren Wahrscheinlichkeit aus bestehenden Beschäftigungsverhältnissen zu den TGZ-Unternehmen oder sie finden mit einer höheren Wahrscheinlichkeit eine alternative Beschäftigung. Die Schaffung von hochqualifizierten Arbeitsplätzen bewirkt damit nur einen geringen Beitrag zum Abbau der Arbeitslosigkeit. Zumindest kann dadurch die Abwanderung von hochqualifizierten Beschäftigten vermindert werden, so dass der qualitative Beschäftigungseffekt vor allem für ländliche Regionen von potenziell größerer Bedeutung ist. Die vorliegenden Studien machen allerdings keine Angaben über die räumliche Herkunft der Arbeitskräfte, d.h. es ist nicht nachvollziehbar, in welchem Umfang hochqualifizierte Arbeitskräfte tatsächlich aus der Region rekrutiert wurden. In ländlichen und peripheren Regionen mit einer geringen Ausstattung an hochqualifizierten Arbeitskräften können TGZ daher unter Umständen kaum zur Entlastung des regionalen Arbeitsmarkts beitragen.

Diversifizierung und Modernisierung der regionalen Wirtschaftsstruktur – Förderung des sektoralen Strukturwandels

Wie bereits in Abschnitt 3.1.2.1 erläutert werden die Ziele Modernisierung und Diversifizierung der regionalen Wirtschaftsstruktur zur Zielsetzung Förderung des sektoralen Strukturwandels zusammengefasst. Der sektorale Strukturwandel

---

475 Eigene Berechnung auf Basis der Regionaldaten des Statistischen Landesamts BaWü..

476 Vgl. Sünner und Willms (2002), S. 4.

kann als Prozess der dauerhaften Veränderung in der Zusammensetzung des Produktionspotenzials oder allgemeiner formuliert als Prozess der dauerhaften Veränderung der relativen Bedeutung der einzelnen Wirtschaftssektoren im Zeitablauf definiert werden.[477] Erste Hinweise auf die Erfüllung dieser Zielsetzung ergeben sich aus der Analyse der Mieterstruktur. Wie die empirischen Auswertungen zeigen, kann mindestens die Hälfte der TGZ-Unternehmen als innovativ oder technologieorientiert eingestuft werden (Tabelle 3.4). Die nicht innovativen bzw. nicht technologieorientierten Unternehmen sind vor allem im Dienstleistungsbereich tätig. Handel, Handwerk und traditionelle Sektoren des verarbeitenden Gewerbes sowie typische haushaltsnahe Dienstleistungen spielen bei den TGZ-Unternehmen keine Rolle. Die TGZ-Unternehmen sind fast ausnahmslos in modernen und zukunftsträchtigen Branchen tätig wie Informations- und Kommunikationstechnik, Elektro- und Energietechnik, Umwelttechnologie, Biotechnologie, Mess-, Steuerungs-, Analyse- und Regeltechnik, Verfahrenstechnik, Maschinenbau, Medizintechnik, Chemietechnik, Mikro- und Optoelektronik, Mikrosystemtechnik, Werkstofftechnik, Lasertechnik, Fahrzeug- und Verkehrstechnik.[478] Bei reinen Dienstleistungsbetrieben dominieren die Tätigkeitsbereiche Softwareentwicklung und -beratung, ingenieurtechnische Beratung, technische Dienstleistungen, Projektleitung und -entwicklung, Unternehmensberatung, Design, Werbung und Grafik. Damit unterscheidet sich die Branchenstruktur in den Zentren erheblich von der sektoralen Wirtschaftsstruktur der deutschen Volkswirtschaft sowie von der Branchenstruktur in den jeweiligen TGZ-Regionen. Die TGZ sind daher grundsätzlich dazu geeignet, durch „ihre" Unternehmen einen Beitrag zur Diversifizierung und Modernisierung der regionalen Wirtschaftsstruktur zu leisten und den sektoralen Strukturwandel voranzutreiben. Auch der bereits erwähnte hohe Akademikeranteil in den TGZ-Unternehmen spricht dafür, dass von diesen Modernisierungsimpulse für die Region ausgehen werden. Zudem verbleibt ein hoher Anteil der Unternehmen nach dem Auszug aus dem TGZ in der Region (Tabelle 3.13), so dass auch nachhaltige Modernisierungsimpulse zu erwarten sind.

Inwieweit von einem TGZ allerdings wirklich spürbare Modernisierungs- und Diversifizierungsimpulse ausgehen, hängt in erster Linie von der Größe des

[477] Zum Begriff des sektoralen Strukturwandels vgl. z.B. Peters (1988), S. 29ff. Auch wenn Strukturveränderungsprozesse zumeist als langfristige Phänomene eingestuft werden, sind sie nicht grundsätzlich irreversibel (vgl. Herdzina 1981, S. 122).

Zentrums sowie von der regionalen Vernetzung der TGZ-Unternehmen ab. Bei einer geringen Anzahl von Unternehmen ist von eher schwachen Impulsen auszugehen. Nach Angaben des ADT beherbergt ein Zentrum im Durchschnitt 32 Unternehmen, nur 17% der TGZ betreuen mehr als 40 Unternehmen.[479] Nach den Erfahrungswerten des ADT sind bei einem durchschnittlichen Zentrum ca. drei bis sechs Auszüge pro Jahr zu erwarten. Die Zentren in ländlichen Regionen sind tendenziell kleiner dimensioniert[480], was für eine geringere Durchschlagskraft spricht. Andererseits können in strukturschwachen Regionen mit einer geringen Unternehmensdichte bereits einige wenige expansive und innovative Unternehmensgründungen einen deutlichen Entwicklungsbeitrag leisten. Die regionalwirtschaftliche Vernetzung der TGZ-Unternehmen bildet die zweite notwendige Bedingung. Nur wenn die TGZ-Unternehmen mit anderen Unternehmen aus der Region – als Kunden, Zulieferer, Kooperationspartner – zusammenarbeiten und sich mit regionalen Innovationsakteuren vernetzen, können Entwicklungsimpulse auf die Region übertragen und durch Multiplikatorprozesse verbreitet werden. Über die Verflechtungsbeziehungen mit regionalen Abnehmern und Zulieferern wird die Diffusion des technischen Fortschritts in der Region erleichtert.[481] Dies setzt wiederum eine gewisse Komplementarität der regionalen Wirtschaftsstruktur mit der sektoralen und technologischen Ausrichtung des TGZ bzw. der TGZ-Unternehmen voraus. Wenn keinerlei Anknüpfungspunkte innerhalb der Region bestehen, ist die Wahrscheinlichkeit sehr groß, dass keine Einbindung der TGZ-Unternehmen in die regionalen Wirtschaftskreisläufe entsteht und dass die technologieorientierten Unternehmen nach dem Auszug aus dem TGZ die Region verlassen. In diesem Fall leisten die TGZ keinen Beitrag zum sektoralen Strukturwandel. Diese Problematik ist vor allem in ländlichen Regionen mit einer geringen Unternehmensdichte und einer schwachen Ausstattung an Innovationsakteuren gegeben.

Zu den Kunden- und Zuliefererbeziehungen liegen nur wenige aussagekräftige Erkenntnisse vor, die Zusammenfassung in Abschnitt 3.2.6.2 deutet auf eine nicht unerhebliche regionale Vernetzung der TGZ-Unternehmen hin. Die Betrachtung von Durchschnittswerten verdeckt allerdings den Umstand, dass ein nicht unerheblicher Anteil der Unternehmen bereits während des Aufenthalts im

---

478 Vgl. dazu Groß (1997), S. 28; Groß und Pleschak (1999), S. 30; Heukeroth et al. (2000), S. 74f; Liefner (2002), S. 20f; Seeger (1997), S. 123; Tamásy (1996), S. 137.

479 Vgl. dazu Abschnitt 3.2.2.

480 Vgl. Heukeroth et al. (2000), S. 60.

TGZ keinerlei Umsätze mit Kunden und/oder Zulieferern in der Region aufweist. Wie berichtet weist *Behrendt* für die westdeutschen TGZ darauf hin, dass der auf die Region entfallende Umsatzanteil an „Hightech-Standorten deutlich höher ausfällt, als in peripheren und altindustrialisierten Standorten. *Seeger* ermittelt insbesondere für die Zuliefererverflechtungen einen gewissen – allerdings nicht statistisch signifikanten – Einfluss der Stadtgröße, des Verdichtungsgrads und der Qualität der regionalen Unternehmensstruktur, für innovative Unternehmen werden signifikant höhere überregionale Umsatzanteile berechnet.[482] Diese Ergebnisse bestätigen tendenziell die Vermutung einer unzureichenden Anbindung in die regionalen Wirtschaftskreisläufe bei TGZ-Unternehmen in ländlichen Regionen. Damit können TGZ zwar grundsätzlich einen potenziell starken Modernisierungseffekt in ländlichen Regionen ausüben, bei einer unzureichenden Komplementarität zur regionalen Wirtschaftsstruktur werden die tatsächlichen Entwicklungsimpulse allerdings deutlich abgeschwächt. Leider liegen zu den Verflechtungsbeziehungen keine kombinierten Auswertungen nach Regions- und Unternehmenstypen vor (z.B. Ausmaß der regionalen Zuliefererverflechtungen von innovativen Unternehmen in ländlichen Regionen), so dass das Ausmaß der regionalen Vernetzung nicht abschließend beurteilt werden kann. Auch bezüglich der innovationsorientierten Vernetzung (z.B. FuE-Kooperationen mit Unternehmen und Forschungseinrichtungen der Region) liegen nur begrenzt aussagekräftige Informationen vor. Zwar ermitteln die meisten Studien übereinstimmend, dass die Mehrheit der TGZ-Unternehmen Kontakte zu Forschungseinrichtungen und FuE-betreibenden Unternehmen unterhält (Tabelle 3.12). Die Kontaktbeziehungen sind aber oftmals nur von geringer Intensität, dienen also eher dem allgemeinen Informationsaustausch und weniger der Realisierung gemeinsamer Innovationsprojekte. In Bezug auf das Modernisierungsziel sind aber gerade letztere besonders wirksam. Zudem liegen kaum Informationen über die räumliche Verteilung dieser Kontakte[483] und Unterschiede in der Kontakthäufigkeit, -intensität und -reichweite bei den verschiedenen Regionstypen vor. Einzelne Auswertungen weisen zumindest darauf hin, dass die Kontaktintensität zu FuE-Einrichtungen bei Unternehmen in TGZ an

---

481 Vgl. auch Hahne et al. (1994), S. 196.

482 Vgl. Seeger (1997), S. 143.

483 Nach Auswertungen von Seeger (1997, S. 126) und Tamásy (1996, S. 155) bilden sich FuE-Kontakte mehrheitlich innerhalb der TGZ-Stadt und des direkten Umlands heraus.

peripheren, kleinstädtischen und hochschulfernen Standorten deutlich schwächer ausgeprägt ist.[484]

Schließlich ist zu berücksichtigen, dass die Modernisierungs- und Diversifizierungsimpulse von Unternehmen, die auch ohne TGZ gegründet worden wären und überlebt hätten sowie von Unternehmen, die auch ohne TGZ-Unterstützung Innovationen umgesetzt hätten, grundsätzlich nicht den TGZ zugerechnet werden dürfen. Die Mobilisierungs- und Existenzsicherungseffekte der TGZ sowie deren Beiträge zur Unternehmensentwicklung und zur Initiierung und Unterstützung von Innovationsprozessen wurden bereits in Abschnitt 3.3.2.1 untersucht und nur als begrenzt wirksam bewertet. Zusammenfassend kann den TGZ damit zwar ein begrenzter Beitrag zur Modernisierung und Diversifizierung der regionalen Wirtschaftsstruktur zugesprochen werden, dieser Beitrag sollte allerdings nicht überschätzt werden. An einzelnen TGZ-Standorten können diese Wirkungen durchaus spürbar sein, letztlich ist also wieder eine Einzelfallprüfung erforderlich. Bezüglich der unterschiedlichen Wirksamkeit der TGZ-Konzeption in den verschiedenen Raumkategorien sind zumindest Tendenzaussagen möglich. Zwar kann grundsätzlich angenommen werden, dass die innovativen TGZ-Unternehmen in ländlichen Regionen die stärksten potenziellen Modernisierungs- und Struktureffekte bewirken, da hier der Anteil der innovativen Branchen an der Wirtschaftsstruktur am geringsten ist.[485] Vermutungen hinsichtlich einer schwächeren regionalen Vernetzung von innovativen TGZ-Unternehmen in ländlichen Regionen – für die bisher aber kaum überzeugende empirische Belege vorliegen – und Belege für eine geringere Technologieorientierung der Zentren in ländlichen Regionen sprechen dagegen für eine geringere Wirksamkeit. In ländlichen Regionen kann der Modernisierungseffekt der TGZ daher schwächer ausfallen als anfänglich vermutet. TGZ leisten hier in erster Linie einen Beitrag zur Diversifizierung der regionalen Wirtschaftsstruktur sowie zur Modernisierung auf niedrigerem Niveau indem z.B. der Wandel hin zum Dienstleistungssektor unterstützt wird.

Erhaltung und Nutzung von Humankapital

Bei dieser Zielsetzung besteht ein enger Zusammenhang mit den qualitativen Beschäftigungswirkungen der TGZ-Konzeption. Hochqualifizierten Arbeitskräf-

484 Vgl. dazu Seeger (1997), S. 126.
485 Vgl. Behrendt (1996), S. 196.

ten soll eine Alternative zur Annahme einer abhängigen Beschäftigung geboten werden, um die Gefahr ihrer Abwanderung aus der Region zu reduzieren. Da die Verfügbarkeit von hochqualifizierten Arbeitskräften einen wichtigen Standortfaktor darstellt und Arbeitskräfte mit hoher Humankapitalausstattung ein wichtiges Segment des regionalen Gründerpotenzials bilden, ist die Erhaltung von hochqualifizierten Arbeitskräften in der Region eine notwendige Bedingung für deren langfristige wirtschaftliche Entwicklung. Diese Personen sind zudem als Träger technologischen Wissens ein wichtiger Bestandteil des regionalen Innovationspotenzials, daher ist deren Bindung an die Region auch eine Voraussetzung für die Initiierung von Innovationsprozessen. Insbesondere Hochschulabsolventen und wissenschaftliche Mitarbeiter sollen daher zur Gründung eines eigenen Unternehmens motiviert werden. Außerdem entstehen durch die TGZ-Unternehmen hochwertige Arbeitsplätze, die als Beschäftigungsalternative zu Tätigkeiten in (regionsexternen) Großunternehmen hochqualifizierte Arbeitskräfte zum Verbleiben in der Region motivieren können.

Auf den hohen Akademikeranteil unter den Mitarbeitern der TGZ-Unternehmen (Tabelle 3.10) wurde bereits mehrfach hingewiesen. Die vorliegenden Studien machen allerdings keine Angaben über die räumliche Herkunft der Arbeitskräfte, d.h. es ist nicht nachvollziehbar, in welchem Umfang hochqualifizierte Arbeitskräfte tatsächlich aus der Region rekrutiert wurden. Die Gründer selbst können ebenfalls als überwiegend hochqualifiziert eingestuft werden – rund 80% haben einen Hochschulabschluss, 25% bis 40% waren zuvor in Hochschulen und sonstigen Forschungseinrichtungen beschäftigt (. Außerdem stammt die überwiegende Mehrheit der Gründer aus der Region. Diese Erkenntnisse bestätigen die Wirksamkeit der Humankapitalbindungsfunktion der TGZ. Allerdings ist es hierzu auch erforderlich, dass die TGZ-Unternehmen dauerhaft in der Region verbleiben. Zur Standorttreue der TGZ liegen bislang nur wenige gehaltvolle Untersuchungen vor, diese bestätigen aber zumindest eindeutig die geringe interregionale Mobilität der Unternehmen, rund 60% bis 80% verbleiben in der TGZ-Stadt oder zumindest in der näheren Umgebung (Tabelle 3.13). Eine Einschränkung erfährt die bislang positive Beurteilung allerdings durch die bereits mehrfach angeführte schwache Mobilisierungswirkung der TGZ (Abschnitt 3.2.5). Da die überwiegende Mehrheit der Unternehmen auch ohne das TGZ gegründet worden wäre, reduziert sich der Beitrag zur Erhaltung des Humankapitals in der Region. Allerdings ist der Mobilisierungseffekt bei zuvor in öffentlichen Forschungseinrichtungen beschäftigten Gründern spürbar stärker ausgeprägt.[486] Zudem üben die TGZ eine gewisse Lenkungsfunktion aus, zwischen 8% und 25% der Gründungen wären zwar auch ohne TGZ gegründet worden, aber wahrscheinlich nicht in der Region bzw. nicht am selben Standort. Dies spricht dafür, dass die TGZ hier einen wichtigen Beitrag zur Bindung der Gründer an die Region geleistet haben.

Zusammenfassend kann eine zumindest befriedigende Erfüllung der Zielsetzung „Erhaltung und Nutzung von Humankapital" konstatiert werden. Dieser Wirkungsbeitrag kann insbesondere bei Hochschulstandorten in ländlichen Regionen relevant sein. Da die Absolventen dieser Einrichtung oft kaum adäquate Beschäftigungsmöglichkeiten in der Region vorfinden, droht die Abwanderung eines großen Anteils der Absolventen. Die Fähigkeit der Hochschulen regionalwirtschaftliche Entwicklungsimpulse zu bewirken wird dadurch erheblich eingeschränkt. TGZ können gerade hier einen Beitrag zur Abschwächung der Abwanderungsproblematik leisten. Allerdings dürfen diese Wirkungen aufgrund der begrenzten Größe der Zentren nicht überbewertet werden.

Sicherung und Verbesserung der kommunalen Einnahmen.

Damit TGZ zur Verbesserung der kommunalen Einnahmen beitragen können, muss als Grundvoraussetzung zuerst einmal eine dauerhaft hohe Auslastung der Einrichtungen erreicht werden. Dies kann – zumindest im Durchschnitt – für die älteren Zentren bestätigt werden (Abbildung 3.5), wobei einzelne Einrichtungen durchaus eine unzureichende Auslastung aufweisen können. Die Errichtung vieler Zentren wurde durch EU-, Bundes- und/oder Landesmittel gefördert, wobei z.T. zusätzlich zu den Bauzuschüssen auch Betriebszuschüsse als Anschubfinanzierung gewährt werden.[487] Nach einer gewissen Anlaufzeit sollten sich die Zentren dann selbst tragen, d.h. die laufenden Betriebs- und Personalkosten sollten durch Mieteinnahmen und Dienstleistungsnutzungsentgelte sowie durch Einnahmen aus Beratungsleistungen abgedeckt werden. Gelingt dies nicht, muss

---

486 Vgl. Elle et al. (1997), S. 160; Pett (1994), S. 195.

487 Im Rahmen der GA sind nur die Kosten für den Erwerb vorhandener Gebäude förderfähig (Deutscher Bundestag 2004, S. 49), im Rahmen des Modellversuchs TOU-NBL wurden die Planungsarbeiten, sowie der Auf- und Ausbau gefördert (vgl. Pleschak 1995, S. 11). Die TGZ-Förderung des Landes NRW sieht neben einem Baukostenzuschuss auch einen anfänglichen Zuschuss für den Betrieb vor, nach 3 Jahren müssen die geförderten TGZ kostendeckend arbeiten (vgl. et al. Elle 1997, S. 57). Eine Begrenzung der Investitions- und Betriebskostenzuschüsse auf die ersten 3 Jahre war auch bei der Förderung der ersten Technologiezentren in BaWü im Rahmen der „Gesamtkonzeption der Technologiepolitik des Landes BaWü" vorgesehen (vgl. Kaden 1991, S. 33).

das Defizit durch Zuschüsse der Träger – zumeist die Gebietskörperschaften – ausgeglichen werden. Über die Eigenwirtschaftlichkeit der Zentren liegen allerdings kaum verlässliche Angaben vor. Selbst wenn dieser Aspekt bei Befragungen berücksichtigt wird, ist davon auszugehen, dass insbesondere die zuschussbedürftigen Einrichtungen hierzu keinen Angaben machen, so dass entsprechende Auswertungen tendenziell verzerrt werden. Anhand der Ergebnisse in Abschnitt 3.2.7 ist davon auszugehen, dass ein nicht unerheblicher Anteil der TGZ nicht kostendeckend arbeitet und auf Zuschüsse der Träger angewiesen ist. Dies verdeutlicht einen grundsätzlichen Zielkonflikt der TGZ-Konzeption. Einerseits sollen die Zentren kostendeckend arbeiten, um die Trägergemeinden nicht zu belasten oder sogar finanziell zu unterstützen, andererseits sollen sie öffentliche Aufgaben – nämlich die Förderung von Existenzgründungen als Bestandteil der regionalen Wirtschaftsförderung – wahrnehmen. Es stellt sich daher die Frage, ob die Förderung von Existenzgründungen nicht dauerhaft ein „Zuschussgeschäft" bleiben muss, d.h. dass die Träger der TGZ dauerhaft Unterstützungsmittel aufbringen müssen. Die Forderung der Eigenwirtschaftlichkeit kann nur dann erhoben werden, wenn TGZ wie privatwirtschaftliche Unternehmen tätig werden (indem sie z.B. Gewerbeflächen zu ortsüblichen Mieten und Beratungsleistung zu kostendeckenden Preisen anbieten). Sobald sie darüber hinausgehend auch mit der Wahrnehmung öffentlicher Interessen betraut werden – und dies ist durch die Zielsetzungen der TGZ-Konzeption eindeutig der Fall – ist der privatwirtschaftliche Referenzmaßstab nicht mehr zulässig. Die auf die Erfüllung der öffentlichen Aufgabestellungen gerichteten Tätigkeiten der TGZ werden zumeist nicht marktlich entgolten und können nicht anhand von Rentabilitätserwägungen ausgestaltet werden.[488] Sobald TGZ öffentliche Aufgaben übernehmen, ist eine auch Unterstützung aus öffentlichen Mitteln unabdingbar.[489] Dies entbindet die Betreiber der TGZ natürlich nicht von der Aufgabe, nach Mitteln und Wegen zu suchen den Zuschussbedarf zu minimieren, ohne eine unverhältnismäßige Verletzung der Zielerfüllung herbeizuführen. Dazu werden verschiedene Ansätze diskutiert wie die Anpassung des Mietniveaus an die Kostenstrukturen, die Erschließung neuer Dienstleistungsmärkte in den Bereichen Beratung und Qualifikation, die Gewinnbeteiligung an den Unternehmen und die Einrichtung von eigenen Risikofonds sowie die Auftrags- und Kooperationsvermittlung

488 Vgl. Elle et al. (1997), S. 102.
489 Vgl. Habersam et al. (1994), S. 146; Tamásy (1996), S. 93.

gegen Provision.[490] Diese Ansätze können jedoch den Grundsätzen der TGZ-Konzeption zuwiderlaufen (dies betrifft insbesondere potenzielle Interessenskonflikte durch die Rollenvermengung von Förderer und Kapitalgeber bei der Beteiligungslösung), bei der Erschließung neuer Dienstleistungsmärkte besteht die Gefahr, dass das TGZ-Management seine originären Aufgaben vernachlässigt und durch subventionierte Angebote privatwirtschaftliche Beratungsanbieter vom Markt verdrängt. Die stärkere Beteiligung privater Akteure wie beispielsweise VC-Gesellschaften kann zwar zu einer effizienteren Arbeitsweise führen, allerdings besteht hierbei die Gefahr einer kurzfristig renditeorientierten Mieterselektion, die den Grundsätzen der TGZ-Konzeption nicht gerecht wird.[491]

Abschließend kann daher festgestellt werden, dass TGZ nicht als Maßnahme zur kurz- und mittelfristigen Verbesserung der kommunalen Einnahmen eingesetzt werden sollten. Aufgrund des Förderinstrumentcharakters benötigen TGZ häufig dauerhaft Zuschüsse und können wegen der in den vorherigen Abschnitten beschriebenen Wirkungszusammenhänge allenfalls längerfristige fiskalische Effekte bewirken (z.B. Gewerbesteuereinnahmen durch erfolgreiche Gründungen, die nach dem Auszug in der Gemeinde verbleiben). Bleibt ein TGZ dauerhaft auf Zuschüsse angewiesen, kann allerdings die Nachhaltigkeit des Instruments in Frage stehen, wenn die Träger nicht bereit oder nicht in der Lage sind, dauerhaft Finanzierungsmittel bereitzustellen.

Fazit

Zusammenfassend kann für das Instrument TGZ festgestellt werden, dass bezüglich der Oberziele der TGZ-Konzeption – wie auch bereits bezüglich der zentralen Zielsetzungen – nur eine bedingte Zielerfüllung zu konstatieren ist. Insbesondere bezüglich der Zielsetzungen Beschäftigungsentwicklung und Verbesserung der kommunalen Einnahmen ist nur ein geringer Zielbeitrag zu erwarten. Zu den Zielsetzungen Förderung des sektoralen Strukturwandels sowie Erhaltung und Nutzung von Humankapital können TGZ dagegen einen prinzipiell stärkeren Beitrag leisten. Vielfach konnten die kausalen Wirkungszusammenhänge aber noch nicht vollständig geklärt werden, so dass eine abschließende Bewertung der TGZ-Konzeption noch nicht möglich ist.

---

[490] Vgl. dazu Habersam et al. (1994), S. 140ff.
[491] Vgl. dazu Benzler und Wink (2000), S. 428ff.

3.3.3. Der Beitrag der TGZ zur Umsetzung der Ziele der kommunalen Wirtschaftsförderung und der Regionalpolitik

Nachdem in den vorangegangenen Abschnitten überprüft wurde, ob die TGZ-Konzeption ein konsistentes und zweckmäßiges Unterstützungssystem bildet – was grundsätzlich bestätigt werden kann, wobei der Zielerreichungsgrad noch suboptimal ausfällt – soll nun geklärt werden, inwieweit TGZ als Instrument der kommunalen Wirtschaftsförderung[492] und der gesamtwirtschaftlich orientierten Regionalpolitik geeignet sind.[493] Aufgrund der Größe und des Einzugsgebiets der Zentren, der Reichweite und Vernetzung der TGZ-Unternehmen und des Standortwahlverhaltens der ausgezogenen TGZ-Unternehmen entfalten TGZ nur eine räumlich begrenzte Wirkung, die vor allem in der TGZ-Kommune selbst und deren unmittelbaren Umgebung spürbar ist. Aufgrund dieser räumlich begrenzten Wirkungsentfaltung können TGZ eindeutig als Instrument der kommunalen Wirtschaftsförderung eingestuft werden, da diese lediglich der Wohlfahrtssteigerung der lokalen Bevölkerung verpflichtet ist und keine überregionalen Wirkungen anstrebt. Neben der Wohlfahrtssteigerung der lokalen Bevölkerung als Oberziel wurden das Beschäftigungsziel, die Diversifizierung der Wirtschaftsstruktur und das fiskalische Ziel als ökonomische Ziele der kommunalen Wirtschaftsförderung identifiziert.[494] Da diese Zielsetzungen auch Bestandteil des Zielkatalogs der TGZ-Konzeption sind, wurde deren Erfüllung bereits in den vorherigen Abschnitten überprüft, eine erneute Diskussion des Erfolgs und der Wirkungsweise der TGZ ist daher an dieser Stelle nicht erforderlich. Es kann festgestellt werden, dass TGZ einen – wenn auch eher bescheidenen – Beitrag zur Schaffung und Sicherung eines diversifizierten Angebots an insbesondere qualifizierten Arbeitsplätzen sowie zur Schaffung und Erhaltung einer ausgewogenen und zukunftsfähigen regionalen Wirtschaftsstruktur leisten können. Zur

---

492 Unter dem Begriff der kommunalen Wirtschaftsförderung werden hier sowohl die Fördermaßnahmen einzelner Kommunen wie auch Maßnahmen in interkommunaler Kooperation (z.B. auf Kreisebene) subsumiert.

493 Dies setzt natürlich voraus, dass sich die Träger der TGZ überhaupt den entsprechenden Zielsetzungen verpflichtet fühlen. Zumindest bei öffentlichen Trägern kann vorrausgesetzt werden, dass sie mit TGZ tatsächlich die kommunale bzw. regionale Wirtschaftsentwicklung unterstützen wollen. Da nur eine Minderheit der TGZ ausschließlich oder mehrheitlich durch private Träger geführt wird (siehe Abschnitt 3.1.4), kann unterstellt werden, dass die überwiegende Mehrheit der deutschen TGZ den Zielsetzungen der kommunalen Wirtschaftsförderung verpflichtet ist. Bei „privaten“, in erster Linie Renditeziele verfolgenden TGZ kann zumindest ein indirekter Beitrag zur Regionalentwicklung (in Form positiver externer Effekte) erwartet werden.

494 Das Zielsystem der kommunalen Wirtschaftsförderung wurde in Abschnitt 2.1.2.3 beschrieben.

Sicherung und Steigerung der kommunalen Finanzkraft können TGZ dagegen – zumindest kurzfristig – nicht beitragen. Auch in Bezug auf außerökonomische Zielsetzungen können TGZ allenfalls einen indirekten Beitrag – sozusagen als positiven externen Effekt – leisten. Als Beispiel kann die Aufwertung des Stadtbildes durch die Wiedernutzung innerstädtischer Industriebrachen angeführt werden.

Damit können TGZ grundsätzlich als wirksames Instrument der kommunalen Wirtschaftsförderung eingestuft werden, wobei der Wirkungsgrad und die Erfolgsintensität aufgrund der vielfältigen, in den vorherigen Abschnitten identifizierten Einschränkungen nicht überschätzt werden sollten. TGZ können damit einen wichtigen Baustein innerhalb einer breit gefächerten, mehrere Instrumente umfassenden Konzeption der regionalen Wirtschaftsförderung bilden, eine fokussierte Ausrichtung der regionalen Wirtschaftsförderung auf TGZ als alleiniges Instrumentarium erscheint dagegen nicht empfehlenswert. Letztlich ist eine Einzelfallprüfung erforderlich, d.h. für jedes Zentrum ist vor dem Hintergrund der jeweiligen individuellen regionalwirtschaftlichen Rahmenbedingungen[495], zu prüfen, ob es mit seiner individuellen Konzeption einen Beitrag zur Entwicklung „seiner" Region leisten kann.

Die gesamtwirtschaftlich orientierte Regionalpolitik verfolgt die Zielsetzungen der Förderung des Wachstums der Volkswirtschaft durch eine optimale räumliche Allokation der Produktionsfaktoren (Wachstumsziel), der Angleichung der Lebensverhältnisse über die Teilräume hinweg (Abbau der regionalen Disparitäten, Verteilungs- bzw. Ausgleichsziel) und der Verbesserung der regionalwirtschaftlichen Stabilität mittels der Schaffung einer heterogeneren Wirtschaftsstruktur (Stabilitätsziel). Da TGZ zumeist nur räumlich begrenzte Wirkungen entfalten und die regionalwirtschaftlichen Innovations-, Beschäftigungs- und Strukturwandeleffekte zumeist nur schwach bis mäßig stark ausfallen, spielen TGZ innerhalb des umfangreichen Instrumentariums der Regionalpolitik keine tragende Rolle. Trotzdem soll abschließend die Frage geklärt werden, wie das Instrument TGZ innerhalb der konkurrierenden Zielbeziehung „Wachstum versus Ausgleich" positioniert ist. Hat die TGZ-Konzeption eher einen ausgleichenden Charakter oder tragen TGZ eher zu einer Zunahme der regionalen Disparitäten durch eine Verstärkung der bisherigen Wachstumspole bei?

---

495 Vgl. dazu auch die Systematik der Erfolgsfaktoren und Einflussgrößen in Abbildung 3.4.

Da die Träger der TGZ zumeist der kommunalen und regionalen Ebene zuzuordnen sind, erfüllen die TGZ in erster Linie die Ziele der kommunalen Wirtschaftsförderung, während die Ziele der gesamtwirtschaftlichen Regionalpolitik (d.h. die regionalpolitischen Zielsetzungen des Bundes und des jeweiligen Bundeslandes) für die Träger kaum von Interesse sind. Dies betrifft insbesondere das Ausgleichsziel, der Abbau regionaler Disparitäten außerhalb des eigenen Einflussgebiets hat für die Akteure „vor Ort" keine Relevanz. Dementsprechend entscheidet vor allem die räumliche Verteilung der Zentren darüber, ob die TGZ einen Beitrag zum Ausgleich leisten oder ob sie die regionalen Disparitäten verstärken. Tatsächlich befindet sich höchstens ein Drittel aller Zentren in ländlichen Regionen, die deutliche Mehrheit der TGZ befindet sich in Agglomerationsräumen und an Hochschulstandorten.[496] Zudem weisen die TGZ in ländlichen und peripheren Standorten eine geringere Technologieorientierung auf[497], sind also häufiger reine Gründerzentren. Dies spricht dafür, dass TGZ häufiger an wirtschaftsstarken Standorten errichtet werden und dort auch stärkere Wirkungen – zumindest in Bezug auf die Innovationsförderung – zeitigen, so dass tendenziell regionale Disparitäten verstärkt werden. Allerdings ist in den letzten Jahren ein deutlicher Trend zum Ausbau von TGZ in ländlichen Regionen erkennbar. Nachdem TGZ in den Anfangsjahren nahezu ausschließlich an Hochschulstandorten errichtet wurden, werden nun vermehrt Zentren an hochschulfernen, kleinstädtisch geprägten Standorten errichtet. Damit dürfte die Disparitäten verstärkende Wirkung der TGZ im Zeitablauf nachlassen. Ob TGZ in Zukunft aber wirklich verstärkt eine ausgleichende Wirkung entfalten können, hängt in erster Linie von ihrem Erfolg ab. Es wurde bereits mehrfach darauf hingewiesen, dass insbesondere an ländlich geprägten Standorten ein dauerhaft ausreichendes Potenzial an technologieorientierten Unternehmensgründungen nicht vorhanden ist, so dass die beständige Auslastung der Zentren eventuell nicht gewährleistet werden kann. Außerdem ist das regionale Innovationspotenzial zum Teil zu schwach ausgeprägt, um eine Aktivierungswirkung der TGZ zu ermöglichen. Der Bund und die Bundesländer als Vertreter der ausgleichsorientierten Regionalpolitik können zum Abbau der regionalen Disparitäten zwar die Errichtung und den Betrieb von TGZ in benachteiligten Gebieten gezielt fördern. Gleichzeitig gehen sie damit aber das Risiko ein, Einrichtungen zu unter-

---

[496] Siehe dazu Abschnitt 3.1.5, insbesondere Abbildung 3.3.
[497] Siehe dazu Abschnitt 3.2.3, insbesondere Tabelle 3.4.

stützen, die den Anforderungen der TGZ-Konzeption nicht gerecht werden können und dadurch die gesamte Konzeption in Misskredit bringen können.

Empirisch gestützte Analysen zur Ausgleichswirkung von TGZ liegen bislang mit Ausnahme der Evaluierung der TGZ in Nordrhein-Westfalen durch *Elle et al* nicht vor. *Elle et al.* untersuchen die TGZ-induzierten Beschäftigungswirkungen getrennt nach Regionstypen und stellen fest, dass die Beschäftigungseffekte von TGZ in Regionalfördergebieten deutlich höher sind als in Zentren außerhalb von Regionalfördergebieten.[498] Dies spricht dafür, dass TGZ einen effektiven Beitrag zum regionalen Ausgleich leisten. Da in Nordrhein-Westfalen TGZ stärker als in anderen Bundesländern und zudem kontinuierlich über zwei Jahrzehnte hinweg als Instrument der Regionalpolitik eingesetzt werden, können diese Ergebnisse nicht ohne weiteres auf das gesamte Bundesgebiet übertragen werden. Die TGZ-Konzeption in Nordrhein-Westfalen ist von Anfang an weiter gefasst, da gezielt die Errichtung von TGZ in ländlichen Regionen gefördert wurde[499], während andere Bundesländer wie z.B. Baden-Württemberg stärker den Technologieaspekt in den Vordergrund stellten. Zudem ist zu beachten, dass die Regionalfördergebiete des Landes Nordrhein-Westfalen neben ländlichen Regionen auch altindustrialisierte, verdichtete Problemgebiete umfassen, so dass die Ergebnisse nicht zwangsläufig auf einen Ausgleichsbeitrag zugunsten ländlicher Regionen hinweisen. Die TGZ-Konzeption scheint damit in erster Linie für die Regionalentwicklung im Sinne des Wachstums- und Differenzierungsziels geeignet, ein Abbau regionaler Disparitäten ist dagegen allenfalls in Einzelfällen zu erwarten.

3.3.4. Der Beitrag der TGZ zur Aktivierung des endogenen Entwicklungspotenzials

Die in Abschnitt 2.2.2 beschriebene potenzialorientierte Regionalentwicklung setzt auf die Aktivierung des endogenen Entwicklungspotenzials, d.h. die bereits in der Region vorhandenen und teilweise noch brachliegenden Potenziale und Ressourcen sollen aktiviert und besser bzw. intensiver genutzt werden, um regionalwirtschaftliche Entwicklungsprozesse anzustoßen. Die Unternehmensförderung betreffend wird dabei ein Strategiewechsel von der Unternehmensansiedlungsförderung hin zur potenzialorientierten Bestandsentwicklung vollzogen.

---

498 Vgl. Elle et al. (1997), S. 193ff.

499 Vgl. dazu Elle et al. 1997, S. 49ff.

Als Zielgruppe einer solchen Bestandsentwicklung wurden neben den bereits in der Region aktiven kleinen und mittelständischen Unternehmen insbesondere auch Unternehmensgründer identifiziert (siehe Abbildung 2.1). Die Förderung von Unternehmensgründungen kann dabei als die Erschließung bisher nicht genutzter unternehmerischer Potenziale interpretiert werden. TGZ richten sich gezielt auf (technologieorientierte und innovative) Gründer, potenzielle Unternehmer (latente Gründer, Gründungsinteressierte) sowie junge (Technologie-) Unternehmen (Tabelle 3.3). Durch ihre Ausrichtung bilden sie ein spezifisches Instrument zur Aktivierung des endogenen unternehmerischen Potenzials. Sie sind damit systematisch auf ein Segment des Zielgruppenspektrums der potenzialorientierte Regionalentwicklung ausgerichtet. Dem engpassorientierten Entwicklungspotenzialkonzept[500] entsprechend sind dazu zuerst die regionsspezifischen Entwicklungsengpässe und -hemmnisse für die Gründung und Entwicklung von Unternehmen zu identifizieren. Die Hemmnisse können aus den unterschiedlichsten Bereichen resultieren, zu denken ist beispielsweise an eine ungünstige Struktur der Inkubatoreinrichtungen, eine risikoaverse Mentalität der regionalen Bevölkerung oder eine restriktive Kreditpolitik der regionalen Finanzierungsinstitutionen.[501] Durch die Kombination von Informationsbereitstellung, Beratungsleistungen, Kontaktvermittlung und finanzieller Unterstützung soll die Entscheidung für den Schritt in die Selbstständigkeit erleichtert werden (bzw. überhaupt erst das Bewusstsein für das selbstständige Unternehmertum als Alternative zur abhängigen Beschäftigung geweckt werden), bei bereits erfolgter Entscheidung soll die Unternehmensentwicklung unterstützt werden, um die dauerhafte Nutzung des aktivierten endogenen unternehmerischen Potenzials zu sichern. Dabei müssen die individuellen regionalwirtschaftlichen Rahmenbedingungen bei der spezifischen Ausgestaltung der jeweiligen TGZ-Konzeption berücksichtigt werden, um einen gezielten Abbau der regionsspezifischen Hemmnisse zu ermöglichen.

Die Analyse der Mieterstruktur zeigt, dass die überwiegende Mehrheit der Mieter neugegründete und junge Unternehmen sind, wenn auch der Anteil der echten Neugründungen wohl nur bei 50% bis maximal 75% liegt (Tabelle 3.4).[502] Da auch bereits bestehende kleine und mittlere Unternehmen zum Zielgruppen-

500 Vgl. dazu Scharff (1993), S. 134ff, 137ff.

501 Vgl. Sternberg (2003), S. 16.

502 Die Durchschnittswerte beziehen sich auf die gesamte Sichtprobe der untersuchten TGZ, d.h. einzelne Zentren können durchaus zu 100% mit Gründern besetzt sein.

spektrum der potenzialorientierte Regionalentwicklung zählen, kann somit eine weitgehende Zielerfüllung vermutet werden. Die überwiegende Mehrheit der Gründer stammt aus der Region des TGZ-Standorts (Tabelle 3.5), die Mieter der TGZ können damit tatsächlich mehrheitlich zum endogenen unternehmerischen Potenzial der Region gerechnet werden. Allerdings üben die TGZ nur eine geringe Mobilisierungswirkung aus, da nur 5% bis maximal 20% der Unternehmen ohne die TGZ-Unterstützung nicht oder in anderer Form gegründet worden wären (Tabelle 3.6). Die tatsächliche Aktivierung latenter, bisher nicht genutzter Entwicklungspotenziale fällt daher eher schwach aus. Immerhin üben die TGZ zusätzlich eine gewisse Bestandssicherungswirkung aus, indem sie die Abwanderung von Gründern aus der Region verhindern (Tabelle 3.6: zwischen 8% und 25% der Unternehmen wären ohne das TGZ außerhalb der Region gegründet worden). Außerdem leisten die Zentren einen – wenn auch begrenzten – Beitrag zur Existenzsicherung und zum Wachstum der Gründungsunternehmen (Abschnitt 3.3.2.1), d.h. zusätzlich zur Aktivierung der endogenen unternehmerischen Potenziale werden diese auch gesichert und weiterentwickelt.

In Anlehnung an den dissoziationstheoretischen Ansatz[503] können TGZ die Vernetzung der regionalen Akteure fördern, um den Aufbau von intraregionalen Wirtschaftskreisläufen zu unterstützen. Ziel ist eine wechselseitig miteinander verflochtene, diversifizierte Unternehmensstruktur in der Region. Auf das Konzept des regionalen innovativen Milieus Bezug nehmend kann dieser TGZ-orientierte Vernetzungsansatz auch als Bestandteil einer Strategie der „milieuorientierten Regionalentwicklung" eingestuft werden.[504] Der Beitrag der TGZ zur Vernetzung läuft auf zwei Wirkungsebenen. Zum einen ermöglichen die Zentren die Vernetzung der jungen Unternehmen mit der regionalen Wirtschaft, sorgen also für eine Integration von Unternehmensgründungen in regionale Netzwerke. Hierzu sind vor allem die Beratungs- und Kontaktvermittlungsleistungen des TGZ-Managements von Bedeutung. Die TGZ-Konzeption bietet dabei den Vorteil einer zentralen, für alle Belange relevanten Anlaufstelle („Single-Window-Agency"[505]), gleichzeitig übernehmen die Zentren die Rolle eines „Eintrittsvermittlers in Netzwerke"(„Gatekeeper"-Funktion). In beiden Fällen üben die TGZ

---

503 Vgl. dazu Scharff (1993), S. 154f. Die Anhänger dieses Entwicklungsansatzes fordern allerdings auch die selektive Abkopplung der zu entwickelnden Region von den bereits weiter entwickelten Regionen. Dieser Aspekt spielt im Folgenden keine Rolle.

504 Vgl. dazu Fromhold-Eisebith (1999), S. 173ff. Das Konzept des innovativen bzw. kreativen Milieus wurde bereits in Abschnitt 2.2.3.20 erläutert.

505 Vgl. Fromhold-Eisebith (1999), S. 174.

eine Transaktionskosten senkende Wirkung aus, wodurch für die TGZ-Unternehmen die Durchführung zusätzlicher Transaktionen und damit eine weitergehende Vernetzung ermöglicht werden. Weiterhin können die TGZ eine eigenständige Netzwerkbildungsfunktion ausüben. Zu denken ist hierbei an die Einbindung unterschiedlicher regionaler Akteure innerhalb der TGZ-Organisation, z.B. über die Beteiligung als Träger oder Kooperationspartner des Zentrums. Auf diese Weise können Kontaktbeziehungen und Verflechtungen entstehen, die über die ursprünglich intendierte Unterstützung des TGZ-Betriebs hinausgehen. Wie bereits erläutert üben die TGZ einen zumindest begrenzten Beitrag zur Vernetzung der TGZ-Unternehmen untereinander und mit der regionalen Wirtschaft aus (Abschnitt 3.2.6.2). Ob die TGZ darüber hinaus zu einer Vernetzung der regionalen Akteure beitragen, kann aufgrund der vorliegenden empirischen Ergebnisse nicht abschließend beurteilt werden. Der Umstand, dass das TGZ-Management in einigen Kommunen auch mit Aufgaben der allgemeinen kommunalen Wirtschaftsförderung betraut wurde[506] oder sogar für deren Koordination verantwortlich ist, sowie die z.T. explizite Nennung des Netzwerkaufbaus als Zielsetzung[507] sprechen für eine Vernetzungswirkung der TGZ. Inwieweit ein Zentrum aber tatsächlich einen echten Aufbau von Wirtschaftskreisläufen und regionalen Netzwerken bewirken kann, hängt in erster Linie von der Größe und dem Vernetzungsgrad des Zentrums und damit von dessen Reichweite sowie von den jeweiligen regionsspezifischen Voraussetzungen – z.B. Anzahl, Verteilung und Komplementaritätsgrad der relevanten regionalen Akteure sowie bereits bestehende Milieustrukturen – ab. Somit ist wiederum eine Einzellfallprüfung erforderlich, um die Netzwerkbildungswirkungen von TGZ korrekt beurteilen zu können.

Es wurde bereits mehrfach die Vermutung geäußert, dass gerade TGZ in ländlichen Regionen längerfristig unter Auslastungsproblemen leiden und daher vermehrt auch ältere und wenig innovative Unternehmen aufnehmen.[508] Dies kann darauf hindeuten, dass die Potenzialausstattung an diesen Standorten teilweise zu gering ist, um den Einsatz von TGZ als Instrument einer der potenzialorientierten Regionalentwicklung zu rechtfertigen. Letztlich ist immer eine ge-

[506] Vgl. z.B. Elle et al. (1997), S. 247ff.

[507] Vgl. z.B. Groß (1997), S. 23.

[508] Siehe dazu auch die Abschnitte 3.2.2 und 3.2.3. Aufgrund des geringeren Durchschnittsalters der Zentren in ländlichen Regionen sind die Angaben zum durchschnittlichen Auslastungsgrad jedoch nur bedingt aussagekräftig. Mittels einer Verweildaueranalyse kann Seeger (1997, S. 84) zumindest keine systematisch längere Aufenthaltsdauer in ländlichen Regionen feststellen.

wisse qualitative und quantitative Mindestpotenzialausstattung erforderlich[509], die potenzialorientierte Regionalentwicklung kann daher nicht in jeder Region erfolgreich angewendet werden. TGZ können damit einen Baustein einer Strategie der potenzialorientierten Regionalentwicklung bilden. Allerdings sind TGZ nur auf einen kleinen Ausschnitt aus dem breiten Spektrum endogener Potenziale ausgerichtet, daher können TGZ nur als *ein* Instrument einer übergeordneten Strategiekonzeption eingesetzt werden. Die Koordination mit anderen Instrumenten innerhalb des Strategieansatzes ist unabdingbar, eine autonome TGZ-Konzeption, losgelöst von anderen Instrumenten und Strategieansätzen der endogenen Regionalentwicklung, ist als wenig Erfolg versprechend einzustufen.

3.3.5. TGZ als Instrument der innovationsorientierten Regionalentwicklung

Die Innovationsförderung (Initiierung und Unterstützung von Innovationsprozessen) wurde in Abschnitt 3.1.2.1 neben der Gründungsförderung als zweiter Zielkomplex der TGZ-Konzeption identifiziert. In einigen Bundesländern wie z.B. Baden-Württemberg und Nordrhein-Westfalen wurden TGZ von Beginn an (auch) als ein Instrument der Technologie- und Innovationspolitik des Landes aufgefasst und durch dementsprechend konzipierte Landesprogramme gefördert.[510] TGZ können daher auch als ein Instrument zur Umsetzung einer Strategie der innovationsorientierten Regionalentwicklung eingesetzt werden. Die in Abschnitt 2.2.3 vorgestellte innovationsorientierte Regionalentwicklung kann als ein Teilbereich bzw. eine spezifische Ausprägung der entwicklungspotenzialorientierten Regionalentwicklung angesehen werden. Sie ist ebenfalls auf das endogene Entwicklungspotenzial der Region ausgerichtet, dabei allerdings auf die Bereiche Innovation und Technologie – das regionale Innovationspotenzial – fokussiert. Die Aktivierung der endogenen Innovationspotenziale umfasst unter anderem auch die Mobilisierung von technologieorientierten Unternehmensgründungen.

---

509 Vgl. Scharff (1993), S. 158.

510 Vgl. Behrendt (1996), S. 50f. In Baden-Württemberg wurde der Aufbau der ersten TGZ durch Landesmittel gefördert, wobei TGZ als „...Bausteine der technologiepolitischen Gesamtkonzeption zur Nutzbarmachung des technischen Potenzials im Lande" aufgefasst werden (vgl. Kaden 1991, S. 31). Die geförderten Zentren werden explizit als „Technologiezentren" tituliert. In NRW wurden die ersten TGZ durch das „Technologieprogramm Wirtschaft" (TPW), das u.a. auch die institutionelle Förderung des Wissens- und Technologietransfers zum Ziel hat, gefördert (vgl. Habersam et al. 1994, S. 14). Die TGZ-Konzeption in NRW ist allerdings von Anfang an weiter ge-

In der Systematik der Elemente der regionalen Innovationspotenziale wurden TGZ als Element des regionalen Umfelds eingestuft (siehe Abbildung 2.2). Tatsächlich können TGZ sogar eine Schlüsselposition innerhalb der Systematik einnehmen, da sie viele der einzelnen in Abbildung 2.2 aufgeführten Elemente beeinflussen können. Im Bereich der Innovationsdienstleistungen können TGZ den Technologietransfer unterstützen, Beratungsleistungen anbieten bzw. vermitteln und den Zugang zu Beteiligungskapital vermitteln. Durch die Anregung von Kooperationen zwischen TGZ-Unternehmen und die Kontaktvermittlung zu anderen Unternehmen der Region können die Zentren zum Aufbau zwischenbetrieblicher Beziehungen beitragen. Durch die Förderung des Technologietransfers und die Kontaktvermittlung zu regionalen Hochschulen und Forschungseinrichtungen sowie die Initiierung von technologieorientierten Unternehmensgründungen fördern TGZ die betrieblichen FuE-Aktivitäten. Das Technologieangebot der Region können TGZ zwar nicht beeinflussen, sie können aber zumindest zu einer verbesserten Informationslage und Nutzungsbereitschaft bei KMU und jungen Unternehmen beitragen. Auch die Bereiche regionales Umfeld und Politik können TGZ nicht direkt beeinflussen, da sie selbst Bestandteil des regionalen Umfelds und Instrument der Regionalentwicklungspolitik sind. Erfolgreiche TGZ können jedoch zumindest Klimaeffekte erzeugen und zum Aufbau einer Innovationskultur oder eines regionalen Milieus beitragen und die Entwicklung eines regionalen technologischen Profils unterstützen. Wenn TGZ aktiv an der Ausgestaltung und Umsetzung der allgemeinen kommunalen Wirtschaftsförderung beteiligt werden, können sie auch den Bereich Politik – zumindest auf regionaler Ebene – mitgestalten. In Bezug auf die in Abschnitt 2.2.3.3 abgeleiteten Zielgruppen der innovationsorientierten Regionalentwicklung dienen TGZ in erster Linie der Pflege und Entwicklung des Bestands durch die Initiierung und Unterstützung von technologieorientierten Unternehmensgründungen (siehe Abbildung 2.4). Weiterhin werden die jungen Technologieunternehmen in ihren Innovationsaktivitäten unterstützt. Da die Leistungen der Zentren vielfach auch von externen Unternehmen genutzt werden können, tragen die TGZ ebenso zur Erhöhung der Innovations- und Adaptionsfähigkeit und -bereitschaft der ansässigen kleinen und mittleren Unternehmen bei. Schließlich können TGZ auch zu einer Bestandserweiterung durch die Ansiedlung mobiler, regionsexterner Technologieunternehmen beitragen. Da TGZ aber zumeist nur

fasst, da auch gezielt die Errichtung von TGZ in ländlichen Regionen gefördert wurde, was auf junge und kleine Unternehmen aufnehmen und die Unternehmensgründer im Allgemeinen eine hohe räumliche Immobilität aufweisen (siehe Tabelle 3.5), ist der interregionale Ansiedlungseffekt von TGZ eher zu vernachlässigen, TGZ dienen damit primär der Bestandentwicklung. Zusammenfassend können TGZ als ein grundsätzlich geeignetes Instrument der innovationsorientierten Regionalentwicklung eingestuft werden, wobei die TGZ-Konzeption hierbei eine vernetzende und koordinierende Funktion wahrnehmen kann, d.h. TGZ können über die Eigenschaft eines einzelnen Bausteins der Regionalentwicklungsstrategie hinaus eine tragende Rolle ausüben. Im Idealfall können TGZ zum Auf- und Ausbau eines regionalen innovativen Milieus beitragen. Wie in Abschnitt 2.2.3.2 beschrieben, werden innovative Milieus durch die auf sozialen Beziehungen aufbauende Vernetzung heterogener regionaler Akteure charakterisiert, wobei kollektive Lernprozesse entstehen. Der Beitrag der TGZ zur Vernetzung läuft auf unterschiedlichen Wirkungsebenen. Zum einen ermöglichen die Zentren die Vernetzung der von ihnen betreuten Unternehmen. Durch die räumliche Nähe und ähnliche Problemlagen kann der Aufbau von Vertrauensverhältnissen zwischen den TGZ-Unternehmen unterstützt werden. Durch den Aufbau von Vertrauen und die komplementäre technologische Ausrichtung – bei einer entsprechend gezielten Auswahl der Mieter – können FuE-Kooperationen gefördert und Synergiepotenziale ausgeschöpft werden. Auf diese Weise können idealtypischerweise kleine Innovationsnetzwerke initiiert werden. Weiterhin ermöglichen die Zentren die Vernetzung der jungen Unternehmen mit anderen innovativen Unternehmen der regionalen Wirtschaft sowie mit regionalen Forschungseinrichtungen. Hierzu sind vor allem die Beratungs- und Kontaktvermittlungsleistungen des TGZ-Managements von Bedeutung. Indem die TGZ für eine Integration von Unternehmensgründungen in bestehende regionale Netzwerke sorgen, übernehmen sie die Rolle eines „Eintrittsvermittlers in Netzwerke"(„Gatekeeper"-Funktion). TGZ tragen damit zur Reduzierung von Transaktionskosten bei, die gerade bei innovationsbezogenen Interaktionen ein erhebliches Ausmaß annehmen können.[511] Außerdem können TGZ eine eigenständige Netzwerkbildungsfunktion ausüben, z.B. durch die Einbindung unterschiedlicher regionaler Innovationsakteure innerhalb der TGZ-Konzeption als Träger oder Kooperationspartner des Zentrums.

---

eine eher ausgleichsorientierte Zielsetzung hinweist (vgl. dazu Elle et al. 1997, S. 49ff).

511 Siehe dazu auch Abschnitt 4.8.2.3.

Die hier skizzierten Wirkungsmechanismen sind allerdings nur hypothetischer Natur. Die tatsächliche Umsetzung und die tatsächliche Durchschlagskraft der TGZ-Konzeption werden durch eine Reihe TGZ-interner und -externer Einflussfaktoren und Rahmenbedingungen eingeschränkt, so dass sich die Bedeutung der TGZ-Konzeption innerhalb der innovationsorientierten Regionalentwicklungsstrategie wieder ein Stück weit relativiert. Zu nennen sind hier insbesondere die geringe Mobilisierungswirkung (Abschnitt 3.2.5), der begrenzte Beitrag zur Förderung des Technologietransfers, zur Initiierung zusätzlicher Innovationsprozesse und zur Vernetzung mit anderen regionalen Innovationsakteuren (Abschnitt 3.2.6.2) sowie die im Vergleich zum regionalen Umfeld geringe Größe der meisten Zentren (3.2.2). Die Einwände, Einschränkungen und Wirkungsbedingungen werden hier nicht im Einzelnen aufgeführt und diskutiert, da diese bereits in den einzelnen Teilbereichen der Abschnitte 3.2 und 3.3.2 bis 3.3.4 abgehandelt wurden. In Bezug auf die Entstehung innovativer Milieus ist es sehr fraglich, ob ein einzelnes Zentrum tatsächlich den Aufbau eines solchen Milieus bewirken kann. Die Größe und der Vernetzungsgrad der meisten Zentren und damit deren Reichweite sind hierfür wohl zumeist zu gering. Auch wenn das Milieukonzept in Bezug auf die räumliche Abgrenzung unspezifisch bleibt, so ist doch davon auszugehen, dass ein innovatives Milieu weit über das Gebiet einer einzelnen Gemeinde hinausgeht. Außerdem ist zu beachten, dass Milieus auf sozialen Beziehungen und Vertrauensverhältnissen aufgebaut werden, die kaum von außen geplant und erzeugt werden können. Damit muss grundsätzlich die gezielte Initiierbarkeit von innovativen Milieus in Frage gestellt werden.[512] Weiterhin ist auf die bereits mehrfach angesprochene geringe bzw. unzureichende Potenzialausstattung – insbesondere technologieorientierte Gründungsunternehmen und technologiebezogene Inkubatoreinrichtungen[513] betreffend – in ländlichen Regionen hinzuweisen. Eine erfolgreiche potenzialorientierte Regionalentwicklung setzt immer eine gewisse qualitative und quantitative Mindestpotenzialausstattung voraus. Die innovationsorientierte Regionalentwicklung durch TGZ kann daher nicht an allen Standorten sinnvoll praktiziert werden. Bei ei-

---

512 Dieser Einwand wurde bereits in Abschnitt 2.2.3.20 diskutiert.

513 Die Verteilung der Inkubatoreinrichtungen und deren Bedeutung für das Gründungsaufkommen wird in Abschnitt 4.4 weiter thematisiert. Sternberg (1988 S. 272) verweist bereits frühzeitig auf die Problematik der ungleichen Verteilung der Inkubatororganisationen zu Ungunsten der peripheren Standorte. Im Extremfall muss die innovationsorientierte Regionalpolitik durch TGZ mit dem Ziel des Abbaus räumlicher Disparitäten wegen fehlender Standorteigenschaften als unmöglich eingestuft werden (vgl. Sternberg 1988, S 254).

nem nicht ausreichenden technologieorientierten Gründerpotenzial muss die TGZ-Konzeption an die regionalwirtschaftlichen Gegebenheiten angepasst werden. So werden z.B. in Ostdeutschland viele Zentren generell als Instrument der allgemeinen Wirtschaftsförderung aufgefasst, was eine weniger fokussierte Zielgruppenausrichtung bedingt.[514]

Umfassende Analysen des Erfolgsbeitrags der TGZ-Konzeption zur Umsetzung der innovationsorientierten Regionalentwicklung liegen bislang allerdings nicht vor. Die bereits zitierten Beiträge zur Wirkungsanalyse der TGZ bieten zwar eine oftmals detaillierte Bewertung des Instruments TGZ, ermöglichen aber nur mittelbare Rückschlüsse auf deren Rolle in einer innovationsorientierten Regionalentwicklungsstrategie. Untersuchungen zu den regionalen Determinanten von Innovationen sind zwar prinzipiell besser geeignet, die Wirksamkeit einer innovationsorientierten Regionalentwicklungsstrategie zu beurteilen, da sie die Erfassung eines breiten Spektrums an standortspezifischen, betriebsstrukturellen, strategie- bzw. verhaltensbezogenen und politikbezogenen Einflussgrößen ermöglichen und damit eine ganzheitliche Perspektive bieten. Die Breite des Spektrums geht dabei allerdings zu Lasten der Detailbetrachtung, d.h. die einzelnen Faktoren werden nur oberflächlich erfasst. Bezogen auf die TGZ-Konzeption kann zwar die Existenz eines TGZ in einer Region und die Größe der Einrichtung (z.B. gemessen durch die Anzahl der Unternehmen oder der in den TGZ-Unternehmen beschäftigten Mitarbeitern) berücksichtigt werden, weitergehende Ausgestaltungsmerkmale der jeweiligen regionsspezifischen TGZ-Konzeption werden dagegen nicht erfasst. Ein Beispiel hierfür bildet die Arbeit von *Weibert*, der anhand einer multivariaten Analyse mit einem umfassenden Katalog an standortbezogenen, betriebsstrukturellen und politikbezogenen Bestimmungsfaktoren das Ausmaß regionaler Innovationsprozesse untersucht, um die Erfolgswirksamkeit einer innovationsorientierten Regionalpolitik beurteilen zu können.[515] TGZ üben demnach nur in ländlichen Regionen – bezogen auf die siedlungsstrukturelle Regionstypensystematik des BBR – einen signifikanten Einfluss auf das Innovationsniveau aus[516], was für eine tendenziell ausgleichende Wirkung des Instruments TGZ spricht. Allerdings wird in der Regressionsanalyse lediglich die Existenz eines Zentrums in der Region berücksichtigt. Zudem wird das Ausmaß der regionalen Innovationsprozesse nur durch die Inputgröße

---

[514] Vgl. Pleschak (1995), S. 21f.
[515] Vgl. Weibert (2001), S. 44ff.
[516] Vgl. Weibert (2001), S. 149.

FuE-Beschäftigtendichte gemessen, die als Indikator für den tatsächlichen Umfang und die tatsächliche Intensität der regionalen Innovationsprozesse nur ansatzweise geeignet ist. Außerdem erfolgt die Analyse auf Basis der Daten von 1988. Zu diesem Zeitpunkt befinden sich die meisten der berücksichtigten TGZ noch im Aufbau bzw. in der Entwicklungsphase, so dass von ihnen noch keine vollständige Wirksamkeit erwartetet werden kann und langfristige Wirkungsbeiträge grundsätzlich nicht erfasst werden können. Auch bei der Verwendung aktuellerer Datensätze und alternativer Innovationsindikatoren bleibt der Nachteil der Nichtberücksichtigung der weitergehenden Ausgestaltungsmerkmale der jeweiligen regionsspezifischen TGZ-Konzeption bestehen, so dass auch diese Art von Forschungsbeiträgen nur bedingt geeignet ist, den Beitrag zur Umsetzung innovationsorientierter Regionalentwicklungsstrategien korrekt zu erfassen.

3.4. Fazit: weiterer Evaluationsbedarf und Bedarf zur theoretischen Fundierung der Wirkungsanalyse und der TGZ-Konzeption

Anhand des Abgleichs der Zielsetzungen und -wirkungen der TGZ-Konzeption mit den Zielsetzungen der Regionalentwicklung und ausgehend von der Auswertung der empirischen Studien können TGZ als ein prinzipiell geeignetes Instrument zur Umsetzung einer innovations- und potenzialorientierten Regionalentwicklungsstrategie eingestuft werden. Allerdings können bei einigen Zielsetzungen und Wirkungsaspekten die tatsächlichen Kausal-Beziehungen anhand der vorliegenden empirischen Ergebnisse nicht abschließend beurteilt werden, so dass eine verlässliche Effektivitäts- und Effizienzanalyse noch nicht möglich ist. Andere Bestandteile der systematischen Wirkungsanalyse – insbesondere die Konzeptionsanalyse und die Beeinflussungsanalyse – wurden bislang kaum berücksichtigt. Eine endgültige Wirkungsanalyse bzw. Erfolgsbewertung des Instruments TGZ ist damit noch nicht möglich.

Zudem bestehen Hinweise auf eine unterschiedliche Eignung der TGZ-Konzeption bei unterschiedlichen regionalwirtschaftlichen Rahmenbedingungen. Aufgrund der großen Heterogenität der Zentrenstypen – insbesondere die Zielsetzungen, die Trägerschaft, das Leistungsspektrum, die Standortbedingungen und die Mieterstruktur betreffend – erscheint letztlich eine individuelle Erfolgsbewertung, ausgehend von den individuellen Zielsetzungen und unter Berücksichtigung der spezifischen regionalwirtschaftlichen Rahmenbedingungen, erforderlich. Eine spezifische TGZ-Konzeption kann an einem Standort wirksam und an einem anderen Standort nicht wirksam sein. Die tatsächliche Wirksamkeit lässt sich also nur im jeweiligen Einzelfall bewerten.

Die überwiegende Mehrheit der empirischen und konzeptionellen Studien stammt aus den späten 1980er und frühen 1990er Jahren. Nach Mitte der 1990er Jahre sind nur wenige neue Beiträge entstanden, die zudem oftmals nur einzelne Aspekte der TGZ-Konzeption untersuchen. Damit wird die seit Mitte der 1990er Jahre entstandene umfangreiche Literatur zu technologieorientierten Unternehmensgründungen kaum für die Wirkungsanalyse der TGZ-Konzeption genutzt. Die „alten" Studien greifen nur in geringem Umfang auf Theorien zur Erklärung von Unternehmensgründungen zurück. Empirische Erkenntnisse zu Unternehmensgründungen und technologieorientierten Unternehmensgründungen im Besonderen konnten noch nicht genutzt werden. Daher bewegen sich viele diese Auswertungen hauptsächlich auf deskriptivem Niveau. Das Fehlen einer umfangreichen ökonomisch-theoretischen Fundierung – insbesondere bezüglich der eigentlich für die TGZ-Konzeption grundlegenden Aspekte „Unternehmensgründung" und „Unternehmensentwicklung" – kann bei vielen älteren Arbeiten kritisiert werden. Auch für den Aspekt „Technologietransfer" kann bemängelt werden, dass die tatsächlichen Kausalitäten durch die bisher vorliegenden Beiträge nur ansatzweise erfasst werden. Es besteht somit nach wie vor ein Bedarf für die Entwicklung einer umfassend theoretisch fundierten Wirkungsanalyse.

Die geringen Mobilisierungswirkungen der TGZ und die nur begrenzten Beiträge zur Existenzsicherung und zum Wachstum der jungen Unternehmen sprechen dafür, dass weitere theoretische und empirische Erkenntnisse zu den Gründungs- und den Entwicklungsdeterminanten von Unternehmensgründungen benötigt werden und bei der Ausgestaltung der TGZ-Konzeption berücksichtigt werden müssen. Weiterhin spricht die suboptimale Nutzung und Bewertung der Beratungsleistungen dafür, dass Erkenntnisse zu den spezifischen Entwicklungshemmnissen und Gründungsproblemen besser genutzt werden müssen.

Damit besteht weiterhin ein Bedarf nach einer umfassenden theoretischen Fundierung der TGZ-Konzeption. Mit der Volkswirtschaftslehre und der Betriebswirtschaftslehre – insbesondere der Entrepreneurship-Forschung – stehen zwei Forschungsdisziplinen zur Verfügung, aus denen umfangreiche gründungsbezogene Erkenntnisse und Empfehlungen abgeleitet werden können. Die gründungsbezogenen Forschungserkenntnisse können dazu beitragen, die Wirkungsweise und die Wirksamkeit – und damit auch die generellen Potenziale und Grenzen – des Instruments TGZ besser verstehen, beurteilen und einschätzen zu können. Das folgende vierte Kapitel beschäftigt sich daher mit der Zusammenführung der wesentlichen Theorieansätze und empirischen Erkenntnisse, die sich mit dem Erkenntnisobjekt „Unternehmensgründungen“ beschäftigen, wobei der Schwerpunkt auf die volkswirtschaftlich orientierten Beiträge gelegt wird.[517] Dabei ist allerdings zu beachten, dass dadurch nicht alle der in den letzten Abschnitten angeführten Erfolgsbewertungsdefizite abgebaut werden können.

[517] Der zweite Aspekt „Technologietransfer“, zu dem ebenfalls ein Fundierungsbedarf konstatiert wurde, wird im Rahmen dieser Arbeit nicht weitergehend behandelt. Allerdings wird dieser Aspekt durch den Themenkomplex *technologieorientierte* Unternehmensgründungen zumindest teilweise mit abgedeckt.

4. Unternehmensgründungen – Determinanten, Probleme und Lösungsansätze

4.1. Einführung

4.1.1. Zielsetzungen des Kapitels

Mit diesem Kapitel werden zwei Zielsetzungen verfolgt. Zum einen soll erklärt werden, warum Unternehmensgründungen „wichtig" sind. Anhand der „gesamtwirtschaftlichen Bedeutung von Unternehmensgründungen" sollen die potenziellen Auswirkungen, die der Einsatz von TGZ als Instrument der Regionalentwicklung initiieren kann, aufgezeigt werden. Damit wird der Einsatz des Instruments gerechtfertigt. Die zweite Zielsetzung besteht darin, Ansatzpunkte für dessen Fundierung zu ermitteln. Dazu werden die Einflussgrößen auf das Gründungsaufkommen und die Entwicklung sowie die spezifischen Probleme von Gründungsunternehmen und jungen Unternehmen untersucht.

4.1.2. Begriffe und Definitionen

4.1.2.1. Definition Unternehmensgründung und Systematik der Gründungstypen

Eine Unternehmensgründung kann ganz allgemein als die Entstehung einer neuen, rechtlich selbstständigen wirtschaftlichen Einheit, die als neuer Anbieter von Gütern am Markt auftritt, definiert werden. In Anlehnung an den Unternehmerbegriff von *Schumpeter* – der die zentrale Funktion eines Unternehmers in der „Durchsetzung neuer Kombinationen"[518] sieht – definieren *Szyperski und Nathusius* Unternehmensgründer als „Personen, die eine neue Kombination produktiver Faktoren durch die Schaffung eines gegenüber der Umwelt qualitativ abgegrenzten Systems durchsetzen, welches als wirtschaftlich selbstständige Wirtschaftseinheit der Fremdkapitalbedarfsdeckung dient und dabei die besondere Art des wirtschaftlichen Risikos zu tragen hat."[519] In aller Regel sind der Gründer, der die Gründungsidee in eine Unternehmensgründung umsetzt, und der Unternehmer, der die Unternehmensprozesse eigenverantwortlich steuert und

[518] Vgl. Schumpeter (1952), S. 111.
[519] Szyperski und Nathusius (1977), S. 25.

das wirtschaftliche Risiko trägt, zumindest in den ersten Jahren der Existenz des neuen Unternehmens identisch. Die Bezeichnung „(Unternehmens-)Gründer" bezieht sich daher in dieser Arbeit auf Personen, die aktuell am Aufbau eines Unternehmens beteiligt sind sowie auch auf die Eigentümer und Leiter junger Unternehmen. Wenn die Aufgaben und Funktion des Unternehmensgründers auf mehrere Personen aufgeteilt sind, wird dies als Teamgründung bezeichnet.

Die Gründung eines Unternehmens beinhaltet sowohl einen juristischen Aspekt – z.B. die Gewerbeanmeldung oder die Unterzeichung eines Gesellschaftervertrags – als auch einen technisch-organisatorischen Aspekt, nämlich die Beschaffung und Kombination der Produktionsfaktoren. Eine Unternehmensgründung geht dabei über die reine Kombination von materiellen Ressourcen und Kapital hinaus, als weitere Elemente sind das im Gründer inkorporierte Humankapital, seine Netzwerkbeziehungen und das in Technologien gebundene technologische Wissen zu berücksichtigen. Der hier verwendete Gründungsbegriff ist prozessorientiert, d.h. eine Unternehmensgründung wird als Prozess aufgefasst und ist nicht zeitpunktbezogen.[520]

Zur Unterscheidung der verschiedenen möglichen Gründungsarten wird in der Gründungsforschung eine Unterteilung in originäre und derivate sowie in selbstständige und unselbstständige Gründungen vorgenommen. Aus der Kombination dieser Merkmalspaare lassen sich vier Grundtypen von Gründungen unterscheiden (siehe Abbildung 4.1).[521]

Abbildung 4.1: Gründungstypen

	derivate Gründung	**originäre Gründung**
unselbstständig	Feld 1	Feld 2
selbstständig	Feld 3	Feld 4

Quelle: Szyperski und Nathusius (1977), S. 27.

Die erste Dimension der Matrix trennt nach der Strukturexistenz des Unternehmens. Durch eine originäre Gründung entsteht eine neue Wirtschaftseinheit, die erstmalig am Marktgeschehen teilnimmt, ohne dabei auf vorhandene Unterneh-

---

520 Der Gründungsprozess wird in Abschnitt 4.1.2.5 detailliert beschrieben.

521 Vgl. dazu Szyperski und Nathusius (1977), S. 26ff.

men(steile) zurückzugreifen. Bei einer derivaten Gründung wird das neue Unternehmen aus einer oder mehreren bestehenden Wirtschaftseinheiten gebildet, z.B. durch Outsourcing, Abspaltung, Fusion oder Übernahme. Die zweite Dimension setzt an der Person des Gründers an. Bei einer selbstständigen Gründung baut sich der Gründer eine eigene berufliche Existenz auf, d.h. es entsteht eine unabhängige, selbstständige Erwerbstätigkeit. Bei einer unselbstständigen Gründung steht der Gründer dagegen in einem abhängigen Beschäftigungsverhältnis. Dies ist z.B. beim Aufbau einer neuen Filiale durch einen angestellten Geschäftsführer der Fall. Das Feld 1 steht dementsprechend für rein formale Gründungen, z.B. durch eine Fusion oder eine Umgründung. Feld 2 umfasst die Betriebsgründungen durch bestehende Unternehmen. Die Kombination selbstständige und derivate Gründung (Feld 3) wird als Existenzgründung durch Übernahme bezeichnet. Vor dem Hintergrund der aktuellen Problematik der fehlenden Unternehmernachfolge dürfte diese Form der Unternehmensgründung in den nächsten Jahren weiter an Bedeutung gewinnen. Das Feld 3 verdeutlicht zudem die Notwendigkeit einer Trennung zwischen den Begriffen *Existenzgründung* und *Unternehmensgründung,* die im allgemeinen Sprachgebrauch häufig synonym verwendet werden.[522] Da der Gründer von einer unselbstständigen in eine selbstständige Position wechselt, handelt es sich hierbei um eine Existenzgründung, da das Unternehmen aber bereits existiert, handelt es sich nicht um eine Unternehmensgründung im engeren Sinne. Eine originäre und selbstständige Unternehmensgründung (Feld 4) wird dagegen als Unternehmensgründung im engeren Sinne bezeichnet. Hierbei entstehen eine neue wirtschaftliche Einheit und gleichzeitig ein neues selbstständiges Arbeitsverhältnis. Der Typ der selbstständigen Unternehmensgründung kann zusätzlich weiter in selbstständige Existenzgründungen, Nebenerwerbsbetriebsgründungen und Erweiterungsgründungen (d.h. Zweitgründungen) unterteilt werden.[523] Allerdings lassen sich nicht alle Gründungen trennscharf in das Schema einordnen lassen, als hybride Gründungsformen können z.B. Gründungen von Franchisingunternehmen eingestuft werden.

Der in den folgenden Abschnitten durch den Verfasser verwendeten Formulierung *Unternehmensgründung* liegt implizit der Typ der originären selbstständigen Unternehmensgründung zugrunde. Dies trifft allerdings nicht auf alle

---

522 Vgl. Clemens und Kayser (2001), S. 9f; Struck (1998), S. 19ff.

523 Vgl. dazu Struck (1998), S. 21. Der Nebenerwerb bezeichnet eine zweite Erwerbstätigkeit, davon abzugrenzen ist der Zuerwerb, der die einzige bzw. erste Erwerbstätigkeit in Teilzeit erfasst.

der im Folgenden zitierten empirischen Untersuchungen zu. Anstelle von Unternehmensgründungen werden hier häufig Betriebsgründungen erfasst.[524] Die strikte Trennung in Unternehmens- und Betriebsgründungen kann daher nicht vollständig durchgehalten werden, die beiden Begriffe werden in den empirisch orientierten Abschnitten daher synonym verwendet. Um neugegründete und junge Unternehmen, die den Gründungsprozess noch nicht abgeschlossen haben, von älteren Unternehmen zu unterscheiden, wird für letztere die Bezeichnung *etablierte Unternehmen* verwendet. Diese Formulierung impliziert, dass diese Unternehmen bereits in ihrer Existenz gefestigt und in ihrem marktlichen Umfeld fest etabliert sind.

4.1.2.2. Technologieorientierte Unternehmensgründungen

Für den weiteren Verlauf sind die bereits angesprochenen *innovativen* bzw. *technologieorientierten Unternehmensgründungen* – im Folgenden auch als TOU abgekürzt – näher zu spezifizieren.[525] In der ökonomischen Literatur werden unter Innovationen im Allgemeinen neue, am Markt erfolgreiche unternehmerische Aktivitäten verstanden.[526] Der Innovationsbegriff wird sowohl prozessbezogen (Innovation als Abfolge von Entwicklungsphasen von der Neuentwicklung bis zur Diffusion) als auch objektbezogen (Innovation als Ergebnis eines Erneuerungsprozesses) verwendet. Unternehmensgründungen, bei denen die Umsetzung und Vermarktung von Innovationen einen wesentlichen Bestandteil der Unternehmenskonzeption bilden, werden demnach als innovative Gründungen eingestuft. Die Geschäftsidee weist im Gegensatz zu imitativen Gründungen einen gewissen Neuheitsgrad auf, wobei je nach Bezugsebene regionale, nationale und internationale Innovationen unterschieden werden können. Die gesamtwirtschaftliche Wirkung betreffend werden außerdem Routine- und Basisinnovationen bzw. inkrementale und radikale Innovationen unterschieden. Der Innovationsbegriff wird hier in Anlehnung an *Schumpeter* entsprechend weit

---

524 Das „Unternehmen" bezeichnet eine rechtlich selbstständige Wirtschaftseinheit, während ein „Betrieb" die örtliche Einheit eines Unternehmens darstellt. Ein Unternehmen kann demnach aus mehreren Betrieben bestehen.

525 Anstelle des Begriffs „technologieorientiert" werden in der Literatur auch die weitestgehend synonymen Formulierungen „technologiebasiert", „innovationsorientiert" und „Hightech" verwendet.

526 Vgl. Ewers (1995), S. 499.

gefasst und beinhaltet neben Produkt- und Verfahrensinnovationen z.B. auch neuartige Vertriebskonzepte.[527]

Technologieorientierte Unternehmensgründungen bilden eine spezifische Form von innovativen Unternehmensgründungen. Generell können technologieorientierte bzw. FuE-intensive Unternehmensgründungen als Unternehmensgründungen, „die als Kern ihrer Geschäftstätigkeit Waren, Verfahren oder Dienstleistungen entwickeln, erstellen und vermarkten, die auf eigenen Produkt- und Verfahrensinnovationen beruhen“, definiert werden.[528] Bei einer weiter gefassten Definition kann auch die Anwendung fremder Innovationen, wie z.B. bei der technischen Beratung, dazugezählt werden. Der Begriff „technologieorientiert“ weist darauf hin, dass diese Unternehmen auf der Grundlage von „Technologien“ tätig sind. Als Technologien werden die materiellen und immateriellen Ergebnisse technischen Wissens in Form von technischen Verfahren und Produkten bezeichnet.[529] Das Wissen über naturwissenschaftlich-technische Wirkungszusammenhänge und dessen praktische Anwendung bilden somit die Grundlage der Unternehmenskonzeption. Dabei sind bis zur Produktionsaufnahme zumeist umfangreiche technische Entwicklungsarbeiten und eventuell eigene Forschungsarbeiten erforderlich.

Die praktische Abgrenzung von *technologieorientierten bzw. FuE-intensiven Unternehmen* kann anhand verschiedener Kriterien erfolgen. Viele der in den folgenden Abschnitten zitierten empirischen Studien nehmen die Einteilung auf der Basis der *NIW/ISI-Liste* vor. Die technologieorientierten Wirtschaftszweige des Verarbeitenden Gewerbes werden dabei anhand der FuE-Intensität identifiziert.[530] Andere Beiträge verwenden die Selbsteinschätzung der

---

527 Vgl. hierzu Schumpeter (1952), S. 100f. Er beschreibt die Innovation als die Durchsetzung neuer Kombinationen von Produktionsmitteln, diese deckt fünf Fälle ab: 1. Herstellung eines neuen Gutes, 2. Einführung einer neuen Produktionsmethode, 3. Erschließung eines neuen Absatzmarktes, 4. Eroberung einer neuen Bezugsquelle, 5. Durchführung einer Neuorganisation der Marktverhältnisse. Letzteres beinhaltet z.B. die Schaffung oder das Aufbrechen einer Monopolstellung. Mit der Formulierung „Durchsetzung neuer Kombinationen“ soll zum Ausdruck gebracht werden, dass weniger die optimale Allokation der gegebenen Faktoren für die Wohlstandssteigerung relevant ist, sondern in erster Linie deren neue Kombination (also die Reallokation).

528 Vgl. Lageman, Löbbe et al. (1999), S. 110.

529 Für einen Überblick über den Technologiebegriff vgl. Corsten (1982), S. 4ff.

530 Vgl. dazu Gehrke und Grupp (1994), S.35ff. Die Liste beruht auf einer Zusammenstellung technologieintensiver Güter der OECD. Sektoren mit einer FuE-Intensität (Anteil der FuE-Aufwendungen am Umsatz) zwischen 3,5 und 8,5 Prozent werden als Wirtschaftszweige der „Höherwertigen Technik“ bezeichnet, Sektoren mit einer FuE-Intensität von über 8,5 Prozent werden als „Spitzentechnik“-Wirtschaftszweige definiert. Die einzelnen Unternehmen werden damit durch ihre Zuordnung zu bestimmten Wirtschaftszweigen entsprechend ihrer Klassifikationsnummer und nicht durch ihre tatsächliche FuE-Tätigkeit als technologieorientiert eingestuft.

Gründer, Input-Indikatoren wie den Anteil der FuE-Beschäftigten, Throughput-Indikatoren wie Patente oder Output-Indikatoren wie den Umsatzanteil der innovativen Produkte.[531] Etwas weiter gefasst als der Begriff der FuE-intensiven Wirtschaftzweige – der sich definitionsgemäß nur auf das Verarbeitende Gewerbe anwenden lässt – ist der Begriff der *wissensintensiven Wirtschaftszweige.* Allerdings existiert keine exakte und allgemein anerkannte Definition zur Operationalisierung wissensintensiver Wirtschaftszweige. Wissensintensive Wirtschaftszweige werden gemeinhin durch einen überdurchschnittlich hohen Akademikeranteil oder FuE-Mitarbeiteranteil an allen Beschäftigten definiert.[532] Innerhalb der wissensintensiven Wirtschaftszweige spielen die *wissensintensiven Dienstleistungen* eine bedeutende Rolle.[533]

Die Angaben bezüglich des Ausmaßes an technologieorientierten Gründungen differieren zum Teil erheblich. Aktuellen Untersuchungen des *ZEW* zufolge werden 14-15% aller Unternehmen in forschungs- und wissensintensiven Wirtschaftszweigen gegründet.[534] Dabei haben die Gründungen in den technologieintensiven Dienstleistungssektoren stark zugenommen und stellen mittlerweile mehr als drei Viertel aller Gründungen in technologieorientierten Wirtschaftszweigen. Auf Basis der Betriebsdatei der Beschäftigtenstatistik ergibt sich für den Zeitraum 1998-2002 ein durchschnittlicher Anteil von rund 25% für die Gründungen in wissensintensiven Branchen, der Anteil der Gründungen in FuE-intensiven Branchen an allen Gründungen beträgt aber lediglich 1,51%.[535] Das *RWI* beziffert den Anteil der technologieorientierten Gründungen sogar nur mit 0,5%.[536] Dies verdeutlicht, dass sich die tatsächliche Anzahl der technologieorientierten Gründungen nur schwer bestimmen lässt und stark von den verwende-

---

Der Begriff Forschung und Entwicklung (FuE) umfasst die Erweiterung des vorhandenen wissenschaftlichen und technologischen Wissens durch systematische, zielgerichtete und kreative Arbeit (unter Zuhilfenahme wissenschaftlicher Methoden) sowie die praktische Umsetzung des gewonnenen Wissens zur Entwicklung neuer Anwendungen (Güter, Produktionsverfahren, etc.).

531 Einen Überblick über alternative Definitionsansätze sowie deren Vor- und Nachteile geben Nerlinger und Berger (1995).

532 Vgl. Fritsch (2005), S. 23.

533 Zur Abgrenzung vgl. Almus, Egeln und Engel (2001), S. 30. Auf Basis der Wirtschaftszweigesystematik des Statistischen Bundesamts können Dienstleistungen in technologieintensiven Dienstleistungssektoren (z.B. Fernmeldedienste, Datenverarbeitung und Datenbanken; Architektur- und Ingenieurbüros) und nichttechnische Beratungstätigkeiten (z.B. Rechtsberatung, Wirtschaftsprüfung und Steuerberatung; Markt- und Meinungsforschung) zu den wissensintensiven Dienstleistungen gezählt werden (vgl. dazu BMBF 2005c, S. 13).

534 Vgl. Legler und Gehrke (2005), S. 34; ZEW (2004a), S.1; ZEW (2004b), S. 4.

535 Vgl. Fritsch (2005), S. 23.

536 Vgl. Lageman, Löbbe et al. (1999), S. 111.

ten Definitionen und Abgrenzungskriterien[537] abhängt. In absoluten Zahlen übertragen reicht das Spektrum von mehreren hundert oder wenigen tausend Gründungen pro Jahr bis zu über 50.000 Gründungen im Falle der weiter gefassten wissensintensiven Gründungen.

Die Verwendung des Begriffs der *technologieorientierten Unternehmensgründung* durch den Verfasser dieser Arbeit ist nicht an die oben beschriebenen Einteilungen gebunden, sondern soll die generelle Unterscheidung von innovativ-technologieorientierten und nicht innovativen Unternehmensgründungen verdeutlichen. Dabei ist die innovative Haltung des Gründers wichtiger als die Einordnung seines Unternehmens in einen bestimmten Wirtschaftszweig. Die nicht innovativen bzw. nicht technologieorientierten Gründungen werden im Folgenden auch als *imitative* oder *normale* Gründungen bezeichnet. Damit soll zum Ausdruck gebracht werden, dass diese Gründungen bereits bestehende und etablierte Geschäftsmodelle umsetzen, ohne dabei zu unterstellen, dass diese Gründungen exakte Kopien bestehender Unternehmen bilden. Die obige Übersicht verdeutlicht, dass die technologieorientierten Unternehmensgründungen bei weitem keine homogene Gruppe bilden, sondern ein breites Spektrum unterschiedlicher Unternehmenstypen abdecken. Diesen Umstand gilt es bei der Analyse der Entwicklung (Abschnitt 4.6) oder der Probleme (Abschnitt 4.8) von technologieorientierten Unternehmensgründungen zu berücksichtigen.

4.1.2.3. Spin-off Gründungen

Eine weitere Untergruppe von Unternehmensgründungen bilden die so genannten *Spin-off Gründungen*. Die charakteristische Eigenschaft von Spin-offs besteht darin, dass die Gründung dieser Unternehmen essentiell auf Wissen, Erkenntnissen, Fähigkeiten oder Kompetenzen aufbaut, die die Gründer in ihrem bisherigen Beschäftigungsverhältnis erworben haben.[538] Das Spin-off Unternehmen wird also gegründet, um FuE-Ergebnisse aus dem bisherigen Beschäftigungsverhältnis kommerziell zu verwerten oder um dort erworbene spezifische Kompetenzen für den Aufbau eines eigenen Unternehmens zu nutzen. Es besteht

---

537 Dies betrifft z.B. die verwendete Wirtschaftszweigeklassifikation und das verwendete Aggregationsniveau. Generell dürften Schätzungen auf der Ebene von Wirtschaftswzeigen wie sie z.B. vom ZEW durchgeführt werden die tatsächliche Anzahl der technologieorientierten Gründungen eher überschätzen, da nicht jede Gründung in einem technologieintensiven Wirtschaftszweig tatsächlich ein technologieorientiertes Unternehmen hervorbringt.

538 Vgl. dazu Egeln et al. (2002), S. 8ff.

demnach eine enge inhaltliche Verbindung zwischen dem neugegründeten Unternehmen und der Inkubatororganisation. Als Inkubatoren für Spin-offs kommen vor allem Hochschulen und sonstige öffentliche und private Forschungseinrichtungen in Frage. Private Unternehmen bilden eine weitere Quelle für Spin-off Gründungen.[539] Spin-offs sind durch die Verbindung von Personaltransfer mit gleichzeitigem Wissens- bzw. Technologietransfer von der Inkubatororganisation auf das neugegründete Unternehmen gekennzeichnet. Da hierbei zumeist „tacit knowledge", also implizites, an Personen gebundenes Wissen transferiert wird, ist die Formulierung „personengebundener Technologietransfer"[540] am treffendsten. Spin-offs können generell als originäre Gründungen eingestuft werden. Es sind aber auch derivate Formen möglich, wenn es z.B. nur zu einer organisatorischen aber keiner rechtlichen Trennung von der Inkubatororganisation kommt. Dieser Typus wird als Spin-out bezeichnet.[541] Weiterhin können Spin-offs dahingehend unterschieden werden, ob sie ohne Unterstützung oder mit Unterstützung der Inkubatororganisation (sponsored Spin-offs) oder gegen den Willen der Inkubatororganisation (Split-offs) gegründet werden.[542] *Egeln et al.* schätzen auf der Basis des ZEW-Gründerpanels, dass bei durchschnittlich 255.800 Gründungen in der zweiten Hälfte der 1990er Jahre in Deutschland 6.800 Spin-off Gründungen aus der öffentlichen Forschung zu verzeichnen sind.[543]

4.1.2.4. Problematik der Datenverfügbarkeit

Die Erfassung und Analyse des Gründungsgeschehens werden in Deutschland durch das Fehlen einer einheitlichen Gründungsdatenbank, in der sämtliche Unternehmensgründungen, deren zentrale Merkmale sowie deren Entwicklung und die eventuelle Geschäftsaufgabe erfasst werden, erschwert. Da keine originäre Datenbank existiert, erfolgt die Bestimmung des Gründungsaufkommens und die Analyse des Gründungsgeschehens anhand von verschiedenen „Ersatzdatenbanken", die teilweise zu anderen Zwecken erhoben werden. Neben den *institutionenbezogenen* Statistiken, die an der Erhebungseinheit Unternehmen, Betrieb bzw. Arbeitsstätte ansetzen, werden auch *personenbezogene* Statistiken zur Er-

---

539 Vgl. Razik (2002), S. 19.
540 Vgl. Scheidt (1995), S. 32.
541 Vgl. Hunsdiek (1987), S. 153.
542 Vgl. Hunsdiek (1987), S. 153.
543 Vgl. Egeln et al. (2002), S. 10.

fassung von Unternehmensgründungen herangezogen. Die Statistiken unterscheiden sich allerdings erheblich in der Erfassungssystematik und bilden das tatsächliche Gründungsvolumen jeweils nur verzerrt ab. Dementsprechend können die Angaben zum Gründungsaufkommen eines Jahres erheblich voneinander abweichen, die Bestimmung des tatsächlichen Gründungsvolumens ist damit nur annäherungsweise möglich.[544] Im Folgenden werden drei wichtige institutionenbezogene Datensätze mit ihren jeweiligen Vor- und Nachteilen beschrieben.[545]

ZEW-Gründerpanel: Dem Gründerpanel liegen die Unternehmensdaten der privatwirtschaftlichen Kreditauskunftsdatei Verband der Vereine Creditreform e.V. zugrunde. Die Datenerhebung erfolgt durch eine systematische Recherche aller öffentlicher Register (z.B. Handelsregister), Meldungen (z.B. Konkurs- und Vergleichsmeldungen), Geschäftsberichte und veröffentlichte Bilanzen sowie durch Recherchen, die durch Anfragen bezüglich der Kreditwürdigkeit ausgelöst werden. Die neu erfassten Unternehmensgründungen und die aktualisierten Daten zu bereits im Datensatz enthaltenen Unternehmen werden im halbjährlichen Abstand in das ZEW-Gründerpanel (für Westdeutschland seit 1990, für Ostdeutschland seit 1991) überführt. Die Erfassung erfolgt auf Unternehmensebene und nicht auf Betriebsebene. Es ist zu berücksichtigen, dass die Recherchewahrscheinlichkeit und damit die Wahrscheinlichkeit einer Aktualisierung der Unternehmensdaten (inklusive der Erfassung der Liquidation) im Gründerpanel stark zwischen den einzelnen Unternehmen differiert. Die Erfassung sämtlicher Gründungen und Schließungen sowie deren exakte Zeitpunkte ist damit nicht gewährleistet. Das Panel ermöglicht die Abgrenzung von originären selbstständigen Unternehmensgründungen, die Durchführung von Längsschnittanalysen sowie die räumlich und sektoral disaggregierte Analyse des Gründungsgeschehens. Die *ZEW-Gründerstudie* ist ein Sub-Datensatz des Gründerpanels, erstellt durch Telefoninterviews mit Unternehmen der Gründungskohorten 1990 bis 1993 im Jahr 1999 und enthält detailliertere Angaben, z.B. zur Beschäftigungssituation und zum genauen Zeitpunkt des Marktaustritts.[546]

---

[544] Vgl. z.B. Clemens und Kayser (2001), S. 33ff; Fritsch und Niese (2002), S. 142ff; Struck (1998), S. 110ff.

[545] Die Datensätze werden in den einzelnen Beiträgen in Fritsch und Grotz (2002), insbesondere S. 55ff, 79ff und 103ff sowie in van Elkan (1998), S. 21ff detailliert beschrieben.

Statistik der Gewerbeanzeigen: Jeder Gewerbebetrieb muss beim Gewerbeamt der betreffenden Gemeinde angemeldet werden, die Sammlung und Aufbereitung der Datensätze erfolgt durch die Statistischen Landesämter, die Zusammenfassung auf Bundesebene durch das Statistische Bundesamt. Aus den Gewerbeanmeldungen und -abmeldungen lassen sich zwar einige Informationen über die Unternehmen (wie die Rechtsform, Wirtschaftszweig und Beschäftigung) ableiten, Längsschnittanalysen können damit aber nicht durchgeführt werden. Zu einer verzerrten Abbildung des Gründungsgeschehens in der Gewerbeanzeigenstatistik kommt es vor allem durch die Erfassung von „Scheingründungen", also der Anzeige einer Unternehmensgründung ohne dass es zu einer Aufnahme von Geschäftstätigkeit kommt, und der Nichtberücksichtigung einzelner Wirtschaftsbereiche, so besteht z.B. für die Freien Berufe (z.B. Architekt, Steuerberater) und die Urproduktion (d.h. Land- und Forstwirtschaft) keine Pflicht zur Gewerbeanmeldung. Die Erfassung und die Bewertung der Scheinselbstständigkeit stellt ein weiteres Problem dar. Zusätzlich wird die exakte Erfassung des Gründungsaufkommens dadurch erschwert, dass Gewerbeanmeldungen auch bei Übernahmen, Verlagerungen und Neuerrichtungen von Zweigniederlassungen abgegeben werden müssen. Ebenso kann nicht jede Gewerbeabmeldung mit einer vollständigen Unternehmensliquidation gleichgesetzt werden. Wesentliche Vorteile bestehen in der räumlich disaggregierten Verfügbarkeit und der Aktualität der Datensätze, die durch die monatliche Aufbereitung ermöglicht wird. Allerdings erfolgt die bundesweit einheitliche Erfassung und Aufbereitung erst seit 1996. Die Daten der Gewerbeanzeigenstatistik werden durch das *IfM Bonn* zur *IfM-Gründungsstatistik* aufbereitet.

Statistik der sozialversicherungspflichtig Beschäftigten der BfA (Beschäftigtenstatistik) / Betriebsdatei des IAB: Grundlage der Beschäftigtenstatistik sind die obligatorischen Meldungen der Arbeitgeber über die Einstellung und das Ausscheiden von sozialversicherungspflichtig Beschäftigten an die Sozialversicherungsträger. Anhand der Betriebsnummer, die bei jeder Meldung angegeben werden muss, können die Informationen über die Anzahl und die Dauer der Beschäftigungsverhältnisse in eine Betriebsdatei überführt werden. Die seit 1973 geführte Betriebsdatei stellt eine Vollerhebung dar und ermöglicht Längsschnittanalysen sowie räumlich und sektoral disaggregierte Analysen des Gründungs-

---

[546] Für eine detaillierte Beschreibung siehe Almus et al. (2001).

geschehens. Eine Unternehmensgründung wird durch das erstmalige Auftauchen einer Betriebsnummer, die Liquidation durch das Verschwinden einer Betriebsnummer aus der Betriebsdatei erfasst. Ein Nachteil besteht darin, dass Kleinstunternehmen, also Unternehmen ohne mindestens einen sozialversicherungspflichtig Beschäftigten, nicht erfasst werden. Dies kann auch zu einer falschen Erfassung des Gründungs- und des Liquidationszeitpunktes führen. So kann das erstmalige Auftauchen einer Betriebsnummer auf eine aktuelle Gründung, aber auch auf die erstmalige Einstellung eines sozialversicherungspflichtigen Beschäftigten sein. Probleme bereiten auch „unterbrochene Erwerbsverläufe", d.h. Betriebe, die zeitweise keine sozialversicherungspflichtig Beschäftigte aufweisen. Weitere Probleme ergeben sich durch die Betriebsnummernvergabe, die auf Betriebsebene und nicht auf Unternehmensebene erfolgt.[547] Das *IAB-Betriebspanel* wird seit 1993 durch die Ziehung von Betrieben aus der Betriebsdatei als jährlich durchgeführte Panelbefragung erhoben.[548] Das Panel enthält weiter reichende Informationen als die Betriebsdatei. Auf Basis der Beschäftigtenstatistik hat die TU Bergakademie Freiberg die Datenbank *Gründungsatlas* aufgebaut.[549] Der Gründungsatlas enthält Daten zu den Gründungen und Schließungen ab dem Jahr 1983 in Westdeutschland (ab 1991 in Ostdeutschland). Die sektorale Unterteilung entspricht der Wirtschaftszweigklassifikation der BfA, als regionale Gliederung wird die Kategorisierung nach Raumordnungsregionen des BBR verwendet.

Weiterhin können auch aus der *Umsatzsteuerstatistik* Informationen über das Gründungsgeschehen abgeleitet werden. Eine Gründung kann hier durch den Zugang einer neuen Steuernummer identifiziert werden.[550] Personenbezogene Quellen zur Erfassung der Entwicklung der Zahl der Selbstständigen sind der *Mikrozensus* und das *Sozio-ökonomische Panel (SOEP)*. Diesen Längsschnittuntersuchungen liegt die Befragung von Haushalten zugrunde, in beiden Fällen erfolgt eine Hochrechnung auf der Basis einer repräsentativen Stichprobe.[551] Die Aufnahme einer selbstständigen Tätigkeit wird dabei als Existenzgründung in-

---

547 Bellmann, Harhoff und Schulz (1999) analysieren diese Verzerrungen in der Erfassungssystematik und weisen auf die Gefahr einer erheblichen Übererfassung des tatsächlichen Gründungsvolumens hin.

548 Vgl. Weißhuhn und Wichmann (2000), S. 43ff.

549 Vgl. TU-Freiberg (2003).

550 Für eine detaillierte Beschreibung siehe Fritsch und Grotz (2002), S. 129ff.

551 Für eine detaillierte Darstellung des Mikrozensus vgl. Statistisches Bundesamt (2005a). Für eine detaillierte Darstellung des SOEP vgl. DIW (2003).

terpretiert. Der Mikrozensus und das SOEP ermöglichen zwar die Erfassung von Selbstständigen, die nicht der Gewerbeanzeigepflicht unterliegen und die keine weiteren Mitarbeiter beschäftigen sowie die Differenzierung in Haupt-, Neben- und Zuerwerb, allerdings können Teamgründungen nicht erfasst werden, wodurch das Gründungsaufkommen überschätzt werden kann, außerdem werden kaum sektoral und regional differenzierte Auswertungen ermöglicht. Eine weitere personenbezogene Datenquelle ist der *KfW-Gründungsmonitor* (früher DtA-Gründungsmonitor), der auf einer jährlichen bevölkerungsrepräsentativen Befragung von 40.000 Personen beruht.[552] Der Monitor trennt zwischen Voll- und Nebenerwerbsgründern und erfasst zudem potenzielle Gründer, d.h. Personen, die innerhalb der nächsten sechs Monate eine Gründung planen. Auch im Rahmen des *Global Entrepreneurship Monitors (GEM)*, einer international vergleichenden Studie zum Gründungsgeschehen (durchgeführt seit 1998 mit 34 teilnehmenden Ländern im Jahr 2004), erfolgt eine jährliche Erfassung des Gründungsaufkommens mittels einer telefonischen Bürgerbefragung.[553] Der Monitor trennt zwischen „Nascent Entrepreneurs“, die sich zum Befragungszeitpunkt aktiv an einer Unternehmensgründung beteiligen und „Young Entrepreneurs“, die Inhaber oder Teilhaber eines neugegründeten Unternehmens sind. Aus der Addition dieser beiden Gründungsquoten wird dann die „Total Entrepreneurship Activity“ berechnet. Der GEM ermöglicht allerdings kaum regional und sektoral differenzierte Analysen. Zusätzlich zum GEM wird im *Regional Entrepreneurship Monitor (REM)* das Gründungsgeschehen nach dem gleichen Erhebungsdesign für zehn deutsche Raumordnungsregionen untersucht, wodurch vergleichende Regionalanalysen ermöglicht werden.[554]

4.1.2.5. Der Gründungsprozess

Zur Identifikation und Bewertung der Einflussgrößen für das Gründungsaufkommen sowie der Anforderungen, Probleme und Hindernisse, denen sich ein neugegründetes Unternehmen ausgesetzt sieht, wird die Gründung eines Unternehmens als ein aus mehreren Teilphasen bestehender Prozess modelliert. Der Gründungsprozess kann idealtypisch in drei Phasen unterteilt werden:[555]

---

[552] Vgl. KfW (2005b), S. 5ff.
[553] Vgl. dazu Sternberg und Bergmann (2003), S. 11ff.
[554] Vgl. dazu Lückgen und Oberschachtsiek (2004), S. 8ff.
[555] Vgl. z.B. Elfers (1995), S. 22ff; Kailer (2000), S. 64; Klandt (1999), S. 60; Lang van Wins et al. (2002), S. 108ff; Mugler (1998), S. 101f; Unterkofler (1989), S. 36ff; Wenz (1993), S. 10ff.

1. Die **Vorgründungsphase** beginnt mit Entstehen des konkreten Gründungswunsches (ein diffuser Wunsch nach Selbstständigkeit kann schon früher bestanden haben) und reicht bis zur Entwicklung einer konkreten Geschäftsidee. In diese Phase fällt der Prozess der Gründungsentscheidung, d.h. die Wahl zwischen den Handlungsalternativen „selbstständige Tätigkeit" und „abhängige Beschäftigung" (bzw. Arbeitslosigkeit) wird zugunsten der ersten Erwerbsalternative entschieden. In der Vorbereitungsphase werden Vorbereitungsschritte durchgeführt wie z.B. Überlegungen zur Durchführbarkeit und die Ausführungsplanung.
2. Die **Gründungsphase** wird durch den definitiven Gründungsentschluss eingeleitet und endet mit dem Markteintritt.[556] In diese Phase fällt der eigentliche Aufbau des Geschäftsbetriebs inklusive des formaljuristischen Gründungsakts, z.B. durch die Gewerbeanmeldung oder die Handelsregistereintragung. Es fallen lediglich Kosten an, Umsätze werden noch nicht getätigt. Die Personen, die sich in der Vorgründungs- und der Gründungsphase befinden, werden auch als „Nascent Entrepreneur"[557] bezeichnet.
3. Die **Nachgründungsphase** – auch (Früh-)Entwicklungs- oder Aufbauphase – beginnt mit der Aufnahme der Geschäftstätigkeit. In dieser Phase werden die ersten Umsatzerlöse erzielt.[558]

Daneben existieren natürlich noch weitere Prozessmodelle, die sich in der Anzahl und der Abgrenzung der einzelnen Phasen unterscheiden, vgl. z.B. Dietz (1989), S.35ff; Gries, May-Strobl und Paulini (1997), S.8ff; Szyperski und Nathusius (1977), S.33 sowie Pleschak (1997b), S. 14f für Technologieunternehmen.

556 Diese Phasenabgrenzung wird allerdings nicht einheitlich vorgenommen, so stellt beispielsweise Zacharias (2001, S. 38) die Institutionalisierung des Unternehmens (z.B. Geschäftseröffnung, Gewerbeanmeldung) an das Ende der Gründungsphase. Problematisch ist hierbei, dass die Gewerbeanmeldung relativ unverbindlich ist, d.h. selbst nach einer Gewerbeanmeldung wird nicht zwangsläufig tatsächlich ein Unternehmen gegründet, die Geschäftseröffnung ist dagegen sehr verbindlich. Außerdem ist zu berücksichtigen, dass es *den einen* formaljuristischen Gründungsakt in der Regel nicht gibt. Vielmehr müssen diverse Anträge und Genehmigungen von unterschiedlichen Institutionen eingeholt werden, so dass die formale Unternehmensgründung eher als Teilphase denn als eindeutig bestimmbarer Zeitpunkt aufzufassen ist. Die Gründung einer GmbH benötigt z.B. durchschnittlich 45 Tage, wobei neun Genehmigungen einzuholen sind (vgl. Kroker, Lichtblau und Röhl 2004, S. 16f). Die Abgrenzung von Gründungs- und Nachgründungsphase anhand der Umsatzerzielung ist daher sinnvoller.

557 Vgl. z.B. Welter und Bergmann (2002), S. 34ff.

558 Manche Autoren unterscheiden zusätzlich zwischen einer Frühentwicklungs- und einer Entwicklungs- bzw. Wachstumsphase. In der Frühentwicklungsphase reichen die Umsatzerlöse noch nicht aus, um die Kosten zu decken, so dass weitere Anlaufverluste entstehen. Mit dem Erzielen der ersten Gewinne, d.h. dem Erreichen des Break-even-Punkts, tritt das Unternehmen dann in die Entwicklungsphase ein (vgl. dazu z.B. Wenz 1993, S. 17f, Zacharias 2001, S. 38). Da viele Problemfelder unabhängig von der Erzielung erster Gewinne fortbestehen düften, wird diese zusätzliche Unterteilung im weiteren Verlauf nicht berücksichtigt.

An die Nachgründungsphase schließen sich dann Wachstums-, Stabilisierungs- und Reifephasen an. Da das Unternehmen sich dann bereits in einem grundsätzlich etablierten und gesicherten Zustand befindet und diese Phasen unter Umständen mehrfach durchlaufen werden, liegt das Hauptaugenmerk auf den Phasen des Gründungsprozesses.

Die Einteilung in drei Phasen ist einerseits ziemlich grob und vereinfachend, da sich innerhalb der einzelnen Phasen weitere, zum Teil parallel verlaufende Teilprozesse unterscheiden lassen. Der Gründer muss laufend Entscheidungen zu einzelnen Problemstellungen treffen, damit nachfolgende Schritte gestartet werden können. Es handelt sich dabei nicht um einen streng linearen Prozessablauf, vielmehr sind Rückkopplungen und die Rückkehr zu vorherigen Schritten möglich. Je weiter der Prozess voranschreitet, desto verbindlicher wird die Gründungsentscheidung bis schließlich ein „point of no return"[559] erreicht wird. Irreversible Investitionen bewirken dann versunkene Kosten, die zu Verlusten für den Gründer bei einer Rückkehr zu früheren Phasen oder einer vollständigen Einstellung des Gründungsprojektes führen. Weiterhin ist zu beachten, dass bereits in der Vorgründungs- und Gründungsphase wichtige strategische Entscheidungen getroffen werden, die weit reichende Auswirkungen auf die nachfolgenden Entwicklungsphasen des Unternehmens haben können. Dazu zählen z.B. die Festlegung auf bestimmte Produkt-Markt-Segmente und die zu verfolgende Wettbewerbsstrategie.[560] Die Gründungskonzeption und der Businessplan geben – sofern diese überhaupt systematisch aufgestellt werden – zusammen mit den Zielsetzungen des Gründers die Rahmenbedingungen für die weitere Unternehmensentwicklung vor. Fehlentscheidungen, eine falsche strategische Ausrichtung und Defizite in der Gründungskonzeption können so erhebliche Entwicklungsprobleme bis hin zur Existenzgefährdung zur Folge haben.

Auch wenn dem Drei-Phasen-Schema eine zu starke Vereinfachung vorgehalten werden kann, besteht andererseits schon bei dieser Aufteilung das Problem, dass sich einzelne Teilprozesse über mehrere Phasen erstrecken können. Gerade konzeptionelle Überlegungen und Planungen werden oft bereits in der Vorgründungsphase begonnen und dann vertieft in der Gründungsphase fortgeführt (wenn z.B. der Gründer für die Finanzierung einen Businessplan

---

559 Vgl. Szyperski und Nathusius (1977), S. 33.

560 Porter (1999, S. 70ff) unterscheidet die drei Grundstrategien „umfassende Kostenführerschaft", „Differenzierung" und „Konzentration auf Schwerpunkte". Für Unternehmensgründungen sind

erstellen muss und bereits in der Vorgründungsphase durchgeführte Marktanalysen und Produktions- und Finanzierungsplanungen detaillierter aufbereitet werden müssen). Weiterhin fällt es schwer, den Beginn der Vorgründungs-[561] sowie den Abschluss der Nachgründungsphase[562] exakt zu bestimmen. Trotz dieser Einwände ermöglicht diese Phaseneinteilung eine besser strukturierte Analyse des Gründungsprozesses. Daher wird im Folgenden auf diese Betrachtungsweise zurückgegriffen, um die unterschiedlichen Problemstellungen der Gründungsunternehmen und die sich daraus ableitenden unterschiedlichen Bedürfnisse nach Beratungs- und Unterstützungsleistungen darzustellen und zu analysieren.

Bei technologieorientierten Unternehmensgründungen läuft neben dem eigentlichen Gründungsprozess zusätzlich noch der Innovationsprozess – verkürzt dargestellt: Forschungs- und Entwicklungsarbeiten, Konstruktion, Entwicklung von Prototypen, Null-, Kleinserien- und Serienfertigung, Vertrieb und Vermarktung – ab.[563] Die beiden Prozesse können parallel verlaufen, der Innovationsprozess kann aber auch schon vor dem Gründungsprozess starten wie z.B. bei Spin-off Gründungen. Dies deutet darauf hin, dass bei technologieorientierte Gründungen generell mehr Problempotenziale im Gründungsprozess vorhanden sind als bei imitativen Gründungen und dass der Gründungsprozess tendenziell länger andauert.

Das Gründungsphasenmodell verdeutlicht weiterhin, dass sich die Forschung nicht nur mit bereits im Aufbau befindlichen Unternehmen und deren

---

vor allem die beiden Letztgenannten relevant. Für technologieorientierte Unternehmen ist innerhalb der Differenzierungsstrategie vor allem die Technologieführerschaft relevant.

561 Hunsdiek (1987, S. 72) veranschlagt durchschnittlich 10,6 Monate bei technologieorientierten Unternehmensgründungen, Unterkofler (1989, S. 37) setzt dagegen rund drei Jahre als Regelfall für Gründungen im Allgemeinen an, Elfers (1995, S. 23) veranschlagt ebenfalls einen Zeitbedarf von zwei bis drei Jahren. Wie Lang-von Wins et al. (2002, S. 103) ermitteln, benötigt das Entstehen der Geschäftsidee im Durchschnitt 16,5 Monate, vom Entstehen des ursprünglichen Gründungswunsches bis zur tatsächlichen Gründung vergehen im Durchschnitt sogar 26,2 Monate. Die Gründerbefragung des IfM Bonn zeigt, dass sich Gründer im Durchschnitt schon 31 Monate vor der Gewerbeanmeldung mit der Selbstständigkeitsentscheidung beschäftigen (vgl. Gries, May-Strobl und Paulini 1997, S. 8). Die Phasendauer wird somit maßgeblich durch die Definition der Phasenanfangs- und Phasenendpunkte bestimmt.

562 Kailer (2000, S.64) setzt für die Nachgründungsphase durchschnittlich fünf Jahre an, nach Hunsdiek und May-Strobl (1986, S. 127) ist die Gründungsprozess i.d.R. mit dem Beginn des dritten Geschäftsjahres bei Erreichen einer wettbewerbsfähigen Betriebsgröße abgeschlossen. Unterkofler (1989, S. 39) sieht den Gründungsprozess als abgeschlossen an, wenn das Unternehmen „die Markteintrittsbarrieren überwunden hat, marktfähig ist und wirtschaftlich stabile Verhältnisse aufweist.“ Aufgrund des individuellen Charakters von Gründungsprojekten erscheint eine qualitative Abgrenzung geeigneter als eine rein quantitative Bestimmung.

563 Vgl. Unterkofler (1989), S. 42. Für die Darstellung von Innovationsmodellen vgl. Tidelski (2002), S. 23ff.

Gründern beschäftigen sollte. Vielmehr sollten auch potenzielle Gründer bzw. Nascent Entrepreneurs, also Personen in der Vorgründungsphase, erfasst und untersucht werden. Die alleinige Beschäftigung mit tatsächlichen Gründern bewirkt eine selektive Verzerrung, bei der potenzielle Gründer, die ihr Gründungsprojekt aufgeben (mussten), nicht berücksichtigt werden. Von Interesse sind hierbei die diversen Tätigkeiten und Vorbereitungsschritte, die vor der eigentlichen Gründung durchgeführt werden. Es stellt sich die Frage ob es z.B. systematische Unterschiede – beispielsweise in Art, Umfang und Ablauf der Vorbereitungsschritte – zwischen erfolgreichen und nicht erfolgreichen (d.h. eine Unternehmensgründung kommt nicht zustande) Nascent Entrepreneurs gibt. Aus diesen Informationen ließen sich Ansatzpunkte für spezifische Unterstützungsmaßnahmen ableiten. Von Interesse sind weiterhin die Motive, die dem Gründungsentschluss vorausgehen. So ist die Gründungsentscheidung häufig auf die Identifikation von unternehmerischen Möglichkeiten zurückzuführen („entrepreneurial opportunities")[564], wobei sich nun die Frage stellt, welche Faktoren diese Identifikation beeinflussen und welche Faktoren die tatsächliche Umsetzung einer wahrgenommenen Möglichkeit forcieren. Allerdings sind Nascent Entrepreneurs noch schwerer zu erfassen als Gründer. Daher wurden sie lange Zeit kaum empirisch untersucht, erst in den letzten Jahren werden entsprechende Datensätze aufgebaut und Panelstudien durchgeführt.[565] Für die Analyse der Vorgründungsphase wird ein Trichtermodell verwendet, bei dem das Gründungspotenzial abnimmt, je konkreter das Gründungsvorhaben ist.[566] Ausgehend von der Bevölkerung im erwerbsfähigen Alter kann entsprechend der Gründungsneigung und -fähigkeit eine Teilgruppe als potenzielle Gründer eingestuft werden. Hiervon unternimmt wiederum nur eine Teilgruppe konkrete Maßnahmen zur Umsetzung der Unternehmensgründung. Abzüglich der Personen, die ihr Gründungsengagement wieder eingestellt oder vorläufig zurückgestellt haben, ergibt sich daraus die Gruppe der werdenden Gründer, die nach erfolgter Gründung dann als tatsächliche Gründer bezeichnet werden.

---

564 Vgl. dazu Shane und Venkataraman (2000), S. 220f. Während die Identifikation von unternehmerischen Möglichkeiten und die damit verbundenen Gewinnchancen als Pull-Faktoren für die Gründungsentscheidung wirken, kann ein Gründungsentschluss auch auf Pull-Faktoren wie mangelnde Erwerbsalternativen bei Arbeitlosigkeit zurückzuführen sein.

565 Ein Beispiel hierfür ist die amerikanische *Panel Study of Entrepreneurial Dynamics* (vgl. Gartner und Carter 2003, S. 198f). Auch im Rahmen des *GEM* und des *REM* werden Nascent Entrepreneurs erfasst (vgl. Lückgen und Oberschachtsiek 2004; Sternberg und Lückgen 2005).

566 Vgl. z.B. Bergmann (2000), S. 14.

4.1.3. Die gesamtwirtschaftliche Bedeutung von Unternehmensgründungen

Der folgende Abschnitt verfolgt das Ziel, zu begründen, warum Unternehmensgründungen für die wirtschaftliche Entwicklung einer Region bzw. einer Volkswirtschaft „wichtig" sind. *Schumpeter* prägte das Bild von der wirtschaftlichen Entwicklung als fortlaufender Prozess schöpferischer Zerstörung, bei dem alte und träge Unternehmen durch dynamische (junge) Unternehmen verdrängt werden.[567] Mit der Gründung von Unternehmen sind vielfältige Auswirkungen auf die wirtschaftliche Entwicklung verbunden. Dies sind zum einen einzelwirtschaftliche Wirkungen, die das gegründete Unternehmen und seinen Gründer selbst betreffen. Direkte Effekte bestehen z.B. in der Schaffung einer Existenzgrundlage für den Gründer und der Schaffung von neuen Beschäftigungsverhältnissen Daneben haben Gründungen auch gesamtwirtschaftliche Effekte, d.h. Auswirkungen auf die Entwicklung von Märkten durch die Teilnahme der neugegründeten Unternehmen an den Markt- und Wettbewerbsprozessen. Zu diesen indirekte Wirkungen zählt z.B. die Verdrängung anderer Unternehmen durch die Intensivierung des Wettbewerbs. Einige dieser Wirkungen wurden bereits von *Marshall* sehr anschaulich beschrieben:

> *„But here we may read the lessons from the young trees of the forest as they struggle upwards through the benumbing shade of their older rivals. Many succumb on the way, and only a few survive; those few become stronger with every year they get a larger share of light and air with every increase of their height, and at least in their turn they tower above their neighbours…"*[568]

Die wesentlichen Auswirkungen von Unternehmensgründungen auf die wirtschaftliche Entwicklung werden ind er folgenden Abbildung 4.2. zusammengedfasst. Wie die Übersicht verdeutlicht, muss eine Analyse der Gründungswirkungen umfassend angelegt werden. Neben den unmittelbaren Wirkungen, die mit der Analyse des Überlebens und der Entwicklung der neugegründeten Unternehmen erfasst werden, sowie den durch die Gründungen verursachten Verdrängungseffekten sind weiterhin die Auswirkungen auf das Marktangebot zu be-

---

567 Vgl. Schumpeter (1939), S. 94ff, 142f; Schumpeter (1942), S. 134ff; Schumpeter (1952), S. 101ff.
568 Vgl. Marshall (1920), S. 315f.

rücksichtigen.[569] Eine Unternehmensgründung stellt einen Marktzutritt dar. Der *Markt* ist eine dynamisch-evolutorische und – wie im Folgenden unterstellt wird – grundsätzlich wettbewerblich organisierte Institution zum Austausch von Gütern. Die Markt- und Wettbewerbsprozesse sind durch eine Abfolge von Vorstoß- und Verfolgungsphasen geprägt, bei denen einzelne Akteure temporäre Vorsprünge erzielen und dadurch Reaktionen der anderen Akteure hervorrufen.[570]

Abbildung 4.2: Auswirkungen von Unternehmensgründungen

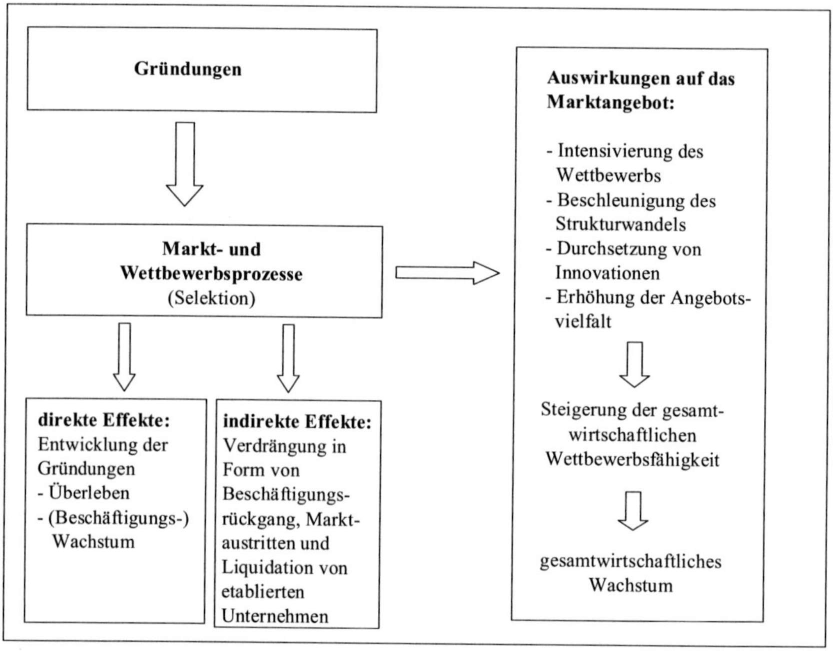

Quelle: Eigene Darstellung in Anlehnung an Fritsch und Mueller (2004), S. 962.

Die Entwicklung der Marktprozesse ist nicht determiniert, vielmehr wirkt der Wettbewerb als Entdeckungsverfahren[571], d.h. die Aktionen und Reaktionen der

---

569 Vgl. dazu auch Fritsch und Mueller (2004), S. 962ff. Die Beschäftigungs- und Verdrängungswirkungen werden in Abschnitt 4.1.3.1, das Überleben wird in Abschnitt 4.5 ausführlicher erläutert.
570 Vgl. Herdzina (1999), S. 60ff.
571 Vgl. von Hayek (1968).

Nachfrager und der anderen Anbieter entscheiden darüber, ob neue Güter – und damit die Unternehmen, die diese anbieten – Erfolg haben. Der Wettbewerbsmarkt wirkt demnach als Selektionsmechanismus für neue wie auch für etablierte Unternehmen, bei dem – einen funktionsfähigen Wettbewerb[572] vorausgesetzt – ineffiziente Anbieter verdrängt werden. Durch die Teilnahme an den Markt- und Wettbewerbsprozessen bewirken Unternehmensgründungen Veränderungen des Marktangebots. Zu diesen Auswirkungen zählt zum einen die Intensivierung und Sicherung des Wettbewerbs, die in Abschnitt 4.1.3.2 ausführlicher erläutert werden. Dadurch tragen Unternehmensgründungen zur Sicherstellung und Steigerung der statischen und dynamischen Effizienz bei. Die übrigen Angebotsauswirkungen sind inhaltlich eng miteinander verknüpft. Die Beschleunigung des Strukturwandels und die Durchsetzung von Innovationen greifen auf *Schumpeters* Konzept der schöpferischen Zerstörung zurück und werden in Abschnitt 4.1.3.3 ausführlicher erläutert. Innovative Produkte tragen weiterhin zur Erhöhung der Angebotsvielfalt bei. Letzteres kann allerdings auch durch die Besetzung von bisher durch die etablierten Anbieter nicht besetzten Nischen in bestehenden Märkten erreicht werden. Werden dadurch die Bedürfnisse der Nachfrager besser befriedigt, wird ebenfalls eine Verbesserung der gesamtwirtschaftlichen Situation erreicht. Prinzipiell können die drei letztgenannten Angebotswirkungen auch als Ergebnisse eines funktionsfähigen Wettbewerbs interpretiert werden, so dass die Intensivierung des Wettbewerbs als übergeordnete Angebotsauswirkung eingestuft werden kann. Für die Marktangebotsauswirkungen ist es dabei nicht entscheidend, ob sich eine Gründung am Markt durchsetzen kann.[573] So kann beispielsweise die innovative Idee einer gescheiterten Gründung auch von etablierten Unternehmen adaptiert und verbreitet werden. Die beschriebenen Angebotswirkungen tragen letztlich zur Steigerung der gesamtwirtschaftlichen Wettbewerbsfähigkeit[574] bei und fördern dadurch das gesamtwirtschaftliche Wirtschaftswachstum.[575]

---

572 Zum Konzept des funktionsfähigen Wettbewerbs vgl. Herdzina (1999), S. 33ff.

573 Vgl. Fritsch und Mueller (2004), S. 963.

574 Wie empirische Studien zeigen, ist das Gründungsaufkommen (und allgemein das Ausmaß der betrieblichen Turbulenz) ein wichtiger Faktor zur Erklärung des Produktivitätswachstums, da Unternehmensgründungen zur Verdrängung weniger effizienter Produktionseinheiten durch effizientere Produktionseinheiten beitragen (vgl. dazu Caves 1998, S. 1971ff).

575 Wirtschaftswachstum wird definiert als die Erweiterung der Produktionsmöglichkeiten durch den Mehreinsatz von Produktionsfaktoren und/oder durch technischen Fortschritt (vgl. dazu Herdzina 2005, S. 17).

Mit den in Abschnitt 4.1.2.2 definierten innovativen oder technologieorientierten Unternehmensgründung wird insbesondere die Hoffnung auf die Durchsetzung von Innovationen und die Beschleunigung des Strukturwandels verbunden.[576] Weiterhin wird erwartet, dass diese einen wichtigen Beitrag zur Bildung bzw. Erweiterung innovativer regionaler Strukturen – z.B. regionaler Innovationsnetzwerke – leisten, durch eine enge Verflechtung mit Wissenschaft und Forschung die regionalen und nationalen Innovationspotenziale steigern und den Wissens- und Technologietransfer verbessern.[577] Dabei spielen Spin-off Gründungen eine wichtige Rolle. Neben dem Beitrag zur Verbesserung der technologischen Leistungsfähigkeit einer Region bzw. einer Volkswirtschaft kann den technologieorientierten Unternehmensgründungen schließlich auch ein Beitrag zur Stärkung der internationalen Wettbewerbsfähigkeit zugeschrieben werden, da technologieorientierte Unternehmen in der Regel deutlich stärker exportorientiert sind als normale KMU.[578]

Die hier beschriebenen Auswirkungen von (technologieorientierten) Unternehmensgründungen – insbesondere der Beschäftigungsbeitrag, die Durchsetzung von Innovationen und die Beschleunigung des Strukturwandels sowie ganz allgemein die Förderung des Wirtschaftswachstums – decken sich weitgehend mit dem im Abschnitt 3.1.2.1 aufgeführten Zielkatalog der TGZ-Konzeption, was nochmals die zentrale Stellung des Aspekts „Unternehmensgründung" innerhalb der TGZ-Konzeption verdeutlicht.

Das Ausmaß des tatsächlichen Beitrags von Unternehmensgründungen zur gesamtwirtschaftlichen Entwicklung ist allerdings nur schwer bestimmbar. *Baumol* stellt fest, dass dem Entrepreneur (verstanden im *Schumpeter'schen* Sinne)[579] eine wichtige Rolle zur Erklärung des Wirtschaftswachstums und dessen Entwicklung zukommt.[580] Die Begriffe des *Schumpeter'schen* Entrepreneurs

---

576 Vgl. Almus und Nerlinger (1998), S.21; Kulicke et al. (1993), S. 3ff; Pleschak et al. (2002), S. 2; Werner (2000), S. 5f; ZEW (2001a), S.1.

577 Vgl. Pleschak et al. (2002), S. 1; Pleschak und Werner (1998), S. 5ff.

578 Vgl. Werner (2000), S. 6.

579 Das zentrale Merkmal und die zentrale Funktion eines Unternehmers (Entrepreneur) ist die Durchführung von Innovationen, bezeichnet als die „Durchsetzung neuer Kombinationen" (vgl. Schumpeter 1952, S. 111). Schumpeter (1928, S. 485) zufolge füllt der „Gründer" (Promotor) durch die Beschränkung auf das Aufsuchen und Durchsetzen von neuen Möglichkeiten die Unternehmerfunktion in reiner Form aus. Voraussetzung ist allerdings, dass er tatsächlich auch der „Schöpfer" der neuen Unternehmung und die „treibende Kraft bei ihrem Entstehen" ist und nicht nur die „finanztechnische" Abwicklung durchführt (vgl. Schumpeter 1952, S. 115).

580 Vgl. Baumol (2002), S. 58f: "Recent empirical evidence as well as experience indicate that the entrepreneurial function is a vital component in the process of growth of output and productivity. For example, most empirical studies on the nature of the production function have concluded that

und des Unternehmensgründers sind natürlich bei weitem nicht deckungsgleich. Viele Gründer – wie z.B. ein Malermeister, der sich selbstständig macht ohne dabei ein neuartiges Angebot zu entwickeln – können nach diesem Verständnis nicht als Entrepreneur bezeichnet werden. Die Gründer technologieorientierter Unternehmen können dagegen weitestgehend dem *Schumpeter'schen* Entrepreneur zugerechnet werden. Gerade von diesen Gründungstypen kann daher ein stärkerer Beitrag zur gesamtwirtschaftlichen Entwicklung erwartet werden. Die Vielfalt der möglichen Auswirkungen von Unternehmensgründungen führt allerdings auch zu erheblichen Erfassungs- und Zurechnungsproblemen bei der empirischen Messung. Dies betrifft sowohl die zeitliche, als auch die räumliche und die sektorale Dimension. Bei stark regional und sektoral eingeschränkten Analysen (z.B. die Untersuchung der Auswirkungen von Industriebetriebsgründungen im Großraum Stuttgart) besteht das Problem, dass indirekte Auswirkungen, die auch andere Regionen und Branchen betreffen, nicht vollständig erfasst werden. Andererseits dürften die Auswirkungen – wie z.B. die Entlastung des Arbeitsmarkts oder der Auf- und Ausbau innovativer Netzwerke – aufgrund der zumeist geringen Größe der Gründungen stärker auf der regionalen Ebene spürbar sein, was wiederum für ein niedriges räumliches Aggregationsniveau spricht. In zeitlicher Hinsicht können bei einer kurzfristigen Analyse die Auswirkungen ebenfalls nicht vollständig erfasst werden. Während die direkten Effekte bereits unmittelbar mit dem Gründungsgeschehen wirksam werden, weisen die indirekten Effekte, d.h. die Verdrängungswirkungen und die Auswirkungen auf das Marktangebot eher einen mittel- bis längerfristigen Wirkungshorizont auf. Die längerfristigen Wirkungen von Gründungen sind daher grundsätzlich stärker ausgeprägt als die kurzfristigen.[581] Je nach gewähltem Zeitraum sind zudem unterschiedliche konjunkturelle Rahmenbedingungen zu beachten. Bei der Auswertung empirischer Forschungsbeiträge und der Formulierung von Politikempfehlungen sind diese Restriktionen zu berücksichtigen. Die Beurteilung des Ausmaßes der Wirkungen von Unternehmensgründungen ist damit stark von der gewählten räumlichen, zeitlichen und sektoralen Dimension sowie der zugrunde liegenden Datenbasis abhängig. Dies mag auch eine Erklärung für das breite

---

sheer capital accumulation and the expansion of the labor force leave unexplained a substantial proportion of the historical growth of the nation`s output. (…) Thus, if we ignore the entrepreneur we cannot fully explain a very substantial proportion of the historic growth of the West."

581 Vgl. z.B. Baldwin (1995), S. 27; Fritsch und Mueller (2004), S. 969.

Spektrum an Urteilen über die Bedeutung und die Wirksamkeit von Unternehmensgründungen sein.

4.1.3.1. Beschäftigungswirkungen

Für die Bewertung der langfristigen gesamtwirtschaftlichen Beschäftigungswirkungen empfiehlt sich eine Longitudinanalyse von Gründungskohorten. Eine Gründungskohorte umfasst alle Gründungen innerhalb einer bestimmten zeitlichen und räumlichen (und eventuell sektoralen) Rahmens. *Fritsch und Weyh* ermitteln z.B. anhand von Auswertungen der IAB-Betriebsdatei für den Zeitraum 1984 bis 2002, dass die Gesamtbeschäftigung einer Gründungskohorte im Durchschnitt bereits nach einem Jahr den Höchststand erreicht und danach wieder kontinuierlich zurückgeht.[582] Nach rund acht Jahren wird wieder das Ausgangsbeschäftigungsniveau erreicht, nach 18 Jahren beträgt die Gesamtbeschäftigung nur noch 80% des Ausgangsniveaus. Bei einzelnen Jahrgängen findet zwar ein längerer Gesamtbeschäftigungsanstieg statt, das generelle Grundmuster ist jedoch in allen Gründungskohorten erkennbar. Bei einer Aufspaltung in Sektoren ist das Muster allerdings nur für den Dienstleistungssektor erkennbar. Die Kohorten des Verarbeitenden Gewerbes erreichen dagegen ein durchschnittliches Beschäftigungsniveau von 120% der Ausgangsbeschäftigung im zweiten Jahr und können dieses Niveau längerfristig annähernd aufrechterhalten. Das identifizierte Entwicklungsmuster deckt sich teilweise mit den Erkenntnissen früherer Untersuchungen:

- Anhand des ZEW-Gründerpanels (West) berechnen *Almus und Nerlinger* für die Gründungskohorte 1989/1990 im Verarbeitenden Gewerbe einen Rückgang gegenüber der ursprünglichen Beschäftigung um 7,7% bis zum Jahr 1996.[583] Lediglich die Subgruppe der technologieorientierten Unternehmensgründungen, die rund 25% der ursprünglich geschaffenen Arbeitsplätze stellt, konnte in diesem Zeitraum die Beschäftigung ausbauen und kommt 1996 auf einen Beschäftigungsanteil von knapp 30%.
- Eine durchgehend positive Entwicklung stellen *Brüderl, Preisendörfer und Ziegler* für die Neugründungen 1985/1986 der Region Oberbayern (*Münch-*

[582] Vgl. Fritsch und Weyh (2004), S. 8ff.
[583] Vgl. Almus und Nerlinger (1998), S. 17ff.

ner Gründerstudie) fest.[584] Mit der Gründung wurden knapp 58.000 Arbeitsplätze (inklusive Gründer) durch 26.120 Betriebe geschaffen, bis zum fünften Jahr steigt die Gesamtbeschäftigung auf über 67.700 bei 18.423 überlebenden Betrieben. Der Beschäftigungszuwachs geht vor allem auf die nach eigener Einschätzung innovativen Gründungen zurück.

- Innerhalb der Gründungskohorten der Jahre 1998 bis 2002 der IAB-Beschäftigtenstatistik bauen die wissensintensiven Gründungen das Beschäftigungsniveau nach vier Jahren auf ca. 120% der Ausgangsbeschäftigung aus, die FuE-intensiven Gründungen erreichen sogar ein Niveau von rund 160%, während die nicht wissensintensiven Gründungen das Ausgangsniveau der Beschäftigung nach vier Jahren wieder unterschreiten.[585]
- Für die einzelnen Gründerkohorten des Verarbeitenden Gewerbes in Niedersachsen stellt *Wagner* unterschiedliche Entwicklungsverläufe fest.[586] Zumeist folgt der Gründung zuerst eine Phase des Beschäftigungsrückgangs mit einem anschließenden Beschäftigungsanstieg. Die Kohorte der 1979 gegründeten 187 Unternehmen baut die Beschäftigung von 3.069 auf 2.631 (bei 125 Unternehmen) in 1984 ab und wächst bis 1990 auf 3.326 Beschäftigte in 98 Unternehmen. Von den folgenden Kohorten konnte nur der Gründungsjahrgang 1982 bis 1990 das Beschäftigungsniveau des Gründungsjahres wieder erreichen.

Damit kann die Faustregel abgeleitet werden, dass der langfristige direkte Beschäftigungseffekt von Unternehmensgründungen im Wesentlichen der im Ausgangsjahr geschaffenen Beschäftigung entspricht.[587] Die Ergebnisse von *Almus und Nerlinger, Brüderl, Preisendörfer und Ziegler* und *Fritsch* deuten darauf hin, dass technologieorientierte und innovative Gründungen ein stärkeres Expansionspotenzial aufweisen. Dieser Zusammenhang findet in einer Reihe weiterer empirischer Studien Bestätigung.[588]

---

584 Vgl. Brüderl, Preisendörfer und Ziegler (1998), S. 245, 247.

585 Vgl. Fritsch (2005), S. 25f.

586 Vgl. Wagner (1994), S. 144.

587 Vgl. z.B. Brixy und Grotz (2004a), S. 193; Lageman, Löbbe et al. (1999), S. 107; Müller (2002), S. 126; Strotmann (2002), S. 18 für weitere empirische Bestätigungen dieser Faustregel.

588 Vgl. z.B. Almus, Nerlinger und Steil (1999); Arntz und Bindewald (1998); Audretsch (1995); Bartelsman, Scarpetta und Schivardi (2003); Hunsdiek (1987); Jansen und Weber (2003); Kirchhoff (1994); Kulicke et al. (1993); Lessat et al. (1999); Nerlinger (1998); Picot, Laub und Schneider (1989); Pleschak et al. (2002); Werner (2000). Allerdings stützen sich einige dieser Studien nur auf geringe Fallzahlen und spezielle Teilgruppen wie z.B. Teilnehmer von Förderprogram-

Die Betrachtung der Entwicklung von Gründungskohorten verdeckt jedoch die erhebliche Streuung bei den individuellen Entwicklungsverläufen. Diverse Studien belegen, dass ein großer Teil der Unternehmen einer Gründungskohorte nur in geringem Umfang die Beschäftigung ausbaut, während ein nicht unerheblicher Anteil stagniert oder schrumpft.[589] Die Wachstumseffekte werden dabei meist durch eine kleine Gruppe sehr schnell wachsender Unternehmen – der sprichwörtlichen Nadel im Heuhaufen – nach oben verzerrt.[590] Auch die technologieorientierten Gründungen weisen bei weitem kein einheitliches Entwicklungsmuster auf, sondern zerfallen ebenfalls in eine große Gruppe schwach wachsender und stagnierender Unternehmen und eine kleine Gruppe stark wachsender Unternehmen.[591]

Durch die Wettbewerbsprozesse auf den Güter- und Faktormärkten werden allerdings auch bestehende Beschäftigungsverhältnisse bei etablierten Unternehmen vernichtet. Erst durch die Bereinigung um diesen Verdrängungseffekt kann der gesamtwirtschaftliche Nettobeschäftigungseffekt korrekt bestimmt werden.[592] Die Existenz von Verdrängungswirkungen gilt es auch bei der Ausgestaltung von wirtschaftpolitischen Maßnahmen zu berücksichtigen. Wenn die Unterstützung von Gründungen zu starken Verdrängungseffekten führt, schränkt dies die Legitimation des wirtschaftspolitischen Eingriffs ein. Dies gilt insbesondere dann, wenn die Unterstützung zu nicht leistungsgerechten Verzerrungen führt, d.h. wenn die Verdrängung in erster Linie auf den Tatbestand der (finanziellen) Unterstützung und nicht auf Effizienzvorteile der neugegründeten Unternehmen zurückzuführen ist.

Eine exakte empirische Erfassung des Verdrängungseffekts ist jedoch nahezu unmöglich. Dazu müssten die Kausalbeziehungen bekannt sein, d.h. eine Unternehmensliquidation bzw. der Beschäftigungsabbau bei einem etablierten Unternehmen müsste ursächlich auf den Markteintritt eines neugegründeten Un-

---

men. Almus (2002, S. 115ff) kann dagegen auf der Basis der ZEW-Gründerstudie keine höhere Wachstumswahrscheinlichkeit für technologieorientierte Unternehmensgründungen feststellen.

589 Vgl. z.B. Brüderl, Preisendörfer und Ziegler (1998); Fritsch und Weyh (2004); Jansen und Weber (2003); Kay (2003); Kay, May-Strobl und Maaß (2001); Kirchhoff (1994); Tamásy (2004); Wagner (1994); Weißhuhn und Wichmann (2000).

590 Vgl. Almus, Nerlinger und Steil (1999), S. 24; Brixy (1999), S. 114f; Lageman, Löbbe et al. (1999), S. 109.

591 Vgl. z.B. Behrendt (1996), S. 180; Kulicke et al. (1993), S. 147ff; Lessat et al. (1999), S. 61f; Tamásy (1996), S. 129; Werner (2000), S. 93f sowie Westhead und Storey (1994), S. 57f für Unternehmen in Science Parks.

592 Vgl. dazu Müller (2002), S. 139ff; ähnlich auch Kurz, Röger und Zarth (1990), S. 119f.

ternehmens zurückführbar sein. Zur Abschätzung des Verdrängungseffekts können generell zwei Marktsituationen unterschieden werden:[593]

1. Der Gründer tritt mit einem „marktüblichen" Produkt in einen gesättigten, reifen Markt ein. Da nun ein weiterer Anbieter mit den etablierten Anbietern um ein gleich bleibendes Nachfragevolumen konkurriert, fällt der Verdrängungseffekt – vor allem bei niedrigen Marktein- und Marktaustrittsbarrieren – sehr stark aus. Der gesamtwirtschaftliche Effekt kann dann neutral oder sogar negativ sein.
2. Der Gründer entwickelt ein neuartiges Produkt, es entsteht ein neuer Markt. Hierbei entsteht zwar kein direkter Verdrängungseffekt, jedoch wird ein indirekter Verdrängungseffekt bewirkt, wenn es zu einer Umleitung der Nachfrage von alten Märkten auf den neuen Markt kommt. Da dieser Prozess der „schöpferischen Zerstörung"[594] aber der wirtschaftlichen Entwicklung dient, ist er aus gesamtwirtschaftlicher Perspektive positiv zu beurteilen.

Da technologieorientierte Unternehmensgründungen tendenziell der zweiten Marktsituation zugerechnet werden können – d.h. sie treten häufiger in den frühen Phasen des in Abschnitt 4.1.3.3 beschriebenen Marktlebenszyklus ein und sind an der Entstehung neuer Märkte beteiligt – sollten die direkten Verdrängungseffekte hier weniger stark ausgeprägt sein. Zur Überprüfung der Verdrängungseffekte vergleichen *Lessat et al.* die sektorspezifischen Gründungs- und Schließungsquoten einzelner Jahrgänge.[595] In den Bereichen Spitzentechnik, technologieorientierte Dienstleistungen und unternehmensnahe Dienstleister liegen die Gründungsquoten deutlich über den Schließungsquoten, im Bereich der höherwertigen Technik liegen die Gründungsquoten zumindest etwas höher als die Schließungsquoten. Das sonstige Verarbeitende Gewerbe weist dagegen höhere Schließungsraten auf, im Handel und bei den haushaltsbezogenen Diensten können nur schwache Expansionstendenzen festgestellt werden. Dies spricht dafür, dass in den letztgenannten Sektoren Verdrängungseffekte eine stärkere Rolle spielen, während diese bei den technologieorientierten Gründungen, insbesondere bei den Gründungen im Spitzentechnikbereich und bei technologie-

---

593 Die im Folgenden geschilderten Situationen haben den Charakter von Extremsituationen, die ein Spektrum von möglichen Situationen eingrenzen.

594 Vgl. Schumpeter (1939), S. 94ff, 142f; Schumpeter (1942), S. 134ff; Schumpeter (1952), S. 101ff.

595 Vgl. Lessat et al. (1999), S. 65ff.

orientierten Dienstleistern weniger stark ausgeprägt sind. Allerdings liefert der Vergleich von Gründungs- und Schließungsquoten innerhalb eines Jahres nur eine sehr grobe Annäherung für die Verdrängungswirkungen, da keinerlei Aussagen über Kausalbeziehungen möglich sind und sektorübergreifende Verdrängungseffekte sowie längerfristige Verdrängungseffekte, die über das Beobachtungsjahr hinausgehen, nicht erfasst werden.

Der gesamtwirtschaftliche Beschäftigungseffekt ist demnach abhängig von:

- der Anzahl der Gründungen[596] und der Größe zum Gründungszeitpunkt; dabei ist die Herkunft der Gründer und der Mitarbeiter zu berücksichtigen (Arbeitslosigkeit, bestehende Beschäftigungsverhältnisse[597]),
- den Überlebensraten in den folgenden Perioden[598],
- den Anteilen an expandierenden, stagnierenden und schrumpfenden Unternehmen innerhalb der Gruppe der überlebenden Unternehmen (die Gruppe der schrumpfenden Unternehmen enthält auch Umwandlungen in Nebenerwerbsbetriebe) sowie
- den indirekten Beschäftigungseffekten, d.h. Beschäftigungseffekte, die bei anderen Unternehmen entstehen und auf die Unternehmensgründungen zurückzuführen sind (hierbei sind auch zeitliche Wirkungsverzögerungen zu beachten).

Zu den indirekten Beschäftigungseffekten von Unternehmensgründungen zählen:[599]

- **Verdrängungseffekte**: negative Wirkungen durch Verdrängung bestehender Unternehmen; mit entsprechenden Multiplikatoreffekten durch die Auswirkungen auf die den verdrängten Unternehmen vor- und nachgelagerten Unternehmen.

---

596 Vgl. dazu Abschnitt 4.3.

597 Wenn die Gründer und die Mitarbeiter des Gründungsunternehmens zuvor in anderen Unternehmen beschäftigt waren, ist zudem zu berücksichtigen, ob die durch den Wechsel vakant gewordenen Arbeitsplätze wiederbesetzt werden.

598 Vgl. dazu Abschnitt 4.5.

599 Vgl. auch Joos (1987), S. 92ff; Kurz, Röger und Zarth (1990), S. 120ff; Lessat et al (1999), S. 58ff.

- **Inputeffekte**: positive Multiplikatoreffekte z.B. in Form von Nachfrageeffekten, die die Schaffung zusätzlicher Arbeitsplätze bei den Zulieferern der neugegründeten Unternehmen bewirken, dazu zählen auch die Investitionsnachfrage der Gründungen und die Nachfrage nach Beratungsleistungen. Möglicherweise entstehen auch negative Inputeffekte durch die zusätzliche Konkurrenz um Inputfaktoren, die zu deren Verteuerung führen kann.
- **Outputeffekte**: wirken bei den Nutzern und Anwendern der (innovativen) Produkte der Unternehmensgründungen. Dies kann positive Auswirkungen haben, wenn dadurch die Wettbewerbsfähigkeit der nachgelagerten Sektoren gesteigert wird und negative Auswirkungen, wenn dadurch die Arbeitsproduktivität in den nachgelagerten Sektoren gesteigert und damit die Arbeitsnachfrage gesenkt wird.
- **Einkommenseffekte**: durch die zusätzlichen Einkommen in Form von Löhnen und Gehältern sowie Unternehmereinkünfte entsteht, unter der Berücksichtigung der Sparquote, zusätzliche Konsumnachfrage. Dabei ist zu berücksichtigen, ob die Personen zuvor erwerbstätig oder arbeitslos waren.
- **Ausstrahlungseffekte**: durch Unternehmensgründungen erhöht sich die Attraktivität eines Standorts, was zu weiteren Gründungen, Unternehmensansiedlungen und Unternehmenserweiterungen führt. Insbesondere innovative Gründungen können Signal- oder Imagewirkungen für ihren Standort entfalten. Die Demonstrationswirkung erfolgreicher Unternehmensgründungen erhöht die Gründungsbereitschaft und das Gründungsaufkommen.[600]
- **Kapitalmarkteffekte**: die zusätzliche Kreditnachfrage bewirkt eine Steigerung des Zinsniveaus, wenn eine geldpolitische Alimentierung ausbleibt. Dadurch kann die Expansion etablierter Unternehmen beeinträchtigt werden.[601]

---

600 Vgl. Dejardin (2004), S. 313, 315. Aufgrund der zumeist geringen Größen dürften allerdings nur wenige Unternehmensgründungen eine standortattraktivitätssteigernde Wirkung ausüben. Derartige Wirkungen sind eher bei Betriebsgründungen bestehender Unternehmen zu erwarten. So kann z.B. die Attraktivität eines städtischen Zentrums durch die Ansiedlung einer Filiale eines großen Einzelhandelskette aufgewertet werden. Bei den Ansiedlungen sind aus gesamtwirtschaftlicher Sicht nur internationale Standortverlagerungen relevant.

601 Der Zinseffekt dürfte allerdings die geringfügigsten Beschäftigungswirkungen nach sich ziehen, da die Kreditnachfrage der Unternehmensgründungen gegenüber der Nachfrage der etablierten Unternehmen nur wenig Gewicht hat. Zudem kommt die Kreditnachfrage von Unternehmensgründungen aufgrund der in Abschnitt 4.8.2.1 näher beschriebenen Kreditmarktrestriktionen vielfach nicht zum Tragen. Schließlich wird durch das breitgefächerte Angebot an staatlichen Förderprogrammen bereits ein Teil der Kreditnachfrage abgedeckt.

Die indirekten Effekte wirken sich zum einen innerhalb des Sektors, in dem die Gründung erfolgt, aus, sie können aber auch auf andere Branchen ausstrahlen. Bei regionalwirtschaftlichen Analysen muss zudem berücksichtigt werden, in welchem Umfang sich die verdrängten Unternehmen sowie die durch die In- und Outputeffekte betroffenen Unternehmen innerhalb der untersuchten Region befinden.

Damit stellt sich nun die Frage nach dem tatsächlichen gesamtwirtschaftlichen Beschäftigungsbeitrag von Unternehmensgründungen. Wie eine Vielzahl empirischer Untersuchungen zeigt, wird durch Unternehmensgründungen einerseits eine beachtliche Anzahl von Arbeitsplätzen geschaffen, andererseits treten viele junge Unternehmen schon nach kurzer Zeit wieder aus dem Markt aus, wodurch ein nicht unerheblicher Anteil der neu geschaffenen Arbeitsplätze wieder vernichtet wird.[602] Die Beschäftigungsgewinne durch wachsende Gründungsunternehmen werden durch Beschäftigungsverluste in Folge von Marktaustritten und Kontraktionsprozessen längerfristig zumindest teilweise wieder kompensiert. Wie die obige Systematisierung verdeutlicht, ist die Bestimmung des tatsächlichen Nettobeschäftigungseffekts von Unternehmensgründungen kaum praktikabel und allenfalls näherungsweise möglich, da vor allem die indirekten Beschäftigungswirkungen kaum gesichert erfasst werden können. Die Beurteilung des gesamtwirtschaftlichen Beschäftigungsbeitrags von Unternehmensgründungen ist daher auch in der Wissenschaft uneinheitlich. Ausgehend von der Studie „The Job Generation Process" von *Birch*[603], die als erste umfassende empirische Arbeit die Beschäftigungswirkungen von Unternehmensgründungen untersucht und dabei KMU und neugegründeten Unternehmen einen großen Anteil an den Beschäftigungsgewinnen in den USA während der 1960er und 1970er Jahre zuschreibt, rückten KMU und jungen Unternehmen als vermeintliche Hauptstützen der wirtschaftlichen Entwicklung verstärkt in den Blickwinkel der empirischen Forschung und der Politik.[604] Die Ergebnisse der *Birch-Studie* wurden in der Folgezeit jedoch vermehrt aufgrund methodischer

---

602 Vgl. Almus und Nerlinger (1998); Bartelsman, Scarpetta und Schivardi (2003); Bellmann et al. (1996); Brüderl, Preisendörfer und Ziegler (1998); Fritsch und Weyh (2004); Gerlach und Wagner (1997); Kirchhoff (1994); Licht und Nerlinger (1997); Müller (2002); Wagner (1994); Weißhuhn und Wichmann (2000).

603 Vgl. Birch (1979).

604 Für einen Überblick über die wirtschaftliche Bedeutung von KMU und der zunehmenden Beschäftigung der Wissenschaft mit dieser Thematik vgl. z.B. Acs (1996). Die Europäische Kommission (1993, S. 77ff) verweist in ihrem 1993 vorgelegten Weißbuch ebenfalls auf die Bedeutung von KMU und deren Beitrag zum Abbau der Arbeitslosigkeit

Schwächen und der ungeeigneten Datenbasis kritisiert und das Ausmaß der Beschäftigungseffekte wurde in Frage gestellt.[605] Viele Autoren beurteilen die Beschäftigungsimpulse von Unternehmensgründungen heute eher zurückhaltend, so zieht z.B. *Reynolds* das Fazit "…new firm births may be a necessary but not sufficient factor in creating economic growth."[606] *Fritsch* kann bei der Analyse der Beschäftigungsentwicklung in den westdeutschen Raumordnungsregionen in den 1980er Jahren keinen eindeutigen Zusammenhang zwischen den regionalen Gründungsraten und der Beschäftigungsentwicklung in den nachfolgenden Jahren feststellen.[607] Auch bei einer Erweiterung des Analysezeitraums bis 1998 können *Audretsch und Fritsch* keinen eindeutigen Zusammenhang feststellen, was von den Autoren auf das Vorliegen unterschiedlicher regionaler Wachstumsregime zurückgeführt wird.[608] Während in einzelnen Regionen ein „entrepreneurhaftes Regime" vorherrscht, das sich durch ein hohes Gründungsaufkommen und ein starkes nachfolgendes Beschäftigungswachstum auszeichnet, sind andere Regionen durch ein „Drehtür-Regime" geprägt, bei dem zwar ebenfalls ein hohes Gründungsaufkommen, jedoch auch eine hohe Turbulenz, also gleichzeitig ein hohes Ausmaß an Marktaustritten, zu verzeichnen ist, was ein nur mäßiges Beschäftigungswachstum zur Folge hat.

Generell deuten die Auswertungen darauf hin, dass das Gründungsaufkommen eher die langfristige Beschäftigungsentwicklung beeinflusst. *Fritsch und Mueller* untersuchen diese Zeitverzögerungen zwischen den Gründungsaktivitäten und der Regionalentwicklung.[609] Demnach wird das Maximum des positiven Einflusses eines Gründungsjahrgangs auf die Beschäftigungsentwicklung von Regionen nach ca. acht Jahren erreicht. Unmittelbar mit den Gründungen ist eine mäßige Wirkung auf die Beschäftigungsentwicklung festzustellen, was mit dem direkten Beschäftigungseffekt[610] erklärt werden kann, in der Folgezeit führen die bereits erläuterten Verdrängungseffekte zu negativen Beschäftigungswirkungen, ab dem sechsten Jahr kommen dann die in Abbildung 4.2 zusammengefassten längerfristigen angebotsseitigen Wirkungen zum Tragen, was dann in einer positiven Beschäftigungsentwicklung resultiert. Die Beschäfti-

605 Vgl. z.B. Davis, Haltiwanger und Schuh (1996).
606 Reynolds (1994), S. 440.
607 Vgl. Fritsch (1997), S. 444ff.
608 Vgl. dazu Audretsch und Fritsch (2002).
609 Vgl. dazu Fritsch und Mueller (2004), S. 966ff.
610 Vgl. dazu auch Abschnitt 4.6.1.

gungseffekte von Unternehmensgründungen sollten also unter Bezugnahme eines hinreichend langen Zeitraums bewertet werden.

Wie die Ausführungen des Abschnitts 4.5 zeigen werden, weisen technologieorientierte und innovative Unternehmensgründungen tendenziell höhere Überlebensraten auf als Gründungen in traditionellen Wirtschaftszweigen. Zudem weisen die empirischen Studien im Großen und Ganzen darauf hin, dass technologieorientierte und innovative Unternehmensgründungen ein größeres Wachstumspotenzial besitzen.[611] Schließlich verursachen sie geringere Verdrängungseffekte, d.h. sie weisen einen eher komplementären Charakter auf, während Gründungen in traditionellen Wirtschaftszweigen eher einen substitutiven Charakter besitzen. Die Verfasser des Berichts zur Technologischen Leistungsfähigkeit Deutschlands kommen daher zu der Auffassung, dass die gesamtwirtschaftlichen Beschäftigungseffekte bei technologieorientierten Unternehmensgründungen größer sind.[612] Je nach Abgrenzung und Definition stellen die technologieorientierten Gründungen jedoch nur eine mehr oder weniger kleine Minderheit des gesamten Gründungsaufkommens, so dass die gesamtwirtschaftliche Spürbarkeit der Beschäftigungseffekte eher gering ist.[613] Für die Bewertung der Beschäftigungseffekte empfiehlt es sich daher, auch zwischen der gesamtwirtschaftlichen und der regionalenwirtschaftlichen Perspektive zu unterscheiden. Auf der Ebene einer einzelnen Region kann die Existenz einiger weniger stark wachsender Technologieunternehmen bereits einen erheblichen Beitrag zur wirtschaftlichen Entwicklung der Region leisten. Gründungen sind damit sicherlich keine „Wunderwaffe“ zur Verbesserung der gesamtwirtschaftlichen Beschäftigungssituation, sie bilden jedoch ein wichtiges Gegengewicht zu den Beschäftigungsverlusten durch Unternehmensliquidationen und schrumpfende Großbetriebe.

4.1.3.2. Intensivierung des Wettbewerbs

Dieser Unterabschnitt soll einen kurzen Abriss über den Beitrag von Unternehmensgründungen zur Intensivierung und Sicherung des Wettbewerbs (und damit zur Sicherstellung und Steigerung der statischen und dynamischen Effizienz) geben. Die Wettbewerbstheorie ist durch ein sehr breites und zugleich begriff-

---

611 Vgl. auch Abschnitt 4.6.1.

612 Vgl. Legler, Licht und Egeln (2001), S. 30f.

613 Siehe dazu auch Abschnitt 4.1.2.2.

lich vielfach unklares Spektrum an Erklärungsansätzen geprägt, dementsprechend liegt bislang keine allgemein anerkannte Wettbewerbsdefinition vor.[614] Wenn der Wettbewerb als im *von Hayek'schen* Sinne permanenter ergebnisoffener Such- und Entdeckungsprozess verstanden wird, ist eine positive Wettbewerbsdefinition nicht möglich. Wettbewerb kann nach *Hoppmann* dementsprechend nur negativ durch die Abwesenheit von wesentlichen Wettbewerbsbeschränkungen, d.h. durch das Fehlen von Praktiken, die die Wettbewerbsfreiheit von Marktteilnehmern beeinträchtigen, definiert werden.[615]

Der wettbewerbsrelevante Beitrag von Unternehmensgründungen kann einerseits quantitativ durch die Veränderung der Anzahl der Marktteilnehmer beurteilt werden. Prinzipiell erhöht sich durch (imitative) Unternehmensgründungen – unter Berücksichtigung von Verdrängungswirkungen – die Anzahl der Anbieter, wodurch die Wettbewerbsintensität gesteigert oder zumindest aufrechterhalten wird.[616] Für die Wettbewerbspolitik besteht daher das Problem, die für die optimale Wettbewerbsintensität erforderliche optimale Anbieteranzahl festzulegen. Die Beurteilung der Wettbewerbswirkungen von Gründungen hängt damit stark von dem wettbewerbspolitischen Leitbild ab.[617] Nach dem neoklassischen Leitbild der vollständigen Konkurrenz sind Gründungen generell positiv einzustufen, da sie eine Annäherung an die wohlfahrtsökonomisch ideale Marktform des homogenen Polypols ermöglichen. Dies gilt allerdings nur, wenn alle Prämissen des Modells erfüllt sind. Ist z.B. die Vorraussetzung der Güterhomogenität nicht gegeben, können Markteintritte zu Überkapazitäten führen, wodurch sich die Marktergebnisse wieder verschlechtern können.[618] In *Kantzenbachs* Konzept der optimalen Wettbewerbsintensität wird das weite Oligopol mit mäßiger Produktdifferenzierung und mäßig beschränkter Markttransparenz als optimale Marktstruktur definiert.[619] Demnach sind Gründungen nur dann als wettbewerbsförderlich einzustufen, wenn sie in stark konzentrierten Märkten erfolgen. In polypolistischen Märkten und Märkten, in denen bereits ein weites

---

614 Zur Problematik des Wettbewerbsbegriffs vgl. Herdzina (1981), S. 215ff.

615 Vgl. Hoppmann (1968), S. 15 und 48.

616 Allerdings bildet die Anbieteranzahl nur eines von mehreren Marktstrukturelementen. Die Beurteilung der Wettbewerbsintensität anhand eines einzigen Strukturmerkmals (ohne die gleichzeitige Berücksichtigung von Marktverhaltens- und Marktergebnisindikatoren) ist sicherlich zu stark vereinfachend. Um den Rahmen dieses Unterabschnitts nicht zu sprengen, wird aber auf die Berücksichtigung weiterer Merkmale verzichtet.

617 Vgl. Joos (1987), S. 9ff. Für die wettbewerbstheoretischen Grundlagen vgl. Herdzina (1975), S. 15ff.

618 Vgl. dazu Herdzina (1981), S. 230.

619 Vgl. dazu Kantzenbach (1967), S. 129ff.

Oligopol vorliegt, sind Gründungen dagegen nicht geeignet, den Wettbewerb zu fördern. Die Beurteilung durch *Hoppmanns* Konzept der Wettbewerbsfreiheit ist weniger eindeutig, da dieses keine wettbewerbsoptimale Marktstruktur festschreibt.[620] Jedoch kann argumentiert werden, dass Gründungen die Wettbewerbsfreiheit erhöhen, da die Anzahl der Tauschpartner gesteigert wird (Wettbewerbsfreiheit durch Gewährleistung bzw. Steigerung der Freiheit im Austauschprozess). Weiterhin können Unternehmensgründungen als Verfolger im wettbewerblichen Parallelprozess den Vorsprung von vorstoßenden Anbietern abbauen (Wettbewerb als dynamischer Parallelprozess mit einer Abfolge von Vorstoß- und Verfolgungsphasen). Die Vertreter des Konzepts der *„Contestable Markets"* postulieren, dass bereits der drohende Markteintritt – durch Gründungen aber auch durch diversifizierende Unternehmen – eine disziplinierende und Effizienz steigernde Wirkung auf das Verhalten der etablierten Unternehmen ausübt, wenn der Markt bestreitbar ist, wenn also keine wirksamen Marktein- und Marktaustrittsbarrieren bestehen.[621] Ähnlich argumentieren auch die Vertreter der *Chicago School.* Da von nicht-staatlichen Marktzutrittsschranken abstrahiert wird, üben (drohende) Marktzutritte eine disziplinierende Wirkung aus. Da vollkommene polypolistische Märkte als analytische Referenzgebilde verwendet werden, sind Gründungen generell positiv zu bewerten. Allerdings können unter Effizienzgesichtspunkten auch konzentrierte Märkte sinnvoll sein (z.B. zur Ausschöpfung von economies of scale), so dass Gründungen hier – über die disziplinierende Wirkung hinaus – nicht zur Steigerung der Konsumentenwohlfahrt als dem obersten Ziel der Wettbewerbspolitik beitragen.

Die Wettbewerbswirkungen von Unternehmensgründungen können weiterhin anhand der Wettbewerbsfunktionen bewertet werden. Ausgehend von den gesellschaftlichen Grundwerten Freiheit, Wohlstand und Gerechtigkeit können die Freiheitsfunktion sowie die so genannten ökonomischen Wettbewerbsfunktionen – die Entdeckungs- bzw. Fortschrittsfunktion, die Anpassungs- bzw. Allokationsfunktion und die Verteilungsfunktion – abgeleitet werden.[622] Das Ausmaß der materiellen Freiheit der Wirtschaftsakteure hängt eng mit der Entscheidung für das Wirtschaftssystem zusammen, wobei die Freiheit in einer auf dezentralen Planungskompetenzen, marktlicher Koordination der Einzelpläne und

---

620 Vgl. dazu Hoppmann (1967).

621 Für das Konzept der bestreitbaren Märkte vgl. Baumol, Panzar und Willig (1988).

622 Vgl. Herdzina (1999), S. 32. Für die ausführliche Darstellung der Wettbewerbsfunktionen vgl. Herdzina (1999), S. 11ff.

Privateigentum an den Produktionsmitteln beruhenden Marktwirtschaft prinzipiell größer ist als in einem Zentralplanungssystem. Die materielle Freiheit kann durch das Bestehen von Wahlmöglichkeiten und Handlungsspielräumen approximiert werden. Unternehmensgründungen erhöhen prinzipiell die Wahlmöglichkeiten der Wirtschaftssubjekte, da neue Anbieter auf den Markt eintreten, die als zusätzliche Lieferanten, Kunden oder Kooperationspartner genutzt werden können.[623] Inwieweit Gründungen den Handlungsspielraum der anderen Wirtschaftssubjekte beeinflussen, lässt sich nur schwer bestimmen. Da die allermeisten Gründungen sehr klein ausfallen[624] und somit zumeist nicht über Marktmacht verfügen, sollten sie kaum Möglichkeiten zur nicht-leistungsbezogenen Einschränkung des Handlungsspielraums besitzen. Damit können Unternehmensgründungen grundsätzlich einen Beitrag zur Steigerung der materiellen Freiheit leisten oder es sind zumindest keine negativen Auswirkungen zu erwarten.

Die Anpassungsfunktion besagt, dass der Wettbewerb über den Preismechanismus für eine Anpassung des Güterangebots an die veränderten Nachfragewünsche und für eine Umlenkung der Produktionsfaktoren in neue Verwendungen gemäß der geänderten Nachfragestruktur sorgen soll. Unternehmensgründungen können diese Anpassungsprozesse unterstützen und forcieren. Zu denken ist hierbei insbesondere an den in Abschnitt 4.2.1 erläuterten *Kirzner'schen* Unternehmer. Die Gründer agieren als „findige" Akteure, die schneller als etablierte Anbieter neue bzw. bislang nicht befriedigte Nachfragerbedürfnisse entdecken und zur Ausnutzung dieser Gewinnerzielungsmöglichkeiten ein Unternehmen gründen.

Die Fortschrittsfunktion des Wettbewerbs hebt vor allem auf die Realisierung von Produkt- und Verfahrensfortschritten ab, der Wettbewerb wirkt dabei als ein Such-, Entdeckungs-, Informationsgewinnungs-, Lern- und Ausleseprozess. Unternehmensgründungen, insbesondere die in Abschnitt 4.1.2.2 beschriebenen technologieorientierten Gründungen, bilden einen wichtigen Bestandteil in diesem Prozess, da sie eine wesentliche Form des Technologietransfers bilden und somit innovative Anstoßimpulse bewirken. Der innovative Vorstoß neuer Unternehmen übt wiederum Druck auf etablierte Anbieter aus, die eigenen FuE- und Innovationsaktivitäten zu intensivieren. Imitative Unternehmensgründungen sorgen für eine Ausbreitung des technischen Fortschritts und bauen temporäre Monopolstellungen der Pionierunternehmen ab. Allerdings können Unterneh-

---

623 Hierbei sind aber auch die Verdrängungswirkungen (siehe Abschnitt 4.1.3.1) zu berücksichtigen

mensgründungen die Fortschrittsfunktion auch beeinträchtigen, wenn zu viele imitative Gründungen zu rasch vordringen[625] und dadurch Innovationsanreize – d.h. die Möglichkeit zur Realisierung von Pioniergewinnen – reduzieren.

Die Verteilungsfunktion des Wettbewerbs zielt darauf ab, die Entstehung so genannter funktionsloser, d.h. nicht leistungsbezogener Einkommen zu verhindern bzw. bereits bestehende funktionslose Einkommen schnell abzubauen. Derartige Einkommen sind vor allem auf monopolistischen und oligopolistischen Märkten zu erwarten, bei denen den Anbietern eine teilweise oder vollständige Abschöpfung der Konsumentenrente gelingt. Gründungen können durch ihren Markteintritt und dem damit verbundenen Ausbau der Angebotskapazitäten zu einer Absenkung des Marktpreises und damit zum Abbau von Übergewinnen beitragen. In der Praxis wird die disziplinierende Wirkung von Marktzutritten aber durch die Existenz von Markteintrittsbarrieren, die oft durch die etablierten Anbieter selbst aufgebaut wurden, gemindert. Wie die Ausführungen in Abschnitt 4.8.1.2 zeigen, besteht gerade für Gründungen ein breites Spektrum an Markteintrittsproblemen, so dass hier nur begrenzte Wirkungen zu erwarten sind.

Auch wenn der sehr komplexe Aspekt Wettbewerb hier nur sehr rudimentär erfasst wurde, kann doch festgestellt werden, dass Unternehmensgründungen einen nicht unerheblichen Beitrag zur Intensivierung der Wettbewerbssituation eines Marktes leisten können.

4.1.3.3. Sektoraler Strukturwandel

In diesem Unterabschnitt wird der Frage nachgegangen, inwieweit Unternehmensgründungen zum sektoralen Strukturwandel beitragen.[626] Der sektorale Strukturwandel kann als Prozess der dauerhaften Veränderung in der Zusammensetzung des Produktionspotenzials oder allgemeiner formuliert als Prozess der dauerhaften Veränderung der relativen Bedeutung der einzelnen Wirt-

---

624 Vgl. dazu Abschnitt 4.6.1 und 4.6.3.

625 Vgl. Kurz, Röger und Zarth (1990), S. 99.

626 In diesem Abschnitt werden der Beitrag von Unternehmensgründungen zum sektoralen Strukturwandel und der Beitrag zum technischen Fortschritt miteinander verknüpft. Dem im Folgenden erläuterten Marktphasenmodell zufolge steht am Anfang der Entwicklung eines neuen Marktes eine Innovation, also technischer Fortschritt. Weiterhin kann die Entstehung und Entwicklung eines neuen Marktes bei gleichzeitiger Stagnation und Rückbildung eines anderen Marktes als sektoraler Strukturwandel bezeichnet werden. Es besteht damit ein enger Zusammenhang zwischem

schaftssektoren im Zeitablauf definiert werden.[627] Unternehmensgründungen können generell in zwei unterschiedlichen Richtungen auf den Strukturwandel einwirken, nämlich Struktur erhaltend oder Struktur ändernd. Im ersten Fall bilden die Gründungen bestehende Strukturen ab, d.h. die Gründungskohorten weisen eine ähnliche Zusammensetzung auf wie der Gesamtunternehmensbestand. Im Fall einer Struktur ändernden Wirkung weisen die Gründungsunternehmen andere Branchenschwerpunkte als der Gesamtbestand auf. Wenn dabei neue und expandierende Sektoren wie z.B. wissensintensive Branchen ein stärkeres Gewicht haben, tragen Gründungen zum sektoralen Strukturwandel bei.

Zur Abschätzung des Beitrags von Unternehmensgründungen zum sektoralen Strukturwandel wird das von *Heuß* im Rahmen der dynamischen Markttheorie entwickelte Marktphasenmodell herangezogen.[628] *Heuß* unterscheidet werden vier Marktphasen, denen sich jeweils ein vorherrschender spezifischer Unternehmertypus zuordnen lässt:[629] die Experimentierphase mit innovativen Pionierunternehmern, die Expansionsphase mit (spontan) imitierenden Unternehmern, die Ausreifungsphase mit (unter Druck) reagierenden Unternehmern und die Stagnations- und Rückbildungsphase mit immobilen Unternehmern. Die Experimentierphase – also das Entstehen eines neuen Marktes – wird durch Pro-

---

technischem Fortschritt und sektoralem Strukturwandel, auch wenn die beiden Prozesse natürlich nicht als identisch aufgefasst werden dürfen.

627 Zum Begriff des sektoralen Strukturwandels vgl. z.B. Peters (1988), S. 29ff. Die Wirtschaftstruktur einer Volkswirtschaft kann in die Dimensionen sektorale, regionale und Betriebsgrößenstruktur unterteilt werden. In diesem Abschnitt wird nur der Wandel der sektoralen Wirtschaftsstruktur thematisiert. Herdzina (1981, S. 122) weist darauf hin, dass die prinzipielle Reversibilität von Strukturveränderungen nicht ex definitione ausgeschlossen werden sollte.

628 Ziel des *Heuß*'schen Marktphasenmodells ist die Differenzierung und Beschreibung der Wettbewerbsprozesse, die in den einzelnen idealtypischen Entwicklungsphasen eines Marktes auftreten. Die Entwicklung des Phasenmodells erfolgte als Reaktion auf die Defizite der statischen Preistheorie der Neoklassik, die nicht in der Lage ist, den Wettbewerb in einer evolutionären Wirtschaft ausreichend zu erklären.

629 Vgl. Heuß (1965), S. 6ff, S. 105ff. Heuß trifft allerdings keine expliziten Aussagen über das Alter der Unternehmen in den einzelnen Phasen und damit über die potenzielle Bedeutung von Unternehmensgründungen. Für die Darstellung von Lebenszyklusmodellen in der englischsprachigen Literatur vgl. z.B. Gort und Klepper (1982). Ein früher Beitrag findet sich bei Rogers (1982, S. 141f; erste Auflage 1962) der zur Erläuterung der Diffusion von Inovationen vier Phasen in der Entwicklung von High-Technology Branchen unterscheidet: „Innovation", „Imitation", „Technological Competition" und „Standardization". Die einzelnen Phasen unterscheiden sich u.a. durch die Chancen für Marktzutritte, die durchschnittliche Betriebsgröße, die Wettbewerbsintensität sowie die eingesetzten Wettbewerbsparameter. Williamson (1975, S. 215f) unterscheidet drei Phasen in der Entwicklung von Märkten: „Explanatory Stage", „Development Stage" und „Mature Stage". In einem grundlegenden Beitrag zur Außenhandelstheorie entwickelt Vernon (1966) ein dreiphasiges Produktlebenszylusmodell, um die Struktur des internationalen Handels und die internationale Verlagerung der Produktionsstätten im Zeitablauf zu erklären. Er unterscheidet dazu die Phasen „New Product", Maturing Product" und „Standardized Product".

duktinnovationen eines oder weniger Unternehmen eingeleitet. Die Pionierunternehmer entsprechen dabei weitgehend dem *Schumpeter'schen* dynamischen Unternehmer.[630] Technologieorientierte Unternehmen spielen in dieser Phase eine wichtige Rolle, die Pionierunternehmen müssen aber nicht zwangsläufig auf FuE ausgerichtet sein (man denke z.B. an die Begründer des amerikanischen Fastfood-Marktes). Gelingt es dem Innovator, die erforderliche Nachfrage zu wecken, treten in der nachfolgenden Expansionsphase bei hohen Gewinnerwartungen eine zunehmende Anzahl von Imitatoren in den entstehenden Markt ein und tragen zu dessen Wachstum und Weiterentwicklung bei. In dieser Marktphase sind die dynamischen Wettbewerbsprozesse mit einer Abfolge von Vorstoß- und Verfolgungsphasen am stärksten ausgeprägt.[631] Die Vorsprünge der vorstoßenden Unternehmen werden in der Verfolgungsphase durch nachfolgende (imitierende) Unternehmer abgebaut, unter Umständen werden dabei die bisher führenden Unternehmen überflügelt, so dass eine neue Vorstoßphase eingeleitet wird.[632] Durch die Markteintritte ändert sich die Marktform von monopolistischen bzw. oligopolistischen hin zu polypolistischen Strukturen. Mit der Entwicklung von Nachfragepräferenzen bildet sich mit der Zeit ein „dominantes Design" heraus. Mit der Ausreifung des Marktes erfolgen Innovationen vor allem in Form von Verbesserungen und Verfeinerungen der bestehenden Produkte, Prozessinnovationen werden wichtiger als Produktinnovationen.[633] Diese werden hauptsächlich von den im Markt etablierten Unternehmen durchgeführt, die Markteintritte gehen zurück. Es kommt zu ersten Konsolidierungsprozessen, die Zahl der Anbieter bleibt konstant oder verringert sich. Die Unsicherheit bezüglich der Nachfrageentwicklung geht deutlich zurück. Die Güter werden nun in standardisierter Massenproduktion hergestellt, um Skalenerträge auszuschöpfen. Das Konkurrenzverhalten wandelt sich von Innovations- zu Preis- und Marketingwettbewerb. In der Stagnations- und Rückbildungsphase erfolgen aufgrund des rückläufigen Nachfragevolumens und der fehlenden Gewinnerzielungsperspektiven kaum noch Markteintritte.

Gegen den sehr idealtypischen Charakter des Marktlebenszykluskonzeptes kann eine Reihe von Kritikpunkten vorgebracht werden. So ist zum einen die zeitliche Dauer der einzelnen Phasen nur ex post bestimmbar. Eine trennscharfe,

---

630 Vgl. dazu Schumpeter (1952), S. 110ff.
631 Vgl. auch Herdzina (1981), S. 166.
632 Vgl. dazu Herdzina (1999), S. 60ff; Hoppmann (1967), S. 89f.
633 Vgl. Agarwal und Gort (1996), S. 490.

empirisch eindeutig bestimmbare Abgrenzung der einzelnen Phasen ist kaum möglich. Weiterhin werden nicht zwangsläufig alle Phasen durchlaufen, manche Märkte erreichen beispielsweise nie die Wachstumsphase. Das Konzept ist idealtypisch auf ein Produkt bezogen, damit ergibt sich das Problem der konkreten Marktabgrenzung bzw. der Bezugsebenenwahl. Viele reale Märkte lassen sich daher nicht in dieses Schema pressen. Trotz dieser konzeptionellen Schwächen wird das Lebenszyklusmodell im Folgenden verwendet, um den Beitrag von Unternehmensgründungen zum strukturellen Wandel zu erläutern, da die Grundgedanken des Konzepts als durchaus realistisch eingestuft werden können.

Die Experimentierphase ist idealtypisch durch ein geringes Produktionsvolumen, hohe Unsicherheit und zumeist durch eine arbeits- und wissensintensive Produktionsweise geprägt. Aufgrund des geringen Kapitalbedarfs für den Aufbau von Produktionsanlagen sind die Chancen für den Markteintritt durch Unternehmensgründungen gut.[634] Allerdings ist ein hoher Marketingaufwand erforderlich, da die Nachfrage erst geschaffen bzw. geweckt werden muss.[635] Zwischen den potenziellen Nachfragern und dem Anbieter des neuen Produkts bestehen stark ausgeprägte Informationsasymmetrien, so dass der Anbieter erhebliche Überzeugungsarbeit leisten muss. Für den Gründer entstehen dadurch hohe Transaktionskosten. Ähnliche Hemmnisse bestehen bei der Aufnahme von Kapital, auch hier muss der Unternehmer erhebliche Überzeugungsarbeit leisten. Bei Unternehmensgründungen fällt dieser Überzeugungsaufwand durch die Kombination von unbekanntem Produkt mit unbekanntem Anbieter entsprechend höher aus.[636] Schließlich kann auch das hohe Risiko in Verbindung mit fehlenden Erfahrungswerten abschreckend wirken. In der nachfolgenden Expansionsphase bestehen bei niedrigen Markteintrittsbarrieren – vor allem wenn sich noch keine starken Präferenzen der Nachfrager für bestimmte Anbieter herausgebildet haben – gute Eintrittschancen für Unternehmensgründungen.[637] Da die Nachfrage mittlerweile geweckt wurde und hohe Gewinne möglich sind, sinkt das Risiko eines Markteintritts. Die Finanzierung des erforderlichen Kapazitätsaufbau wird erleichtert, da die Kapitalgeber nun die Chancen des neuen Marktes besser einschätzen können. Wenn sich noch kein technologischer Standard

---

[634] Vgl. Joos (1987), S. 31.
[635] Vgl. Heuß (1965), S. 30ff.
[636] Die Probleme der Finanzierung und Markterschließung bei Unternehmensgründungen werden in den Abschnitten 4.8.2.1 und 4.8.2.2 detailliert behandelt.
[637] Vgl. dazu Joos (1987), S. 33f.

durchgesetzt hat[638], wird der Markteintritt ebenfalls erleichtert. Die Gründer können mit der jeweils neueren Technologie in den Markt eintreten und treiben den technischen Fortschritt damit weiter voran. Die zunehmende Diffusion des technologischen Wissens erleichtert den Marktzutritt ebenfalls. In dieser Phase fällt demnach der Markteintritt am leichtesten.[639] Aufgrund der geringeren Gründungsrisiken und des im Vergleich zu den folgenden Phasen geringeren Kapitalbedarfs ist das Gründungsaufkommen in der Expansionsphase am stärksten ausgeprägt.[640] In der Ausreifungsphase treten weniger Unternehmen in den Markt ein, der nun von größeren, etablierten Unternehmen dominiert und meist durch höhere Markteintrittsbarrieren „geschützt" wird. Da sich mittlerweile ein technologischer Standard herausgebildet hat – womit sich die Gefahr von technologisch obsolet werdenden Investitionen reduziert – können die Produzenten zu kapitalintensiveren Produktionsverfahren übergehen, wodurch die mindestoptimale Betriebsgröße steigt.[641] Bei standardisierten Massenprodukten betreiben die Anbieter eine künstliche Produktdifferenzierung durch Werbung. Für einen erfolgreichen Markteintritt ist daher ebenfalls ein hoher Werbeaufwand erforderlich. Zudem haben die etablierten Anbieter durch irreversible Werbeinvestitionen eine Reputation aufgebaut, die den Markteintritt von unbekannten Newcomern erschwert.[642] Die damit verbundenen hohen Aufwendungen, die bei einem erfolglosen Eintrittsversuch zu einem großen Teil als versunkene Kosten abgeschrieben werden müssen, erschweren den Markteintritt durch Neugründungen. Unternehmensgründungen sind aber generell noch möglich und aufgrund der geringeren Unsicherheit bezüglich der Nachfrageentwicklung durchaus Erfolg versprechend. Die Gründer nutzen dabei meist Marktnischen aus, die von den großen Anbietern nicht besetzt werden.[643] Weitere Markteintrittsmöglichkeiten bieten sich für spezialisierte Zulieferer, wenn die etablierten Anbieter Teilleistungen organisatorisch ausgliedern („outsourcen"). In der Stagnation- und Rückbildungsphase finden in der Regel keine Unternehmensgründungen statt, da keine realistischen Gewinnperspektiven vorhanden sind.

Den Unternehmensgründungen kann also bei der Verwendung des Marktlebenszykluskonzepts eine tragende Rolle bei der Entstehung und Entwicklung

638 Vgl. Heuß (1965), S. 44.
639 Vgl. Schmidt und Rittaler (1987), S. 599.
640 Vgl. Wenz (1993), S. 112ff.
641 Vgl. Klepper (1996), S. 562f.
642 Vgl. Pfahler und Böhnlein (2004), S. 480.
643 Vgl. Joos (1987), S. 34f.

neuer Märkte zugesprochen werden, sie leisten somit einen wichtigen Beitrag zum sektoralen Strukturwandel und technischen Fortschritt. Insbesondere technologieorientierte Unternehmensgründungen spielen hierbei eine wichtige Rolle. Im Rückgriff auf das *Heuß'sche* Marktphasenmodell kann argumentiert werden, dass technologieorientierte Unternehmensgründungen vor allem zu Beginn eines neuen Marklebenszyklus auftreten und damit starke Impulse für den Strukturwandel geben, während die Unternehmensgründungen in den späteren Marktphasen eher einen imitativen Charakter aufweisen und damit tendenziell Struktur erhaltend wirken.[644] *Lageman, Löbbe et al.* weisen allerdings darauf hin, dass die Entstehung neuer Branchen in der Realität differenzierter abläuft und unterscheiden dazu drei generelle Entwicklungspfade:[645]

1. neue Sektoren entstehen schwerpunktmäßig durch die Verlagerung von Aktivitäten durch bestehende Unternehmen (Beispiel: umwelttechnische Industrie),
2. neue Sektoren entstehen hauptsächliche durch die Diversifizierung bestehender Unternehmen, die spezialisierte Betriebsteile ausgliedern (Beispiel: Gentechnik),
3. originäre Gründungen spielen die entscheidende Rolle bei der Konstituierung neuer Sektoren (Beispiel: IKT).

In den ersten beiden Fällen sind natürlich auch originäre Gründungen beteiligt, jedoch spielen sie keine tragende Rolle. Die einzelnen Wachstumsbranchen weisen dabei unterschiedlich hohe Markteintrittsbarrieren, z.B. durch starke Skaleneffekte in Verbindung mit einer großen mindestoptimalen Betriebsgröße, hohen Kapitalbedarf oder den Wunsch der Nachfrager nach Leistungen aus einer Hand, auf.[646] Dadurch bestehen unterschiedlich gute Marktzutrittschancen für Unternehmensgründungen.

Weitere Erkenntnisse lassen sich aus der Erweiterung des Marktlebenszykluskonzeptes um die räumliche Dimension ableiten.[647] Im Allgemeinen entstehen neue Märkte zuerst räumlich konzentriert an wenigen Standorten. In den späteren Phasen (Expansion- und vor allem Ausreifungsphase) erfolgt ein Pro-

---

644 Vgl. ähnlich auch Wenz (1993), S. 132 und die dort zitierten Literaturquellen.
645 Vgl. Lageman, Löbbe et al. (1999), S. 54ff.
646 Vgl. Ridinger (1999), S. 37.
647 Vgl. hierzu Markusen, Hall und Glasmeier (1986), S. 72ff und Wößmann (2001), S. 76ff.

zess der zunehmenden räumlichen Dispersion der Standorte. Die anfängliche räumliche Konzentration kann mit der großen Bedeutung von räumlich begrenzten Wissensexternalitäten in Form von Spillovereffekten bei nicht kodifizierbarem Wissen („tacit knowledge“) erklärt werden.[648] Für städtische Ballungszentren als anfängliche Standorte neu entstehender Märkte sprechen deren Ausstattung mit Forschungs- und Technologietransfereinrichtungen, ihr räumlich konzentriertes, hohes Nachfragepotenzial und die gute Ausstattung mit qualifizierten Arbeitskräften. Forschungseinrichtungen spielen vor allem bei technologieorientierten Produkten eine wichtige Rolle, da sie häufig die Ursprungsquelle des für die Innovationen erforderlichen Wissens sind. Da in der Experimentierphase die Produkteigenschaften und das Produktdesign noch flexibel sind, ist eine schnelle und einfache Kommunikation mit den potenziellen Abnehmern erforderlich, um möglichst viele absatzrelevante Inputs zu erhalten.[649] Erweisen sich die Pionierunternehmen als erfolgreich, bilden sich entsprechend spezialisierte Arbeitsmärkte und es entstehen spezialisierte unterstützende Dienstleistungsunternehmen (z.B. Finanzierung und Beratung).[650] Um die so entstehenden Lokalisationsvorteile auszunutzen, werden sich weitere Unternehmensgründungen tendenziell ebenfalls in den Ballungszentren ansiedeln. Häufig entstehen durch Spin-off Gründungen aus den Pionierunternehmen weitere Unternehmen, die sich dann zumeist in räumlicher Nähe zur Inkubatororganisation ansiedeln. Mit der Ausreifung der Produkte und der Standardisierung der Produktionsprozesse werden zunehmend Unternehmensaktivitäten auf Standorte außerhalb der Ballungszentren verlagert. Dies betrifft vor allem Routinetätigkeiten wie Produktion und Lagerung, während die Unternehmensführung mit der strategischen Planung und der FuE-Abteilung zumeist in den Ballungszentren verbleibt. Bei standardisierter Massenproduktion und zunehmender Preiselastizität der Nachfrage steigt der Konkurrenzdruck. Bei den Unternehmen setzt nun eine stärkere Kostenorientierung ein.[651] Hohe Faktorkosten vor allem für Arbeit und Boden in den Ballungszentren führen daher zu Verlagerungen nach Standorten mit einem niedrigeren Kostenniveau.[652] Neue Unternehmen werden dementsprechend eben-

---

648 Vgl. hierzu die detaillierteren Ausführungen in den Abschnitten 2.2.3.20 und 4.4.3.2.

649 Vgl. Wößmann (2001), S. 78.

650 Vgl. Markusen, Hall und Glasmeier (1986), S. 74f.

651 Vgl. Wößmann (2001), S. 79.

652 Vgl. Markusen, Hall und Glasmeier (1986), S. 76. Der Dispersionsprozeß wurde bereits von *Hoover* detailliert beschreiben. Er führt vor allem den veränderten Arbeitskräftebedarf durch den Übergang zur standardisierten Massenproduktion in Verbindung mit Lohnkostennachteilen der Zentren an: „...the processes of almost any industry become routinized through technical and

falls vermehrt an kostengünstigeren Standorten gegründet. Da in der Ausreifungs- und Standardisierungsphase eine starke und stabile Nachfrage vorhanden ist, können Unternehmen nun auch außerhalb der Ballungszentren gegründet werden, ohne Absatzprobleme befürchten zu müssen. Als neue Standorte kommen aufgrund der Kostenvorteile nun auch zunehmend ländliche und periphere Regionen in Betracht. Auf der internationalen Ebene erfolgt eine Verlagerung der Produktion in weniger entwickelte Volkswirtschaften.[653]

Unternehmensgründungen in den frühen Phasen eines neu entstehenden Marktes sind demnach eher in Ballungszentren zu erwarten, während in ländlichen Regionen nur mit einem geringen Gründungsaufkommen zu rechnen ist. Dies ist insbesondere bei technologieorientierten Unternehmensgründungen zu erwarten, da diese stärker auf die Nähe zu und den Kontakt mit Universitäten und Forschungseinrichtungen angewiesen sind oder sogar als Spin-off Gründung aus diesen hervorgehen. Empirisch lässt sich tatsächlich eine Konzentration von technologieorientierten Unternehmensgründungen in städtischen Zentren nachweisen.[654] Der sektorale Strukturwandel findet damit seinen Ausgangspunkt in den Verdichtungsräumen und setzt sich mit einer zeitlichen Verzögerung in den ländlichen Regionen fort. In ländlichen und peripheren Regionen werden somit eher weniger innovative Unternehmen und Unternehmen in den mittleren und späteren Phasen des Marktlebenszyklus gegründet.[655] Hierbei handelt es sich des Öfteren um derivate Gründungen, d.h. Betriebsgründungen oder Betriebsverlagerungen durch bestehende Unternehmen. Letztlich ist das Lebenszykluskonzept aufgrund seines stark idealtypischen Charakters aber auf viele Güter nicht anwendbar, dementsprechend ist ein räumlicher Dispersionsprozess nicht in jedem Fall zu erwarten. Die bisherigen Ergebnisse sprechen aber zumindest dafür, dass die Struktur verändernden Wirkungen von Unternehmensgründungen auf der

---

managerical improvements, so that ordinary labor without special training can be used.“,“...industry spreads or moves to other areas, its dispersion from the original centres being sped by the relatively high wages and inflexible conditions that have become established by the skilled elite.” (Hoover 1948, S. 174).

653 Vgl. dazu Vernon (1966).

654 Vgl. Abschnitt 4.3.1 und 4.3.2.

655 Diese Sichtweise wird nicht von allen Autoren geteilt. Beispielsweise weisen Phillips, Kirchoff und Brown (1991) darauf hin, dass auch ländliche Regionen ein nicht unerhebliches Aufkommen an Gründungen in High-Tech Sektoren zu verzeichnen haben. Sie stützen ihre Aussagen auf Auswertungen der amerikanischen SBDB für den Zeitraum 1976-1986. Allerdings trennen sie nicht immer eindeutig zwischen Betriebs- und Unternehmensgründungen, außerdem wird nur eine Trennung zwischen „high-technology“ und „low-technology“ Sektoren, nicht aber nach „neuen“ und „alten“ Sektoren vorgenommen.

regionalen Ebene untersucht werden sollten. Gerade ländliche Regionen nehmen hierbei eine besondere Stellung ein. Einerseits ist in ländlichen Regionen mit einem geringeren absoluten Gründungsaufkommen zu rechnen. Andererseits sind strukturschwache ländliche Regionen in stärkerem Maß auf Neugründungen angewiesen, um Impulse für die Strukturentwicklung generieren zu können.[656] Da diese Regionen von Wirtschaftszweigen in den mittleren und späten Phasen des Lebenszyklus dominiert werden, können Unternehmensgründungen hier möglicherweise stärkere Strukturwandelseffekte auslösen. Eine vergleichsweise geringe Anzahl an „modernen" Gründungen kann hier eventuell schon einen spürbaren Beitrag zur Strukturanpassung leisten. Andererseits besteht die Gefahr, dass die bestehenden Strukturen durch Gründungen „zementiert" werden, wenn sich diese hauptsächlich auf traditionelle Branchen wie Handwerk, Baugewerbe und Handel konzentrieren.

Die empirische Erfassung und Messung des tatsächlichen Strukturwandelbeitrags von Unternehmensgründungen gestaltet sich allerdings schwierig. Auf hoch aggregierter Betrachtungsebene – entsprechend der 3 Sektoren-Hypothese steigt der Anteil der Dienstleistungen auf Kosten des industriellen und des land- und forstwirtschaftlichen Sektors – sind Strukturwandelsprozesse vergleichsweise leicht nachzuweisen. Auswertungen von Gründungsstatistiken zeigen, dass der Dienstleistungsanteil im Zeitablauf zunimmt und dass der überwiegende Anteil des Gründungsaufkommens auf den Dienstleistungssektor entfällt.[657] Zudem ist der Anteil der Dienstleistungen an den Neugründungen höher als der Anteil der Dienstleistungen am gesamten Unternehmensbestand. Insofern kann den Unternehmensgründungen ein Beitrag zum Strukturwandel zugesprochen werden. Einschränkend ist jedoch darauf hinzuweisen, dass der Sektor Dienstleistungen nicht inhaltlich homogen konzipiert ist, sondern lediglich als eine Restkategorie von den traditionell dominierenden Sektoren Landwirtschaft und Industrie abgegrenzt wird. Dementsprechend sind auch innerhalb des Dienstleistungssektors viele „alte" Wirtschaftszweige zu finden wie z.B. im Bereich des Einzelhandels oder der Handwerksberufe. Andererseits können einige moderne Branchen und Unternehmen auch dem Verarbeitenden Gewerbe zugeordnet werden wie z.B. einzelne Klassen der Wirtschaftszweige Maschinenbau und Elektrotechnik. Zur Beurteilung der Struktur wandelnden Wirkungen ist daher eine Auswertung auf einem niedrigerem Aggregationsniveau – auf der

---

656 Vgl. auch Egeln, Gassler und Schmidt (1999), S. 17.

Vier- oder Fünfstellerebene der Wirtschaftszweigsystematik des Statistischen Bundesamts, mindestens aber auf der Dreistellerebene (Gruppen) – angebracht. Auf der regionalen Ebene liegen entsprechend detaillierte Daten jedoch häufig nicht vor oder sind nur unter großem Aufwand und mit entsprechend hohem Fehlerpotenzial generierbar. Empirische Analysen der Struktur verändernden Wirkungen von Unternehmensgründungen auf einem disaggregierten Analyseniveau sind daher vergleichsweise selten.[658] Auch wenn aufgrund des zumeist hoch aggregierten Analyseniveaus keine definitiven Schlussfolgerungen möglich sind, so bestehen doch überzeugende Hinweise, dass Unternehmensgründungen und insbesondere technologieorientierte Gründungen einen wichtigen Beitrag zum sektoralen Strukturwandel leisten. Insbesondere auf der regionalen Ebene können bereits einige wenige innovative Unternehmensgründungen die Modernisierung der regionalen Wirtschaft spürbar vorantreiben.

4.1.4. Ausblick auf die weitere Vorgehensweise

Die Gründung eines Unternehmens kann als mehrstufiger Prozess dargestellt werden (siehe Abschnitt 4.1.2.5). Durch die Gründung neuer Unternehmen und deren Teilnahme an der Markt- und Wettbewerbsprozessen werden vielfältige einzel- und gesamtwirtschaftliche Effekte bewirkt (Abbildung 4.2). In der folgenden Abbildung 4.3 werden die wesentlichen Aspekte in einem stark vereinfachten Ablaufdiagramm zusammengefasst. Dieses gibt gleichzeitig die Ablaufstruktur des vierten Kapitels dieser Arbeit vor.

Als erstes stellt sich die Frage, wie viele Unternehmen überhaupt gegründet werden. Dazu wird – nach einem Überblick über die Erfassung der Unternehmensgründungen in der ökonomischen Theorie (Abschnitt 4.2) – die Ent-

---

657 Vgl. Fritsch und Niese (2002), S. 149; Fritsch und Niese (1999), S. 5f.

658 Eine der wenigen Ausnahmen bildet die Arbeit von Albert (1994), die originären Gründungen anhand von Auswertungen der Handelsregistereintragungen und der IHK Firmenkartei im Regierungsbezirk Mittelfranken für den Zeitraum 1985 bis 1990 auf der Ebene von Gruppen und Untergruppen analysiert. Andere Arbeiten wie z.B. Egeln, Gassler und Schmidt (1999) für Österreich, Jansen und Weber (2003) für die Kammerbezirke Dortmund und Essen, van Elkan (1998) für Rheinland-Pfalz, Müller (2002) für Westdeutschland und Schmude (1994) für Baden-Württemberg operieren dagegen auf einem höheren Aggregationsniveau. Mit Ausnahme von Schmude weisen die Arbeiten auf zum Teil deutliche Struktur wandelnde Wirkungen von Unternehmensgründungen hin. Allerdings sind die empirischen Studien zumeist auf die Sektoralstruktur des Gründungsaufkommens beschränkt und erfassen damit nicht die zweite relevante Dimension, nämlich das Überleben der Unternehmen bzw. die Marktaustritte. Bei der Analyse von Liquidationen fällt auf, dass der Dienstleistungssektor auch hier mit hohen Anteilen vertreten ist (vgl. dazu Weißhuhn und Wichmann 2000, S. 64).

wicklung der Anzahl der Gründungen in den letzten Jahren überblicksartig dargestellt (Abschnitt 4.3). Da das Gründungsaufkommen zeitlich und räumlich differiert, ist nach den Bestimmungsgründen für Unternehmensgründungen zu fragen (Abschnitt 4.4). Ein hohes Gründungsaufkommen allein ist allerdings nur die notwendige Bedingung, um die oben angesprochenen Wirkungen zu erzielen. Als zusätzliche, hinreichende Bedingung ist es erforderlich, dass eine ausreichende Anzahl von Unternehmensgründungen auch eine längere Zeit überlebt. Daher werden in Abschnitt 4.5 die Überlebenschancen der neugegründeten Unternehmen und deren Einflussgrößen untersucht. Daran schließt sich die Frage an, wie sich die überlebenden Unternehmen entwickeln. Das Wachstum der Unternehmensgründungen – gemessen durch die Beschäftigungsentwicklung – wird in Abschnitt 4.6 quantifiziert. Auch hier ist wieder der Frage nach den Bestimmungsfaktoren nachzugehen. Die potenziellen Einflussgrößen auf den Gründungserfolg (Überleben und Wachstum) werden dementsprechend in Abschnitt 4.7 untersucht. Anschließend erfolgt eine Analyse der spezifischen Probleme, denen sich Existenzgründer und junge Unternehmen in den ersten Jahren ihrer Entwicklung ausgesetzt sehen (Abschnitt 4.8). Ausgehend von dieser Problemanalyse und den zuvor untersuchten Gründungs-, Überlebens- und Erfolgsdeterminanten können dann abschließend Ansatzpunkte für die Gestaltung der Unterstützungsleistungen von TGZ entwickelt werden (Abschnitt 5).

Da in dieser Arbeit mit den Technologie- und Gründerzentren ein Instrument der Regionalentwicklung im Zentrum des Interesses steht, erfolgen die Analyse und die Argumentation weitestgehend auf der regionalökonomischen Ebene. Dennoch sollen die Auswirkungen von Unternehmensgründungen möglichst vollständig dargestellt werden, daher wird in diesem Kapitel auch die nationale Ebene berücksichtigt. Die folgenden Abschnitte umfassen sowohl die gesamtwirtschaftliche als auch die einzelwirtschaftliche Analyseebene. Die gesamtwirtschaftliche Ebene wird z.B. durch die bereits erläuterten Wettbewerbs- und Beschäftigungseffekte von Unternehmensgründungen und deren Beitrag zum Strukturwandel und zum technischen Fortschritt erfasst. Die einzelwirtschaftliche Ebene wird durch die Analyse der Probleme und Hindernisse von Unternehmensgründungen im Gründungs- und Entwicklungsprozess erfasst. Bei der Analyse der Determinanten für die Gründung, das Überleben und die Entwicklung von Unternehmen werden sowohl gesamtwirtschaftliche als auch einzelwirtschaftliche Aspekte berücksichtigt.

Abbildung 4.3: Übersicht über Entstehung, Entwicklung und Auswirkungen von Gründungen

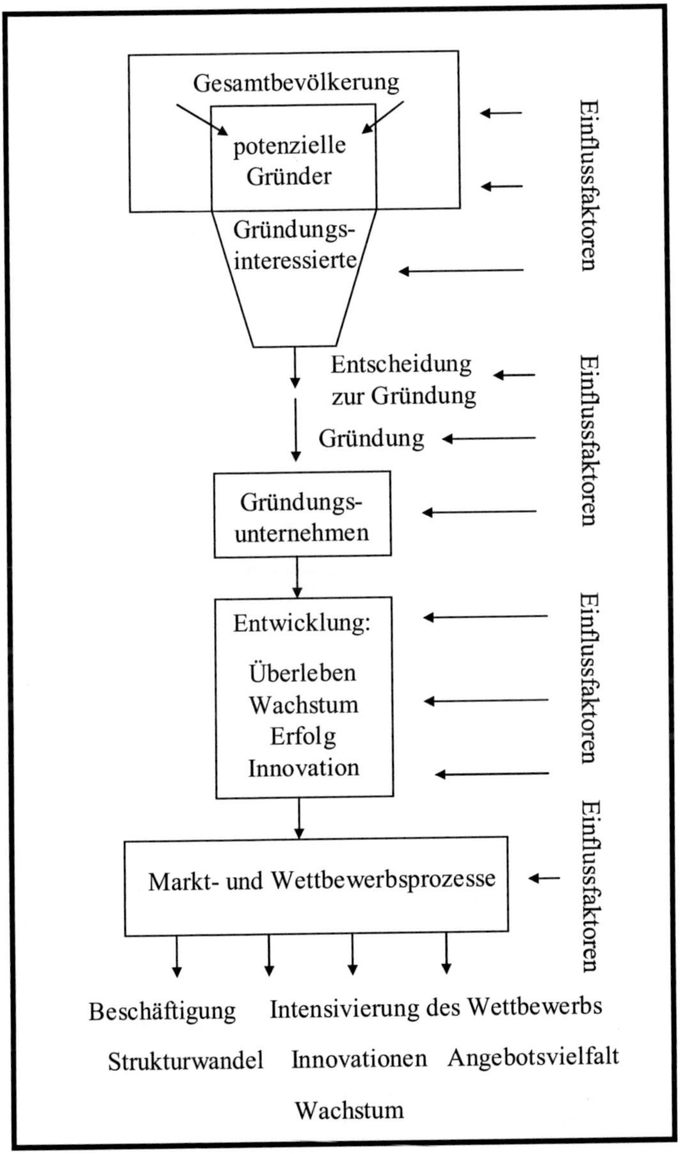

Quelle: Eigene Darstellung.

4.2. Die Ansätze zur theoretischen Fundierung

Die Beschäftigung mit dem Forschungsthema „Unternehmensgründungen“ kann generell auf zwei Betrachtungsebenen erfolgen. Zum einen auf der Makroebene, die die Auswirkungen von Unternehmensgründungen auf eine Volkswirtschaft erfasst. Dazu zählen z.B. der Beitrag zum Strukturwandel und die Arbeitsmarkteffekte. Die Mikroebene als zweite Betrachtungsebene erfasst die einzelne Organisation bzw. den einzelnen Akteur, also die einzelne Unternehmensgründung bzw. den einzelnen Gründer. Hierzu zählt z.B. die Untersuchung der individuellen Gründungsdeterminanten und der Einflussfaktoren für eine erfolgreiche Unternehmensentwicklung. In diesem Beitrag werden beide Ebenen thematisiert.[659] Eine Verknüpfung der beiden Betrachtungsebenen erscheint sinnvoll, da eine fundierte Beurteilung der Auswirkungen von Gründungen auf der Makroebene auch Erkenntnisse über die „Innenansicht“, z.B. bezüglich der Probleme und Erfolgsdeterminanten junger Unternehmen, erfordert. Gleichzeitig spielen gesamtwirtschaftliche Aspekte auch für die Analyse auf der Mikroebene eine Rolle (z.B. bei der Frage nach den relevanten Einflussfaktoren für eine Gründungsentscheidung). Aufgrund der vielfältigen Wirkungszusammenhänge und der unterschiedlichen Analyseebenen sowie der empirischen Erfassungsprobleme[660] bestehen nach wie vor Defizite in der gründungsökonomischen Literatur. Im Folgenden werden einzelne Theorieansätze aus der Volks- und der Betriebswirtschaftlehre in der gebotenen Kürze vorgestellt und auf ihre Eignung zur theoretischen Fundierung des Forschungsobjekts „Unternehmensgründung“ hin untersucht.

4.2.1. Unternehmensgründungen in der volkswirtschaftlichen Theorie

4.2.1.1. Makroökonomische Theorie

Der 2-Ebenen-Betrachtung entsprechend können Unternehmensgründungen durch makroökonomische sowie durch mikroökonomische Theorien erfasst werden. Eine theoretische Fundierung oder zumindest eine Erfassung der Be-

---

[659] Als dritte Ebene („Mesoebene“) können weiterhin einzelne Teilbereiche einer Volkswirtschaft wie z.B. Sektoren, Organisationsgebilde (Netzwerke, Cluster) oder eben auch Regionen unterschieden werden. Je nach Abgrenzung können sich hierbei aber Überschneidungen mit der Makro- oder der Mikroebene ergeben, weswegen auf eine seperate Mesoebenenbetrachtung verzichtet wird.

[660] Zur Problematik der Datenverfügbarkeit vgl. Abschnitt 4.1.2.4.

deutung und Wirkungen von Unternehmensgründungen durch die *makroökonomische Theorie* ist bisher allenfalls in Ansätzen erkennbar. Innerhalb der Makroökonomik nimmt die Wachstumstheorie eine zentrale Stellung ein. Die wachstumstheoretischen Modellansätze[661] berücksichtigen nur die Aggregate Kapital, Arbeit und technologisches Wissen bzw. technischer Fortschritt, der Wachstumsbeitrag von Unternehmensgründungen oder Unternehmertum im Allgemeinen wird nicht näher thematisiert. *Audretsch und Thurik* konstatieren dementsprechend pointiert „...when it comes to linking entrepreneurship to growth at the national level, there is a void".[662] Eine Ausnahme bildet hier das Werk *Schumpeters*, in dem der dynamischen Unternehmer durch den Prozess der schöpferischen Zerstörung als Auslöser volkswirtschaftlicher Wachstumsprozesse identifiziert wird.[663] Der Unternehmer setzt neue Kombinationen durch und erlangt dadurch eine temporäre Monopolstellung. Dazu werden Produktionsfaktoren von den alten zu den neuen Verwendungen umgelenkt. In der Folgezeit treten Imitatoren in den Markt ein, die die Monopolgewinne wegkonkurrieren und für eine Entwicklung hin zu einem neuen Gleichgewichtszustand sorgen. Gegen den *Schumpeter'schen* Theorieansatz werden vor allem zwei Kritikpunkte vorgebracht, die dessen Weiterentwicklung erschwert haben.[664] Zum einen handelt sich um ein rein deskriptives, qualitatives Konzept ohne eine formale Darstellung der Wirkungszusammenhänge. Dadurch wird die eindeutige Operationalisierung von Unternehmensgründungen bzw. Entrepreneurship als Bestimmungsgröße erheblich erschwert.[665] Zudem hebt *Schumpeter* nur auf dynamische, innovative Unternehmer ab, wodurch viele KMU und Unternehmensgründungen aus der Analyse ausgeblendet werden, obwohl auch imitative Un-

---

661 Die neoklassische Wachstumstheorie baut auf einer gesamtwirtschaftlichen linear-homogenen Produktionsfunktion (häufig wird eine Cobb-Douglas-Funktion verwendet) auf und berücksichtigt neben den Faktoren Kapital und Arbeit den technischen Fortschritt nur als exogene Einflussgröße (vgl. Solow 1956). Der technische Fortschritt ist dabei nur eine Residualgröße für den anderweitig nicht erklärbaren Anteil des Wachstums. Die Vertreter der Neuen bzw. Endogenen Wachstumstheorie (Romer 1986; Lucas 1988) versuchen die Entstehung des technologischen Wissens zu erklären, z.B. als Folge von Humankapitalinvestitionen (Lucas 1988). Zur Beschreibung der Neuen Wachstumstheorie und deren Entwicklung vgl. Seiter (1997).

662 Audretsch und Thurik (2001), S. 6. Die Autoren verwenden allerdings einen weitergefassten Entrepreneurshipbegriff, so dass die Aussage nicht auf Unternehmensgründungen beschränkt ist.

663 Vgl. Schumpeter (1939); Schumpeter (1952).

664 Vgl. dazu Sternberg (2000a), S. 42f.

665 Mit den Beiträgen von *Aghion und Howitt* existieren mittlerweile jedoch Ansätze im Rahmen der Endogenen Wachstumstheorie, die den Prozess der schöpferischen Zerstörung in Wachstumsmodelle integrieren und damit auch den Entrepreneur berücksichtigen (vgl. dazu Carree und Thurik 2003, S. 453ff).

ternehmen und Gründungen einen wichtigen Beitrag zum gesamtwirtschaftlichen Wachstum leisten können. *Audretsch und Keilbach* schlagen vor, die in der Wachstumstheorie verwendete gesamtwirtschaftliche Produktionsfunktion um den Faktor „Entrepreneurship Capital“ zu erweitern.[666] Unternehmensgründungen haben positive Auswirkungen auf das Wirtschaftswachstum, da sie einen wichtigen Transfermechanismus für Wissensspillover darstellen. Weiterhin intensivieren sie den Wettbewerb durch die Steigerung der Anzahl der beteiligten Unternehmen und führen zu einer größeren Vielfalt im Unternehmensbestand, wodurch der Austausch komplementären Wissens erleichtert wird. *Dejardin* unternimmt den Versuch, einen Zusammenhang zwischen den Nettoeintrittsraten – der Veränderung des Unternehmensbestands durch Marktzutritte abzüglich der ausscheidenden Unternehmen – und dem Wachstum der Wertschöpfung in den Folgejahren herzustellen.[667] Dies gelingt ihm jedoch nur ansatzweise für den Dienstleistungssektor, während er für das Verarbeitende Gewerbe keinen systematischen Zusammenhang feststellen kann. Es bleibt abzuwarten, inwieweit sich entsprechende Erweiterungsansätze in der makroökonomischen Theorie durchsetzen können.

4.2.1.2. Mikrökonomische Theorieansätze: vollständige und monopolistische Konkurrenz

Auch in den meisten Theorieansätzen der *Mikroökonomik* werden Unternehmensgründungen entweder vollständig ausgeblendet oder zumindest nicht tiefergehend thematisiert. Selbst der Unternehmer als der eigentliche zentrale Akteur des marktwirtschaftlichen Systems findet vielfach keine entsprechende Würdigung.[668] In der *neoklassischen Schule*[669] zeigt sich z.B. eine sehr zwiespältige Einschätzung der Bedeutung des Unternehmers bzw. der Unternehmertätigkeit. Zwar haben einige Autoren wie *Marshall* (Marktbeobachtung, Neukombination der Produktionsfaktoren, Organisation, Kontrolle) oder *Knight* (Risikoträger bei komplexen Entscheidungen unter Unsicherheit) – zum Teil sehr de-

---

[666] Vgl. dazu Audretsch und Keilbach (2003), S. 4ff.

[667] Vgl. Dejardin (2002).

[668] Baumol (1968, S. 66) bemerkt hierzu: „The theoretical firm is entrepreneurless – the Prince of Denmark has been expunged from the discussion of Hamlet.“

[669] Damit soll allerdings keine Gleichsetzung von Mikroökonomik mit der neoklassischen Theorie unterstellt werden. Die neoklassische Theorie hat zwar die Mikroökonomik in ihrer heutigen Form maßgeblich geprägt, jedoch erstreckt sich das neoklassische Paradigma auch auf die Makroökonomik.

tailliert – die Rolle und die Funktionen des Unternehmers herausgearbeitet.[670] Das maßgeblich von *Walras* geprägte allgemeine Marktgleichgewichtsmodell („vollständige Konkurrenz“) abstrahiert aus methodischen Gründen dagegen vollständig von der Person des Unternehmers.[671] Das Unternehmen wird mit der „black-box“-Betrachtung auf eine Produktionsfunktion reduziert, das Verhalten der Akteure des Unternehmens wird damit nicht berücksichtigt. Durch die Modellprämissen Homogenität der Güter, Markttransparenz durch vollständige Information, unendliche schnelle Anpassungsgeschwindigkeit und exogen vorgegebener technischer Fortschritt werden Unternehmerfunktionen[672] wie Durchsetzung von Innovationen, Risikoübernahme, Faktorkombination und das Entdecken und Durchführen von Gewinnerzielungsmöglichkeiten vollständig ausgeschlossen. Da Marktzutrittsbeschränkungen durch die Modellprämissen ebenfalls ausgeschlossen sind, üben Marktzutritte eine disziplinierende Wirkung auf die Marktteilnehmer aus. Dadurch wird ein effizientes Marktergebnis, d.h. ein Marktpreis in Höhe des langfristigen Durchschnittskostenminimums sichergestellt. Damit wird implizit ein genügend großes Reservoir an potenziellen Unternehmern unterstellt, die bei entsprechenden Signalen in Form von Gewinnmöglichkeiten sofort in den Markt eintreten können. Eine Unterscheidung zwischen Unternehmensgründungen und diversifizierenden Unternehmen wird hierbei nicht vorgenommen. Auch der Gründungsprozess (wie z.B. Dauer oder potenzielle Probleme) wird nicht thematisiert, die Beschaffung der erforderlichen Produktionsfaktoren und der Zugang zum Absatzmarkt sind völlig unproblematisch.[673] Es besteht eine rein passive Sichtweise[674], d.h. die Unternehmen – bzw. die potenziellen Gründer – reagieren nur auf die Marktsignale, die Probleme eines unzureichenden Gründerpotenzials oder unzureichender Gründungsfähigkeiten werden nicht thematisiert. Die Gründungs- bzw. Markteintrittsent-

---

670 Vgl. hierzu Welzel (1995), S. 67ff.

671 Vgl. hierzu Welzel (1995), S. 91ff; Wennekers und Thurik (1999), S. 32f. Für eine Beschreibung des Modells der vollständigen Konkurrenz vgl. z.B. Schumann, Meyer und Ströbele (1999), S. 207ff. Die Darstellung des Modells in der heutigen Form ist maßgeblich auf die formale Aufbereitung in den 1930er und 1940er Jahren durch *Hicks (1939)* und *Samuelson (1947)* zurückzuführen. Ziel des Modells ist die statische Darstellung eines totalen Konkurrenzgleichgewichts, dynamische Aspekte wie die Erfassung von Marktprozessen sind damit nicht möglich und auch nicht beabsichtigt. Unternehmensgründungen und Innovationen als dynamische und prozessuale Phänomene können daher nicht in diese Modellierung intergriert werden.

672 Vgl. hierzu die Übersicht von Hèrbert und Link (1982, S. 107f). Sie unterscheiden insgesamt zwölf verschiedene Funktionen, die dem Unternehmer (Entrepreneur) in der ökonomischen Literatur zugeschrieben werden.

673 Vgl. Wenz (1993), S. 25.

674 Vgl. Storey (1982), S. 48.

scheidung wird auf das Gewinnerzielungsmotiv beschränkt, andere Gründungsmotive werden nicht berücksichtigt. Durch die Annahme eines exogenen technischen Fortschritts, der wie „Manna vom Himmel" kommend für alle Unternehmen gleichermaßen verfügbar ist, entfällt die Grundlage für innovative Unternehmensgründungen.

Gleiches gilt für die Modelle der *monopolistischen Konkurrenz* wie z.B. das Modell der „monopolistic competition" von *Chamberlin*.[675] Auch hier sorgen Markteintritte für den Abbau von Gewinnen und ein Absinken der Preise auf das Niveau der langfristigen Durchschnittskosten („Tangentenlösung"), ohne die Herkunft der Marktzutritte und den Markteintrittsprozess näher zu hinterfragen. Da auf Seiten der Nachfrager Präferenzen bestehen, sind die angebotenen Güter nicht vollständig homogen. Der Markteintritt erfolgt durch das Angebot neuer Produktvarianten, insofern kann Unternehmensgründungen eine – wenn auch nur beschränkte – Innovationsfunktion zugeschrieben werden. Weitere Erfolgsfaktoren für Unternehmensgründungen können aus den Modellen der monopolistischen Konkurrenz nicht abgeleitet werden. Sowohl in den Modellen der monopolistischen als auch der vollständigen Konkurrenz sind die eintretenden Unternehmen sehr klein – insofern stimmen die Modelle mit der Realität überein – die Wachstumsprozesse junger Unternehmen können durch die Modelle jedoch nicht erklärt werden.

4.2.1.3. Industrieökonomik

Demgegenüber werden Markteintritte in der *Industrieökonomik* durchaus tiefer gehend thematisiert. Ausgangspunkt der traditionellen industrieökonomischen Forschung ist das Struktur-Verhaltens-Ergebnis-Paradigma. Die Industrieökonomik entwickelte sich aus der von *Mason* begründeten „industrial organization", die Weiterentwicklung erfolgte maßgeblich durch *Bain*.[676] Ziel ist die Analyse der Leistungsfähigkeit des Wettbewerbs. Den Schwerpunkt der industrieökonomischen Forschung bildet die empirische Untersuchung von Marktstrukturdeterminanten und deren Auswirkungen auf das Verhalten der Marktteilnehmer und die Marktergebnisse. Dazu werden – wie z.B. in dem grundlegenden

---

[675] Vgl. Wenz (1993), S. 34ff. Für eine Beschreibung der Modelle der monopolistischen Konkurrenz vgl. z.B. Schumann, Meyer und Ströbele (1999), S. 314ff.

[676] Vgl. Bain (1968); Mason (1959). Für einen Überblick über die industrieökonomische Forschung vgl. z.B. Scherer und Ross (1990).

Beitrag von *Bain*[677] – die Existenz und Ausprägung von Markteintrittsbarrieren untersucht, um den Einfluss von Marktzutritten auf das Marktergebnis zu bestimmen. Wenn in einem Markt überdurchschnittliche Gewinn (d.h. die übliche Verzinsung des eingesetzten Kapitals und den üblichen Unternehmerlohn übersteigende Gewinne) erzielt werden, kommt es zu Markteintritten. Dauerhafte überdurchschnittliche Gewinne sind demnach nur möglich, wenn wirksame Markteintrittsbarrieren bestehen. Empirisch gestützte Erkenntnisse zu den Bedingungen des Markteintritts werden insbesondere durch interindustrielle Querschnittsanalysen – in Form von ökonometrischen Studien – gewonnen.[678] In diesen Ansätzen werden Markteintritte als Reaktionen auf Gewinnmöglichkeiten modelliert, d.h. den Eintrittskosten (z.B. Investitionsaufwand, zum Teil auch Opportunitätskosten) werden die Gewinne bzw. Ertragserwartungen gegenübergestellt. Dazu werden Markteintritte in Abhängigkeit von den Branchenspezifika bzw. den unterschiedlichen Bedingungen der einzelnen Märkte modelliert. In empirischen Beiträgen zum Gründungsgeschehen[679] werden daher vor allem sektorspezifische Einflussgrößen wie z.B. das Ausmaß von Skaleneffekten, der Konzentrationsgrad, das Marktwachstum, die Kapitalintensität und das Gewinnniveau untersucht. Generell ist der Fokus in der industrieökonomischen Forschung aber auf bestehende Unternehmen ausgerichtet, dementsprechend werden allgemein „Markteintritte" untersucht, d.h. es wird zumeist nicht nach der Art des Zutritts, also Unternehmensgründung, Betriebsgründung durch ein diversifizierendes Unternehmen oder Unternehmensakquisition unterschieden. Da Unternehmensgründungen eine spezifische und auch häufig vorkommende Form von Markteintritten darstellen, sind die gewonnenen Aussagen jedoch zumindest teilweise übertragbar. Weiterhin fehlt dem industrieökonomischen Ansatz die explizite Mikrofundierung, die Person des Gründers sowie dessen Verhalten und Entscheidungen werden nicht untersucht. Auch der Prozess des Unternehmensaufbaus wird nicht berücksichtigt. Problematisch ist auch die Vorstellung, dass stets eine große Anzahl an potenziellen Unternehmern bereit steht. Gründerangebotsprobleme werden damit generell ausgeschlossen. Der Beitrag der industrieökonomischen Ansätze zur theoretischen Fundierung besteht vor allem darin, die sektorspezifischen Bedingungen und Einflüsse auf das Gründungsaufkommen und die Entwicklung von Gründungsunternehmen aufzuzeigen.

677 Vgl. Bain (1956).

678 Einen Überblick über die grundlegenden Beiträge gibt Schulz (1995), S. 57ff.

679 Zum Beispiel Audretsch (1995), S. 57ff.

4.2.1.4. Modell der Contestable Markets

Eine erhebliche Bedeutung wird den Markteintritten im Modell der *bestreitbaren Märkte* („contestable markets“) zuerkannt.[680] Bei Gewinnerzielung oder ineffizienter Produktion durch die etablierten Anbieter erfolgt der Marktzutritt weiterer Anbieter (durch Gründung oder diversifizierende Unternehmen). Aufgrund der Modellprämissen der fehlenden Marktein- und Marktaustrittsbarrieren übt bereits der drohende Markteintritt eine disziplinierende Wirkung aus. Auch hier reagieren die Gründer wieder allein auf kurzfristige Gewinnmöglichkeiten („Hit-and-run-entry“). Der Gründungsprozess wird nicht thematisiert, die Gründungsfähigkeit ist kein Problem, implizit wird wiederum ein ausreichend großes Gründerpotenzial vorausgesetzt. Eine Erklärung des Wachstums junger Unternehmen ist durch das Modell nur bedingt möglich.[681] Nachdem ein Unternehmen mit einer frei wählbaren Betriebsgröße in den Markt eingetreten ist, steht es ebenso wie alle anderen etablierten Unternehmen unter dem Druck der potenziellen Konkurrenz. Sofern es keine Effizienzsteigerungspotenziale durch die Ausschöpfung von Skaleneffekten gibt, ist kein weiteres Wachstum möglich, da keine Gewinne zu dessen Finanzierung erwirtschaftet werden. Mit dem Konzept des „Hit-and-run entry“ können allerdings die (vermeintlich) hohen Liquidationsraten von Unternehmensgründungen erklärt werden.[682] Mit dem Wegfallen der Gewinnmöglichkeiten – und bei Abwesenheit von versunkenen Kosten und anderen Marktaustrittsbarrieren – erfolgt der Marktaustritt. Die Aufgabe von Gründungsprojekten ist dann nicht zwangsläufig als Scheitern zu klassifizieren, sondern kann auch als Zeichen für den Abbau von Gewinnmöglichkeiten und Ineffizienzen innerhalb des Marktes gewertet werden.

4.2.1.5. Neo-Österreichische Schule

Kirzner als der prominenteste Vertreter der *Neo-Österreichischen Schule* formuliert mit seiner Marktprozesstheorie ebenfalls wichtige Ansatzpunkte für die theoretische Fundierung von Unternehmensgründungen.[683] Die zentrale Funktion des Unternehmers besteht in der Realisierung von Arbitragegeschäften, d.h. dem

---

[680] Vgl. Baumol, Panzar und Willig (1988).

[681] Vgl. Wenz (1993), S. 33.

[682] Die Liquidationsraten neugegründeter Unternehmen werden in Abschnitt 4.5.2 ausführlich beschrieben.

[683] Vgl. Kirzner (1978), (1988).

Entdecken und Ausnutzen von Marktungleichgewichten („Koordinationslücken"), die temporäre Gewinne ermöglichen. Voraussetzung dafür sind Marktintransparenzen, d.h. die neoklassische Prämisse der vollständigen Information wird aufgehoben. Diese Marktintransparenzen werden von findigen Akteuren, den Unternehmern, ausgenutzt. Der Unternehmer macht sich also den Umstand zunutze, dass das relevante Wissen auf viele verschiedene Personen verteilt ist, wobei die einzelnen Personen jeweils über unterschiedliche Wissens- und Informationsbestandteile verfügen.[684] Das Konzept der Findigkeit („alertness") baut auf *von Mises* Konzept des menschlichen Handelns („homo agens") auf.[685] Im Gegensatz zum ökonomisierenden Mensch von *Robbins*, der lediglich die optimale Allokation gegebener Mittel auf gegebene Ziele verfolgt (Effizienzstreben), legt der „homo agens" auch selbst Ziele fest und entdeckt neue Mittel. Die Arbitragemöglichkeiten werden durch eine nicht zielgeleitete Suche nach gewinnträchtigen Gelegenheiten entdeckt.[686] Durch die Ausschöpfung der Arbitragemöglichkeiten werden diese abgebaut. Im Gegensatz zur *Schumpeter'schen* Entwicklungstheorie führt unternehmerisches Verhalten bei *Kirzner* dazu, dass sich die Märkte in Richtung eines Gleichgewichtszustandes entwickeln. Unternehmensgründungen lassen sich in diese Konzeption relativ leicht einfügen – der Gründer entdeckt eine Marktlücke und gründet ein Unternehmen, um diese auszunutzen. Der Unternehmer muss dafür nicht zwingend die erforderlichen Ressourcen besitzen, diese können auch durch Markttransaktionen in seine Verfügungsgewalt gebracht werden.[687] Der Unternehmensaufbau wird damit allerdings nicht genügend problematisiert, die in der Realität auftretenden Hindernisse – vor allem die Finanzierungsproblematik von Unternehmensgründungen – werden unzureichend erfasst. Mit der Konzentration auf die Findigkeit des Unternehmers werden andere relevante Voraussetzungen wie Qualifikation und Managementkompetenz vernachlässigt. Da die Findigkeit als ein prinzipiell bei jedem Menschen feststellbares, aber nicht erlernbares Talent beschrieben wird[688],

[684] Die Problematik interpersonell verteilter Informationen bei der Wahl eines effizienten Entscheidungssystems hat bereits von Hayek (1945) in einem grundlegenden Aufsatz diskutiert.

[685] Vgl. Kirzner (1978), S. 26ff.

[686] Vgl. Welzel (1995), S. 138f.

[687] Kirzner trennt eindeutig zwischen dem Kapitalisten und dem Unternehmer. Der „reine Unternehmer" benötigt für die Arbtitragefunktion i.e.S. keinerlei Eigenkapital/Ressourceneigentum (vgl. Kirzner 1978, S. 32f, 39). Marktunvollkommenheiten auf dem Kapitalmarkt werden nicht als relevante Markteintrittshindernisse anerkannt, lediglich monopolistisches Ressourceneigentum kann den findigen Unternehmer von der Realisierung von Gewinnerzielungsmöglichkeiten abhalten (vgl. Kirzner 1988, S. 114f, 116ff).

[688] Vgl. Welzel (1995), S. 138.

würden prinzipiell alle Maßnahmen zur Gründerqualifizierung und zur Gründungsvorbereitung hinfällig.

4.2.1.6. Entrepreneur-Theorie nach Casson

Ausgehend von der Kritik am neoklassischen Paradigma (insbesondere die Nichtberücksichtigung von Transaktionskosten betreffend) und den Ansätzen der österreichischen Schule entwickelt *Casson* die bislang umfassendste ganzheitliche Entrepreneur-Theorie, wobei er allerdings auf neoklassische Analyseinstrumente wie die Edgeworthbox zurückgreift.[689] Zentrale Funktion des Unternehmers ist die Koordination, also die effizientere Reallokation von Ressourcen. Die Koordination erfolgt, indem der Unternehmer als Mittelsmann zwischen den Ressourcenträgern auftritt und mit diesen Ressourcen austauscht. Der Unternehmer muss damit nicht zwangsläufig ein Produzent sein, er kann aber natürlich auch selbst ein Ressourcenträger sein. Die Koordinationsfunktion umfasst das Aufspüren von, das Entscheiden über und das Ausschöpfen von Reallokationsmöglichkeiten. Der Entrepreneur wird dementsprechend definiert als „...someone who specializes in taking judgmental decisions about the coordination of scarce resources."[690] Der Unternehmer übernimmt die Aufgabe, wertende Entscheidungen unter Unsicherheit zu treffen. Der Unternehmer muss dafür über einen besseren Informationsstand als die übrigen Marktakteure verfügen. Außerdem ist er erfolgreicher bei der Beurteilung zukünftiger unsicherer Ereignisse. Neben Wissen, analytischen und unternehmerischen Fähigkeiten wie Organisations- und Kommunikationstalent benötigt er dafür auch Vorstellungskraft und Voraussicht, diese Qualitäten sind zum Teil immanent, teilweise aber auch erlernbar.[691] Neben der individuellen Ebene des Unternehmers berücksichtigt der Ansatz auch die institutionelle Ebene, indem ein „Markt für Unternehmer" modelliert wird. Die „Nachfrage" nach Unternehmern (ausgehend von dem Bedarf an und den wahrgenommenen Möglichkeiten für wertende Entscheidungen ergibt sich ein inverser Zusammenhang zwischen der Anzahl der Unternehmer und dem erwarteten Gewinn pro Unternehmer, der dem Verlauf einer Nachfragekurve entspricht) und das Angebot an Unternehmern (also die Entscheidung für eine bestimmte Erwerbsform unter Berücksichtigung der jeweiligen Entloh-

---

689 Vgl. Casson (1982).
690 Casson (1982), S. 23.
691 Vgl. Casson (1982), S. 34ff.

nungsniveaus) bilden ein Markgleichgewicht mit einer bestimmten Anzahl von Unternehmern und bestimmten Gewinnerwartungen pro Unternehmer. Auch hierbei handelt es sich nicht um eine reine Gründertheorie, sondern weiter gefasst um eine allgemeine Unternehmertheorie, wobei unter dem Begriff „Entrepreneur" sowohl Selbstständige (wie z.B. Gründer von KMU) als auch angestellte Manager und Finanzspekulanten subsumiert werden.[692] Allerdings geht *Casson* auch explizit auf Unternehmensgründungen ein, wobei er die Problematik der Kapitalverfügbarkeit hervorhebt.[693] Aufgrund der eingeschränkten Kapitalverfügbarkeit und der Anforderungen an den Unternehmer („entrepreneurial ability") ist das Angebot an potenziellen Unternehmern (bzw. Gründern) – im Gegensatz zu anderen Theorieansätzen, die einen unbegrenzten Pool an potenziellen Unternehmen unterstellen – letztlich begrenzt. Gleichzeitig werden damit Ansätze zur Förderung des Gründungsaufkommens aufgezeigt.

4.2.1.7. Transaktionskostentheorie

Mit den Gründen für die Entstehung von Unternehmen befassen sich die Ansätze der *Transaktionskostentheorie*. Die Transaktionskostentheorie wird zusammen mit der Prinzipal-Agent-Theorie (Ökonomischen Vertragstheorie) und dem Verfügungsrechteansatz (Property-Rights-Theorie) zur *Neuen Institutionenökonomik* zusammengefasst.[694] Den Theorieansätzen ist gemein, dass sie die Bedeutung von Institutionen für die Gestaltung und Entwicklung der ökonomischen Austauschbeziehungen hervorheben. Institutionen bilden ein System formgebundener (formaler) und formungebundener (informeller) Regeln. Institutionen haben den Zweck, individuelles Verhalten in eine bestimmte Richtung zu steuern, d.h. sie bringen Ordnung in das alltägliche Handeln und vermindern Unsicherheit.[695] Erkenntnisziele der institutionsökonomischen Ansätze sind die Entstehung und Gestaltung von Institutionen sowie die Wirkungen der Institutionen auf das menschliche Verhalten. Mit der Analyse von Verfügungsrechten, Transaktionskosten, Informationsunsicherheiten und begrenzt rationalem und opportunistischen Verhalten beschäftigt sich die Neue Institutionenökonomik mit Einflussgrößen, die in der neoklassischen Gleichgewichtstheorie ausgeblendet wurden, und bildet so eine Weiterentwicklung des neoklassischen Paradigmas. Die

---

692 Vgl. Casson (1982), S. 350.
693 Vgl. Casson (1982), S. 299ff, 301ff, 332f.
694 Vgl. Richter und Furubotn (1999), S. 33ff.

Transaktionskostentheorie wurde durch *Coase* begründet und maßgeblich durch *Williamson* weiterentwickelt.[696] Als Transaktionskosten werden die Kosten definiert, die bei der Inanspruchnahme des Marktes bzw. des Preismechanismus für die Durchführung von Transaktionen anfallen. Eine Transaktion bezeichnet die Übertragung von Leistungen oder Gütern über technisch trennbare Schnittstellen.[697] Transaktionskosten werden für gewöhnlich in die Typen Such- und Informationskosten (Kosten der Anbahnung von Verträgen), Verhandlungs- und Entscheidungskosten (Kosten des Abschlusses von Verträgen) und Überwachungs- und Durchsetzungskosten (Kosten der Vertragsumsetzung) unterteilt.[698] Diese Kosten werden in der neoklassischen Theorie nicht berücksichtigt. Die neoklassische Theorie unterstellt, dass bei der Inanspruchnahme des Preismechanismus keinerlei Kosten entstehen.

Coase untersucht die Fragen, warum Unternehmen überhaupt existieren (d.h. warum nicht der gesamte Prozess der Güter- und Leistungserstellung über Märkte abgewickelt wird) und wie ihre Ausdehnung – im Sinne der vertikalen Integration – begründet werden kann. Die Existenz von Unternehmen wird mit der Einsparung von Transaktionskosten – *Coase* verwendet hier den Begriff „marketing costs" – begründet, die Ausdehnung wird anhand der marginalen Substitution bestimmt. Demnach wird die Unternehmensgröße so festgelegt, dass für die letzte integrierte Transaktion die Organisationskosten, d.h. die unternehmensinternen Koordinationskosten, gerade den Transaktionskosten entsprechen.[699] Bezogen auf Unternehmensgründungen kann argumentiert werden, dass Wirtschaftsakteure Unternehmen gründen, wenn sie dadurch eine Einsparung an Transaktionskosten realisieren können, entsprechend des Marginalkalküls kann zudem die Größe und damit das Wachstumspotenzial des Gründungsunternehmens bestimmt werden. Allerdings bezieht sich der *Coase'sche* Ansatz auf gegebene Transaktionen, d.h. die Entstehung neuer Transaktionen – und somit die Entstehung der Geschäftsidee – kann damit nicht erklärt werden.[700] Prob-

---

695 Vgl. Richter und Furubotn (1999), S. 7.

696 Vgl. Coase (1937); Williamson (1975), (1990). Die Betrachtung von Transaktionen als grundlegende Untersuchungseinheit ist ursprünglich auf *Commons (1934)* zurückzuführen.

697 Vgl. Williamson (1990), S. 1. Eine Transaktion beinhaltet zugleich auch eine Übertragung von Verfügungsrechten, was von Williamson aber nicht vertieft thematisiert wird.

698 Vgl. Richter und Furubotn (1999), S. 51. Allgemein formuliert sind Transaktionskosten die Kosten der Errichtung, Benützung, Erhaltung und Veränderung von Institutionen. Williamson (1990, S.1) bezeichnet die Transaktionskosten als die ökonomische Form der Reibungsverluste, die bei der Übertragung entstehen.

699 Vgl. Coase (1937), S. 395.

700 Vgl. Wenz (1993), S. 47f.

lematisch ist weiterhin die Vorstellung, dass die einzelnen Transaktionen der Reihe nach gegliedert und dann schrittweise in die Unternehmung integriert werden können.[701] Realistischer ist die Annahme, dass Transaktionen miteinander korrelieren, d.h. dass die Entscheidung für die Integration einer Transaktion gleichzeitig die Entscheidungen bezüglich anderer Transaktionen determiniert.

Der *Coase'sche* Ansatz wird durch *Williamson* weiterentwickelt, indem er dessen Dichotomie „Markt versus Hierarchie (Unternehmen)“ um die Koordinationsinstitution „Hybridform (Kooperation, Netzwerk)“ erweitert und indem er Bestimmungsfaktoren für die Höhe der Transaktionskosten einführt. Die Höhe der Transaktionskosten wird durch die Eigenschaften der Transaktion – Unsicherheit/Komplexität[702] und Ausmaß der Faktorspezifität[703] – die Transaktionshäufigkeit und die Transaktionsatmosphäre[704] sowie durch das Verhalten der Transaktionspartner – Opportunismus[705] und begrenzte Rationalität[706] – bestimmt (siehe Abbildung 4.4).[707]

---

701 Vgl. Wenz (1993), S. 50.

702 Unsicherheit besteht, wenn nicht alle Modalitäten der Transaktion ex ante exakt vereinbart werden können, d.h. während der Transaktion kann es Änderungen der Leistungsvereinbarung (z.B. die Qualität, Termine, Mengen oder Preise betreffend) kommen (vgl. Picot, Dietl und Franck 2005, S. 59).

703 Eine hohe Faktorspezifität liegt dann vor, wenn die erforderlichen Sach- und Humankapitalinvestitionen ein hohes Maß an Irreversibilität aufweisen, d.h. die Produktionsanlagen und das Humankapital sind nur für die Produktion eines eng definierten Produktes verwendbar (vgl. dazu Williamson 1990, S. 59ff).

704 Zur Transaktionsatmosphäre zählen die soziokulturellen Faktoren (z.B. freundschaftliche Beziehungen zwischen den Transaktionspartnern, gleiche religiöse oder soziale Werte und Normen) und die technischen Faktoren (z.B. die zur Verfügung stehenden Informations- und Kommunikationssysteme), die in einer bestimmten Transaktionssituation wirken (vgl. Picot, Dietl und Franck 2005, S. 61f).

705 Unter opportunistischem Verhalten versteht man, dass Wirtschaftsakteure ihre eigenen Interessen auch bewusst zum Nachteil anderer Akteure durchsetzen (vgl. Picot, Dietl und Franck 2005, S. 59). In der neoklassichen Theorie wird zwar auch egoistisches Verhalten unterstellt, allerdings immer im legalen Rahmen bleibend. „Opportunismus (ist dagegen) die Verfolgung des Eigeninteresses unter Zuhilfenahme von List“ (Williamson 1990, S. 20). Dabei ist nicht in erster Linie das tatsächliche opportunistische Verhalten transaktionskostenrelevant, sondern bereits die grundsätzliche Möglichkeit opportunistischen Verhaltens.

706 Williamson bezieht sich auf das Konzept der „bounded rationality“ nach Simon (1957, S. 196ff, 241ff). Die Akteure intendieren rationales Verhalten, sind dazu aufgrund der begrenzten Fähigkeiten zur fehlerfreien Informationsaufnahme, -speicherung und -verarbeitung aber nicht in vollem Umfang in der Lage.

707 Vgl. Williamson (1975), S. 20ff; Williamson (1990), S. 49ff. Entscheidend ist dabei das kombinierte Auftreten der Einflussgrößen, opportunistisches Verhalten ist z.B. nur bei gleichzeitiger Spezifität („small numbers exchange relations“) problematisch, Unsicherheit nur bei gleichzeitiger begrenzter Rationalität der Akteure.

Abbildung 4.4: Einflussgrößen auf die Transaktionskosten

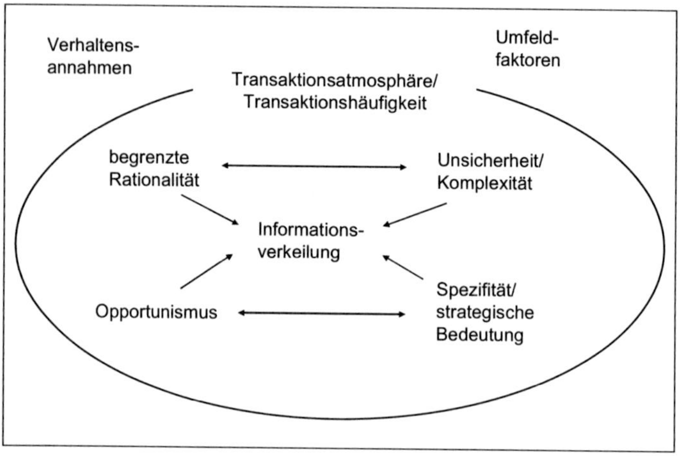

Quelle: Picot, Dietl und Franck (2005), S. 58 in Anlehnung an Williamson (1975), S. 40.

Entsprechend der jeweils vorliegenden Bedingungskonstellation können Aussagen zu der effizientesten, d.h. Transaktionskosten minimierenden Organisationsform („governance structure") bzw. Vertragsform[708] (klassischer, neoklassischer oder relationaler Vertrag, vertikale Integration) getroffen werden. Eine Unternehmensgründung kann damit wiederum als die Wahl einer Transaktionskosten minimierenden Austauschform verstanden werden. Entscheidungen im Rahmen des Gründungsprozesses wie z.B. die Kapital- und Vorleistungsbeschaffung und die Absatzwegewahl können mit Hilfe der Transaktionskostenanalyse fundiert werden. Zudem bieten die Verhaltensannahmen und die Transaktionseigenschaften Ansatzpunkte zur Erklärung der Schwierigkeiten, die junge Unternehmen bei der Aufnahme von Transaktionsbeziehungen haben. Allerdings unternimmt *Williamson* keinen Versuch, die Transaktionskosten exakt zu quantifizieren, er hält einen ordinalen Vergleich für ausreichend.[709] Ein komparativ qualitativer Ansatz ist aber als Grundlage für eine so weit reichende Entscheidung wie die Gründung eines Unternehmens nicht ausreichend. Da die Transaktionskosten ex ante nicht exakt operationalisierbar sind, ist der Transaktionskostenansatz als praxisorientierte Entscheidungsregel somit nur bedingt geeignet. Wie bei *Coase* be-

[708] Vgl. dazu Williamson (1990), S. 77ff.
[709] Vgl. Wenz (1993), S. 60; Williamson (1990), S. 24f.

zieht sich die Analyse auf gegebene Transaktionen, d.h. der Gründungsentschluss und die Entstehung der Geschäftsidee können nicht erklärt werden.[710] Eine weitere Schwäche besteht in der Vernachlässigung der Produktionskosten. Williamson unterstellt, dass Produktionskosten unabhängig von dem gewählten Koordinationsmechanismus stets in gleicher Höhe anfallen, Unsicherheit bezüglich der Produktionskosten wird nicht zugelassen.[711] Durch das Abstrahieren von Produktionskosten wird auch deren Veränderung, d.h. technischer Fortschritt in Form von Prozessinnovationen – mithin eine wichtige Grundlage technologieorientierter Unternehmensgründungen – nicht ausreichend erfasst. Kritisiert werden kann schließlich auch die reine Kostenorientierung des Ansatzes (diese Kritik betrifft den *Coase'schen* Ansatz gleichermaßen), die Erlösseite wird nahezu vollständig ausgeblendet.[712] Für Gründungen ist es aber essentiell wichtig, dass sie sich möglichst schnell erfolgreich am Markt etablieren und die Gewinnzone erreichen. Transaktionskosteneffizienz allein ist nicht ausreichend, um das Überleben der Unternehmensgründung zu sichern. Ebenso wichtig ist die von *Kirzner* hervorgehobene Fähigkeit, Gewinnerzielungsmöglichkeiten im Markt zu erkennen, sowie die Fähigkeit, schnell und erfolgsorientiert auf Umwelt- und Wettbewerbsänderungen zu reagieren. Diese Aspekte werden durch eine ausschließlich kostenorientierte Betrachtungsweise vernachlässigt.

4.2.1.8. Informationsmängel und Prinzipal-Agent Theorie

Auch der zweite Theorieansatz innerhalb der Neuen Institutionenökonomik, die *Prinzipal-Agent-Theorie* (ökonomische Vertragstheorie), liefert einige vielversprechende Erklärungsansätze. Mit Hilfe der Prinzipal-Agent Beziehung können einige der zentralen Problemsituationen, denen ein junges Unternehmen ausgesetzt ist, abgebildet werden. Zudem kann die Entstehung von innovativen Unternehmensgründungen erklärt werden.

Ein wesentlicher Problembestandteil von Prinzipal-Agent Beziehungen sind Informationsasymmetrien. Die Transaktionspartner neugegründeter Unternehmen wie z.B. Kapitalgeber, Kunden, Lieferanten sind in der Regel von erheblichen Informationsnachteilen betroffen. Die Informationsnachteile erschweren die Aufnahme von Transaktionsbeziehungen und wirken sich auf unter-

---

710 Vgl. Wenz (1993). S. 61f.
711 Vgl. Strohm (1988), S. 49f.
712 Vgl. Strohm (1988), S. 60f; Wenz (1993), S. 53.

schiedliche Bereiche wie Finanzierung, Markterschließung oder Personalakquise aus. Das Problem der asymmetrisch verteilten Informationen bildet damit die eigentliche Ursache für viele der in empirischen Studien identifizierten Probleme (Abschnitt 4.8) und hat Einfluss auf das Überleben und die Entwicklung junger Unternehmen (Abschnitt 4.5 und 4.7). Daher wird das Problem asymmetrisch verteilter Informationen in diesem Abschnitt in allgemeiner Form dargestellt und es werden mögliche Lösungsansätze diskutiert.[713]

Nahezu alle realwirtschaftlichen Transaktionen sind mit Informationsmängeln im Sinne von unvollständigen Informationen behaftet. Da die Informationsbeschaffung Kosten verursacht, ist die vollständige Information der Marktakteure – wie im Modell der vollständigen Konkurrenz durch entsprechende Prämissensetzung postuliert – nicht erstrebenswert. Informationsmängel sind daher nicht generell problematisch, eine marktgefährdende Wirkung entsteht erst aus der ungleichen, d.h. asymmetrischen Verteilung der Informationen. Informationsasymmetrien liegen dann vor, wenn die Transaktionspartner über die Vertrags- bzw. Transaktionsgegenstände einen unterschiedlich hohen Informationsstand besitzen. Neben der Anerkennung der Existenz von Informationskosten und damit von Informationsmängeln besteht in der Setzung der Verhaltensannahmen eine weitere Unterscheidung von den Vorstellungen der neoklassischen Modellwelt. Anstelle des rational handelnden und vertragstreuen homo oeconomicus werden opportunistisch und mit begrenzter Rationalität handelnde Akteure unterstellt.

Informationsasymmetrien können danach unterschieden werden, ob die Informationsunterschiede vor oder nach dem Vertragsabschluss relevant sind. Vor dem Vertragsabschluss bestehen Informationsasymmetrien in Form von Qualitätsunsicherheiten[714], d.h. die Transaktionspartner können die Qualität des Transaktionsgegenstands unterschiedlich gut beurteilen. Diese Informationsasymmetrie kann zu Lasten des Nachfragers (z.B. Kauf eines Gebrauchtwagens) oder zu Lasten des Anbieters (z.B. Abschluss einer Versicherung) auftreten. In beiden Fällen kann der Wettbewerbsprozess dazu führen, dass nur noch schlech-

---

713 Informationsmängel werden als Marktversagensursache eingestuft. Für eine Darstellung der Problematik der Informationsmängel vgl. Fritsch, Wein und Ewers (1999), S.262ff. Die folgenden Ausführen orientieren sich an dieser Quelle. Für die formale Darstellung der Prinzipal-Agent-Beziehung vgl. Meyer (2004), S. 73ff.

714 Fritsch, Wein und Ewers (1999) verwenden anstelle des Begriffs „Unsicherheit“ die Bezeichnung „Unkenntnis“. Da Unkenntnis fälschlicherweise als vollständiges Informationsdefizit interpretiert werden könnte, wird im Folgenden die Bezeichnung Unsicherheit verwendet, ohne damit eine vollständige Deckungsgleichheit mit dem *Knight*'schen Unsicherheitsbegriff anzustreben.

te Qualitäten gehandelt werden und der Markt für gute Qualitäten zusammenbricht. Der Prozess der Verdrängung der guten Qualitäten wird als adverse Selektion bezeichnet. Der Grad der Qualitätsunsicherheit differiert zwischen den einzelnen Gütertypen, für neoklassisch-homogene Güter und Suchgüter ist der Grad der potenziellen Informationsasymmetrien null bzw. nur gering, Erfahrungsgüter weisen ein mittleres und Vertrauensgüter ein hohes Unsicherheitspotenzial auf. Bei einer Prinzipal-Agent Beziehung wird die Problematik der Qualitätsunsicherheit als „hidden characteristics" (verborgene Eigenschaften) und „hidden intention" (verborgene Absicht) bezeichnet. Bei einer Prinzipal-Agent Beziehung beauftragt der Auftraggeber (Prinzipal) einen Vertreter (Agenten) mit der Ausführung einer Leistung in seinem Namen, wobei der Agent einen gewissen Entscheidungsspielraum erhält. Das „Auftragsverhältnis" kann sehr weit gefasst werden, so dass sehr unterschiedliche Abhängigkeitsverhältnisse als Prinzipal-Agent Beziehung eingestuft werden können. Ein klassisches Beispiel für eine Prinzipal-Agent Beziehung ist das Verhältnis zwischen Arbeitgeber und Arbeitnehmer. Der Arbeitgeber weiß vor Abschluss des Arbeitsvertrags nicht, ob der Mitarbeiter tatsächlich über alle erforderlichen Kompetenzen verfügt (hidden characteristics) und ob der Mitarbeiter nur Dienst nach Vorschrift leistet, wenn sich die Gelegenheit dazu bietet (hidden intention). Wenn der Prinzipal als Voraussetzung für die Transaktion spezifische (irreversible) Investitionen tätigen muss, besteht die Gefahr der opportunistischen Ausbeutung durch den Agenten („hold-up", Abschöpfung von Quasi-Renten[715]). Mögliches opportunistisches Verhalten des Agenten ist eine wichtige Form von hidden intention. Der Prinzipal kann das Fehlverhalten des Agenten zwar erkennen aber nicht verhindern, die Absicht des Agenten steht schon vor Vertragsabschluss fest, kann von dem Prinzipal aber erst ex post identifiziert werden.

Nach Vertragsabschluss bestehen Informationsasymmetrien in Form von Verhaltensunsicherheiten. Wenn ein Akteur nach Vertragsabschluss transaktionsrelevante Fakten zu Lasten des Transaktionspartners ändern kann, ohne dass die Änderung für diesen erkennbar ist, liegt ein moralisches Risiko („moral hazard") vor. Ein klassisches Beispiel ist das Versicherungsverhältnis, bei dem der Versicherungsnehmer sich nach Vertragsabschluss weniger sorgfältig verhält und damit die Wahrscheinlichkeit für den Eintritt des Versicherungsfalls erhöht. Auch bei Vorliegen von moralischen Risiken kann es zur adversen Selektion

---

[715] Die Höhe der Quasi-Rente bestimmt sich durch die Wertdifferenz zwischen der gewählten und

kommen, wenn aufgrund der Informationsasymmetrie keine nach dem individuellen moralischen Risiko ausdifferenzierte Verträge geschlossen werden können und die vertragstreuen Akteure dadurch unattraktive Vertragskonditionen hinnehmen müssen. Bei Prinzipal-Agent Beziehungen spricht man in diesem Zusammenhang von „hidden action“ (verborgene Handlungen). Informationsasymmetrien bei Prinzipal-Agent Beziehungen entstehen aus dem Umstand, dass der Prinzipal die Leistung seines Agenten nicht vollständig beobachten und kontrollieren kann (bzw. aus Kostengründen darauf verzichten muss) und er gleichzeitig von den Ergebnissen nicht auf den tatsächlichen Leistungseinsatz schließen kann, da das Ergebnis auch durch exogene Schocks beeinflusst werden kann. „Hidden information“ (verborgene Informationen) liegen dann vor, wenn der Prinzipal die Handlungen des Agenten zwar beobachten, aber nicht beurteilen kann, da ihm die erforderlichen Kontextinformationen oder Sachkenntnisse fehlen. So kann beispielsweise der Patient die Diagnose und Therapie des Arztes aufgrund fehlender medizinischer Kenntnisse nicht beurteilen und es besteht Unsicherheit bezüglich seiner Fähigkeiten. In beiden Fällen besteht somit das Problem, dass der Prinzipal möglicherweise suboptimale Ergebnisse hinnehmen muss, da er aufgrund der Informationsasymmetrie nicht beurteilen kann, ob die Zielverfehlungen auf den Agenten oder externe, zufallsbedingte Einflüsse zurückzuführen sind bzw. ob der Agent zu einem besseren als dem geplanten Ergebnis fähig gewesen wäre.

Zur Lösung der Informationsasymmetrien wurden diverse marktliche Ansätze entwickelt. Die Lösungsansätze können danach unterscheiden werden, welche Marktseite die Initiative zum Abbau der Informationsmängel ergreift. Wenn der benachteiligte Transaktionspartner aktiv wird und seinen Informationsstand verbessert spricht man von „screening“. Möglichkeiten hierfür sind die eigene Informationsbeschaffung und das Einschalten spezialisierter Dritter (z.B. Rating-Agenturen, Kreditauskunftsagenturen, Verbraucherberater). Alternativ kann auch der besser informierte Akteur „freiwillig“ Informationen bereitstellen („signalling“). Signale können beispielsweise durch den Aufbau von Reputation und das Gewähren von Garantieversprechen bewirkt werden. Bei Versicherungen können alternative Vertragsvarianten mit Selbstbehalten und Schadensfreiheitsrabatten ausgestaltet werden. Durch die Wahl einer bestimmten Vertragsvariante signalisiert der Versicherungsnehmer dann seine individuelle Qualität und

der nächsbesten Verwendungsmöglichkeit der spezifischen Investition.

sein Verhaltensrisiko.[716] Damit Signale wirksam werden, müssen sie für den Sender mit Kosten verbunden sein, wobei die Kosten für Akteure mit schlechter Qualität deutlich höher ausfallen müssen als für Akteure mit hoher Qualität. Da beide Transaktionspartner letztlich vom Abbau der Informationsasymmetrien profitieren, kann auch eine Interessenharmonisierung angestrebt werden. Bei Prinzipal-Agent Beziehungen bedeutet dies, dass der Vertrag so ausgestaltet wir, dass sich die Ziele des Agenten mit denen des Prinzipals decken. Möglichkeiten zur Interessenharmonisierung bestehen in der ertragsabhängigen Honorierung und der vertikalen Integration (mit verschiedenen Abstufungen von längerfristigen Verträgen bis zum formal-rechtlichen Zusammenschluss). Neben marktlichen Lösungsansätzen existieren weiterhin staatliche, d.h. wirtschaftspolitische Lösungsansätze. Dazu zählt beispielsweise die Einführung von Informationspflichten, die öffentliche Informationsbereitstellung, die Einführung von Mindeststandards und subjektiven Marktzugangsbeschränkungen, Garantieverpflichtungen und Regelungen des Haftungsrechts.

4.2.2. Unternehmensgründungen in der betriebswirtschaftlichen Theorie

Auch in der Betriebswirtschaftslehre wurden Unternehmensgründungen lange Zeit kaum berücksichtigt. Die deutsche Betriebswirtschaftslehre war ursprünglich auf Großunternehmen ausgerichtet. Im Laufe der Zeit bildeten sich Teildisziplinen wie Personalwesen, Marketing und Controlling heraus, die auf die einzelnen Teilaufgaben eines funktional organisierten Großunternehmens ausgerichtet sind. Die akademische betriebswirtschaftliche Ausbildung hat hauptsächlich die Ausbildung von Leitungs- und Spezialistenfunktionen in konzernierten Großunternehmen zum Ziel, was sich eindeutig in den universitären Curricula widerspiegelt. KMU wurden lange Zeit von der betriebswirtschaftlichen Lehre und Forschung kaum berücksichtigt. Die Existenz von Unternehmen wurde als gegeben vorausgesetzt, die Entstehung von Unternehmen demnach nicht als Erkenntnisobjekt der betriebswirtschaftlichen Theorie identifiziert. Außerdem hatten die klassischen Autoren der deutschen Betriebswirtschaftslehre wie *Gutenberg* und *Schmalenbach* den Unternehmer weitgehend aus ihrer Analyse ausge-

---

[716] Allerdings geht hierbei die Initiative von der schlechter informierten Marktseite aus, d.h. es werden Anreize gesetzt, damit der besser informierte Transaktionspartner Signale aussendet. Insofern können diese Lösungsansätze auch dem „screening“ zugerechnet werden.

klammert[717], so dass auch ein personenbezogener Anknüpfungspunkt für Unternehmensgründungen fehlt. Die ersten betriebswirtschaftlich orientierten Beiträge zu Unternehmensgründungen wurden erst Mitte der 1970er Jahre durch die Projektgruppe Gründungsforschung am Planungsseminar der Universität Köln unter der Leitung von *Szyperski* geleistet. Das *IfM Bonn* analysiert ebenfalls seit Mitte der 1970er Jahre das Gründungsgeschehen und entwickelte Ansätze, um das jährliche Gründungsaufkommen zu quantifizieren. In den letzten Jahren haben sich einzelne Teildisziplinen dem Thema Unternehmensgründungen angenommen, so wird z.B. das Marketing und die Finanzierung von Gründungen und jungen Unternehmen untersucht. Unternehmensgründungen werden weiterhin auch im Rahmen des strategischen Managements und der Unternehmensführung behandelt.[718] Aus dem Innovations- und dem Technologiemanagement lassen sich zudem Erkenntnisse für technologieorientierte Unternehmensgründungen ableiten.

Mit dem zunehmend an Bedeutung gewinnenden Zweig der Entrepreneurship-Forschung[719] hat sich ein weiterer Baustein für die theoretische Fundierung von Unternehmensgründungen entwickelt. Die Entrepreneurship-Forschung beschäftigt sich – bei unterschiedlicher Schwerpunktsetzung durch die einzelnen Forscher – mit jungen, kleinen und dynamischen Unternehmen. Eine einheitliche, allgemein anerkannte Definition von Entrepreneurship hat sich bisher noch nicht durchgesetzt.[720] Gemeinsam ist den Ansätzen der prozessuale Charakter (Betrachtung von unternehmerischen Entwicklungsprozessen,

---

717 Vgl. dazu Aulinger (2005), S. 36ff.

718 Da bei Unternehmensgründungen grundlegende (d.h. Struktur bildende, die längerfristige Allokation von Ressourcen betreffende) Entscheidungen getroffen werden, weist die Aufgabe „Unternehmensgründung“ gleiche Merkmale auf wie das strategische Management im Rahmen der Unternehmensführung. Ansätze des strategischen Managements können daher ebenfalls zur theoretischen Fundierung von Unternehmensgründungen herangezogen werden.

719 Einen Überblick über Inhalte, Stand und Entwicklung der Entrepreneurship-Forschung geben z.B. Cooper (2003); Fallgatter (2002), S. 75ff; Fueglistaller, Müller und Volery (2004), S. 2ff.

720 Eine weitgefasste Definition bieten Wennekers und Thurik (1999), S. 46f (zitiert in Müller 2003, S. 31, FN 47): “Entrepreneurship is the manifest ability and willingness of individuals, on their own, in teams, within and outside existing organizations, to: - perceive and create new economic opportunities (new products, new production methods, new organizational schemes and new product-market combinations) and to - introduce their ideas in the market, in the face of uncertainty and other obstacles, by making decisions on location, form and the use of resources and institutions. Essentially, entrepreneurship is a behavioural characteristic of persons.” Damit können auch Beschäftigte in (großen) Unternehmen, sogenannte „intrapreneurs“ unter den Entrepreneurship-Begriff subsumiert werden. Aus der Perspektive unternehmerischen Handelns definiert Fallgatter (2002, S. 18): „Entrepreneurship beschreibt die Entwicklung, Bewertung und Ausschöpfung unternehmerischer Handlungsfelder zur Schaffung neuer Güter und Dienstleistungen.“ Einen Überblick über alternative Entrepreneurship Definitionen geben Verheul et al. (2002), S. 13ff.

insbesondere Gründungsprozesse), die Verhaltensorientierung (Entrepreneurship wird mit bestimmten Verhaltensweisen wie innovativ, proaktiv, entscheidungsfreudig, marktorientiert oder risikotragend beschrieben) und die personenbezogene Ausrichtung mit der Betonung der Rolle des „Entrepreneurs". Weiterhin ist Entrepreneurship ein sozialer und kontextabhängiger Prozess, d.h. es werden unterschiedliche soziale Gruppen involviert und der Einfluss von unternehmensexternen Rahmenbedingungen wird anerkannt. Entrepreneurship geht damit über eine rein betriebsinterne Sichtweise hinaus. Der „Entrepreneur" kann grundsätzlich nicht mit dem „Unternehmer" gleichgesetzt werden. Das bloße Besitzen und Leiten eines Unternehmens wird durch den Begriff „Entrepreneurship" nicht erfasst, vielmehr sind das Entdecken, Bewerten und die Nutzung von Geschäftsmöglichkeiten sowie der Aufbau und die innovative Weiterentwicklung von Unternehmen qualifizierende Merkmale. Damit sind Unternehmensgründungen ein wichtiges Forschungsobjekt, auch wenn die Begriffe Entrepreneurship und Unternehmensgründung ebenfalls nicht deckungsgleich sind, da Entrepreneurship auch innerhalb bestehender Organisationen stattfinden kann, z.B. in Form von strategischen Änderungen der Organisationsausrichtung oder der Entwicklung neuer Organisationseinheiten.[721] Auch ist nicht jeder Existenzgründer gleichzeitig als Entrepreneur einzustufen. Rein imitativen Gründungen auf reifen Märkten fehlt zumeist das innovative Element, so kann z.B. die Eröffnung eines Kiosks oder eines Friseursalons kaum als entrepreneurhaftes Verhalten bezeichnet werden, solange damit keine neuartigen Leistungen oder Vertriebs- und Vermarktungskonzepte verbunden sind. Da die Entrepreneurship-Forschung eine noch junge Forschungsrichtung ist, in die Beiträge aus einer Vielzahl von anderen Forschungsdisziplinen eingehen, fehlt bisher ein konsistentes und einheitliches theoretisch-konzeptionelles Rahmengerüst[722], das als anerkannte Grundlage für den gesamten Forschungszweig Gültigkeit besitzt.

4.2.3. Fazit und Übersicht über relevante Theorieansätze

Die wichtigsten volkswirtschaftlichen Theorieansätze weisen allesamt mehr oder weniger große Defizite in der Erfassung und der Bewertung von Unternehmensgründungen auf. Es existiert bisher kein (mikro-)ökonomisch fundiertes Modell, das den gesamten einzelwirtschaftlichen Gründungsprozess mit allen

[721] Zum Corporate Entrepreneurship vgl. Fueglistaller, Müller und Volery 2004, S. 198ff

[722] Vgl. Shane und Venkataraman (2000), S. 217.

spezifischen Problem- und Aufgabenstellungen erfasst.[723] Auch der Betriebswirtschaftslehre ist es bisher nicht gelungen, die Thematik Unternehmensgründungen in einer ganzheitlichen Konzeption zu erfassen. Viele Autoren bemängeln daher die nach wie vor unzureichende theoretischen Fundierung des Forschungsthemas „(technologieorientierte) Unternehmensgründungen".[724] Nicht nur bezüglich der Entstehung von neuen Unternehmen bestehen noch theoretische Defizite. Auch zur Erklärung der Entwicklung von jungen – und speziell innovativen – Unternehmen findet sich bisher keine geschlossene Theorie. Die Gründungsforschung basiert bisher schwerpunktmäßig auf einem breiten Spektrum empirischer Studien, so dass *Brüderl, Preisendörfer und Ziegler* eine „eindeutige Dominanz der Empirie vor der Theorie" konstatieren.[725] Eine konsistente Gründungstheorie muss sowohl in der Lage sein, die individuellen und situativen Ursachen und die individuellen, einzelwirtschaftlichen und gesamtwirtschaftlichen Wirkungen von Unternehmensgründungen unter der Berücksichtigung intervenierender (endogener und exogener) Variablen zu erklären, als auch Aussagen über zukünftige Gründungsaktivitäten zu ermöglichen.[726] Schließlich muss auch die Ableitung von Empfehlungen für die Ausgestaltung der Politik möglich sein. Eine Theorie der Unternehmensgründung müsste demnach sowohl auf der einzelwirtschaftlichen als auch auf der gesamtwirtschaftlichen Ebene ansetzen. Es liegen aber bislang lediglich Theorieansätze aus den verschiedenen Forschungsdisziplinen der Betriebs- und Volkswirtschaftslehre, der Wirtschaftsgeographie sowie anderer sozialwissenschaftlicher Disziplinen wie der Soziologie und der Psychologie vor, die einzelne gründungsrelevante Elemente erklären und die zur theoretischen Fundierung herangezogen werden können. Viele Forschungsbeiträge sind daher von einer eher eklektischen Vorgehensweise geprägt, indem einzelne Theoriebausteine empirisch überprüft werden, ohne eine echte Verknüpfung und Weiterentwicklung vorzunehmen. Die Deutsche Forschungsgemeinschaft hat der Vielfalt der bestehenden Forschungsansätze Rechnung getragen und 1998 das auf sechs Jahre ausgelegte Schwerpunktprogramm „Interdisziplinäre Gründungsforschung" eingerichtet, in dessen Rahmen auch

---

723 Vgl. Wenz (1993), S. 92.

724 Vgl. z.B. Brüderl, Preisendörfer und Ziegler (1998), S. 20f; Castringius (2004), S. 1f; Ege (2004), S. 17; Nerlinger (1998), S. 88, 181f; Schulz (1995), S. 103ff; Sternberg (2000b), S. 200; Storey (1994), S. 5, 121; Tamásy (2004), S. 9; Werner (2000), S. 21; Wießner (2001), S. 43.

725 Vgl. Brüderl, Preisendörfer und Ziegler (1998), S. 20.

726 Vgl. Unterkofler (1989), S. 69, 81.

das *REM*-Projekt (*Regional Entrepreneurship Monitor*) durchgeführt wird.[727] Dementsprechend blicken mittlerweile viele Forscher „über den Tellerrand" ihrer Forschungsdisziplin und berücksichtigen auch die Erkenntnisse aus anderen Forschungsbereichen.

Für die theoretische Fundierung der Thematik Unternehmensgründungen kommen die in der folgenden Übersicht zusammengefassten Wissenschaftsdisziplinen in Betracht. Die Übersicht ist sicherlich nicht abschließend, sie erfasst jedoch die wesentlichen in der gegenwärtigen wissenschaftlichen Diskussion berücksichtigten Theorieansätze. Die einzelnen Theoriebausteine können zur Erklärung der Entstehung und/oder der Entwicklung von Unternehmensgründungen herangezogen werden. Die jeweils relevanten Theoriebausteine werden in den folgenden Abschnitten an den entsprechenden Stellen bei der Übersicht über die empirischen Ergebnisse angesprochen. Der Schwerpunkt liegt dabei auf den ökonomischen, insbesondere den volkswirtschaftlichen Theorieansätzen.

Übersicht Theorieansätze

1. Volkswirtschaftslehre

- Industrieökonomik: marktstrukturelle Ansätze, lerntheoretische Selektionsmodelle
- Neue Institutionenökonomik, insbesondere Transaktionskostentheorie und Prinzipal-Agent Theorie
- gründerbezogener Arbeitsmarktansatz728,
- Humankapitaltheorie

---

[727] Die bisherigen Forschungsergebnisse wurden in den Sammelbänden Schmude und Leiner (2002) sowie Fritsch und Niese (2004) veröffentlicht. Für die Ergebnisse des REM-Projekts siehe Lückgen und Oberschachtsiek (2004).

[728] Für diese Ansätze finden sich auch die Bezeichnungen „Rational Choice" und „Labour Market Approach" (vgl. Preisendörfer 2002a, S. 14f). Die Modelle beschreiben prinzipiell eine Entscheidungssituation, bei der der Akteur zwischen einer selbstständigen und einer abhängigen Erwerbstätigkeit wählen kann. Die Entscheidung erfolgt anhand der erwarteten Nettoerträge der Erwerbsalternativen. Empirische Arbeiten beruhen meist auf Paneldaten und ermitteln Wahrscheinlichkeiten selbstständig zu sein bzw. zu werden in Abhängigkeit von soziodemographischen Merkmalen, Humankapitalvariablen, sowie Einkommens- und Vermögensstand. Dabei können auch Ansätze aus der psychologischen und soziologischen Forschung berücksichtigt werden wie Persönlichkeitsmerkmale (Risikoeinstellung) und Sozialisation (Vorbildfunktion selbstständiger Eltern). Da die arbeitsmarkttheoretischen Ansätze die Entscheidungen einzelner Erwerbspersonen modellieren, sind sie vor allem für die Erklärung von Gründungen durch Einzelunternehmer geeignet. Einen Überblick über verschiedene Ansätze geben Pfeiffer (1994), S. 43ff, 70ff sowie Schulz (1995), S.82ff. Die Entscheidungssituation zwischen Erwerbsalternativen mit unterschiedlich „sicheren" Einkommen wurde auch bereits von Knight (1921, S. 273f) beschrieben.

- Marktzyklustheorie; Lebenszyklusmodelle
- Neo-Österreichische Schule (Austrian School)
- evolutionsökonomische Ansätze729
- Regionalökonomik (inkl. Cluster-/industrial district/Milieu-/Netzwerk-Ansätze, „klassische" Standorttheorien; raumbezogene Produktlebenszyklus-konzepte)[730]

2. Betriebswirtschaftslehre

- Entrepreneurship-Forschung bzw. betriebswirtschaftliche Gründungsforschung[731]
- Gründungsmanagement[732]
- KMU-bezogene Betriebswirtschaftlehre
- Spezialisierung innerhalb betriebswirtschaftlicher Disziplinen wie Marketing oder Finanzierung
- Kooperations- und Netzwerkansätze
- Konfigurationstheorie[733]

---

729 Die Evolutorische Ökonomik bildet bisher keinen geschlossenen Theorieansatz. Unter dem Dach „Evolutionsökonomik" werden unterschiedliche Ansätze zusammengefasst, denen die Prozessorientierung und die Analyse von wirtschaftlicher Entwicklung gemein ist und die damit einen Gegenentwurf zur statischen und komparativ-statischen Modellwelt der Neoklassik bilden. Obwohl grundsätzliche evolutorische Theorieansätze bereits bei Autoren wie *von Hayek*, *Schumpeter*, *Veblen* oder *Marshall* zu finden sind, ist der Forschungszweig „Evolutorische Ökonomik" innerhalb der wirtschaftswissenschaftlichen Forschung noch nicht klar abgegrenzt worden. Die Abgrenzung wird durch die bei einzelnen Autoren umstrittene Nutzung evolutionsbiologischer Analogien weiter erschwert. Bei einer entsprechend weitgefassten Abgrenzung können z.B. die Österreichische Prozesstheorie, die endogene Wachstumstheorie, ökonomische Lerntheorien oder auch die Organisationsökologie als evolutionsökonomische Theorieansätze eingestuft werden. Einen Überblick über den gegenwärtigen Stand gibt der Ausschuss für Evoltorische Ökonomik des Vereins für Socialpolitik (2004).

730 Allerdings können nicht alle der bereits in Abschnitt 2.1.1.4 aufgelisteten regionalwissenschaftlichen Theorieansätze eindeutig unter den Wissenschaftsbereich „Volkswirtschaftslehre" subsumiert werden.

731 Die Abgrenzung ist nicht trennscharf, da die Entrepreneurship-Forschung auf eine Vielzahl anderer Forschungsdisziplinen rekurriert, so dass unter dem Label „Entrepreneurship-Forschung" auch Beiträge aus anderen betriebswirtschaftlichen Forschungsdisziplinen und nicht originär betriebswirtschaftlichen Forschungsdisziplinen (z.B. Traits-Ansätze) subsumiert werden. Da sich die Bezeichnung „Entrepreneurship-Forschung" erst in jüngerer Zeit durchgesetzt hat, werden ältere Beiträge (z.B. Szyperski und Nathusius 1977) unter der Bezeichnung „betriebswirtschaftliche Gründungsforschung" zusammengefasst.

732 Zum Beispiel Klandt (1999). Die Disziplin Gründungsmanagement ist enger gefasst als die Entrepreneurship-Forschung. Während letztere auch die Wachstums- und Weiterentwicklungsphasen junger Unternehmen beinhaltet, beschränkt sich das Gründungsmanagement auf die Schaffung der neuen Organisationseinheit. Außerdem sind die betreffenden Beiträge oftmals stärker praxisorientiert ausgerichtet, d.h. primäre Zielsetzung ist die Ableitung von Handlungsempfehlungen für Gründer.

- ressourcenorientierte Strategieansätze (Resource-Based View)[734]

3. Wirtschaftsgeographie

- New Economic Geography

4. weitere Sozialwissenschaften (insbesondere Soziologie und Psychologie)

- Organisationsökologie
- Institutionentheoretische Ansätze
- Sozialkapitaltheorie, Netzwerktheorie (“network approach to entrepreneurship“)
- Push-Pull-Ansätze
- Traits- und Ability-Ansätze[735]
- Behavioural Approach[736]
- Theorien des sozialen Lernens und geplanten Verhaltens[737]

---

733 Diese Ansätze postulieren, dass aus der Vielzahl prinzipiell möglicher Ausprägungen von Unternehmungsvariablen wie Struktur, Strategie, Werthaltungen und Umweltvariablen, bestimme Kombinationsformen gehäuft auftreten und zur Herausbildung kohärenter Muster (Konfigurationen) führen, die die Unternehmensentwicklung erklären können (vgl. Fallgatter 2002, S. 191ff).

734 Die Ansätze der Resource-Based View werden dem Bereich des strategischen Managements zugerechnet. Zu den ressourcenorientierten Ansätzen zählt z.B. das Konzept der Kernkompetenzen. Das Unternehmen wird als Bündel von Ressourcen aufgefasst (vgl. bereits Penrose 1959, S. 24f). Die internen Ressourcen (i.S. von „Leistungsquellen“ vgl. Berg 2004, S. 32) begründen die strategischen Wettbewerbsvorteile und sichern langfristig den Unternehmenserfolg. Um einen nachhaltigen Wettbewerbsvorteil zu generieren, müssen diese Ressourcen u.a. knapp, unvollständig imitierbar und nicht substituierbar sein (vgl. dazu Burr et al. 2005, S. 16ff). Beispiele für erfolgsrelevante Ressourcen sind das Know-how und ein qualifizierter Mitarbeiterstamm.

735 Der Begriff „Ability“ umfasst die angeborenen und inhärenten Begabungen und Fähigkeiten einer Person, als „Traits“ gelten die angeborenen und immanenten Persönlichkeitseigenschaften, Wesenszüge und Charakteristika einer Person (vgl. Moog 2004, S. 13).

736 Vgl. z.B. Gartner (1988). Diese Ansätze schreiben dem Unternehmer ein Bündel an spezifischen Verhaltensmustern zu, d.h. nicht die Eigenschaften des Unternehmers – wie von den Vertretern des Traits Approach postuliert – sondern dessen Verhalten ist (erfolgs-)relevant.

737 Die Theorie des sozialen Lernens postuliert, dass die Neigung zu einer unternehmerischen Tätigkeit durch Sozialisationsprozesse hervorgebracht wird (z.B. durch erfolgreich selbstständige Eltern; vgl. dazu Bergmann 2000, S. 20ff). Die Theorie des geplanten Verhaltens („theory of planned behavior“) unterstellt, dass sich Menschen rational verhalten und nach der systematischen Auswertung von Informationen und der Abwägung von Konsequenzen Entscheidungen (wie z.B. die Gründung eines Unternehmens) treffen. Die Einstellung bezüglich einer Handlung (wie werden das Verhalten und die daraus resultierenden Konsequenzen von den Personen bewertet?), die subjektive Norm zur Handlungsausführung (sozialer Druck, resultierend aus der vermeintlichen Einstellung wichtiger Bezugspersonen) sowie der Grad der wahrgenommenen Kontrolle über die betreffende Handlung (wahrgenommene Realisierungschancen) beeinflussen die Bildung einer Handlungsabsicht (vgl. dazu Tamásy 2004, S. 29f).

4.3. Ein Überblick über das Gründungsgeschehen in Deutschland

Die wesentlichen Indikatoren zur Erfassung und Abbildung des Gründungsgeschehens sind die Entwicklung der absoluten Zahl der Gründungen, die Gründungsintensität (Gründungsraten), sowie die Entwicklung der Selbstständigenquote. Die Unterschiede im Gründungsgeschehen können nach den drei Dimensionen *temporal*, *räumlich* und *sektoral* dargestellt und analysiert werden. Dieser Abschnitt konzentriert sich auf die räumliche und die temporale Dimension, die sektorale Dimension wird nicht in detaillierter Form berücksichtigt.[738] Um einen kurzen Überblick über die Bedeutung und die Entwicklung der Unternehmensgründungen in Deutschland zu geben, werden im Folgenden einige zentrale Kennzahlen in prägnanter Form präsentiert. Da dabei unterschiedliche Datenquellen verwendet werden, sind die einzelnen Kennzahlen nur in begrenztem Umfang vergleichbar.

4.3.1. Entwicklung der absoluten Anzahl an Unternehmensgründungen

Einen Überblick über die Entwicklung der jährlichen Anzahl der Gründungen in Deutschland anhand verschiedener Quellen gibt Tabelle 4.1.

Tabelle 4.1: Anzahl der Gründungen in Deutschland (2002-2004)

	2002	2003	2004
ZEW Gründungspanel	226.000	234.000	270.000
IfM-Gründungsstatistik (ohne Nebenerwerb)	452.000	509.000	573.000
KfW-Gründungsmonitor (nur Vollerwerb)[739]	708.000	k.A.	673.000
Mikrozensus (nur im Haupterwerb)	234.000	256.000	276.000

Quelle: Eigene Darstellung nach KfW (2004), S. 73, KfW (2005a), S. 79, KfW (2006), S. 40, 76 und Statistisches Bundesamt (2005b), S. 40 (die Werte sind jeweils gerundet).

Die längerfristige Entwicklung der Anzahl der Unternehmensgründungen wird anhand der Gründungsstatistik des IfM dargestellt (siehe Abbildung 4.5).[740] Da

---

738 Für die sektorale Dimension vgl. z.B. Fritsch und Niese (1999); Weißhuhn und Wichmann (2000); ZEW (2001b); ZEW (2002). Viele der in diesem Abschnitt zitierten Quellen beschäftigen sich auch mit der Erfassung von Unternehmens- bzw. Betriebsliquidationen. Auf die Entwicklung und Verteilung der Liquidationen kann hier aber nicht gesondert eingegangen werden.

739 Aufgrund des Befragungszeitpunkts beziehen sich die Angaben jeweils auf Gründungen zwischen dem Sommer des Vorjahrs und dem Sommer des aktuellen Jahres. Für das Jahr 2003 weist der Mittelstandsmonitor nur die Summe aus Voll- und Nebenerwerbsgründungen aus.

das IfM auch die Gründung von Kleinbetrieben – die bei den „echten“ Neuerrichtungen der Gewerbeanzeigenstatistik nicht erfasst werden – berücksichtigt, sind die hier ausgewiesenen Zahlen deutlich höher als Angaben anderer Quellen (z.B. ZEW Gründungspanel). Ein direkter Vergleich mit den anderen Datenquellen ist damit nicht möglich. Die Entwicklung der westdeutschen Gründungszahlen deckt sich weitgehend mit dem Datensatz des „Gründungsatlas“ der TU Freiberg.[741] Für den Zeitraum 1993 bis 1997 weist dieser allerdings ein eher stagnierendes – und gegenüber dem Spitzenjahr 1992 geringeres – Gründungsaufkommen aus. Das Jahresgutachten zur Technologischen Leistungsfähigkeit Deutschlands berichtet dagegen von einem kontinuierlichen Zuwachs der Gründungszahlen, allerdings mit abnehmenden Zuwachsraten.[742] Der Zuwachs wird vor allem durch Gründungen im Dienstleistungssektor getragen. Die Entwicklung in Ostdeutschland ist vor allem durch den Gründungsboom in den ersten beiden Jahren der Wiedervereinigung und einem deutlichem Rückgang seit 1992 geprägt.[743] So weist beispielsweise die IAB Betriebsdatei für den Zeitraum 1/91-7/92 130.271 Gründungen aus gegenüber nur noch 43.524 im Zeitraum 7/95-6/96.[744] Die Betriebsgründungen haben damit in den ersten Jahren nach der Wiedervereinigung erhebliche Bedeutung für den ostdeutschen Arbeitsmarkt. Die Wiedervereinigung führte auch in Westdeutschland zu einem kurzfristigen Gründungsboom, so stieg die Zahl der Gründungen in 1990 um über 10% gegenüber 1989 an.[745] Die absolute Zahl der Gründungen ist nach Angaben das ZEW-Gründungsreports seit 1999 wieder rückläufig, wobei der Rückgang in den alten Bundesländern moderat ausfällt (2001 geht die Zahl der Gründungen gegenüber dem Vorjahr um 4,5% zurück), während in den neuen Bundesländern die Anzahl deutlich zurückgeht (2001 geht die Zahl der Gründungen gegenüber dem Vorjahr um 9% zurück, das Gründungsniveau in Ost-

---

740 Für die Beschreibung der IfM-Gründungsstatistik vgl. Clemens und Kayser (2001), S. 38ff. Da die bundeseinheitliche Erfassung der Gewerbeanzeigen erst 1996 eingeführt wurde, beruhen die Werte der früheren Jahrgänge auf Hochrechnungen. Die Zeitreihe wird dadurch 1997 durch einen „Erfassungsbruch“ etwas verzerrt. 2003 wurde als Folge der Änderungen der Gewerbemeldestatistik die Berechnungsmethode modifiziert, was ebenfalls die Vergleichbarkeit mit früheren Jahreswerten einschränkt.

741 Vgl. Fritsch und Niese (1999), S. 6.

742 Vgl. Legler, Licht und Egeln (2001), S. 28f.

743 Vgl. dazu Brixy (1999), S. 73ff. Ein Teil der vermeintlichen Gründungen dürfte aber auf die Privatisierung von ehemaligen Staatsbetrieben zurückzuführen sein. Das Ausmaß der originären ostdeutschen Gründungen unmittelbar nach der Wiedervereinigung dürfte daher in den hier verwendeten Datenquellen tendenziell überzeichnet sein.

744 Vgl. Brixy (1999), S. 79.

745 Vgl. Almus (2002), S. 19.

deutschland liegt 2001 um 20% unter dem Niveau von 1998).[746] Im Jahr 2002 blieben die Gründungszahlen annähernd konstant. 2003 und 2004 ist wieder ein Zuwachs in Ost- und Westdeutschland zu verzeichnen, der vor allem auf arbeitsmarktpolitische Maßnahmen wie Existenzgründungszuschuss („Ich-AGs") und Überbrückungsgeld zurückzuführen ist.[747] Nach Einschätzung des Sachverständigenrats wurde im Jahr 2004 mehr als die Hälfte aller Existenzgründungen von der Bundesagentur für Arbeit gefördert.[748] Gründungen aus der Arbeitslosigkeit gewinnen damit immer mehr an Bedeutung.

Abbildung 4.5: Längerfristige Entwicklung der Gründungszahlen

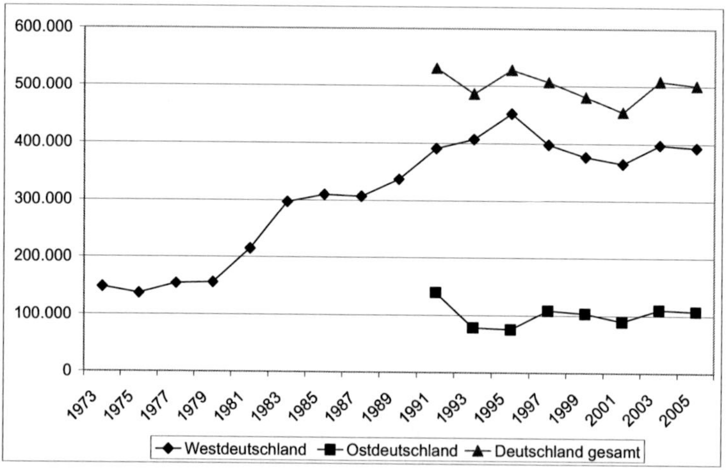

Quelle: Eigene Darstellung nach Günterberg und Wolter (2002), S. 138 und IfM Bonn (2006); die Werte für 2005 beruhen auf vorläufigen Schätzungen auf Basis der Gewerbemeldezahlen bis Oktober 2005.

Wie bereits in Abschnitt 4.1.2.2 erläutert stellen die technologieorientierten Unternehmensgründungen nur eine Minderheit des jährlichen Gründungsaufkommens. Auf der Basis der IAB-Betriebsdatei errechnet *Fritsch* für den Zeitraum 1998-2002 ein durchschnittliches jährliches Gründungsaufkommen von 53.312 Gründungen in wissensintensiven Branchen und von 3.137 Gründungen in FuE-intensiven Branchen (davon 1.172 Spitzentechnologiegründungen), dies ent-

746 Vgl. ZEW (2002), S.1; ZEW (2003), S. 1; ZEW (2004), S. 1.
747 Vgl. KfW (2005a), S. 57.

spricht einem Anteil von 25% bzw. 1,51% (0,56%) aller Gründungen.[749] Der ZEW-Gründungsmonitor ermittelt einen Anstieg der technologie- und wissensintensiven Gründungen für den Zeitraum 1998 bis 2000, der vor allem durch technologieorientierte und wissensintensive Dienstleister getragen wird.[750] Mit dem Abflachen des Technologiebooms Ende der 1990er Jahre und dem Ende des „New Economy"-Booms im Jahr 2000 ist ein deutlicher Rückgang der technologieorientierten Gründungsaufkommens zu verzeichnen, erst im Jahr 2003 ist wieder ein Anstieg der Gründungszahlen zu erkennen, wobei Spitzentechnikgründungen weiterhin rückläufig sind und sich auf niedrigem Niveau stabilisieren (im Jahr 2003 werden nur noch 65% des Niveaus des Jahres 1998 erreicht).

4.3.2. Entwicklung der Gründungsraten

Die Verwendung von Gründungsraten ermöglicht die Berücksichtigung der unterschiedlichen sozioökonomischen Bedingungen und damit einen Regionsvergleich, da die absoluten Gründungszahlen standardisiert werden.[751] Die Gründungsrate kann zum einen bestimmt werden, indem die Anzahl der Gründungen auf die Erwerbspersonen bzw. das Erwerbspersonenpotenzial in der jeweiligen Raumeinheit bezogen wird („Arbeitsmarktansatz"). Dieser Ansatz ist vor allem dann sinnvoll, wenn Gründungen im Sinne von Existenzgründungen analysiert werden sollen. Aufgrund der räumlichen Immobilität der Gründer stellen die Erwerbspersonen einer Region einen guten Näherungswert für das Gründerpotenzial da. Da erwerbslose Personen zunehmend in den Blickpunkt der Gründungsförderung geraten (z.B. Förderung von „Ich-AGs") erscheint das Erwerbspersonenpotenzial als geeigneter für die Standardisierung der Gründungszahlen. Zur Berechnung von Stilllegungsraten ist der Arbeitsmarktansatz dagegen weniger geeignet, da er keine sinnvollen Aussagen ermöglicht. Alternativ können die Gründungen auch zum Unternehmensbestand in Bezug gesetzt werden („Betriebsansatz", „betriebsökologischer Ansatz"). Der Betriebsansatz bildet damit einen Indikator für die Fertilität des Unternehmensbestandes einer Region. Dadurch lassen sich sowohl sinnvolle Gründungs- als auch Stilllegungsraten ermitteln. Allerdings besteht die Tendenz zu Verzerrungen, wenn sich die untersuchten Regionen stark in ihrer Sektoral- und damit in ihrer Betriebsgrößenstruktur

---

748 Vgl. KfW (2005a), S. 57.
749 Vgl. Fritsch (2005), S. 23.
750 Vgl. ZEW (2005), S. 1.

unterscheiden. Außerdem können Gründungen durch Arbeitslose durch diesen Indikator nicht adäquat abgebildet werden. Dementsprechend kann das Ausmaß der regionalen, sektoralen und temporalen Unterschiede in der Gründungsintensität durch die Wahl des Indikators beeinflusst werden, was bei der Interpretation der in den folgenden Abschnitten referierten Studien zu berücksichtigen ist.

Abbildung 4.6: Entwicklung der Gründungsintensität

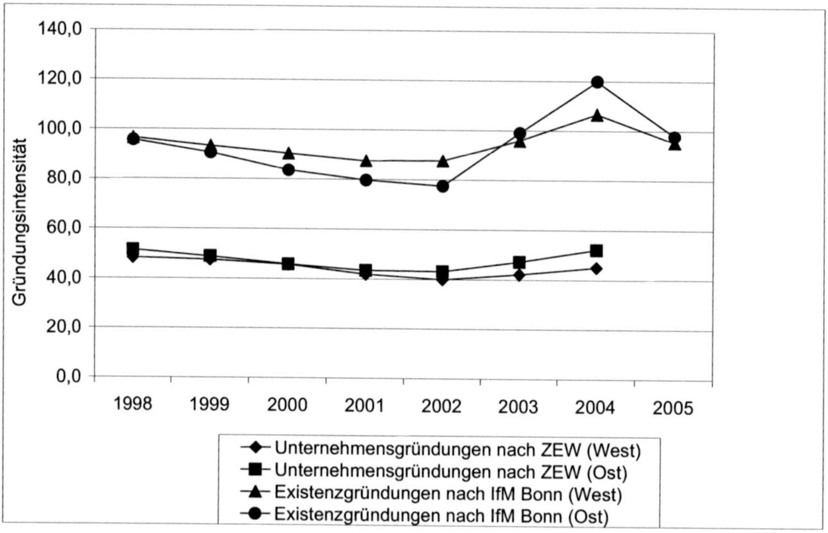

Quelle: Eigene Darstellung nach KfW (2006), S. 41.[752]

Die Entwicklung der Gründungsintensität in Ost- und Westdeutschland ist stark durch den ostdeutschen Gründungsboom in den ersten Jahren nach der Wiedervereinigung geprägt. 1990/1991 war die Gründungsintensität in den neuen Bundesländern mehr als doppelt so hoch wie in Westdeutschland.[753] In den Folgejahren gehen die absolute Zahl der Gründungen, und damit auch die Gründungsintensität, deutlich zurück. Der Anpassungsprozess ist bis 1995 weitgehend abgeschlossen, seitdem liegen die ost- und die westdeutsche Gründungsintensität –

---

751 Vgl. dazu Fritsch und Niese (2004).

752 Quelle ZEW-Gründerpanel und IfM-Bonn; die Angaben für 2005 beruhen auf Schätzungen auf Basis der Zahlen von Januar bis September 2005. Gründungsintensität ist defniert als Gründungen je 10.000 Erwerbstätige.

753 Vgl. Brixy (1999), S. 83.

nach Auswertungen des ZEW-Gründerpanels – auf ungefähr gleichem Niveau.[754] Der Rückgang der absoluten Zahl der Gründungen spiegelt sich auch in der Entwicklung der Gründungsintensität wieder. Mit dem Anstieg der absoluten Anzahl der Gründungen im Jahr 2003 ist erstmals seit 1999 wieder ein Anstieg der Gründungsintensität zu verzeichnen.[755] Neben den räumlichen Unterschieden existieren auch deutliche sektorale Unterschiede in der Gründungsintensität. So weist der Dienstleistungssektor erwartungsgemäß eine erheblich höhere Intensität auf als das Verarbeitende Gewerbe.[756] Einen Überblick über die Entwicklung der Gründungsintensität in den letzten Jahren gibt Abbildung 4.6.

Die folgende Tabelle 4.2 gibt einen Überblick über unterschiedlichen Gründungsraten getrennt nach den siedlungsstrukturellen Regions- und Kreistypen. Es können systematische Unterschiede zwischen den Regions- und Kreistypen festgestellt werden. Zudem gibt es zum Teil deutliche Unterschiede zwischen den einzelnen Bundesländern.[757] In den Agglomerationsräumen und den Verstädterten Räumen ist ein deutliches Kern-Umland-Gefälle erkennbar, das in Westdeutschland noch etwas stärker ausgeprägt ist. Die Ländlichen Räume weisen wiederum erstaunlich hohe Gründungsraten auf, die in Westdeutschland sogar das Niveau der Agglomerationsräume erreichen. Die Nachteile des ländlichen Raums fallen nicht so deutlich aus, wie man aufgrund der den ländlichen Gebieten häufig zugesprochenen Strukturschwäche vermuten könnte. Dabei ist allerdings auch das geringere Erwerbspersonenpotenzial der ländlichen Räume zu berücksichtigen. Stark verallgemeinert kann festgestellt werden, dass es sowohl „strukturstarke“ als auch „strukturschwache“ gründungsintensive Regionen gibt. Zwischen den einzelnen Kreisen bestehen dabei zum Teil ganz erhebliche Unterschiede. Bei sektoral differenzierter Betrachtung sind ebenfalls systematische Unterschiede erkennbar. Das Umland der Kernstädte weist die höchsten Gründungsraten bei Betrieben des Verarbeitenden Gewerbes auf, während unternehmensbezogene Dienstleistungsgründungen deutlich auf die Kernstädte konzentriert sind.[758] Für technologieorientierte Unternehmensgründungen wird generell eine stärkere räumliche Clusterung festgestellt. Agglomerationen und deren unmittelbares Umland weisen die höchsten Gründungsintensitäten auf, in

754 Vgl. Legler, Licht und Egeln (2001), S. 65.
755 Vgl. ZEW (2004b), S. 1.
756 Vgl. z.B. Legler und Gehrke (2005), S. 35; KfW (2005a), S. 49.
757 Vgl. dazu Otto (2004b), S. 60ff.
758 Vgl. Otto (2004b), S. 73, 81.

Ostdeutschland ist zudem ein Süd-Nord-Gefälle erkennbar.[759] Vom Rückgang des Gründungsaufkommens im Zeitraum 1999 bis 2002 waren die Ländlichen Kreise deutlich stärker betroffen als die Kernstädte (während die Gründungsintensität insgesamt um 5,6 Prozentpunkte zurückging, sank die Gründungsintensität in den Ländlichen Kreisen um 18%).[760] Der geringere Rückgang in den Kernstädten ist vor allem auf die relativ gesehen bessere Entwicklung der Dienstleistungsgründungen zurückzuführen. Der Anstieg der Gründungsintensität im Jahr 2003 ist dagegen in den Ländlichen Kreisen am stärksten ausgeprägt.

Tabelle 4.2: Durchschnittliche jährliche Gründungsraten in der privaten Wirtschaft in West- und Ostdeutschland[761]

<table>
<tr><th rowspan="2">Regions- und Kreistypen</th><th colspan="2">West</th><th>Ost</th></tr>
<tr><th>1983-89</th><th>1990-97</th><th>1993-97</th></tr>
<tr><td>Agglomerationsräume</td><td>4,34</td><td>4,73</td><td>7,40</td></tr>
<tr><td>- Kernstädte</td><td>4,67</td><td>4,92</td><td>7,57</td></tr>
<tr><td>- hochverdichtete Kreise</td><td>4,19</td><td>4,63</td><td rowspan="2">7,12</td></tr>
<tr><td>- verdichtete Kreise</td><td>4,23</td><td>4,70</td></tr>
<tr><td>- ländliche Kreise</td><td>3,91</td><td>4,43</td><td>7,57</td></tr>
<tr><td>Verstädterte Räume</td><td>3,96</td><td>4,33</td><td>6,79</td></tr>
<tr><td>- Kernstädte</td><td>4,55</td><td>4,95</td><td>7,31</td></tr>
<tr><td>- verdichtete Kreise</td><td>3,9</td><td>4,29</td><td>6,76</td></tr>
<tr><td>- ländliche Kreise</td><td>3,81</td><td>4,11</td><td>6,62</td></tr>
<tr><td>Ländliche Räume</td><td>4,35</td><td>4,77</td><td>6,89</td></tr>
<tr><td>- verdichtete Kreise</td><td>4,48</td><td>4,91</td><td>6,95</td></tr>
<tr><td>- ländliche Kreise</td><td>4,09</td><td>4,5</td><td>6,86</td></tr>
<tr><td>Insgesamt</td><td>4,18</td><td>4,56</td><td>6,99</td></tr>
</table>

Quelle: Eigene Darstellung nach Otto (2004b), S. 72 und 80.

759 Vgl. Bade und Nerlinger (2000), S.162ff; Felder, Fier und Nerlinger (1997), S. 10ff; Licht und Nerlinger (1997), S. 8ff.

760 Vgl. ZEW (2005), S. 3.

761 Die räumliche Differenzierung erfolgt anhand der siedlungsstrukturellen Kreistypisierung des BBR von 1996. In Ostdeutschland werden die verdichteten und hochverdichteten Kreise der Agglomerationsräume zusammengefasst. Gründungen im Landwirtschaftssektor werden nicht berücksichtigt. Die Gründungsrate ergibt sich aus der Zahl der Gründungen je 1.000 abhängig beschäftigter ziviler Erwerbspersonen in der jeweiligen Raumeinheit. Die Gründungsraten wurden auf Basis der Daten der IAB-Beschäftigtenstatistik berechnet.

Regional differenzierte Auswertungen der ZEW-Panels (ZEW-Gründungspanel, Unternehmenspanel Ost) ermitteln ebenfalls erhebliche regionale Unterschiede in der Gründungsintensität auf der Ebene von Kreisen und Raumordnungsregionen.[762] Diese regionalen Unterschiede lassen sich sowohl für technologieorientierte Wirtschaftszweige als auch für nicht technologieintensive Wirtschaftszweige feststellen.

4.3.3. Entwicklung der Selbstständigenquote

Die Entwicklung der Zahl der Selbstständigen soll als letzter Indikator für das Gründungsaufkommen kurz angerissen werden. Als Selbstständige werden Erwerbstätige bezeichnet, die als (Mit-)Eigentümer oder Pächter ein Unternehmen selbstverantwortlich (also nicht weisungsgebunden) leiten und dabei ein Anrecht auf den Residualgewinn haben. Die Anzahl der Selbstständigen ist auf Basis des Mikrozensus von 3,035 Mio. in 1991 auf 3,839 Mio. in 2004 gestiegen.[763] Dementsprechend ist auch die Selbstständigenquote, d.h. der Anteil der Selbstständigen an allen Erwerbstätigen, gestiegen. Nachdem die Selbstständigenquote von 9,6% im Jahr 1960 bis auf 6,9% im Jahr 1981 zurückgegangen war, erfolgte in den alten Bundesländern ein kontinuierlicher Anstieg bis weit in die 1990er Jahre.[764] Diese Zunahme kann als Indikator für die Entwicklung der deutschen Volkswirtschaft hin zu einer Dienstleistungsgesellschaft interpretiert werden, zudem nimmt die Bedeutung der freien Berufe zu. In den letzten Jahren lag die Quote nahezu unverändert bei 10,3%, im Jahr 2004 stieg sie auf 10,96%.[765] In den neuen Bundesländern steigt die Selbstständigenquote kontinuierlich von 4,5% in 1991 auf 10% in 2004.[766] Die jüngsten Erhöhungen der Selbstständigenquote ergeben sich vor allem als Folge der Neuausrichtung der Arbeitsmarktpolitik. Einen Schwerpunkt der Arbeitsmarktreformen im Jahr 2003 bildete die

---

762 Vgl. hierzu insbesondere die Abbildungen in Sternberg (2002a), S. 188, 190, 191 sowie Grotz, Brixy und Otto (2002), S. 177. Erhebliche regionale Unterschiede in der Gründungsintensität wurden auch bei der Bevölkerungsbefragung im Rahmen der Untersuchungen zum *GEM* Deutschland 2002 festgestellt (vgl. Sternberg und Bergmann 2003, S. 35ff). Deutliche Unterschiede sind auch bei den zehn Regionen, die im Rahmen des *REM* erfasst wurden, feststellbar. Die Quote der momentan im Gründungsprozess befindlichen Personen, differiert zwischen 2,9% in der Raumordnungsregion Rostock und 6% in der Raumordnungsregion München (vgl. Lückgen und Oberschachtsiek 2004, S. 16).

763 Vgl. Statistisches Bundesamt (2005b), S. 30.

764 Vgl. Lageman, Löbbe et al. (1999), S. 86.

765 Vgl. Statistisches Bundesamt (2005b), S. 31.

766 Vgl. Statistisches Bundesamt (2005b), S. 33.

Förderung von Existenzgründungen („Ich-AG“). Im Jahr 2004 wurden rund 175.000 Ich-AGs gegründet.[767] Im Jahr 2005 geht die Anzahl aufgrund von Verschärfungen der Anspruchsvoraussetzungen auf ca. 98.000 zurück.[768] Inwieweit diese Existenzgründungen zu einer dauerhaften selbstständigen Erwerbstätigkeit führen ist allerdings fraglich, da die Teilnehmer anfangs kein tragfähiges Unternehmenskonzept vorlegen mussten, um die Förderung zu erhalten.[769] Erfahrungen der IHK bei der Gründerberatung im Rahmen der Förderung mit Überbrückungsgeld zeigen, dass die Gründerkonzepte arbeitsloser Gründer oftmals erhebliche Defizite aufweisen.[770] Entsprechende Defizite bestehen vermutlich auch bei vielen Ich-AGs.

Die beobachtete Trendumkehr in der Entwicklung der Selbstständigenquote kann, zeitlich versetzt, in vielen westlichen Industrienationen in den späten 1970er und frühen 1980er Jahren festgestellt werden.[771] Sie kann als Zeichen für einen Regimewechsel vom System fordistischer Massenproduktion, in dem vertikal integrierte Großunternehmen eine dominierende Stellung einnehmen, hinzu flexibleren, spezialisierten und wissensbasierten Produktionsformen („knowledge-based economy“, „flexible specialization“), in denen KMU an Bedeutung gewinnen, interpretiert werden. Im internationalen Vergleich ist die deutsche Selbstständigenquote verhältnismäßig niedrig. Die Selbstständigenquote wird durch eine Reihe von Faktoren wie z.B. dem Entwicklungsstand der Volkswirtschaft, der Qualität der sozialen Sicherungssysteme oder der Betriebsgrößenstruktur beeinflusst, dadurch erschwert sich der Vergleich im internationalen Maßstab, gleichzeitig relativiert sich damit der „Rückstand“ Deutschlands.[772]

---

767 Vgl. KfW (2005a), S. 56.
768 Vgl. KfW (2006), S. 48.
769 Mit der zum 27.11.2004 in Kraft getretenen Gesetzesänderung ist die Bestätigung der Tragfähigkeit des Geschäftsvorhabens durch eine fachkundige Stelle wie z.B. IHK, Fachverband oder Kreditinstitut erforderlich geworden. Der Gründer muss nun also einen Geschäftsplan vorlegen.
770 Vgl. DIHK (2005).
771 Vgl. z.B. Acs, Carlsson und Karlsson (1999), S. 5ff; Carree und Thurik (2003), S 442ff; Storey (1994), S. 25ff; Audretsch und Thurik (2000) sprechen in diesem Zusammenhang von dem Übergang von einer „managed economy“ hin zu einer „entrepreneurial economy“.
772 Vgl. Lageman, Löbbe et al. (1999), S. 116ff.

4.4. Die Bestimmungsfaktoren von Unternehmensgründungen

4.4.1. Systematik der Gründungsdeterminanten

Der Überblick des vorherigen Abschnitts verdeutlicht, dass ein beträchtliches Gründungsaufkommen zu verzeichnen ist. Dabei lassen sich erhebliche räumliche und zeitliche Unterschiede im Gründungsaufkommen und in der Gründungsintensität feststellen. Dies gilt in besonderem Maß für technologieorientierte Unternehmensgründungen, die eindeutig auf Agglomerationsräume und deren Umland konzentriert sind. Daher ist in einem nächsten Schritt nach den Bestimmungsfaktoren von Unternehmensgründungen zu fragen.

Die ökonomische Standorttheorie ist zur Erklärung der räumlichen Verteilungen von (technologieorientierten) Unternehmensgründungen nur bedingt geeignet. Die „klassischen" Ansätze der Standorttheorie[773] konzentrieren sich – zumindest implizit – auf größere und etablierte Unternehmen und sind eher dazu geeignet, die Standorte von Betriebsgründungen oder Betriebsverlagerungen von Konzernen zu erklären. Im Hinblick auf die Standortentscheidungen von KMU und Unternehmensgründungen wird angeführt, dass diese aufgrund von Informationsdefiziten und unzureichenden Informationsverarbeitungskapazitäten meist keine systematische und optimierende Standortwahl durchführen und ein geringes Problembewusstsein bezüglich der Standortproblematik aufweisen, da andere Problemstellungen wie z.B. die Finanzierung als dringender und kritischer erachtet werden.[774] Die Entscheidung der Gründer für den Wohn- oder Arbeitsort als Standort muss dabei nicht als irrational und dem ökonomischen Prinzip widersprechend eingestuft werden. Wenn der Gründer an diesem Standort Netzwerkbeziehungen nutzen kann, die den Erfolg des Gründungsprojektes maßgeblich beeinflussen, so ist diese Entscheidung durchaus rational. Zudem verfügt der Gründer auf der regionalen Ebene über einen deutlich besseren Informationsstand, er kann also zumindest auf dieser Ebene eine rationale Standortplanung durchführen. Grundsätzlich wählt der Gründer aber eher einen zufrieden stellenden als einen optimalen Standort. Für das vorliegende räumliche

---

773 Erste Ansätze zur Formulierung einer industriellen Standorttheorie finden sich bereits bei Launhardt (1882), Roscher (1865) und Schäffle (1867). Weber (1909) entwickelte die erste systematische Standorttheorie.

774 Vgl. dazu Albert (1994), S. 72ff; Kistenmacher (2001), S. 120ff; Maier und Tödtling (1991), S. 28ff, 82ff. Nach einer Befragung ostdeutscher Gründer berücksichtigten 70,5 % der Gründer nur einen Standort bei der Entscheidung, nur 5 % hatten fünf oder mehr Standorte zur Auswahl (vgl. Steil 1999, S. 165).

Verteilungsmuster könnte daher ad hoc die folgende Hypothese aufgestellt werden: Wie eine Vielzahl von empirischen Untersuchungen zeigt, gründen viele Gründer ihr Unternehmen am oder in unmittelbarer Nähe zu ihrem Wohn-, Arbeits- oder Ausbildungsort.[775] Maßgeblich entscheidend für die räumliche Verteilung der Gründungen ist demnach die räumliche Verteilung der relevanten Inkubatororganisationen. Für technologieorientierte Unternehmensgründungen sind dies insbesondere Hochschulen, außeruniversitäre Forschungseinrichtungen sowie FuE-betreibende Unternehmen. Diese sind wiederum selbst stark auf Agglomerationsräume konzentriert[776], als logische Folge ist das Gründungsaufkommen von technologieorientierten Unternehmen in Zentren und deren Umland deutlich höher als in ländlichen und peripheren Regionen. Auch wenn sich mit diesem Ansatz bereits ein nicht unerheblicher Teil der räumlichen Verteilung von technologieorientierten Gründungen erklären lässt, ist eine detaillierte Untersuchung der Bestimmungsfaktoren von technologieorientierten Unternehmensgründungen sowie von Gründungen im Allgemeinen unerlässlich.

Im Folgenden werden daher potenzielle Einflussfaktoren untersucht, die sich positiv auf das Gründungsgeschehen in einer Region auswirken können. Hierbei handelt es sich vielfach um Determinanten, die als Regionalfaktoren, also Faktoren welche die unterschiedlichen Aspekte der sozioökonomischen Ausstattung Regionen abbilden, bezeichnet werden können. Diese Faktoren wirken zwar grundsätzlich in allen Regionen und Ländern, sie haben aber eine eindeutig regionale Dimension, da sie räumlich unterschiedlich stark ausgeprägt sind oder unterschiedlich wirken.[777] Ein Teil dieser Determinanten kann der Nachfrageseite zugerechnet werden. Darunter werden die Einflussgrößen subsumiert, welche die Nachfrage nach Gütern und damit die Chancen und Möglichkeiten für eine Unternehmensgründung beeinflussen. Hierzu zählen z.B. die Größe, Struktur und Qualität der regionalen Märkte. Die regionale Nachfrage ist vor allem für Gründungen in Handel, Dienstleistungen und Handwerk relevant. Für technologieorientierte Gründungen spielt das regionale Nachfragepotenzial aufgrund der stärkeren nationalen und internationalen Ausrichtung[778] zumeist keine entscheidende Rolle. Andere Determinanten bilden die Angebotsseite ab.

---

775 Vgl. z.B. Albert (1994), S. 85ff; Elfers (1995), S. 170f; Harhoff (1999), S. 34; Hölscher (1999), S. 74; Hunsdiek (1987), S. 72; Otten (2000), S. 16; Picot, Laub und Schneider (1989), S.167; Schmude (1994), S.77ff.

776 Vgl. BMBF (2002), S. 76, 103, 123, 128, 147; Gehrke und Legler (2001), S. 37ff.

777 Vgl. Sternberg (2000b), S. 204.

778 Vgl. Kulicke et al. (1993), S. 88; Pleschak und Werner (1998), S. 110.

Die Angebotsfaktoren umfassen Einflussgrößen, die das Angebot an Unternehmensgründungen bestimmen, also Faktoren, welche die Entscheidung zur Aufnahme einer selbstständigen Tätigkeit beeinflussen, sowie Faktoren, die diesen Prozess unterstützen und die für eine Gründung erforderlichen Ressourcen tangieren. Hierzu zählen beispielsweise das verfügbare Kapital oder die Qualifikation der Erwerbspersonen. Allerdings lassen sich nicht alle Regionalfaktoren eindeutig zuordnen. So kann z.B. der Unternehmensbestand der Region der Angebotsseite zugeordnet werden, da die bestehenden Unternehmen als Inkubatororganisationen das Angebot an Gründern beeinflussen. Gleichzeitig können die bestehenden Unternehmen der Region als Kunden der neugegründeten Unternehmen auftreten und somit der Nachfrageseite zugerechnet werden. Daher wird die Trennung in nachfrageseitige und angebotsseitige Regionalfaktoren im Folgenden nicht aufrechterhalten.

Der Bestand an potenziellen Gründern und deren Eigenschaften ist ein weiterer wichtiger Einflussfaktor. Grundsätzlich kann das regionale Gründerpotenzial als Bestandteil der Regionalfaktoren eingestuft werden. Aufgrund der zentralen Position, die der Gründer im Prozess der Unternehmensgründung einnimmt – der Gründer ist der zentrale Ressourcen- und Entscheidungsträger des neuen Unternehmens – werden die personenbezogenen Einflussfaktoren im Folgenden als eigener Einflussfaktorenbereich behandelt. Zu den personenbezogenen Einflussfaktoren zählen die demographischen Merkmale wie Alter oder Geschlecht, die Humankapitalausstattung sowie die Persönlichkeitsmerkmale und die Motive der potenziellen Gründer. Die personenbezogenen Determinanten beeinflussen zum einen die individuelle Gründungsbereitschaft bzw. Gründungsneigung, d.h. die grundsätzliche Bereitschaft, sich für die Erwerbsalternative einer selbstständigen Tätigkeit zu entscheiden, die Fähigkeit zur Identifikation unternehmerischer Möglichkeiten sowie die subjektive Überzeugung, eine Gründung auch realisieren zu können. Die personenbezogenen Determinanten beeinflussen weiterhin die objektive Gründungsfähigkeit, d.h. die persönlichen und sachlichen (sowohl materiellen als auch intellektuellen) Voraussetzungen für eine potenziell erfolgreiche Realisierung eines Gründungsvorhabens.

Weiterhin ist die sektorale Wirtschaftsstruktur zu berücksichtigen, da die Markteintrittsbedingungen, insbesondere die Höhe der Markteintrittsbarrieren, zwischen den Sektoren differieren. Dementsprechend weisen die einzelnen Wirtschaftssektoren unterschiedlich hohe Gründungsintensitäten auf. Daher übt auch die sektorale Struktur einer Region einen Einfluss auf das regionale Gründungsaufkommen aus. Die sektorspezifischen Einflussgrößen erfassen damit die spezifischen Bedingungen des Wirtschaftszweigs, in den das neugegründete Unternehmen eintritt. Auch hier bestehen Überschneidungen mit den Regionalfaktoren, da die sektorale Wirtschaftsstruktur zwischen den einzelnen Teilräumen einer Volkswirtschaft differiert und somit ebenfalls einen Bestandteil der sozioökonomischen Ausstattung der Region bildet. Aus Gründen der Übersichtlichkeit werden sektorbezogene und regionale Einflussfaktoren im Folgenden als separate Faktorenbereiche behandelt.

Es ist offensichtlich, dass ein großer Teil der Gründungsdeterminanten allenfalls langfristig durch Maßnahmen der Regionalpolitik beeinflusst werden kann. Dennoch kann auch die Politik selbst als Determinante für das Gründungsaufkommen untersucht werden. Hierbei sind die unterschiedlichen Träger der Regionalpolitik von der kommunalen bis zur europäischen Ebene zu berücksichtigen. Die Politikmaßnahmen können einerseits an den Personen ansetzen, indem z.B. die Anzahl der potenziellen Gründer erhöht wird und potenzielle Gründer zur Realisierung von Gründungsprojekten motiviert werden. Andere Maßnahmen wie z.B. die Bereitstellung von Finanzierungsmitteln setzten direkt an den Problemen von Gründungsunternehmen an.

Schließlich können auch gesellschaftliche und kulturelle Determinanten wie z.B. Werte und Normen, welche die Einstellung zum Unternehmertum und damit die Bereitschaft zum Schritt in die Selbstständigkeit erfassen, berücksichtigt werden.[779] Bezüglich der Einstellung zum Unternehmertum und der Risikobereitschaft lassen sich deutlich Unterschiede im internationalen wie auch im interregionalen Vergleich feststellen. Der *Global Entrepreneurship Monitor* schreibt der deutschen Bevölkerung eine vergleichsweise zurückhaltende und zögerliche Einstellung gegenüber der beruflichen Selbstständigkeit zu.[780] Die Angst vor dem Scheitern und pessimistischere Einschätzungen bezüglich der bestehenden Gründungschancen und der eigenen zur Gründung eines Unter-

---

779 In Anlehnung an die Institutionentheorie (vgl. z.B. North 1990) können diese Einflussfaktoren auch als informelle Institutionen bezeichnet werden.

780 Vgl. Sternberg und Bergmann (2003), S. 17ff; Sternberg und Lückgen (2005), S. 20ff. Zu ähnlichen Ergebnissen kommt auch der im Auftrag der Europäischen Kommission erhobene *Flash Eurobarometer „Entrepreneurship“*, bei dem die Einstellung zum Unternehmertum mittels einer Bevölkerungsbefragung für die EU und die USA vergleichend untersucht wird. Die deutsche Bevölkerung weist demnach eine vergleichsweise hohe Risikoaversion auf, die Mehrheit der Befragten zieht ein abhängiges Beschäftigungsverhältnis einer selbstständigen Tätigkeit vor (vgl. dazu EOS Gallup Europe 2003, S. 5ff, 53ff, 69ff). Auch Lagemann, Frick und Welter (1999, S. 69ff) heben unter dem Schlagwort „Kultur der Selbstständigkeit“ die Bedeutung des kulturellen Umfelds einer Gesellschaft hervor.

nehmens erforderlichen Fähigkeiten und Kenntnisse führen zu einer geringeren Gründungsneigung. Der deutsche *GEM* Länderbericht 2002 berichtet zudem von erheblichen regionalen Unterschieden. So ist die Gründungseinstellung in Westdeutschland positiver als in Ostendeutschland, in Westdeutschland besteht zudem ein deutliches Nord-Süd-Gefälle, auch auf der Ebene der Raumordnungsregionen lassen sich klare Unterschiede feststellen. Werte, Normen und Einstellungen können zum einen interpersonell differieren[781], dementsprechend können sie den personenbezogenen Einflussgrößen zugerechnet werden. Da Werte, Normen und Einstellungen aber eben auch zwischen Kulturen und Gesellschaften differieren, werden sie hier als kulturelle Determinanten erfasst. Diese Determinanten wirken vor allem indirekt, indem das regionale „Gründungsklima" Einfluss auf die Entscheidungsfindung der potenziellen Gründer ausübt.

Neben den regionalen Einflussgrößen können natürlich auch (inter-) nationale makroökonomische Größen wie z.B. das Zinsniveau, die Arbeitslosenquote, die konjunkturelle Entwicklung, institutionelle Rahmenbedingungen (z.B. Arbeits- und Insolvenzrecht) oder allgemeine ökonomische, technologische und gesellschaftliche Trends (z.B. Globalisierung, Tertiarisierung oder der Wandel zur Informationsgesellschaft) Einfluss auf das Gründungsgeschehen ausüben. Die Trends und Entwicklungen lassen neue unternehmerische Möglichkeiten entstehen, der demographische Wandel führt z.B. zur Entstehung eines Markts für Pflegeleistungen.[782] In Deutschland ist zudem der Sondereffekt der Wiedervereinigung zu berücksichtigen. Um die Systematik durch die Einführung einer internationalen Ebene nicht weiter zu komplizieren, werden die grundsätzlich länderübergreifend wirksamen Einflussgrößen im Folgenden unter den nationalen Einflussgrößen subsumiert.[783] Diese Größen haben dabei eher den Charakter von allgemeinen Rahmenbedingungen, die in erster Linie für zeitliche Variationen im Gründungsaufkommen verantwortlich sein können. Der tatsächliche Einfluss lässt sich empirisch kaum belegen, da die Kausalitäten nicht immer eindeutig bestimmt werden können und die korrekte Festlegung der zeitli-

[781] Vgl. Herdzina et al. (2004), S. 207 für interpersonelle Unterschiede in der Einstellung zum Unternehmertum.

[782] Vgl. Shane (2003), S. 22ff für einen Überblick über die Entstehung unternehmerischer Möglichkeiten als Folge technologischer, politischer und gesellschaftlicher Veränderungen.

[783] Da der Fokus auf den Einflussmöglichkeiten von TGZ liegt und diese gegenüber den Bestimmungsgrößen auf der nationalen und internationalen Ebene gleichermaßen „machtlos" sind, ist diese Vereinfachung tragbar.

chen Wirkungsverzögerung bei der Reaktion auf die Änderung makroökonomischer Größen ebenfalls problematisch ist.[784]

Das regionale Gründungsaufkommen wird allerdings nicht nur durch die objektiv feststellbare Existenz und Ausprägung der personenbezogenen Faktoren und der Umfeldfaktoren beeinflusst, sondern auch durch deren subjektive Wahrnehmung seitens des potenziellen Gründers. Die Chancen und die regionalen Rahmenbedingungen für eine Unternehmensgründung werden wie auch die eigenen unternehmerischen Fähigkeiten von den einzelnen Personen unterschiedlich wahrgenommen und bewertet.[785] Die Wahrnehmungs- und Einschätzungsunterschiede führen dazu, dass verschiedene Personen eine identische Entscheidungssituation unterschiedlich bewerten und sich dementsprechend unterschiedlich verhalten, was sich dann z.B. in einer unterschiedlichen Gründungsneigung äußert.[786] Diese subjektive Wahrnehmung kann wiederum durch kulturelle Faktoren, die Persönlichkeitsmerkmale oder die Humankapitalausstattung des potenziellen Gründers, aber auch durch das „regionale Gründungsklima“ (z.B. durch die Kommunikation erfolgreicher Gründungsprojekte) und gesamtwirtschaftliche Rahmenbedingungen (z.B. konjunkturelle Entwicklung, Bürokratie) beeinflusst werden. Weiterhin wird die subjektive Wahrnehmung durch den unterschiedlichen Informationsstand der Akteure beeinflusst.[787] Die subjektive Wahrnehmung bildet dabei eine Art Filter, durch den die Gründungsdeterminanten auf die Entscheidungsfindung der potenziellen Gründer wirken.[788] Sie

---

784 Analysen des *ENSR*-Netzwerks weisen zwar auf einen Zusammenhang zwischen konjunktureller Entwicklung, Arbeitslosigkeit und Gründungsaufkommen hin. Die Beziehungen sind jedoch in den einzelnen europäischen Ländern unterschiedlich stark ausgeprägt, teilweise nicht feststellbar oder nur für einzelne Zeitabschnitte nachweisbar (vgl. Europäische Kommission 2000b, S. 27ff).

785 An dieser Stelle ist auch auf den *Kirzner'schen* Unternehmer zu verweisen (siehe dazu Abschnitt 4.2.1), der sich durch seine „Findigkeit“ auszeichnet, also die Fähigkeit, unternehmerische Möglichkeiten zu entdecken, was letztlich auch eine Frage der subjektiven Wahrnehmung ist.

786 Vgl. Köllinger und Schade (2005), S. 675.

787 Simon (1957, 1959) weist darauf hin, dass die Akteure aufgrund der Informationskomplexität und der Kosten der Informationsbeschaffung und -auswertung keine vollständige Information anstreben, also grundsätzlich gewisse Informationsdefizite aufweisen („bounded rationality“). Bereits von Hayek (1945) weist darauf hin, dass die einzelnen Akteure jeweils über unterschiedliche Teile der relveanten Informationen verfügen (die dann über den Preismechanismus kombiniert werden können).

788 So schließt Tamásy (2004, S. 166) aus den Ergebnissen des *REM*-Projekts, dass vor allem die subjektive Perzeption der objektiven gründungsbezogenen Rahmenbedingungen eine wichtige Rolle für den Schritt in die Selbstständigkeit spielt. Die regionalen Rahmenbedingungen und die individuellen Merkmale wirken vor allem indirekt auf das Gründungsgeschehen, indem sie die gründungsbezogenen Einstellungen beeinflussen. Dabei zeigen sich für die Wahrnehmung der Gründungschancen und für die Einschätzung der eigenen Gründungsfähigkeit zum Teil deutliche

bildet damit einen wichtigen Ansatzpunkt für die Gründungsförderung. Eine alleinige Ausrichtung der Politik auf die Veränderung der Rahmenbedingungen ist wenig erfolgsversprechend, wenn diese Änderung nicht wahrgenommen wird oder wenn die Rahmenbedingungen generell verzerrt wahrgenommen werden. Der derzeitige Forschungsstand erlaubt allerdings keine fundierten Aussagen, wodurch die subjektive Wahrnehmung letztlich bestimmt wird.[789]

Die einzelnen Gründungsdeterminanten wirken nicht isoliert voneinander. Wichtig ist vielmehr das Zusammenspiel der einzelnen Einflussgrößen, also deren kombinierte Wirkung. Eine Systematisierung der unterschiedlichen Gründungsdeterminanten wird in Abbildung 4.7 vorgenommen.

Für die Ableitung der einzelnen potenziellen Einflussgrößen können unterschiedliche Theorieansätze herangezogen werden. Regionsspezifische Einflussgrößen können aus der Regionalökonomik und der Wirtschaftsgeographie abgeleitet werden, sektorspezifische Einflussgrößen lassen sich aus der industrieökonomischen Forschung ermitteln. Personenbezogene Erklärungsansätze können aus der Humankapitaltheorie, der Psychologie[790], der Soziologie[791] und den arbeitsmarkttheoretischen Modellen zur Selbstständigkeitsentscheidung gewonnen werden. Die einzelnen Theorieansätze liefern allerdings nur partielle Erklärungsansätze. In den industrieökonomischen Beiträgen wird z.B. die Person des Gründers nicht weiter untersucht und charakterisiert, auch der Prozess des Unternehmensaufbaus wird nicht berücksichtigt. Die arbeitsmarkttheoretischen Untersuchungen zur Selbstständigkeit blenden wiederum zumeist die industriespezifischen Einflussgrößen aus. Außerdem kann das streng rationale Entscheidungskalkül sowie das Ausblenden der Informationsproblematik kritisiert werden. Einige dieser Theorieansätze können auch zur Erklärung des Überlebens und des Erfolgs von Unternehmensgründungen herangezogen werden. Dementsprechend werden diese Ansätze in den folgenden Abschnitten angeführt, ohne nochmals detailliert erläutert zu werden. Die Vielfalt der potenziellen theoretischen Grundlagen verdeutlicht damit das eingangs konstatierte Fehlen einer einheitlichen Unternehmensgründungstheorie.

Unterschiede zwischen den zehn Untersuchungsregionen, außerdem ist eine Veränderung im Zeitablauf feststellbar (vgl. Lückgen und Oberschachtsiek 2004, S. 21, 23f).

789 Vgl. Köllinger und Schade (2005), S. 679.

790 Insbesondere die „Traits“ und „Ability“-Ansätze“, die die angeborenen und immanenten Persönlichkeitsmerkmale sowie Begabungen und Fähigkeiten von Gründern untersuchen.

791 Hier sind vor allem soziale Netzwerke von Interesse. Grundlegend ist hierfür sind der “network approach to entrepreneurship“ von Aldrich und Zimmer (1986) sowie die Beiträge von *Burt* und *Granovetter* (vgl. z.B. Burt 1992, Granovetter 1973 sowie auch Abschnitt 4.7.2.4).

Abbildung 4.7: Systematik der Gründungsdeterminanten

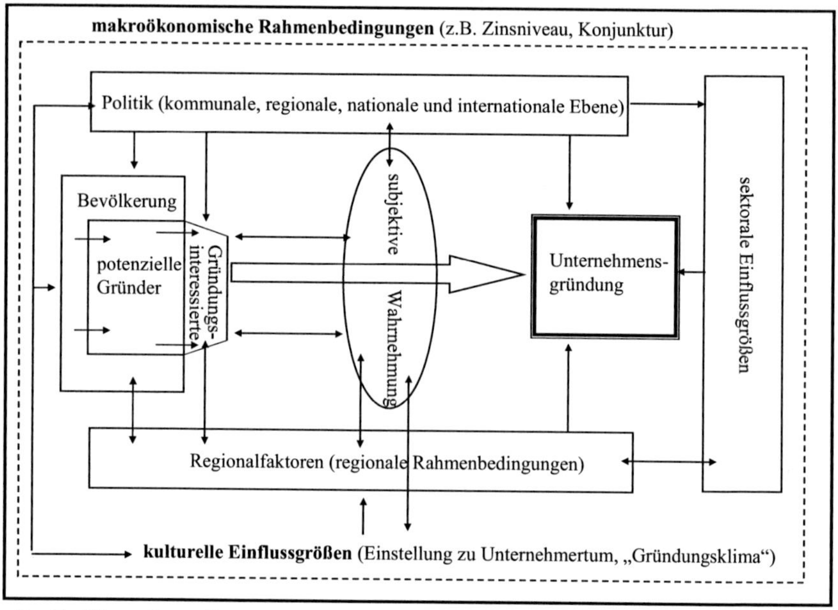

Quelle: Eigene Darstellung.

Es wurde bereits eingangs darauf hingewiesen, dass für Unternehmensgründungen aufgrund von Informationsdefiziten und unzureichenden Informationsverarbeitungskapazitäten meist keine systematische und optimierende Standortauswahl durchgeführt wird. Viele Gründer gründen ihr Unternehmen am Wohn- oder Arbeits- bzw. Ausbildungsort. Das bedeutet, dass eine umfangreiche Ansiedlung von Unternehmen durch Gründer aus anderen Regionen kaum erwartet werden kann, die regionalen Determinanten entfalten damit nur in geringem Maße eine Anziehungswirkung. Die Gründungsdeterminanten sind vielmehr als Faktoren zu interpretieren, welche die Anzahl der potenziellen Gründer und die objektiven und subjektiven Rahmenbedingungen der individuellen Gründungsentscheidung beeinflussen. Wie in Abschnitt 4.1.2.5 erläutert, ist eine Unternehmensgründung als ein mehrphasiger, längerfristiger Prozess aufzufassen. Dem „Trichtermodell" (siehe auch Abbildung 4.3) folgend kann ein Teil der erwerbsfähigen Bevölkerung als potenzielle Gründer eingestuft werden, von diesen trifft wiederum nur ein Teil die Entscheidung, tatsächlich ein Unternehmen zu gründen. Die hier und in den folgenden Abschnitten diskutierten Gründungsdeterminanten können zu verschiedenen Zeitpunkten innerhalb des Gründungsprozess ansetzen, z.B. können sie das Ausmaß des allgemeinen Gründerpotenzials, die individuelle Gründungsfähigkeit, die individuelle Gründungsneigung oder die konkrete Entscheidung beeinflussen. Natürlich können die einzelnen Determinanten auch mehrere Aspekte des Gründungsprozess gleichermaßen beeinflussen. Es können dabei zwei unterschiedliche Wirkungsweisen unterschieden werden. Einzelne Faktoren wirken sich primär auf den Gründungsentschluss aus, d.h. sie beeinflussen die grundsätzliche Entscheidung zur Unternehmensgründung. Andere Faktoren wirken primär unterstützend, d.h. sie erleichtern die Realisierung, wenn eine Person die Gründungsentscheidung bereits getroffen hat. Dabei kann das Wissen um die Existenz der unterstützenden Faktoren wiederum die grundsätzliche Gründungsbereitschaft erhöhen.

Aufgrund der Vielfalt an potenziellen Determinanten aus unterschiedlichen Forschungsdisziplinen und aufgrund der vielfältigen Vergleichbarkeitsprobleme ist eine vollständige Übersicht, die in tabellarischer Form auflistet, welche Faktoren von welchen Studien berücksichtigt werden und welche Faktoren welche Wirkungsrichtung (z.B. signifikant oder nicht signifikant) ausüben, zu unübersichtlich und wäre letztlich auch nur bedingt informativ. Außerdem liegen nicht zu allen potenziellen Einflussfaktoren empirische Belege vor. Daher werden im Folgenden beispielhaft einzelne empirische Studien[792] zitiert, um einige ausgewählte Determinanten mitsamt ihrer theoretischen Fundierung näher zu erläutern. Dabei werden neben Studien zu technologieorientierten Unternehmensgründungen auch breiter angelegte Studien berücksichtigt, die sich auf Unternehmens- oder Betriebsgründungen im Allgemeinen beziehen. Zwar liegt das Hauptaugenmerk dieser Arbeit auf technologieorientierten und innovativen Unternehmensgründungen, für diese spezifische Teilgruppe liegt aber nur eine begrenzte Anzahl an empirischen Studien vor. Durch die Berücksichtigung weiter gefasster Studien kann die empirische Basis verbreitert werden, wobei im Ein-

[792] Die allermeisten empirischen Studien verwenden multivariate ökonometrische Verfahren. Mittels Regressionsanalysen wird das regionale Gründungsaufkommen (zumeist in Form von Gründungsintensitäten) als abhängige Variable zu regions-, sektor- und personenspezifischen (unabhängigen) Variablen in Bezug gesetzt. Die im Einzelnen verwendeten Spezifikationen differerieren entsprechend der Struktur der verwendeten Daten. Im Folgenden wird nicht hinterfragt, ob jeweils optimale Schätzmethoden angewendet wurden und ob für potenzielle Verzerrungen (z.B. durch raumstrukturelle Abhängigkeiten/Autokorrelation) ausreichend kontrolliert wurde, da die entsprechenden Angaben hierzu teilweise nicht ausreichen.

zelfall die Übertragbarkeit der Ergebnisse auf technologieorientierte Gründungen zu hinterfragen ist.

4.4.2. Personenbezogene Einflussfaktoren am Beispiel des Humankapitals

Eine Unternehmensgründung kann grundsätzlich als das Ergebnis der Wahl zwischen einer selbstständigen Tätigkeit und einer abhängigen Beschäftigung modelliert werden. *Lucas* unterstellt in seinem vielzitierten Modell, dass alle Erwerbspersonen über die gleichen produktiven Fähigkeiten verfügen, sich jedoch in ihrem Managementfähigkeiten („talent for managing") unterscheiden.[793] Diese Fähigkeiten sind dem Akteur bereits vor der Entscheidung bekannt, es gibt also keine Lernprozesse.[794] Der Lohnsatz bestimmt die Opportunitätskosten einer selbstständigen Tätigkeit, da der Unternehmer nur den von seinen Managementfähigkeiten abhängigen Residualgewinn als Einkommen erhält. Die talentierteren Personen werden zu Unternehmern, während die weniger talentierten Individuen eine abhängige Beschäftigung wählen. Ziel des Modells ist es, die Unternehmensgrößenverteilung zu erklären – mit dem Ergebnis, dass die Größenverteilung durch die Verteilung der Managementfähigkeiten determiniert ist, wobei die talentierteren Unternehmer größere Unternehmen leiten. Dabei wird der Unternehmer mit dem Unternehmen gleichgesetzt, d.h. ein Unternehmen besteht aus einem Unternehmer und dem von ihm kontrollierten homogenen Produktionsfaktoren Kapital und Arbeit. Die Einführung von Managementhierarchien oder eine Kombination von Kompetenzen in einem Team sind damit nicht möglich.[795] Das Modell ist somit zur theoretischen Fundierung von Unternehmensgründungen nur bedingt geeignet. Jedoch lassen sich aus diesem Ansatz erste Gründungs- und Erfolgsdeterminanten ableiten. Der Begriff des „talent for managing" wird zwar nicht näher spezifiziert („...it does not say anything about the nature of the tasks performed by managers, other than that whatever managers do, some do it better than others"[796]), jedoch kann vermutet werden, dass die Humankapitalausstattung des potenziellen Gründers eine wichtige Bestim-

[793] Vgl. Lucas (1978). Der Ansatz kann den arbeitsmarkttheoretischen Modellen zugerechnet werden.

[794] Jovanovic (1982) unterstellt dagegen, dass die Unternehmer ihre Managementfähigkeiten zum Entscheidungszeitpunkt noch nicht kennen, sondern diese erst durch einen Lernprozess entdecken und dann gegebenenfalls ihre Entscheidung revidieren (siehe dazu auch Abschnitt 4.5.4).

[795] Allerdings wird dieser Aspekt von Lucas als mögliche Erweiterung des Modells diskutiert.

[796] Lucas (1978), S. 511.

mungsgröße für die Gründung von Unternehmen[797] sowie deren Entwicklung ist. Da talentiertere Unternehmer größere Unternehmen leiten, lässt sich die Hypothese ableiten, dass die Humankapitalausstattung positiv auf das Unternehmenswachstum wirkt.

Die Humankapitaltheorie kann daher zur Ableitung von Einflussfaktoren für das Gründungsaufkommen sowie für das Überleben und Wachstum neugegründeter Unternehmen herangezogen werden. Grundlegende Beiträge der Humankapitaltheorie stammen von *Becker, Mincer* und *Schultz.*[798] Die Humankapitaltheorie wird der Disziplin der arbeitsmarkttheoretischen Forschung zugerechnet und wurde ursprünglich zur Erklärung der Einkommensdifferenzen bei abhängig Beschäftigten entwickelt. Die Ansätze wurden zuerst um die Erklärung der Einkommen von Selbstständigen erweitert, später wurde auch die Gründung von Unternehmen zum Forschungsobjekt.[799] Das Humankapital umfasst alle Qualifikationen einer Person, die dazu geeignet sind, die Fähigkeiten und damit die Produktivität der Arbeitskraft der Person zu steigern. Das Humankapital ist unmittelbar an eine Person gebunden und wird durch Investitionen aufgebaut. Die Humankapitalinvestitionen erfolgen durch die formale Aus- und Weiterbildung (Schule, Hochschule, berufspraktische Ausbildung) sowie informell durch Einarbeitung, Unterweisung, Berufserfahrung und Arbeitsvollzug im Unternehmen („learning by doing").[800] Grundsätzlich kann zwischen allgemeinen und betriebsspezifischem Humankapital unterschieden werden, je nach dem ob die Qualifikationen und Fähigkeiten unabhängig oder abhängig von einem bestimmten Arbeitgeber sind. Das betriebsspezifische Humankapital wird durch einen Arbeitgeberwechsel entwertet und ist damit allenfalls für imitative Unternehmensgründungen nutzbar. Weiterhin wird spezifisches Humankapital berücksichtigt, das wiederum in branchenspezifisches und unternehmerisches Human-

---

[797] In einer Weiterentwicklung des Lucas-Modells durch Jovanovic (1994) weisen die Akteure neben heterogenen Managementfähigkeiten auch heterogene Arbeitsfähigkeiten auf, d.h. nicht alle Akteure sind gleichermaßen geeignete Unternehmer und Arbeitnehmer. Wenn diese Fähigkeiten positiv korreliert sind, ist ein Gleichgewicht möglich, bei dem die Akteure mit hohen Managementfähigkeiten eine abhängige Beschäftigung wählen, während weniger fähige Akteure Unternehmen gründen und leiten. Auch wenn sich diese Hypothese nicht generell empirisch bestätigen lässt – i.d.R. weisen Unternehmer eine höhere durchschnittliche Humankapitalausstattung auf – gibt es doch Hinweise darauf, dass gerade Universitätsabsolventen eine abhängige (gut dotierte und sichere) Beschäftigung in Großunternehmen einer selbstständigen Tätigkeit vorziehen.

[798] Vgl. Becker (1965); Mincer (1958); Schultz (1971).

[799] Für einen Überblick vgl. z.B. Moog (2004), S. 44ff.

[800] Vgl. Moog (2004), S. 45.

kapital unterteilt werden kann.[801] Ersteres umfasst die Branchenerfahrung des Gründers durch eine vorherige Tätigkeit in einer bestimmten Branche. Letzteres umfasst Erfahrungen durch eine frühere selbstständige Tätigkeit, Führungs- und Managementerfahrungen sowie die Sozialisation durch selbstständige Eltern. Das unternehmerische Humankapital wirkt damit als Indikator, inwieweit der Gründer für die Ausübung der Unternehmerrolle geeignet ist.

Die Humankapitalausstattung bildet eine wichtige Bestimmungsgröße für die Gründungsfähigkeit einer Person. Daher sollte die Humankapitalausstattung der potenziellen Gründer grundsätzlich einen positiven Einfluss auf das Gründungsaufkommen sowie auf die Entwicklung des Gründungsunternehmens ausüben. Andererseits ist zu berücksichtigen, dass hochqualifizierte Personen in der Regel ein breiteres Spektrum an attraktiven abhängigen Erwerbesmöglichkeiten vorfinden, so dass für diese Personen die Opportunitätskosten der Aufnahme einer selbstständigen Tätigkeit höher sind, was zu einer niedrigeren Gründungsbereitschaft bei Personen mit hoher Humankapitalausstattung führen kann. Zusätzlich zum direkten Einfluss auf die Gründungsneigung und -fähigkeit von Individuen übt die regionale Humankapitalausstattung auch einen indirekten Einfluss auf das Gründungsaufkommen aus. Da hochqualifizierte Mitarbeiter einen wichtigen Inputfaktor – insbesondere bei technologieorientierten Unternehmen – bilden, kann auch deren Verfügbarkeit das Gründungsaufkommen in einer Region beeinflussen. Aus der räumlichen Verteilung des Humankapitals können somit Erklärungsansätze für die räumliche Verteilung des Gründungsaufkommens abgeleitet werden. Diverse empirische Studien belegen ein deutliches Zentrums-Peripherie-Gefälle in der Ausstattung mit hochqualifizierten Beschäftigten[802], was tatsächlich mit der Konzentration technologieorientierter Unternehmensgründungen auf Agglomerationsräume korrespondiert.

Die Bedeutung des Humankapitals zur Erklärung des regionalen Gründungsaufkommens kann durch eine Vielzahl empirischer Arbeiten belegt werden, wobei – vor allem aufgrund der Datenverfügbarkeit – zum Teil sehr unterschiedliche Variablen zur Messung der Humankapitalausstattung verwendet werden.[803] Teilweise wird versucht, die Humankapitalausstattung durch das Alter

---

801 Vgl. Preisendörfer und Voss (1999), S.113f; Brüderl, Preisendörfer und Ziegler (1998), S. 50.

802 Für einen Überblick vgl. Schönert (2000), S. 78ff.

803 Moog (2004, S. 30) gibt einen Überblick über Studien, die den Einfluss des Humankapitals auf die Gründungsentscheidung belegen. Allerdings sind diese Studien größtenteils nicht regionalwirtschaftlich ausgereichtet, d.h. sie haben nicht die Erklärung interregionaler Unterschiede in der Gründungsintensität zum Ziel. Gründungsrelevante Humankapitalvariablen sind z.B. die vorheri-

der potenziellen Gründer zu approximieren. Das Alter ist zwar zumindest als Indikator für die Berufserfahrung geeignet. Jedoch korreliert das Alter mit einer Reihe von anderen Einflussgrößen wie der Risikoeinstellung oder der Verfügbarkeit finanzieller Ressourcen, so dass die tatsächlichen Kausalitäten nicht definitiv geklärt werden kann. Daher werden im Folgenden nur Studien mit spezifischeren Humankapitalvariablen berücksichtigt.

Acs und Armington können einen signifikanten Einfluss der regionalen Humankapitalausstattung auf das Ausmaß an Dienstleistungsgründungen in den US-amerikanischen Arbeitsmarktregionen nachweisen.[804] Die Humankapitalausstattung wird allerdings nur grob durch den Anteil der Collegeabsolventen an der erwachsenen Bevölkerung gemessen. Durch die Collegeausbildung werden zwar die zur Gründung eines Unternehmens erforderlichen grundlegenden technischen wie auch kaufmännischen und betriebswirtschaftlichen Fähigkeiten vermittelt. Weitergehende spezifische Humankapitalelemente wie z.B. Management- oder Selbstständigkeitserfahrung werden hierbei aber nicht berücksichtigt. Für das ZEW-Gründerpanel (West) und den Zeitraum 1989 bis 1994 ermitteln *Egeln, Licht und Steil* signifikante Humankapitaleffekte, die allerdings unterschiedliche Wirkungsrichtungen aufweisen.[805] Während von dem Anteil der Erwerbspersonen mit einem Fachhochschulabschluss ein positiver Effekt auf die Gründungsintensität eines Kreises ausgeht, wirkt sich ein höherer Anteil von Erwerbspersonen mit einem Universitätsabschluss negativ auf die Gründungsintensität aus. Dies spricht für eine praxisbezogenere Ausbildung an den Fachhochschulen, während die Universitätsabsolventen attraktivere Positionen in Großunternehmen und in der öffentlichen Verwaltung finden und damit aufgrund der höheren Opportunitätskosten den Schritt in die Selbstständigkeit eher scheuen. Von Interesse wäre in diesem Zusammenhang eine Aufteilung der Universitätsabsolventen nach unterschiedlichen Fachrichtungen. Weiterhin gehen auch von den Personen mit einer geringen Humankapitalausstattung, d.h. Personen ohne eine Berufsausbildung, ebenfalls positive Effekte auf das Gründungsaufkommen aus. Möglicherweise sind diese Personen aufgrund der geringeren Opportunitätskosten eher bereit, das Risiko einer Unternehmensgründung einzugehen. Es ist auch denkbar, dass dies auf das Vorhandensein eines größe-

ge Selbstständigkeit, Berufserfahrung, die formale Ausbildung (höchster Bildungsabschluss, Anzahl Ausbildungsjahre) und das Alter des Gründers.

804 Vgl. Acs und Armington (2003), ohne Seitenangabe.

805 Vgl. Egeln, Licht und Steil (1997), S. 140ff.

ren Pools günstiger Arbeitskräfte hinweist, die vor allem bei Dienstleistungsgründungen benötigt werden. *Pfeiffer* untersucht die Determinanten der Selbstständigkeit anhand des SOEP für Westdeutschland.[806] Das Humankapital, gemessen durch die Berufserfahrung und die Schulausbildung, hat demnach einen statistisch signifikanten Einfluss auf die Selbstständigkeit und übt eine größere Wirkung aus als das makroökonomische Umfeld und das Einkommen. Für Selbstständige mit Beschäftigten haben die Humankapitalvariablen eine größere Bedeutung als für Selbstständige ohne Beschäftigte. Die Selbstständigkeit des Vaters ist der wichtigste Bestimmungsgrund, was darauf hinweist, dass durch die Eltern wichtiges unternehmerisches Know-how transferiert wird. Allerdings untersucht diese Studie nur die Einflussgrößen für den Erwerbsstatus, nicht aber für den Statuswechsel. Damit können nur implizit Gründungsdeterminanten abgeleitet werden.

Mit rein quantitativen Indikatoren wie z.B. der Anzahl der Schuljahre oder der Berufsjahre, kann das Humankapital allerdings nicht vollständig erfasst werden, eine Erweiterung um qualitative Aspekte erscheint daher sinnvoll. *Lazear* weist darauf hin, dass ein Unternehmer über ein breiteres Spektrum an Fähigkeiten und Kenntnisse („skills") verfügen muss, als ein abhängig Beschäftigter.[807] Der Unternehmensgründer ist demnach eher ein Generalist („Jack-of-All-Trades"), der zwar viele verschiedene Fähigkeiten besitzt, aber in den einzelnen Bereichen kein sehr hohes Niveau erreicht. Personen, die über ein geringeres Fähigkeitsspektrum verfügen, spezialisieren sich dagegen auf einen einzelnen Bereich und wählen eine abhängige Beschäftigung. Der Unternehmer muss allerdings über ein gewisses Mindestniveau bei den einzelnen Fähigkeiten verfügen, um Spezialisten für einzelne Bereiche auswählen und einstellen zu können. Die Entscheidung für eine Erwerbsform erfolgt anhand des erzielbaren Einkommens, Personen mit einem breiteren Spektrum an Fähigkeiten werden daher Unternehmer. Je eher die Fähigkeiten gleichverteilt sind (also je stärker das Humankapital ausbalanciert ist), desto eher wird eine Person ein Unternehmen gründen. Personen können weiterhin in „skills" investieren, also ihre Humankapitalausstattung verbessern.[808] Wenn eine Person ein Unternehmen gründen will, wird sie zuerst in die Fähigkeitsbereiche investieren, in denen noch Defizite bestehen, Ziel ist eine möglichst starke Niveauangleichung bei allen relevanten

---

806 Vgl. Pfeiffer (1994), S. 154ff.
807 Vgl. dazu Lazear (2002), S. 2ff, S. 5ff.
808 Vgl. Lazear (2002), S. 24ff.

Fähigkeiten. Empirisch bestätigt werden diese Hypothesen durch eine Untersuchung der Alumni der Stanford Graduate School of Business.[809] Unternehmensgründer haben in vorangegangenen abhängigen Beschäftigungsverhältnissen mehr unterschiedliche Aufgaben und Funktionen wahrgenommen als Personen, die weiterhin abhängig beschäftigt bleiben. Dies spricht dafür, dass zukünftige Unternehmer im Vorfeld ein breites Spektrum an Erfahrungen sammeln. Weiterhin haben die Gründer während der Studienzeit ein breiteres Spektrum an Kursen und Fächern absolviert, d.h. sie haben in den Aufbau eines unternehmerisch relevanten Humankapitalstocks investiert. Die Ergebnisse zeigen, dass nicht nur die Höhe sondern vor allem auch die Art und Verteilung des Humankapitals relevant sind. Anhand einer zusätzlichen Befragung innerhalb des *REM (Regional Entrepreneurship Monitor)* bestätigt *Wagner* die Ergebnisse *Lazears* für deutsche Gründer.[810] Die Ergebnisse sind auch im Hinblick auf die Untersuchung von technologieorientierten Unternehmensgründungen relevant. Die Gründer dieser Unternehmen weisen häufig Defizite im betriebswirtschaftlichen und kaufmännischen Bereich auf.[811] Entsprechende Humankapitalinvestitionen könnten demnach die Anzahl der Gründungen in diesem Bereich erhöhen und deren erfolgreiche Entwicklung unterstützen.

Die empirischen Ergebnisse weisen eindeutig darauf hin, dass die Humankapitalausstattung ein wichtiges Element zur Bestimmung des regionalen Gründerpotenzials ist. Einschränkend ist allerdings darauf hinzuweisen, dass das Humankapital vielfach nur durch einzelne Variablen und zudem meist nur sehr grob gemessen wird, was allerdings den Grenzen der Datenverfügbarkeit bei bestehenden Paneldatensätzen geschuldet ist. Eine umfassende und tief greifende Abbildung des gesamten Humankapitalspektrums ist damit zumeist nicht möglich.

---

809 Vgl. Lazear (2002), S. 26ff.
810 Vgl. Wagner (2003).
811 Vgl. auch Abschnitt 4.8.2.5.

4.4.3. Regionale Einflussgrößen

4.4.3.1. Unternehmensgrößenstruktur

Wie diverse empirischer Studien zeigen, wirkt sich eine kleinbetriebliche Unternehmensstruktur positiv auf das Gründungsaufkommen einer Region aus.[812] KMU sind demnach wichtige Inkubatororganisationen für Unternehmensgründungen. Die Wirksamkeit dieser „Saatbeetfunktion" der Kleinbetriebe kann auch für technologieorientierte Gründungen nachgewiesen werden. *Nerlinger* belegt die Wirksamkeit der Inkubatorfunktion für technologieorientierte Gründungen anhand des ZEW-Gründungspanels West für den Zeitraum 1989 bis 1996 auf der Kreisebene.[813] Für technologieorientierte Industriebetriebsgründungen in Nordrhein-Westfalen im Zeitraum 1980 bis 1994 kann *Bulmahn* ebenfalls signifikant positive Auswirkungen einer kleinbetrieblichen Wirtschaftsstruktur – gemessen anhand des Anteils der Beschäftigten in Betrieben mit maximal 50 Mitarbeitern – feststellen, wobei die Auswirkungen bei Hochtechnologiegründungen stärker ausfallen als bei Spitzentechnologiegründungen.[814]

Für die positiven Gründungseffekte von KMU finden sich verschiedene Erklärungsansätze. Zum einen sind Mitarbeiter und Führungskräfte in kleinen Unternehmen häufig mit einem breiteren Aufgabenspektrum betraut – sie sind also eher Generalisten als Spezialisten – so dass potenzielle Gründer mehr Know-how zur Führung eines eigenen Unternehmens erwerben können. Auch „tacit knowledge", also nicht oder nur schwer kodifizierbares Wissen, kann durch den engeren und persönlicheren Kontakt leichter und in einem breiterem Spektrum erworben werden. Weiterhin bestehen engere und häufigere Kontakte zum Unternehmer, so dass potenzielle Gründer leichter Informationen über den Weg in die Selbstständigkeit sowie den damit verbundenen Problemen und Lösungsmöglichkeiten sammeln können.[815] Zusammen mit der Vorbildfunktion er-

---

812 Vgl. z.B. Egeln, Licht und Steil (1997); Gerlach und Wagner (1994); Keeble und Walker (1994); Schmude (1994). Der Großteil dieser Arbeiten ist allerdings nicht auf TOU-Gründungen fokussiert. Die Befragung „Perspektive-Deutschland 2001" ermittelt eine höhere Selbstständigkeitsbereitschaft unter Beschäftigten in KMU (vgl. Castringius 2004, S. 162). Eine höhere Gründungsintensität in Verbindung mit einer geringen durchschnittlichen Betriebsgröße kann auch als Hinweis auf eine fortgeschrittene Restrukturierung der regionalen Wirtschaft weg von einer fordistischen Wirtschaftsordnung und hin zu einer Dienstleistungsgesellschaft gesehen werden (vgl. dazu Armington und Acs 2002, S. 41).

813 Vgl. Nerlinger (1998), S. 147ff.

814 Vgl. Bulmahn (2002), S. 145ff.

815 Vgl. Sorenson und Audia (2000), S. 443.

folgreicher Unternehmer erhöht sich dadurch die Bereitschaft, selbst ein Unternehmen zu gründen. Weiterhin verbessert sich dadurch die Einschätzung bezüglich der eigenen unternehmerischen Fähigkeiten. Andererseits können auch Push-Faktoren wie niedrigere Löhne und höhere Liquidationsraten für das höhere Gründungsaukommen verantwortlich sein. Schließlich kann eine kleinbetriebliche Unternehmensstruktur auch auf das Vorherrschen von Sektoren mit nur schwach ausgeprägten Markteintrittsbarrieren hinweisen. Da neue Unternehmen vielfach in derselben Branche, in der der Gründer bisher beschäftigt war, gegründet werden, kommt es hier zu einem verstärktem Gründungsaufkommen, das dann aber eher auf die einfacheren Marktzutrittsmöglichkeiten zurückgeführt werden kann als auf die Qualifikation fördernden Eigenschaften von KMU.[816]

Einschränkend ist allerdings anzumerken, dass der statistisch nachgewiesene Zusammenhang zwischen Unternehmensgrößenstruktur und Gründungsaufkommen nichts über die tatsächliche Herkunft der Gründer aussagt. Es ist generell auch denkbar, dass die Beispielswirkung vieler erfolgreicher KMU in einer Region auch Mitarbeiter großer Unternehmen zum Schritt in die Selbstständigkeit motiviert. Die KMU übten dann zwar eine Vorbildfunktion aus, aber keine spezifische Inkubatorfunktion. Außerdem besteht vermutlich eine Verbindung zwischen dem Größen- und dem Alterseffekt, d.h. die vermeintlich gründungsfördernden Wirkungen von KMU sind zum Teil darauf zurückzuführen, dass die meisten jungen Unternehmen gleichzeitig klein sind.[817] Eine reine Betriebsgrößenbetrachtung verdeckt einen Teil der tatsächlichen Wirkungszusammenhänge. Demnach gehen gründungsinduzierende Wirkungen vor allem von kleinen und gleichzeitig jungen Unternehmen aus. Mit dieser Vermutung decken sich die Auswertungsergebnisse des *Regional Entrepreneurship Monitor* durch *Sternberg und Wagner*.[818] Demnach übt der Anteil der Selbstständigen in einer Region als Indikator für eine kleinbetriebliche Unternehmensstruktur keinen statistisch signifikanten Einfluss auf die Wahrscheinlichkeit aus, ein „Nascent Entrepreneur" zu sein. Dagegen wirken das aktuelle regionale Gründungsaufkommen sowie der persönliche Kontakt zu anderen jungen Unternehmern stark gründungsfördernd. Die Autoren sehen darin einen Indikator für die Existenz eines

---

816 Vgl. Storey (1982), S. 66.
817 Vgl. dazu Wagner (2004).
818 Vgl. Sternberg und Wagner (2004), S. 27ff.

regionalen Milieus mit einer stark entwickelten „entrepreneurial culture" und starken Vorbildeffekten für potenzielle Gründer.

Weiterhin sind bei der Bewertung der Unternehmensgrößenstruktur auch potenzielle Zusammenhänge mit der Raum- bzw. Siedlungsstruktur zu berücksichtigen. *Brixy und Niese* ermitteln beispielsweise auf der Ebene der westdeutschen Raumordnungsregionen einen signifikant negativen Einfluss für eine kleinbetriebliche Unternehmensstruktur.[819] Die Autoren weisen darauf hin, dass die Betriebsgrößenstruktur eng mit der Bevölkerungsdichte korreliert, d.h. eine kleinbetriebliche Struktur ist ein typisches Merkmal für ländliche Regionen. Die kleinbetriebliche Prägung wirkt damit nicht nur als ein Indikator für eine breitere unternehmerische Qualifikation potenzieller Gründer, sondern bringt in erster Linie ein geringeres Ausmaß an Agglomerationsvorteilen zum Ausdruck.

Schließlich lassen sich auch Argumente für die gründungsfördernde Wirkung einer großbetrieblichen Unternehmensstruktur finden. Ein entsprechender Bestand an Großunternehmen in einer Region führt zu einem stärkeren Nachfragepotenzial für spezialisierte kleine Unternehmen als Zulieferer oder Dienstleister. Durch das Outsorcing von betrieblichen Teilfunktionen entstehen neue Betätigungsfelder für Unternehmensgründungen. Außerdem können Gründungen auch direkt in Form von Spin-off Gründungen aus Großunternehmen initiiert werden. Auch diese Hypothese kann durch empirische Ergebnisse gestützt werden.[820]

4.4.3.2. Agglomerationseffekte

Aus der regionalökonomischen Theorie können Agglomerationseffekte als Einflussgrößen für Unternehmensgründungen abgeleitet werden. Die Agglomerationseffekte umfassen die *Lokalisationseffekte*, die sich aus der räumlichen Ballung mehrerer Unternehmen derselben Branche ergeben, und die *Urbanisationseffekte*, die Folge einer allgemeinen räumlichen Konzentration unternehmerischer Aktivität sind.[821] Zu den Urbanisationsvorteilen („economies of urban con-

---

[819] Vgl. dazu Brixy und Niese (2004), S. 118ff.

[820] Vgl. z.B. Maaß (2000), S. 35f; Sutaria (2001), S. 58, 81f.

[821] Vgl. dazu Isard (1956), S. 172ff; Krugman (1991), S. 35ff; Ohlin (1967), S. 140ff. In der englischsprachigen Literatur werden die Agglomerationseffekte nach Hoover (1937) meist als *localization economies* und *urbanization economies* bezeichnet. Im Zusammenhang mit Agglomerationsfaktoren werden zudem Skaleneffekte (*large-scale economies*) genannt, da diese die Konzentration der Produktion auf eine oder wenige Produktionsstätten bedingen und damit ebenfalls eine räumliche Ballung der wirtschaftlichen Aktivitäten zur Folge haben. Die localization und urbani-

centration"[822]) sind unter anderem große lokale Absatzmärkte, die Infrastrukturausstattung (z.B. zentrale Einrichtungen der Verkehrsinfrastruktur wie internationale Flughäfen), große Arbeitsmärkte für nicht spezialisierte Arbeitskräfte und wichtige Einrichtungen der öffentlichen Verwaltung zu zählen.

Zu den klassischen, bereits von *Marshall* aufgeführten Erklärungen für Lokalisationseffekte („advantages of localized industries"[823]) zählen die Vorteile eines gemeinsamen Arbeitsmarktes für spezialisierte und qualifizierte Arbeitskräfte („access to a larger pool of skilled labour"[824]) und einer spezialisierten Zulieferindustrie („subsidiary industries"[825]). Letzteres umfasst nicht nur die klassischen Zulieferbetriebe sondern auch Unternehmen, die branchenspezifische Dienstleistungen erbringen wie z.B. Ingenieurbüros oder Patentanwälte. Von den Vorteilen eines gemeinsamen Arbeitsmarktes profitieren natürlich auch die Arbeitskräfte. Da ihnen eine größere Auswahl an Beschäftigungsmöglichkeiten geboten wird, reduziert sich die Abhängigkeit gegenüber dem einzelnen Arbeitgeber und damit das Risiko eines Arbeitsplatzwechsels. Durch diese Vorteile können weitere Arbeitskräfte an den Standort angezogen werden, was wiederum die Attraktivität des Standorts für Unternehmen erhöht. Als drittes Argument nennt *Marshall* die Existenz von Informations- und Wissensspillovereffekten.[826] Dieses Argument wird vor allem in den neueren regionalökonomischen Beiträgen intensiv diskutiert und als wesentlicher Agglomerationsvorteil identifiziert.[827] Grundsätzlich können Wissensspillover als positive externe Effekte eingestuft werden, d.h. es erfolgt ein Transfer von Wissen ohne eine vollständige Kompensation für den Wissensproduzenten.[828] Für diesen Zusammenhang werden auch die Begriffe *Localised Knowledge Spillovers*, *Spillovereffekte* und *Wis-*

---

zation economies werden auch als *external economies* und die large-scale economies als *internal economies* bezeichnet, um zu verdeutlichen, dass es sich um unternehmens-/betriebs-externe bzw. unternehmens-/betriebsinterne Ersparnisse handelt.

822 Vgl. Hoover (1948), S. 120.

823 Vgl. Marshall (1920), S. 271ff.

824 Isard (1956), S. 182.

825 Marshall (1920), S. 271.

826 Vgl. Marshall (1920), S. 271. Er verwendet allerdings nicht die Bezeichnung „Spillovereffekte".

827 *Krugman* als Hauptvertreter der *New Economic Geography* steht den Spillovereffekten dagegen reserviert gegenüber, da er diese für kaum empirisch nachvollziehbar hält (Krugman, 1991, S. 53f: "...knowledge flows are invisible, they leave no paper trails, by which they may be measured and tracked."). Diese Aussage wurde in der Folgezeit vielfach kritisiert und es wurden verschiedene Ansätze zur Messung von Spillovereffekten entwickelt (vgl. z.B. Feldman und Audretsch 1996, S. 7; Jaffe, Tratjenberg und Henderson 1993, S. 578).

828 Als einer der ersten verwendete Nordhaus (1969, S. 35ff) den Begriff „Spillover" im Zusammenhang mit positive externen Effekten bei der Wissensgenerierung Wissen. Einen Überblick über die Ansätze zur Bestimmung und Definition von Spillovereffekten gibt Bitzer (2003), S 17ff.

sensexternalitäten verwendet. Der Begriff Wissen ist dabei nicht zwangsläufig auf das technologische Wissen einzugrenzen, sondern kann auch weitergefasst werden und z.B. organisatorisches und marktbezogenes Wissen umfassen. Die Argumentation beruht auf der Feststellung, dass Informationen und Wissen den Charakter eines öffentlichen Guts aufweisen.[829] Wissen weist demnach die Eigenschaften der Nichtrivalität im Konsum und der teilweisen Nichtauschließbarkeit auf. Im vorliegenden Fall wird aber nicht nur der Transfer expliziten Wissens thematisiert (wie z.B. Forschungsergebnisse, die in einem wissenschaftlichen Artikel publiziert werden), sondern vor allem der Transfer taziten Wissens. Wie bereits in Abschnitt 2.2.3.2 erläutert wurde, wird die Übertragung taziten Wissens durch informelle „face-to-face"-Kontakte erleichtert, die wiederum durch räumliche Nähe begünstigt werden. Wenn nun regelmäßige „face-to-face"-Kontakte erforderlich sind, steigen die Kosten der Wissensübertragung mit der Entfernung an.[830] Um die Transferkosten niedrig zu halten, wird die Anwendung und Umsetzung des Wissens daher am besten am Ort der Entstehung vorgenommen.[831] Damit ist die Nutzung dieser positiven externen Effekte nicht ohne weiteres möglich und zudem räumlich begrenzt. Diese Wissensform kann somit nicht mehr als reines öffentliches Gut eingestuft werden, allenfalls kann es als bedingt regionales öffentliches Gut charakterisiert werden – bedingt im dem Sinn, dass der persönliche Kontakt die Voraussetzung für die Nutzung der externen Effekte ist.

Neben der Bestimmung der tatsächlichen Relevanz der räumlichen Nähe bereitet auch die empirische Messung der Übertragung impliziten Wissens erhebliche Schwierigkeiten. Zwar wurden im Rahmen der Spilloverforschung mittlerweile einige Ansätze zur Abbildung von Transferwegen und -beziehungen entwickelt.[832] Diese reichen aber bislang nicht aus, um die mannigfaltigen informellen Transferbeziehungen vollständig zu erfassen.[833] Zudem erweist sich auch die empirische Bestätigung des Zusammenhangs zwischen der

---

829 Vgl. grundlegend Arrow (1962). Er bezieht sich allerdings explizit auf „information" und nicht auf Wissen.

830 Vgl. Karlsson und Manduchi (2001), S. 103ff. Glaeser et al. (1992, S. 1127) beschreiben dies sehr pointiert: „After all, intellectual breakthroughs must cross hallways and streets more easily than oceans and continetns."

831 Vgl. von Hippel (1994), S. 430ff.

832 Einen Überblick über verschiedene empirische Ansätze zur Messung von Spillovereffekten gibt Feldman (1999). Sie unterscheidet Messungen mit modifizierten „Knowledge Production Functions", Auswertung von Patentzitaten (die Verfolgung von „Paper Trails"), die Übertragung durch Personen („Ideas in People") sowie die Übertragung durch Güter („Ideas in Goods").

833 Vgl. auch Howells (2002), S. 877.

Lokalisierung eines Unternehmens in einem stark ausgeprägten regionalen Industriecluster und einer höheren Innovationsleistung als kompliziert, da sowohl die exakte Abgrenzung der Cluster (räumlich wie auch sektoral) als auch die Erfassung der Innovationsleistungen mit Problemen behaftet sind.[834] Weiterhin ist es strittig, ob Spillovereffekte eher intra- oder interindustriell wirken.[835] Die Vertreter der so genannten *MAR-Hypothese*[836] gehen davon aus, dass Wissensspillover vor allem innerhalb eines Sektors auftreten, so dass eine starke räumliche und sektorale Konzentration förderlich ist. Als Beispiel hierfür wird das Silicon Valley genannt. Aufbauend auf den Arbeiten von *Jacobs*[837] argumentieren die Anhänger der so genannten *Jacobs-Hypothese*, dass Wissensspillover vor allem zwischen verschiedenen aber komplementären Sektoren auftreten. Heterogene Branchenstrukturen sind demnach vorteilhafter. Die Argumentation nach der Jacobs-Hypothese kann damit zur Begründung von Urbanisationsvorteilen herangezogen werden, während die MAR-Externalitäten Lokalisationsvorteile abbilden. Empirische Belege liegen sowohl für die MAR-Hypothese als auch für die Jacobs-Hypothese vor.[838] Aufgrund der Erfassungsprobleme der Spillovereffekte ist eine abschließende Beurteilung kaum möglich, letztlich dürften die Ergebnisse auch von den jeweils berücksichtigten Sekroren und dem Aggregationsniveau der Wirtschaftszweigeklassifikation abhängen.

In Anlehnung an organisationsökologische Ansätze kann weiterhin argumentiert werden, dass durch die räumliche Ballung der Bekanntheitsgrad und die Legitimation des Clusters und damit der einzelnen Clusterunternehmen gegenüber dem Umfeld zunimmt, was vor allem für junge Branchen relevant ist.[839] Wenn den Transaktionspartnern wie z.B. Kreditgebern oder potenziellen Kunden das Geschäftsfeld des neuen Unternehmens bereits „bekannt“ ist, da schon mehrere anderen Unternehmen in der Region in diesem Bereich tätig sind, steigt die Bereitschaft zur Aufnahme von Transaktionsbeziehungen, d.h. die Markteintrittsbarrieren für potenzielle Gründer sinken.

---

834 Für einen Versuch vgl. z.B. Baptista und Swann (1998), die einen signifikanten Einfluss der Lokalisierung in einem Branchencluster auf die Anzahl der Innovationen feststellen.

835 Vgl. dazu Feldman und Audretsch (1999), S. 411ff.

836 Aufbauend auf den Beiträgen von Marshall (1920), Arrow (1962) und Romer (1986).

837 Vgl. Jacobs (1969).

838 Vgl. z.B. Glaeser et al. (1992) für die Bestätigung der Jacobs-Hypothese und Acs, FitzRoy und Smith (2002) für die Bestätigung der MAR-Hypothese.

839 Vgl. Sautter (2005), S. 40. Die organisationsökologischen Liability-Hypothesen werden in Abschnitt 4.5.2 erläutert.

Eine starke räumliche Ballung unternehmerischer Aktivitäten kann sich allerdings auch negativ auf das Gründungsaufkommen auswirken. Zu nennen sind hierbei insbesondere hohe Faktorpreise (z.B. Löhne, Mieten, Grundstückspreise), ein hoher Wettbewerbsdruck und Imitationsgefahr. Diese Agglomerationsnachteile können Gründer dazu veranlassen, ihr Unternehmen bewusst an einem eher peripheren Standort zu errichten.

Zur empirischen Überprüfung potenzieller Agglomerationseffekte auf die Gründungsintensität technologieorientierter Unternehmen berücksichtigt *Nerlinger* die Konzentration von technologieorientierten Wirtschaftsaktivitäten (Lokalisationsvorteile) und die Siedlungsdichte (Urbanisationsvorteile) als Erklärungsvariablen.[840] Die Existenz von Lokalisationseffekten kann allerdings nur für einzelne Wirtschaftsbereiche nachgewiesen werden. Dabei wird ein „umgekehrt u"-förmiger Zusammenhang ermittelt, d.h. die positiven externen Effekte der räumlichen Ballung schlagen bei Erreichen einer „kritischen Schwelle" in Standortnachteile um. Das Ergebnis wird dahingehend interpretiert, dass die Ballung von ähnlichen Wirtschaftsaktivitäten als Indikator für die Existenz komparativer Vorteile des Standortes wirkt und durch die räumliche Nähe die Transaktionskosten gesenkt werden können. Bei einer zu starken räumlichen Konzentration überwiegen dagegen die Nachteile eines hohen Wettbewerbsdrucks[841] und der Imitationsgefahr. Für die Siedlungsdichte wird ebenfalls ein „umgekehrt u"-förmiger Zusammenhang ermittelt. Bei einer zu starken Verdichtung dominieren Agglomerationsnachteile wie höhere Kosten für Mieten und Löhne. Für die zweistelligen Wirtschaftszweige Maschinenbau und Elektrotechnik ermittelt *Harhoff* ähnliche Ergebnisse.[842] Die sektorale Spezialisierung eines Kreises – gemessen durch den Beschäftigtenanteil des jeweiligen Wirtschaftszweigs – weist zunächst stark zunehmende und dann aber negative Effekte auf das Gründungsaufkommen in den untersuchten Wirtschaftszweigen aus. Eine zu stark ausgeprägte sektorale Konzentration ist dem Gründungsaufkommen somit nicht zuträglich. Dies betrifft sowohl Spitzentechnikgründungen als auch die übrigen Gründungen, allerdings wird die kritische Schwelle, ab der die positiven

840 Vgl. Nerlinger (1998), S. 152ff.

841 Auf mögliche negative Wettbewerbseffekte für junge Betriebe (in Bezug auf die Ausfallraten) weisen auch Sorenson und Audia (2000, S. 433ff) in ihrer Untersuchung der amerikanischen Schuhindustrie hin. Stuart und Sorenson (2003, S. 234f) diskutieren die Auswirkungen eines starken lokalen Wettbewerbs für Biotechnologieunternehmen, wobei sie v.a. Nachteile für die Entwicklung der Gründungsunternehmen identifizieren.

842 Vgl. Harhoff (1999), S. 44ff.

Wirkungen der Spezialisierung in negative Effekte umschlagen, nur in wenigen Kreisen erreicht. Ansonsten ist eine Konzentration der Beschäftigten im restlichen Verarbeitenden Gewerbe, also außerhalb der untersuchten Wirtschaftszweige, nicht vorteilhaft, d.h. eine heterogene regionale Wirtschaftsstruktur fördert das Gründungsaufkommen. Dies betrifft vor allem die Spitzentechnikgründungen. Auch *Bulmahn* kann für technologieorientierte Industriebetriebsgründungen in Nordrhein-Westfalen einen nicht linearen Zusammenhang zwischen Lokalisationseffekten (gemessen durch den Beschäftigtenanteil der technologieorientierten Sektoren) und dem Gründungsaufkommen nachweisen, wobei der Zusammenhang nur für Gründungen im Bereich der Hochtechnologie nicht aber für Spitzentechnologiegründungen statistisch signifikant ist.[843] Bezüglich der Urbanisationseffekte sind die Auswirkungen dagegen uneinheitlich, wenig heterogene Industriestrukturen außerhalb der technologieorientierten Sektoren fördern die Gründung von Hochtechnologiebetrieben und bedingen ein Absinken der Gründungaktivitäten von Spitzentechnologiebetrieben. Für wissensintensive Dienstleistungsgründungen in Westdeutschland und Österreich können *Almus, Egeln und Engel* ebenfalls signifikante Lokalisationseffekte nachweisen.[844] Ein höherer Beschäftigtenanteil in wissensintensiven Dienstleistungsbereichen hat ein höheres Gründungsaufkommen zur Folge. Da davon auszugehen ist, dass viele Gründer zuvor in derselben Branche beschäftigt waren[845], sind die nachgewiesenen Lokalisationseffekte auch als ein Indikator für ein höheres Gründerpotenzial zu interpretieren. Bezüglich der regionalen Spezialisierung wird festgestellt, dass eine diversifizierte Wirtschaftsstruktur im Verarbeitenden Gewerbe förderlich für die Gründung sowohl von wissensintensiven als auch nicht wissensintensiven Dienstleistungsunternehmen ist. Eine diversifiziertere Wirtschaftsstruktur bedingt möglicherweise ein breiteres Outsorcingpotenzial, von dem vor allem Dienstleistungsunternehmen profitieren. Hinsichtlich der Spezialisierung innerhalb der unternehmensnahen Dienstleistungen lässt sich dagegen ein konvexer Effekt feststellen, zuerst ist mit zunehmender Spezialisierung ein negativer marginaler Effekt zu verzeichnen, der nach Erreichen eines kritischen Spezialisierungswertes ins Positive umschlägt.

---

[843] Vgl. Bulmahn (2002), S. 145ff.

[844] Vgl. im Folgenden Almus, Egeln und Engel (2001), S. 41ff.

[845] So weist beispielsweise Maaß (2000, S. 30) auf die in mehreren empirischen Untersuchungen bestätigte geringe intersektorale Mobilität von Gründern hin.

Damit kann der Einfluss der Agglomerationsfaktoren und insbesondere der Lokalisationsfaktoren grundsätzlich empirisch bestätigt werden. Allerdings wird der komplexe Aspekt Agglomeration zumeist nur durch einen oder wenige Indikatoren erfasst, wodurch die Bestimmung der tatsächlichen Kausalitäten – z.B. welche der genannten Lokalisationsvorteile üben die stärkeren Wirkungen auf das Gründungsaufkommen aus? – erheblich erschwert wird.

4.4.3.3. Forschungsinfrastruktur

Die forschungsinfrastrukturelle Ausstattung einer Region wird in diversen Beiträgen als weitere wichtige Einflussgröße für die Gründungsintensität identifiziert. Der Nachweis einer positiven Korrelation zwischen Forschungsinfrastruktur und Gründungsaufkommen erlaubt jedoch noch keine Aussagen über den Wirkungszusammenhang. Einerseits kann argumentiert werden, dass viele Gründer technologieorientierter Unternehmen vor dem Schritt in die Selbstständigkeit in Forschungseinrichtungen und forschenden Unternehmen beschäftigt waren. Diese wirken damit als Inkubatororganisationen, eine bessere forschungsinfrastrukturelle Ausstattung erhöht daher die Anzahl der potenziellen Gründer. Andererseits können FuE-betreibende Unternehmen und Forschungseinrichtungen als Kooperationspartner oder Auftraggeber fungieren, weiterhin bilden Hochschulabsolventen ein Reservoir an qualifizierten Arbeitskräften. Diese und andere Formen des Wissens- und Technologietransfers[846] können das Gründungsgeschehen ebenfalls begünstigen. Öffentliche Forschungseinrichtungen produzieren räumlich begrenzte Spillovereffekte, deren Wirksamkeit und Bedeutung breite empirische Bestätigung findet.[847] Da diese Organisationen vielfach tazites Wissen, also nicht oder nur schlecht kodifizierbares Wissen, produzieren, erleichtert die räumliche Nähe die Wissensaneignung, da informelle und

[846] Für das Konzept und die Formen des Technologietransfers vgl. Schmoch (2000), S. 3ff.

[847] Vgl. z.B. Acs, Audretsch und Feldman (1994); Bode (1998); Bottazzi und Peri (2003); Jaffe (1989); Jaffe, Tajtenberg und Henderson (1993); Voigt (1998). Varga (2000) weist darauf hin, dass für die Wirksamkeit regionaler Spillovereffekte eine „kritische Masse" an Beschäftigten in technologieorientierten Sektoren, also ein gewisses Agglomerationsniveau, vorhanden sein muss. Anselin, Varga und Acs (2000) zufolge differiert die Bedeutung von Spillovereffekten erheblich zwischen den einzelnen Sektoren. Einschränkend muss allerdings darauf hingewiesen werden, dass – vor allem bei den älteren amerikanischen Studien – teilweise eine ungeeignete Regionsabgrenzung vorgenommen wird. Aufgrund der Datenverfügbarkeit werden hier einfach die Bundesstaaten als Regionen deklariert. Karlsson und Manduchi (2001, S. 114) beurteilen daher die Aussagefähigkeit dieser Studien kritisch.

persönliche Kontakte ermöglicht werden.[848] Je weiter entfernt ein Unternehmen von diesen Wissensquellen gegründet wird, desto schwerer fällt die Nutzung dieses Wissens. Die Transaktionskosten für die Informationsgewinnung bezüglich der Angebote der Forschungseinrichtungen und die Kontaktaufnahme und Zusammenarbeit steigen mit der Entfernung.[849] Da kleine Unternehmen zumeist über keine eigene FuE-Abteilung verfügen, sondern Forschungs- und Entwicklungstätigkeiten ergänzend und parallel zu anderen Tätigkeiten durchgeführt werden, kann argumentiert werden, dass kleine und junge Unternehmen stärker von externen Wissensquellen profitieren können bzw. auf diese angewiesen sind.[850] Eine Gründung sollte demnach in der Nähe der Wissensproduzenten erfolgen. Dieser Sichtweise liegt allerdings die Vorstellung eines substitutiven Verhältnisses von extern und intern entwickeltem Wissen zugrunde. Zwischen diesen Wissenskomponenten besteht jedoch eher ein komplementäres Verhältnis, d.h. für die Identifikation, Bewertung, Aufnahme, Anpassung und Nutzung externen Wissens ist ein entsprechendes Innovations- und Adaptionspotenzial innerhalb des Unternehmens erforderlich. Dies ergibt sich aus dem kumulativen und pfadabhängigen Charakter des technologischen Wissens.[851] Ein gewisses Maß an eigenen FuE-Aktivitäten zur Schaffung einer internen Wissensbasis ist damit unumgänglich, um von Wissensexternalitäten profitieren zu können. *Cohen und Levinthal* prägten hierfür den Begriff der „absorptive capacity".[852] Demnach kann argumentiert werden, dass vor allem Unternehmensgründungen, die selbst in gewissen Umfang FuE durchführen, und deren Gründer über einen wissenschaftlichen Hintergrund verfügen, von Spillovereffekten profitieren können. Damit werden insbesondere technologieorientierte und innovative Gründungen aus der räumlichen Nähe zu wissensgenerierenden Einrichtungen Vorteile ziehen können, die forschungsinfrastrukturelle Ausstattung sollte sich demnach vor allem auf das Gründungsaufkommen von technologieorientierten Unternehmensgründungen positiv auswirken. Außerdem ist die „technologische Distanz"

---

848 Dieser Zusammenhang wurde bereits in Abschnitt 4.4.3.2 erläutert.

849 Vgl. Blume und Fromm (2000), S. 50.

850 Vgl. Audretsch, Lehmann und Warning (2004), S. 10f. Zum Innovationsverhalten von KMU vgl. z.B. Acs und Audretsch (1990), KfW (2005a), S. 85ff.

851 Zum Begriff der „technological trajectories" und der „technological paradigm" vgl. Dosi (1988b), S. 1128ff.

852 Vgl. Cohen und Levinthal (1990). Neben eigenen FuE-Tätigkeiten gelten auch hochqualifizierte Mitarbeiter und eine den informellen unternehmensinternen Wissenstransfer fördernde Organisationsstruktur und Kommunikationskultur als wichtige Determinanten der „absorptive capacity" (vgl. dazu Schmidt 2005b, S. 4ff).

zwischen Sender und Empfänger zu berücksichtigen.[853] Der Wissenstransfer wird durch die Nutzung gleicher oder zumindest ähnlicher Technologien erleichtert oder überhaupt erst ermöglicht. Demnach müssen die Branche und technologische Ausrichtung der Unternehmensgründung mit den spezifischen Fachrichtungen der wissensgenerierenden Einrichtungen abgestimmt sein, um Transfereffekte erzeugen zu können. Bei Hochschulen ist weiterhin die generelle Ausrichtung relevant, so entfalten vor allem forschungsorientierte Hochschulen eine Cluster bildende Wirkung, während von primär ausbildungsorientierten Einrichtungen keine starken Standorteffekte ausgehen.[854]

Die FuE-Infrastruktur wird zumeist durch die FuE-Beschäftigtendichte – d.h. der Anteil der FuE-Beschäftigten in Hochschulen, sonstige Forschungseinrichtungen und Unternehmen an allen Beschäftigten – sowie durch die Ausstattung der Region mit Hochschulen und Forschungseinrichtungen gemessen. Diverse empirische Studien belegen ein deutliches Zentrums-Peripherie-Gefälle bei der Ausstattung mit FuE-Beschäftigten[855], was mit der in Abschnitt 4.3.2 aufgezeigten Konzentration technologieorientierter Unternehmensgründungen auf Agglomerationsräume korrespondiert. Auswertungen auf Basis der Beschäftigtenstatistik und der BBR-Regionstypensystematik weisen allerdings langfristig stabile räumliche Dekonzentrationsprozesse nach[856], d.h. die Ausstattung der peripheren Regionen und des Verdichtungsumlands mit hochqualifizierten Beschäftigten verbessert sich im Zeitablauf, so dass die Voraussetzungen für eine gleichmäßigere räumliche Verteilung technologieorientierter Unternehmensgründungen gegeben sind. Im Folgenden werden einige empirische Ergebnisse zum Einfluss der FuE-Infrastruktur auf das Gründungsaufkommen referiert.

Nerlinger misst die forschungsinfrastrukturelle Ausstattung anhand der FuE-Beschäftigten in der Industrie, in Hochschulen und sonstigen öffentlichen Forschungseinrichtungen.[857] Von der industriellen Forschungsinfrastruktur gehen dabei generell stärkere Effekte aus, wobei die Zusammenhänge zwischen den einzelnen Teilgruppen von technologieorientierten Gründungen unterschiedlich stark ausgeprägt sind. Teilweise werden auch positive Einflüsse der forschungsinfrastrukturellen Ausstattung der Nachbarkreise festgestellt, d.h. die Wissensexternalitäten sind nicht extrem räumlich beschränkt. Bei den Hochschulen und

853 Zum Begriff der „technological distance“ vgl. Griliches (1979), S. 103ff.
854 Vgl. Schweitzer und Di Tommaso (2003), S. 189 für Biotechnologieunternehmen.
855 Für einen Überblick vgl. Schönert (2000), S. 78ff.
856 Vgl. dazu Schönert (2000), S. 113ff.

sonstigen öffentlichen Forschungseinrichtungen ist das Ausmaß des Einflusses von den jeweiligen spezifischen Fachrichtungen abhängig. Die Bedeutung der regionalen Forschungsinfrastruktur wird auch in den Untersuchungen von *Berger und Nerlinger, Engel und Fier* und *Felder, Fier und Nerlinger* bestätigt[858], wobei *Engel und Fier* keinen signifikanten Einfluss für die industriellen FuE-Aktivitäten ermitteln können.[859] Auch *Harhoff* ermittelt für die technologieintensiven Gründungen in den Wirtschaftszweigen Maschinenbau und Elektrotechnik signifikante Effekte der Forschungsinfrastruktur (gemessen durch den Bestand an Wissenschaftlern in Universitäten und sonstigen öffentlichen Forschungseinrichtungen sowie den FuE-Beschäftigten in Unternehmen).[860] Eine Erhöhung des Forschungspersonals um ein Prozent bewirkt demnach eine Steigerung der technologieintensiven Gründungen um 15%. Signifikante – wenn auch unterschiedlich starke – Effekte lassen sich sowohl für die öffentliche als auch die private Forschungsinfrastruktur feststellen. *Bania, Eberts und Fogarty* können bei ihrer Untersuchung von Unternehmensgründungen in 25 amerikanischen Großstadtregionen (SMSA) dagegen nur für einzelne technologieintensive Wirtschaftszweige einen statistisch signifikanten Einfluss der regionalen Universitäten nachweisen (z.B. „Electrical und Electronic Equipment"), während diese auf die Gründungsaktivitäten in anderen technologieintensiven Sektoren (z.B. „Instruments and Related Industries") keine spürbaren Auswirkungen zeitigen.[861] *Stuart und Sorenson* weisen darauf hin, dass die positiven Effekte der räumlichen Nähe vor allem in den frühen Phasen eines sich neu entwickelnden Sektors relevant sind, da dem Gründer dann kaum formale Austauschmöglichkeiten wie Konferenzen, Messen oder Industrieverbände zu Verfügung stehen, durch die er Kontakte zu anderen regionsexternen Akteuren aufbauen kann.[862] So wirkt sich die räumliche Konzentration von Universitäten und anderen Biotechnologieunternehmen vor allem dann positiv auf das Gründungsaufkommen von Biotechnologieunternehmen aus, wenn der Sektor in der entsprechenden Region noch relativ jung ist.

---

857 Vgl. Nerlinger (1998), S. 159ff.
858 Vgl. Berger und Nerlinger (1997); Engel und Fier (2001); Felder, Fier und Nerlinger (1997).
859 Vgl. Engel und Fier (2001), S. 415.
860 Vgl. Harhoff (1999), S. 47f.
861 Vgl. Bania, Eberts und Fogarty (1993), S. 765.
862 Vgl. Stuart und Sorenson (2003), S. 244f.

4.4.4. Sektorspezifische Einflussgrößen

Wie bereits in Abschnitt 4.2.1 erläutert, bildet die Analyse von Markteintrittsbarrieren einen wichtigen Bestandteil der industrieökonomischen Forschung. Allgemein bezeichnen Markteintrittsbarrieren Faktoren, die den Markteintritt von neuen Unternehmen erschweren oder verhindern und damit die Aufrechterhaltung von Ineffizienzen ermöglichen.[863] Hierbei werden institutionelle, strukturelle und strategische Markteintrittsbarrieren unterschieden. Institutionelle Markteintrittsbarrieren umfassen eintrittsbehindernde Faktoren, die auf öffentliche Institutionen (z.B. Gesetze, behördliche Genehmigungen und Vorschriften) beruhen. Strukturelle Eintrittsbarrieren beruhen auf marktspezifischen Nachfrage- und/oder Kostenbedingungen, hierzu zählen insbesondere absolute Kostenvorteile der etablierten Anbieter (z.B. durch Lernkurven-Effekte), versunkene Kosten (irreversible Investitionen), Produktdifferenzierungen, Skaleneffekte und die vertikale Integration. Strategische Eintrittsbarrieren werden bewusst durch die etablierten Anbieter errichtet, hierzu zählen z.B. strategische Überkapazitäten und die verdrängungsorientierte Preisunterbietung („Predatory Pricing"). Weitere markteintrittsrelevante Branchenspezifika sind die Werbe-, Kapital- und die FuE-Intensität, der Konzentrationsgrad sowie die Größe und Entwicklung des Sektors (Gesamtumsatz, Umsatzwachstum, Gewinnniveau). Mit der mindestoptimalen Betriebsgröße und dem regionalen „technologischen Regime" werden nun abschließend zwei potenzielle sektorspezifische Einflussgrößen erläutert, die als Markteintrittsbarrieren wirken können.

Die mindestoptimale Betriebsgröße kann definiert werden als die geringste Betriebsgröße (Kapazität), ab der keine weiteren Ersparnisse bei den langfristigen Durchschnittskosten (d.h. keine „Economies of Scale") realisieren werden können.[864] Eine suboptimale Betriebsgröße spiegelt damit Größennachteile in der Produktion, Beschaffung oder im Vertrieb wider. Junge Unternehmen müssen die mindestoptimale Betriebsgröße daher möglichst schnell erreichen. Eine hohe mindestoptimale Betriebsgröße ist mit einem entsprechend hohen Ressourcenbedarf für den Markteintritt und das darauf folgende erforderliche Unterneh-

---

863 Zum Begriff der Markteintrittsbarrieren vgl. Baumol, Panzar und Willig (1988), S. 4f, 282ff sowie grundlegend Bain (1956).

864 Zum Begriff der mindestoptimalen Betriebsgröße (auch: MOS: „Minimum Optimal Size", MES: „Minimum Efficient Scale") vgl. z.B. Scherer und Ross (1990), S. 102ff. Grundlegende empirische Beiträge zur Bestimmung der Nachteile suboptimaler Betriebsgrößen stammen von Weiss (1964), (1976).

menswachstum verbunden und stellt damit eine potenzielle Markteintrittsbarriere dar. In empirischen Studien wird die Wirkung der mindestoptimalen Betriebsgröße allerdings uneinheitlich bewertet. Während z.B. *Bulmahn* und *Fritsch* einen hoch signifikanten Zusammenhang feststellen – d.h. je höher die mindestoptimalen Betriebsgröße in einer Branche ausfällt, desto geringer ist die Anzahl der Gründungen – findet *Audretsch* keine eintrittshemmende Wirkungen durch die Kapitalintensität und die Existenz von Skaleneffekten.[865] Wie die Untersuchungen durch *Audretsch* zeigen, treten Gründungsunternehmen zumeist mit einer suboptimalen Betriebsgröße in den Markt ein, so dass sich starke Skaleneffekte und hohe mindestoptimale Betriebsgrößen vor allem auf das Überleben und das Wachstum der neugegründeten Unternehmen auswirken. *Fritsch* weist zudem darauf hin, dass der Betriebsgrößenindikator eng mit anderen sektorspezifischen Indikatoren korreliert, was die Interpretation erschwert.

Das Konzept des technologischen Regimes geht auf *Nelson und Winter* zurück.[866] Deren Modellansatz betrachtet Unternehmen als Organisationen, die letztlich auf ein Bündel von Routinen zurückgeführt werden können. Routinen beinhalten die sich wiederholenden Fertigkeiten der Organisation und das dafür erforderliche Wissen.[867] Die Routinen sind Entwicklungsprozessen ausgesetzt (Selektionsprozesse aus der Organisation wie auch aus der Umwelt heraus) und müssen sich fortlaufend bewähren. Der Ansatz wird daher der Evolutorischen Ökonomik zugerechnet, dementsprechend wird auch das Konzept der technologischen Regime als evolutionstheoretischer Ansatz eingestuft. Mit dem Konstrukt *technologisches Regime* sollen unterschiedliche Rahmenbedingungen (“particular knowledge environment“) für die Realisierung von Innovationen aufgezeigt werden.[868] Es können zwei Arten von technologischen Regimen unterschieden werden.[869] Bei einem „entrepreneurial regime“ haben KMU einen

[865] Vgl. Audretsch (1995), S. 57ff ; Bulmahn (2002), S. 114ff; Fritsch (2004b), S. 48ff.

[866] Vgl. Nelson und Winter (1982); Winter (1984).

[867] “Routines govern choices as well as describe methods, and reflect the facts of management practice and organizational sociology as well as those of technology“ (Winter 1984, S. 291).

[868] Vgl. dazu Winter (1984), S. 291ff. Winter bezeichnet den Innovationsprozess als einen Suchprozess, der zu einer Veränderung der Routinen des Unternehmens führt.

[869] Vgl. Winter (1984), S. 297: „An entrepreneurial regime is one that is favourable to innovative entry and unfavourable to innovative activity by established firms; a routinized regime is one in which the conditions are the other way round.“. Die Unterscheidung der technologischen Regime orientiert sich an den unterschiedlichen Beiträgen *Schumpeters* zum Ursprung von Innovationen und deren Beitrag zur wirtschaftlichen Entwicklung: Während das entrepreneurhafte Regime an die früheren Arbeiten Schumpeters, insbesondere der „Theorie der wirtschaftlichen Entwicklung“ (Schumpeter 1952, 1. Auflage 1912), anknüpft, spiegeln sich im routinierten Regime die Aussagen seines späteren Werks „Capitalism, Socialism and Democracy“ (Schumpeter 1942) wider.

großen Anteil an den Innovationsleistungen einer Branche, der Markteintritt für neue Unternehmen ist relativ einfach. Die relevante Wissensbasis ist noch begrenzt, die Präferenzen der Nachfrager sind noch nicht bekannt, daher hat sich noch kein dominantes technologisches Paradigma herausgebildet, d.h. dem Newcomer stehen noch verschiedene technologische Pfade offen. In „routinized regimes" dominieren große und ältere Unternehmen, die Markteintritt- und Überlebenschancen von neuen Unternehmen sind aufgrund der Vorteile der etablierten Unternehmen im Innovationsprozess vergleichsweise gering. Eine wichtige Rolle zur Bestimmung der Rahmenbedingungen spielen die unterschiedlichen verfügbaren Quellen für neues technologisches Wissen, das Ausmaß der Imitierbarkeit und der unterschiedlichen Möglichkeiten zur Umsetzung der Ergebnisse der Grundlagenforschung in der angewandten Forschung und Entwicklung. Im entrepreneurhaften Regime werden viele Innovationen durch den individuellen *Schumpeter'schen* Entrepreneur durchgeführt. Innovative Ideen können verhältnismäßig unabhängig umgesetzt werden, gegebenenfalls kann zusätzlich erforderliches Wissen aus externen Quellen genutzt werden. Im routinierten Regime ist die Umsetzung von Innovationen stärker an die bestehenden Technologien der Unternehmen gebunden, die Innovationen folgen den bestehenden technologischen Pfaden. Durch Erfahrung und Lernkurveneffekte wird ein unternehmensinterner und nicht transferierbarer Wissensbestand aufgebaut, der für die Umsetzung innovativer Ideen förderlich ist, Innovationen haben eher inkrementellen Charakter.[870] Die relevanten Informationen stehen unternehmensexternen Akteuren wie z.B. neuen Unternehmen damit nicht in vergleichbaren Umfang zur Verfügung, was einen erfolgreichen Marktzutritt erschwert.

Ähnlich argumentieren auch *Gort und Klepper,* wobei sie einen Zusammenhang zwischen den technologischen Regimen und den Phasen des Produktlebenszyklus herstellen.[871] Sektoren, die sich in den frühen Phasen des Marktlebenszyklus befinden, werden dabei dem entrepreneurhaften Regime zugeordnet, ausgereifte Sektoren dem routinierten Regime. Wenn das zur Umsetzung der Innovationen erforderliche technologische Wissen vor allem auf nicht transferierbaren Erfahrungen durch frühere Produktion und Vermarktung beruht („learning by doing"), haben bestehende Unternehmen Vorteile im Innovationsprozess und der Marktzutritt wird erschwert. Entsteht das technologische Wissen

---

870 Vgl. Winter (1984), S. 294ff, 306ff.

dagegen schwerpunktmäßig außerhalb der bestehenden Unternehmen, reduziert sich der Vorteil akkumulierter Erfahrungen und die Wissensträger werden eher selbst in den Markt eintreten, da sie – wie bereits von *Arrow*[872] erläutert – erhebliche Probleme haben, die innovationsrelevanten Informationen zu einem angemessenen Wert verkaufen. Die Ausprägung der Informationsasymmetrien und die damit zusammenhängende Prinzipal-Agent-Problematik sind somit weitere zentrale Bestimmungsfaktoren für die unterschiedlichen Rahmenbedingungen zur Realisierung von Innovationen. *Audretsch* lenkt dazu die Betrachtung auf die Ebene der einzelnen Akteure eines Unternehmens.[873] Ein Agent (z.B. ein Mitarbeiter oder ein unabhängiger Akteur wie beispielsweise ein Wissenschaftler), der neues Wissen entwickelt, das als Grundlage für Innovationen genutzt werden kann, hat die Wahl, dieses Wissen innerhalb eines bestehenden Unternehmens umzusetzen, also seine „Erfindung" an ein Unternehmen zu verkaufen, oder die Innovation selbst in einem eigenen Unternehmen, also durch eine Unternehmensgründung oder durch eine Beteiligung an einem bestehenden Unternehmen, umzusetzen. Die Entscheidung wird maßgeblich dadurch beeinflusst, inwieweit es gelingt, den tatsächlichen Wert der Innovation zu bestimmen und damit eine gerechte Entlohnung für den Agenten festzulegen. Da Innovationen mit erheblichen Unsicherheiten verbunden sind und das Verhältnis zwischen Unternehmen (Prinzipal) und Agent mit asymmetrischen Informationen und der daraus folgenden Prinzipal-Agent-Problematik (z.B. Monitoringkosten für den Prinzipal) behaftet ist, ist es sehr wahrscheinlich, dass das Unternehmen und der Agent zu unterschiedlichen Einschätzungen bezüglich des Wertes der Innovation bzw. der innovativen Idee kommen. Es bestehen damit Anreize für den Agenten, die Innovation selbst umzusetzen, wenn er sich dadurch eine höhere Entlohnung verspricht. Das Ausmaß der Bewertungsunterschiede richtet sich danach, inwieweit die Innovationsleistungen von den Routinen des Unternehmens abweichen, dabei bestehen Unterschiede zwischen den einzelnen Sektoren.[874] In

---

871 Vgl. Gort und Klepper (1982), S. 632.

872 Vgl. Arrow (1962), S. 614f, 616ff.

873 Vgl. dazu Audretsch (1995), S. 48ff.

874 „The degree to which agents and incumbent firms are confronted with knowledge asymmetries and agency problems with respect to seeking out new economic knowledge and (potential) innovative activity would not be expected to be constant across industries. (...) In some industries new economic knowledge generating innovative activity tends to be relatively routine and can be processed within the context of incumbent hierachical bureaucracies. In other industries, however, innovation tends to come from knowledge that is not of a routine nature and therefore tends to be rejected by the hierachical bureaucracies of incumbent corporations." (Audretsch 1995, S. 52f.)

einem routinierten Regime wird der Agent eher im Unternehmen verbleiben bzw. sein Wissen in einem bestehenden Unternehmen umsetzen, während er in einem entrepreneurhaften Regime eher ein eigenes Unternehmen gründet, um die Innovation durchzuführen. Es ist zu beachten, dass in den hier zitierten Beiträgen die allgemeine Formulierung „entry", also Markteintritt verwendet wird. Da Unternehmensgründungen eine wichtige Form von Markteintritten darstellen, erscheint die Anwendung des Konzepts des technologischen Regimes auf Unternehmensgründungen jedoch als durchaus geeignet.[875]

Fritsch und Falck bestätigen empirisch, dass sich das Vorherrschen eines entrepreneurhaften Regimes – als Indikator wird der Anteil von FuE-Beschäftigten in kleinen Unternehmen bezogen auf die FuE-Beschäftigtenintensität der gesamten Branche verwendet – positiv auf das Gründungsaufkommen einer Region auswirkt.[876] Generell ist der Einfluss des technologischen Regimes bei Industriebetriebsgründungen stärker ausgeprägt. Der Charakter eines technologischen Regimes eines Wirtschaftszweiges kann dabei erheblich zwischen den Regionen differieren, d.h. den regionsspezifischen Rahmenbedingungen kommt eine wichtige Rolle bei der Bildung von technologischen Regimen zu. Anhand der amerikanischen Small Business Administration Data Base ermittelt *Audretsch* ebenfalls positive Auswirkungen auf das Gründungsaufkommen, wenn die innovationsbezogenen Rahmenbedingungen ein Sektors durch ein entrepreneurhaftes Regime charakterisiert sind.[877]

4.4.5. Zusammenfassung und Überblick über die Gründungsdeterminanten

Es ist zu beachten, dass die Ergebnisse der empirischen Beiträge nur bedingt vergleichbar sind. Die einzelnen Studien differieren zum Teil erheblich bezüglich der räumlichen und zeitlichen Dimension, der sektoralen Abgrenzung, der Samplegröße, der Datenquellen, der Operationalisierung der Determinanten und

---

875 In mehreren anderen empirischen Beiträgen wie z.B. Agarwal und Audretsch (2001), Fritsch (2004b) und Sakar et al. (2002) wird das technologische Regime ebenfalls mit dem Lebenszykluskonzept verknüpft, d.h. Sektoren, die sich den frühen Phasen des Marktlebenszyklus befinden werden dem entrepreneurhaften Regime zugeordnet, ausgereifte und gesättigte Sektoren werden dem routinierten Regime zugeordnet. Die praktische Abgrenzung der Regime erfolgt dabei häufig durch die Nettomarkteintrittsraten. Auch wenn diese vereinfachende Vorgehensweise in Einzelfällen zu Verzerrungen führen kann, ist damit ein generell sinnvoller Ansatz gegeben, um das etwas schwammige Konzept des technologischen Regimes empirisch nachvollziehbar zu gestalten.

876 Vgl. Fritsch und Falck (2002), S. 5, 18ff.

877 Vgl. Audretsch (1995), S. 61f.

des Gründungsaufkommens[878] sowie der verwendeten ökonometrischen Verfahren. Schließlich ist auch zu berücksichtigen, dass die ökonometrischen Modellierungen, die den hier vorgestellten empirischen Schätzungen zugrunde liegen, in der Regel nur einen Ausschnitt des gesamten Spektrums an Einflussgrößen berücksichtigen können. Eine simultane Erfassung sämtlicher potenziell relevanter Einflussgrößen in einem einzigen Ansatz ist nicht praktikabel. Die Auswahl der zu berücksichtigenden Determinanten sowie deren Messung (d.h. die Variablenbildung) ist dabei oftmals durch Praktikabilitätsüberlegungen geleitet, das Untersuchungsdesign wird durch die Verfügbarkeit entsprechend geeigneter Datensätze beeinflusst. Dennoch liefern diese Verfahren wertvolle Informationen über die Kausalitäten von Unternehmensgründungen und (regionalen) Gründungsdeterminanten. Es darf allerdings nicht der Eindruck vermittelt werden, man könne durch diese Ansätze das Gründungsaufkommen und dessen regionale Unterschiede annähernd vollständig erklären. Dies ist insbesondere bei der Ableitung von Empfehlungen für die Politikberatung zu berücksichtigen.

Die Erklärung des regionalen Gründungsaufkommens wird weiterhin durch die vielfach nicht eindeutig bestimmbare Wirkungsrichtung der einzelnen Determinanten erschwert. Dies wird hier exemplarisch für die regionale Arbeitslosigkeit und das regionale Venture Capital Angebot erläutert. Bei hoher Arbeitslosigkeit wagen aufgrund mangelnder alternativer Erwerbsmöglichkeiten mehr Personen den Schritt in die Selbstständigkeit.[879] Wenn keine Aussicht auf eine abhängige Beschäftigung besteht, sinken die Opportunitätskosten einer Gründung auf das Arbeitslosengeld- oder Sozialhilfeniveau, damit werden auch Gründungen attraktiv, die nur ein vergleichsweise geringes Einkommen ermöglichen. Andererseits ist die hohe Arbeitslosigkeit ein Zeichen für die Schwäche der regionalen Wirtschaft und damit für ein geringeres Nachfragevolumen. Dies senkt die Erfolgsaussichten für Gründungen – vor allem bei Dienstleistungen und im Handwerk – und damit die Gründungsbereitschaft. Weiterhin kann die hohe Arbeitslosigkeit ein Zeichen für die geringe Qualifikation der Arbeitskräfte sein. Potenzielle Gründer – vor allem von technologieorientierten Unternehmen – haben dadurch Probleme, qualifizierte Arbeitskräfte zu finden. Zudem besitzen viele arbeitslose Erwerbspersonen nicht das für eine erfolgreiche Gründung erforderliche Human- und Finanzkapital. Die Wirkungsrichtung des Faktors Ar-

---

878 Anstelle von originären Unternehmensgründungen verwenden einige Studien Markteintritte oder Betriebsgründungen.

879 Vgl. dazu auch Storey (1994), S. 69.

beitslosigkeit lässt sich daher nicht eindeutig bestimmen, auch in empirischen Untersuchungen findet sich keine eindeutige Bestätigung. Denkbar ist auch ein wechselnder Einfluss – von der steigenden Arbeitslosigkeit gehen zuerst positive Effekte auf das Gründungsaufkommen aus, die ab einem kritischen Niveau in negative Wirkungen umschlagen.[880] Bei technologieorientierten Gründungen bestehen unter anderem bei der Determinante *Angebot von Venture Capital* Unsicherheiten bezüglich der Wirkungsrichtung. Einerseits kann argumentiert werden, dass eine gute Ausstattung mit Venture Capital die Finanzierung von Gründungen erleichtert und damit eine Erklärungsgröße für Differenzen im regionalen Gründungsaufkommen darstellt. Andererseits kann beobachtet werden, dass sich Venture Capital Anbieter verstärkt in Regionen mit einem hohen Gründungsaufkommen engagieren, d.h. das Venture Capital folgt den Unternehmensgründungen, ist also eher Folge statt Ursache des Gründungsgeschehens.[881]
Ausgehend von der Systematisierung der Gründungsdeterminanten in Abbildung 4.7 sowie den in einer Vielzahl von Forschungsbeiträgen theoretisch abgeleiteten und empirisch ermittelten – und zum Teil im Laufe dieses Abschnitts referierten – Einflussgrößen wird abschließend eine Übersicht über die potenziell relevanten Gründungsdeterminanten in tabellarischer Form erstellt (Tabelle 4.3). Auch wenn diese ein breites Spektrum an potenziellen Einflussgrößen abbildet, kann doch kein Anspruch auf Vollständigkeit erhoben werden. Es ist jedoch davon auszugehen, dass alle wesentlichen Gründungsdeterminanten erfasst wurden. In Anlehnung an Abbildung 4.7 wird zwischen nationalen und regionalen Einflussgrößen unterschieden. Die regionalen Einflussgrößen werden weiter in kulturelle Rahmenbedingungen, Maßnahmen der Regionalentwicklung, Gründerpotenzial und regionale Umfeldfaktoren unterschieden. Weiterhin werden sektorale Einflussfaktoren aufgelistet. Die einzelnen Determinanten können allerdings nicht eindeutig voneinander – im Sinne von jeweils autonom wirkenden Faktoren – abgegrenzt werden. Sie beeinflussen sich oft gegen-

---

[880] Vgl. z.B. Maaß (2000), S. 39.

[881] So zeigt z.B. Feldman (2001) in einer Fallstudie zu der Entwicklung der Biotechnologie- und IKT-Cluster in der US Capitol Region dass wichtige regionale Umfeldfaktoren wie das Venture Capital Angebot, informelle Netzwerke, gründungsspezifische Beratungs- und Unterstützungsangebote sowie Technologietransfer- und Entrepreneurshipförderung durch Universitäten zu Beginn der Clusterentwicklung Anfang der 1970er Jahre kaum vorhanden waren und erst mit der Entwicklung der Cluster aufgebaut wurden. Die Analyse der Erfolgsfaktoren einer gründungsintensiven Region in deren Reifephase kann daher zu einer verzerrten Wahrnehmung der relevanten Gründungsdeterminanten führen. Dies mag auch ein Grund dafür sein, dass Erfolgsmodelle wie Silicon Valley nicht einfach imitiert werden können.

seitig, sowohl innerhalb der einzelnen Kategorien als auch zwischen den Kategorien. Beispielsweise wird die Wahrnehmung und Einschätzung der Gründungschancen erheblich durch die nationalen und regionale Rahmenbedingungen beeinflusst, zudem beeinflussen auch die Humankapitalausstattung und die Persönlichkeitsmerkmale des potenziellen Gründers seine Einschätzung. Die Humankapitalausstattung ist wiederum eng mit den Faktoren Einkommen und Verfügbarkeit von qualifizierten Arbeitskräften verbunden. Außerdem dürfte ein enger Zusammenhang zwischen der Humankapitalausstattung und der Möglichkeit, Finanzierungsmittel zu akquirieren, bestehen.

Mit der zweiten Spalte wird die Relevanz der einzelnen Determinanten für technologieorientierte Unternehmensgründungen überprüft. Besonders wichtige Einflussgrößen werden mit „X" gekennzeichnet, sind nur einzelne Faktoren innerhalb einer Determinantengruppe von besonderer Relevanz oder weist die Determinantengruppe nur eine begrenzte spezifische Relevanz auf, wird diese mit „(X)" gekennzeichnet. In der dritten Spalte werden die Einflussmöglichkeiten von TGZ untersucht. Determinanten, auf die TGZ einen direkten Einfluss ausüben können, werden mit „X" gekennzeichnet. Wenn TGZ nur einen mittelbaren Einfluss ausüben können, werde diese Einflussgrößen mit „(X)" gekennzeichnet.

Auf eine empirisch fundierte Einstufung der Wirkungsrichtung der einzelnen Determinanten (z.B. nach dem System +, -, 0) wird hier verzichtet. Zum einen sind die empirischen Belege für viele Faktoren nicht eindeutig (zum Teil werden für dieselbe Einflussgröße sowohl signifikant positive als auch negative Wirkungen festgestellt). Weiterhin sind die einzelnen Studien aus den bereits genannten Gründen oftmals nicht miteinander vergleichbar. Einzelne Determinanten wurden bisher überhaupt nicht berücksichtig oder nur durch unzureichend operationalisierte Indikatoren abgebildet. Zudem bestehen vielfach Wechselwirkungen zwischen den einzelnen Faktoren, so dass die Wirksamkeit bzw. Unwirksamkeit einzelner Faktoren auch jeweils von anderen, in der Studie nicht berücksichtigten Faktoren abhängen kann.[882] Schließlich wirken sich die einzelnen Einflussgrößen unterschiedlich schnell auf das Gründungsgeschehen aus, d.h. das Gründungsaufkommen reagiert mit einer unterschiedlichen Zeitverzögerung auf Veränderungen bei den Einflussgrößen, einmalige Änderungen können

---

[882] Es ist möglich, dass der statistisch nachweisbare Einfluss einer Determinante tatsächlich auf die Wirkung einer anderen Determinante, die nicht im Modell berücksichtigt wurde, zurückzuführen ist. Bei der zusätzlichen Berücksichtigung dieser Determinate verlöre die erste Einflussgröße an Aussagekraft.

eventuell auch keinerlei spürbare Auswirkungen zeitigen. Die unterschiedliche Fristigkeit der Wirkungen wird ebenfalls nicht von allen Studien gleichermaßen berücksichtigt. Zusammenfassend kann festgehalten werden, dass die im Folgenden aufgeführten Einflussgrößen allesamt das Gründungsaufkommen beeinflussen können, wobei zur Intensität und zur Frage der kombinierten Wirkung keine abschließende Einschätzung vorgenommen werden kann.

Tabelle 4.3: Übersicht Gründungsdeterminanten

Determinanten	TOU	TGZ
1. Nationale Einflussgrößen		
1.1 Allgemeine nationale Rahmenbedingungen		
Wirtschaftssystem; „ideologische" Ausrichtung der Politik („unternehmerfreundlich", „innovationsorientiert", „KMU-orientiert"); politische und ökonomische Stabilität	(X)	
institutionelle Rahmenbedingungen: Gesetzgebung und Regulierung: Steuer-, Arbeits-, Wettbewerbs-, Banken-, Patent-, Umwelt-, Insolvenzrecht; Zutrittsregulierung wie z.B. Großer Befähigungsnachweis im Handwerk; Funktionsfähigkeit des Rechtssystems (Sicherung und Durchsetzung von Property Rights); staatliche Monopole, Privatisierung, Deregulierung; Struktur der Finanzmärkte (insbesondere Venture Capital) und der Arbeitsmärkte (Flexibilität)	(X)	
Bürokratie/administrative Hemmnisse: erforderliche Genehmigungen, Zulassungen, Lizenzen (Anzahl und Dauer der Verfahren); Vorschriften, behördliche Auflagen	(X)	(X)
Technologiepolitik; Forschungsinfrastruktur	X	
Ausprägung des Sozialversicherungssystems		
Entwicklungsstand der Volkswirtschaft (beeinflusst die Nachfragestruktur: standardisierte Massenproduktionsgüter vs. individuelle Luxusgüter)		
Allg. wirtschaftliche und gesellschaftliche Trends: technol. Entwicklung (z.B. zunehmende Bedeutung von IKT, Gentechnik), Strukturwandel/Tertiari sierung, Globalisierung, Unternehmensreorganisation (Outsourcing), neue Vermarktungsstrategien (z.B. Franchising), demographischer Wandel, zunehmende Individualisierung/Freizeitgesellschaft	(X)	
1.2 Makroökonomische Daten/Trends Zinsniveau (Realzins)		
Arbeitslosenquote		
Konjunkturentwicklung, Konjunkturerwartung		

Determinanten	TOU	TGZ
1.3 Gründungsbezogene nationale Rahmenbedingungen		
Förderprogramme des Bundes, z.B. ERP-Programme, TOU-Modellversuche, Förderprogramme der Bundesagentur für Arbeit wie Überbrückungsgeld und Existenzgründungszuschuss	(X)	(X)
gründungsbezogene Infrastruktur: Beratung, Unterstützungsnetzwerke; jeweils auf nationaler Ebene; Kreditinstitute (insbesondere öffentliche Institute wie die KfW)	(X)	(X)
Ausbildungssystem (Qualität der allgemeinen, berufsbildenden und akademischen Ausbildung; Stellenwert „Unternehmertum" in Schulen und Hochschulen)	(X)	
Patentrecht (Hochschullehrerprivileg, Arbeitnehmererfindergesetz)	X	
2. Regionale Einflussgrößen		
2.1 Kulturelle und gesellschaftliche Rahmenbedingungen (Werte und Normen)		
Image des Unternehmertums, gesellschaftlicher Status von Selbstständigen („Kultur der Selbstständigkeit", Unternehmerbild in der Gesellschaft), Selbstständigenquote		(X)
Grad der Individualität (individualistische vs. kollektivistische Gesellschaft)		
Risikoeinstellung als gesellschaftliche Werthaltung (z.B. Einstellung gegenüber gescheiterten Unternehmern)	(X)	
2.2 Gründerpotenzial/personenbezogene Einflussgrößen *Gründerpotenzial:*		
demographische Merkmale: Bevölkerungsgröße und -entwicklung, ethnische Minderheiten (Immigration), Alterstruktur der Bevölkerung		
Erwerbspersonenpotenzial, Erwerbsquote, Arbeitslosenquote (Stand und Entwicklung)		
Personenbezogene Einflussgrößen:		
Persönlichkeitsmerkmale („traits"); Risikoeinstellung („Angst zu Scheitern"); Selbstvertrauen		
Gründungsmotive (Push- und Pull-Faktoren; ex- und intrinsische Motivation; vorherige Arbeitslosigkeit bzw. drohende Arbeitslosigkeit bei Unternehmensaufgabe)		
Wertvorstellungen (individuelle Einstellung bezüglich Unternehmertum)		
angeborene und inhärente Begabungen und Fähigkeiten („abilites")	(X)	
Humankapitalausstattung: Schulabschluss, Ausbildung, Studium/ akademischer Grad (unter Berücksichtigung der Fachrichtung); Berufs-, Branchen-, Management-, Selbstständigkeits- und Gründungserfahrung; Intelligenz	X	(X)
Erwerbsstatus (d.h. Opportunitätskosten der Selbstständigkeitsentscheidung)		

Determinanten	TOU	TGZ
soziale Herkunft (unternehmerisch tätige Eltern als Rollenvorbilder)		
„regionale Verwurzelung“ (in der Region geboren/aufgewachsen vs. zugezogen)		
Alter, Geschlecht, Konfession, Nationalität, Familienstand/Kinder		
Einkommen, Vermögen (z.B. gemessen durch Wohneigentum und Grundbesitz)		
mikrosoziale Netzwerke (aktive und ideelle Unterstützung durch Partner, Familie, Freunde), „professionelle“ Netzwerke (Verbindung zu potenziellen Kapitalgebern, Geschäftspartnern); Gründernetzwerke (Kontakte zu anderen Gründern, jungen Unternehmern)		(X)
individuelle/subjektive Einschätzung der regionalen Gründungschancen und -gelegenheiten sowie der eigenen unternehmerischen Fähigkeiten.		X
2.3 regionale Umfeldfaktoren Unternehmensstruktur (Anteil KMU, Anteil eigenständige/unabhängige Unternehmen)		
Unternehmensbestand (als potenzielle Abnehmer, Zulieferer, Kooperationspartner, Inkubatoreinrichtungen)	(X)	(X)
Gründungsaufkommen/-cluster (Vorbildwirkung, Netzwerkeffekte)	(X)	X
Agglomerationsvorteile (Lokalisations- und Urbanisationseffekte)	(X)	(X)
FuE-Infrastruktur: Hochschulen und außeruniversitären Forschungseinrichtungen, FuE-betreibende Unternehmen (jeweils als Inkubatoreinrichtung und als Quelle für regional wirksamen Wissens- und Technologietransfer), Technologietransferstellen	X	(X)
Kapitalverfügbarkeit: Verfügbarkeit und Finanzierungsbereitschaft der regionalen Kreditinstitute; regionale Verfügbarkeit von Beteiligungskapital (Venture Capital und Business Angels)	(X)	X
regionale gründungsbezogene Infrastruktur (Unterstützungsnetzwerke, Beratungsangebot durch Kammern, Verbände etc.)		X
Ausstattung mit unterstützenden Dienstleistern: (Patent-)Anwälte, Rechts-, Unternehmens- und Steuerberater	(X)	(X)
weiche Standortfaktoren: Wohn- und Freizeitwert, Image der Region, bürger- und unternehmensfreundliche Verwaltung		
naturräumliches Potenzial (inkl. Rohstoffausstattung)		
wirtschaftsgeographische Lage		
Verkehrsinfrastruktur (Transportkosten, überregionale Verkehrsanbindung)	(X)	
weitere allgemeine Infrastrukturausstattung (Kommunikation, Wasser, Energie, Gesundheitswesen, Ausbildung)		

Determinanten	TOU	TGZ
Lohnniveau[883]; Verfügbarkeit von qualifizierten und unqualifizierten Arbeitskräften (Humankapitalausstattung des regionalen Arbeitsmarkts)	(X)	
Gewerbeflächenverfügbarkeit und -kosten; Standortgemeinschaften		X
Steuersätze (v.a. Gewerbesteuer, Grundsteuer) und spezifische kommunale/ regionale Abgaben		
regionales Nachfragepotenzial, regionale Kaufkraft: Bevölkerungsentwicklung und -dichte, Migration, Höhe und Entwicklung von Einkommen und Vermögen, Stand und Entwicklung des Beschäftigungsniveaus bzw. der Arbeitslosigkeit, Verstädterungsgrad/Zentralität (Stellung im System der zentrale Orte); Höhe und Entwicklung der Bruttowertschöpfung und des regionalen BIP/Kopf		
2.4 Maßnahmen der Regionalentwicklung		
regionale Förderprogramme (z.B. Existenzgründerwettbewerbe)	(X)	X
regionale gründungsbezogene Infrastruktur (z.B. TGZ, Gewerbegebiete)	(X)	X
öffentlich-private regionale Netzwerke zur Unterstützung von Gründungen	(X)	X
Beratungsangebot der regionalen öffentlichen Einrichtungen		X
generell: „ideologische" Ausrichtung der Politik auf kommunaler und regionaler Ebene (z.B. Unternehmensansiedlungsförderung vs. Entwicklung des endogenen Potenzials)		(X)
3. Sektorale Einflussgrößen		
Branchenstruktur (spezialisierte vs. diversifizierte Struktur)	(X)	
Branchenspezifika: FuE-, Werbe-, Kapitalintensität, Skaleneffekte/ durchschnittliche Betriebsgröße, Konzentrationsgrad/Wettbewerbsintensität, Heterogenität der Produkte, Nachfrageentwicklung etc.	(X)	
technologisches Regime; Lebenszyklus	(X)	
Ausmaß der betrieblichen Turbulenz[884]	(X)	
Existenz von Branchenclustern (Anzahl und Größe der Clusterbetriebe; Ausmaß von Milieuansätzen bei den Clusterbetrieben)	(X)	
branchenspezifische institutionelle Rahmenbedingungen (branchenspezifische Normen, Gesetze, Ausbildungssysteme, etc.)	(X)	

Quelle: Eigene Darstellung.[885]

883 Das Lohnniveau spiegelt neben den Kosten für den Produktionsfaktor Arbeit auch die Opportunitätskosten der Selbstständigkeitsentscheidung gegenüber einer abhängigen Beschäftigung wider.

884 Die Turbulenz gibt das Verhältnis von Betriebs-/Unternehmensgründungen und -schließungen bezogen auf den Gesamtunternehmensbestand wieder.

885 Eine Auflistung potenzieller Gründungsdeterminanten findet sich z.B. in Almus, Egeln und Engel (2001), S. 33ff; Armington und Acs (2002), S. 39ff; Audretsch (1995), S. 57ff; Bergmann (2000), S. 41ff; Brixy und Niese (2004), S. 112ff; Bulmahn (2002), S. 9ff; Castringius (2004), S. 133ff; Corsten (2002), S. 8ff; Fritsch (2004b), S. 41ff; Harhoff (1999), S. 44ff; Herdzina et al. (2004),

Der Einfluss der Regionalfaktoren auf das regionale Gründungsaufkommen sollte allerdings nicht überschätzt werden. *Brixy und Niese* beobachten ein hohes Ausmaß an räumlicher Autokorrelation bei der Analyse von Standorteffekten mittels einer OLS-Schätzung.[886] Dies spricht dafür, dass benachbarte Regionen ähnliche Standorteffekte aufweisen, es wirken somit gemeinsame, regionsübergreifende Einflussfaktoren auf das Gründungsgeschehen. *Fritsch und Niese* ermitteln mit Hilfe einer Shift-Share-Analyse[887] für das Gründungsaufkommen in den westdeutschen Raumordnungsregionen im Zeitraum von 1983 bis 1997 nur eine begrenzte Bedeutung des Regionaleffekts. Demnach lassen sich nur etwa 11% aller Gründungen auf regionsspezifische Einflussfaktoren zurückführen, wobei die Standorteffekte stärker ausgeprägt sind als die Einflüsse der regionalen Branchenstruktur.[888] Die Gründungsaktivitäten wurden im Untersuchungszeitraum vermutlich von gesamtwirtschaftlichen Trends dominiert. Für das Verarbeitende Gewerbe ist der Regionaleffekt deutlich stärker ausgeprägt als für den Dienstleistungsbereich. Die Autoren weisen aber darauf hin, dass der Wert von 11% als Durchschnitt über alle Regionen zu verstehen ist. Das Gründungsgeschehen einzelner Regionen wird aber zum Teil stärker durch regionsspezifische Faktoren beeinflusst, so streut der Regionaleffekt zwischen 2,7% und 27,3%. Demnach besteht durchaus ein Potenzial für die Wirksamkeit wirtschaftspolitischer Maßnahmen zur Gründungsförderung.

S. 206ff; KfW (2005a), S. 39ff; Lückgen und Oberschachtsiek (2004), S. 20ff, 28ff; Maaß (2000), S. 22ff; Nerlinger (1998), S. 94ff, 129ff; Otten (2000), S. 8ff; Preisendörfer (2002a), S. 11ff; Reynolds, Storey und Westhead (1994), S. 446ff; Sautter (2005), S. 46; Shane (2003), S. 22ff, 45ff, 118ff, 145ff; Steil (1999), S. 55ff; Sternberg (2000a), S. 40ff, 75ff, 109ff, 181ff; Storey (1994), S. 67ff; Sutaria (2001), S. 29ff; Tamásy (2004), S. 23ff; Verheul et al. (2002), S. 17ff; Wagner (2004), S. 2ff; Werner, Kranzusch und Kay (2005), S. 98f.

886 Vgl. Brixy und Niese (2004), S. 118ff.

887 Dazu werden die tatsächlich erfolgten Gründungen der hypothetischen Anzahl an Gründungen gegenübergestellt. Der hypothetisch ermittelte Wert („nationaler Standard“) ist unabhängig von den Einflüssen der regionalen Branchenstruktur und des Standorts. Die Differenz wird als Regionaleffekt bezeichnet und lässt sich weiter in einen Brancheneffekt, der die Abweichung der regionalen Branchenstruktur von der Branchenstruktur des Gesamtraums berücksichtigt, und einen Standorteffekt als Restkategorie unterteilen. Der Standorteffekt gibt an, in welchem Ausmaß der Unterschied zwischen den regionalen Gründungsraten und den Gründungsraten des Gesamtraums nicht auf die Anzahl der Betriebe sowie auf die regionalen Besonderheiten der Branchenstruktur zurückgeführt werden kann.

888 Vgl. Fritsch und Niese (2000), S. 243ff.

4.5. Die Existenzfestigkeit neugegründeter Unternehmen

4.5.1. Einführung und theoretische Grundlagen

Wie der Überblick in Abschnitt 4.3 zeigt, ist in Deutschland ein beachtliches jährliches Gründungsaufkommen zu verzeichnen. Ein hohes Gründungsaufkommen in einer Volkswirtschaft bzw. einer Region ist alleine aber noch keine Garantie für eine positive wirtschaftliche Entwicklung. Weiterhin ist es erforderlich, dass eine ausreichende Anzahl der neugegründeten Unternehmen auch in der Lage ist, sich dauerhaft am Markt zu behaupten. Die Überlebenswahrscheinlichkeit junger Unternehmen sowie deren Einflussgrößen und Bestimmungsfaktoren werden daher in diesem Abschnitt thematisiert.

Eine Unternehmensgründung kann als eine Entscheidung für eine selbstständige Tätigkeit und gegen ein abhängiges Beschäftigungsverhältnis aufgefasst werden. *Kihlstrom und Laffont* modellieren eine solche Wahlentscheidung unter Berücksichtigung der individuellen Risikoeinstellung.[889] Dabei hat jede Erwerbsperson die Wahl zwischen einer abhängigen Beschäftigung zu einem gesicherten Lohnniveau und der Gründung bzw. Leitung eines eigenen Unternehmens mit einem mit Unsicherheit behafteten Gewinneinkommen. Die entgangenen Lohneinkünfte einer abhängigen Beschäftigung sind demnach die Opportunitätskosten der Entscheidung, Unternehmer zu werden. Externe Kapitalmärkte, auf die das unternehmerische Risiko abgewälzt werden kann, werden ausgeschlossen. Im Modell ergibt sich ein allgemeines Gleichgewicht, bei dem die risikofreudigeren Individuen Unternehmer werden, während die risikoaversen Erwerbspersonen eine abhängige Beschäftigung wählen. Die Modellierung greift auf die Arbeit von *Knight* zurück.[890] Der *Knight`sche* Unternehmer trägt die Unsicherheit, die mit der Produktion und Vermarktung von Gütern verbunden ist, während er selbst die erforderlichen Leistungen wie z.B. den Arbeitseinsatz zu fixen, d.h. garantierten Preisen einkauft. Der Unternehmer wird also dadurch definiert, dass er Entscheidungen über den Einsatz von Ressourcen unter Unsicherheit – im Gegensatz zum Risiko sind keine Eintrittswahrscheinlichkei-

---

[889] Vgl. Kihlstrom und Laffont (1979). Der Ansatz kann den arbeitsmarkttheoretischen Modellen zugerechnet werden. Die Schwäche des Gleichgewichtsmodells besteht darin, dass sich die Individuen nur in ihrer Risikoeinstellung unterscheiden, während Unterschiede in den unternehmerischen Fähigkeiten und der Kapitalausstattung nicht berücksichtigt werden. In dem ähnlichen Modellansatz von Lucas (1978) unterscheiden sich die Wirtschaftssubjekte nach ihrem „talent for managing", dafür werden aber keine Unterschiede in der Risikoeinstellung zugelassen.

[890] Vgl. Knight (1921), insbesondere S. 264ff.

ten bestimmbar und es gibt daher keine Möglichkeit der Versicherung – trifft. Er erhält dafür den unternehmerischen Gewinn als nicht fixes Residualeinkommen.[891] Mit der Berücksichtigung von Risiko und Unsicherheit gibt *Knight* eine der zentralen Prämissen des Modells der vollständigen Konkurrenz auf, nämlich die vollständige Information der Akteure. Die unternehmerische Tätigkeit ist also mit Risiken und Unsicherheiten verbunden, da der Unternehmer nicht über alle erforderlichen Informationen verfügt. Das Scheitern von Unternehmensgründungen ist daher nicht unwahrscheinlich. Die ersten Jahre in der Entwicklung eines neugegründeten Unternehmens können dabei als besonders kritisch angesehen werden. Gründungsunternehmen unterliegen in diesem Zeitraum einem erhöhten Liquidationsrisiko[892], das durch verschiedene unternehmensinterne und -externe Faktoren beeinflusst wird. Zu den unternehmensinternen Faktoren sind z.B. die zu geringe Kapitalausstattung und die zu hohe zeitliche und organisatorische Belastung des Gründers zu zählen. Die unternehmensinternen Faktoren können weiter in betriebsspezifische und in personenbezogene Faktoren, d.h. die Eigenschaften des Unternehmens bzw. des Gründers betreffend, unterteilt werden. Zu den unternehmensexternen Risikofaktoren ist zum einen die konjunkturelle Lage zu zählen. Weiterhin sind auch branchenspezifische Merkmale wie der Konzentrationsgrad und die Bedeutung von Skaleneffekten sowie regionsspezifische Merkmale wie der Agglomerationsgrad des Standorts zu den unternehmensexternen Einflussgrößen zu rechnen.[893]

Zumeist ist eine Kombination aus unternehmensinternen und -externen Faktoren für das Scheitern eines jungen Unternehmens verantwortlich. Es ist daher nicht verwunderlich, dass eine beachtliche Anzahl der Unternehmensgründungen schon kurze Zeit nach dem Markteintritt wieder verschwindet. Einige Autoren verwenden hierzu die Metapher der „(konischen) Drehtüre“:[894] Die

---

891 Allerdings weist bereits *von Thünen* darauf hin, dass der Gewinn im Sinne eines Residuum als Ausgleich für die Übernahme nicht versicherbarer Risiken zu sehen ist (vgl. Ricketts 2002, S. 55).

892 Der Begriff der Liquidation wird im Folgenden als Synonym für die Stilllegung eines Unternehmens verwendet. Dabei wird sowohl die erzwungene Stilllegung (z.B. als Folge eines Insolvenzverfahrens) als auch die freiwillige Stilllegung berücksichtigt. Gründungsprojekte können freiwillig aufgegeben werden, wenn sich die angestrebten Ziele nicht erreichen lassen, wenn der Gründer das Unternehmen mit Gewinn veräußern kann oder wenn der Gründer eine attraktivere Erwerbsalternative in einer abhängigen Beschäftigung findet. Im Rahmen dieser Arbeit ist vor allem die Stilllegung aufgrund mangelnden Erfolgs von Interesse, jedoch ermöglichen die meisten der verfügbaren Datenquellen (vgl. Abschnitt 4.1.2.4) keine Unterscheidung nach den Stilllegungsmotiven. Weiterhin besteht wie bei der Erfassung der Gründungen das Problem, dass nicht alle Liquidationen vollständig und zeitnah erfasst werden.

893 Vgl. dazu z.B. Strotmann (2002), S. 8ff.

894 Vgl. z.B. Audretsch (1995), S. 150ff; Brixy (1999), S. 99; Niese (2003), S. 113.

„Newcomer“ konkurrieren nach ihrem Markteintritt mit etablierten und vor allem mit anderen jungen Unternehmen und scheiden schnell wieder aus dem Markt aus, wenn es ihnen nicht gelingt, andere Unternehmen zu verdrängen. Vielen Gründungsunternehmen gelingt es nicht, sich dauerhaft am Markt zu etablieren. Sie verbleiben am „Rand des Markts“, wo sie einem starken Verdrängungswettbewerb durch andere Unternehmensgründungen unterliegen, während sie für die bereits etablierten Anbieter keine ernsthafte Bedrohung darstellen. Mit der These der Drehtüreffekte korrespondiert der empirisch gestützte negative Zusammenhang zwischen der Gründungsintensität und den Überlebenschancen junger Unternehmen, der vor allem im Dienstleistungssektor deutlich erkennbar ist.[895] Aus der Kombination der Merkmale Gründungsrate und Überlebensquote sowie den Ausprägungen „überdurchschnittlich“ und „unterdurchschnittlich“ können vier Klassen gebildet werden. Auswertungen für Westdeutschland ergeben, dass alle Klassen durch mehrere Raumordnungsregionen besetzt sind. Die Existenz des Drehtüreffekts kann dadurch bestätigt werden, wobei dieser nicht flächendeckend vorliegt, sondern nur die Entwicklung einzelner Regionen dominiert. *Storey* weist darauf hin, dass der mit dem Drehtüreffekt verbundene marktliche Selektionsmechanismus aus gesamtwirtschaftlicher Perspektive positiv zu beurteilen ist, da er dazu beiträgt, die Ressourcenallokation zu verbessern.[896] Weiterhin kann argumentiert werden, dass die erfolglosen Unternehmensgründungen positive externe Effekte in Form von Informationsexternalitäten produzieren.[897] Andere potenzielle und aktuelle Gründer können aus dem Misserfolg der gescheiterten Gründungen lernen, Informationen – z.B. bezüglich erfolgloser Markterschließungsstrategien – können für die eigene Unternehmensentwicklung genutzt werden. Schließlich ist darauf hinzuweisen, dass eine hohe Überlebensrate nicht per se als positiv einzustufen ist, da sie auch als ein Zeichen mangelnder Konkurrenz und geringer regionaler Dynamik gewertet werden kann.[898]

Wesentliche Aussagen und Hypothesen zum Überleben von Unternehmensgründungen können aus den Theorieansätzen der Industrieökonomik und der Organisationsökologie abgeleitet werden. Die Grundlagen der industrieökonomischen Forschung wurden bereits in Abschnitt 4.2.1 beschrieben. Im Fol-

---

[895] Vgl. dazu Brixy und Grotz (2004b), S. 168ff.
[896] Vgl. Storey (1994), S. 78.
[897] Vgl. OECD (1998), S. 40.
[898] Vgl. Brixy und Grotz (2004b), S. 179.

genden sind vor allem die Teildisziplinen von Interesse, die sich mit den industriespezifischen Bedingungen für den Markteintritt und die „Post-entry-performance" beschäftigen. Die Organisationsökologie[899] ist ein evolutionstheoretischer Ansatz innerhalb der Organisationstheorie, der sich mit der Evolution von Organisationspopulationen[900], Variationen innerhalb bestehender Populationen und den durch Umweltveränderungen ausgelösten Selektionsprozessen beschäftigt. Anhand von Analogien zu Veränderungsprozessen biologischer Populationen werden die Prozesse des Wandels von Organisationspopulationen wie z.B. Industrien erklärt. Die Hauptaussagen können hier nur kurz umrissen werden: Die Umwelt stellt Ressourcen bereit, auf die die Organisationen wie z.B. Unternehmen zugreifen können („carrying capacity"). Dieser Ressourcenpool ist begrenzt, so dass die Organisationen in Konkurrenzbeziehungen stehen. Es werden zwei grundsätzliche Organisationsstrategien unterschieden – „Generalisten" und „Spezialisten" – die je nach den vorherrschenden Umweltbedingungen („Fitness-Set"; z.B. Variabilität und Dynamik der Umwelt, Häufigkeit der Umweltänderungen) die Überlebenschancen der Organisationen beeinflussen. Umweltveränderungen, z.B. durch technologischen Fortschritt oder veränderte institutionelle Rahmenbedingungen, üben einen Selektionsdruck auf Populationen aus. Bestehende Organisationen sterben und neue Organisationen entstehen als Reproduktion bestehender Organisationen („Kopie"). Es kommt aber auch zu zufälligen oder intendierten Variationen („Mutationen") – es entstehen also neue Organisationsformen. Die neuen Organisationen entstehen entweder durch Neugründungen oder durch Abspaltungsprozesse, bei Unternehmen wird dieser Vorgang als Spin-off Gründung bezeichnet. Aufgrund der organisationalen Trägheit („organizational inertia") wird eine geringe Wandelbarkeit von Organisationen unterstellt. Innerhalb einer Population erfolgen Veränderungen der organisationalen Charakteristika wie z.B. Technologie und Organisationsstruktur damit vor allem durch die Neugründung von Organisationen und das Ausschei-

---

899 Die Organisationsökologie – auch Populationsökologie, „organizational ecology" oder „population ecology-theory" – bildet einen Teilbereich der Organisationssoziologie. Hauptvertreter sind die Autoren *Caroll*, *Freeman* und *Hannan* (vgl. z.B. Caroll 1984; Freeman, Caroll und Hannan 1983; Hannan und Freeman 1989; für einen Überblick vgl. Woywode 1998, S.38ff). Unternehmen werden in der Organisationsökologie nur als ein Beispiel für Organisationen analysiert. Weitere Anwendungsbeispiele sind u.a. Gewerkschaften und Religionsgemeinschaften.

900 Eine Organisationspopulation ist definiert „„als Gesamtheit von Organisationen bestimmten Form (…), die man in einem bestimmten Gebiet über einen bestimmten Zeitrum hinweg antrifft" (Brüderl, Preisendörfer und Ziegler 1998, S. 60) Die einzelnen Elemente einer Population agieren somit in einem einheitlichen materiellen und sozialen Umweltsegment. Auf Unternehmen bezogen können Populationen z.B. nach der Branchenzugehörigkeit abgegrenzt werden.

den bestehender Organisationen. Daher bildet die Ermittlung von Gründungs- und Scheiterraten von Organisationen sowie die Bestimmung der dafür relevanten Determinanten einen Schwerpunkt der empirischen Forschungsbeiträge. Die Forschungsperspektive ist dabei auf ganze Populationen von Organisationen und nicht auf einzelne Organisationen (z.B. einzelne Unternehmensgründungen) oder gar organisationsinterne Aspekte ausgerichtet. Die im folgenden Abschnitt näher beschriebenen Liability-Hypothesen sind ein wesentlicher Bestandteil der organisationsökologischen Forschung.[901] Kritisiert werden kann der modulartige Aufbau des organisationsökologischen Ansatzes, ein konsistentes theoretisches Modell, das alle Aspekte verknüpft, liegt bisher nicht vor.[902] Weiterhin impliziert die Trägheitsannahme, dass Unternehmen ihre Gründungscharakteristika nicht oder nur schwer ändern können. Gerade bei jungen, sich entwickelnden Unternehmen sind jedoch häufig Änderungs- und Anpassungsprozesse wie z.B. die Änderung des Leistungsspektrums, der Prozess- und Aufbauorganisation oder der Marktorientierung zu beobachten. Außerdem wird der retroperspektive Forschungsansatz kritisiert, der nur eine ex post Erklärung der Populationsentwicklung ermöglicht.[903]

4.5.2. Überlebensraten, Liquidationsrisiko und Liability-Hypothesen

Junge Unternehmen unterliegen vor allem in den ersten Jahren ihres Bestehens einem höheren Liquidationsrisiko. Das zu Beginn hohe und mit zunehmendem Alter kontinuierlich abnehmende Sterberisiko von Organisationen wird als *liability of newness* bezeichnet. Als Begründung wird angeführt, dass junge Organisationen anfangs nur über eine geringe Legitimation und Vertrauensbasis gegenüber ihrer Umwelt verfügen, dass ihre inneren Strukturen noch nicht gefestigt sind und dass das Erlernen der erforderlichen Rollen, Routinen und Prozesse durch die Organisationsmitglieder einen hohen Zeit- und Kostenaufwand verursacht.[904] Junge Organisationen verfügen noch nicht über dauerhafte und damit stabile und kalkulierbare Außenbeziehungen. Durch den Aufbau von Reputation und Legitimation – d.h. es entsteht Vertrauen in die Zuverlässigkeit des neuen

---

901 Weitere Bestandteile sind die „Theory of Founding Characteristics" und die „Density Dependence Theory". Diese Ansätze werden im Folgenden nicht behandelt, da sie teilweise nicht ausreichend theoretisch abgesichert sind und sich zudem graduell inhaltlich mit anderen Ansätzen (z.B. den industrieökonomischen Ansätzen) überschneiden.

902 Vgl. Woywode 1998, S. 48.

903 Vgl. Lechler und Artmann (2005), S. 230.

Transaktionspartners sowie eine allgemeine soziale Akzeptanz gegenüber der Organisation (die Handlungen der Organisation werden als selbstverständlich erachtet) – wird der Zugang zu Ressourcen und zu Transaktionspartnern erleichtert.[905] Legitimation und Reputation sind insbesondere in den Branchen wichtig, in denen Unsicherheiten bezüglich der Qualität der Produktionsergebnisse bestehen. Dies betrifft vor allem technologieorientierte Sektoren und bestimmte Dienstleitungen wie z.B. Beratungsleistungen sowie grundsätzlich Gründungen in den frühen Entwicklungsphasen neuer Märkte. Mit der Zeit verringern sich die anfänglichen Reibungsverluste, Legitimation, Reputation und Vertrauen werden aufgebaut, daher geht das Sterberisiko kontinuierlich zurück. Im Zusammenhang mit der Fragestellung dieser Arbeit ist es auch von Interesse zu ermitteln, wie lange die jungen Unternehmen diesem erhöhten Liquidationsrisiko unterliegen und ab wann eine Unternehmensgründung als „gesichert" angesehen werden kann.

Zur Bestimmung des Anteils der überlebenden Unternehmensgründungen im Zeitablauf und deren weiteren Überlebenswahrscheinlichkeit werden die Überlebensrate („Survival Rate": der Anteil der neugegründeten Unternehmen, der bis zu einem bestimmten Beobachtungszeitpunkt überlebt) und das Liquidationsrisiko („Hazard Rate": die Wahrscheinlichkeit, dass ein noch bestehendes Unternehmen im nächsten Beobachtungszeitraum, zumeist das nächste Jahr, nicht mehr existiert, also liquidiert wird) ermittelt. Für Westdeutschland errechnen *Weißhuhn und Wichmann* auf Basis der IAB-Betriebsdatei eine Überlebensrate von 81,7% im ersten, von 56,8% im vierten und von 48,6% im sechsten Jahr nach der Gründung, d.h. nach sechs Jahren ist bereits mehr als die Hälfte aller Gründungen eines Jahrgangs, einer so genannten Gründerkohorte, bereits wieder aufgegeben worden.[906] Das Liquidationsrisiko sinkt von 18,3% im ersten Jahr – d.h. für jedes Unternehmen, das das erste Jahr überlebt hat, besteht eine Wahr-

---

904 Vgl. grundlegend Stinchcomb (1965), S. 148f sowie Woywode (1998), S. 40ff.

905 Vgl. dazu Aldrich und Fiol (1994), S. 647ff; Shane and Foo (1999), S. 143f. *Hannan und Freeman* verwenden die Begriffe „reliability" und „accountability". Junge Unternehmen verfügen noch nicht über ein ausreichend hohes Maß an Zuverlässigkeit (d.h. geringe qualitative und quantitative Variabilität der erbrachten Leistungen) und Rechenschaftsfähigkeit (d.h. das Unternehmen kann überzeugend nachweisen, dass die dem Unternehmen zur Verfügung gestellten Ressourcen effizient eingesetzt werden). Durch Lern- und Sozialisationsprozesse, länger andauernde Austauschbeziehungen und den Aufbau von Legitimation steigen mit der Zeit die Zuverlässigkeit und die Rechenschaftsfähigkeit und damit die Bestandssicherheit (vgl dazu Woywode 1998, S. 41). Legitimation kann dabei als „die Aufnahme von etwas Neuem in die als integer wahrgenommene Kultur" interpretiert werden (Aulinger 2005, S. 316).

906 Vgl. dazu Weißhuhn und Wichmann (2000), S. 87ff.

scheinlichkeit von 18,3% dass es das nächste Jahr nicht mehr überleben wird – auf 6,6% im sechsten Jahr. In Ostdeutschland beträgt die Überlebensrate im ersten Jahr 85,4% und im vierten Jahr 62,2%, das Liquidationsrisiko liegt im ersten Jahr bei 14,6% und im vierten Jahr bei 7,3%. Das Liquidationsrisiko geht dabei jeweils kontinuierlich im Zeitablauf zurück. Ebenfalls auf Basis der IAB-Betriebsdatei (und für den Zeitraum 1984 bis 2002) ermitteln *Fritsch und Weyh* eine durchschnittliche Überlebensrate von 63,35% nach zwei Jahren, diese sinkt auf 47,79% nach fünf Jahren, auf 35,21% nach zehn und auf 27,24% nach 15 Jahren. Das Liquidationsrisiko sinkt dabei von 14,99% (nach zwei Jahren) auf 8,07% (fünf Jahre), 6,27% (zehn Jahre) bzw. 5,49% (15 Jahre). Die Gründungen im Verarbeitenden Gewerbe weisen dabei deutlich bessere Überlebenschancen auf als Gründungen im Dienstleistungssektor (79,06% vs. 63,4% nach zwei Jahren, 37,54% vs. 27,2% nach 15 Jahren).[907] Die Kennzahlen deuten auf das Ablaufen eines Auslese- und Stabilisierungsprozesses hin. Wenn es einem jungen Unternehmen gelungen ist, sich eine bestimmte Zeit lang am Markt zu behaupten, kann seine Existenz als gefestigt und gesichert angesehen werden. Es unterliegt nun dem gewöhnlichen Liquidationsrisiko, dem auch etablierte Unternehmen unterliegen. So schätzt z.B. *Audretsch*, dass sich das Liquidationsrisiko nach ca. sechs Jahren stabilisiert, *Hunsdiek und May-Strobl* geben an, dass die meisten Austritte innerhalb der ersten sieben Jahre erfolgen, nach zehn Jahren kann ein erhöhtes Liquidationsrisiko kaum noch festgestellt werden.[908] Für die Ableitung einer Faustregel, die einen auf Wahrscheinlichkeiten basierenden Zusammenhang zwischen dem Alter einer Gründungskohorte und dem Anteil der überlebenden Unternehmen festlegt, bilden die diversen empirischen Studien aber nur eine unsichere Basis. Sie kommen zum Teil zu sehr unterschiedlichen Ergebnissen, was auf die erfasste Grundgesamtheit (regional oder sektoral begrenzt; Unternehmen oder Selbstständige) sowie den erfassten Zeitraum und damit den herrschenden makroökonomischen Rahmenbedingungen zurückzuführen ist.[909]
Ein kontinuierlich abnehmendes Liquidationsrisiko kann allerdings nicht generell bestätigt werden. So ermitteln beispielsweise die Autoren der *Münchner*

---

907 Vgl. Fritsch und Weyh (2004), S. 21f.

908 Vgl. Audretsch (1995), S. 93; Hunsdiek und May-Strobl (1986), S.110f.

909 Vgl. z.B. Bartelsman, Scarpetta und Schivardi (2003, S. 21ff) für einen Vergleich der Entwicklung von Gründungskohorten in zehn OECD-Ländern; Bellmann et al. (1996, S. 117) für die Gründungskohorte 1982/1983 der IAB-Betriebsdatei; Bulmahn (2002, S. 153f) für Industriebetriebsgründungen in Nordrhein-Westfalen aus den Jahren 1980 und 1981; Gerlach und Wagner (1997, S. 57) für Gründungkohorten des Verarbeitenden Gewerbes in Niedersachsen; Werner (2000, S. 83ff) für die Teilnehmer des Modellversuchs TOU-NBL.

Gründerstudie, dass der Zeitraum zwischen dem 9. und dem 12. Monat als besonders kritisch anzusehen ist, vorher ist das Liquidationsrisiko geringer, danach geht es wieder deutlich zurück.[910] Ein mit zunehmendem Alter zuerst zu- und dann abnehmendes Liquidationsrisiko wurde in Deutschland erstmals bei der Auswertung der Gewerbeanzeigenstatistik 1980-1989 für Oberbayern durch *Brüderl und Schüssler* festgestellt.[911] Demnach ist das Risiko bei Kleingewerbebetrieben nach sechs bis 24 Monaten am höchsten, während die größeren Handelsregisterfirmen erst bei einem Zeitraum von 60 bis 72 Monaten das maximale Liquidationsrisiko erreichen. Dieser umgekehrt u-förmige Zusammenhang wird – auch zur Abgrenzung von dem in der *liability of newness* Hypothese postulierten monoton sinkenden Risiko – als *liability of adolescence* bezeichnet.[912] Als Begründung wird angeführt, dass junge Unternehmen eine kurze Schonfrist vor den Selektionskräften des Marktes genießen. Zum einen benötigt der Gründer eine gewisse Zeit, um den Erfolg oder Misserfolg seines Vorhabens hinreichend verlässlich einschätzen zu können. Ein rationaler Gründer muss erst genügend Informationen sammeln, um die Qualität seines Gründungsprojektes zu ermitteln, erst dann wird ein nicht Erfolg versprechendes Projekt aufgegeben. Außerdem verfügen die neugegründeten Unternehmen über eine gewisse Anfangsausstattung an Ressourcen. Dies sind zum einen finanzielle Mittel, von denen der Gründer eine Zeit lang zehren kann. Zum anderen verfügt er auch über soziales Kapital wie z.B. die Unterstützung von Freunden und Verwandten. Die Zeitspanne des geringen Risikos wird als Adoleszenzphase bezeichnet, andere Autoren verwenden den Begriff „honeymoon period" bzw. „honeymoon effect".[913] Die Länge der Adoleszenzphase wird maßgeblich durch die Anfangsausstattung mit Ressourcen – und damit auch durch die Gründungsgröße – bestimmt. Nach Ablauf der Adoleszenzphase entspricht die Entwicklung der durch die *liability of newness* Hypothese beschriebenen Entwicklung. Die Hypothese der *liability of adolescence* kann durch eine Reihe empirischer Untersuchungen bestätigt werden.[914]

---

910 Vgl. Brüderl, Preisendörfer und Ziegler (1998), S. 95. Die Münchner Gründerstudie beruht auf einer 1990 durchgeführten Befragung von 1.849 Unternehmensgründern der Gründungskohorte 1985/86 (Gewerbemeldungen der IHKs München und Oberbayern). Das Sample besteht zu 46% aus gescheiterten Gründern.

911 Vgl. Brüderl und Schüssler (1990), S. 537ff.

912 Vgl. Brüderl und Schüssler (1990), S. 533ff.

913 Vgl. Bartelsman, Scarpetta und Schivardi (2003), S.21; Fichman und Levinthal (1991), S. 446.

914 Vgl. z.B. Mahmood (1996); Strotmann (2002); Tamásy (2004); Wagner (1994); Wießner (2001).

Ob nun die Hypothese der *liability of newness* oder die Hypothese der *liability of adolescence* besser geeignet ist, die tatsächliche Entwicklung des Liquidationsrisikos von Unternehmensgründungen abzubilden, kann aufgrund der unterschiedlichen Datensätze und der angewendeten Erfassungs- und Auswertungsmethoden nicht abschließend beurteilt werden. Der Nachweis der *liability of adolescence* wird vermutlich dadurch erschwert, dass Bestandsänderungen oftmals nur für einen längeren Zeitraum erfasst werden, z.B. nur halbjährlich statt monatlich. Weiterhin ist zu beachten, dass nicht jede Anmeldung (z.B. Anmeldung eines Gewerbes) mit einer Unternehmensgründung und dementsprechend nicht jede Abmeldung mit einer Unternehmensstilllegung gleichzusetzen ist. Wenn unterstellt wird, dass solche Scheingründungen nach kurzer Zeit wieder zu einer Abmeldung führen, kann das vermeintlich höhere Liquidationsrisiko jüngerer Unternehmen dadurch zumindest etwas übersteigert werden. So zeigen Auswertungen auf Basis der Gewerbeanzeigenstatistik für das Ruhrgebiet, dass eine nahezu lineare Abnahme der Population über die Zeit zu konstatieren ist, sobald die Kleingewerbetreibenden, unter denen sich erfahrungsgemäß die meisten Scheingründungen befinden, aus der Analyse ausgeschlossen werden.[915]

Aus der Auswertung von empirischen Arbeiten leitet *Geroski* das stilisierte Ergebnis ab, dass kleinere Unternehmen eine geringere Überlebenswahrscheinlichkeit aufweisen.[916] Als Gründe für die Vorteile größerer Unternehmensgründungen können die bessere Fähigkeit zur Gewinnung externer finanzieller Ressourcen und der geringere Abstand zur mindestoptimalen Betriebsgröße – und damit die Möglichkeit zur Realisierung von economies of scale – angeführt werden.[917] Je größer der Abstand zur mindestoptimalen Betriebsgröße ist, desto höher ist generell der Kostennachteil kleiner Unternehmen. Die Produktivitätsnachteile müssen sich aber nicht zwangsläufig in tatsächlichen Kostennachteilen niederschlagen, wenn Kompensationsmöglichkeiten wie eine geringere Faktorentlohnung (insbesondere bei Arbeitskräften) und ein flexiblerer Faktoreinsatz oder weniger kostensensible Nischenstrategien genutzt werden.[918] Weiterhin werden Nachteile im Wettbewerb um qualifizierte Arbeitskräfte und das Fehlen von funktionierenden internen Arbeitsmärkten sowie ein geringerer Diversifizierungsgrad und damit eine höhere Abhängigkeit von einzelnen Kunden als Ursa-

---

915 Vgl. Jansen und Weber (2003), S. 218.
916 Vgl. Geroski (1995), S. 434f.
917 Vgl. Woywode (1998), S. 39f.
918 Vgl. Niese (2003), S. 31.

chen für Größennachteile genannt.[919] Schließlich verfügen größere Unternehmen meist über einen höheren Bestand an Ressourcen, wodurch sie besser in der Lage sind, die kritische Anfangsphase und exogene Schocks zu überstehen. In der organisationsökologischen Literatur wird der Nachteil der kleinen Gründungsgröße als *liability of smallness* bezeichnet.[920] Auch für diese Liability-Hypothese finden sich einige empirische Belege. So zeigen Auswertungen von Längsschnittdatensätzen wie der amerikanischen SBDB, dass größere Unternehmensgründungen einem geringeren Liquidationsrisiko unterliegen.[921] *Bellmann et al.* weisen darauf hin, dass die überlebenden Betriebe der Gründungskohorte 1982/1983 der IAB-Betriebsdatei eine deutlich größere durchschnittliche Gründungsgröße aufweisen (3,8 Beschäftigte gegenüber 2,8 bei allen Gründungen der Kohorte).[922] *Strotmann* ermittelt, dass mit einem höheren Beschäftigungswachstum in der Folgezeit der Gründung das Liquidationsrisiko signifikant zurückgeht, da eine schnellere Kompensation der ursprünglichen Größennachteile und eine stärkere Realisierung von Lernkurveneffekte ermöglicht werden.[923] Die Hypothese der *liability of smallness* findet durch eine Reihe weiterer Untersuchungen Unterstützung.[924] Es ist allerdings fraglich, inwieweit die Wirkungen der *liability of smallness* von denen der *liability of newness* eindeutig getrennt werden können. Da junge Unternehmen zumeist klein sind, wirken sich die beiden Wirkungskomplexe wohl eher kombiniert auf die Überlebenschancen von Gründungsunternehmen aus.

Für die Bewertung der *liability of smallness* ist weiterhin die unterschiedliche Bedeutung der mindestoptimalen Betriebsgröße in den einzelnen Sektoren zu berücksichtigen. So können *Audretsch, Klomp und Thurik* für einzelne Wirtschaftszweige des Dienstleistungssektors (Einzelhandel und Hotel- und Gaststättengewerbe) in den Niederlanden kein Einfluss der Unternehmensgröße auf die Überlebenschancen feststellen, sobald die Kleinstunternehmen aus der Untersuchung ausgeklammert werden.[925] Die mindestoptimale Betriebsgröße ist hier sehr

---

919 Vgl. Niese (2003), S. 24; Strotmann (2002), S. 4. Die Probleme der Mitarbeiterrekrutierung werden in Abschnitt 4.8.2.4 behandelt, Abschnitt 4.8.2.1 thematisiert die Finanzierungsrestriktionen.

920 Vgl. Brüderl und Schüssler (1990), S. 532.

921 Vgl. Audretsch (1995), S. 85ff.

922 Vgl. Bellmann et al. (1996), S. 117.

923 Vgl. Strotmann (2002), S. 31.

924 Vgl. z.B. Agarwal und Audretsch (2001); Bartelsman, Scarpetta und Schivardi (2003); Bulmahn (2002); Brüderl, Preisendörfer und Ziegler (1998); Brüderl und Schüssler (1990); Hinz (1998); Jansen und Weber (2003); Mahmood (1996); Mata und Portugal (1999); Niese (2003); Tamásy (2004).

925 Vgl. Audretsch, Klomp und Thurik (1999), S. 248.

niedrig, bereits bei einer Größe von fünf Mitarbeitern können keine nennenswerten Skaleneffekte mehr erzielt werden. Ein interessantes Ergebnis liefert auch der Vergleich von Gründungen im Verarbeitenden Gewerbe in Italien und den USA.[926] Während sich bei den amerikanischen Unternehmen ein eindeutiger Größeneffekt feststellen lässt, scheint die unterschiedliche Gründungsgröße auf das Überleben der italienischen Unternehmen keine Auswirkungen zu haben. Als mögliche Erklärung wird die starke Bedeutung der „industrial districts" für die italienischen KMU angeführt. Durch die Unterstützung aus der Einbindung in regionale Netzwerke können die Nachteile einer kleinen Gründungsgröße ausgeglichen werden. Die Ergebnisse sollten jedoch unter dem Vorbehalt der bedingten Vergleichbarkeit der zugrunde liegenden Datensätze interpretiert werden. Die italienischen Unternehmen weisen in allen Sektoren eine zum Teil deutlich höhere durchschnittliche Betriebsgröße auf, so dass auch die Datengrundlage für gewisse Verzerrungen verantwortlich sein kann.

4.5.3. Sektorale Unterschiede

In den einzelnen Wirtschaftszweigen können unterschiedlich hohe Überlebens- und Hazardraten festgestellt werden. Generell weisen Dienstleistungsgründungen eine geringere Überlebenswahrscheinlichkeit auf als Gründungen im Verarbeitenden Gewerbe, innerhalb des Verarbeitenden Gewerbes bestehen ebenfalls zum Teil erhebliche Unterschiede.[927] Dies spricht dafür, dass sich die Rahmenbedingungen innerhalb der einzelnen Wirtschaftszweige unterschiedlich vorteilhaft auf die Entwicklung junger Unternehmen auswirken. Durch Auswertungen der IAB-Betriebsdatei ermitteln *Bellmann et al.* sowie *Weißhuhn und Wichmann* deutliche Unterschiede in der Überlebenswahrscheinlichkeit zwischen den einzelnen Sektoren.[928] Für diese Branchenunterschiede können verschiedene Faktoren wie z.B. der Grad der Marktzutrittsregulierung, die Nachfrageentwicklung, das Ausmaß von Skaleneffekten, die Marktgröße, die Anbieterkonzentration, die Kapitalintensität, die Gründungsintensität und die technologischen Bedingungen verantwortlich gemacht werden. Für Industriebetriebsgründungen in Nordrhein-Westfalen stellt *Bulmahn* ebenfalls deutlich Unterschiede bei den Überlebensra-

---

926 Vgl. Audretsch, Santarelli und Vivarelli (1999), S. 281f, 291f.

927 Vgl. dazu ausführlicher Fritsch et al. (2004), S. 43ff.

928 Vgl. Bellmann et al. (1996), S. 117; Weißhuhn und Wichmann (2000), S. 89f, 92. Ähnlich auch Brüderl, Preisendörfer und Ziegler (1998), S. 119f für die Münchner Gründerstudie und Audretsch (1995) für die US Small Business Data Base.

ten in den einzelnen Sektoren (auf Zweistellerebene) fest, die Überlebenschancen in forschungsintensiveren Sektoren sind zwar etwas besser, jedoch sind die Effekte zumeist nicht statistisch signifikant.[929] *Mata und Portugal* ermitteln für das Verarbeitende Gewerbe in Portugal, dass Unternehmen in Hightech-Sektoren geringere, allerdings nicht statistisch signifikante Sterblichkeitsraten aufweisen.[930] Die Größenvorteile bei der Gründung sind für diese Unternehmen stärker ausgeprägt, d.h. die *liability of smallness* wirkt vor allem in Verbindung mit der Technologieorientierung.

Agarwal und Audretsch und *Sarkar et al.* weisen auf die Bedeutung der technologischen Umweltbedingungen eines Marktes hin.[931] Kleine Unternehmen weisen höhere Überlebenschancen auf, wenn sie in Märkte eintreten, die sich noch in den früheren Phasen ihres Lebenszyklus („entrepreneurial regime")[932] befinden und die gleichzeitig eine hohe FuE-Intensität aufweisen. Die Autoren betonen, dass gerade die Kombination der beiden Dimensionen „technologisches Regime" und „Technologieintensität" für die positiven Auswirkungen erforderlich ist. Die Ergebnisse sind allerdings nur bedingt auf Unternehmensgründungen übertragbar, da jeweils nur Markteintritte von Unternehmen untersucht werden. Allerdings dürften sich gerade unter den Marktzutritten kleiner Unternehmen viele Unternehmensgründungen befinden, so dass die Ergebnisse doch Rückschlüsse auf die Überlebenschancen von Unternehmensgründungen erlauben. Anhand der Beschäftigtenstatistik ermitteln *Fritsch et al.* eine wechselnde Wirkungsweise des technologischen Regimes.[933] Ein entrepreneurhaftes Regime wirkt sich positiv auf das kurzfristige Überleben aus, langfristig (bezogen auf einen Zehnjahres-Zeitraum) sind die Effekte aber signifikant negativ. Die Autoren begründen dies damit, dass das entrepreneurhafte Regime zwar das Fußfassen in einem Markt erleichtert, dass aber die damit verbundene höhere Bestreitbarkeit des Marktes einen dauerhaft hohen Druck generiert und so die Überlebenschancen langfristig reduziert. Nach Auswertungen der amerikanischen SBDB unterliegen die Unternehmen einem höheren Risiko, die in Branchen mit höheren Innovationsraten gegründet werden.[934] Originäre selbstständige Gründungen werden dabei generell deutlich stärker von externen Einflussgrößen

[929] Vgl. Bulmahn (2002), S. 159, 173.
[930] Vgl. Mata und Portugal (1999), S. 270ff.
[931] Vgl. Agarwal und Audretsch (2001), S. 30ff; Sarkar et al. (2002), S. 28ff.
[932] Das Konzept des technologischen Regimes wurde bereits in Abschnitt 4.4.4 erläutert.
[933] Vgl. Fritsch et al. (2004), S, 49.
[934] Vgl. dazu Audretsch (1995), S. 85ff.

wie dem technologischen Umfeld beeinflusst als neugegründete Betriebe bestehender Unternehmen. Zudem unterliegen Gründungen in einem entrepreneurhaften Regime einem höheren Liquidationsrisiko. Die uneinheitliche Bewertung der Wirkungsrichtung des technologischen Regimes ist möglicherweise auf die unzureichend trennscharfe Operationalisierung dieses etwas diffusen Konzepts sowie auf die unterschiedliche Berücksichtigung kurz- und langfristiger Effekte zurückzuführen.

Bezüglich des technologischen Umfelds lässt sich somit kein einheitliches Muster identifiziert. Ähnliches gilt für die Betrachtung auf der Unternehmensebene. Technologieorientierten oder allgemein innovativen Unternehmensgründungen werden häufig bessere Überlebenschancen zugesprochen. Dafür finden sich zwar einige empirische Bestätigungen, eine Einstufung als „stylized fact" ist aber nicht gerechtfertigt:

- Aus der IAB-Betriebsdatei ermitteln *Weißhuhn und Wichmann* für Betriebe der Spitzentechnik innerhalb des Verarbeitenden Gewerbes deutlich höhere Überlebensraten als für nicht technologieorientierte Betriebe.[935] Nach sechs Jahre existieren noch 65,4% der westdeutschen Spitzentechnikgründungen, während die nicht technologieorientierten Gründungen nur eine Überlebensrate von 54,5% aufweisen. Die Betriebe der Höherwertigen Technik weisen allerdings nur eine geringfügig bessere Überlebensperformance auf. Bei den ostdeutschen Betrieben lässt sich eine vergleichbare Tendenz erkennen.
- Von den Unternehmen der *Münchner Gründerstudie* existieren nach vier Jahren noch knapp drei Viertel der Unternehmen, die nach eigener Einschätzung innovative Produkte vermarkten, während von den nicht innovativen Unternehmen nur 67% überlebt haben.[936] Der Unterschied ist allerdings nicht statistisch signifikant.
- Von den Betriebsgründungen des Jahres 1995 im Verarbeitenden Gewerbe und im unternehmensorientierten Dienstleistungssektor in den Raumordnungsregionen Köln, München und Stuttgart haben 77% der marktaktiven Betriebe Produkt- und/oder Prozessinnovationen durchgeführt, bei den mittlerweile aufgegebenen Betrieben liegt der Innovatorenanteil nur bei 54,8%.[937]

---

935 Vgl. Weißhuhn und Wichmann (2000), S. 89f.
936 Vgl. Brüderl, Preisendörfer und Ziegler (1998), S. 202f.
937 Vgl. Tamásy (2004), S. 263.

- Für die Gründungskohorte 1989/90 des ZEW-Gründerpanel (West) ermitteln *Almus und Nerlinger* eine Überlebensrate von 53% für Spitzentechnikgründungen und von 54% für Gründungen der Höherwertigen Technik gegenüber 49% bei den übrigen Wirtschaftsbereichen des Verarbeitenden Gewerbes im Jahr 1996.[938]
- Für die USA ermittelt *Kirchhoff* schlechtere Überlebenschancen für innovative Gründungen. Während nur 36,8% der im Zeitraum 1977-78 gegründeten „high innovation" Unternehmen bis 1984 überleben, beträgt der Anteil bei den „medium innovation" Unternehmen 39,4% und 37,1% bei den „low innovation" Unternehmen.[939]

4.5.4. Lerntheoretische Fundierung

Zur Begründung des anfänglich hohen und dann abnehmenden Liquidationsrisikos wird häufig auf die Aussagen lerntheoretischer Modelle, die auch als Selektionsmodelle oder "learning by doing"-Modelle bezeichnet werden, verwiesen. Daher wird dem Modell der „noisy selection" von *Jovanovic* ein grundlegender und häufig zitierter Ansatz im Folgenden kurz beschrieben und auf seine Anknüpfungspunkte zu den hier identifizierten Überlebensdeterminanten hin untersucht.

In der Modellierung wird davon ausgegangen, dass die Unternehmen bei ihrem Markteintritt ihre tatsächliche Effizienz noch nicht kennen.[940] Erst durch einen Lernprozess, in dem die Erfahrungen und Ergebnisse vergangener Perioden ausgewertet werden, sammeln die Unternehmen Informationen über ihre Effizienz. Das Modell unterstellt einen polypolistischen Markt mit einem homogenen Gut, die Faktorpreise sind konstant und die Nachfrageentwicklung ist bekannt. Das Unternehmen entscheidet in jeder Periode neu über das Verbleiben im Markt und über die Outputmenge. Der unternehmensspezifische Effizienzparameter ist exogen vorgegeben und kann vom Unternehmen nicht beeinflusst werden.[941] Die Effizienz wirkt sich auf den Kostenparameter aus, aufgrund der unterstellten geringen Größe legen die Unternehmen als Preisnehmer nur die

---

938 Vgl. Almus und Nerlinger (1998), S. 20.

939 Vgl. Kirchhoff (1994), S. 176.

940 Vgl. Jovanovic (1982).

941 Der Ansatz von *Jovanovic* wird daher als passives Lernmodell eingestuft. In aktiven Lernmodellen wie z.B. bei Pakes und Ericson (1998) können die Unternehmen dagegen aktiv ihre Effizienz beeinflussen, indem sie z.B. Investitionen tätigen und FuE betreiben.

Gewinn maximierende Outputmenge fest.[942] Die aus den Erfahrungen gebildete Effizienzerwartung – und damit die Kostenerwartung – ist demnach die wesentliche Bestimmungsgröße für die Festlegung der Outputmenge. Aus den tatsächlich anfallenden Kosten kann das Unternehmen Rückschlüsse auf seine tatsächliche Effizienz ziehen. Mit zunehmendem Alter sammeln die Unternehmen immer mehr Informationen über ihre Effizienz, die Effizienzerwartung nähert sich immer näher der tatsächlichen Effizienz an. Unternehmen mit einer geringeren Effizienz haben höhere Kosten, aufgrund der Struktur der für alle Unternehmen gleichermaßen geltenden Kostenfunktion wird die Outputmenge reduziert. Bei einer zu geringen Effizienz – wenn sich also der Gründer oder das Gründungskonzept als ungeeignet erweist – wird das Unternehmen liquidiert. Es gibt demnach eine „Grenzeffizienz", ab der sich eine unternehmerische Tätigkeit nicht mehr lohnt, da das erzielbare Einkommen unter den Opportunitätskosten einer alternativen Tätigkeit liegt.[943] Da die Unternehmen mit zunehmender Zeitdauer ihre Effizienz realistischer einschätzen können, sinkt die Wahrscheinlichkeit, dass plötzlich die fehlende Eignung erkannt und das Gründungsprojekt eingestellt wird. Damit lässt sich der im vorherigen Abschnitt als *liability of newness* bezeichnete Zusammenhang des sinkenden Liquidationsrisikos bei zunehmendem Unternehmensalter erklären.[944]

Die liquidierten Unternehmen schrumpfen in den Perioden vor dem Marktaustritt, da wie beschrieben der Output an die geringere Effizienz angepasst wird. In der Realität kann durchaus beobachtet werden, dass erfolglose Gründer ihr Unternehmen zuerst in kleinerem Umfang weiterführen – teilweise auch nur als Nebenerwerbsbetrieb – bevor sie den Geschäftsbetrieb endgültig einstellen. Das Selektionsmodell bietet mit dem Effizienzparameter einen möglichen Anknüpfungspunkt zum Humankapital des Gründers – Gründer mit einer besseren Humankapitalausstattung gründen effizientere Unternehmen und überleben daher den Selektionsprozess. Dieser Zusammenhang kann durch die Modellierung aber nicht eindeutig belegt werden, da *Jovanovic* kaum Hinweise dar-

942 Vgl. Jovanovic (1982), S. 651f.

943 Vgl. Jovanovic (1982), S. 653.

944 Woywode (1998, S. 65) sieht auch Anknüpfungspunkte für die liability of adolescence: Da die Unternehmen eine gewisse Zeit benötigen, um festzustellen, dass ihre tatsächliche Effizienz ein Verbleiben im Markt nicht rechtfertigt, nimmt die Scheiterrate zuerst zu und geht dann wieder zurück, wenn sich die Erwartungen bezüglich der Effizienz stabilisieren. Der Verlauf der Liquidationsrate entspricht damit der von der liability of adolescence postulierten Entwicklung.

auf gibt, wodurch der Effizienzparameter letztlich bestimmt wird.[945] Die unterschiedlichen Effizienzausprägungen sind normalverteilt, d.h. das Unternehmen weiß lediglich, dass seine Effizienz einem „zufälligem Zug“ aus der bestehenden und bekannten Effizienzverteilung entspricht. In den Folgeperioden lernt das Unternehmen, wie hoch seine tatsächliche Effizienz ist. Das Modell erlaubt damit keine weitergehenden Lernprozesse, also die Verbesserung der tatsächlichen Effizienz. Eine Steigerung des Humankapitals des Gründers z.B. durch Beratung und Schulungen ist in dem Modell nicht möglich. Der Ansatz ist damit nur bedingt geeignet, die Prozesse in jungen Unternehmen abzubilden. Eine weitere Einschränkung besteht in der Ablehnung des technischen Fortschritts.[946] Damit werden Effizienzveränderungen durch Innovationen ausgeschlossen. Gerade aber bei technologieorientierten Unternehmen ist zu erwarten, dass diese ihre Effizienz durch eigene FuE laufend verbessern. Weiterhin wird dem Modell ein rationaler, Gewinn maximierender Akteur unterstellt, die Austrittsentscheidung kommt also nur unter pekuniären Gesichtpunkten zu Stande.[947] Wie in Abschnitt 4.6.3 gezeigt wird, verfolgen viele Gründer keine ausschließlich Gewinn maximierende Zielsetzung, dementsprechend kann die Austrittsentscheidung auch unter nicht pekuniären Aspekten getroffen werden. Beispielsweise kann der Gründer zu dem Schluss kommen, dass eine selbstständige Tätigkeit zu zeitaufwändig ist und er deshalb eine abhängige Beschäftigung vorzieht, obwohl sein Unternehmen effizient produziert. Allerdings dürfte eine dauerhaft ineffiziente, d.h. nicht Gewinn erzielende Unternehmung auch bei Verfolgung nicht Gewinn maximierender Zielsetzungen kaum langfristig fortgeführt werden.

4.5.5. „Pre-Exit-Performance“ und „Shadow of Death“

Angesichts des hohen Liquidationsrisikos ist es schließlich auch von Interesse, Indikatoren wie z.B. die Beschäftigungs- oder die Produktivitätsentwicklung zu identifizieren, die auf einen baldigen Marktaustritt eines Unternehmens hindeuten. Es stellt sich also die Frage, ob sich Unterschiede in den Entwicklungsverläufen von bald zu liquidierenden und weiterlebenden Unternehmen feststellen lassen. In der bisher eher spärlichen Literatur zur Analyse der „Pre-Exit-

---

945 An einer Stelle weist er darauf hin, der Effizienzparameter „...might be the degree of suitability of the location.“ (Jovanovic 1982, S. 652).

946 Vgl. Jovanovic (1982), S. 654.

947 Vgl. Woywode (1998), S. 70.

Performance" wurde hierzu der Begriff des „shadow of death" geprägt.[948] *Almus* ermittelt mit Hilfe eines Matching Verfahrens auf der Basis der ZEW-Gründerstudie, dass liquidierte Unternehmen in der Zeit vor ihrem Marktaustritt tatsächlich signifikant geringere Beschäftigungszuwachsraten aufweisen.[949] Dieses Phänomen ist bis zu drei Jahre vor dem Marktaustritt nachweisbar, die Abweichung vom langfristigen Beschäftigungsentwicklungspfad kann demnach als Indikator für eine zukünftige Unternehmensliquidation angesehen werden.[950] *Niese* findet bei der Auswertung der amtlichen Statistik des Verarbeitenden Gewerbes in Sachsen ebenfalls Hinweise auf die Existenz von „Todesschatten".[951] Die stillgelegten Betriebe erleiden oft einen „Tod auf Raten", der durch eine rückläufige Beschäftigung und eine stagnierende Umsatzproduktivität gekennzeichnet ist. Eine prinzipielle Bestätigung findet auch *Tamásy* für Gründungen im Verarbeitenden Gewerbe und im unternehmensorientierten Dienstleistungssektor, da die Mehrheit der Unternehmen in den letzten zwei Geschäftsjahren vor der Schließung einen Umsatzrückgang oder allenfalls stagnierende Umsätze aufweist.[952] Eine indirekte Bestätigung findet sich auch bei *Audretschs* Auswertung der SBDB – die überlebenden Unternehmen weisen im selben Zeitraum deutlich höhere Wachstumsraten auf als Unternehmen, die später liquidiert werden.[953] Die Unterschiede sind in den ersten Jahren nach der Gründung am stärksten ausgeprägt. Möglicherweise wachsen diese Unternehmen nicht schnell genug, um eine konkurrenzfähige Betriebsgröße zu erreichen.

4.5.6. Fazit

Zusammenfassend kann das Fazit von *Geroski* bestätigt werden: „entry appears to be relatively easy, but survival is not"[954]. Wie in Abschnitt 4.3 aufgezeigt wurde, besteht ein beträchtliches jährliches Gründungsaufkommen in Deutschland. Dies weist darauf hin, dass Markteintrittsbarrieren, auch wenn sie in einzelnen Märkten sicherlich eine wichtige Rolle spielen, kein zentrales und generelles Hindernis für neue unternehmerische Aktivitäten darstellen. Vielmehr ist die Sicherung des Überlebens des neugegründeten Unternehmens und dessen

---

948 Vgl. Griliches und Regev (1995) und Wagner (1999), zitiert in Almus (2002), S. 210.
949 Vgl. Almus (2002), S. 209ff.
950 Vgl. Almus (2002), S. 230.
951 Vgl. Niese (2003), S. 168ff.
952 Vgl. Tamásy (2004), S. 264f.
953 Vgl. Audretsch (1995), S. 90f.

Expansion die eigentliche unternehmerische Herausforderung. Die hier ermittelten Überlebensraten sind für die Verantwortlichen der regionalen Wirtschaftsentwicklung auf den ersten Blick ziemlich ernüchternd, müssen sie doch mit einer über 50-prozentigen Ausfallrate bei Gründungsprojekten rechnen. Eine Abkehr von der Initiierung und Förderung von Unternehmensgründungen durch die regionale Wirtschaftsförderung als Konsequenz aus den obigen Ergebnissen ist jedoch nicht angezeigt. Es ist aber offensichtlich, dass eine Förderpolitik, die nur auf die Initiierung von Unternehmensgründungen ausgerichtet ist, zu kurz greift. Vielmehr sollte die regionale Gründungsförderung so ausgestaltet werden, dass einerseits Erfolg versprechende und überlebensfähige Gründungsprojekte möglichst frühzeitig erkannt und gefördert werden können („pick the winners") und dass andererseits durch eine Anpassung des Unterstützungsinstrumentariums auf die spezifischen Defizite und Probleme von jungen Unternehmen der Anteil der überlebenden Unternehmen erhöht werden kann („make more winners"). Da verschiedentliche Hinweise bestehen, dass technologieorientierte Unternehmensgründungen eine höhere Bestandssicherheit aufweisen, sind diese Gründungsprojekte aus Sicht der Gründungsförderung von besonderem Interesse.

4.6. Die Entwicklung neugegründeter Unternehmen

Nachdem im vorangegangenen Abschnitt die Frage untersucht wurde, welcher Anteil der neugegründeten Unternehmen in der Lage ist, sich dauerhaft am Markt zu behaupten und wie sich die Überlebenschancen im Zeitablauf verändern, steht in diesem Abschnitt die Frage nach dem Wachstum von Gründungsunternehmen im Mittelpunkt. Das Wachstum kann in erster Linie anhand der Indikatoren Umsatzentwicklung und Beschäftigungsentwicklung ermittelt werden. Da Unternehmensgründungen in der Politik vor allem als Instrument zur Schaffung von Arbeitsplätzen diskutiert werden, wird das Wachstum hier anhand der Beschäftigungsentwicklung untersucht. Dabei stellt sich die Frage, wie viele Arbeitsplätze direkt bei der Gründung neuer Unternehmen entstehen und wie sich die Beschäftigung im Zeitablauf entwickelt. Da die Beschäftigungswirkungen von Unternehmensgründungen bereits in Abschnitt 4.1.3.1 detailliert behandelt wurden, beschränkt sich dieser Abschnitt auf einige ergänzende Ausführungen.

---

[954] Vgl. Geroski (1995), S. 435.

4.6.1. Direkte Beschäftigungseffekte von Unternehmensgründungen

Die direkten Beschäftigungseffekte ergeben sich aus der Schaffung von Arbeitsplätzen für den Gründer und eventuelle Mitarbeiter zum Gründungszeitpunkt sowie aus dem Beschäftigungswachstum in der Folgezeit. Nach Auswertungen der IAB-Betriebsdatei durch *Weißhuhn und Wichmann* werden Unternehmen in Westdeutschland mit durchschnittlich 2,2 Beschäftigten und in Ostdeutschland mit 2,9 Beschäftigten gegründet (jeweils exklusive Gründer).[955] Hierbei lassen sich zum Teil deutliche Unterschiede zwischen den einzelnen Sektoren feststellen. Im Zeitraum von 1994 bis 1998 wurden durch neugegründete Betriebe jährlich zwischen 318.400 (1995) und 340.800 (1998) neue Arbeitsplätze in Westdeutschland geschaffen.[956] In Ostdeutschland entstehen durch neugegründete Betriebe im selben Zeitraum zwischen 137.000 (1997) und 200.200 (1994) Arbeitsplätze. Auf der Basis von Auswertungen des ZEW-Gründerpanels (West) für den Zeitraum von 1989 bis 1996 weist *Nerlinger* auf sektorspezifische Unterschiede in der durchschnittlichen Gründungsgröße hin.[957] Während die Markeintrittsgröße im Verarbeitenden Gewerbe zwischen 3,8 und 4,2 Personen (inklusive Gründer) liegt, werden technologieorientierte Dienstleistungsbetriebe mit nur durchschnittlich 2,8 Personen gegründet. Innerhalb des Verarbeitenden Gewerbes bestehen kaum Unterschiede zwischen technologieorientierten und nicht technologieorientierten Gründungen.

Nach Auswertungen der IAB-Betriebsdatei für den Zeitraum von 1992 bis 1998 steigt die durchschnittliche Betriebsgröße neugegründeter westdeutscher Betriebe von 2,2 Beschäftigten (exklusive Gründer) im Gründungsjahr auf 4,0 im vierten und 4,5 im sechsten Jahr des Bestehens.[958] Die ostdeutschen Betriebe wachsen von durchschnittlich 2,9 Beschäftigten im Gründungsjahr auf 6,2 Beschäftigte im vierten Jahr an. Für technologieorientierte Unternehmensgründungen lässt sich ein stärkeres Wachstum feststellen. Die westdeutschen Betriebe der Spitzentechnik (der Höherwertigen Technik) des Verarbeitenden Gewerbes wachsen von durchschnittlich 2,9 (3,3) auf 7,7 (7,0) Beschäftigte im sechsten Jahr, während die nicht technologieorientierten Betriebe des Verarbeitenden Gewerbes im gleichen Zeitraum nur von durchschnittlich 2,9 auf 5,6 Beschäftigte anwachsen. Deutliche Wachstumsunterschiede sind auch bei den ostdeutschen

---

955 Vgl. Weißhuhn und Wichmann (2000), S. 79f.
956 Vgl. dazu Weißhuhn und Wichmann (2000), S. 53ff.
957 Vgl. Nerlinger (1998), S. 205f; ähnlich auch Legler, Licht und Egeln (2001), S. 30.

Betrieben der Spitzentechnik, nicht jedoch bei den Betrieben der Höherwertigen Technik erkennbar. Auch *Werner* stellt stärker ausgeprägte Wachstumsprozesse sowie eine größere Startgröße bei technologieorientierten Gründungen fest.[959] Die überlebenden Teilnehmer des Modellversuchs TOU-NBL wuchsen von durchschnittlich 7,8 Beschäftigten im ersten Geschäftsjahr auf 17,6 im sechsten Geschäftsjahr. *Pleschak et al.* ermitteln für ostdeutsche FuE-intensive Unternehmensgründungen einen durchschnittlichen jährlichen Wachstumsfaktor von 1,2.[960] Die Unternehmen starten mit durchschnittlich vier Mitarbeitern (Median), im 10. Geschäftsjahr beschäftigen sie dann durchschnittlich 19 Mitarbeiter. Der Beschäftigungszuwachs kommt hauptsächlich durch „normale" Mitarbeiter zustande, die Anzahl der FuE-Mitarbeiter verdoppelt sich von durchschnittlich drei auf sechs (Median).

Bei der Betrachtung von Durchschnittswerten ist allerdings zu berücksichtigen, dass einige Unternehmen während des Beobachtungszeitraums den Geschäftsbetrieb einstellen müssen, so dass der Anstieg durch die erfolgreichen Unternehmen ex post verzerrt wird und daher nicht als Wachstumsprognose für alle Unternehmensgründungen eines Gründungsjahrgangs herangezogen werden darf. Da sich unter den ausscheidenden Unternehmen überproportional viele kleine Unternehmen befinden[961], ist das tatsächliche Wachstum der überlebenden Betriebe demnach etwas niedriger als durch die Durchschnittswerte suggeriert wird. Weiterhin ist zu beachten, dass wie in Abschnitt 4.1.3.1 erläutert die Gründungsunternehmen bei weitem keine einheitlichen Entwicklungsverläufe aufweisen, so sind neben einigen wenigen stark wachsenden Unternehmen viele schwach wachsende und stagnierende oder sogar schrumpfende Unternehmen zu verzeichnen.

Als Erklärungsansatz für das stärkere Wachstum der technologieorientierten Gründungen kann die in Abschnitt 4.1.3.1 erläuterte Marktlebenszyklustheorie herangezogen werden. Da technologieorientierte Unternehmen auf Innovationen aufbauen, befinden sich ihre Produkte meist am Anfang des Marktlebens-

958 Vgl. dazu Weißhuhn und Wichmann (2000), S. 79f.

959 Vgl. dazu Werner (2000), S. 86f. Die Ergebnisse sind aufgrund der geringen Fallzahl aber nur bedingt mit denen der anderen zitierten Studien vergleichbar.

960 Vgl. dazu Pleschak et al. (2002), S. 59. Aufgrund des hohen Anteils junger Unternehmen liegt der Berechnung der Beschäftigungswerte für die einzelnen Jahre nur ein Teil der Unternehmen zu Grunde, so sind nur knapp 30% der Unternehmen zum Befragungszeitpunkt bereits zehn oder elf Jahre alt, rund 15% sind maximal drei Jahre alt. Damit können keine echten Wachstumsraten für den 10-Jahres Zeitraum berechnet werden.

961 Vgl. dazu die Ausführungen zur liability of smallness in Abschnitrt 4.5.2.

zyklus, d.h. die Phasen des starken Marktwachstums liegen noch vor ihnen, während imitative Gründungen auf reifen Märkten kein ausgeprägtes Wachstumspotenzial vorfinden, was sich dann auch in einem geringeren Unternehmenswachstum widerspiegelt. Dieser Erklärungsansatz ist allerdings stark vereinfachend, da nicht jede technologieorientierte Gründung die Entstehung eines neuen Marktes (mit)bewirkt.

4.6.2. Suboptimale Betriebsgröße und Lernprozesse

Als Ergebnis vieler empirischer Arbeiten lässt sich als stilisiertes Faktum ableiten, dass viele Unternehmen – sowohl innovative als auch nicht innovative – mit einer suboptimalen Betriebsgröße gegründet werden.[962] Dies hat deutliche Beschäftigungszuwachsraten in den ersten Jahren des Bestehens zur Folge, die bei Erreichen der mindestoptimalen Betriebsgröße mit zunehmendem Alter und Größe abnehmen.[963] Ein starkes Wachstum in den ersten Jahren ist demnach erforderlich, um möglichst schnell eine konkurrenzfähige Betriebsgröße zu erreichen. Gelingt dies nicht, ist der Fortbestand des Unternehmens gefährdet. Die suboptimale Größe zum Gründungszeitpunkt kann auf risikoaverses Verhalten und Kapitalmarktrestriktionen zurückgeführt werden, die eine Vergrößerung des Unternehmens erst dann zulassen, wenn sich das Unternehmenskonzept als tragfähig erwiesen hat.[964] Kleinen und jungen Unternehmen fällt es zumeist schwerer, Kapital zu günstigen Konditionen zu beschaffen, sie müssen häufig höhere Risikoprämien zum Ausgleich der Informationsasymmetrien leisten und können daher eventuell nur kleiner dimensionierte Projekte finanzieren.[965] Außerdem kann es bei starker Unsicherheit bezüglich der Erfolgsaussichten aus Sicht des

---

962 Vgl. z.B die Auswertungen des ZEW-Gründerpanels West (Almus und Nerlinger 1998, S.10ff) und Ost (Almus, Nerlinger und Steil 1999, S. 6ff). Zu ähnlichen Ergebnissen kommen auch Almus (2002); Audretsch (1995); Bartelsman, Scarpetta und Schivardi (2003); Burgel et al. (2001); Harhoff, Stahl und Woywode (1998); Steil und Wolf (1997); Storey (1994); Wagner (1992). Als einer der ersten konnte Evans (1987a, b) den inversen Zusammenhang zwischen Wachstum und Alter empirisch nachweisen, außerdem wurde der inverse Zusammenhang zwischen Größe und Wachstum anhand eines breiten Samples für das Verarbeitende Gewerbe bestätigt. Die Arbeiten von Evans beziehen sich allerdings nicht speziell auf Unternehmensgründungen. Hart und Oulton (1996) weisen darauf hin, dass der inverse Zusammenhang zwischen Wachstum und Größe vor allem für kleine Unternehmensgrößenklassen gilt.

963 Die empirischen Ergebnisse führen daher zur Ablehnung der Gültigkeit von „Gibrat's law" (vgl. Gibrat 1937) für junge und kleine Unternehmen, da die Wachstumsprozesse junger Unternehmen keinem zufälligen und größenunabhängigen Wachstumspfad („random walk") folgen. Vgl. dazu Nerlinger (1998), S. 183ff.

964 Vgl. Steil und Wolf (1997), S. 4f.

965 Siehe dazu auch Abschnitt 4.8.2.1.

Gründers rational sein, zur Reduzierung des Risikos mit einer kleineren Betriebsgröße in den Markt einzutreten (vor allem wenn dazu irreversible Investitionen getätigt werden müssen).

Nach dem Erreichen einer konkurrenzfähigen Betriebsgröße ist – unter der Annahme eines „L-förmigen" Kostenverlaufs – aus kostenorientierter Sicht mit keinem weiteren Wachstum mehr zu rechnen (im Fall eines „U-förmigen" Kostenverlaufs wäre weiteres Wachstum sogar schädlich). Für die weitere Entwicklung ist nun vor allem die strategische Zielsetzung des Gründers relevant.[966] Die mindestoptimale Betriebsgröße variiert zwischen den Betrieben des Dienstleistungssektors und des Verarbeitenden Gewerbes, sowie zwischen technologieintensiven und nicht technologieintensiven Unternehmen. Dementsprechend können unterschiedlich stark ausgeprägte Wachstumsprozesse erwartet werden. Da empirische Untersuchungen auf tendenziell höhere mindestoptimale Betriebsgrößen bei technologieintensiven Unternehmen hindeuten, findet sich hier eine mögliche Erklärung für das stärkere Wachstumspotenzial innovativer Unternehmen.[967] Dementsprechend sind bei vielen Dienstleistungsgründungen aufgrund der geringen mindestoptimalen Betriebsgröße nur kurze und geringfügige Wachstumsprozesse zu erwarten. Neben der Höhe der mindestoptimalen Betriebsgröße ist auch das Ausmaß der Skaleneffekte bis zum Erreichen der effizienten Größe relevant. Bestehen bei einer suboptimalen Größe nur geringfügige Kostenachteile, ist der Wachstumsdruck für die jungen Unternehmen entsprechend geringer. Eventuell kann sich ein kleines Unternehmen auch dauerhaft mit einer suboptimalen Betriebsgröße am Markt behaupten, wenn es ihm gelingt, strategische Nischen zu besetzen oder wenn der Marktpreis dauerhaft deutlich über den langfristigen Durchschnittkosten liegt.

Der inverse Zusammenhang zwischen Alter und Wachstum kann mit Hilfe lerntheoretischer Selektionsmodelle erklärt werden. Wie bereits in Abschnitt 4.5.4 erläutert, kennen die Unternehmen im Modell der „noisy selection" von *Jovanovic* bei ihrem Markteintritt ihre tatsächliche Effizienz noch nicht, sondern müssen diese erst durch Erfahrungen „erlernen". Unternehmen mit einer höheren Effizienz haben günstigere Kostenparameter und können aufgrund der Struktur der Kostenfunktion eine höhere (Gewinn maximierende) Outputmenge wählen. Erfolgreiche Gründungen wachsen also in den Perioden nach dem Markteintritt. Mit zunehmendem Alter sammeln die Unternehmen immer mehr

---

966 Siehe dazu auch Abschnitt 4.6.3.

Informationen über ihre Effizienz, die Effizienzerwartung nähert sich immer mehr der tatsächlichen Effizienz an. Die Kostenerwartungen verstetigen sich und damit auch die gewählte Outputmenge, d.h. mit zunehmendem Alter – und der im Modell mit dem Alter korrelierten Größe – nähert sich die Wachstumsrate dem Wert null an, da die gewinnmaximale Outputmenge erreicht ist.[968] Weitere Mengenanpassungen erfolgen dann nur noch als Reaktion auf Änderungen des Preisparameters. *Jovanovic* postuliert, dass bei jungen – und kleinen – Unternehmen aufgrund der hohen Unsicherheit bezüglich des Effizienzparameters eine hohe Variabilität in den Wachstumsraten zu erwarten ist, während bei älteren – und größeren – Unternehmen die Outputmengenvariabilität zurückgeht und schließlich konstant wird.[969]

4.6.3. Zielsetzungen der Unternehmensgründer

Bei der Analyse der Entwicklung von Unternehmensgründungen dürfen die Zielsetzungen der Gründer nicht außer Acht gelassen werden. Viele Gründer wollen ihr Unternehmen klein und übersichtlich halten und verzichten daher bewusst auf das Verfolgen einer reinen Wachstumsstrategie. Damit hat eine der zentralen Prämissen der neoklassischen Gleichgewichtstheorie – das rationale Verhalten mit der Gewinnmaximierung als alleiniger Zielsetzung des unternehmerischen Handelns – in der Realität nicht für alle Unternehmer Gültigkeit. Bereits in den Beiträgen von *Florence* und *Simon* wird darauf hingewiesen, dass viele Unternehmer auch nicht-monetäre Ziele anstreben und daher eher eine Strategie des „saturierenden Gewinnniveaus" statt einer Maximierungsstrategie verfolgen.[970] *Simon* begründet dieses „satisficing behaviour" mit der Komplexität und den hohen Änderungsraten der Umweltbedingungen sowie mit den damit verbundenen hohen Informationsbedürfnissen der Akteure.[971] Dies betrifft gerade auch Unternehmensgründungen und im speziellen innovative Gründungsprojekte. Die Gründer verfügen sicherlich nicht über vollständige Informationen. Vielmehr agieren sie wie alle Wirtschaftsakteure mit begrenzter Rationalität („bounded rationality").[972] Damit soll nicht unterstellt werden, dass die Akteure

---

967 Vgl. dazu Nerlinger (1998), S. 230ff.
968 Vgl. auch Nerlinger (1998), S. 183ff.
969 Vgl. Jovanovic (1982), S. 655f.
970 Vgl. Hart (2000). S. 237.
971 Vgl. Simon (1959), S. 262ff.
972 Zum Begriff der „bounded rationality" vgl. Simon (1957), S. 196ff, 241ff.

irrational handeln. Vielmehr intendieren sie Rationalverhalten, aufgrund der begrenzten Fähigkeiten zur Informationsaufnahmen und -verarbeitung gelingt ihnen dies aber nicht vollständig. Als eine mögliche Konsequenz wird die Unternehmensgröße so dimensioniert, dass die Befriedigung der Bedürfnisse des Unternehmers sichergestellt sind und er gleichzeitig ein möglichst „angenehmes Leben“ [973] führen kann, mit der Folge, dass weniger Mitarbeiter als möglich beschäftigt werden. Dementsprechend können die Gründungsunternehmen grundsätzlich in expansive Gründungen, die eine eindeutig Wachstumsstrategie verfolgen, und Kleinbetriebsgründungen, die in aller Regel klein bleiben und dem Gründer ein befriedigendes Einkommen ermöglichen, unterteilt werden, wobei letztere eine deutliche Mehrheit unter den Gründern stellen. Nach Auswertungen des *GEM* erwarten beispielsweise nur 16,7% der befragten jungen Unternehmer in Deutschland, in den nächsten fünf Jahren mindestens 20 neue Arbeitsplätze zu schaffen.[974]

Auch viele Gründer technologieorientierter Unternehmen verfolgen zum Gründungszeitpunkt das Ziel, eine kleine und überschaubare Einheit zu schaffen.[975] Im Lauf der weiteren Unternehmensentwicklung gewinnt die Wachstumsstrategie aber an Bedeutung. *Pleschak et al.* ermitteln für ein Sample ostdeutscher FuE-intensiver Unternehmen, dass die Änderung der Unternehmensstrategie nach durchschnittlich fünf Jahren erfolgt, wenn der Gründungsprozess weitestgehend abgeschlossen ist.[976] Risikominderndes Wachstum wird dann zur häufigsten Strategie, die Strategie schnellen Wachstums gewinnt ebenfalls an Bedeutung. Die Auswertungen der in den neuen und alten Bundesländern zeitlich versetzt durchgeführten TOU-Modellversuche zeigen, dass die ostdeutschen Gründer mehrheitlich das Ziel einer kleinen und überschaubaren Einheit anstreben, während die westdeutschen Gründer stärker risikomindernde Wachstumsstrategien verfolgen.[977] Inwieweit diese Unterschiede auf das stärker ausgeprägte Sicherheitsdenken der ostdeutschen Gründer oder eher auf die unterschiedlichen konjunkturellen Rahmenbedingungen zurückzuführen sind, ist schwer abzuschätzen. Die Ergebnisse widersprechen nur vordergründig der obigen Aussage,

---

973 Vgl. Florence (1934), S. 726: „...to maximise their own happiness which could include leisure and the power to enjoy it...“

974 Vgl. Autio (2005), S. 28.

975 Vgl. z.B. Herner et al. (2005), S. 8; Kulicke et al. (1993), S. 36; Pleschak und Werner (1998), S. 87f.

976 Vgl. Pleschak et al. (2002), S. 50f.

977 Vgl. Pleschak und Werner (1998), S. 87f.

wonach Unternehmensgründungen in den ersten Jahren schnell wachsen, bis die mindestoptimale Betriebsgröße erreicht ist. Vielmehr verdeutlichen sie die große Unsicherheit, denen sich die Gründer ausgesetzt sehen. Unter diesem Unsicherheitsgefühl wird zum Gründungszeitpunkt eine vorsichtige Entwicklungsstrategie gewählt. Durch die Erfahrungen in der Folgezeit erkennen die Gründer die Notwendigkeit des Wachstums, was durch den Wechsel hin zu Wachstumsstrategien belegt wird. Letztlich bleiben aber auch viele technologieorientierte Gründungen als kleine Einheiten bestehen bzw. wachsen nur langsam.

Der Anteil der klein bleibenden Gründungen ist insgesamt beträchtlich. Insbesondere Gründungen aus der Arbeitslosigkeit schaffen häufig nur einen Arbeitsplatz für den Gründer selbst.[978] Nach Auswertungen des ZEW-Gründerpanels (West) liegt der Anteil der Kleingründungen mit ein bis zwei Personen bei ca. 50% in den Sektoren des Verarbeitenden Gewerbes und bei 67% im technologieorientierten Dienstleistungssektor.[979] Auf Basis des KfW-Gründungsmonitors von 2005 wird ermittelt, dass rund 70% der Gründungen (Voll- und Nebenerwerbsgründungen) mit einem oder weniger Vollzeitbeschäftigten starten.[980] Die mithelfenden Familienangehörigen werden hierbei allerdings nicht erfasst. Nebenerwerbsgründungen haben dabei kaum unmittelbare Auswirkungen auf den Arbeitsmarkt, da der Gründer seinen bisherigen Arbeitsplatz behält und die allermeisten Nebenerwerbsgründungen als Ein-Personen-Unternehmen geführt werden. Generell ist in den 1990er Jahren der Anteil an Ein-Personen-Unternehmen gestiegen.[981] Nach Auswertungen des Mikrozensus erfolgten rund 75,7% aller Haupterwerbsgründungen im Jahr 2004 ohne weitere Beschäftigte, was eine Zunahme von rund zehn Prozentpunkten seit 1996 bedeutet.[982] Problematisch ist außerdem die zunehmende Zahl der so genannten Scheinselbstständigen. Da der „Gründer“ von einem abhängigen Beschäftigungsverhältnis in die Selbstständigkeit gedrängt wird, entstehen hier ebenfalls keine Nettobeschäftigungseffekte.

---

978 Vgl. Hinz, Wilsdorf und Ziegler (1997), S. 200; KfW (2005a), S. 64.
979 Vgl. Nerlinger (1998), S. 205f.
980 Vgl. KfW (2005b), S. 26.
981 Vgl. dazu Leicht (2000).
982 Vgl. dazu Statistisches Bundesamt (2005b), S. 19ff.

4.7. Die Erfolgsdeterminanten von Unternehmensgründungen

4.7.1. Systematik der Erfolgsdeterminanten

Der Erfolg eines neugegründeten Unternehmens lässt sich zunächst einmal an seinem Überleben festmachen. Das Überleben eines Unternehmens ist allerdings kein eindeutiger Erfolgsindikator, nicht jede Unternehmensaufgabe stellt einen Misserfolg dar, umgekehrt kann nicht jedes fortgeführte Unternehmen als Erfolg verbucht werden, man denke z.B. an Kümmerexistenzen, die nur noch im Nebenerwerb weitergeführt werden. Das Überleben als Minimalkriterium zur Erfassung des Erfolgs wurde bereits in Abschnitt 4.5 behandelt. In diesem Abschnitt steht nun das weiterführende Erfolgskriterium Wachstum – anhand des Indikators Beschäftigtenwachstum – im Mittelpunkt. Dieses Kriterium wird, neben der Umsatzentwicklung, von den meisten empirischen Untersuchungen zur Erfolgsbeurteilung.[983] Das Beschäftigungswachstum ist grundsätzlich als der besser geeignete Erfolgsmaßstab einzustufen, da die Beschäftigungsentwicklung stabiler und kontinuierlicher verläuft und weniger durch zufällige Schwankungen verzerrt wird als die Umsatzentwicklung. Die Beschäftigungsentwicklung empfiehlt sich neben der vergleichsweise leichten Erfassbarkeit auch deshalb, weil die Unterstützung von Unternehmensgründungen häufig mit deren Beschäftigungswirkungen gerechtfertigt wird. Wie in Abschnitt 4.6.3 beschrieben verfolgen allerdings viele Gründer keine ausschließliche Wachstumsstrategie. Für diese Gründer ist demnach ein Gründungsprojekt auch dann erfolgreich, wenn es keinen Beschäftigungsanstieg bewirkt. Der Identifikation der Erfolgsdeterminanten in den folgenden Abschnitten liegt damit die Prämisse zu Grunde, dass das Beschäftigungswachstum ein relevantes Erfolgskriterium für die Gründer darstellt.

Ziel dieses Abschnitts ist die Systematisierung der Erfolgsdeterminanten entsprechend der Vorgehensweise in Abschnitt 4.4.1. Einige der wichtigsten Einflussgrößen für das Überleben von Gründungsunternehmen wurden bereits in Abschnitt 4.5 vorgestellt. Daher wird hier der Schwerpunkt auf das Wachstum von neugegründeten Unternehmen gelegt, wobei bei einzelnen Faktoren, die in

---

983 Für die Eignung und Probleme der verschiedenen Erfolgsindikatoren vgl. z.B. Brüderl, Preisendörfer und Ziegler (1998), S. 91ff, 100ff. Einen umfassenden Überblick über potenzielle Erfolgsindikatoren geben Klandt (1999), S. 7ff und Steinkühler (1994), S. 78ff. Beschäftigungs- und Umsatzwachstum werden als objektive Erfolgsindikatoren eingestuft, da es sich hierbei um ein-

Abschnitt 4.5 nicht berücksichtigt wurden, auch das Überleben nochmals thematisiert wird. In die zusammenfassende Übersicht am Ende des Abschnitts gehen dann sowohl die Überlebens- als auch die Wachstumsdeterminanten ein. Im vorherigen Abschnitt wurden bereits drei Einflussgrößen des Unternehmenswachstums identifiziert – das Alter, die Größe und die Technologieorientierung. Mit zunehmendem Alter und zunehmender Größe nimmt das Beschäftigungswachstum ab, technologieorientierte Unternehmensgründungen weisen eine günstigere Beschäftigungsentwicklung auf als nicht technologieorientierte Unternehmensgründungen.[984] Die Größe wirkt dabei eher als Wachstumszwang, da bei einer suboptimalen Betriebsgröße das Fortbestehen des Unternehmens gefährdet ist. Im Folgenden werden daher weitere Einflussgrößen identifiziert. Dabei sind insbesondere die Faktoren von Interesse, auf die der Gründer Einfluss nehmen kann, d.h. deren aktive Veränderung tatsächlich die Erfolgsaussichten vergrößern. Die Wachstumsdeterminanten können in drei Faktorengruppen untertcilt werden: unternehmensspezifische, gründerspezifische und unternehmensexterne (umweltbezogene) Einflussfaktoren.[985] Die unternehmens- und gründerspezifischen Einflussfaktoren können dabei als unternehmensinterne Einflussfaktoren zusammengefasst werden.

Die erste Gruppe von Einflussfaktoren umfasst die Eigenschaften des gegründeten Unternehmens wie z.B. Größe, Kapitalausstattung, Rechtsform und das Produkt- bzw. Leistungsspektrum. Der Imprinting-Hypothese zufolge prägen die Entscheidungen zum Gründungszeitpunkt langfristig die Unternehmung, d.h. die „strukturellen Setzungen“ („organizational imprinting“) zum Gründungszeitpunkt üben einen dauerhaften Einfluss auf die Unternehmensentwicklung aus.[986] Da diese betrieblichen Basismerkmale auf die grundlegenden Entscheidungen des Gründers zurückzuführen sind, überschneiden sich die unternehmens- und die gründerspezifischen Einflussfaktoren. Die gründerspezifischen Faktoren umfassen einerseits soziodemographische Merkmale wie z.B. Alter, Geschlecht und Bildungsgrad des Gründers. Die psychologischen „Traits-

---

deutig messbare Tatsachen handelt. Als subjektive Erfolgsindikatoren gelten z.B. die Arbeitszufriedenheit oder der Zielerreichungsgrad des Gründers.

984 Siehe Abschnitt 4.6 und 4.1.3.1. Die Größe und das Alter sind Gegenstand einer Vielzahl empirischer Arbeiten zur Analyse der Wachstumsprozesse von Unternehmen. Kleine Unternehmen und junge Unternehmen wachsen demnach schneller, wobei sich der Alters- und der Größeneffekt überlagern. Für einen Überblick vgl. z.B. Hart (2000); Nerlinger (1998), S. 191f.

985 Vgl. z.B. Almus und Nerlinger (1998), S. 15ff; Brüderl, Preisendörfer und Ziegler (1998), S. 33ff; Nerlinger (1998), S. 189ff.

986 Vgl. Preisendörfer (2002b), S. 47.

Ansätze" versuchen, die nur schlecht objektiv messbaren Persönlichkeits- und Charaktereigenschaften des Gründers – die so genannten stilistischen Wesenszüge – als Erklärungsgrößen für den Erfolg zu erfassen. Weiterhin können die unterschiedlichen Gründungsmotive (wie z.B. der Wunsch nach Selbstverwirklichung und Unabhängigkeit, erhoffte Status- und Einkommensverbesserung oder Unzufriedenheit mit dem gegenwärtigen Status)[987], Einstellungen und Werthaltungen – die so genannten dynamischen Wesenszüge – als personenbezogene Erfolgsfaktoren untersucht werden.[988] Die Beschäftigung mit der Person des Gründers ist vor allem in den frühen Phasen des Gründungsprozesses sinnvoll, wenn der Gründer neben der Geschäftsidee und dem Unternehmenskonzept das einzig „Greifbare" für den externen Beobachter ist. Auf die Resource-Based View Bezug nehmend sind die Fähigkeiten und Fertigkeiten des Gründers zu diesem Zeitpunkt die wesentlichen erfolgsrelevanten Ressourcen. Als unternehmensexterne Einflussgrößen können spezielle Einflussfaktoren (sektorale und regionale Einflussgrößen) untersucht werden. Weiterhin sind auch allgemeine Einflussfaktoren (makroökonomische Größen wie z.B. die Konjunkturentwicklung) zu berücksichtigen, diese haben aber eher den Charakter von allgemeinen Rahmenbedingungen.[989] Schließlich wirken sich auch die Maßnahmen der Politik

---

987 Die Gründungsmotive werden innerhalb der *Push-Pull-Ansätze* untersucht (vgl. dazu auch Preisendörfer 2002a, S. 16f). Die Bezeichnungen Push- und Pull-Faktoren gehen auf Shapero (1975, S. 83ff) zurück. Push-Faktoren bezeichnen Umstände, die eine Person in die Selbstständigkeit „drängen", da die gegenwärtige Situation als unattraktiv empfunden wird oder da berufliche Alternativen fehlen (z.B. Unzufriedenheit mit der gegenwärtigen Stellung, drohende bzw. aktuelle Arbeitslosigkeit). Pull-Faktoren bezeichnen positive Einflüsse, die Person strebt nach Selbstständigkeit, da diese als attraktives Ziel empfunden wird. Im Gegensatz zu den *Rational Choice Ansätzen* wird hierbei kein rein rationales Kosten-Nutzen-Kalkül unterstellt, stattdessen stehen soziale und psychologische Aspekte im Vordergrund. Die Gründungsmotive können in ein Kontinuum zwischen den Polen „Selbstständigkeit aus der Ökonomie der Selbstverwirklichung" und „Selbstständigkeit aus der Ökonomie der Not" eingeordnet werden (vgl. dazu auch Bögenhold 1987, S. 23ff). Der *GEM* unterscheidet hierfür zwischen „Opportunity Entrepreneurship" und „Neccessity Entrepeneurship" (vgl. Sternberg und Lückgen 2005, S. 50ff). Eine spezielle Variante bilden die „Disadvantage"-Hypothesen, die individuelle Benachteiligungen oder Benachteiligungen ganzer Gruppen als wesentlichen Faktor für die Selbstständigkeitsentscheidung postulieren.

988 Die Charaktermerkmale und Gründungsmotive werden im Folgenden nicht detailliert behandelt. Vgl. dazu z.B. Frese (1998); Klandt (1984); Miner (1997). Die für den unternehmerischen Erfolg als wesentlich erachteten Persönlichkeitseigenschaften sind Risikofreudigkeit, Leistungsbereitschaft, Selbstvertrauen und Verantwortungsbereitschaft. Die „Traits"-Forschungsansätze werden allerdings zunehmend kritisch beurteilt, da mittlerweile eine sehr umfassende Liste mutmaßlich wichtiger Unternehmereigenschaften ermittelt wurde, wobei die Ergebnisse der einzelnen Studien oft widersprüchlich sind (vgl. Preisendörfer 2002b, S. 46).

989 Der Vorgehensweise in Abschnitt 4.4.1 entsprechend werden die national und international wirksamen Determinanten als nationale Einflussgrößen zusammengefasst.

auf den Gründungserfolg aus. Eine Systematisierung der unterschiedlichen potenziellen Einflussgrößen erfolgt in Abbildung 4.8.

Abbildung 4.8: Systematik der Erfolgsdeterminanten

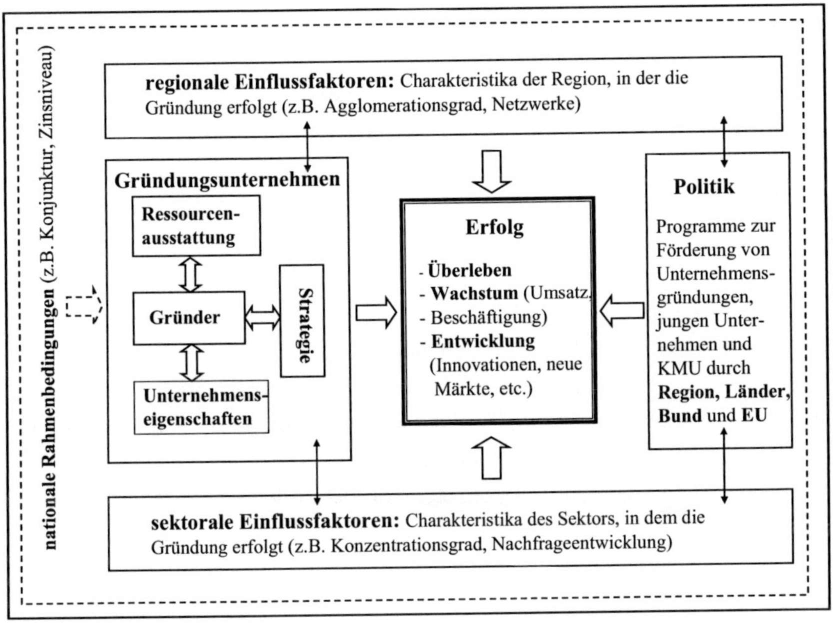

Quelle: Eigene Darstellung.

Die zentrale Stellung des Gründers wird durch die Abbildung nochmals verdeutlicht. Der Gründer bestimmt durch seine Gründungsidee, seine Motivation und seine Unternehmenskonzeption die Ausrichtung, die Organisationsstruktur und die Entwicklung des Unternehmens. Dazu zählt auch die Entscheidung, in welchem regionalen und sektoralen Umfeld das Unternehmen errichtet wird. Der Gründer ist sowohl für die strategische Planung, für dispositive Aufgaben als auch für die Durchführung des operativen Tagesgeschäfts zuständig. Er sorgt zudem für die Ressourcenausstattung des Unternehmens, indem er eigenes Kapital in das Unternehmen einbringt und/oder indem er externe Kapital- und Ressourcenquellen erschließt. Weiterhin ist er zumeist auch der zentrale Humankapitalträger. Der Gründer selbst ist damit vor allem in den frühen Phasen der Unternehmensentwicklung die wohl wichtigste Erfolgsdeterminante. Mit zunehmender Entwicklung und Wachstum des Unternehmens nimmt der Einfluss der gründerspezifischen Determinanten tendenziell ab und unternehmensspezifische sowie externe Erfolgsdeterminanten üben einen stärkeren Einfluss aus. Solange aber die unternehmerische Entscheidungsbefugnis beim Gründer verbleibt, werden auch die Auswirkungen der unternehmensspezifischen und externen Erfolgsdeterminanten – zumindest teilweise – durch die strategischen Entscheidungen des Gründers beeinflusst.

Für die Ableitung der einzelnen potenziellen Einflussgrößen können unterschiedliche Theorieansätze herangezogen werden. Regionsspezifische Einflussgrößen können aus der Regionalökonomik abgeleitet werden, sektorspezifische Einflussgrößen lassen sich aus der industrieökonomischen Forschung ermitteln und gründerbezogene Erklärungsansätze können aus der Humankapitaltheorie sowie aus der psychologischen und soziologischen Forschung gewonnen werden. Soweit die einzelnen Theorieansätze bereits zur Fundierung der Gründungs- und Überlebensdeterminanten herangezogen wurden, werden sie hier nicht nochmals detailliert erklärt. Die Vielfalt der potenziellen theoretischen Grundlagen verdeutlicht nochmals das eingangs konstatierte Fehlen einer einheitlichen Unternehmensgründungstheorie.

Im Rahmen dieses Überblicks können nicht alle potenzielle Einflussgrößen angesprochen werden. Dabei ist auch zu berücksichtigen, dass bislang noch nicht alle potenziellen Einflussgrößen durch empirische Studien erfasst wurden. Es werden daher beispielhaft nur einzelne Einflussfaktoren, zu denen theoretische Grundlagen und empirische Belege vorliegen, genauer erläutert. Da mit TGZ ein Instrument der Regionalentwicklung untersucht wird, sind vor allem regionale Determinanten sowie gründer- und unternehmensbezogene Einflussgrößen von Interesse. Dabei werden neben Studien zu technologieorientierten Unternehmensgründungen auch breiter angelegte Studien berücksichtigt, die sich auf Unternehmens- oder Betriebsgründungen im Allgemeinen beziehen. Da für die spezifische Teilgruppe der innovativen und technologieorientierten Gründungen nur eine begrenzte Anzahl an empirischen Studien vorliegt, kann durch die Berücksichtigung weiter gefasster Studien die empirische Basis verbreitert werden, wobei im Einzelfall die Übertragbarkeit der Ergebnisse auf technologieorientierte Gründungen zu hinterfragen ist. Die im Folgenden zitierten empirischen Studien operieren zumeist mit multivariaten ökonometrischen Modellen. Mittels Regressionsanalysen werden die Beschäftigungs- und/oder Umsatzentwicklung sowie das Überleben als abhängige Variable zu regions-, sektor-, unternehmens- und gründerspezifischen Einflussgrößen (unabhängige Variablen) in Bezug gesetzt. Die im Einzelnen verwendeten Spezifikationen differieren entsprechend der Struktur der verwendeten Daten. Die Qualität und Aussagekraft der Ergebnisse kann weiterhin durch Selektionsverzerrungen wie z.B. den „survivor bias“ beeinträchtigt werden. Im Folgenden kann allerdings nicht hinterfragt werden, ob jeweils optimale Schätzmethoden angewendet wurden und ob für potenzielle Verzerrungen ausreichend kontrolliert wurde, da die entsprechenden Angaben hierzu teilweise nicht ausreichen.

4.7.2. Gründerspezifischen Einflussgrößen

4.7.2.1. Humankapitalausstattung

Unter den gründerspezifischen Einflussgrößen nimmt die Humankapitalausstattung des Gründers eine zentrale Stellung ein. Vor allem bei innovativen Unternehmensgründungen ist aufgrund der hohen Anforderungen – technologische Risiken, aufwändigere Markterschließung, höhere Komplexität und höherer Kapitalbedarf – eine wachstumsfördernde Wirkung des Humankapitals zu erwarten. Wie bereits in Abschnitt 4.4 dargestellt umfasst das Humankapital ein breites Spektrum von der Schulbildung bis zur Managementerfahrung. Die Humankapitalausstattung des Gründers kann sich dabei verschiedentlich auf den Erfolg des Gründungsprojektes auswirken. Hierbei sind die so genannten Selektions- und Produktivitätseffekte zu unterscheiden.[990] Gründer mit einer hohen Humankapitalausstattung sind eher in der Lage, die Erfolgschancen der Gründungsidee realistischer einzuschätzen und sich die erforderlichen Informationen zu verschaffen. Da eine höhere Humankapitalausstattung oft mit einem höheren Einkommensniveau verbunden ist, verfügen diese Gründer zudem über höhere finanzielle Ressourcen, die es ihnen erlauben, besser ausgestattete Unternehmen zu gründen. Schließlich haben Personen mit einem niedrigeren Humankapitalniveau weniger Beschäftigungsalternativen, d.h. sie werden eher in die Selbstständigkeit gedrängt (als Alternative zur Arbeitslosigkeit). Personen mit einer hohen Humankapitalausstattung gründen also von vornherein erfolgreichere Unternehmen, da sie chancenlose Projekte weniger häufig weiterverfolgen und eine intensivere und systematischere Gründungsvorbereitung betreiben (Selektionseffekt). Weiterhin sind sie besser dazu in der Lage, die komplexen Prozesse, die

[990] Vgl. dazu Werner (2000), S. 48; Brüderl, Preisendörfer und Ziegler (1992), S. 229.

mit der Gründung und dem Aufbau eines neuen Unternehmens verbunden sind, zu organisieren und das Unternehmen dann effizient zu managen (Produktivitätseffekt). Dies betrifft vor allem technologieorientierte Unternehmen, bei denen neben dem eigentlichen Gründungsprozess auch noch Forschungs- und Entwicklungsprozesse zu koordinieren sind. Weiterhin besteht ein Zusammenhang zwischen der Human- und der Finanzkapitalausstattung.[991] Unternehmer mit einem höheren Bildungsgrad haben weiterhin Vorteile bei der Fremdkapitalakquise, wodurch wiederum die Überlebenschancen verbessert werden.

Die oben genannten Zusammenhänge können als direkte Wirkungen der Humankapitalausstattung eingestuft werden. Daneben übt die Humankapitalausstattung auch indirekte Wirkungen in Form von Reputationseffekten aus.[992] Das Humankapital wirkt dabei als positives Signal für externe Akteure wie Kapitalgeber, Kunden und Lieferanten, aber auch für potenzielle Mitarbeiter. Insbesondere bei technologieorientierten Unternehmensgründungen bestehen erhebliche Informationsasymmetrien, da der Gründer die Erfolgsausichten seines Gründungsprojektes und seine eigenen unternehmerischen Fähigkeiten[993] deutlich besser beurteilen kann als seine Transaktionspartner. Der Abbau der Informationsasymmetrien durch „Screening" seitens der Kreditinstitute – hier stellvertretend für die externen Akteure – ist nur bedingt möglich und sehr aufwändig, was eine geringere Finanzierungsbereitschaft zur Folge hat.[994] Zur Lösung der Problematik kann der Gründer Signale bezüglich seiner unternehmerischen Fähigkeiten aussenden. In Anlehnung an den Arbeitsmarktansatz von *Spence*[995] – bei dem potenzielle Arbeitnehmer ihre höhere Produktivität durch das Erwerben von Ausbildungszertifikaten signalisieren – kann aus der Humankapitalausstattung des Gründers eine Signalwirkung abgeleitet werden.[996] Der potenzielle Gründer investiert in Humankapital, um eine höhere unternehmerische Qualität bzw. Produktivität zu signalisieren. Voraussetzung für die Wirksamkeit des Signalmechanismus ist, dass Personen mit einer höheren unternehmerischen Qualität geringere Investitionskosten aufweisen. Mögliche Signalindikatoren sind z.B.

---

[991] Vgl. dazu Bates (1990), S. 554f; (1996), S. 1254, 1260ff.
[992] Vgl. Hinz (1998), S. 53.
[993] Vgl. dazu auch den Ansatz von Lucas (1978), bei dem sich die Akteure entsprechend ihres „talent for managing" für oder gegen eine selbstständige Tätigkeit entscheiden.
[994] Das Problem der Finanzierungsrestriktionen wird ausführlich in Abschnitt 4.8.2.1 behandelt.
[995] Vgl. Spence (1973).
[996] Vgl. dazu Werner, Backes-Gellner und Kayser (2004).

der akademische Grad[997], die Studiendauer oder der Aufbau zusätzlicher Qualifikationen wie z.B. durch die Teilnahme an Gründerseminaren.

Gimeno et al. weisen weiterhin darauf hin, dass sich die Humankapitalausstattung auch auf die Ausstiegsentscheidung des Gründers auswirkt, da sie die Opportunitätskosten der Unternehmensfortführung beeinflusst.[998] Die Opportunitätskosten der Fortführung bestimmen die kritische Ertragsschwelle bis zu der der Gründer bereit ist, das Unternehmen weiterzuführen. Gründer mit einer hohen Humankapitalausstattung haben generell mehr Alternativen in Form einer abhängigen Beschäftigung oder einer anderen selbstständigen Tätigkeit. Gründer mit einer geringen Humankapitalausstattung führen daher weniger erfolgreiche Unternehmen tendenziell länger fort. Die Humankapitalausstattung muss hierzu allerdings in verschiedene Bereiche aufgespaltet werden wie allgemeines und unternehmensspezifisches Humankapital sowie bislang nicht genutztes aber für alternative Tätigkeiten einsetzbares Humankapital. Die damit verbundenen Erfassungsprobleme – dies betrifft insbesondere den letztgenannten Bereich, da hier hypothetische alternative Tätigkeiten erfasst werden müssten – tragen dazu bei, dass dieser Aspekt, bislang kaum bei empirischen Arbeiten berücksichtigt wird.

Der formale Bildungsgrad, gemessen durch den höchsten Schulabschluss bzw. akademischen Grad wird häufig als Humankapitalindikator verwendet. Für den Erfolg ist jedoch nicht nur die Länge der Ausbildungszeit relevant, sondern in erster Linie die inhaltliche Ausrichtung. So wirkt sich insbesondere technisches, ingenieurwissenschaftliches und betriebswirtschaftliches Know-how spürbar positiv auf den Gründungserfolg aus.[999] Untersuchungen von technologieorientierten Unternehmensgründungen zeigen, dass deren Gründer zumeist einen hohen formalen Ausbildungsgrad aufweisen, wobei technische und naturwissenschaftliche Abschlüsse dominieren.[1000] Betriebswirtschaftliche und kaufmännische Kompetenzen sind dagegen oft kaum vorhanden. Bei innovativen Gründungen bewirkt demnach vor allem die komplementäre Kombination betriebswirtschaftlichen und technischen Know-hows signifikant positive Wachs-

997 Bei technologieorientierten Unternehmensgründungen übt ein Universitätsabschluss allein aber keine verlässliche Signalwirkung aus, da deren Gründer in aller Regel über einen hohen formalen Bildungsgrad verfügen. Für einen Literaturüberblick zur Humankapitalausstattung vgl. Wippler (1998), S. 106ff.

998 Vgl. Gimeno et al. (1997), S. 754ff, 769ff.

999 Vgl. Almus und Nerlinger (1998), S. 4f.

1000 Einen Überblick gibt z.B. Wippler (1998), S. 106ff.

tumseffekte.[1001] Weitere Aspekte der Humankapitalausstattung sind wie bereits in Abschnitt 4.4.2 erläutert die Branchen-, Management- und Selbstständigkeitserfahrung. Die Branchenerfahrung kann die Transaktionskosten – z.B. in Form von Such- und Informationskosten bei der Suche nach potenziellen Lieferanten und Abnehmern – reduzieren. Die Managementerfahrung erleichtert die Leitung des neugegründeten Unternehmens und senkt den Koordinationsaufwand. Durch eine frühere Managementposition hat der Gründer gelernt, Tätigkeiten und Personen zu organisieren und zu koordinieren. Da technologieorientierte Gründungen oftmals mit einer höheren Mitarbeiterzahl gegründet werden – d.h. es besteht oft von Anfang an ein größerer Koordinations- und Organisationsbedarf – sollte die Managementerfahrung hier eine größere Bedeutung haben. Von der Selbstständigkeitserfahrung kann generell eine positive Wirkung erwartet werden. Da der Gründer bereits wichtige Erfahrungen sammeln konnte, können Fehler bei der Unternehmensgründung vermieden und eine professionellere Durchführung des Gründungsprozesses ermöglicht werden. Andererseits können negative Erfahrungen den Gründer dazu bewegen, sein neues Unternehmen klein zu halten und auf die Verfolgung einer Wachstumsstrategie zu verzichten. Weiterhin kann die Selbstständigkeitserfahrung darauf hindeuten, dass der Gründer bereits früher mit unternehmerischen Projekten gescheitert ist und möglicherweise nicht als Unternehmer geeignet ist. Zudem befinden sich unter den Gründern mit Selbstständigkeitserfahrung auch so genannte „Vielgründer“.[1002] Dies sind Personen, die eher kurzlebige Unternehmen zur spontanen Ausnutzung von identifizierten Gelegenheiten gründen. Je nach Erwerbsperspektiven pendeln diese Personen zwischen abhängiger und selbstständiger Tätigkeit oder sie verbleiben im Selbstständigenstatus, wobei sie unterschiedliche Unternehmen nacheinander oder auch parallel führen. Dieser dem *Kirzner'schen* Arbitrageur entsprechenden Unternehmertyp wird daher eher kurzlebige und nicht wachstumsorientierte Unternehmen gründen. Als weitere überlebens- und erfolgrelevante Humankapitalbestandteile können schließlich die soziale Kompetenz, wie z.B. Kommunikations- und Konfliktfähigkeit, sowie die Netzwerkkompetenz – die Fähigkeit, Beziehungsnetzwerke aufzubauen, zu pflegen und zu erweitern – genannt werden.[1003]

[1001] Vgl. Nerlinger (1998), S. 239.

[1002] Vgl. Brüderl, Preisendörfer und Ziegler (1998), S. 117; Storey (1994, S. 131) bezeichnet diesen Typ als „Opportunist“.

[1003] Vgl. Gemünden und Konrad (2001), S. 131f.

Für die diversen Humankapitalfaktoren finden sich vielfache, aber nicht immer einheitliche, empirische Belege. *Hinz, Wilsdorf und Ziegler* weisen für die Unternehmen der *Leipziger Gründerstudie* einen deutlichen Einfluss der Branchenerfahrung nach, während von der Selbstständigkeitserfahrung keine signifikante Wirkung ausgeht.[1004] Bei einem Literaturüberblick über zumeist britische Studien findet *Storey* eine gewisse Bestätigung für den Einfluss der Managementerfahrung, während die Selbstständigkeitserfahrung in keiner der berücksichtigten Studien eine signifikante Rolle spielt.[1005] *Werner* kann bei den Teilnehmern des Modellversuchs TOU-NBL keine Wirkung der Humankapitalausstattung feststellen.[1006] Sowohl die formale Qualifikation als auch die FuE-, Führungs- und Praxiserfahrung wirken sich nicht signifikant auf das Umsatz- und Beschäftigungswachstum aus. Da alle Gründer über eine generell hohe Humankapitalausstattung verfügen sind die verbleibenden Unterschiede möglicherweise nicht groß genug, um Wachstumsunterschiede zu begründen. Auch die Ergebnisse der *Münchner Gründerstudie* können die Bedeutung des Humankapitals nur bedingt belegen.[1007] Eine höhere schulische und berufliche Bildung und eine längere Berufserfahrung als Indikatoren für die allgemeine Humankapitalausstattung des Gründers sowie die Branchenerfahrung wirken signifikant positiv auf die Überlebenschancen, von der Selbstständigkeits- und der Managementerfahrung gehen dagegen keine signifikanten Auswirkungen aus. Die Länge der schulischen und beruflichen Bildung, die Selbstständigen- und die Managementerfahrung haben allerdings keinen signifikanten Einfluss auf das Unternehmenswachstum, die Branchenerfahrung wirkt sich positiv, die Berufserfahrung sogar negativ aus. Dagegen gehen von allen Humankapitalvariablen positive Selektionseffekte aus, d.h. Gründer mit einer höheren Humankapitalausstattung gründen Unternehmen, die von vornherein besser „aufgestellt" sind und daher bessere Überlebens- und Entwicklungschancen aufweisen.[1008] Die Auswertungen der *Kölner Gründerstudie* – basierend auf 447 zwischen 1992 und 1996 in der Raumordnungsregion Köln gegründeten Unternehmen – bestätigen ebenfalls grundsätzlich die Bedeutung des Humankapitals.[1009] Ein Hochschulstudium übt einen statistisch signifi-

---

[1004] Vgl. Hinz, Wilsdorf und Ziegler (1997), S. 199. Da sich die Studie auf 1991 gegründete Unternehmen bezieht und die Mehrheit der Gründer aus Ostdeutschland stammt, ist die Selbstständigkeitserfahrung vergleichsweise gering ausgeprägt.

[1005] Vgl. Storey (1994), S. 129f. Allerdings sind einige der Studien nur allgemein auf KMU bezogen.

[1006] Vgl. dazu Werner (2002), S. 105ff. Die Auswertung beruht allerdings auf nur 69 Unternehmen.

[1007] Vgl. Brüderl, Preisendörfer und Ziegler (1998), S. 114ff.

[1008] Vgl. Brüderl, Preisendörfer und Ziegler (1998), S. 128ff.

[1009] Vgl. dazu Moog (2004), S. 99ff.

kanten Einfluss auf das Beschäftigungswachstum aus, wobei abnehmende Grenzerträge bei zunehmender Studiendauer festzustellen sind. Die Berufsausbildung, Branchen- und Selbstständigenerfahrung sowie elterliche Selbstständigkeit wirken zwar ebenfalls positiv, sind aber nicht statistisch signifikant. Auch die Variablen zur Abbildung von Komplementaritätseffekten wie z.B. die Kombination von Hochschulstudium mit Berufsausbildung oder Praxiserfahrung zeigen eine positive aber nicht signifikante Wirkung. Auch die Gründerstudie für die Region Südthüringen – basierend auf einer Befragung von 405 zwischen 1993 und 1998 gegründeten Unternehmen – kann nur für einzelne Aspekte der Humankapitalausstattung eine Erfolgsrelevanz feststellen. So haben die Dauer der formale Ausbildung sowie der Ausbildungsgrad (erfolgreich sind vor allem technisch ausgebildete Personen, außerdem erweist sich das Zusammenwirken von Theorie und Praxis als eindeutiges Erfolgskriterium) einen positiven Einfluss auf die Umsatz- und Beschäftigungsentwicklung, Branchen-, Berufs- und Vorgesetztenerfahrung haben dagegen keinen signifikanten Einfluss.[1010] Bereits vorhandene Kenntnisse in den Bereichen FuE sowie Absatz und Marketing üben wiederum positive Auswirkungen auf den Entwicklungserfolg aus.

Bei der Betrachtung von Humankapital als Determinante für die Entwicklung eines neugegründeten Unternehmens sollte allerdings nicht nur die Humankapitalausstattung zum Gründungszeitpunkt, sondern auch deren Veränderung im Zeitablauf berücksichtigt werden. Durch Lernprozesse und Weiterbildung kann der Gründer in der Gründungsphase und in den ersten Jahren der Unternehmensexistenz seine Humankapitalausstattung erhöhen genauso wie er durch Investitionen die Produktionskapazitäten seines Unternehmens erhöhen kann. Die Nachteile einer geringeren Humankapitalausstattung können dadurch reduziert und die Erfolgschancen damit erhöht werden. Die Bereitschaft zum Lernen bildet daher eine ähnlich wichtige Erfolgsdeterminante wie die anfängliche Humankapitalausstattung. Aufgrund von Erfassungs- und Messproblemen beschränkt sich die empirische Überprüfung aber zumeist auf die Anfangsausstattung, die zudem häufig nur unzureichend durch das Alter, den formalen Bildungsgrad und die Branchen- und Selbstständigkeitserfahrung des Gründers abgebildet wird. Teilweise werden aber auch die Inanspruchnahme von Beratungsleistungen und die Gründungsvorbereitung, die auch als Maßnahmen zur Ver-

[1010] Vgl. Kugler (2003), S. 50ff.

besserung der Humankapitalausstattung interpretiert werden können, berücksichtigt. Diese Aspekte werden im folgenden Abschnitt untersucht.

4.7.2.2. Gründungsvorbereitung und Nutzung von Beratungsleistungen

Einen wichtigen Bestandteil der Gründungsvorbereitung bildet die Erstellung eines Unternehmenskonzeptes („Businessplan"). Dieses umfasst neben einer Beschreibung des Produktes und Angaben zur Person des Existenzgründers und zum Unternehmen eine Marktanalyse, sowie Erläuterungen zu den Bereichen FuE, Produktion, Beschaffung, Vertrieb, Markterschließung, Personal, Organisation und insbesondere auch eine Liquiditäts-, Investitions- und Finanzierungsplanung.[1011] Eine systematische, detaillierte und alle wesentliche Bestandteile erfassende Unternehmenskonzeption war jedoch lange Zeit vor allem bei kleinen, nicht technologieorientierten Gründungsprojekten eher die Ausnahme als die Regel.[1012] Oft liegt nur eine Grobplanung vor, die nicht und nur teilweise schriftlich fixiert ist. Aber auch bei technologieorientierten Gründungen verfügen nicht alle Gründer zum Gründungszeitpunkt über ein fundiertes Unternehmenskonzept.[1013] In jüngster Zeit ist – gestützt durch eine Vielzahl von Gründerwettbewerben und internetbasierten Ratgebern zur Erstellung von Businessplänen (wie z.B. der „Business-Planer Online" des BMWA) – eine stärkere Verbreitung dieses Planungsinstruments zu beobachten.

Mit der Erstellung eines Businessplans werden zwei Zielsetzungen verfolgt. Die interne Funktion des Plans besteht in der Strukturierung der Gründungsvorhabens und erleichtert dessen Umsetzung. Der Gründer muss sich über alle relevanten Teilbereiche, Probleme und Lösungsmöglichkeiten bewusst werden. Dadurch entstehen Lerneffekte, die eine Verfeinerung der Konzeption und eine bessere Abstimmung auf die marktlichen Gegebenheiten ermöglichen. Die frühzeitig Planung und die damit erfolgende Auseinandersetzung mit potenziellen Entwicklungshemmnissen sollten daher einen positiven Einfluss auf die Unternehmensentwicklung ausüben. Zweitens fungiert der Businessplan als externes Informations- und Kommunikationsinstrument. Die Transaktionspartner des Gründers können aufgrund der Neuheit des Unternehmens und der nicht verfüg-

---

[1011] Für die Inhalte einer Unternehmenskonzeption vgl. z.B. Kußmaul (2002), S. 106ff.

[1012] Vgl. z.B. Picot, Laub und Schneider (1989), S. 132ff; Herner et al. (2005), S. 6f; Jansen und Weber (2003), S. 89f. Jung (2004), S. 60 gibt einen Überblick über die Verbreitung von formalen strategischen Planungsansätzen in KMU und Unternehmensgründungen.

[1013] Vgl. z.B. Kulicke et al. (1993), S. 44.

baren Vergangenheitsdaten und Erfahrungswerte die Qualität und das Risiko des Gründungsunternehmens nicht einschätzen. Transaktionen wie z.B. eine Kreditvergabe kommen daher nicht oder nur unter ungünstigeren Konditionen zustande.[1014] Um die Informationsasymmetrien abzubauen, kann die besser informierte Partei, also der Gründer, der schlechter informierten Partei Signale über seine Qualität übermitteln. Ein fundierter, schlüssiger und überzeugender Businessplan kann eine solche Signalwirkung ausüben. Gründer, die über eine schriftliche Unternehmenskonzeption verfügen, sollte daher Vorteile bei der Akquisition von Kapital und der Aufnahme von Geschäftskontakten haben.

Die Nutzung von Beratungs- und Schulungsangeboten von öffentlichen Einrichtungen (z.B. TGZ, IHK, Technologietransferstellen, Wirtschaftsförderung) und privaten Anbietern (z.B. Unternehmensberater, Banken, Steuerberater) im Vorfeld und nach der Unternehmensgründung können den Gründungserfolg ebenfalls positiv beeinflussen. Durch die Beratungsinhalte können Defizite in der Humankapitalausstattung der Gründer kompensiert werden, gründungsspezifisches Humankapital wird aufgebaut. Der Gründer erhält Informationen zu spezifischen Problemstellungen (z.B. Wahl der geeigneten Rechtsform), er wird bei der Vorbereitung der Unternehmensgründung unterstützt (z.B. durch Hilfestellungen bei der Erstellung eines Businessplans) und er wird auf eventuell bislang nicht ausreichend berücksichtigte Aspekte (z.B. Sicherstellung der längerfristigen Finanzierung) aufmerksam gemacht. Die Beratung dient somit dem Informations- und Wissenstransfer, der Anregung zur Selbstreflexion und der Initiierung von Lernprozessen sowie der konkreten Handlungsunterstützung. Wie die Evaluation von Unterstützungsprogrammen für zuvor arbeitslose Gründer in Brandenburg zeigt, kann durch die Betreuung und Beratung im Vorfeld und während der Gründung eine Verbesserung der Qualität der Unternehmenskonzeption und der Qualifikation der Gründer geleistet werden.[1015] Außerdem wird eine verbesserte Wahrnehmung der Gründer bezüglich der unternehmensinternen und -externen Einflussfaktoren auf den Gründungserfolg erreicht.

Wie die im Folgenden zitierten Studien zeigen, werden die vielfältigen Beratungsangebote aber nur in begrenztem Umfang von den Gründern in Anspruch genommen. Die Nutzung der Beratungsleistungen hängt zum einem von deren Angebot ab. So besteht beispielsweise in Agglomerationsräumen ein breiteres Spektrum an Anbietern als in ländlichen Regionen. Für technologieorien-

---

[1014] Die Finanzierungsproblematik junger Unternehmen wird in Abschnitt 4.8.2.1 behandelt.

tierte Gründungen werden spezifische Beratungsleistungen angeboten, deren Nutzung zum Teil durch eigene Förderprogramme subventioniert wird. Allerdings kann gerade für technologieorientierte Gründungen festgestellt werden, dass zwar ein breit gefächertes, oftmals schon als unübersichtlich empfundenes Angebot an allgemeinen Beratungsleistungen besteht, wohingegen technologiespezifische Beratungsangebote zu gründeradäquaten Konditionen sowie phasenübergreifende, begleitende Unterstützungsleistungen eher knapp sind.[1016] Aufgrund der Vielfalt an Unterstützungsmaßnahmen und der fehlenden Transparenz sprechen Gründungsexperten häufig von dem Phänomen des „Förderdschungels".[1017] Von vielen Gründern wird daher das Fehlen einer zentralen Anlaufstelle, bei der der Gründer gezielt an die passenden Beratungsinstitutionen weitervermittelt wird, bemängelt.[1018] Weiterhin hängen die Inanspruchnahme sowie der Nutzen von Beratungsleistungen auch von der Einstellung und den Eigenschaften des Gründers ab. So nennt beispielsweise *Tödt* die Beratungsreife (z.B. Problemeinsicht), die Interaktionskompetenz (z.B. Offenheit, Kommunikationsverhalten) und die Umsetzungskompetenz (z.B. kaufmännische und methodische Kenntnisse) als gründerbezogene Voraussetzungen für eine erfolgreiche Gestaltung von Beratungsprozessen.[1019] *Jansen* weist auf die Wirksamkeit von Selektionseffekten hin, d.h. erfahrenere und gebildetere Gründer nutzen häufiger professionelle Beratungsleistungen.[1020] Schließlich ist zu beachten, dass sich der Beratungsbedarf mit der Unternehmensentwicklung wandelt. So besteht in der Gründungsphase vor allem ein Beratungsbedarf zu Rechts-, Steuer- und Finanzierungsfragen, während in der Wachstumsphase der kaufmännische Bereich und das Marketing zu den zentralen Problemstellungen werden.[1021]

Empirische Untersuchungen wie die *Münchner Gründerstudie* oder Auswertungen der *EIM Starter Cohort* (Handelsregistereintragungen in den Niederlanden) bestätigen die Erfolgswirksamkeit (Überleben bzw. Beschäftigtenwachstum) einer gründlichen Vorbereitung und Planung des Gründungsvorha-

---

1015 Vgl. Große et al. (2002), S. 78ff.
1016 Vgl. dazu BMBF (2005c), S. 44ff.
1017 Vgl. z.B. Sternberg und Lückgen (2005), S. 31 für die *GEM* Expertenbefragung.
1018 Vgl. Kistenmacher (2001), S. 166.
1019 Vgl. Tödt (2001), S. 104.
1020 Vgl. Jansen (2003), S. 15, 23. Weiterhin zeigen Untersuchungen des *ENSR*, dass Gründer mit einem höherem Bildungsniveau aktiver Beratungsleistungen nutzen (vgl. Europäische Komission 2000b, S. 42).
1021 Vgl. Kistenmacher (2001), S. 158f.

bens.[1022] Auch *Kugler* bestätigt grundsätzlich die Erfolgswirksamkeit (Umsatz- und Beschäftigungswachstum) der Weiterbildung und Gründungsvorbereitung bei Unternehmensgründungen in Südthüringen, wobei vor allem die Gründer, die mehrere Vorbereitungsarten (z.B. neben der Lektüre von Fachzeitschriften und Büchern auch die Teilnahme an Kursen, Seminaren, Vorträgen und Tagungen) nutzen, erfolgreich sind.[1023] Eine längere Planungsphase korreliert mit einer positiven Beschäftigungsentwicklung. Allerdings haben nur 29% der Gründer an einem Existenzgründungslehrgang teilgenommen, ein statistisch signifikanter Zusammenhang zwischen Lehrgangsbesuch und Gründungserfolg konnte nicht nachgewiesen werden. Auch haben nur 42% der Gründer einen Businessplan erstellt, vielfach liegen nur für einzelne Teilbereiche Planungen vor wie z.B. Umsatz- oder Investitionspläne. Das Vorliegen von Plänen wirkt sich positiv auf das Umsatz- und Beschäftigungswachstum aus, wobei vor allem eine vollständige und umfangreiche Gründungsplanung signifikant Erfolg steigernd wirkt. Dagegen unterscheiden sich die Gründer, die in der Gründungsphase Beratungsleistungen nutzten, nicht signifikant hinsichtlich der Erfolgskriterien. Für ein Sample von Unternehmensgründungen im Ruhrgebiet können *Jansen und Weber* ebenfalls den Nutzen einer umfassenden Vorbereitung auf den Unternehmenserfolg – gemessen durch eine kombinierte Erfolgsvariable aus Überleben, Umsatz- und Beschäftigtenwachstum sowie Rentabilität – nachweisen.[1024] Demnach wirken sich vor allem längere Vorbereitungszeiten, eine schriftliche Planung und eine intensive Marktbeobachtung positiv auf den späteren Erfolg aus, während die Nutzung fachlicher und gründungsspezifischer Fortbildungsmaßnahmen, von Fachliteratur sowie der Erfahrungsaustausch mit anderen Gründern nur wenig Erfolg steigernd wirkt. Weiterhin bestehen Zusammenhänge zwischen der Humankapitalausstattung und der Gründungsvorbereitung, da höher qualifizierte Gründer sowie Gründer mit Management- und Gründungserfahrung eine umfangreichere Gründungsvorbereitung betreiben.[1025] Die Nutzung von Beratungsleistungen – sowohl öffentliche als auch verbandliche Angebote – wirkt sich ebenfalls positiv auf den Gründungserfolg aus, wobei insgesamt nur wenige

---

1022 Vgl. Brüderl, Preisendörfer und Ziegler (1998), S. 160ff; Schutjens und Wever (2000), S. 144ff. Jung (2004, S. 63) weist dagegen darauf hin, dass die Erfolgswirksamkeit einer strategischen Planung im Rahmen des Gründungsprozesses nicht eindeutig empirisch bestätigt werden kann. So finden sich auch Studien, die keinen oder sogar einen negativen Zusammenhang ermitteln oder die nur für bestimmte Bedingungen positive Effekte identifizieren.

1023 Vgl. dazu Kugler (2003), S. 67, 109ff, 123.

1024 Vgl. Jansen und Weber (2003), S. 140ff.

1025 Vgl. dazu auch Hinz (1998), S. 162f.

Gründer diese Leistungen in Anspruch genommen haben.[1026] Die Beratungsleistungen werden von den Gründern innovativer Unternehmen stärker genutzt. Auch für die Teilnehmer des Modellversuchs „TOU" in den alten Bundesländern bestätigen *Kulicke et al.* die Bedeutung der Gründungsvorbereitung.[1027] Unter den erfolgreichen Gründungen haben überdurchschnittliche viele Gründer eine systematische Vorbereitung durchgeführt. Unter den nicht erfolgreichen Gründungen befindet sich dagegen kein einziges systematisch geplantes Gründungsprojekt, dagegen sind viele dieser Unternehmen spontan im Trial-Error-Verfahren entstanden. *Steinle und Schumann* ermitteln einen positiven Zusammenhang zwischen der Nutzung von Planungsinstrumenten (strategische Planung, Budget- und Bereichsplanung) und dem Beschäftigungswachstum technologieorientierter Gründungen, der Einsatz von Controlling- und Projektmanagementinstrumenten wirkt sich ebenfalls Erfolg steigernd aus.[1028] Dagegen findet *Tamásy* bei Gründungen im Verarbeitenden Gewerbe und in unternehmensbezogenen Dienstleistungssektoren in den Raumordnungsregionen Köln, München und Stuttgart keinen signifikanten Wachstums- und Überlebenseffekte für die Erstellung einer Unternehmenskonzeption.[1029] Für ein Sample schwedischer Nascent Entrepreneurs können *Honig und Karlsson* ebenfalls keine Erfolgswirksamkeit der formalen Gründungsplanung feststellen.[1030] Sie führen dies darauf zurück, dass Gründer Businesspläne vor allem als Reaktion auf „institutionellen Druck" durch die Anforderungen privater und öffentlicher Kapitalgeber erstellen. Allerdings wird der Erfolg hier nur anhand der subjektiven Rentabilitätseinschätzung der Gründer festgemacht. In der Literatur findet sich auch die Meinung, dass die Gründungsplanung prinzipiell wenig sinnvoll ist.[1031] Der Gründungsprozess sei durch stark chaotische Zustände geprägt, auf die der Gründer jeweils flexibel reagieren müsse, so dass eine umfangreiche Planung wenig sinnvoll erscheint. Allerdings kann eine fundierte Planung und Vorbereitung gerade dazu beitragen, das vermeintliche Chaos von vornherein zu reduzieren.

Der Literaturüberblick deutet darauf hin, dass sich die Nutzung von Beratungsleistungen im Vorfeld und während der Gründungsphase sowie die systematische Vorbereitung und Planung des Gründungsvorhabens tendenziell posi-

---

[1026] Vgl. Jansen und Weber (2003), S. 222ff, 237.
[1027] Vgl. Kulicke et al. (1993), S. 46ff, 155.
[1028] Vgl. Steinle und Schumann (2003), S. 39.
[1029] Vgl. Tamásy (2004), S. 261, 268.
[1030] Vgl. Honig und Karlsson (2004), S. 38ff.
[1031] Vgl. dazu die Verweise in Tamásy (2004), S. 198.

tiv auf die spätere Unternehmensentwicklung ausüben. Allerdings wird die Frage nach der eigentlichen Kausalität nicht immer ausreichend berücksichtigt. So bestehen Hinweise, dass vor allem „bessere" Gründer (z.B. hochqualifizierte Gründer) die Beratungsleistungen in Anspruch nehmen und aufgrund ihrer unternehmerischen und strategischen Ausrichtung eine professionellere Gründungsvorbereitung betreiben, so dass es unklar ist, ob die Beratung und Vorbereitung an sich noch einen signifikanten Effekt ausüben. In diesem Fall müssten also auch Selektionseffekte berücksichtigt werden. Weiterhin wird zumeist nur die Tatsache der Nutzung von Beratungsleistungen und der Erstellung einer Unternehmenskonzeption berücksichtigt, nicht aber deren Qualität. Unqualifizierte Beratungen und schlechte Unternehmenskonzeptionen dürften aber nur selten positive Auswirkungen auf die spätere Unternehmensentwicklung ausüben.

4.7.2.3. Teamgründungen

Aufgrund der großen Bedeutung der Humankapitalausstattung sowie der bei vielen Gründern zu beobachtenden starken Spezialisierung werden Teamgründungen als weitere potenzielle Erfolgsdeterminante diskutiert. Ein Gründerteam besteht aus mindestens zwei natürlichen Personen, die einen wesentlichen Teil des Eigenkapitals halten und die hauptberuflich mit der Leitung des Gründungsunternehmens befasst sind. Stille Gesellschafter werden damit nicht als Teammitglieder eingestuft. Interdisziplinär besetzte Teamgründungen ermöglichen eine Kompetenzkombination durch die Qualifikationsdefizite einzelner Teammitglieder ausgeglichen werden können. Relevant ist hierbei vor allem die Kombination von technologischen mit betriebswirtschaftlichen und kaufmännischen Kompetenzen. Zudem können auch die bessere finanzielle Ausstattung und die Möglichkeit zur Arbeitsteilung als erfolgswirksame Faktoren angeführt werden. Außerdem werden die personellen Kapazitäten erweitert, was angesichts der vielfältigen Aufgabenstellungen während der Gründungsphase ebenfalls Erfolg steigernd wirken sollte. Auf die ressourcenorientierten Strategieansätze Bezug nehmend kann argumentiert werden, dass durch eine Teamgründung an breiteres Spektrum an unternehmensinternen Ressourcen abgedeckt werden kann. Den positiven Effekten stehen aber auch mögliche negative Effekte durch ein höheres Konfliktpotenzial gegenüber. Unterschiedliche strategische Zielsetzungen und Risikoeinstellungen sowie unklare Kompetenzverteilungen und Kommunikationsprobleme können die Unternehmensentwicklung hemmen. Teamgründungen sind vor allem bei technologieorientierten Unternehmensgründungen weit verbreitet.[1032] Wie empirische Untersuchungen zeigen, sind Teamgründungen in den USA häufiger und die Teams sind komplementärer zusammengesetzt als in Deutschland, was allerdings häufig auf den Druck der (Venture-) Kapitalgeber zurückzuführen ist.[1033]

Die wachstumsfördernde Wirkung von Teamgründungen kann durch empirische Studien allerdings nur bedingt bestätigt werden.[1034] Da eine ausschließliche Berücksichtigung der quantitativen Dimension die Einflüsse der Humankapitalausstattung der Teammitglieder verdeckt, empfiehlt sich die gleichzeitige Berücksichtigung der Qualifikationsstruktur des Gründungsteams. Die vermeintlichen Vorteile heterogener Teams erweisen sich nach neueren Forschungsergebnissen eher als zweischneidiges Schwert, da die Vorteile zusätzlicher kognitiver Ressourcen durch ein größeres Konfliktpotenzial wieder aufgehoben werden.[1035] *Lechler und Gemünden* weisen darauf hin, dass sich neben den Merkmalen des Gründerteams auch die Qualität der sozialen Interaktion zwischen den Teammitgliedern spürbar auf den Unternehmenserfolg auswirkt.[1036] Da Teamgründungen tendenziell über eine höhere Startkapitalausstattung verfügen, besteht weiterhin das Problem, dass in empirischen Untersuchungen der Teamgründungseffekt durch den Größeneffekt verzerrt wird. Auch bezüglich der vermeintlichen Vorteile heterogener, Kompetenzen ergänzender Gründerteams sind weitere Einschränkungen erforderlich. So ist es denkbar, dass sich Gründungsteams zuerst entsprechend der gemeinsamen technologischen Fähigkeiten und

1032 Vgl. z.B. Pleschak und Werner (1998), S. 73.

1033 Vgl. dazu Mellewigt und Späth (2005). Bei deutschen technologieorientierten Gründungen findet dagegen eine Auswahl unabhängig von den sozialen Beziehungen vor der Gründung praktisch nicht statt (vgl. Lechler und Gemünden 2003, S. 98).

1034 Almus (2002, S. 75), Koch und Strotmann (2005, S. 21) und Werner (2002, S. 111f) können keine signifikanten Teamwirkungen nachweisen. Nerlinger (1998, S. 238f) kann nur für Gründungen in technologieintensiven Dienstleistungssektoren und im nicht-technologieorientierten Verarbeitenden Gewerbe signifikante Effekte nachweisen, nicht jedoch bei Gründungen in den Wirtschaftszweigen der Spitzentechnik und der höherwertigen Technik. Die von Lechler und Gemünden (2003, S. 32f) ausgewerteten deutschen und amerikanischen Studien bestätigen größtenteils die positiven Effekte von Gründerteams. Burgel et al. (2001, S. 83ff) bestätigen die positiven Teamgründungseffekte für ein Sample deutscher und britischer Hightech-Gründungen, ebenso Kulicke et al. (1993, S. 155) und Picot, Laub und Schneider (1989, S. 99) für westdeutsche technologieorientierte Unternehmensgründungen, sowie Kugler (2003, S. 105) für Unternehmensgründungen in Südthüringen. Für Teamgründungen im Verarbeitenden Gewerbe und in unternehmensbezogenen Dienstleistungssektoren in den Raumordnungsregionen Köln, München und Stuttgart emittelt Tamásy (2004, S. 263, 270) zwar bessere Wachstumschancen (gemessen am Produktivitätswachstum) aber gleichzeitig geringere Überlebenswahrscheinlichkeiten.

1035 Vgl. Mellewigt und Späth (2005), S. 157ff.

1036 Vgl. Lechler und Gemünden (2003), S. 42ff, 131ff.

Interessenslagen sowie persönlicher Verbindungen bilden und dann die fehlenden Kompetenzen durch eine entsprechende Spezialisierung einzelner Mitglieder oder durch die Aufnahme von Spezialisten aufbauen. Damit relativieren sich – zumindest mittelfristig – die vermuteten Vorteile von Teamgründungen.

4.7.2.4. Netzwerkbeziehungen und Sozialkapital

Die Netzwerkbeziehungen des Gründers können als weitere Einflussgröße für die Entwicklung untersucht werden.[1037] Neben den persönlichen Netzwerkbeziehungen, die Beziehungen zu Freunden, Familienmitgliedern, Bekannten und Geschäftspartnern/-freunde umfassen (mikrosoziale Netzwerke), können formelle bzw. funktionale Netzwerke – Beziehungen zu Kapitalgebern, Kunden, Zulieferern, Wettbewerbern, Beratern, Verbänden, Gründungsförderern etc. – unterschieden werden. Letztere können auch auf der Organisationsebene als organisationale Netzwerke des neuen Unternehmens verankert werden.[1038] Diese interorganisatorischen Netzwerkbeziehungen werden in der betriebswirtschaftlichen Literatur unter dem Begriff der Kooperation diskutiert und umfassen ein breites Spektrum von projektbezogener gemeinsamer Auftragsbearbeitung bis hin zu Joint Ventures und strategischen Allianzen.[1039] Entsprechend der Zutrittsmöglichkeit können funktionale Netzwerke weiterhin in offene Netzwerke (z.B. Gründer- und Branchennetzwerke) und geschlossene Netzwerke (z.B. strategische Allianzen) untergliedert werden.[1040] Die vermeintlich eindeutige Trennung in personale und betriebliche/organisatorische Ebene lässt sich in der empirischen Untersuchung allerdings kaum aufrechterhalten. Da der Gründer als bestimmender Akteur der Organisation deren externe Beziehungsgefüge bestimmt, verschwimmen die personen- und die organisationsbezogene Ebene. So können z.B. interorganisatorische Netzwerkbeziehungen durch persönliche Beziehungen zwischen einzelnen Unternehmern entstehen und weiterentwickelt werden. Eine Mischform bilden schließlich so genannte „Peer-Netzwerke“[1041], welche die Beziehungen zu anderen Gründern und jungen Unternehmern umfassen. Die empirische Erfassung von Netzwerkbeziehungen ist allerdings problematisch, da un-

---

[1037] Zur Definition des Netzwerkbegriff vgl. auch Abschnitt 2.2.3.20.
[1038] Vgl. Preisendörfer (2002a), S. 17ff.
[1039] Interorganisationale Netzwerkbeziehungen, insbesondere Forschungskooperationen, werden auch im Rahmen der strategischen Entscheidungen in Abschnitt 4.7.4 thematisiert.
[1040] Vgl. Aulinger (2005), S. 322.
[1041] Vgl. dazu Weihe (2001), S. 242f.

terschiedliche Dimensionen[1042] berücksichtigt werden müssen – neben der Anzahl der Netzwerkbeziehungen sind auch deren Intensität, Heterogenität und das Ausmaß der Nutzung erfolgsrelevant – und viele Netzwerkkriterien allenfalls ordinal skaliert sind. Netzwerkbeziehungen werden daher in vielen Studien nicht berücksichtigt oder es werden nur Aspekte mikrosozialer Netzwerke wie z.B. die Unterstützung durch den Partner und die Familie untersucht.

Durch Netzwerkbeziehungen erhält der Gründer vertrauenswürdige Informationen, Kontakte zu potenziellen Kunden und Lieferanten sowie finanzielle und materielle Unterstützung.[1043] Netzwerke üben eine Vermittlungs- oder „Türöffner"-Funktion aus. Die Nutzung von Kontakten der Netzwerkpartner wird ermöglicht, es entstehen Kontakte zu Akteuren außerhalb des eigenen Netzwerks. Dadurch vergrößert sich das für den Gründer nutzbare Kontaktspektrum. Die zweite zentrale Funktion von Netzwerken kann als Ressourcenbezugsfunktion bezeichnet werden. Der Gründer erhält zusätzliche Ressourcen oder Ressourcen zu günstigeren Konditionen. Netzwerkbeziehungen tragen somit auch zum Abbau der *liability of smallness* bei.[1044] Weiterhin ermöglichen Netzwerke den Bezug von nicht über den Markt beschaffbaren Ressourcen (vor allem vertrauliche Informationen und tazites Wissen).[1045] Mikrosoziale Netzwerke bieten zudem ideelle und emotionale Unterstützung. Peer-Netzwerke werden vor allem für die Informations- und Kontaktvermittlung genutzt, der Erfahrungsaustausch ermöglicht weiterhin eine emotionale Unterstützung. Funktionale Netzwerkbeziehungen können schließlich zum Abbau von Informationsasymmetrien und zur Reduzierung von Transaktionskosten beitragen. Da der Unternehmensgründer für seine Transaktionspartner zumeist ein unbekannter Akteur ist, bestehen für diese starke Unsicherheiten bezüglich der Qualität und des Verhaltens.[1046] Durch eine Netzwerkmitgliedschaft wird eine gewisse Vertrauens- und Reputationsübertragung ermöglicht, die die Aufnahme von weiteren Transaktionsbeziehungen erleichtert und die *liability of newness*[1047] reduziert. Die legitimations- und reputationsübertragenden und damit vertrauensbildenden Effekte von Netzwerkbeziehungen (z.B. Empfehlungen, Referenzkunden) sind vor allem für Unternehmensgründungen relevant, deren Güter ein hohes Maß an Erfahrungs- und

1042 Vgl. dazu Maurer (2003), S. 32ff.
1043 Vgl. Brüderl und Preisendörfer (1998), S. 214f.
1044 Vgl. auch Abschnitt 4.5.2.
1045 Vgl. Witt und Rosenkranz (2002), S. 93.
1046 Vgl. dazu im Einzelnen die Ausführungen in den Abschnitten 4.8.2.1, 4.8.2.2 und 4.8.2.6.
1047 Vgl. auch Abschnitt 4.5.2.

Vertrauenseigenschaften aufweisen.[1048] Zu denken ist hierbei insbesondere an so genannte Kontraktgüter wie die Leistungen wissensintensiver Dienstleister (z.B. individuelle Softwareentwicklung, technische Beratung), die ein hohes Maß an Spezifität und Unsicherheit und damit ein hohes Maß an Opportunismusgefahr aufweisen. Die Kompensationshypothese postuliert schließlich, dass gerade Gründer mit einer schlechteren Humankapitalausstattung und geringeren finanziellen Ressourcen in stärkerem Maße ihre Netzwerkbeziehungen mobilisieren, um ihre Defizite zu kompensieren.[1049] Netzwerkbeziehungen können sich allerdings auch nachteilig auf den Gründungserfolg auswirken. So können enge familiäre Netzwerkbeziehungen die Unternehmensentwicklung behindern, wenn z.B. zugunsten der Weiterbeschäftigung eines Familienmitglieds auf die Einstellung eines Spezialisten verzichtet wird. Bei engen Unternehmensnetzwerken kann der Handlungsspielraum des Gründers zudem stark eingeschränkt werden, es entstehen Abhängigkeiten, die Flexibilität wird eingeschränkt und es droht der Abfluss von erfolgsrelevanten Kompetenzen.[1050]

Nach *Granovetter* werden Netzwerkbeziehungen in „strong ties“ und „weak ties“ unterschieden.[1051] Strong ties umfassen enge Netzwerkbeziehungen, zumeist aus derselben sozialen Gruppe wie z.B. Familie und Freunde. Weak ties umfassen lockere Beziehungen, die auch in andere soziale Gruppen hineinreichen. Welche Art von Netzwerkbeziehungen für Unternehmensgründungen nützlicher ist, lässt sich nicht eindeutig festlegen. Weak ties ermöglichen den Zugang zu einem breiteren Spektrum an neuen Informationen, da sie weniger stark redundant sind und auch auf andere soziale Gruppen zugreifen.[1052] Damit dürften weak ties vor allem für innovative Unternehmensgründungen in einer dynamischen Umwelt relevant sein. Für die strong ties spricht, dass die Unterstützungsleistungen bei einer Unternehmensgründung ein hohes Maß an Verlässlichkeit und Vertrauenswürdigkeit sowie einen hohen Einsatz (Mitarbeit im Betrieb, finanzielle Unterstützung) erfordern, die vor allem bei engen Beziehungen verfügbar sind. Auch für die Übertragung impliziten und vertraulichen Wissens dürften strong ties geeigneter sein. Strong ties sollten daher tendenziell eher die Gründung an sich unterstützen, während weak ties eher die weitere Unter-

[1048] Vgl. Aulinger (2005), S. 313 sowie S. 94ff für die Beschreibung von Kontraktgütermärkten.
[1049] Vgl. Brüderl und Preisendörfer (1998), S. 216.
[1050] Vgl. Reiß und Rudorf (1999), S. 147f.
[1051] Vgl. dazu Granovetter (1973).
[1052] Vgl. dazu Hinz, Jungbauer-Gans und Kriwy (2004), S. 144.

nehmensentwicklung fördern.[1053] *Burt* verweist auf die Existenz von „strukturellen Löchern" in Netzwerkstrukturen.[1054] Einzelne Akteure können als Makler für eine Überdrückung von strukturellen Löchern zwischen unverbundenen Clustern sorgen, d.h. sie verbinden nicht unmittelbar miteinander verbundene Netzwerkakteure mit komplementären Interessen. Durch ihre zentrale Position und ihre breit gestreuten Kontakte (zumeist in Form von weak ties) erlangen die Makler mehr und schneller nicht redundante Informationen.[1055] Die Makler sorgen dabei für einen Abbau der Transaktionskosten. Der Makler nimmt damit eine ähnliche Position ein wie der Arbitragegeschäfte tätigende *Kirzner'sche* Unternehmer.

Netzwerke sind auf dem Grundsatz der Reziprozität aufgebaut, d.h. für andere Akteure Nutzen stiftende Handlungen werden vorgenommen, um zu einem späteren Zeitpunkt selbst von Nutzen stiftenden Handlungen anderer Akteure profitieren zu können. Das Verhalten in Netzwerken hat damit keinen altruistischen Charakter, der Aufbau von Netzwerkbeziehungen kann vielmehr als Investition, die nachfolgende Erträge ermöglicht, eingestuft werden. Die Netzwerkbeziehungen eines Unternehmens können daher auch unter dem Begriff *Sozialkapital* subsumiert werden. Das Sozialkapital umfasst die „Merkmale bilateraler und multilateraler sozialer Beziehungen..., die sich mittels sozialer Austausch- und Produktionsprozesse direkt oder indirekt auf ökonomische Größen auswirken."[1056] Erträge aus Sozialkapital können sowohl in Form finanzieller und materieller Unterstützung, in Form von Humankapital (Zugang zu Informationen, Möglichkeiten zum Lernen), als auch in Form von neuem Sozialkapital (z.B. neue Geschäftskontakte) entstehen.[1057] Das Sozialkapital ist nicht wie das Humankapital ausschließlich an einzelne Akteure gebunden, sondern bezieht sich auf die Beziehungen zwischen Akteuren, ist also in Sozialstrukturen eingebettet.[1058] Daher ist die Einordnung des Sozialkapitals unter die gründerspezifischen Erfolgsdeterminanten nur bedingt korrekt.

[1053] Vgl. Welter, Ammon und Trettin (2004), S. 24.

[1054] Vgl. dazu Burt (1992).

[1055] Vgl. Jansen und Weber (2003), S. 29.

[1056] Schechler (2002), S. 40. Für die Erläuterung des Sozialkapitalbegriffs und einen Überblick über die zentralen Sozialkapitalkonzepte vgl. Schechler (2002), S. 19ff. Auch hier muss das Fehlen einer einheitlichen und allgemein anerkannten Theorie konstatiert werden, Theorieansätze wurden sowohl in der soziologischen Forschung (prominete Vertreter: *Bourdieu, Burt, Coleman*) als auch in der politiologischen Forschung (promineter Vertreter: *Putnam*) entwickelt.

[1057] Vgl. Aulinger (2005), S. 286.

[1058] Dementsprechend wird Humankapital auch als „embodied capital" und Sozialkapital als „embedded capital" bezeichnet (vgl. Jansen und Weber 2003, S. 28).

Der Investitionscharakter des Netzwerkaufbaus verdeutlicht, dass der Aufbau und die Pflege von Netzwerken mit Kosten verbunden sind. Beim Aufbau von Netzwerken ist es daher nicht sinnvoll, die Anzahl der Kontakte zu maximieren, vielmehr sollten die Gründer ein Optimierungskalkül verfolgen, bei dem die Grenzkosten mit dem Grenznutzen einer Netzwerkerweiterung abgewogen werden.[1059] Der Nutzen eines Kontakts bestimmt sich unter anderem durch die Relevanz des Kontakts und die Verfügbarkeit der Kontaktperson. Wenn ein abnehmender Grenznutzen und steigende Grenzkosten des Netzwerkaufbaus und -pflege unterstellt werden, kann theoretisch ein optimaler Netzwerkumfang ermittelt werden. Aufgrund der vielfältigen Dimensionen des Netzwerkbegriffs und des starken Einflusses der persönlichen Umstände des Gründers entzieht sich dieser Aspekt jedoch weitgehend einer empirischen Überprüfung.

Eine Bestätigung für die Verbreitung und Nutzung von Netzwerkbeziehungen finden *Lang-von Wins et al.* bei einer Untersuchung von DtA-geförderten Unternehmensgründungen.[1060] Die Gründer nehmen eine Vielzahl von Kontakten zu Beratungs- und Unterstützungszwecken in der Vorgründungs- und der Gründungsphase in Anspruch. Die mikrosozialen Netzwerke spielen in beiden Teilphasen eine sehr wichtige Rolle. Unter den professionellen Akteuren nehmen Banken und Steuerberater eine wichtige Position ein, wobei deren Bedeutung im Verlauf des Gründungsprozesses zunimmt. Um die breite Palette an erforderlichen Informationen und Ressourcen abdecken zu können, ist ein diversifiziertes soziales Netzwerk von Vorteil.[1061] Die Quellen des mikrosozialen Netzwerkes können oftmals nicht den gesamten Beratungs- und Unterstützungsbedarf abdecken, so dass ein Bedarf an professioneller Beratung bestehen bleibt. Bei einer Untersuchung von 122 technologieorientierten Unternehmensgründungen in Westdeutschland bestätigt *Scheidt* die rege Nutzung von professionellen Unterstützungs- und Beratungsangeboten.[1062] Die Gründer unterhalten vor allem Kontakte zu Banken, Steuerberatern, IHKs, Hochschulen, Wirtschaftsförderungsstellen und TGZ, wobei die Bedeutung einzelner Unterstützungskontakte im Zeitablauf zunimmt (z.B. Unternehmensberater) bzw. abnimmt (z.B. IHK). Es besteht jedoch kein signifikanter Zusammenhang zwischen der Nutzung von Unterstützungsnetzwerken und einer erfolgreichen Unternehmensentwicklung,

---

1059 Vgl. dazu Witt und Rosenkranz (2002), S. 98ff.
1060 Vgl. Lang-von Wins et al. (2002), S. 116ff.
1061 Vgl. Aldrich (1999), S. 81f.
1062 Vgl. dazu Scheidt (1995), S. 204ff.

wobei allerdings nur die Anzahl und die Vielfalt der Kontakte, nicht aber die Intensität und Qualität der Kontaktbeziehungen erfasst wurde. Rund drei Viertel der Kontakte wurden aktiv durch die Gründungsunternehmen geknüpft, nur 16,7% der Kontakte entstanden durch die Vermittlung einer dritten Organisation. Ob diese Ergebnisse als Hinweis auf die unzureichende Vermittlungsleistung der regionalen Unterstützungsnetzwerke oder als Hinweis auf ein hohes Problembewusstsein und eine hohe Problemlösungsbereitschaft der Gründer zu werten sind, kann nicht abschließend beurteilt werden. Weiterhin zeigen die Auswertungen, dass Gründungen in ländlichen Regionen tendenziell stärker (aber nicht im signifikantem Ausmaß) öffentliche Unterstützungsnetzwerke nutzen als Unternehmen in Verdichtungsräumen, was von der Autorin als Hinweis auf die geringeren Möglichkeiten zur Beschaffung wichtiger Informationen durch Unternehmensnetzwerke in ländlichen Regionen gewertet wird.

Die Bedeutung des sozialen Netzwerks des Gründers für das Überleben und das Wachstum des neugegründeten Unternehmens wird durch die *Münchner Gründerstudie* bestätigt.[1063] Dabei gehen von den strong ties eine stärkere Wirkungen aus als von den weak ties. In Bezug auf die Kompensationshypothese findet sich lediglich für den Aspekt der Humankapitalkompensation eine gewisse Bestätigung. Auch *Kugler* kann für die *Südthüringer Untersuchung* die Bedeutung von strong und weak ties bestätigen, wobei vor allem die emotionale und aktive Unterstützung von Personen aus dem privaten und familiären Umfeld Erfolg steigernd wirkt.[1064] Die strong ties wirken insbesondere über die aktive Mitarbeit im Gründungsunternehmen, als Kapitalgeber fungieren sie dagegen nur selten. Weiterhin wird festgestellt, dass erfolgreichere Gründer über ein größeres und diversifizierteres Netzwerk von Ansprechpartnern aus dem familiären, privaten, beruflichen und unternehmerischen Umfeld verfügen, mit denen während der Gründung und auch in der Folgezeit betriebliche Probleme besprochen werden können.[1065] Die erfolgreicheren Gründer wenden zudem mehr Zeit für die Pflege des Netzwerks auf und schaffen es, die Netzwerkeffizienz – d.h. Steigerung der Personenanzahl bei gleichzeitiger Verringerung des Zeitaufwands – zu erhöhen. Für einen Datensatz von 347 Unternehmensgründungen im Ruhrgebiet – die Unternehmen wurden 1994 gegründet und 1999 befragt – kann *Jansen* die unterstützende Wirkung von strong ties bestätigen, allerdings nur hinsichtlich

[1063] Vgl. Brüderl und Preisendörfer (1998), S. 218ff.
[1064] Vgl. Kugler (2003), S. 168ff.
[1065] Vgl. Kugler (2003), S. 181ff.

des Überlebens, nicht aber hinsichtlich des Umsatzwachstums.[1066] Eine Vielzahl von weak ties übt dagegen keinen Einfluss auf den Unternehmenserfolg aus. Die Nutzung von Unterstützungsleistungen auf der persönlichen Ebene wirkt sich vor allem positiv auf das Überleben der Unternehmen aus, während die Inanspruchnahme professioneller Unterstützungsleistungen eher das Wachstum fördert. Die Kompensationshypothese kann nur bedingt bestätigt werden. Gründer mit Defiziten in der formalen Ausbildung und unternehmerischer Erfahrung können von größeren Unterstützungsnetzwerken profitieren. Defizite in der Branchenerfahrung können dagegen nicht kompensiert werden, was auf die Problematik der Informations- und Wissensübertragung bei branchenfremden Akteuren hinweist. Human- und Sozialkapital können sich also sowohl komplementär als auch substitutiv zueinander verhalten, je nach dem ob das durch die Netzwerkbeziehungen zu übertragende Wissen eher impliziten oder kodifizierbaren Charakter hat.[1067]

Anhand von Fallstudien weisen *Maurer* (sechs junge Biotechnologieunternehmen) und *Lechner und Dowling* (zehn IKT-Gründungen) nach, dass sich die Netzwerkbeziehungen und damit das Sozialkapital von Gründungsunternehmen mit der Unternehmensentwicklung verändern.[1068] In den einzelnen Phasen der Unternehmensentwicklung werden unterschiedliche Ressourcen (technologisches und betriebswirtschaftlich-kaufmännisches Wissen und Informationen, Finanzierungsmittel, technische Anlagen, wissenschaftliche und wirtschaftliche Reputation) benötigt, die durch unterschiedliche Netzwerkbeziehungen akquiriert werden. Wichtige Impulsgeber für die Änderung des Sozialkapitals sind Produktentwicklungs- und Finanzierungsphasen. Erfolgreichen Gründungen gelingt es, die Netzwerkbeziehungen den veränderten Ressourcenbedürfnissen anzupassen. Das Netzwerk wird dabei größer und heterogener, wobei eine Fokussierung auf einzelne kritische Kontakte und eine Kappung von redundanten strong ties erfolgt. Bei erfolgreichen Gründungen aus der Wissenschaft weicht die anfängliche wissenschaftliche Grundorientierung einer stärkeren ökonomischen Unternehmensausrichtung. Während zu Beginn der Unternehmensentwicklung vor allem persönliche und Reputation steigernde Netzwerkbeziehungen (z.B. Zusammenarbeit mit einem renommierten Unternehmen) gepflegt werden, gewinnen Kooperationsbeziehungen zu anderen Unternehmen – im

1066 Vgl. Jansen (2003), S. 13ff.
1067 Vgl. Jansen und Weber (2003), S. 167.
1068 Vgl. Lechner und Dowling (2003); Maurer (2003), S. 136ff.

Sinne von „co-opetition" Beziehungen – an Bedeutung. Dies verdeutlicht die Notwendigkeit einer dynamischen statt einer rein statischen Analyse der Erfolgswirksamkeit des Sozialkapitals. Nicht nur der Netzwerkaufbau ist erfolgsrelevant, auch die Fähigkeit zur Netzwerkanpassung und -änderung (und damit auch die Durchsetzungsfähigkeit gegenüber den Beharrungskräften bestehender Netzwerkstrukturen) sind erforderlich. Allerdings sind die Ergebnisse aufgrund des Fallstudiencharakters der Studien nur bedingt verallgemeinerungsfähig.

4.7.3. Unternehmensspezifische Einflussgrößen

4.7.3.1. Rechtsform und Eigentümerstruktur

Die Rechtsform und die Eigentümerstruktur werden in diversen empirischen Untersuchungen als unternehmensspezifische Einflussgrößen identifiziert.[1069] Die Wahl einer haftungsbeschränkten Rechtsform – wie z.B. eine GmbH oder GmbH & Co KG – sowie die Kapitalbeteiligung von anderen Unternehmen führen zu signifikant höheren Wachstumsraten. Der Effekt der Rechtsformwahl kann mit der Verfolgung von risikoreicheren Projekten mit höheren Renditeerwartungen bei haftungsbeschränkten Rechtsformen werden.[1070] Im Falle des Scheiterns haftet der Unternehmer nur mit seiner Kapitaleinlage während der Unternehmer einer Personengesellschaft mit seinem gesamten Vermögen haftet. Dadurch ergibt sich ein Anreiz, riskantere Projekte mit höheren Renditeerwartungen zu verfolgen. Durch die Haftungsbeschränkung reduziert sich die Verlustsumme im Fall eines Misserfolgs, der Erwartungswert riskanter Projekte ist für Kapitalgesellschaften somit höher als für Personengesellschaften Damit ist allerdings gleichzeitig auch eine geringere Überlebenswahrscheinlichkeit von haftungsbeschränkten Unternehmen verbunden. Bei unvollkommenen Kapitalmärkten – diese Problematik wird in Abschnitt 4.8.2.1 detailliert behandelt – kann die Wahl einer haftungsbeschränkten Rechtsform allerdings als negatives Qualitätssignal interpretiert werden. Der Gründer hat nicht genügend Vertrauen

---

[1069] Vgl. Steil und Wolf (1997, S. 13ff) für das ZEW-Gründerpanel (Ost) sowie Nerlinger (1998, S. 229ff) für das ZEW-Gründerpanel (West) unter Berücksichtigung der Subgruppe der technologieorientierten Unternehmensgründungen. Harhoff, Stahl und Woywode (1998) zeigen, dass haftungsbeschränkte Unternehmen zwar höhere Wachstumsraten, aber auch ein höheres Insolvenzrisiko aufweisen. Tamásy (2004, S. 261, 268) kann für Betriebsgründungen im Verarbeitenden Gewerbe und in unternehmensbezogenen Dienstleistungssektoren dagegen weder einen signifikanten Wachstums- noch einen signifikanten Überlebenseffekt feststellen.

in sein eigenes Gründungsprojekt und ist deshalb nicht bereit, dieses mit seinem eigenen Vermögen abzusichern. Vor allem klein dimensionierte Gründungsprojekte in traditionellen Geschäftsfeldern werden daher zumeist in Form von Personengesellschaften realisiert. Allerdings kann sich der Effekt der Rechtformwahl mit dem Größeneffekt überlagern.[1071] So verfügen Kapitalgesellschaften gegenüber Einzelunternehmen zumeist über eine deutlich höhere Startkapitalausstattung und größere Gründungsunternehmen weisen wiederum ein geringeres Liquidationsrisiko auf als kleine Gründungen.[1072]

Eine Beteiligung eröffnet dem jungen Unternehmen Zugang zu Know-how, Kapital und Netzwerkbeziehungen. Weiterhin wird die *liability of newness*[1073] reduziert, da eine Reputationsübertragung vom etablierten Beteiligungsunternehmen auf das unbekannte, junge Unternehmen dessen Legitimation steigern kann, wodurch das Liquidationsrisiko abnehmen sollte. Gerade bei innovativen Unternehmensgründungen können sich die Beteiligungseffekte besonders positiv auswirken.[1074] Die Nutzung von komplementärem Know-how sowie die Vermittlung von betriebswirtschaftlichem Wissen erweitern die Wissens- und Kompetenzbasis des Unternehmens. Weiterhin weisen technologieorientierte Gründungen häufig einen höheren Finanzierungsbedarf auf, der aufgrund von asymmetrisch verteilter Informationen durch Fremdkapital nicht gedeckt werden kann. Technologieorientierte Unternehmen sind zudem häufiger auf internationalen Märkten tätig, so dass ein frühzeitiger Aufbau weit reichender Vertriebsnetze erforderlich ist. Allerdings sind Bedenken gegen die Aufnahme weiterer Gesellschafter unter Gründern weit verbreitet. Einer Studie der DtA zufolge sind 89% der Gründer negativ gegenüber einer Partneraufnahme eingestellt.[1075] Als Gründe werden vor allem die befürchtete Einmischung und der Verlust der Alleinentscheidungsbefugnis angeführt. Bei technologieorientierten Gründungen ist die Bereitschaft zur Aufnahme weiterer Gesellschafter – gerade vor dem Hin-

---

1070 Vgl. dazu auch Harhoff, Stahl und Woywode (1998), S. 456ff sowie grundlegend Stiglitz und Weiss (1981).

1071 Damit begründet Kugler (2003, S. 89f) die Wachstumsvorteile von Kapitalgesellschaften in seiner Untersuchung der Erfolgsfaktoren von Unternehmensgründungen in Südthüringen.

1072 Vgl. dazu die Ausführungen zur liablity of smallness in Abschnitt 4.5.2.

1073 Vgl. dazu Abschnitt 4.5.2.

1074 Vgl. Nerlinger (1998), S. 193f. Für die Teilnehmer des Modellversuchs TOU-NBL kann Werner (2002, S. 111f) allerdings keine signifikanten Auswirkungen feststellen. Der Erhalt von Fördermitteln reduziert jedoch die Notwendigkeit, durch externe Beteiligungen weitere Kapitalquellen zu erschließen.

1075 Vgl. Heil (1999), S. 36f.

tergrund eines höheren Kapitalbedarfs – zwar tendenziell höher, aber auch hier bestehen vielfach Vorbehalte.

Die Effekte der Rechtsformwahl sind insbesondere deshalb von Interesse, da sie auf die Finanzierungsproblematik verweisen. Bei riskanten Projekten haben Gründer oftmals Probleme, eine externe Finanzierung zu erhalten. Auf diesen Aspekt wird in Abschnitt 4.8 noch näher eingegangen. Die positiven Effekte von Beteiligungen sind für das weitere Vorgehen ebenfalls relevant, da sie indirekt die Bedeutung von Netzwerken und des Wissenstransfers für das Wachstum belegen, außerdem weisen sie ebenfalls auf die Finanzierungsproblematik hin.

4.7.3.2. Diversifikation

Im Rückgriff auf die finanzmarkttheoretische Portfoliostrategie kann argumentiert werden, dass diversifizierte Unternehmen – also Unternehmen, die Güter auf unterschiedlichen, von einander unabhängigen Märkten anbieten – ein geringeres Risiko aufweisen als Einproduktunternehmen. Dementsprechend sollte für diese Unternehmensgründungen das Liquidationsrisiko geringer sein. Gerade bei technologieorientierten Unternehmensgründungen bietet es sich an, neben dem innovativen und entwicklungsintensiven Produkt weitere „einfachere" Produkte anzubieten, um möglichst frühzeitig Umsätze zu erzielen und damit eine gewisse Stabilität zu erreichen. Dies ist umso wichtiger, je länger die Vorlaufzeit für das innovative Hauptprodukt aufgrund von langen Entwicklungs-, Test- und Markteinführungsphasen ausfällt.[1076] Durch das frühzeitige Erzielen von Umsätzen werden Finanzierungsbeiträgen für die Entwicklung des innovativen Produkts geleistet, zudem kann die Aufnahme von Fremdkapital erleichtert werden, da externen Kapitalgebern die Bewertung des Risikos erleichtert wird. Schließlich kann das Unternehmen auf diese Weise bereits Reputation aufbauen, die dann die Markteinführung des innovativen Produkts erleichtert. Dem kann entgegen gehalten werden, dass durch eine Diversifizierung riskantere Projekte mit hohen Renditen nicht in vollem Umfang verfolgt werden, so dass die Auswirkungen auf das Wachstum eher negativ einzustufen sind.[1077] Außerdem kann aus der Budgetbeschränkung, der junge Unternehmen normalerweise unterliegen, die Vorteilhaftigkeit einer Fokussierungsstrategie abgeleitet werden.[1078] Die

---

[1076] Vgl. Pleschak und Werner (1998), S. 81.
[1077] Vgl. Harhoff und Stahl (1995), S. 25.
[1078] Vgl. Werner (2002), S. 66.

empirischen Ergebnisse sprechen nur für eine bedingte Erfolgswirksamkeit einer Diversifizierungsstrategie. *Nerlinger* kann einen signifikant positiven Zusammenhang nur für technologieintensive Dienstleistungsgründungen nachweisen. Für Gründungen im Verarbeitenden Gewerbe, sowohl technologieorientierte als auch nicht technologieorientierte, kann kein signifikanter Zusammenhang nachgewiesen werden, teilweise ist die Wirkung sogar negativ.[1079] Auch *Werner* kann für die Teilnehmer des Modellversuch TOU-NBL die positiven Wirkungen einer Diversifikationsstrategie nicht eindeutig belegen.[1080] Die Autoren der *Münchner Gründerstudie* können für das Verfolgen einer Spezialisierungsstrategie – entgegen der obigen Begründungen – nur signifikant positive Auswirkungen für das Überleben, nicht aber für das Wachstum ermitteln.[1081]

4.7.4. Strategische Ausrichtung und strategische Entscheidungen

Die strategische Ausrichtung wird vor allem in betriebswirtschaftlich orientierten Beiträgen als wichtige Erfolgsdeterminante diskutiert. Wenn sich strategische Entscheidungen in der Gestaltung des Unternehmens niederschlagen, können diese auch über die unternehmensspezifischen Erfolgsdeterminanten erfasst werden. Dies betrifft z.B. Entscheidungen bezüglich der Finanzierungsstrategie – wie etwa die Aufnahme weiterer Eigenkapitalgeber durch externe Beteiligungen – oder bezüglich der Diversifikation des Leistungsangebots. Da die strategische Ausrichtung auf die Entscheidungen des Gründers und damit letztlich auf dessen Kompetenz, Risikoeinstellung, Zielsetzungen und Ressourcen zurückzuführen ist, kann sie auch unter die gründerspezifischen Einflussgrößen subsumiert werden. In vielen empirischen Beiträgen wird die Strategiedimension daher nicht gesondert berücksichtigt. Um die Bedeutung der strategischen Dimension zu unterstreichen, werden strategischen Entscheidungen hier als eigene Erfolgsdimension berücksichtigt, wobei aber nur einzelne Aspekte aus dem breiten Spektrum strategischer Entscheidungen diskutiert werden. Die strategische Ausrichtung lässt sich jedoch oftmals nur schwer durch objektiv messbare Indikatoren abbilden, teilweise greifen die empirischen Studien daher auf die subjektiven Einschätzungen der Gründer zurück. Dies erlaubt vielfach nur eine dichotome Einstufung, d.h. eine bestimmte Strategie wird oder wird nicht verfolgt. Die Er-

---

[1079] Vgl. Nerlinger (1998), S. 237f.
[1080] Vgl. Werner (2002), S. 109f.
[1081] Vgl. Brüderl, Preisendörfer und Ziegler (1998), S. 202.

folgswirksamkeit strategischer Entscheidungen kann daher oftmals nicht exakt empirisch nachgewiesen werden.

Die Autoren der *Münchner Gründerstudie* weisen auf den Einfluss der Lieferanten- und Kundenstruktur hin.[1082] Die Abhängigkeit von einem oder wenigen Lieferanten bzw. Kunden kann gemäß der Transaktionskostentheorie zu opportunistischem Verhalten der Vertragspartner führen und dadurch die Entwicklung des Unternehmens hemmen. Diese Tendenz lässt sich allerdings nur für die Lieferantenseite eindeutig belegen. Opportunistisches Verhalten wie erpresserische Nachverhandlungen mit dem Ziel der Abschöpfung der Quasi-Rente droht vor allem bei sehr spezifischen Vorleistungen.[1083] Aufgrund der „small numbers“-Problematik, d.h. der geringen Anzahl an alternativen Transaktionspartnern, entsteht ein Abhängigkeitsverhältnis, dem junge Unternehmen aufgrund ihrer geringen Verhandlungsmacht besonders stark unterworfen sind. Die strategische Entscheidung über das Ausmaß der vertikalen Integration sollte daher nicht nur durch Produktionskostenvergleiche sondern auch durch transaktionskostenorientierte Erwägungen fundiert werden. Für innovative Unternehmensgründungen bestätigen *Picot, Laub und Schneider* die Erfolgswirksamkeit einer transaktionskosteneffizienten make-or-buy Entscheidung und der organisatorisch-vertraglichen Ausgestaltung des Fremdbezugs.[1084] Die erfolgreichen Unternehmen machen in stärkerem Maß von den Auslagerungsmöglichkeiten Gebrauch, gleichzeitig nutzen sie häufiger komplexe und langfristige Vertragsformen als die weniger erfolgreichen Unternehmen. Die erfolgreichen Unternehmen verfolgen eine Strategie der extrovertierten Ressourceneinbindung, d.h. die Eigenfertigung konzentriert sich auf die wesentlichen und innovationsrelevanten Teilleistungen, was eine kontinuierliche Qualitätsverbesserung und Weiterentwicklung ermöglicht. Die weniger erfolgreichen Unternehmen weisen einen höheren Eigenfertigungsanteil auf, wobei auch standardisierte Bauteile häufiger selbst produziert werden. Dies kann eine Fehlallokation der unternehmerischen Kapazitäten zur Folge haben – innovationsrelevante Teilleistungen werden bei begrenzten Kapazitäten vernachlässigt, Neu- und Weiterentwicklungen

---

1082 Vgl. Brüderl, Preisendörfer und Ziegler (1998), S. 212ff.

1083 Vgl. Williamson (1990), S. 34ff.

1084 Vgl. Picot, Laub und Schneider (1989), S. 203ff. Die Autoren verwenden allerdings einen kombinierten Erfolgsindikator, der sich aus zehn Erfolgskennziffern zusammensetzt. Das Beschäftigungswachstum wird zwar als Erfolgsgröße berücksichtigt, ist aber nicht der alleinige Erfolgsindikator. Die Studie ermöglicht dadurch keine eindeutigen Aussagen zu den Wachstumsdeterminanten. Aus der Erfolgsrelevanz einzelner Faktoren kann nur bedingt auf deren Wachstumswirkung geschlossen werden.

unterbleiben oder werden verzögert – und dadurch erfolgsmindernd wirken. Analog zur organisatorisch-vertraglichen Ausgestaltung des Fremdbezugs kann auch für die Abwicklung des Vertriebs eine Erfolgsrelevanz festgestellt werden, wobei erfolgreiche Unternehmensgründungen in stärkerem Maß externe Vertriebspartner einbinden.[1085]

Die Ergebnisse der *Münchner Gründerstudie* werden von *Kugler* für ein Sample von Unternehmensgründungen in Thüringen weitgehend bestätigt.[1086] Eine breit gefächerte Kundenstruktur ist kaum erfolgswirksam, tendenziell wirken sich Großkunden mit einem hohen Umsatzanteil positiv auf den Erfolg (Umsatz- und Beschäftigungswachstum) aus, wobei die zunehmende Gefahr von Abhängigkeiten den längerfristigen Erfolg in Frage stellt. Eindeutig positiv wirkt sich dagegen eine überregionale bzw. nationale Vertriebsorientierung aus.[1087] Allerdings stellt sich hier die Frage nach der Kausalität – ist der Erfolg auf den überregionalen Vertrieb zurückzuführen oder ist die überregionale Orientierung Folge des vorherigen Unternehmenswachstums? Eine breit gefächerte Lieferantenstruktur wirkt sich signifikant positiv auf den Unternehmenserfolg aus, was auf die Vermeidung von „Lock in" Effekten mit hohen Wechselkosten und die geringere Gefahr opportunistischen Verhaltens zurückgeführt werden kann. Zudem erhöht eine überregionale Beschaffungsorientierung tendenziell die Erfolgswahrscheinlichkeit. Außerdem sind die Unternehmen, die Kooperationen eingehen, signifikant erfolgreicher (sowohl das Wachstum als auch das Überleben betreffend), wobei insbesondere FuE- sowie Produktionskooperationen erfolgsrelevant sind.[1088] Vergleichbare Ergebnisse ermitteln *Jansen und Weber* für Unternehmensgründungen im Ruhrgebiet.[1089] Insbesondere die strategische Ausgestaltung der Lieferantenbeziehungen wirkt sich förderlich auf den Unternehmenserfolg – gemessen durch eine kombinierte Erfolgsvariable aus Überleben, Umsatz- und Beschäftigungswachstum sowie Rentabilität – aus. Eine Konzentration auf wenige große Lieferanten, mit denen zum Teil längerfristige vertragliche Vereinbarungen abgeschlossen werden, senkt die Transaktionskosten und steigert den Unternehmenserfolg. Wenn gleichzeitig alternative Lie-

---

1085 Vgl. Picot, Laub und Schneider (1989), S. 236ff.
1086 Vgl. Kugler (2003), S. 139ff, 144ff.
1087 Vgl. auch Bürgel et al. (2001, S. 83ff), die für ein Sample deutscher und britischer Hightech-Gründungen ebenfalls auf die Bedeutung einer frühzeitigen Internationalisierung hinweisen. Diese wirkt sich nur signifikant auf das Umsatz-, nicht aber auf das Beschäftigungswachstum aus.
1088 Vgl. Kugler (2003), S. 175ff.
1089 Vgl. Jansen und Weber (2003), S. 179ff.

feranten zur Verfügung stehen, können Abhängigkeitsverhältnisse vermieden und die Gefahr opportunistischen Verhaltens reduziert werden. Die Kundenstruktur ist dagegen nur bedingt erfolgswirksam. Mehrere große Kunden auf einem überregionalen Markt zu bedienen, erweist sich als erfolgreichste Strategie, für das reine Überleben ist die Kundenstruktur allerdings bedeutungslos. Sobald weitere Erfolgsdeterminanten berücksichtigt werden, verliert die Kundenstruktur – im Gegensatz zu den Lieferantenbeziehungen – ihre signifikante Wirkung. Eine Strategie des Preiswettbewerbs ist ebenfalls nicht erfolgswirksam und senkt sogar die Überlebenschancen.

Auch die Erfolgswirksamkeit von Kooperationsstrategien lässt sich empirisch belegen. So kann *Otto* bei einem Sample von 106 jungen technologiebasierten Dienstleistungsunternehmen bedingte Beschäftigungswirkungen kooperativer Strategien feststellen.[1090] Schnell wachsende Unternehmen unterhalten tendenziell häufiger dauerhafte bzw. längerfristige Kooperationsbeziehungen mit anderen Unternehmen. Außerdem sind Kooperationen mit wissenschaftlichen Einrichtungen weiter verbreitet. Allerdings sind die Unterschiede zwischen den Untersuchungsregionen Oberbayern und Thüringen unterschiedlich stark ausgeprägt und nur teilweise statistisch signifikant. Temporäre Kooperationsprojekte und formlose Kontakte mit wissenschaftlichen Einrichtungen sind zwar ebenfalls verbreitet, aber nicht erfolgswirksam. Eine Differenzierung nach dem Gegenstand der Kooperationsbeziehungen und der Art der Kooperationspartner bei Unternehmenskooperationen wird bei der Erfolgsbeurteilung – wohl aufgrund der geringen Fallzahlen – leider nicht vorgenommen. Für junge Unternehmen des ZEW-Gründerpanels ermitteln *Leinweber et al.* eindeutigere Wirkungszusammenhänge.[1091] Mit Forschungseinrichtungen kooperierende Unternehmen weisen ein signifikant höheres durchschnittliches jährliches Beschäftigungswachstum auf. Andere innovationsbezogene Kooperationsformen – z.B. mit Kunden, Zulieferern oder Wettbewerbern – bewirken dagegen keine signifikanten Wachstumseffekte. Bei einer Differenzierung nach der Geschäftstätigkeit zeigt sich, dass nur für einzelne Technologiefelder ein signifikanter Zusammenhang besteht. Außerdem sind die Wachstumseffekte einer Kooperation bei Unternehmen mit hoher Innovationsaktivität besonders stark ausgeprägt. Allerdings wird dabei nicht nach der Kontaktintensität differenziert, d.h. es wird lediglich das grundsätzliche Vorliegen von nicht näher spezifizierten Kooperationsbezie-

[1090] Vgl. Otto (2004a), S. 156ff.

hungen berücksichtigt. Für die Teilnehmer des Modellversuchs TOU-NBL findet *Werner* nur bedingte Erfolgswirkungen.[1092] Das Eingehen von FuE-Kooperationen sowie das Pflegen intensiver Kundenkontakte in der FuE-Phase wirken sich positiv auf das Wachstum aus, allerdings sind die Zusammenhänge zum Teil nur schwach statistisch signifikant. Vertriebs- und Fertigungskooperationen zeigen keine signifikanten Auswirkungen.

Anhand des ERIS-Datensatzes weist *Sternberg* auf die Bedeutung des Grads der regionalen Einbettung – gemessen durch den Anteil der regionalen Kooperationspartner unter Kunden, Dienstleistern, Forschungseinrichtungen, Wettbewerbern und Zulieferern – hin.[1093] Junge Unternehmen des Verarbeitenden Gewerbes sind aufgrund der starken persönlichen Einbettung des Gründers stärker in regionale Wissens- und Innovationsnetzwerke eingebettet als ältere Unternehmen. Allerdings sind die stärker intraregional eingebundenen Unternehmen bezüglich der Beschäftigtenanzahl weniger erfolgreich als weniger eingebundene Unternehmen. Innovationskooperationen sind demnach zwar generell erfolgsfördernd. Aufgrund der Gefahr von Lock-in-Effekten[1094] bei einer einseitig intraregionalen Ausrichtung sind aber insbesondere die jungen Unternehmen erfolgreich, die sowohl innerhalb als auch außerhalb ihrer Region Kooperationsbeziehungen unterhalten.[1095] *Koch und Strotmann* bestätigen dies anhand eines Datensatzes von 466 wissensintensiven unternehmensbezogenen Dienstleistungsgründungen.[1096] Gründungen mit einer dispersen interregionalen Verteilung der Umsatzerzielung wachsen signifikant schneller. Ebenso wirkt sich ein höherer Anteil von regionsexternen Kooperationspartnern positiv auf das Beschäftigungswachstum aus. Die Herkunft des Gründers aus der Region sowie ein hoher Anteil von regionsintern erwirtschafteten Umsätzen haben dagegen keinen signifikanten Einfluss, die Existenz eines regionalen Schlüsselkunden wirkt sich sogar negativ auf die Beschäftigungsentwicklung aus, was womöglich auf entwicklungsbehindernde Abhängigkeitsbeziehungen zurückzuführen ist. Wichtiger als eine starke regionale Einbettung ist eine enge Integration der Gründungsunternehmen in die Innovationsprozesse ihrer Kunden. Generell wirken sich enge Kooperationen positiv auf das Wachstum aus, wobei vor allem formel-

---

[1091] Vgl. Leinweber et al (2004), S. 178ff, ähnlich auch Steinle und Schumann (2003), S. 44ff.
[1092] Vgl. Werner (2002), S. 102ff.
[1093] Vgl. dazu Sternberg (2003b), S. 228ff.
[1094] Vgl. z.B. Grabher (1993) für eine Beschreibung der möglichen Lock-in-Effekte.
[1095] Vgl. Sternberg (2003b), S. 234.
[1096] Vgl. dazu Koch und Strotmann (2005), S. 19ff.

le Kooperationsformen wachstumsfördernd wirken. Auch *Stahlecker* ermittelt tendenziell negative Einflüsse einer starken regionalen Einbettung bei wissensintensiven Dienstleistungsgründungen in den Regionen Bremen und Stuttgart. Stark eingebettete Gründungen (d.h. das Unternehmen wurde mit einem regionalen Pilotkunden gegründet und der regionale Umsatzanteil beträgt mehr als 50%) weisen ein deutlich geringeres durchschnittliches jährliches Umsatz- und Beschäftigungswachstum auf, wobei allerdings keine Aussagen zur statistischen Signifikanz vorliegen.[1097]

Kooperationsbeziehungen bilden damit einen wichtigen Erfolgsfaktor für die Unternehmensentwicklung. Auch wenn die räumliche Nähe den Transfer taziten Wissens und den Aufbau Transaktionskosten senkender Vertrauensverhältnissen fördert, sollten diese Netzwerkbeziehungen nicht zu stark regional begrenzt sein. Gerade für technologieorientierte und wissensintensive Unternehmensgründungen ist es förderlich, auch Regionen überschreitende Kooperationsbeziehungen aufzubauen. Weiterhin geht vor allem von der transaktionskosteneffizienten Ausgestaltung der Lieferantenbeziehungen und -struktur eine erfolgsrelevante Wirkung aus.

4.7.5. Unternehmensexterne Einflussgrößen

4.7.5.1. Standorteinflüsse

Um Standorteinflüsse – vor allem die bereits in Abschnitt 4.4 beschriebenen Lokalisations- und Urbanisationsvorteile – nachzuweisen, werden die Siedlungs- und die Industriestruktur als potenzielle Wachstumsdeterminanten berücksichtigt. Eine weitergehende, differenziertere Erfassung von Regionalfaktoren wird nur selten vorgenommen. Viele empirische Studien berücksichtigen regionsbezogene Einflüsse nur über Regionsdummys (z.B. für Raumordnungsregionen, Bundesländer) oder Dummys für den Raumtyp (z.B. Stadt- versus Landkreis oder Raumkategorie nach BBR-Systematik). Es ist allerdings fraglich, ob die Bevölkerungsdichte als alleiniger Indikator für die Existenz von Agglomerationseffekten ausreicht. Aufgrund der potenziellen Agglomerationsvorteile kann vermutet werden, dass Unternehmensgründungen in Ballungszentren schneller wachsen als in ländlichen Räumen. Andererseits stellt sich bei schnell wachsenden Unternehmen frühzeitig ein größerer Flächenbedarf ein. Falls ausreichende

---

[1097] Vgl. Stahlecker (2006), S. 115, 152.

Gewerbeflächen zu günstigen Konditionen – unter Berücksichtigung der finanziellen Restriktionen, denen viele junge Unternehmen unterworfen sind – nicht verfügbar sind, wird das weitere Wachstum gehemmt, da notwendige Erweiterungen verschoben oder in kleinerem Rahmen durchgeführt werden. Dieses Problem stellt sich vor allem bei Standorten in Ballungszentren. Damit können unterschiedliche Auswirkungen durch die Standortbedingungen erwartet werden. Die empirischen Ergebnisse sind dementsprechend nicht eindeutig.

Nerlinger verwendet die Einwohnerdichte zur Approximation der allgemeinen Agglomerationsvorteile und die sektorale Konzentration als Indikator für Lokalisationsvorteile.[1098] Die Einwohnerdichte wirkt sich demnach vor allem auf das Wachstum von Unternehmensgründungen in Sektoren der höherwertigen Technik und im nicht technologieintensiven Verarbeitenden Gewerbe aus. Dabei besteht ein u-förmiger Zusammenhang, d.h. von einer zunehmenden Bevölkerungsdichte gehen zuerst negative, dann positive Wachstumswirkungen aus. Dieser kritische Wert ist für Gründungen im nicht technologieintensiven Verarbeitenden Gewerbe allerdings so hoch, dass de facto ein durchgehend negativer Zusammenhang besteht. Für die Wirtschaftszweige der Spitzentechnik und der technologieintensiven Dienstleistungen kann kein signifikanter Zusammenhang ermittelt werden. Die Schätzergebnisse der Konzentrationsmaße sind größtenteils insignifikant und zudem uneinheitlich, die Wachstumswirkungen durch Lokalisationsvorteile können daher nicht abschließend bewertet werden. In Übereinstimmung mit *Steil und Wolf*[1099] ermittelt *Brixy* einen eindeutig negativen Zusammenhang zwischen dem Beschäftigtenwachstum und der Bevölkerungsdichte, gerade die Unternehmen in den ländlichen Kreisen weisen die höchsten Wachstumsraten auf.[1100] Für Industriebetriebsgründungen in Baden-Württemberg stellt *Strotmann* signifikant negative Auswirkungen des Agglomerationsgrads auf das Überleben fest.[1101] Allerdings wird nur eine Unterscheidung in Stadt- und Landkreise vorgenommen, weitere regionale Determinanten werden nicht berücksichtigt. Auch *Brixy und Grotz* stellen einen signifikant negativen Einfluss des Verdichtungsgrads auf die Überlebensquoten westdeutscher Gründungen fest.[1102] Die Autoren führen dies auf die Kostenunterschiede bei Löhnen und

[1098] Vgl. Nerlinger (1998), S. 240ff.
[1099] Vgl. Steil und Wolf (1997), S. 22. Die Untersuchung bezieht sich auf ostdeutsche Unternehmen des Verarbeitenden Gewerbes im Zeitraum von Anfang 1992 bis Mitte 1996.
[1100] Vgl. Brixy (1999), S. 128ff.
[1101] Vgl. Strotmann (2002), S. 32.
[1102] Vgl. Brixy und Grotz (2004b), S. 176.

Mieten zurück, weisen aber auch mögliche Einflüsse intensiverer Konkurrenzbeziehungen hin, da die größere räumliche Nähe zu anderen Betrieben der gleichen Branche den Anbieterwechsel erleichtert. Weiterhin werden auch negative Auswirkungen von der Qualifikation der Arbeitskräfte (Anteil hochqualifizierter Beschäftigter, Anteil FuE-Beschäftigter) festgestellt. Die Beschäftigtenstruktur wird von den Autoren ebenfalls als Agglomerationsindikator interpretiert. Da keine Unterscheidung in technologieorientierte und nicht technologieintensive Gründungen vorgenommen wurde, kann nicht nachgeprüft werden, inwieweit sich Qualifikations- und Verdichtungseffekte überlagern und inwieweit die Verdichtungseffekte andere Auswirkungen auf technologieorientierte Unternehmen zeitigen. Die Autoren der *Münchner Gründerstudie* können wie *Almus*[1103] dagegen keinen deutlich erkennbaren Einfluss der Siedlungsstruktur feststellen.[1104] Die Untersuchung bezieht sich auf die Region Oberbayern und umfasst neben der Agglomeration München auch die eher ländlich strukturierten Planungsregionen Südostoberbayern und Oberland. Neben den gängigen Agglomerationsvorteilen sind auch erhebliche potenzielle Nachteile eines Standortes in München wie das hohe Mietniveau oder der stärkere Wettbewerbsdruck zu berücksichtigen. Weiterhin kann mit deutlichen positiven Ausstrahlungseffekten für das Münchner Umland gerechnet werden. Eine eindeutige Festlegung auf einen Standortvorteil oder -nachteil für die Agglomeration ist damit nicht möglich.

4.7.5.2. Förderprogramme

Angesichts der Vielzahl an Förderprogrammen für Unternehmensgründungen und KMU ist es weiterhin von Interesse, ob sich auch der Förderungstatbestand selbst als Wachstumsdeterminante identifizieren lässt. *Almus* untersucht die Beschäftigungsentwicklungen von Unternehmensgründungen, die im Rahmen des ERP-Eigenkapitalhilfeprogramms und des ERP- und DtA-Existenzgründungsprogramms zwischen 1990 und 1993 gefördert wurden.[1105] Die Evaluation wird auf der Basis von Datensätzen der ZEW-Gründerstudie und der DtA Datenbank der bewilligten Förderfälle durchgeführt und umfasst einen Zeitraum von sechs Jahren, wodurch kurzfristige Mitnahmeeffekte großteils ausgeschlossen werden können. Die Auswertung zeigt, dass – je nach gewähltem Verfahren – geförderte

---

[1103] Vgl. Almus (2002), S. 77 für DtA-geförderte Gründungen.
[1104] Vgl. Brüderl, Preisendörfer und Ziegler (1998), S. 205ff.
[1105] Vgl. Almus (2002), S. 133ff.

Unternehmensgründungen ein um sieben bzw. zehn Prozentpunkte höheres durchschnittliches Beschäftigungswachstum aufweisen als nicht geförderte Gründungen. Mit Hilfe eines Matching Verfahrens ermittelt *Prantl* für an DtA-Förderprogrammen teilnehmende Gründungen deutlich höhere langfristige Überlebensraten.[1106] Für die Gründungen der *Münchner Gründerstudie* kann dagegen kein signifikanter Beschäftigungseffekt der finanziellen Gründungsförderung festgestellt werden, wenn die geförderten Gründungen mit den potenziell berechtigten Gründungen – d.h. alle Gründungen, die alle Kriterien für die Förderfähigkeit nach dem ERP Eigenkapitalhilfeprogramm erfüllen – verglichen wird.[1107] Lediglich für die Überlebenswahrscheinlichkeit kann ein positiver Einfluss festgestellt werden.

Die Erklärungskraft der Einflussgröße Förderung wird allerdings durch die Problematik des (Selbst-)Selektionseffekts, der bei empirischen Studien häufig nicht ausreichend berücksichtigt wird, eingeschränkt. Durch die Kriterien und Anforderungen der Förderprogramme und die anschließenden Prüfungsverfahren erfolgt bereits eine positive Selektion von potenziell erfolgreichen Unternehmen. Zudem ist die Beantragung von Fördermitteln zum Teil mit einem erheblichen Aufwand verbunden, der eine detaillierte Planung erfordert. Diese Vorbereitung kann bereits die Erfolgschancen des Gründungsprojekts verbessern, für Gründungsprojekte mit einer geringen Erfolgswahrscheinlichkeit lohnt sich der Vorbereitungsaufwand, der den Charakter einer irreversiblen Investition trägt, dagegen eventuell nicht. Damit dürfte zumindest ein Teil der Fördereffekte auf Selektionseffekte zurückzuführen sein. Für die Relevanz des Selektionseffekts spricht, dass in empirischen Studien bereits für die Beantragung von Fördermitteln eine signifikante Erfolgswirkung nachgewiesen werden kann.[1108]

4.7.5.3. Branchenspezifische Einflussgrößen

Die einzelnen Wirtschaftssektoren weisen unterschiedliche Markt- und Wettbewerbsbedingungen sowie spezifische Probleme auf, die ebenfalls Einfluss auf den Gründungserfolg ausüben. Die industriespezifischen Wachstums- und Überlebensdeterminanten (z.B. Konzentrationsgrad und damit Wettbewerbsintensität, Kapitalintensität, relevante Wettbewerbsparameter, Ausmaß von Skaleneffekten

---

[1106] Vgl. dazu Prantl (2002).
[1107] Vgl. Brüderl, Preisendörfer und Ziegler (1998), S. 174ff.
[1108] Vgl. z.B. Jansen und Weber (2003), S. 186.

und von irreversiblen Investitionen, Entwicklung des Gesamtmarkts) werden in empirischen Studien häufig über die Branchenzugehörigkeit erfasst. Dabei werden allerdings zum Teil nur Branchendummys verwendet, ohne die einzelnen sektorspezifischen Aspekte gesondert zu berücksichtigen. Die empirischen Ergebnisse sind dementsprechend nicht eindeutig.

Ein deutlicher Einfluss der Branchenzugehörigkeit kann z.B. bei der *Münchner Gründerstudie* festgestellt werden.[1109] So sind beispielsweise die Wachstumswahrscheinlichkeiten im Märkten, in den der Innovationswettbewerb eine wichtige Rolle spielt, höher, während Preiswettbewerb, hohe saisonale Schwankungen der Nachfrage und eine hohe Variabilität des Kundenkreises die Wahrscheinlichkeit für Wachstum senken.

Wie *Almus* feststellt, wirkt sich die Wachstumsrate der Unternehmensgründungen in der gleichen Branche negativ auf das Beschäftigungswachstum aus.[1110] Dynamische Märkte, die durch ein größeres Gründungsaufkommen geprägt sind, bedingen demnach schlechtere Entwicklungschancen für das einzelne Gründungsunternehmen. Der Autor begründet diesen Zusammenhang mit dem begrenzten Nachfragepotenzial – bei steigender Marktteilnehmerzahl sinkt der Anteil an der Gesamtnachfrage und die Wachstumsmöglichkeiten verschlechtern sich. Für das Überleben von Industriebetriebsgründungen in Baden-Württemberg ermittelt *Strotmann* negative Einflüsse durch das Ausmaß an Skaleneffekten (gemessen anhand der mindestoptimalen Betriebsgröße) und durch die Gründungsdynamik (gemessen anhand des Anteils an neugegründeten Betrieben in einem Wirtschaftszweig).[1111] Der Zusammenhang zwischen höherem Gründungsaufkommen und geringeren Überlebensraten ist allerdings nicht per se als problematisch einzustufen, da dies auch als Hinweis auf eine hohe Wettbewerbsintensität und damit auf eine effiziente Marktselektion gesehen werden kann. Auswertungen von Betriebsgründungen auf der Ebene der westdeutschen Raumordnungsregionen durch *Brixy und Grotz* ergeben, dass der negative Zusammenhang zwischen Gründungsraten und Überlebensquoten vor allem bei den unternehmensbezogenen Dienstleistungen zu beobachten ist.[1112]

Für Industriebetriebsgründungen in Nordrhein-Westfalen ermittelt *Bulmahn* zwar negative Auswirkungen der mindestoptimalen Betriebsgröße, diese

---

[1109] Vgl. Brüderl, Preisendörfer und Ziegler (1998), S. 216ff, 227ff.
[1110] Vgl. Almus (2002), S. 77f.
[1111] Vgl. Strotmann (2002), S. 32.
[1112] Vgl. Brixy und Grotz (2004b), S. 108.

sind bei den meisten Gründungskohorten und Schätzmodellen aber statistisch insignifikant.[1113] Anhand der amerikanischen Small Business Administration Data Base zeigt *Audretsch*, dass Gründungsunternehmen in Sektoren mit einer größeren Bedeutung von Economies of Scale stärker wachsen, dafür aber auch einem höheren Liquidationsrisiko unterliegen.[1114] Dies ist vor allem in den ersten Jahren nach der Gründung deutlich nachweisbar. Damit bestätigt sich die in Abschnitt 4.6.2 erläuterte Hypothese, wonach viele Unternehmen mit einer suboptimalen Betriebsgröße, also unterhalb der branchenspezifischen mindestoptimalen Betriebsgröße gegründet werden. Um die Kostennachteile abzubauen und um dauerhafte Wettbewerbsnachteile zu vermeiden, muss die Betriebsgröße schnell angepasst werden. Je höher die branchenspezifische mindestoptimale Betriebsgröße ist, desto größer ist der Wachstumsdruck auf die jungen Unternehmen. Falls die Kostennachteile nicht durch schnelles Wachstum reduziert werden können, sind diese Unternehmen in ihrer Existenz gefährdet. Des Weiteren wirken sich ein innovatives Umfeld (gemessen durch die Innovationsrate des Sektors) und eine expansive Entwicklung des Sektors positiv auf das Beschäftigungswachstum aus.[1115]

Die Untersuchung von Branchenspezifika sind nach *Wagners* Ansicht allerdings wenig Erfolg versprechend für die Erklärung des Überlebens von Unternehmensgründungen. In Anlehnung an *Geroski* könne argumentiert werden, dass aufgrund der kleine Größe der meisten Gründungen für diese vor allem die Bedingungen der lokalen Märkte und von Marktnischen relevant sind, die durch die hoch aggregierten Kennzahlen zur Abbildung von Branchenspezifika nicht erfasst werden können.[1116] Ähnlich argumentieren *Fritsch et al.*, die ebenfalls keinen großen Erklärungsgehalt bei branchenspezifischen Determinanten feststellen können.[1117] Sie stufen betriebs- und unternehmensspezifische Faktoren als wesentlich aussagekräftiger ein. Der Einfluss des sektoralen Umfelds kann damit nicht abschließend beurteilt werden, zumal die Branchenspezifika in den empirischen Studien vielfach nur durch sehr grobe Indikatoren abgebildet werden können.

1113 Vgl. Bulmahn (2002), S. 166ff.
1114 Vgl. Audretsch (1995), S. 77ff, 85ff.
1115 Vgl. Audretsch (1995), S. 77ff, 85ff.
1116 Vgl. Geroski (1991), S. 260; Wagner (1994), S. 147.
1117 Vgl. Fritsch et al. (2004), S. 50f.

4.7.6. Zusammenfassung und Überblick über die Erfolgsdeterminanten

Wie die Ausführungen der vorangegangenen Abschnitte verdeutlichen, kann eine Vielzahl von Einzelfaktoren positive oder negative Auswirkungen auf das Überleben und das Wachstum von Unternehmensgründungen ausüben. Dabei ist die erfolgreiche Entwicklung eines jungen Unternehmens in erster Linie die Folge einer kombinierten Wirkung mehrerer Einflussgrößen. Die Untersuchung der Wirksamkeit der einzelnen potenziellen Überlebens- und Wachstumsdeterminanten wird dadurch erschwert, dass diese nicht unabhängig voneinander auf die Unternehmensentwicklung einwirken, sondern sich gegenseitig beeinflussen können. So kann sich z.B. die Humankapitalausstattung des Gründers auf die Kapitalausstattung des Unternehmens auswirken, wenn es dem besser qualifizierten Gründer gelingt, durch eine bessere Unternehmenskonzeption und ein souveräneres Auftreten zusätzliches Kapital zu akquirieren. Zudem ist er eher in der Lage, sich über alternative Finanzierungsformen zu informieren und deren Nützlichkeit zu bewerten. Des Weiteren sind potenzielle Kompensationsbeziehungen zwischen den Determinanten zu berücksichtigen, d.h. Defizite bei einem Erfolgsfaktor können eventuell durch andere Erfolgsgrößen ausgeglichen werden. Die Ableitung eindimensionaler Ursache-Wirkungs-Zusammenhänge wird dadurch erschwert. Die Politik muss diesem Umstand bei der Ausgestaltung von Unterstützungssystemen für Unternehmensgründungen Rechnung tragen und eine Vielzahl von Ansatzpunkten für die Unterstützung installieren.

Der Überblick über die Überlebens- und Wachstumsdeterminanten von Unternehmensgründungen zeigt, dass die einzelnen empirischen Beiträge mehrfach zu unterschiedlichen Einschätzungen bezüglich der Wirksamkeit der einzelnen Determinanten kommen. Ein abschließender und zusammenfassender Vergleich der Erfolgsfaktoren der einzelnen Studien wird erschwert, da diese zum Teil erheblich differieren bezüglich der

- räumlichen Dimension (national oder einzelne Regionen; unterschiedliche Raumeinheiten wie Arbeitsmarktregionen, Kreise, Raumordnungsregionen),
- zeitlichen Dimension (untersuchte Zeitspanne; gewählter Zeitpunkt vor dem Hintergrund unterschiedlicher konjunktureller Rahmenbedingungen),
- sektoralen Abgrenzung (z.B. nur Verarbeitendes Gewerbe, nur TOU),
- Anzahl der berücksichtigten Gründungskohorten,

- Anzahl der berücksichtigten Determinanten (und damit der möglichen Wirkungszusammenhänge zwischen den einzelnen Determinanten) und deren Operationalisierung,
- verwendeten Erfolgsgröße(n),
- Samplegröße (Totalerhebung oder Stichprobe),
- Datenquellen (z.B. ZEW-Gründerpanel, IAB Betriebsdatei) und damit Präzisionsgrad der Erfassung der Gründungs- und Schließungsangaben und
- verwendeten ökonometrischen Verfahren.

Weiterhin erschwert der „survivor bias“ bei Wachstumsanalysen die Bewertung, da oft nur die Eigenschaften der überlebenden Unternehmen berücksichtigt werden, während die gescheiterten Betriebe nicht erfasst werden. Die Ableitung von allgemeinen Erfolgsfaktoren für Unternehmensgründungen steht damit auf einer etwas unsicheren Basis. Unter Berücksichtigung dieser Schwächen und Einschränkungen können dennoch wichtige Informationen bezüglich der Erfolgsdeterminanten von Unternehmensgründungen abgeleitet werden. Die Einflussgrößen für das Überleben und das Wachstum werden wie eingangs erläutert als Erfolgsdeterminanten zusammengefasst.[1118] Die Tabelle 4.4 gibt einen Überblick über die wichtigsten Erfolgsdeterminanten, die aus empirischen und theoretischen Beiträgen abgeleitet werden können. Viele der in Abschnitt 4.4 aufgeführten Gründungsdeterminanten wirken sich auch auf die Entwicklung aus, sie werden daher in die Übersichtstabelle übernommen. Auch wenn diese ein breites Spektrum an potenziellen Einflussgrößen abbildet, kann doch kein Anspruch auf Vollständigkeit erhoben werden. Es ist jedoch zu erwarten, dass alle wesentlichen Erfolgsdeterminanten erfasst wurden. In Anlehnung an Abbildung 4.8 wird zwischen nationalen, regionalen und sektoralen Einflussgrößen sowie gründerspezifischen Determinanten und betrieblichen Charakteristika unterschieden. Mit der zweiten Spalte wird die besondere Relevanz der einzelnen Determinanten für technologieorientierte Unternehmensgründungen überprüft. Besonders wichtige Einflussgrößen werden mit „X“ gekennzeichnet, sind nur einzelne Faktoren innerhalb einer Determinantengruppe von besonderer Relevanz

[1118] Auch wenn die empirischen Belege darauf hinweisen, dass einzelne Faktoten in unterschiedlichen Maß für das Überleben und das Wachstum relevant sind (einzelne Faktoren haben z.B. nur für das Wachstum bzw. nur für das Überleben eine statistisch signifikante Auswirkung; teilweise zeigen sich auch unterschiedliche Wirkungsrichtungen für das Wachstum und das Überleben), erscheint die Zusammenfassung als Erfolgsdeterminanten – auch vor dem Hintergrund der diversen methodischen Probleme – doch sinnvoll.

oder übt diese insgesamt nur einen mäßig spezifischen Einfluss auf TOU aus, wird diese mit „(X)“ gekennzeichnet. In der dritten Spalte werden die Einflussmöglichkeiten von TGZ untersucht. Determinanten, auf die TGZ einen direkten Einfluss ausüben können, werden mit „X“ gekennzeichnet. Wenn TGZ nur einen mittelbaren oder begrenzten Einfluss ausüben können, werde diese Einflussgrößen mit „(X)“ gekennzeichnet.

Auf eine empirisch fundierte Einstufung der Wirkungsrichtung der einzelnen Determinanten wird hier – ebenso wie bei der Zusammenfassung der Gründungsdeterminanten in Tabelle 4.3 – verzichtet. Zum einen sind die empirischen Belege für viele Faktoren nicht eindeutig (teilweise werden für dieselbe Einflussgröße sowohl statistisch signifikant positive als auch negative Wirkungen festgestellt). Weiterhin sind die einzelnen Studien aus den bereits genannten Gründen oftmals nicht miteinander vergleichbar. Einzelne Determinanten wurden bisher überhaupt nicht berücksichtig oder nur durch unzureichend operationalisierte Indikatoren abgebildet. Zudem bestehen wie bereits angeführt vielfach Wechselwirkungen zwischen den einzelnen Faktoren, so dass die Wirksamkeit bzw. Unwirksamkeit einzelner Faktoren auch jeweils von anderen, in der Studie nicht berücksichtigten Faktoren abhängen kann.[1119] Schließlich wirken sich die einzelnen Einflussgrößen unterschiedlich schnell auf die Unternehmensentwicklung aus, d.h. das Wachstum reagiert mit unterschiedlichen zeitlichen Verzögerungen auf Veränderungen bei den Einflussgrößen, einmalige Änderungen können eventuell auch keinerlei spürbare Auswirkungen zeitigen. Die unterschiedliche Fristigkeit der Wirkungen wird ebenfalls nicht von allen Studien gleichermaßen berücksichtigt. Zusammenfassend kann festgehalten werden, dass die im Folgenden aufgeführten Einflussgrößen allesamt den Unternehmenserfolg beeinflussen können, wobei zur Intensität und zur Frage der kombinierten Wirkung keine abschließende Feststellung vorgenommen werden kann.

[1119] Es damit auch möglich, dass der statistisch nachweisbare Einfluss einer Determinante tatsächlich auf die Wirkung einer anderen Determinante, die nicht im Modell berücksichtigt wurde, zurückzuführen ist. Bei der zusätzlichen Berücksichtigung dieser Determinate verlöre die erste Einflussgröße an Aussagekraft.

Tabelle 4.4: Übersicht Erfolgsdeterminanten

Determinanten	TOU	TGZ
1. Nationale Einflussgrößen		
1.1 Allgemeine nationale Rahmenbedingungen		
Wirtschaftssystem; „ideologische" Ausrichtung der Politik (Stichwort: „unternehmerfreundlich", „innovationsorientiert"); politische und ökonomische Stabilität	(X)	
institutionelle Rahmenbedingungen: Steuer-, Arbeits-, Wettbewerbs-, Banken-, Patent-, Umwelt-, Insolvenzrecht; Struktur der Finanzmärkte (insbesondere VC) und der Arbeitsmärkte (Flexibilität); staatliche Monopole/ Privatisierung;	(X)	
Bürokratie/administrative Hemmnisse	(X)	
Technologiepolitik; Forschungsinfrastruktur	X	
Ausprägung des Sozialversicherungssystems		
allgemeine wirtschaftliche und gesellschaftliche Trends: technologische Entwicklung (z.B. zunehmende Bedeutung von IKT, Gentechnik), Strukturwandel/Tertiarisierung, Globalisierung, Unternehmensreorganisation (Outsourcing), neue Vermarktungsstrategien (z.B. Franchising), demographischer Wandel, zunehmende Individualisierung/Freizeitgesellschaft	(X)	
1.2 Makroökonomische Daten/Trends		
Zinsniveau (Realzins)		
Entwicklung der gesamtwirtschaftlichen Nachfrage		
Konjunkturentwicklung, Konjunkturerwartung		
1.3 Gründungsbezogene nationale Rahmenbedingungen		
Förderprogramme des Bundes (z.B. ERP-Programme; TOU-Modellversuche)	(X)	
gründungsbezogene Infrastruktur: Beratung, Unterstützungsnetzwerke; jeweils auf nationaler Ebene; Kreditinstitute (insbesondere öffentliche Institute wie die KfW)	(X)	
2. Gründungsunternehmen		
2.1 Gründerbezogene Einflussfaktoren		
demographische Merkmale: Alter, Geschlecht, Nationalität		
Humankapitalausstattung: Schulabschluss, Ausbildung, Studium/ akademischer Grad (unter Berücksichtigung der Fachrichtung); Berufs-, Branchen-, Management-, Selbstständigkeits- und Gründungserfahrung	X	(X)
Maßnahmen zur Steigerung des Humankapitals: Teilnahme an Qualifizierungsprogrammen (Existenzgründerseminare, Fortbildungskurse etc.)	(X)	X
Erwerbsstatus vor der Gründung (z.B. Arbeiter, Angestellter, Selbstständiger)		
Gründungsplanung und -vorbereitung; Unternehmenskonzeption	X	X

Determinanten	TOU	TGZ
Gründungsmotive (Push- und Pull-Faktoren; vorherige Arbeitslosigkeit bzw. drohende Arbeitslosigkeit bei Unternehmensaufgabe); Zielsetzung (Wachstumsorientierung vs. gesichertes Einkommen/überschaubares Unternehmen)		
Persönlichkeitsmerkmale („traits“)		
angeborene und inhärente Begabungen und Fähigkeiten („abilites“)		
Verhaltensweise, z.B. Flexibilität, Managementstil, Entscheidungsfindung	(X)	
Gesundheit, physische und psychische Belastbarkeit		
Anzahl der Gründer (Teamgründung vs. Einzelpersonengründung)	(X)	(X)
finanzielle Ressourcen/Vermögen		(X)
Multiple Entrepreneurs (Eigentum, Beteiligung oder Management weiterer Unternehmen)		
soziale Netzwerke (aktive und ideelle Unterstützung durch Partner, Familie, Freunde), Sozialkapital, „professionelle“ Netzwerke (Verbindung zu potenziellen Kapitalgebern, Geschäftspartnern); Gründernetzwerke (Kontakte zu anderen Gründern, jungen Unternehmern)		(X)
2.2 Unternehmensbezogene Einflussfaktoren (betriebliche Charakteristika, strategische Ausrichtung/Entscheidungen[1120]) Alter		
Größe (Gründungsgröße, Startkapital; unter Berücksichtigung der sektorspezifischen mindestoptimalen Betriebsgröße)		
Technologieorientierung; Innovationen als Unternehmensgrundlage	X	
Rechtsform (Haftung)		
Gründungsform (originäre vs. derivate Gründung); Spin-off Gründung (Art der Inkubatororganisation), Franchisegründung	(X)	
Betriebsart (eigenständig vs. unselbstständig; Haupterwerb vs. Nebenerwerb)		
Umfang des Leistungsspektrums (Diversifizierung vs. Spezialisierung)	(X)	
Ressourcenausstattung, insbesondere Ausstattung mit finanziellen Ressourcen: Finanzierungsstruktur/Eigenkapitalquote; Finanzierungsform, Art der Kapitalgeber, Fristigkeit des Kapitals (private Investoren, Kreditinstitute, VC-Gesellschaft, etc.); Nutzung von Fördermitteln (Darlehen, Zuschüsse, Beteiligungskapital)	(X)	(X)
Eigentümerstruktur (externe Beteiligungen; Eigenschaften der Gesellschafter)	(X)	X

1120 Da die strategische Ausrichtung durch den Gründer festgelegt wird, könnte diese auch unter den gründerbezogenen Einflussfaktoren subsumiert werden. Da die strategischen Entscheidungen zumeist die Ausgestaltung des Unternehmens und der Unternehmensaktivitäten betreffen, erscheint die Einstufung zu den unternehmensbezogene Einflussfaktoren als sinnvoller. Es bestehen allerdings gewisse Überschneidungen mit anderen Faktorenkategorien, so sind z.B. der Standort und die gewählte Branche letztlich auch das Ergebnis einer strategischen Entscheidung.

Determinanten	TOU	TGZ
Unternehmensorganisation (Aufbau- und Prozessorganisation), Organisationsentwicklung		(X)
betriebliches Informationssystem (Controlling, Rechnungswesen; jeweils Art und Umfang, Grad der IKT-Unterstützung)	(X)	X
Planung (Ebenen: strategisch, operativ; Planungssystem: Formalisierungsgrad und Regelmäßigkeit)	(X)	X
Kooperationen (FuE, Fertigung, Vertrieb), Netzwerke (intra- vs. interregional)	X	X
Gestaltung der Lieferanten- und Kundenbeziehungen (transaktionskosteneffiziente Vertragsform); Lieferanten- und Kundenstruktur (Anzahl, räumliche Verteilung)	(X)	(X)
Innovationsstrategie; Art der Innovationsorientierung (Demand-Pull vs. Technology-Push), Patente/Lizenzen	X	(X)
Marktpositionierung (Nischenanbieter, Systemanbieter, Generalist)	(X)	(X)
Wettbewerbsparameter (Preis-, Qualitäts-, Service-, Innovationswettbewerb)	(X)	(X)
räumliche Marktorientierung (regionale, nationale, internationale Absatzmärkte)	X	(X)
generelle Marktorientierung (Bedeutung des Marketing; Marketingkonzeption, Einsatz der Instrumente des Marketingmix)	(X)	X
3. Regionale Einflussgrößen		
3.1 Standortfaktoren		
Agglomerationsvorteile (Lokalisations- und Urbanisationseffekte) gemessen durch Branchenkonzentration und Bevölkerungsdichte bzw. Raumkategorie; Cluster	(X)	(X)
Unternehmensbestand (Existenz potenzieller Lieferanten, Kunden, Konkurrenten und Inkubatoren); größenmäßige, sektorale und funktionale Betriebsstruktur	(X)	(X)
Netzwerk-/Kooperationsorientierung der bestehenden Unternehmen	X	(X)
Gründungsaufkommen/-cluster (Netzwerkeffekte; Konkurrenzdruck – „konische Drehtüre“)	(X)	X
FuE-Infrastruktur: Hochschulen und außeruniversitäre Forschungseinrichtungen, FuE-betreibende Unternehmen, Technologietransferstellen	X	(X)
Finanzierungsmöglichkeiten: Verfügbarkeit und Finanzierungsbereitschaft der regionalen Kreditinstitute; regionale Verfügbarkeit von Beteiligungskapital (VC und Business Angels)	(X)	X
regionale gründungsbezogene Infrastruktur (Unterstützungsnetzwerke, Beratungsangebot durch Kammern, Verbände etc.)		X
unterstützende Dienstleister: (Patent-)Anwälte, Rechts-, Unternehmens- und Steuerberater	(X)	(X)

Determinanten	TOU	TGZ
regionale Nachfrage durch Haushalte und Unternehmen (beeinflusst durch Bevölkerungsdichte, Einkommensniveau, Arbeitslosigkeit, Bruttowertschöpfung, etc.)		
weiche Standortfaktoren, vor allem unternehmensfreundliche Verwaltung (Dauer von Genehmigungsverfahren/Anträgen; bürokratische Regelungen)		
wirtschaftsgeographische Lage; Verkehrsinfrastruktur (Transportkosten, Anbindung)	(X)	
Lohnniveau; Verfügbarkeit von qualifizierten und unqualifizierten Arbeitskräften	(X)	
Immobilienpreise/Mietpreisniveau, Erweiterungsmöglichkeiten	(X)	X
Steuersätze (Gewerbesteuer, Grundsteuer), Gebühren		
3.2 Maßnahmen der Regionalentwicklung		
regionale Förderprogramme, öffentlich-private regionale Unterstützungsnetzwerke (jeweils zur Unterstützung von Gründungen und jungen Unternehmen)	(X)	X
regionale gründungsbezogene Infrastruktur (z.B. TGZ, Gewerbegebiete)	(X)	X
Beratungsangebot der regionalen öffentlichen Einrichtungen („Helfernetzwerk")		X
generell: „ideologische" Ausrichtung der Politik auf kommunaler und regionaler Ebene (z.B. Unternehmensansiedlungsförderung vs. Entwicklung des endogenen Potenzials)		(X)
4. Sektorale Einflussgrößen		
Branchenspezifika „Angebotsfaktoren": Skaleneffekte, Konzentrationsgrad, FuE- und Werbeintensität, Heterogenität der Produkte, Kapitalintensität, Kapitalspezifität (Anteil der versunkenen Kosten/irreversiblen Investitionen), Wettbewerbsintensität (auch freier Wettbewerb auf vor- und nachgelagerten Stufen), etc.	(X)	
Branchenspezifika „Nachfragefaktoren": Nachfrageentwicklung (Marktvolumen und -wachstum), saisonale Schwankung der Nachfrage, Auftragsklumpung, Stabilität des Kundenkreises, Anzahl und Art der Nachfrager (z.B. Großunternehmen, KMU)		
technologisches Regime; Lebenszyklus/Marktphase	X	
Unternehmensgrößenstruktur (Anteil KMU)		
staatliche Reglementierung/marktspezifische Subventionen	(X)	
Unternehmens(re-)organisation: Fertigungstiefe/Outsourcing	(X)	

Quelle: Eigene Darstellung.[1121]

[1121] Eine Übersicht potenzieller Erfolgsdeterminanten findet sich z.B. in Almus und Nerlinger (1998), S. 2ff; Audretsch (1995), S. 85ff; Aulinger (2005), S. 183ff; Autio (2005), S. 30ff; Brixy und

4.8. Die Probleme technologieorientierter Unternehmensgründungen

4.8.1. Überblick über die Problembereiche und Unterstützungsrechtfertigung

4.8.1.1. Überblick über die Problembereiche in den einzelnen Gründungsphasen

Bevor die einzelnen Problembereiche von Unternehmensgründungen gesondert analysiert werden, erfolgt in diesem Abschnitt ein Überblick über die relevanten Problembereiche. Zu den Problemen bzw. den Gründungs- und Entwicklungshemmnissen von Unternehmensgründungen und jungen Unternehmen liegt ein breites Spektrum an empirischen Studien vor. Die nachfolgende Tabelle 4.5 gibt einen zusammenfassenden Überblick über deren Ergebnisse. Die Studien unterscheiden sich allerdings in der Samplezusammensetzung[1122] sowie durch die erfassten Gründungsphasen. Die Bezeichnung der Gründungsphasen differiert ebenfalls und stimmt nicht immer mit dem in Abschnitt 4.1.2.5 erläuterten Phasenschema überein. Da in den meisten Studien keine strikte Phasenabgrenzung vorgenommen wird, können die jeweilig untersuchten Entwicklungsphasen nicht eindeutig in das vorgestellte Phasenschema eingeordnet werden. Die jeweiligen Phasenbezeichnungen werden daher beibehalten. Generell können zwei übergeordnete Phasen unterschieden werden, erstens die Gründungs- und Errichtungsphase und zweitens eine Entwicklungs- und Wachstumsphase. Die Vorgründungsphase wird von den Studien nicht explizit berücksichtigt, zum Teil wird sie implizit unter die Gründungsphase subsumiert. Die Wachstumsphase ist ebenfalls nicht eindeutig abgegrenzt, in einzelnen Studien umfasst die Wachstumsphase auch die weitere Entwicklung der jungen Unternehmen. Weiterhin erfassen die einzelnen Studien – bedingt durch das jeweilige Erkenntnisziel – unterschiedliche Problembereiche. Schließlich bestehen Unterschiede in der Anzahl und im Detaillierungsgrad der vorgegebenen Problembereiche sowie den

Grotz (2004b), S. 174ff; Brüderl, Preisendörfer und Ziegler (1998), S. 106ff; Bulmahn (2002), S. 163ff; Chrisman, Bauerschmidt und Hofer (1998), S. 10ff; Fritsch et al. (2004), S. 40ff; Hinz (1998), S. 217ff; Jansen (2003), S. 13ff; Koch und Strotmann (2005), S. 12ff; Moog (2004), S. 11ff; Nerlinger (1998), S. 189ff; Preisendörfer (2002b), S. 61ff; Scheidt (1995), S. 64ff; Steil und Wolf (1997), S. 3ff; Sternberg (2003b), S. 225ff; Storey (1994), S. 121ff; Strotmann (2002), S. 2ff; Tamásy (2004), S. 188ff; Wanzenböck (1998), S. 131ff; Werner (2002), S. 56ff, 71ff; Woywode (1997), S. 79ff.

1122 Zwar stehen die technologieorientierten Gründungen im Mittelpunkt des Interesses dieser Arbeit. Da aber viele Problemfelder technologieorientierte und nicht technologieorientierte Gründungen durch das Befragungsdesign vorgegebenen Antwortmöglichkeiten. Dadurch wird die Vergleichbarkeit der Ergebnisse der einzelnen Studien etwas eingeschränkt. Im Folgenden werden nur die Probleme aufgelistet, die von mindestens 10% der befragten Unternehmen genannt wurden. Einzelne Quellen geben keine relativen oder absoluten Antworthäufigkeiten an, stattdessen werden nur die wichtigsten Probleme genannt, teilweise mit Angabe der durchschnittlichen Problemintensität (z.B. in Form von Schulnoten). In diesen Fällen werden nur die wichtigen Probleme in der Tabelle aufgeführt. Probleme, die nur von einer Minderheit genannt wurden oder die nur eine unterdurchschnittliche Problemintensität aufweisen, werden nicht aufgeführt.

grundsätzlich gleichermaßen betreffen, werden hier auch Studien zu normalen Unternehmensgründungen berücksichtigt.

Tabelle 4.5: Übersicht Probleme von Unternehmensgründungen in der Gründungs- und Wachstumsphase

				Probleme
Nr.	**Quelle**	**Sample**	**Phase**	**Finanzierung**
1. Technologieorientierte bzw. innovative Unternehmensgründungen				
1	FhG-ISI, Söstra / k.A. Herner et al. (2005)	20 TOU (Spin-offs aus Forschungseinrichtungen)	Gründung und Wachstum	ungenügende Eigenkapitalausstattung (45%); falsche Einschätzung des Finanzbedarfs (30%); ablehnendes oder bürokratisches Verhalten der Banken (25%)
2	ISI / 2002 Pleschak et al. (2002)	410 TOU[1123]	Wachstum	zu geringe Finanzierungskraft/ Finanzierungsengpässe
3	IHK / 2000 Bayer und Hütter (2003)	337 TOU Region Aachen	Gründung	Finanzierung
4	bifego / 1998 Klandt und Daniels (2001)	50 TOU im Raum Köln/ Bonn	Gründung- und Frühentwicklung	Finanzierung (38% in Gründungsphase/ 43% in Frühentwicklungsphase)
5	bifego / 1998 Klandt und Daniels (2001)	50 TOU im Raum Köln/ Bonn	Gründung und Frühentwicklung	Finanzierung (38% in Gründungsphase; 43% in Frühentwicklungsphase)

[1123] Ostdeutsche FuE-intensive Unternehmen; gefördert durch Modellversuch TOU, FUTOUR, BTU, FuE NBL-Sonderförderung und PROINNO.

	Probleme			
Nr	**Markterschließung**	**FuE**	**Personal**	**Sonstige**
1	ungenügendes Geschäftskonzept, Falscheinschätzung der Marktentwicklung (45%); falsche Vertriebs- und Marketingstrategie, Personalprobleme im Vertrieb (35%)	Nachentwicklungsbedarf bei Innovation, Idee (noch) nicht marktreif (25%)		kaufmännische Qualifikation der Gründer (55%); unklare Un.ziele, Un.planung (30%); Konflikte mit anderen Gründern/ Gesellschaftern (30%); unzureichende Beratung durch Unterstützungsnetzwerk (25%); keine Einbindung in regionale Netzwerke (25%); Bürokratie (25%)
2	erschwerter Marktzugang	zu wenig FuE-Personal, zu geringe FuE-Ausstattung	Überalterung des FuE-Personals/ Verfügbarkeit von jungem Fachpersonal	zu geringe Managementkapazitäten
3	Kundenakquisition		Fehlen qualifizierter Arbeitskräfte	Eigene Organisation/ Zeitmanagement; unzureichende Beratung im Vorfeld der Gründung
4	Absatz, Vertrieb, Verkauf (64%, 64%)	FuE-Arbeit (12%, 24%); Patentrecht (4%, 14%)	Personalrekrutierung (54%,70%)	kaufmänn. Qualifikation (34%, 34%); Behörden (26%, 30%); Betriebsorganisation (20%, 29%); unternehmer. Qualifikation (16%, 26%)
5				

				Probleme
Nr.	**Quelle**	**Sample**	**Phase**	**Finanzierung**
6	ISI / 1999 Pleschak, Stummer und Ossenkopf (2000)	50 TOU[1124]	frühe Entwicklungsphase (2. Jahr)	-
7	ISI / 1994 Lessat et al. (1999)	118 TOU	Aufbauphase	Finanzierung des Unternehmensaufbaus (68%) und des Wachstums (42%)
8	ISI / 1998 Lessat et al. (1999)	112 TOU[1125]	Wachstums	Stärkung der Ertragskraft, Beschaffung von Fremd- und Eigenkapital,
9	DtA / 1996 Arntz und Bindewald (1998)	104 innovative Existenzgründer	Entwicklungsphase	Zahlungsmoral (33%)[1126], Forderungsausfälle (27%), Zinsbelastung (25%)

1124 Ostdeutsche FuE-intensive Unternehmen; Teilnehmer des Förderprogramms FUTOUR; die Befragungen beschränkten sich auf die Bereiche FuE und Markterschließung.

1125 Gefördert durch Modellversuch TOU und BJTU des BmBF.

1126 Zusätzlich wurden die Unternehmen nach Investitionshemmnissen gefragt. 78% nennen Kapitalmangel, 36% klagen über zurückhaltende Kreditvergabe von Banken und Förderinstituten. Diesen Werten liegen die Angaben von 213 innovativen Existenzgründern zugrunde (vgl. Arntz und Bindewald 1998, S. 35, 37).

	Probleme			
Nr	**Markterschließung**	**FuE**	**Personal**	**Sonstige**
6	Image als neues Un. (57%), Vorschriften/ Genehmigungen (21%), fehlendes Vertriebs- Know-how (19%), Einhaltung des Markteintrittstermins (19%), starke Konkurrenz/Markteintrittsbarriere n (19%), Finanzierung des Marketing (11%)	Verfügbarkeit FuE-Personal (33%), FuE Know-how (16%), FuE-Finanzierung (12%), FuE-Kooperationen (10%)		
7	Image als neuer Anbieter (53%), Einsatz von Markteinführungsinstrumenten (47%), Bewertung des Marktpotenzials (41%), fehlende Innovationsbereitschaft der Kunden (35%)	Einschätzung des zeitl. und kostenmäßigen Entwicklungsaufwands (58%), FuE-Kooperationen (13%), technische Probleme (18%)	Verfügbarkeit qualifizierter Mitarbeiter (25%)	Kooperation mit qualifizierten Unterauftragsnehmern (18%)
8	Festigung/ Ausbau der Marktstellung, Erschließung von Auslandsmärkten; Suche/ Kooperation mit Vertriebespartnern	Erkennen technischer Trends	Verfügbarkeit/ Integration qualifizierter Mitarbeiter	Erreichen einer effizienten Organisation
9	Wettbewerbsverschärfung (38%), Marketing (29%), niedrige Preise (26%)		Personalkosten (21%), Fachkräftemangel (12%)	zu schnelles Wachstum (20%), Unstimmigkeiten mit Geschäfts- oder Beteiligungspartner (12%), Managementdefizite (12%), Standort allgemein (11%), Behörde/ Genehmigungsverfahren (11%)

				Probleme
Nr.	**Quelle**	**Sample**	**Phase**	**Finanzierung**
10	Uni Hannover / 1994 Seeger (1997)	164 TGZ-Unternehmen in Deutschland	Gründung- und Entwicklung (TGZ-Aufenthalt)	Finden von Finanzierungsquellen (44,3%)
11	TU Berlin / 1990 Scheidt (1995)	122 TOU in Westdeutschland	Entwicklungsphase	Finanzierung/Kapitalbeschaffung (47,5%)
12	Uni Mainz / 1990 Pett (1994)	173 TGZ-Un. Westdeutschland	Gründungsphase	Antragsverfahren für Fördermittel (75,2%); kapitalintensive Investitionen und Produktion (66,1% bzw. 42,9%), hohe Kapitaldienstbelastung (56%), Informationen über Fördermöglichkeiten (49,7%), keine Erfahrung im Umgang mit Banken (28,6%)
13	ISI / 1990 Kulicke et al. (1993)	85 TOU[1127]	Markteinstieg	Finanzierungsengpässe (11%)
14	Uni Saarbrücken / 1987 Kulicke (1987)[1128]	83/ TOU	Startphase/	Risikokapitalbeschaffung bei der Entwicklung des Prototypen (9,6%), bei der Produktionsaufnahme (31,3%), bei der Markteinführung (32,5%)

[1127] Westdeutsche technologieorientierte Unternehmen; Teilnehmer der Modellversuchs TOU; Die Angaben zu den Vertriebsproblemen beziehen sich nur auf 69 Unternehmen. Bei einzelnen Problembereichen wurden die Unternehmen nach gravierenden und spürbaren/aber nicht gravierenden Problemen getrennt befragt. Die Prozentangaben beziehen sich in diesen Fällen auf die summierte Nennungshäufigkeit der beiden Problemeinstufungen.

[1128] Berücksichtigt wurden nur die Probleme, die an erster oder zweiter Stelle genannt wurden.

Nr	Probleme			
	Markterschließung	**FuE**	**Personal**	**Sonstige**
10	Markteinführung der Produkte (75,6%)	Techn. Probleme bei Produktentwickl. (42,4%), Informationsbeschaffung (19,7%)	Akquisition von qualifizierten Mitarbeitern (28%), Löhne und Gehälter (15,9%)	betriebswirtschaftl. Führung des Unternehmens (44,4%), Rechtsfragen (25,3%),
11	Vertrieb/Marketing/ Kundenakquisition (39,2%)	FuE/ Ideenfindung und -umsetzung (22,5%)	Beschaffung und Freisetzung von Mitarbeitern (53,3%)	Un.führung/ strateg. Entscheidungen zu Un.politik, Un.ielen und Organisationsstruktur (20,8%); Leistungserstellung/ Produktion (17,5%)
12	Markteinführungs- und Absatzprobleme (61%), Kundenkontakte (35,7%), Marktinformationen (35,6%), starke Konkurrenz (22,8%)	kurze Innovationszyklen (35,1%)	hohe Personalnebenkosten (57,1%), Personalmangel (45,3%)	Vorschriften (60,2%), betriebswirtschaftl./ kaufmänn. Kenntnisse (58,6%), Raumbeschaffung (45,1%), Steuerbelastung (36,9%), Behörden (35,4%)
13	Image neues Un. (58%), Suche und Zusammenarbeit mit Vertriebspartnern (28%), Fehleinschätzung Kundenverhalten (24%), fehlendes Vertriebs-Know-how (16%)	-	Personalsuche und Qualifizierung (35%)	
14	Aufbau der Absatzorganisation (32,5%), Marktanpassung der techn. Gründungsidee (15,6%), Akzeptanzprobleme da neue Technik/ Un. (14,5%)	-	-	Managementprobleme (13,2%)

				Probleme
Nr.	**Quelle**	**Sample**	**Phase**	**Finanzierung**
14	Uni Saarbrücken / 1987 Kulicke (1987)[1129]	79 TOU	Wachstumsphase	Finanzierung des Wachstums (48,1%), Schaffung eines unter dem Aspekt des Finanzierungsausgleichs ausgewogenen Produktprogramms (27,8%)
2. Unternehmensgründungen allgemein				
1	FH Schmalkalden / 2001 Kugler (2003)	405 Gründer in Südthüringen	Gründungsphase	geringes Eigenkapital, Fremdkapitalbeschaffung
2	IfM / 2000 Kay, May-Strobl und Maaß (2001)	91 Gewerbemelder	Gründungsvorbereitung und Markteintritt / Übergang 2. zu 3. Jahr	Fremdkapitalbeschaffung (14,3%, 11%); Forderungsausfälle / Zahlungsdisziplin (0%, 16,5%)
3	IAB / 1999 Wießner (2001)	2.883 Gründer[1130]	Existenzgründung	Deckung laufender Fixkosten (41,9%); Finanzierung (33,9%)
4	DtA / 1997 Heil (1999)	846 Existenzgründer	Wachstumsphase („Investitionshemmnisse“)	zu wenig Kapital (77% wachstumsstarke Un.; 71,7% wachstumsschwache Un.), Kreditvergabe (23,8%, 18,8%)
5	K.O.M.S. Consulting und FH Trier / k.A. Möhlig, Diethelm und Feidicker (1998)	206 Existenzgründung (davon 26 Abbrecher)	Gründungsvorbereitung und Anlaufphase	Finanzierungsquellen/ Sicherheiten/Banken/Förderinstitutionen, Zahlungsverhalten der Kunden/Forderungsausfälle, Ergebnis-/ Liquiditätsplanung/ Controlling

[1129] Berücksichtigt wurden nur die Probleme, die an erster oder zweiter Stelle genannt wurden.
[1130] Befragt wurden vormals arbeitslose Gründer, die mit Überbrückungsgeld gefördert wurden.

Nr	Probleme			
	Markterschließung	**FuE**	**Personal**	**Sonstige**
14	Übergang vom ersten erfolgreichen Produkt zu Nachfolgeprodukten (12,7%), Vertriebsaufbau und –ausbau (11,4%)	-	-	Managementschwierigkeiten (19%), Organisationsprobleme (13,9%)
2. Unternehmensgründungen allgemein				
1	Aufbau eines Kundenstamms		Finden von Mitarbeitern	hinderliche Behörden, Rechtsunsicherheit
2	Erschließung neuer Absatzwege/ Kunden (2,2%, 16,5%), Nachfrageschwäche (1,1%, 17,6%), hoher Konkurrenzdruck (0%, 17,6%)		Mitarbeiterbeschaffung (0%, 12,1%)	allgemeiner Kostendruck (1,1%, 9,9%)
3	Markt- und Wettbewerbssituation (32,4%)	-		Behörden und öffentliche Verwaltung (17,8%)
4	Absatzprobleme (19,1%, 28,8%)			Immobilien- / Grundstückspreise (17,4%, 18%), Planungsverfahren (16,2%, 14,4%)
5	Preiskalkulation, Konkurrenz/ Standortwahl, Werbung, Produktakzeptanz/ Marktpotenzial, Vertrieb, Zeitpunk des ersten Absatzes/ Absatzverlauf		Personalbedarfsplanung/-kosten/-beschaffung	Bürokratie, Arbeitsbelastung, Gründungsvorbereitung/ Konzepterstellung/ Zeitplanung, Service, Einkaufsquellen/ -preise, Liefer-/ Zahlungsbedingungen/ rechtl. Aspekte, Aufbau-/Ablauforganisation, familiäres/ privates Umfeld,

				Probleme
Nr.	**Quelle**	**Sample**	**Phase**	**Finanzierung**
6	IfM / 1984[1131] Hunsdiek und May-Strobl (1986)	194[1132] Gründungen IHK Koblenz, HK Düsseldorf	Gründungsphase / Wachstumsphase	zu geringe Eigenkapitalausstattung (42,4%, 38,7%), Sicherheitsanforderungen der Kapitalgeber (27,2%, 23,4%), Information über Finanzierungsinstrumente (26,1%, 17,1%), Informationen über Förderungsmöglichkeit (26,1%, 21,6%), geringer Kreditspielraum (21,7%, 20,7%)

1131 Wegen der hohen Anzahl an vorgegebenen Einzelprobleme (insgesamt 64) werden nur die Probleme aufgelistet, die von mehr als 20% genannt wurden.

1132 Grundgesamtheit; wieviele der Unternehmen an der Befragung zu den Problembereichen tatsächlich teilgenommen haben, ist nicht ersichtlich.

	Probleme			
Nr	**Markterschließung**	**FuE**	**Personal**	**Sonstige**
6	Konkurrenz durch etablierte Unternehmen (38%, 42,3%), Kunden zweifeln am Leistungsfähigkeit (27,2%, 5,4%), Nachfragemacht (15,2%, 25,2%), Preisgestaltung/ Kalkulation (18,5%, 28,8%)		Beschaffung qualifiziertes Personal (30,4%, 35,1%), Personalkosten (27,2%, 45%), mangelnde Einsatzbereitschaft (10,9%, 24,3%)	Beschaffung: ungünstige Konditionen wegen geringer Bestellmenge (45,7%, 29,7%), Informationen über Beschaffungsmöglichkeiten (25% ,9%), Lieferantenabhängigkeit (21,7%, 20,7%), Lagerraum (22,8%, 19,8%); Betriebsführung: Arbeitsbelastung (26,1%, 44,1%); Stellvertreterfrage (12%, 25,2%), Standort: hohe Konkurrenzdichte (23,9%, 47,7%), geringes Nachfragepotenzial (9,8%, 36%), fehlende räuml. Ausbreitungsmöglichkeiten (15,2%, 21,6%). staatl. Maßnahmen: hohe Steuern (32,4%, 63,1%), behördliche Kontrollen (14,2%, 20,7%)

Quelle: Eigene Darstellung.[1133]

[1133] Für die Prozentangaben vgl. Arntz und Bindewald (1998), S. 38; Bayer und Hütter (2003), S. 271; Heil (1999), S. 35; Herner et al. (2005), S. 23; Hunsdiek und May-Strobl (1986), S. 72ff; Kay, May-Strobl und Maaß (2001), S. 36ff; Klandt und Daniels (2001), S. 151ff; Kugler (2003), S. 127; Kulicke (1987), S. 158, 293; Kulicke et al. (1993), S. 99; Lessat et al. (1999), S. 87, 90; Möhlig, Diethelm und Feidicker (1998), S. 60ff, 144ff; Pett (1994), S. 176; Pleschak et al. (2002), S. 53; Scheidt (1995), S. 172f; Seeger (1997), S. 63; Wießner (2001), S. 207.

4.8.1.2. Probleme als Rechtfertigung für die Gründungsunterstützung

Angesichts der Entscheidung für den Markt als Koordinationsmechanismus und eine am Individualprinzip orientierte freiheitliche Wirtschaftsordnung ist es notwendig, den korrigierenden Eingriff des Staates in die freien Marktprozesse – und ein solcher ist die gezielte Unterstützung einzelner Wirtschaftsakteure wie z.B. Unternehmensgründer – zu rechtfertigen. Die in der Übersicht aufgelisteten und in den folgenden Abschnitten näher zu erläuternden Problembereiche können zur Legitimation für die Unterstützung von Unternehmensgründungen herangezogen werden. Die Probleme können in zwei Kategorien eingeteilt werden:

1. Die Probleme sind so erheblich, dass sie zu einem Versagen des Marktes führen. Das Marktversagen verhindert die optimale Allokation der Güter und Ressourcen, der Marktmechanismus führt systematisch zu Fehlentwicklungen, im Extremfall kommt es überhaupt nicht zu einem Austausch von Anbietern und Nachfragern.[1134]
2. Die Probleme erschweren zwar die Gründung und Entwicklung von Unternehmen. Es gibt aber grundsätzlich wirksame marktinterne Lösungsabsätze, so dass kein Marktversagen konstatiert werden kann.

Im Fall von Marktversagen kann der Eingriff des Staates in die marktwirtschaftliche Ordnung erforderlich sein, um das Versagen des Koordinationssystems Markt auszugleichen und für effizientere Ergebnisse zu sorgen. Dabei sind allerdings die direkten und indirekten Interventionskosten zu berücksichtigen. Weiterhin stellt sich die Frage, inwieweit der Staat tatsächlich über Informationsvorteile gegenüber den privaten Wirtschaftsakteuren verfügt und damit eine effizientere Koordination der Pläne der Wirtschaftsakteure bewerkstelligen kann. Ein staatlicher Eingriff muss daher nicht automatisch zu einer Ergebnisverbesserung führen, unter Umständen fällt das Ergebnis nach der Intervention sogar noch schlechter aus als das Marktergebnis ohne Intervention („Staataversagen“). Damit kann nicht in jedem Fall von identifiziertem Marktversagen automatisch die Notwendigkeit eines Staatseingriffs abgeleitet werden. Bei den Problemen der zweiten Kategorie kann der wirtschaftspolitische Eingriff nicht

---

[1134] Als Ursachen für die Beeinträchtigung der Funktionsfähigkeit des Marktmechanismus gelten im Allgemeinen externe Effekte (inklusive öffentliche Güter), Unteilbarkeiten (natürliche Monopole), Informations- und Anpassungsmängel (vgl. dazu Fritsch, Wein und Ewers 1999, S. 85ff).

mit der Kompensation von Marktversagen begründet werden, da grundsätzlich marktinterne Lösungsmöglichkeiten vorhanden sind. Ein Staatseingriff kann aber trotzdem – allerdings normativ – legitimiert werden. Wenn diese Probleme von der Gesellschaft als schwerwiegend, die marktinternen Lösungsansätze als wenig wirksam und Unternehmensgründungen gleichzeitig als sehr wichtig (z.B. wegen ihres Beitrags zur Schaffung neuer Arbeitsplätze oder zur Intensivierung des Wettbewerbs) erachtet werden, kann daraus ebenfalls der Auftrag an die Politik zur Intervention abgeleitet werden. Die Legitimation beruht dann aber auf einem gesellschaftlichen Werturteil und nicht auf ökonomischen Marktversagenstatbeständen.

Die meisten der im Folgenden erläuterten Problemaspekte dürften der zweiten Kategorie zuzuordnen sein. Allerdings fällt die eindeutige Festlegung auf das (Nicht-)Vorliegen von Marktversagenstatbeständen vielfach schwer. Oftmals bestehen zwar prinzipiell marktinterne Lösungsansätze, es stellt sich aber die Frage, wie wirksam diese Lösungsansätze unter den gegebenen Umständen tatsächlich sind. Es ist also auch hier letztlich eine wertende Entscheidung erforderlich, ob eine identifizierte Fehlfunktion ausreichend gravierend und die marktlichen Lösungsansätze hinreichend unwirksam sind, um einen wirtschaftspolitischen Eingriff mit Marktversagenstatbeständen zu rechtfertigen.[1135] Daher wird im Folgenden darauf verzichtet, einzelne Problembereiche als eindeutige Marktversagenstatbestände zu identifizieren. Stattdessen werden die wesentlichen Problembereiche und deren prinzipielle Lösungsmöglichkeiten diskutiert. Informationsasymmetrien bilden eine wichtige Ursache für viele der hier identifizierten Problemaspekte. Wenn asymmetrisch verteilte Informationen vorliegen, sind diese aber nicht zwangsläufig als Beleg für das Vorliegen von Marktversagen einzustufen.

4.8.2. Problembereiche im Einzelnen

Die Darstellung der Problembereiche orientiert sich an den in den empirischen Studien identifizierten Problemen. Dabei können natürlich nicht alle in der Realität auftretende Problembereiche behandelt werden. Auch innerhalb der einzelnen Problembereiche können nicht alle denkbaren Problemaspekte angesprochen werden. Im Folgenden liegt der Schwerpunkt der Ausführungen auf den technologieorientierten Unternehmensgründungen. Wie bereits in Abschnitt

4.1.2.2 dargelegt, bilden die technologieorientierten Gründungen eine heterogene Gruppe, die sowohl Dienstleistungsunternehmen als auch Unternehmen des Verarbeitenden Gewerbes umfasst, die sich weiterhin im Innovationsgrad und der FuE-Intensität unterscheiden. Die identifizierten Problembereiche und Problemfaktoren können daher nur bedingt für alle technologieorientierte Unternehmensgründungen verallgemeinert werden.[1136] Jedoch kann davon ausgegangen werden, dass diese für die Mehrheit – mit unterschiedlicher Intensität – problemrelevant sind.

4.8.2.1. Finanzierung

Die Finanzierung wird nahezu von allen Studien als einer der zentralen Problembereiche identifiziert. Die eigenen Mittel der Gründer reichen häufig nicht aus, um den Unternehmensauf- und -ausbau zu finanzieren. Dies betrifft vor allem junge Gründer (z.B. Hochschulabsolventen), Gründungen aus der Not heraus (Arbeitslose) und Gründer technologieorientierter Unternehmen. Finanzierungsmittel können in unterschiedlicher Form und von unterschiedlichen Quellen beschafft werden. Eigenkapital kann durch weitere Kapitaleinlagen des Gründers, durch die Aufnahme weiterer Gesellschafter, durch einen Börsengang oder durch die Aufnahme von Beteiligungskapital (z.B. Venture Capital) gewonnen werden. Fremdkapital kann in Form von Bankkrediten, durch Ausgabe von Anleihen, durch Leasing oder kurzfristig durch Lieferantenkredite beschafft werden. Daneben existieren informelle Finanzierungsformen wie z.B. die Unterstützung durch die Familie und Freunde („love money“) oder durch informelle Privatinvestoren (z.B. Business Angels). Die bisher genannten Finanzierungsformen werden als Außenfinanzierung bezeichnet. Alternativ kann die Finanzierung auch aus dem Unternehmen heraus, z.B. durch einbehaltene Gewinne oder durch Pensionsrückstellungen, erfolgen, was als Innen- oder Selbstfinanzierung bezeichnet wird. Nicht alle der aufgeführten Finanzierungsformen sind für Gründungen relevant. Die Selbstfinanzierungskraft ist in den ersten Jahren zumeist nur schwach ausgeprägt, die Ausgabe von Aktien oder Anleihen ist für

---

[1135] Vgl. Fritsch, Wein und Ewers (1999), S. 85.

[1136] Expertenbefragungen zufolge differiert z.B. das Ausmaß des Zeit- und Kapitalbedarfs, des technischen Entwicklungsrisikos, der Markteintrittsprobleme, der Anwendungsbreite der Technologie sowie der erforderlichen Zulassungs- und Genehmigungsverfahren zum Teil erheblich zwischen den einzelnen Technologiegebieten, in denen technologieorientierte Gründungen häufig aktiv sind (vgl. Brandkamp 2000, S. 101ff).

kleine Unternehmen kaum praktikabel, die Aufnahme von weiteren Gesellschaftern ist aufgrund der damit verbundenen Mitspracherechte oft nicht erwünscht. Die Finanzierung des Unternehmensaufbaus und der -entwicklung erfolgt daher vielfach durch Kredite.

Es fällt auf, dass die Finanzierung für technologieorientierte und nicht technologieorientierte Gründungen gleichermaßen ein wichtiges Problem darstellt. Obwohl Erstere vielfach einen deutlich höheren Finanzierungsbedarf aufweisen, stellt die Finanzierung auch für normale Gründungen ein erhebliches Problem dar. Dies deutet darauf hin, dass auf dem Finanzierungsmarkt generelle Restriktionen für junge Unternehmen existieren, von denen technologieorientierte Unternehmensgründungen dann aufgrund ihres höheren Finanzierungsbedarfs tendenziell stärker betroffen sind. Die Finanzierungsfrage bleibt über die einzelnen Entwicklungsphasen hinweg eines der drängendsten Probleme. Neben der anfänglichen Errichtung des Geschäftsbetriebs entsteht auch für das spätere Wachstum des Unternehmens – z.B. für die Erschließung neuer Märkte und für die Einführung neuer Produkte – ein erheblicher Finanzierungsbedarf. Das Fortbestehen dieser Problematik spricht weiterhin dafür, dass die Finanzierungsmarktrestriktionen über einen längeren Zeitraum hinweg wirksam sind. Einzelne Problemaspekte wie z.B. die mangelnden Informationen über Finanzierungs- und Fördermöglichkeiten verlieren im Zeitablauf an Bedeutung, wenn der Gründer entsprechende Erfahrungen gesammelt und die relevanten Informationsquellen erschlossen hat. Andere Problembereiche wie z.B. die mangelnde Zahlungsbereitschaft der Kunden gewinnen dagegen erst in den späteren Phasen an Bedeutung.

Der Finanzierungsbedarf variiert erheblich zwischen den einzelnen Gründungsprojekten. Generell ist der Finanzierungsbedarf bei Dienstleistungsunternehmen geringer als bei Gründungen im Verarbeitenden Gewerbe. Technologieorientierte Unternehmensgründungen weisen in der Regel ebenfalls einen höheren Finanzierungsbedarf auf. Grund hierfür ist zum einen der höhere Kapitalbedarf für die Einrichtung des Unternehmens. Neben technischen Anlagen, Laboreinrichtungen, Messinstrumenten oder Spezialsoftware fallen zum Teil auch Lizenzgebühren an. Zudem muss das Unternehmen eventuell eine längere Anlaufphase ohne Umsätze überstehen, wenn zu Beginn der Entwicklungsphase nur FuE-Arbeiten durchgeführt werden und noch keine vermarktungsfähigen

Produkte vorliegen.[1137] Diese Asynchronität von Einzahlungs- und Auszahlungsströmen bedingt zugleich eine geringe Innenfinanzierungskraft.[1138] Um die laufenden Kosten zu decken, sind die Unternehmen daher oftmals auf zusätzliche externe Finanzierungsmittel angewiesen. Auswertungen zeigen, dass der Kapitalbedarf forschungsintensiver Unternehmen für FuE, Fertigungsaufbau, Markteinführung und Umlaufvermögen in den ersten drei bis vier Jahren durchschnittlich 1,5 Mio. Euro beträgt.[1139] Die Markteinführungsphase kann dabei durchaus eine Zeitspanne von einem bis zu drei Jahren in Anspruch nehmen.[1140] Während dieser Phase sind einerseits hohe Aufwendungen für die Markteinführung erforderlich, andererseits setzen Rückflüsse vom Markt oft erst spärlich ein, so dass ein negativer Zahlungssaldo entsteht. Auch innerhalb der Wachstumsphase weisen technologieorientierte Unternehmen einen höheren Finanzierungsbedarf auf. Dies betrifft vor allem Unternehmen, die bereits zu einem frühen Zeitpunkt eine internationale Vermarktungsstrategie verfolgen müssen. Die wichtigsten Finanzierungsquellen neben den Eigenmitteln der Gründer sind Kredite und staatliche Förderprogramme, d.h. der Aufnahme von Fremdkapital kommt größere Bedeutung zu als der Aufnahme von Eigenkapital.[1141] Der institutionelle Risikokapitalmarkt und der Markt für private Investoren (Business Angels), die bei der Finanzierung amerikanischer Hightech-Gründungen eine wichtige Rolle spielen, sind in Deutschland bisher nicht stark ausgeprägt. In jüngerer Zeit gewinnt der institutionelle Risikokapitalmarkt – nicht zuletzt durch das Auflegen staatlicher Förderprogramme wie dem Modellversuch BTU – zwar an Bedeutung. Allerdings ist in Folge des Endes des „New Economy"-Booms im Jahr 2000 ein deutlicher Rückgang des Beteiligungskapitalangebots zu verzeichnen.[1142] Davon ist

---

1137 Vgl. Lessat et al. (1999), S. 86f.

1138 Vgl. Bandulet (2005), S. 22. Auswertungen von ostdeutschen FuE-intensiven Unternehmensgründungen zeigen, dass nur 20% der Unternehmen im ersten Geschäftsjahr Gewinne erzielen, im fünften Geschäftsjahr nur rund die Hälfte der Unternehmen und 78% im 10. Geschäftsjahr (vgl. Pleschak et al. 2002, S. 62). Hunsdiek (1987, S. 72) ermittelt eine durchschnittliche Dauer von 10,6 Monaten zwischen Gründung und erster Umsatzrealisierung, wobei die Markteintrittsdauer deutlich zwischen den betrachteten Sektoren variiert.

1139 Vgl. Pleschak et al. (2002), S. 22.

1140 Vgl. Kulicke et al. (1993), S. 109. Faktoren wie die hohe Erklärungsbedürftigkeit der Produkte, hohe Anforderungen an den Pre-sale Service, lange Entscheidungszeiten bei potenziellen Kunden, hoher Vorfinanzierungsaufwand für Aufträge, hohe Anforderungen an produktabhängige Serviceleistungen nach dem Kauf sowie Risiken aus Garantiepflichten erhöhen den finanziellen und zeitlichen Aufwand bei der Markteinführung (vgl. Kulicke et al. 1993, S. 111).

1141 Vgl. dazu Wippler (1998), S. 135ff.

1142 Vgl. dazu BMBF (2005c), S. 46f; KfW (2006), S. 179f1.

insbesondere die für technologieorientierten Unternehmensgründungen besonders relevante Frühphasenfinanzierung (Seed Phase) betroffen.

Die Finanzierungsproblematik bei technologieorientierten Unternehmen wird vielfach durch diverse Finanzierungs- und Managementfehler verstärkt, die den Gründern insbesondere in den frühen Entwicklungsphasen unterlaufen. Die Fehler äußern sich vor allem in unerwarteten Finanzierungsengpässen, die eine kurzfristige Anpassung der Finanzierungsplanung erforderlich machen. Zu den typischen Finanzierungs- und Managementfehlern zählen z.B. eine zu optimistische Preisplanung, Controllingdefizite wie z.B. eine fehlende Übersicht über die Kostenentwicklung und eine fehlende Kostensteuerung, Probleme bei Abschätzung der Höhe und Fristigkeit des Kapitalbedarfs (tendenziell wird der Kapitalbedarf unterschätzt, das Langzeitdenken ist unzureichend ausgeprägt), mangelnde Kenntnisse über alternative Kapitalquellen und deren Anforderungen, weiterhin werden die Rückflüsse vom Markt zu optimistisch geplant (d.h. Verzögerung bei der Markteinführung werden nicht ausreichend berücksichtigt) und Verhandlungen mit den Banken für die Folgefinanzierung werden zu spät eingeleitet.[1143] Des Weiteren ist die Unternehmensentwicklung oftmals auf ein einziges Produkt fokussiert.[1144] Wenn dieses dann nicht vom Markt angenommen wird, kann das Unternehmen die Einzahlungsausfälle nicht kompensieren und schnell genug durch Strategieänderungen gegensteuern. Die hier genannten Managementfehler betreffen sowohl die Gründer von technologieorientierten wie auch normale Unternehmensgründer. Jedoch kann vermutet werden, dass aufgrund der höheren Komplexität und der oftmals einseitigen Qualifikation der Gründer[1145] das Fehlerpotential bei technologieorientierten Gründungsprojekten stärker ausgeprägt ist. Der hohe technologische Innovationsgrad und die Komplexität des Gründungsprojekts reduzieren zudem die Planungssicherheit.[1146]

Das vielfach genannte Problem der Kapitalverfügbarkeit wird in der Existenzgründungsliteratur als Problematik des „unvollkommenen Kapitalmarkts" diskutiert. Der Kapitalmarkt kann als ökonomischer Ort des Zusammentreffens des Angebots von und der Nachfrage nach längerfristigen Finanzierungsmitteln definiert werden und umfasst sowohl Eigen- als auch Fremdkapital. Die folgenden Ausführungen sind auf den Teilmarkt für Fremdkapital bezogen, grundsätz-

---

[1143] Vgl. Lessat et al. (1999), S. 91f; Pleschak und Werner (1998), S. 106f.
[1144] Vgl. Pleschak, Ossenkopf, Wolf et al. (2002), S. 3f.
[1145] Siehe auch Abschnitt 4.8.2.5.
[1146] Vgl. Bandulet (2005), S. 20.

lich sind die Aussagen aber auch auf die Finanzierung mit Eigenkapital anwendbar. Ein Markt wird als vollkommen bezeichnet, wenn gleichzeitig vollständige Markttransparenz und Homogenität der gehandelten Güter gegeben sind.[1147] In diesem Fall wird das Gut zu einem einheitlichen Preis gehandelt, der Nachfrage und Angebot in Übereinstimmung bringt. Auf den Kapitalmarkt übertragen bedeutet das, dass alle Projekte mit einem bestimmten Risikoniveau einen Kredit zu einem einheitlichen Preis, also einem einheitlichen Zinssatz, erhalten.[1148] Alle rentablen Projekte, d.h. alle Projekte, deren erwartete interne Rendite den Zinsaufwand übersteigt – oder allgemeiner formuliert: deren erwarteter Ertrag die vereinbarte Rückzahlungssumme übersteigt – werden realisiert. Damit erhalten alle Unternehmensgründungen, die über eine rentable Gründungsidee verfügen, eine ihrem Risiko entsprechende Finanzierungsmöglichkeit. Dies setzt allerdings voraus, dass alle Beteiligten gleichermaßen gut über das Gründungsprojekt informiert sind und diese Informationen gleichermaßen gut bewerten können. Da diese Voraussetzung in der Realität in aller Regel nicht erfüllt ist, werden die Kapitalmärkte für Unternehmensgründungen als unvollkommen eingestuft. Als Folge erhalten nicht alle Unternehmensgründungen einen Kredit bzw. ein Kreditvolumen in gewünschter Höhe. Dieser Zustand wird gemeinhin als „credit rationing“[1149] bezeichnet – obwohl noch Nachfrage nach Krediten besteht, verzichten die Banken aus Sorge vor einem zu stark risikobehafteten Kundenportfolio auf die Vergabe weiterer Kredite, d.h. sie rationieren das Kreditvolumen. Der Preismechanismus führt somit nicht zu einem Ausgleich von Angebot und Nachfrage. Dabei ist explizit darauf hinzuweisen, dass die Forderung einer Risikoprämie für riskantere Projekte an sich aus ordnungspolitischer Sicht nicht problematisch ist. Ein Marktversagen liegt nur dann vor, wenn grundsätzlich rentable Gründungsprojekte systematisch keine risikoadäquate Finanzierung

---

1147 Vgl. Herdzina (2005), S. 153.

1148 Vgl. Egeln, Licht und Steil (1997), S. 142.

1149 Vgl. grundlegend Stigliz und Weiss (1981). Eng verbunden mit der Frage der Existenz von Finanzierungsrestriktionen ist die lange Zeit umstrittene Frage nach der funktionalen Trennung zwischen Unternehmer und Kapitalist. *Knight* charakterisiert den Unternehmer durch die Risikoübernahme bei Unsicherheit. Dieser muss selbst über eine gewisse Ressourcenausstattung verfügen, um für die Faktorüberlassung ein fixes Entgelt garantieren zu können (vgl. Knight 1921, S.279ff, 350ff). Im Gegensatz zu Knight spricht sich *Schumpeter* – und später auch *Kirzner* – für eine klare Trennung zwischer der Unternehmer- und der Kapitalistenfunktion aus, auch wenn beide in einzelnen Fällen in einer Person vereint sein können (vgl. Schumpeter 1952, S. 104ff, 152ff). Der „reine Unternehmer“ benötigt für die Arbtitragefunktion i.e.S. keinerlei Ressourceneigentum (vgl. Kirzner 1978, S. 32f, 39). Marktunvollkommenheiten auf dem Kapitalmarkt werden nicht als relevante Markteintrittshindernisse anerkannt (vgl. Kirzner 1988, S. 114f, 116ff).

erhalten. Die Existenz von Kreditrationierungen bzw. Finanzierungsrestriktionen für junge Unternehmen und KMU wird durch eine Reihe von empirischen Studien bestätigt.[1150]

Ursache für die Unvollkommenheit der Kapitalmärkte sind Informationsasymmetrien zu Lasten der Kapitalgeber.[1151] Der Kapitalgeber und der Kreditnehmer stehen hier in einer Prinzipal-Agent-Beziehung. Der Gründer wird dabei als Agent vom Kapitalgeber (Prinzipal) mit dem Einsatz der Finanzierungsmittel beauftragt, wobei die Verwendungsart durch die Kreditvereinbarung festgelegt wird. Informationsasymmetrien bestehen sowohl in Form von Qualitätsunsicherheiten als auch in Form von Verhaltensunsicherheiten. Zum einen kann der Kapitalgeber die Qualität des Gründungsprojektes, also die Realisierbarkeit und die Erfolgschancen der Geschäftsidee und damit die Ertragswahrscheinlichkeit bzw. das Risiko schlechter einschätzen als der Gründer. Auch bezüglich des Gründers bestehen Qualitätsunsicherheiten. Der Kapitalgeber kann weniger gut einschätzen, ob der Gründer ein „guter Unternehmer" ist, also ob er eine Erfolg versprechende Geschäftsidee auch effizient umsetzen kann. Zusätzlich zu den „hidden characteristics" bestehen Verhaltensunsicherheiten, da der Kapitalgeber die Handlungen des Gründers nicht vollständig beobachten und kontrollieren kann. Er kann nicht beurteilen, ob der Gründer opportunistische Spielräume ausnutzt, d.h. ob er die Finanzierungsmittel wie vereinbart einsetzt oder ob er angesichts der nun gesicherten Finanzierung riskantere Strategien verfolgt oder die Mittel für private Zwecke nutzt. Aufgrund fehlender Vergangenheitsdaten ist eine Beurteilung anhand des früheren Verhaltens nicht möglich. Die daher erforderliche Kontrolle ist mit hohen Transaktionskosten in Form von Überwa-

---

1150 Vgl. z.B. Audretsch und Elston (2002) für KMU in Deutschland, die Finanzierungsbeschränkungen zu Lasten kleinerer Unternehmen sind allerdings erst seit Mitte der 1970er Jahre feststellbar. Winker (1999) ermittelt auf Basis der Daten des Ifo-Innovations-, Ifo-Konjunktur- und Ifo-Investitionstest ebenfalls einen inversen Zusammenhang zwischen Unternehmensgröße und dem Ausmaß an Finanzierungsrestriktionen. Das KfW (2005c) stellt auf Basis der Daten des KfW-Mittelstandsmonitor fest, dass vor allem kleine und junge Unternehmen von der Kreditablehnung betroffen sind. Nach Auswertungen des Mannheimer Innovationspanels und CREDITREFORM-Daten bestätigen Egeln, Licht und Steil (1997) die Existenz von Kapitalmarktrestriktionen für kleine und junge Unternehmen, wobei die Größen- und Alterseffekte aber eher simultan auftreten. Evans und Jovanovic (1989) ermitteln einen engen Zusammenhang zwischen der anfänglichen Vermögensausstattung und dem Kapitaleinsatz bei der Unternehmensgründung, d.h. Unternehmen werden mit einer suboptimalen Kapitalausstattung gegründet falls nur geringe eigene Vermögensbestände vorhanden sind. Anhand einer Befragung deutscher Kreditinstitute weisen Lehmann und Neuberger (2001) nach, dass die Zinshöhe, Kapitalverfügbarkeit und Besicherungsanforderungen für KMU durch die Länge der Geschäftsbeziehungen beeinflusst werden, da die soziale Interaktion zwischen den Akteuren den Aufbau von Vertrauen ermöglicht.

1151 Vgl. dazu auch Breitenbacher et al. (1994), S. 23ff.

chungskosten verbunden. Die Qualitätsunsicherheit und das „moral hazard" können zu einem Prozess der adversen Selektion führen, wenn der Kapitalgeber Kredite zu einem einheitlichen Zinssatz unabhängig von der Qualität der Projekte vergibt.[1152] „Vorsichtige" Kapitalnehmer werden Projekte mit einer hohen Erfolgswahrscheinlichkeit aber einer geringen Rendite nicht realisieren, wenn die erwartete Rendite unterhalb der Durchschnittsverzinsung liegt. Riskante Projekte mit einer höheren potenziellen Rendite (d.h. unvorsichtige Kreditnehmer mit einem höheren Ausfallrisiko) nehmen dagegen die Finanzierungsangebote in Anspruch. Dadurch steigt das Durchschnittsrisiko der nachfragenden Finanzierungsprojekte, was einen Anstieg des Zinssatzes und ein weiters Ausscheiden „guter" Projekte (d.h. geringes Risiko bei geringer bis mittlerer Renditeerwartung) zur Folge hat. Auch technologieorientierte Unternehmen können hier von einer Kreditrationierung betroffen werden, wenn die Kapitalgeber zur Vermeidung der Abwanderung „guter" Risiken auf die weitere Erhöhung des Zinssatzes verzichten und die Kreditvergabe zu hohen Zinssätzen einstellen.[1153] Für junge Technologieunternehmen kann aufgrund der innovationsbedingten Risiko-Renditeerwartungs-Kombination auch bei der Einstufung als „vorsichtiger" Kreditnehmer ein hoher Zinssatz angemessen sein, so dass hier rentable Investitionsprojekte keine risikoadäquate Finanzierung erhalten.

Bei technologieorientierten Unternehmen sind die Intransparenzprobleme stärker ausgeprägt als bei imitativen Unternehmensgründungen.[1154] Bei innovativen Projekten fällt es dem Kapitalgeber besonders schwer, die Geschäftsidee und deren Realisier- und Verwertbarkeit korrekt zu beurteilen, da die Sachbearbeiter zumeist nicht über das erforderliche technologische Wissen verfügen.[1155] Die Bewertungsproblematik bzw. die Qualitätsunsicherheit zu Lasten des Kapitalgebers ist vor allem dann stark ausgeprägt, wenn der Gründer kein fertiges Produkt vorweisen kann, was bei technologieorientierten Gründungen mit einem längeren FuE-Vorlauf durchaus nicht unüblich ist. Dadurch ergibt sich ein zweifaches Bewertungsproblem, da sowohl die technologischen Möglichkeiten („technologisches Risiko") als auch die Vermarktungsmöglichkeiten („Marktrisiko") hinterfragt werden müssen. Die eingeschränkten Aneignungsmöglichkei-

---

[1152] Vgl. Breitenbacher et al. (1994), S. 29f.
[1153] Vgl. dazu Ewers und Wein (1993), S. 34.
[1154] Vgl. Egeln, Licht und Steil (1997), S. 146; Westhead und Storey (1994), S. 131.
[1155] Vgl. Pleschak und Werner (1998), S. 88f.

ten bei Innovationen erhöhen das Bewertungsrisiko ebenfalls.[1156] Falls die Innovationsergebnisse den Charakter eines öffentlichen Guts aufweisen – d.h. die Erträge können aufgrund unvollständiger Schutzmechanismen nicht komplett durch den Innovator abgeschöpft werden – reduziert sich die Rentabilitätserwartung. Diese Ertragsunsicherheit erhöht wiederum die Qualitätsunsicherheit, eine korrekte Risikobewertung wird damit weiter erschwert. Das bedeutet, zusätzlich zu dem „normalen" Risiko durch moral hazard und hidden characteristics, das generell jeder Kredittransaktion anhaftet, besteht bei innovativen Gründungen noch das zusätzliche Bewertungsproblem aufgrund des innovativen Charakters der Leistungen und des inkorporierten technologischen Wissens. Die Finanzierung durch Fremdkapital wird damit durch eine Kumulation von spezifischen Nachteilen erschwert. Junge technologieorientierte Unternehmen sind aufgrund des höheren Kapitalbedarfs, des längeren Markteinführungszeitbedarfs und der unsicheren Nachfrage[1157] aus Sicht des Kapitalgebers generell mit einem höheren Risiko behaftet als normale Gründungsunternehmen. Selbst wenn Kapitalgeber grundsätzlich bereit sind, auch höhere Risiken einzugehen, besteht das Problem, dass sie im konkreten Fall das Risiko eines technologieorientierten Unternehmens nicht korrekt bestimmen können. Diese Probleme dürften bei Gründungen in ländlichen und peripheren Regionen, in denen oft nur Sparkassen und Genossenschaftsbanken vertreten sind, verstärkt auftreten. Aufgrund der geringen Häufigkeit von Kredittransaktionen mit technologieorientierten Unternehmen verfügen die Institute vor Ort selten über entsprechend spezialisierte Sachbearbeiter. Großbanken unterhalten in ländlichen Regionen oft keine Filialen und belasten Kreditnehmer aus strukturschwachen Regionen zudem mit einem „Regions-Malus" in Form von Zinsaufschlägen[1158], so dass sie als echte Alternative ausfallen. Die Finanzierung durch Fremdkapital dürfte technologieorientierten Unternehmen – vor allem in den frühen Phasen des Entwicklungsprozesses – daher besonders schwer fallen.[1159]

1156 Vgl. Weigand und Audretsch (1999), S. 4f.

1157 Dies betrifft vor allem völlig neuartige Produkte, für die noch kein expliziter Markt besteht. Der Gründer kann daher keine verbindlichen Aussagen zum Marktvolumen und zur Nachfrageentwicklung machen.

1158 Vgl. Christians und Schröder (2001), S. 104f.

1159 So beklagen beispielsweise 45% der von Pleschak und Werner befragten FuE-intensiven jungen Unternehmen dass ihrer Hausbank das Verständnis für die Belange junger Technologieunternehmen fehlt, ein Drittel bemängelt die Forderung zu hoher Sicherheiten (vgl. Pleschak und Werner 1998, S. 90).

Zum Abbau von Informationsasymmetrien bestehen verschiedene marktliche Lösungsansätze, die aber allesamt nur bedingt wirksam sind. Hierbei können „Signalling" und „Screening" Ansätze unterschieden werden. Ein Signallingansatz besteht im Aufbau einer Reputation als „guter" Kreditnehmer. Um die gute Reputation nicht zu schädigen, verzichtet der Kreditnehmer auf riskantes Verhalten und investiert nur in vergleichsweise sichere Projekte. Bei Unternehmensgründungen ist der Reputationsmechanismus allerdings nicht wirksam, da keine Kredithistorie verfügbar ist. Ausnahmen bilden Gründer die z.B. durch eine frühere selbständige Tätigkeit bereits über längerfristige Kontakte mit dem Kapitalgeber verfügen. Eine weitere Ausnahme dürften Gründungen in Form von Betriebsübernahmen darstellen. In diesem Fall hat das übernommene Unternehmen bereits eine Reputation aufgebaut, die von dem Gründer genutzt werden kann. Allerdings wird dieser Reputationseffekt durch die unbekannte Größe „neuer Unternehmer" gemindert. Weitere Signaleffekte können durch die Humankapitalausstattung des Gründers[1160] sowie durch die Erstellung eines detaillierten Businessplans bewirkt werden. Beides wirkt aber allenfalls als schwaches Qualitätssignal, Verhaltensunsicherheiten können dadurch nicht abgebaut werden. Da die Vorlage eine schriftlichen Businessplans für technologieorientierte Gründungen mittlerweile zur Regel geworden ist, geht die Signalwirkung verloren. Der Abbau der Informationsasymmetrien durch Screening seitens der Banken ist auch nur bedingt möglich und sehr aufwändig. Beispielsweise wäre die Konsultation von Experten aus Universitäten oder der Aufbau eines (regionalen) Projektbeurteilungsnetzwerks[1161] denkbar. Das moral hazard Risiko kann dadurch aber kaum reduziert werden.

Die Besicherung des Kredits ist ein weit verbreiteter Ansatz zur Unsicherheitsreduzierung.[1162] Durch die Reservierung der Vermögensgegenstände kann die Qualitätsunsicherheit reduziert werden. Gleichzeitig wird der Handlungsspielraum des Kreditnehmers eingeschränkt, so dass auch die Verhaltensunsicherheit reduziert wird. Das Angebot von Sicherheiten wirkt gleichzeitig als Qualitäts- und Verhaltenssignal. Viele Gründer sind aber nicht in der Lage, entsprechende Signale auszusenden, da sie nicht über umfangreiche eigene Vermögenswerte verfügen. In diesen Fällen können die mit den Kreditmitteln finanzierten Investitionsobjekte als Sicherheit eingesetzt werden. Bei technologieori-

---

[1160] Vgl. dazu Werner, Backes-Gellner und Kayser (2004).
[1161] Vgl. Christians und Schröder (2001), S. 106.
[1162] Vgl. Gläser (2002), S. 78ff; Schulte (1999), S. 111ff.

entierten Unternehmensgründungen ist dieses Sicherungsinstrument jedoch nur bedingt einsatzfähig.[1163] Nach der Terminologie der *Willamson'schen* Transaktionskostentheorie weisen die Investitionen einen hohen Spezifitätsgrad auf.[1164] Die Investitionsobjekte haben oftmals einen projektspezifischen Charakter (z.B. individuelle Spezialmaschinen, Entwicklung eines Prototyps) und weisen daher einen geringen Wert in alternativen Verwendungsmöglichkeiten auf. Aufgrund des hohen Irreversibilitätsgrades sind sie zur Kreditsicherung nur bedingt geeignet. Im Extremfall werden die Finanzierungsmittel zum Aufbau technologischen Know-hows verwendet, d.h. es werden nur immaterielle und damit nicht transferierbare Vermögenswerte geschaffen.

Eine Möglichkeit das Verhalten des Kreditnehmers anreizkompatibel zu beeinflussen, besteht in der Vergabe von Krediten mit kurzer Vertragslaufzeit.[1165] In diesem Fall muss der Kreditnehmer die Nichtverlängerung der Geschäftsbeziehungen befürchten, wenn er ein nicht mit dem Kreditgeber abgestimmtes Risikoverhalten an den Tag legt. Allerdings sind Kredite mit kurzer Laufzeit vor allem für technologieorientierte Unternehmensgründungen nicht praktikabel, da diese zumeist einen längeren Zeitraum benötigen, bis sie Rückflüsse aus Umsatzerlösen erzielen, mit denen die Rückzahlung der Kredite bestritten werden kann. Eine spezifische Variante bildet die noch relativ junge Finanzierungsform des Microlending.[1166] Hierbei werden kleinvolumige Kredite mit kurzer Laufzeit speziell an KMU und Gründungsunternehmen vergeben. Die Kreditvergabe erfolgt nach intensiver persönlicher Evaluierung des Kreditnehmers. Typisch ist die Technik des Stepping, d.h. der stufenweise Kreditvergabe. Nach der fristgerechten Tilgung eines ersten, kleinvolumigen Kredits erhält das Unternehmen Zugang zu höheren Kreditvolumen. Auf diese Weise kann das Unternehmen eine positive Kredithistorie aufbauen und erhält damit Zugang zu regulären Bankkrediten. Microlending wird in Deutschland allerdings bisher kaum von Geschäftsbanken angeboten, sondern erfolgt meist über Finanzprodukte öffentlicher Institutionen wie z.B. das DtA-Mikrodarlehen der KfW. Allerdings dürfte diese Finanzierungsform für technologieorientierte Gründungen, die bereits für den Unternehmensaufbau einen hohen Finanzierungsbedarf aufweisen, aufgrund des anfänglich geringen Kreditvolumens wenig praktikabel sein.

1163 Vgl. Egeln, Licht und Steil (1997), S. 146.
1164 Vgl. Bandulet (2005), S. 144ff, 146ff.
1165 Vgl. Breitenbacher et al. (1994), S. 28.
1166 Vgl. dazu Koch und Tobarski (2004).

Für innovative Unternehmensgründungen erscheint die Finanzierung durch Eigenkapital in Form von Beteiligungskapital als die geeignetste Form, um das Problem der Informationsasymmetrien einzuschränken. Gegenüber der Kreditvergabe durch Banken weist die Eigenkapitalbeteiligung durch Venture Capital Gesellschaften mehrere Vorteile auf.[1167] Durch die umfassende Vorprüfung im Rahmen der „Due Diligence" können auch sensible Unternehmensinformationen erfasst werden. Zudem sind die Investmentmanager aufgrund ihrer Branchenspezialisierung und ihres täglichen Umgangs mit innovativen Untenehmen besser in der Lage, innovative und technologiebasierte Unternehmenskonzeptionen zu beurteilen. Schließlich verfolgen Venture Capital Gesellschaften eine Konzentration ihres Beteiligungsportfolios, so dass zur Informationssammlung, -bewertung und auch zur Kontrolle mehr personelle Ressourcen zur Verfügung stehen. Die Qualitätsunsicherheiten dürften daher bei Venture Capital Gesellschaften geringer ausgeprägt sein als bei Kreditinstituten. Da die Vergabe von Venture Capital auch ein aktives Engagement der Beteiligungsgeber vorsieht – die Unterstützung durch Know-how und die Vermittlung von Netzwerkkontakten – ist auch eine bessere Verhaltenskontrolle möglich, dadurch sinkt das moral hazard Risiko. Durch die Beratungsleistungen erhält der Kapitalgeber einen laufenden und detaillierteren Einblick auch in den operativen Bereich des Unternehmens, wodurch die Informationsasymmetrie verringert werden kann.[1168] Gleichzeitig wirkt die Aussicht auf den Erhalt „kostenloser", hochwertiger Beratungsleistungen nach Vertragsabschluss als Anreiz für vertragskonformes Verhalten (wenn der Gründer bei opportunistischem Verhalten mit einer geringeren Beratungsqualität rechnen muss).[1169] Außerdem sehen die Beteiligungsverträge zumeist eine schrittweise zur Verfügung Stellung des Kapitals – nach Erreichen von vorher gesetzten Meilensteinen – vor, so dass durch den gegenüber einer einmaligen Kreditvergabe flexibleren Kapitaltransfer ebenfalls eine anreizkompatiblere Verhaltenssteuerung ermöglicht wird.[1170] Der Kapitalnehmer kann nur bei nicht opportunistischem Verhalten mit weiteren Finanzierungstranchen rechnen. Der Nachfinanzierungsbedarf ist damit ein wichtiger Ansatzpunkt für eine effektive Verhaltenskontrolle.[1171] Trotz dieser Vorteile können die Informa-

---

[1167] Vgl. dazu Leitinger und Strohbach (2001), S. 344ff.

[1168] Vgl. Bandulet (2005), S. 193.

[1169] Damit besteht ein wechselseitiger Leistungstransfer im *Williamson'schen* Sinn (vgl. Bandulet 2005, S. 211).

[1170] Vgl. dazu Leitinger und Strohbach (2001), S. 349ff.

[1171] Vgl. auch Bandulet (2005), S. 172.

tionsasymmetrien nicht vollständig abgebaut werden. Aufgrund des innovativen Charakters der Gründungsidee verbleiben starke Unsicherheiten. Die Leistungen des Gründers können aufgrund der hohen Umweltunsicherheit nicht allein anhand der Unternehmensergebnisse bewertet werden, so dass ein erheblicher Spielraum für hidden action verbleibt. Viele Venture Capital Gesellschaften stellen daher kein Kapital für den Unternehmensaufbau in der Gründungsphase zur Verfügung, sondern engagieren sich erst in der Frühentwicklungs- und Wachstumsphase.

Für die frühen Phasen des Unternehmensaufbaus („Seed Financing") wird der Einsatz informeller Risikokapitalgeber als effizientester Ansatz zum Abbau von Informationsasymmetrien genannt.[1172] Business Angels gelingt es am ehesten, durch persönliche und häufigere Kontakte Vertrauen in den Gründer aufzubauen. Außerdem können sie sich aufgrund ihrer eigenen Biographie besser in die Lage des Existenzgründers hineinversetzen. Da die Suche nach einem passenden Business Angel hohen Transaktionskosten für den Gründer verursacht, ist die Einrichtung einer Kontakt vermittelnden Organisation oder eines Business Angels Netzwerks Voraussetzung für eine weitere Verbreitung dieser Finanzierungsform.[1173]

Angesichts der geänderten Vorschriften zur Eigenkapitalabsicherung für Kreditinstitute, die im Basel II-Akkord[1174] festgelegt wurden und in 2007 eingeführt werden, wird vielfach die Befürchtung geäußert, die Finanzierungsbedingungen von kleinen und jungen Unternehmen könnten sich weiter verschlechtern. Die neuen Vorschriften sehen vor, die Eigenmittelunterlegung der Kredite stärker als bisher vom eingegangenen Risiko abhängig zu machen. Die Eigenkapitalquote und die Ausfallwahrscheinlichkeit sind dabei maßgeblich für die Bonitätsbestimmung. Damit verbunden ist der systematische Einsatz von Ratingverfahren zur Kreditrisikomessung. Da KMU in Deutschland bisher nicht über Beurteilungen durch anerkannte externe Ratingagenturen verfügen, müssen deren Kredite entweder als ungeratete Forderungen gewertet werden oder durch bankinterne Ratingverfahren beurteilt werden. Dadurch, so die Befürchtungen, könnten sich schlechtere Konditionen für kleine, junge und auch innovative Unternehmen ergeben. Allerdings können Kredite mit einer Kreditsumme von bis zu einer Mio. Euro dem Privatkundengeschäft, für das eine geringere Eigenkapi-

---

1172 Vgl. Ehmanns (2004), S. 152ff.
1173 Vgl. Nittka (2000), S. 107ff, 213ff.
1174 Vgl. dazu Deutsche Bundesbank (2004).

talunterlegung erforderlich ist, zugeordnet werden. Damit sollte sich keine grundlegende Verschlechterung der Fremdkapitalfinanzierungsmöglichkeiten ergeben, da nur wenige Gründungsprojekte einen entsprechend hohen Kreditbedarf aufweisen. Komplexe und forschungsintensive technologieorientierte Gründungen können aber durchaus von diesen Veränderungen betroffen werden.

Abschließend kann festgestellt werden, dass die Finanzierung des Aufbaus und des Wachstums eines neuen Unternehmens trotz des Angebots einer Vielzahl unterschiedlicher Finanzierungsinstrumente nach wie vor ein wesentliches Problemfeld bildet.

4.8.2.2. Markterschließung, Marketing und Vertrieb

Die Themenfelder Markterschließung, Marketing[1175], Absatz und Vertrieb haben sich als zweiter zentraler Problembereich herauskristallisiert. Der einseitig technisch bzw. naturwissenschaftlichen Ausbildung vieler TOU-Gründer[1176] entsprechend werden diese Problembereiche besonders von technologieorientierten Unternehmensgründungen als wesentliche Gründungs- und Entwicklungshemmnisse genannt, wobei bei einigen Gründern zudem ein noch fehlendes Problembewusstsein konstatiert werden muss. Die identifizierten Probleme reichen vom Einsatz von Markteinführungsinstrumenten über die Bewertung des Marktpotenzials, die Erschließung neuer Absatzwege und Kunden, die Erschließung von Auslandsmärkten, die Suche nach und Kooperation mit Vertriebspartnern, bis hin zu eher grundsätzlichen Problemen wie Nachfrageschwäche, Preisgestaltung und hohem Konkurrenzdruck. Die Intensität bzw. Nennungshäufigkeit dieser Probleme nimmt zwischen der Gründungs- und der Wachstumsphase zu. Die jungen Unternehmen müssen sich nun am Markt behaupten, die anfänglich eher theoretischen Fragen wie Nachfragepotenzialbestimmung und Kundengewinnung werden nun praktisch relevant und können bei hinter den Planungswerten zurückbleibenden Umsatzerlösen schnell die Unternehmensentwicklung gefährden. Gerade bei technologieorientierten Unternehmen liegt zum Gründungszeit-

---

[1175] Der Marketingbegriff beinhaltet einerseits die operative Ebene mit der Gestaltung und dem Einsatz der Instrumente des Marketing-Mix. Mit der Frage nach der grundsätzlichen Ausrichtung des Unternehmens umfasst Marketing auch die strategische Ebene und damit grundlegende Entscheidungen der Unternehmensführung. In diesem Sinn kann Marketing definiert werden als die Ausrichtung aller Unternehmensaktivitäten auf die Bedürfnisse der Nachfrager, mit dem Ziel einen komparativen Wettbewerbsvorteil zu erlangen (vgl. Backhaus und Voeth 1995, S. 397). In diesem Abschnitt werden beide Ebenen des Marketingbegriffs thematisiert.

[1176] Für einen Überblick vgl. Wippler (1998), S. 106ff.

punkt häufig nur eine Produktidee vor, deren Umsetzung zu marktreifen Produkten einen längeren Zeitraum in Anspruch nimmt, so dass Vermarktungsprobleme anfänglich unterschätzt werden. Bei einzelnen Problemaspekten wie dem Zweifel der Kunden an der Leistungsfähigkeit der jungen Unternehmen kann allerdings auch eine abnehmende Bedeutung festgestellt werden. Hier ist es den Unternehmen offensichtlich gelungen, ein entsprechendes Vertrauensverhältnis zu ihren Transaktionspartnern aufzubauen und damit die in Abschnitt 4.5.2 erläuterte *liability of newness* zu reduzieren.

Das häufig genannte Problem des hohen Konkurrenzdrucks ist oft ein Zeichen für eine unzureichende Gründungsplanung.[1177] Wenn sich der Gründer im Vorfeld der Gründung nicht ausreichend mit der Frage der Marktabgrenzung, des Nachfragepotenzials und des bestehenden Angebots auseinandersetzt, unterliegt er nach dem Markteintritt einem unerwartet starken Konkurrenzdruck, der sich dann auch nach längerer Zeit kaum abbauen lässt. Dies betrifft vor allem Gründer, die mit imitativen Geschäftsideen in gesättigte Märkte eintreten. Eine unzureichende Planung im Sinne der Marktsegmentierung und der eigenen Positionierung (das Auffinden einer profitablen Marktnische), verbunden mit einer fehlenden Einsatzplanung des Marketingmix erschwert die Abgrenzung gegenüber der Konkurrenz. Wenn es nicht gelingt, spezifische Präferenzen der Nachfrager abzudecken bzw. zu wecken und einen eigenen monopolistischen Teilmarkt aufzubauen, unterliegt das Unternehmen einem dauerhaft hohen Konkurrenzdruck. Durch eine fundierte und umfangreiche Gründungsplanung können diese Probleme zumindest deutlich abgemildert werden.[1178] Erschwert wird die Gründungsplanung durch den umfangreichen Informationsbedarf und die begrenzten Möglichkeiten des Gründers, diesen zu decken.[1179] Neben einer Gründer- und Unternehmensanalyse werden Informationen für die Konkurrenzanalyse, die allgemeine Markt- und Umfeldanalyse sowie die Kundenanalyse benötigt.[1180] Bei technologieorientierten Unternehmensgründungen wird eine verlässlich Marktanalyse durch die Neuheit der Produkte stark erschwert. Wenn das Nachfragepotenzial überschätzt wird, reicht auch schon eine geringe Anzahl an

---

[1177] Vgl. Hunsdiek und May-Strobl (1986), S. 79f.

[1178] Siehe dazu auch Abschnitt 4.7.2.

[1179] Wie diverse Studien zeigen, nutzen Gründer zumeist informelle Kanäle wie persönliche Beziehungen, um marktbezogene Informationen zu gewinnen. Daneben werden vor allem allgemeine Informationsquellen wie Fachzeitschriften genutzt, klassische Marktforschungsmethoden werden dagegen selten eingesetzt (vgl. Jung 2004, S. 65).

[1180] Vgl. ausführlich Jung (2004), S. 64.

anderen Anbietern aus, um einen hohen Wettbewerbsdruck zu erzeugen. Da sich technologieorientierte Unternehmensgründungen anfänglich oft auf Marktnischen spezialisieren, empfinden sie zwar vielfach keinen starken Konkurrenzdruck.[1181] Die Nischenstrategie kann jedoch zu einer zeitlichen Verlagerung des Konkurrenzproblems führen, wenn die Marktnische zu klein ist, um dauerhaft die Existenz des Unternehmens zu sichern und daher eine spätere Diversifikation in breitere Marktsegmente erforderlich wird.

Ein wesentliches Problem, von dem technologieorientierte Unternehmen wiederum besonders stark betroffen sind, bildet das negative Image als neues Unternehmen und neuer Marktteilnehmer.[1182] Für die potenziellen Kunden neuer Unternehmen bestehen eine Reihe von Unsicherheiten aufgrund asymmetrisch verteilter Informationen, die bei technologieorientierten Unternehmen noch durch den hohen Neuheitsgrad und den hohen Technologiegehalt verstärkt werden und die die Entscheidung zur Aufnahme von Geschäftsbeziehungen erheblich erschweren können. Zum einen kann die Qualität innovativer Leistungen, d.h. deren Eignung als Problemlösungsansatz, schlechter beurteilt werden als die Qualität von bekannten und etablierten Problemlösungsansätzen. Aufgrund des Neuheitsgrads und der Komplexität haben die Leistungen den Charakter eines Erfahrungsgutes. Der Anbieter hat gegenüber dem Nachfrager einen natürlichen Informationsvorsprung, da er die Qualität und eventuelle Mängel durch die eigene Entwicklungsarbeit kennt. Unsicherheit besteht weiterhin darüber, ob sich der neue Anbieter überhaupt längere Zeit am Markt behaupten kann, ob damit dauerhaft Wartungssicherheit und laufende Produktpflege gewährleistet sind und ob Möglichkeiten für kompatible technologische Erweiterungen bestehen.[1183] Es bestehen somit Qualitätsunsicherheiten, sowohl bezüglich der Qualität der innovativen Produkte als auch bezüglich der Qualität des neuen Unternehmens an sich. Weiterhin besteht Verhaltensunsicherheit, da das Geschäftsgebaren und die Vertragstreue des neuen Unternehmens unbekannt sind. Zur Erläuterung der *liability of newness* in Abschnitt 4.5.2 wurde bereits angeführt, dass junge Unternehmen nur über eine geringe Legitimation und Vertrauensbasis gegenüber ihrer Umwelt verfügen und dass ihre Zuverlässigkeit unsicher ist. Diese Bedenken sind um so schwerwiegender, wenn für die Kunden mit der Aufnahme der

---

[1181] Vgl. Kulicke et al. (1993), S. 87ff.

[1182] Das Imageproblem der jungen Unternehmen wird z.B. von den Teilnehmern des Modellversuchs TOU-NBL als bedeutenstes Marktrisiko identifiziert (vgl. Pleschak und Werner 1998, S. 113).

[1183] Vgl. Backhaus und Voeth (1995), S. 401f; Kulicke et al. (1993), S. 75.

Geschäftsbeziehungen ein Systemwechsel[1184] verbunden ist, d.h. wenn die innovativen Produkte eine Anpassung in den Produktionsanlagen und Verfahrenabläufen erforderlich machen und nicht ohne Weiteres wieder durch alternative Angebote substituiert werden können. Für den Kunden hat die Aufnahme der Geschäftsbeziehungen dann den Charakter einer (teil-)irreversiblen Investition, d.h. es entstehen technologische Abhängigkeiten. Diese „hold-up"-Gefahr besteht zwar grundsätzlich bei allen Transaktionsbeziehungen mit Anbietern spezifischer, nicht substituierbarer Technologieprodukte, also auch bei etablierten Technologieunternehmen. Allerdings kann der Kunde bei Letzteren Informationen über deren früheres Verhalten einholen und somit die Wahrscheinlichkeit opportunistischen Verhaltens besser einschätzen. Solange über die Verlässlichkeit und Bestandssicherheit des neuen Unternehmens keine Informationen vorliegen, wird die Aufnahme von Transaktionsbeziehungen erschwert. Entsprechend der Ausführungen in Abschnitt 4.2.1.8 kann es zu einem Prozess der adversen Selektion kommen, bei dem sich die guten Qualitäten, d.h. die Anbieter hochwertiger und sehr innovativer Produkte, nicht am Markt etablieren können. Marktliche Lösungsansätze zum Abbau der Informationsasymmetrien sind nur bedingt Erfolg versprechend. Screening ist aufgrund der Neuheit und der damit fehlenden Vergangenheitsdaten des Unternehmens kaum möglich. Lediglich über den Gründer selbst können eventuell Informationen beschafft werden, wenn dieser bereits früher in verantwortlicher Position in einem Unternehmen tätig war oder wenn er als Forscher bereits enge Kontakte zu Unternehmen unterhalten hat. Diese Informationen sind aber allenfalls dazu geeignet, das zukünftige Verhalten des neuen Unternehmens zu beurteilen, die Qualität seiner Leistungen können damit kaum beurteilt werden. Auch Signallösungen wie z.B. eine gute Reputation scheitern generell an der Neuheit des Unternehmens. Der Aufbau einer Reputation als verlässlicher Partner und Anbieter qualitativ hochwertiger Leistungen benötigt einen längeren Zeitraum, so dass allenfalls derivate Unternehmensgründungen bereits über eine gewisse Reputation verfügen. Durch die Gewinnung von anerkannten Referenz- und Pilotkunden kann jedoch eine Reputationsübertragung bewirkt werden.[1185] Referenzkunden bilden eine Hersteller unabhängige und damit objektive Informationsquelle.[1186] Sofern diese Kunden

---

[1184] Vgl. Pleschak und Werner (1998), S. 94 für den Systemcharakter der Produkte FuE-intensiver Unternehmen.
[1185] Vgl. auch Werner (2000), S. 27.
[1186] Vgl. Hagemann (1999), S. 336.

selbst über eine gute Reputation und einen hohen Bekanntheitsgrad verfügen, riskieren sie einen Reputationsverlust, wenn sie sich für minderwertige Angebote zur Verfügung stellen. Durch die Übernahme der Referenzposition signalisieren sie den übrigen Nachfragern, dass sie ausreichend über die Qualität der Innovation und die Verlässlichkeit des Anbieters informiert sind. Um die Informationsmängel abzubauen, muss das junge Unternehmen demnach frühzeitig aktiv Informationen an potenzielle Kunden weitergeben.[1187] Wenn diese frühzeitigen Vermarktungsaktivitäten mit versunkenen Kosten verbunden sind – falls der Markteinstieg nicht gelingt, sind die Vermarktungsaufwendungen verloren – können sie auch als Qualitätssignal interpretiert werden. Garantieleistungen werden zwar ebenfalls als Signalansatz genannt[1188], allerdings können sie aufgrund der hohen Bestandsunsicherheit junger Unternehmen nur bedingt eine glaubwürdige Signalwirkung entfalten. Um das hold-up-Risiko abzubauen, kann das Unternehmen die Spezifität seiner Produkte reduzieren, z.B. indem die Kompatibilität zu Substituten hergestellt und eine Anpassung an Standards vorgenommen wird.[1189] Dadurch kann das Unternehmen allerdings sein Alleinstellungsmerkmal verlieren und einem stärkeren Konkurrenzdruck ausgesetzt werden. Weiterhin kann das hold-up-Risiko durch langfristige Verträge reduziert werden.[1190] Dieser Lösungsansatz wird aber wiederum durch die hohe Bestandsunsicherheit in seiner Wirksamkeit geschwächt. Die generelle Aufgeschlossenheit der potenziellen Kunden gegenüber innovativen Problemlösungsansätzen sowie deren Einbindung in langfristig bestehende und stabile Lieferanten- und Abnehmerbeziehungen spielen damit eine wichtige Rolle für den Markterschließungserfolg.[1191] Die Wechselbereitschaft der potenziellen Kunden wird zusätzlich verringert, wenn sie ihrerseits irreversible Investitionen in den Aufbau von Geschäftsbeziehungen mit anderen Anbietern getätigt haben. Das neue Unternehmen muss dann zusätzliche Vorteile bieten, die die Verluste der irreversiblen Investitionen überwiegen.[1192]

[1187] Backhaus und Voeth (1995, S. 403) sprechen hierbei von Vorfeld-Marketing.
[1188] Vgl. Hagemann (1999), S. 324.
[1189] Vgl. Werner (2000), S. 28.
[1190] Vgl. Picot, Laub und Schneider (1989), S. 244f.
[1191] Vgl. Kulicke et al. (1993), S. 77, 91f.
[1192] Vgl. Wenz (1993), S. 69. Williamson (1990, S. 70ff) bezeichnet diese Umwandlung von unspezifischen zu spezifischen Leistungsbeziehungen als „fundamentale Transformation“: eine Ausgangssituation mit vielen Anbietern (ex-ante Konkurrenz) wandelt sich im Lauf der Vertragserfüllung in ein bilaterales Monopol (ex-post Konkurrenz). Dadurch wird der Wechsel zu anderen Transaktionspartnern erschwert.

Aus der Transaktionskostentheorie lassen sich weitere Hindernisse für die Markterschließung ableiten. Eine wichtige Determinante der Transaktionskostenhöhe ist die Transaktionshäufigkeit.[1193] Da die Transaktionshäufigkeit ex ante nicht bestimmbar ist – die Bestandsdauer des neuen Unternehmens ist ungewiss, ebenso die tatsächliche Qualität und Eignung seiner Leistungen – kann der potenzielle Kunde die Transaktionskostenhöhe nicht abschätzen. Dementsprechend kann er nicht beurteilen, ob sich die Aufnahme von Transaktionsbeziehungen für ihn tatsächlich lohnt. Erschwert wird diese Problematik, wenn das Transaktionsvolumen nur einen geringen Anteil an allen Transaktionsaktivitäten des Kunden ausmacht. In diesem Fall müssen die Transaktionskosten auf einen vergleichsweise geringen Transaktionswert bezogen werden. Es kann dann für den Kunden transaktionskosteneffizienter sein, wenn er die Transaktion mit bekannten Transaktionspartnern abwickelt und dabei Such- Informations- und Abwicklungskosten einspart, selbst wenn die Leistung des neuen Unternehmens denen der bestehenden Transaktionspartner überlegen ist. Die (potenziell) geringe Transaktionshäufigkeit und das geringe Transaktionsvolumen können demnach auch als Barriere für die Aufnahme von Transaktionsbeziehungen wirken.

Der Markterschließungsaufwand bildet einen weiteren wichtigen Problemaspekt. Der Zeitaufwand bzw. die erforderliche Vorlaufzeit für die Markterschließung wird von Gründern vielfach unterschätzt, sie beginnen zu spät mit den Marketingaktivitäten und beschäftigen sich erst nach der Fertigstellung des neuen Produktes mit dessen Vermarktung.[1194] Der Markterschließungsaufwand ist dabei für innovative Produkte deutlich höher als für bereits bekannte und bewährte Produkte.[1195] Die Marktanalyse ist aufwändiger, da die Zielmärkte erst definiert werden müssen. Aufgrund der Neuheit und der Komplexität sind die Produkte stärker erklärungsbedürftig. Es ist ein höhere Marketing- und Akquisitionsaufwand erforderlich, um Zielmärkte aufzubauen, Kunden zu gewinnen, ein Produktimage und einen guten Unternehmensruf aufzubauen sowie Innovationsvorbehalte und Bedenken aufgrund von Informationsasymmetrien abzubauen. Aufgrund der hohen Erklärungsbedürftigkeit benötigen die Vertriebsverantwortlichen ein hohes technologisches Know-how, so dass oft der Gründer selbst

---

1193 Vgl. Abbildung 4.4 in Abschnitt 4.2.1.

1194 Vgl. Jung (2004), S. 53.

1195 Vgl. dazu Pleschak et al. (2002), S. 5. Fallstudien zu Spin-off Gründungen aus der Wissenschaft zeigen allerdings, dass deren Gründer oftmals keine fundierte Martktanalyse durchführen, sich nur auf ihre „Marktkenntnisse" aus Forschersicht verlassen und daher das Marktpotenzial und den Marktbedarf falsch einschätzen (vgl. dazu Herner et al. 2005, S. 6f).

in die Vertriebsarbeit involviert ist.[1196] Zudem müssen eventuell neue Vertriebskanäle entwickelt werden und gegebenenfalls Vertriebskooperationen aufgebaut werden. Für den Markteinstieg ist daher ein längerer Zeitraum zu veranschlagen.[1197] Für technologieorientierte Unternehmen wird damit die Vermarktung neben der Entwicklung innovativer Produkte zur zweiten Hauptaktivität. Die Vermarktungsaktivitäten sollten dabei bereits während des Innovationsprozesses einsetzen. Im Prinzip können erste Marketingaktivitäten wie die Informationsbeschaffung oder die Marktbeobachtung und -analyse bereits in der Vorgründungsphase eingeleitet werden.[1198] Die Gründer müssen sich dieser Anforderungen frühzeitig bewusst werden, der Ausrichtungswechsel von einem primär forschenden hin zu einem vermarktenden Unternehmen muss rechtzeitig eingeleitet werden. In marketingorientierten Beiträgen wird darauf hingewiesen, dass junge Technologieunternehmen möglichst frühzeitig eine ganzheitliche Marketingkonzeption entwickeln sollten.[1199] Demnach ist das Marketing als Aufgabe für das gesamte Unternehmen anzusehen, Kundenorientierung und Wettbewerbsorientierung sind grundlegend für die strategische Ausrichtung. Die Marketingkonzeption sollte also eine starke Marktorientierung aufweisen, d.h. die grundlegende Implementierung der Konzeption ist so zu gestalten, dass die konkreten Maßnahmen die Ausrichtung des Unternehmens auf den Markt, also die Kunden und Wettbewerber, zum Ziel haben.[1200]

Als letzter häufiger genannter Problemaspekt ist die Gestaltung der Vertriebsorganisation zu diskutieren. Insbesondere für technologieorientierte Unternehmen stellt sich bereits frühzeitig die Frage des Aufbaus von Vertriebskooperationen. Es bestehen grundsätzlich die Optionen, den Vertrieb vollständig in Eigenregie durchzuführen (direkter Vertrieb), den Vertrieb komplett auszugliedern (indirekter Vertrieb; Einsatz von Absatzmittlern) oder ein gemischtes System aus Fremd- und Eigenvertrieb aufzubauen, wobei die Aufteilung nach Regionen, Branchen oder Kundengruppen bzw. Marktsegmenten erfolgen kann. Ist

---

1196 Vgl. Kulicke et al. (1993), S. 73. Die jungen technologieorientierten Unternehmen produzieren zumeist für den Investitionsgütermarkt, d.h. die von ihnen angebotenen Produkte und Leistungen müssen in die Produktionsabläufe und die Produktionstechnologie der Kunden integriert werden. Dementsprechend muss das Produktdesing häufiger geändert und angepasst werden.

1197 Nach Kulicke et al. (1993, S. 94) ist vielfach ein Zeitraum von zwei bis drei Jahren zu veranschlagen, bis eine Etablierung auf dem Absatzmarkt erreicht ist.

1198 Vgl. dazu das marketingbetonte Phasenmodell des Gründungsprozesses von Jung (2004, S. 49ff), das allerdings nicht explizit auf technologieorientierte Unternehmensgründungen ausgerichtet ist.

1199 Vgl. z.B. Meier (1998), S. 164ff; Rüggeberg (2003), S. 3ff, 11ff; Wupperfeld (1996), S. 48f.

1200 Vgl. Jung (2004), S. 81. Zum Konzept der Marktorientierung vgl. Jung (2004), S. 81ff.

das Unternehmen international tätig, ist eine Vertriebskooperation zumeist erforderlich, da die eigenen Vertriebskapazitäten nicht ausreichen, um Kunden in mehreren Ländern zu akquirieren und zu betreuen und möglicherweise länderspezifische Marketing- und Vertriebsinstrumente eingesetzt werden müssen. Generell kann der Gründer durch eine Vertriebskooperation entlastet werden, zudem können das spezifische Know-how und die bestehenden Kontaktnetzwerke der Vertriebspartner genutzt werden.[1201] Dies ist vor allem für Gründer ohne Vertriebserfahrung von Interesse sowie für kleine Unternehmen, bei denen der Gründer durch die zusätzlichen Vertriebsaktivitäten überlastet ist, aber gleichzeitig die Einstellung eines eigenen Vertriebsmitarbeiters nicht finanzieren kann. Schließlich können durch Vertriebskooperationen die oben angesprochenen Informationsasymmetrien abgebaut werden. Wenn der Vertriebspartner den potenziellen Kunden bekannt ist und von diesen als verlässlich eingestuft wird, wird eine Reputationsübertragung auf das neue Unternehmen ermöglicht. Das Bestehen von Vertriebskooperationen kann dann eine Signalwirkung für die Qualität und Verlässlichkeit des neuen Unternehmens ausüben, was den Aufbau stabiler Kundenbeziehungen erleichtern und beschleunigen kann. Die hohe Erklärungsbedürftigkeit aufgrund der Neuheit und Komplexität der innovativen Produkte spricht möglicherweise gegen den Fremdvertrieb. Aufgrund der hohen Erklärungsbedürftigkeit – neben der Funktionsweise ist auch die Integrationsfähigkeit in die jeweils bestehende Einsatzumgebung zu klären – benötigen die Vertriebsverantwortlichen ein hohes, unternehmensspezifisches technologische Know-how.[1202] Da das erforderliche Fachwissen teilweise impliziten Charakter aufweist, ist die Übertragung auf externe Partner möglicherweise zu aufwändig. Außerdem ist aufgrund des Problemlösungs- und Systemcharakters vieler Innovationen ein enger Kontakt zum Kunden erforderlich, um eventuell notwendige organisatorische und technische Anpassungen identifizieren und vornehmen zu können, was ebenfalls für den Eigenvertrieb spricht.[1203]

4.8.2.3. Forschung und Entwicklung

Forschung und Entwicklung sowie technische Probleme werden zwar auch als relevante Problembereiche identifiziert, jedoch wird dieser Komplex zumeist

1201 Vgl. Pleschak und Werner (1998), S. 115.
1202 Vgl. Kulicke et al. (1993), S. 73.
1203 Vgl. Hagemann (1999), S. 311.

nicht als zentrales Gründungs- und Entwicklungshemmnis eingestuft, was sicherlich darauf zurückzuführen ist, dass in diesem Bereich die Kernkompetenzen technologieorientierter Unternehmensgründungen liegen. Zu einem gewissen Grad dürften die Befragungsergebnisse hier aber mit Selektionsverzerrungen behaftet sein, da die Studien zu technologieorientierten Gründungen vielfach auf die Teilnehmer einzelner Förderprogramme wie z.B. den Modellversuchen TOU oder FUTOUR bezogen sind. Die Aufnahme in diese Programme setzt die Erstellung eines Unternehmenskonzeptes voraus, dieses wird durch Experten auf seine Realisierbarkeit und sein Marktrisiko hin überprüft. Dadurch wird sichergestellt, dass nur „durchdachte“ und hinreichend „sichere“ Projekte in die Förderung aufgenommen werden. Diese Unternehmen dürften tendenziell weniger FuE-bezogene Probleme erfahren als Gründungsprojekte ohne eine ausreichende Planung oder mit hohen technologischen Risiken, die nicht die Förderrichtlinien erfüllen.

Die Suche nach geeigneten Kooperationspartnern und die Durchführung von FuE-Kooperationen werden häufig als Probleme identifiziert. FuE-Kooperationen haben die Zusammenarbeit an gemeinsamen FuE-Projekten zum Gegenstand und können von abgeschlossenen Einzelprojekten über strategische Allianzen bis hin zu Joint Ventures reichen. Für die Aufnahme von FuE-Kooperationen finden sich unterschiedliche Erklärungen. Vor allem bei komplexen Innovationsprojekten können die Kapazitäten und Ressourcen des Gründungsunternehmens schnell überlastet werden. Dies betrifft insbesondere Projekte, die eine Verknüpfung unterschiedlicher Technologiebereiche erfordern. Falls nicht sämtliche relevante Kompetenzbereiche durch das Gründungsunternehmen abgedeckt werden können, kann das fehlende komplementäre Know-how durch Kooperationen erschlossen werden. FuE-Kooperationen ermöglichen damit die Ausnutzung von Spezialisierungs- und Kostenvorteilen sowie den Ausgleich von Größennachteilen. Durch die Erschließung externer Ressourcen- und Wissensquellen können somit einzelbetriebliche Engpässe überwunden[1204] und „synergetische Spillovereffekte“[1205] realisiert werden. Außerdem können Forschungsrisiken und Entwicklungskosten (Innovationsprojekte weisen häufig einen starken Fixkostencharakter auf) reduziert sowie Entwicklungszeiten verkürzt werden. Der Aspekt der Kosten- und Risikoreduzierung dürfte gerade vor dem Hintergrund der bereits in Abschnitt 4.8.2.1 erläuterten Finanzierungsprob-

---

[1204] Vgl. Otto (2004a), S. 141.

leme insbesondere für Gründungen relevant sein. Grundsätzlich sind FuE-Kooperationen vor allem für komplexere und radikalere Innovationsvorhaben relevant. Allerdings weisen Kooperationen auch Nachteile auf, dazu zählen z.B. die Einschränkung der Unabhängigkeit, die erforderliche (teilweise) Offenlegung der eigenen Innovationsstrategie sowie eingeschränkte Möglichkeiten, die Verbreitung der FuE-Ergebnisse zu verhindern.

FuE-Kooperationen umfassen zum einen die Zusammenarbeit mit Hochschulen und außeruniversitären Forschungseinrichtungen. Diese Kooperationsform wird genutzt, wenn für den Innovationsprozess die Umsetzung von Ergebnissen der Grundlagenforschung erforderlich ist. Auch in sehr dynamischen Forschungsfeldern, in denen kontinuierlich neue Forschungsergebnisse produziert werden, kann eine Kooperation erforderlich sein, um den Anschluss an die technologische Entwicklung zu halten. Schließlich können auch begrenzte eigene FuE-Kapazitäten – dabei ist vor allem an infrastrukturelle Bestandteile wie Laboreinrichtungen und spezifische Messgeräte zu denken – eine Zusammenarbeit erforderlich machen. Neben dem Technologie- und Wissenstransfer werden die Kontakte zu Forschungseinrichtungen auch zur Personal- und Auftragsakquise unterhalten.[1206] Weiterhin können Kooperationen auch in Form einer Zusammenarbeit mit anderen Unternehmen realisiert werden. Dabei ist zu beachten, dass FuE-Kooperationen keinen Ersatz für eigene FuE-Tätigkeiten bilden, sondern eher die eigene FuE ergänzen. So zeigen Studien, dass bestehende eigene FuE-Kapazitäten eine Voraussetzung für die Aufnahme von FuE-Kooperationen bilden.[1207] Dies kann auf die bereits in Abschnitt 4.4.3.3 erläuterte Absorptionskapazität, also die Notwendigkeit zur Schaffung einer internen Wissensbasis als Voraussetzung für die Nutzung von externen Wissensquellen, zurückgeführt werden. Wie *Becker und Dietz* zeigen, übt die Einbindung in Innovationsnetzwerke einen stimulierenden Einfluss auf die Höhe der betrieblichen Innovationsinputs von Gründungsunternehmen aus.[1208] Die durch die Netzwerkeinbindung nutzbaren Ressourcen werden komplementär zu den eigenen Innovationsleistungen eingesetzt, so dass die vorhandenen betrieblichen Innovationskapazitäten erweitert werden. Von den von *Pleschak et al.* befragten FuE-intensiven Unter-

[1205] Vgl. Becker und Dietz (2004), S. 78.
[1206] Vgl. Wippler (1998), S. 210.
[1207] Vgl. z.B. Backes-Gellner, Maass und Werner (2005, S. 110) sowie Schmidt (2005a, S. 16ff) für Kooperationen mit Forschungseinrichtungen.
[1208] Vgl. Becker und Dietz (2002), S. 248ff.

nehmen gehen rund 50% bereits zum Gründungszeitpunkt strategische Kooperationen ein, zum späteren Befragungszeitpunkt steigt der Anteil auf über 70%.[1209]

Die Aufnahme von FuE-Kooperationen mit öffentlichen Forschungseinrichtungen wird allerdings durch verschiedene Hindernisse erschwert. So wird von Seiten der Forschungseinrichtungen insbesondere die mangelnde Aufgeschlossenheit der Unternehmer beklagt.[1210] Dies kann zum einen auf die Befürchtung der Unternehmer, durch Kooperationen den Abfluss von Know-how hinnehmen zu müssen, zurückgeführt werden.[1211] Dies betrifft sowohl das selbst eingebrachte Know-how als auch die unvollständige Aneignung der Kooperationsergebnisse. Hierbei besteht wiederum eine Prinzipal-Agent Beziehung, wobei dieses Mal der Gründer die Rolle des Prinzipals einnimmt und unter Informationsnachteilen leidet. Die kooperierenden Wissenschaftler können sich opportunistisch verhalten, indem sie gemeinsames Know-how an Dritte weitergeben oder die eingesetzten Ressourcen zur Verfolgung eigener Zielsetzungen zweckentfremden. Bei KMU lässt sich zudem häufig eine generelle Hemmschwelle bei der Aufnahme von Kontakten zu akademischen Einrichtungen beobachten.[1212] Bei diesen Unternehmern bestehen neben grundsätzlichen Vorbehalten gegenüber der „akademischen Welt“ (wie vermeintlich widersprüchliche Zielsetzungen und Organisationskulturen) starke Informationsdefizite bezüglich der Möglichkeiten der Zusammenarbeit und der relevanten Ansprech- und Kooperationspartner. Die Überwindung dieser Informationsdefizite und Verhaltensunsicherheiten ist mit hohen Transaktionskosten verbunden, die die Aufnahme von Kooperationen letztlich verhindern können. Da die Gründer technologieorientierter Unternehmen mehrheitlich selbst einen akademischen Hintergrund haben und oftmals „Insider“ in Technologietransfernetzwerken sind, ist dieses Hindernis hier weniger relevant.[1213] Die Einbindung in ein solches Netzwerk erleichtert die Kontaktaufnahme zu anderen Netzwerkakteuren. Die Langfristigkeit der Zusammenarbeit und die Vertrauensbildung durch persönliche Kontakte senkt die Gefahr opportunistischen Verhaltens. Die Transaktionskosten für die Suche nach geeigneten Kooperationspartnern und für die Kontrolle und Überwachung der Projektdurchführung werden dadurch reduziert.

[1209] Vgl. Pleschak et al. (2002), S. 55.
[1210] Vgl. Rammer und Czarnitzki (2000), S. 66.
[1211] Vgl. Walter (2003), S. 25f.
[1212] Vgl. z.B. KfW (2005a), S. 98.
[1213] Zum Insider-Outsider-Ansatz bei Technologietransfernetzwerken vgl. Beise und Spielkamp (1996), S. 16ff.

Ein potenzielles Hindernis liegt in der mangelnden Verfügbarkeit geeigneter Kooperationspartner begründet. Hierfür ist es von Bedeutung, inwieweit räumliche Nähe für die Durchführung von FuE-Kooperationen relevant ist. Wie bereits in Abschnitt 4.4.3.3 erläutert, erleichtert die räumliche Nähe die Übertragung und Aneignung impliziten Wissens. Daher kann ein fehlendes regionales Angebot bzw. eine unzureichende regionale Innovationsinfrastruktur die Aufnahme von FuE-Kooperationen verhindern. Nach Auswertungen des Mannheimer Innovationspanels unterhält rund ein Viertel der kooperierenden KMU nur Kontakte zu Hochschulen innerhalb der Region.[1214] Die regionalen Hochschulen sind vor allem für den Erstkontakt und den Einstieg in Technologietransfernetzwerke relevant, Unternehmen mit Kooperationserfahrung arbeiten dagegen in stärkerem Maß auch mit Forschungseinrichtungen außerhalb ihrer Region zusammen. Wie *Sternberg* zeigt, kooperieren innovierende KMU vor allem mit Forschungseinrichtungen innerhalb der Region, während Kooperationsbeziehungen mit Kunden und Lieferanten deutlich stärker überregional ausgerichtet sind.[1215] Für junge technologiebasierte Dienstleistungsunternehmen bzw. junge Unternehmen des ZEW-Gründerpanels stellen *Otto* und *Leinweber et al.* jeweils ein nicht unerhebliches Ausmaß an ausschließlich regional begrenzten Kooperationsbeziehungen fest.[1216] Andererseits unterhalten auch viele Unternehmen Kooperationen mit regionsexternen Einrichtungen. Es ist zu vermuten, dass sich die regionale bzw. überregionale Orientierung nach der Dichte, Größe und inhaltlichen Ausrichtung der regionalen Einrichtungen richtet, ein fehlendes regionales Angebot verhindert damit nicht die Nutzung wissenschaftlicher Einrichtungen. Für die Kontaktaufnahme sind vor allem bestehende Kontakte des Gründers aus der Berufstätigkeit oder aus der Studienzeit relevant, als weitere personenbezogene Kontaktanbahnungsformen werden Kontakte der Mitarbeiter und Kontakte aus dem persönlichen Umfeld der Gründer genannt.[1217] Bei den institutionalisierten Kontaktanbahnungsformen spielen lediglich Messen und Kongresse eine bedeu-

---

[1214] Vgl. Harhoff, Licht et al. (1996), S. 62.

[1215] Vgl. Sternberg (1999), S. 534.

[1216] Vgl. Otto (2004a), S. 150; Leinweber et al. (2004), S. 175.

[1217] Vgl. dazu Leinweber et al. (2004), S. 176f. Auch Otto (2004a, S. 149) weist darauf hin, dass eine vorherige wissenschaftliche Tätigkeit der Gründer die Bereitschaft zur Zusammenarbeit mit wissenschaftlichen Institutionen erhöht, da man an alte Kontakte anknüpfen kann und mit den wissenschaftlichen Strukturen vertraut ist. Sternberg (1999, S. 536f) zeigt für innovierende KMU, dass die Kooperationsaufnahme durch frühere Kontakte des Unternehmers vor allem dann erleichtert wird, wenn dieser zuvor in wissenschaftlichen Einrichtungen beschäftigt war, während die früheren Kontakte aus einer Beschäftigung in anderen Unternehmen wenig förderlich sind.

tende Rolle, während Technologietransfereinrichtungen nahezu irrelevant sind. Damit sind die bereits im Vorfeld bestehenden persönlichen Kontaktnetzwerke entscheidend für die Initiierung von FuE-Kooperationen. Die bestehenden Kontaktnetzwerke sind meist räumlich begrenzt, so dass durch persönliche Kontakte vor allem regionsinterne FuE-Kooperationen zustande kommen. Kooperationen aufgrund institutioneller Kanäle sind dagegen stärker überregional ausgerichtet. Die Ergebnisse bestätigen damit die oben genannte „Insider"-Hypothese. Untersuchungen von *Beise und Stahl* zeigen, dass die räumliche Nähe für den Technologietransfer im Allgemeinen nicht unbedingt erforderlich ist.[1218] Sie stellen zwar gewisse räumliche Übereinstimmungen zwischen kooperierenden Unternehmen und Hochschulen fest, diese werden aber vor allem auf das angewendete Suchmuster der Unternehmen zurückgeführt. Demnach werden potenzielle Kooperationspartner aus Bequemlichkeitsgründen und unter Zuhilfenahme von Netzwerkbeziehungen zuerst innerhalb der Region gesucht. Werden keine geeigneten Kooperationspartner gefunden, wird die Suche auf überregionale Einrichtungen ausgedehnt. Die räumliche Entfernung ist demnach zumindest für bereits etablierte und FuE-intensive Unternehmen kein schwerwiegendes Hindernis für die Aufnahmen von FuE-Kooperationen. *Stahlecker* weist zudem auf den Aspekt der räumlichen „Entbettung" hin.[1219] Bei den von ihm untersuchten wissensintensiven Dienstleistungsunternehmen in den Fallstudienregionen Stuttgart und Bremen weisen die jüngeren Gründungsunternehmen eine tendenziell stärkere Einbettung in innerregionale Wissensnetzwerke auf. Demnach verliert die räumliche Nähe mit der Unternehmensentwicklung an Bedeutung, da die Gründungsunternehmen stärker in überregionale Netzwerke integriert werden. Allerdings spielen die überregionalen Wissensnetzwerke in beiden Regionen von vornherein eine gewichtige Rolle. Nach Ansicht verschiedener Autoren ist sowieso weniger die regionale Verfügbarkeit wissenschaftlicher Institutionen für die Kooperationen relevant, entscheidend ist vor allem die Qualität des verfügbaren Wissens und der vorhandenen Technologien.[1220] Wie Befragungen von Gründern von unternehmensbezogenen Dienstleistungsunternehmen und Betrieben des verarbeitenden Gewerbes in den Raumordnungsregionen Köln, München und Stuttgart zeigen, werden regionsinterne FuE-Kooperationen zwar insgesamt am

---

1218 Vgl. Beise und Stahl (1998), S. 17ff. Ähnlich auch Tödtling, Lehner und Trippl (2004, S. 12) für Technologieunternehmen in Österreich.

1219 Vgl. dazu Stahlecker (2006), S. 105ff, 142ff.

1220 Vgl. Grotz und Braun (1997), S. 550; Otto (2004a), S. 147.

häufigsten durchgeführt, Unternehmen mit kontinuierlichen FuE-Aktivitäten arbeiten jedoch häufiger zusätzlich mit überregionalen Kooperationspartnern zusammen.[1221] Die in Abschnitt 4.4.3.3 zitierten Studien weisen dagegen mehrheitlich auf eine gründungsfördernde Wirkung der regionalen FuE-Infrastruktur und dabei insbesondere der regionalen Hochschulen hin. Allerdings wurden FuE-Kooperationen hierbei nur als eine unter mehreren Erklärungsgrößen für den Zusammenhang zwischen FuE-Infrastrukturausstattung und Gründungsaufkommen identifiziert.

Damit lässt sich als Fazit ziehen: Die Existenz von Hochschulen ist einerseits förderlich für das regionale Gründungsaufkommen technologieorientierter Unternehmen, andererseits verhindert die fehlende räumliche Nähe zumeist nicht die Aufnahme von FuE-Kooperationen, auch wenn umgekehrt die räumliche Nähe die Aufnahme von Kooperationsbeziehungen deutlich erleichtern kann, insbesondere wenn Technologietransfernetzwerke genutzt werden können. Eine gewisse Relativierung erfährt die Verfügbarkeitsproblematik auch durch das breite Spektrum an Forschungseinrichtungen in Deutschland und deren relativ gleichmäßige räumliche Verteilung.

Einen weiteren Problembereich, der in der Literatur häufig zur Rechtfertigung der Unterstützung technologieorientierter Gründungen herangezogen wird, bilden positive Externalitäten im Innovationsprozess.[1222] Es wird argumentiert, dass die faktisch verminderte Wirksamkeit des Patentrechts dazu führt, dass vor allem kleine Unternehmen ihre Patentrechte nicht vollständig durchsetzen können (z.B. wenn langwierige und kostspielige Nichtigkeitsklagen gegen große Konkurrenten zu befürchten sind). Wenn junge Technologieunternehmen dadurch erhebliche positive externe Effekte bei ihren Innovationsaktivitäten zulassen müssen, droht ein insgesamt geringeres Innovationsengagement dieser Unternehmen, was dann als Rechtfertigung für eine dauerhafte Förderung der FuE-Aktivitäten kleiner und junger Technologieunternehmen herangezogen werden kann. Die Aneignungsproblematik im Bereich des Patentrechts wird in den Studien allerdings nur selten bzw. nur von wenigen Unternehmen als Problem genannt. Da die Problemkategorien teilweise recht allgemein vorgegeben wurden, ist es aber auch möglich, dass die Aneignungsproblematik zum Teil unter andere

---

1221 Vgl. Tamásy (2004), S. 219f. Hierbei wurden allerdings Kooperationen mit anderen Unternehmen und Forschungseinrichtungen gemeinsam untersucht. Insgesamt haben rund 20% der innovierenden Gründungsunternehmen gemeinsame FuE-Projekte mit externen Partnern durchgeführt.

1222 Vgl. dazu z.B. Ewers und Wein (1993), S. 19ff, Tidelski (2002), S. 51f.

FuE-bezogene Problemkategorien subsumiert wurde. Generell ist aber zu vermuten, dass dem Problemkomplex FuE-Kooperationen insgesamt ein stärkeres Gewicht zukommt.

4.8.2.4. Personal

Innerhalb des Problembereichs Personal wird vor allem die Personalrekrutierung bzw. die Verfügbarkeit qualifizierter Mitarbeiter als wichtiges Problem identifiziert. Die Mitarbeiter können entsprechend ihrer Qualifikation grundsätzlich in zwei Klassen eingeteilt werden. Mitarbeiter mit „standardisierter Qualifikation" umfassen Produktions- und Verwaltungspersonal, Hilfskräfte sowie Fachkräfte mit einer einfachen akademischen Ausbildung. Eine „spezialisierte Qualifikation" weisen vor allem das FuE-Personal sowie betriebswirtschaftliche Spezialisten auf. Manager können ebenfalls der Klasse der spezialisierten Qualifikation zugerechnet werden, diese werden von Gründungsunternehmen und jungen Unternehmen jedoch nur selten nachgefragt. Bezüglich des Nachfrageverhaltens können zwei Thesen aufgestellt werden. Zum einen kann argumentiert werden, dass aufgrund des geringeren Grads der Arbeitsteilung in kleinen Unternehmen vor allem Generalisten gesucht werden. Andererseits ist zu beobachten, dass Gründer oftmals nicht bereit sind, Verantwortung und Kontrolle abzugeben, und daher nur für eng abgegrenzte Aufgabengebiete stark spezialisierte Mitarbeiter suchen. Die tatsächliche Nachfrage hängt somit von der Einstellung und den Zielsetzungen des Gründers ab. Wie in Abschnitt 4.6.3 erläutert verfolgen viele Gründer das Ziel, ein kleines, überschaubares Unternehmen zu schaffen. Diese Gründer sind daher von den Rekrutierungsproblemen kaum oder überhaupt nicht betroffen.

Wie die Befragungen zeigen, ist für technologieorientierte Unternehmensgründungen vor allem die Verfügbarkeit (hoch-)qualifizierter Mitarbeiter problematisch, dagegen nennen die nicht technologieorientierten Unternehmen vor allem die allgemeine Mitarbeiterverfügbarkeit sowie die hohen Personal(neben)kosten. Für technologieorientierte Unternehmen sind insbesondere anfangs die oberen Segmente des Arbeitsmarktes relevant, d.h. hochqualifizierte Arbeitskräfte mit einem entsprechend höheren Entlohnungsniveau.[1223] Diese Mit-

---

[1223] Falk (1999) ermittelt anhand des Mannheimer Innovationspanels des ZEW einen engen Zusammenhang zwischen den Innovationsaktivitäten und den geplanten Beschäftigungsänderungen bei hochqualifizierten Arbeitskräften (d.h. Arbeitskräfte mit Hochschulabschluss) auf der Unterneharbeiter können entweder aus Hochschulen und Forschungseinrichtungen rekrutiert werden oder sie wechseln aus Beschäftigungsverhältnissen bei etablierten Unternehmen. Arbeitslose Spezialisten sind eher selten, auch wenn deren Anteil in den letzten Jahren stetig zunimmt. Das Angebot an hochqualifizierten und spezialisierten Arbeitskräften ist damit generell knapper als das Angebot an gering qualifizierten Arbeitskräften.[1224] Um das knappe Angebot konkurrieren die Gründungsunternehmen mit Großunternehmen und etablierten mittelständischen Unternehmen. Innovative Unternehmensgründungen haben damit grundsätzlich stärkere Personalrekrutierungsprobleme als imitative Unternehmensgründungen, die nur Arbeitskräfte mit standardisierten Qualifikationen benötigen. Mit dem Unternehmenswachstum nimmt in der Regel der Anteil der FuE-Beschäftigten ab[1225], d.h. es werden nun mehr Arbeitskräfte für Routinetätigkeiten (Fertigung, Büro, Lagerhaltung etc.) benötigt. Damit dürfte das erhöhte Rekrutierungsproblem für technologieorientierte Unternehmen im Zeitablauf wieder abnehmen.

Die Mitarbeiterrekrutierung wird dadurch erschwert, dass junge Unternehmen für viele Arbeitskräfte aufgrund der niedrigeren Entlohnung, der geringeren freiwilligen Sozialleistungen, der ungünstigeren Arbeitszeiten und der größeren Bestandsunsicherheit weniger attraktiv sind. Weiterhin verfügen Gründungsunternehmen nur über einem geringen Bekanntheitsgrad auf dem Arbeitsmarkt. Dadurch verringert sich der Pool potenzieller Bewerber, dies betrifft insbesondere Stellen für hochqualifizierte und leitende Angestellte, für die in stärkerem Maß überregionale Arbeitsmärkte relevant sind.[1226] Fehlende interne Arbeitsmärkte erschweren die Mitarbeiterbeschaffung zusätzlich. Größere Unternehmen verfügen dagegen häufiger über innerbetriebliche Aus- und Weiterbildungssysteme.[1227] Auf Angebotsengpässe bei der Beschaffung von Spezialisten können diese gezielt reagieren, indem die erforderlichen Qualifikationen unternehmensintern gebildet werden. Schließlich sind auch diese Transaktionsbeziehungen wieder mit Informationsasymmetrien behaftet.[1228] Der potenzielle Mitarbeiter kennt die Qualität des Gründers, d.h. dessen Erfahrung, unternehmerische Kompetenz und die Realisierbarkeit der Geschäftsidee nicht und kann daher die

mensebene. Das Panel ist allerdings nicht auf Unternehmensgründungen bezogen. Jedoch können die Ergebnisse auch auf junge technologieorientierte Unternehmen übertragen werden, da diese zumeist ein hohes Innovationsaktivitätsniveau aufweisen.

1224 Vgl. Werner, Backes-Gellner und Kayser (2004), S.122.

1225 Vgl. z.B. Pleschak et al. (2002), S. 59.

1226 Vgl. Backes-Gellner et al. (2000), S. 72f.

1227 Vgl. Backes-Gellner et al. (2000), S. 16ff.

1228 Vgl. Werner, Backes-Gellner und Kayser (2004), S.126.

Erfolgsaussichten des jungen Unternehmens schlechter beurteilen als der Gründer.[1229] Diese Informationsnachteile sind vor allem für Arbeitskräfte relevant, die aus einem bestehenden Beschäftigungsverhältnis in ein Start-up Unternehmen wechseln. Die Informationsnachteile dürften wiederum bei innovativen Unternehmensgründungen stärker ausgeprägt sein, da sich die Erfolgsaussichten hier noch schlechter prognostizieren lassen. Zudem unterliegen die Mitarbeiter einer hold-up Gefahr, da sie betriebsspezifisches Humankapital aufbauen, das bei einem Arbeitsplatzwechsel oder bei der Unternehmensliquidation entwertet wird. Das Risiko der Entwertung betriebsspezifischen Humankapitals besteht zwar generell bei allen Beschäftigungsverhältnissen, aufgrund der höheren Bestandsunsicherheit ist dieses bei jungen Unternehmen aber deutlich stärker ausgeprägt. Dementsprechend ist der Wechsel in ein Start-up Unternehmen und die Investition in betriebsspezifisches Humankapital mit einem höheren Risiko verbunden, ohne durch eine höhere Entlohnung kompensiert werden zu können. Eine Möglichkeit, hochqualifizierte Mitarbeiter zu rekrutieren besteht in deren Beteiligung, d.h. die Mitarbeiter werden zu Residualeigentümern und partizipieren als Ersatz für ein anfänglich geringeres Lohnniveau an dem (erhofften) Unternehmenswachstum.[1230] Dadurch kann zugleich auch die klassische Prinzipal-Agent-Problematik in Form von „hidden action“ – der Unternehmer kann nicht beurteilen, ob der eingestellte Spezialist diskretionäre Verhaltensspielräume zu Lasten des Unternehmers ausnutzt – reduziert werden.

Die Personalverfügbarkeit wird von den befragten Unternehmen in erster Linie als Wachstumsproblem und weniger stark als Gründungshemmnis empfunden. Anfangs ist die Personalrekrutierung weniger wichtig, da alle anfallenden Aufgaben vom Gründer(team) selbst durchgeführt werden können. Zusätzlicher Bedarf kann eventuell durch mithelfende Partner und Familienangehörige gedeckt werden. Erst mit dem Wachstum des Unternehmens werden weitere Arbeitskräfte benötigt, mit der Organisationsentwicklung – z.B. dem Aufbau von funktionalen Abteilungen oder der Gliederung nach Produktsparten – werden Spezialisten benötigt. Oft wird erst zu diesem Zeitpunkt die Personalbeschaffung als Problem erkannt und relevant.

[1229] Vgl. dazu auch den Ansatz von Lucas (1978), bei dem die Akteure ihr „talent for managing“ ex ante kennen und sich dementsprechend für eine selbstständige oder abhängige Tätigkeit entscheiden. Das Selektionsmodell von Jovanovic (1982) unterstellt dagegen, dass die Unternehmer zum Zeitpunkt des Markteintritts die tatsächliche Effizienz ihres Unternehmens selbst noch nicht kennen und diese erst in einem Lernprozess entdecken.

[1230] Vgl. Werner (2000), S. 30f.

Wie bereits in Abschnitt 4.1.3.1 beschrieben, durchlaufen einzelne Unternehmen starke Wachstumsprozesse, bei denen sich die Mitarbeiterzahl innerhalb weniger Jahre vervielfacht. Für diese Unternehmen dürften die Personalbeschaffung und auch die Personalführung wesentliche Problembereiche bilden. Die Identifikation und Auswahl geeigneter Mitarbeiter stellen eine neue Herausforderung dar. Neben die bisherigen Aufgaben treten neue Anforderungen wie die Mitarbeiterführung und -kontrolle[1231], zu denen der Gründer unter Umständen bisher keine Erfahrung sammeln konnte. Gerade für Gründer technologieorientierter Unternehmen, die zuvor in Universitäten und Forschungseinrichtungen beschäftigt waren, kann sich hier ein erhebliches Problempotenzial ergeben, da sie oftmals kaum über eine spezifische Humankapitalausstattung in Form von Managementerfahrung und früherer Personalverantwortung verfügen. Insbesondere bei schnell wachsenden Gründungen ist es erforderlich, dass gleichzeitigen mit der Organisationsentwicklung eine Veränderung der Unternehmerrolle akzeptiert wird. Um die zunehmende Komplexität handhaben zu können, muss der Gründer Kompetenzen und Verantwortung für einzelne Teilbereiche aus der Hand geben. Ist er zur Delegation nicht bereit, kann die weitere Entwicklung des Unternehmens gefährdet werden, wenn der Gründer dauerhaft durch operative Aufgaben überlastet ist und erforderliche strategische Entscheidungen aufgeschoben werden.[1232] Befragungen von Gründern technologieorientierter Unternehmen deuten allerdings darauf hin, dass die Organisationsentwicklung nicht als wichtige Managementaufgabe in der Wachstums- und Weiterentwicklungsphase angesehen wird.[1233] Die Gründer sehen ihre zentrale Aufgabe vielmehr in der Entwicklung von neuen Produkten, was als Hinweis für ein fehlendes Problembewusstsein gewertet werden kann.

4.8.2.5. Gründerbezogene Probleme

Probleme wie „persönliche kaufmännische Qualifikation“, „persönliche unternehmerische Qualifikation“ und „zu geringe Managementkapazitäten“ können als gründerbezogene Probleme zusammengefasst werden. Befragungen von Be-

---

1231 Vgl. Hunsdiek und May-Strobl (1986), S. 86.

1232 Der Gründer kann den Rollenwechsel vom „owner-worker“ zum „owner-manager“ nicht bewerkstelligen (vgl. Hunsdiek und May-Strobl 1986, S. 87ff). Er gerät in eine so genannte „Delegationskrise“, d.h. er ist trotz ständig zunehmender Arbeitsbelastung nicht bereit, Aufgaben zu deligieren (vgl. Hunsdiek 1987, S. 61).

1233 Vgl. Pleschak und Werner (1998), S. 134.

teiligungskapitalgebern ergeben, dass gründerbezogene Faktoren als eine der wesentlichen Ursachen für das Scheitern der von ihnen betreuten technologieorientierten Gründungen einzustufen sind, wobei vor allem unzureichendes strategisches und operatives Management, Nichtbeherrschung von Organisationsaufgaben sowie fehlende Offenheit und Selbstüberschätzung – und damit eine mangelnde Bereitschaft, externe Beratungsangebote anzunehmen und Vorschläge umzusetzen – zum Scheitern der Gründungsprojekte führen.[1234] Die Gründung und Entwicklung eines (technologieorientierten) Unternehmens erfordert ein breit gefächertes betriebswirtschaftliches Wissen – so sind zumindest Grundkenntnisse in den Bereichen Kostenrechnung, Controlling, Finanzierung, Marketing, Vertrieb, Fertigung, FuE-Management und Personalwirtschaft erforderlich – zudem müssen auch juristische Aspekte wie Rechtsformwahl, Vertragsabschlüsse sowie patent- und lizenzrechtliche Vereinbarungen beachtet werden.[1235] Bereits während des Gründungsprozess müssen eine Vielzahl strategischer und (teil-)irreversibler Entscheidungen getroffen werden. Neben der FuE-Strategie betrifft dies z.B. die Wahl der Organisationsform und des Standorts, die Finanzierungsstrategie, das Produkt- und Leistungsspektrum, die Kooperations- und die Vermarktungsstrategie. Fundamentale Entscheidungen werden dabei möglicherweise ohne ausreichendes Hintergrundwissen getroffen. Es besteht die Gefahr von Fehlentscheidungen, welche die Unternehmensentwicklung gefährden können. Bei technologieorientierten Unternehmen sind diese Entscheidungsprobleme generell komplexer, was entsprechend höhere Anforderungen an die Kompetenz des Gründers bedingt.

Viele der zuvor diskutierten Problemaspekte – vor allem innerhalb der Problemfelder Finanzierung und Markterschließung – sind daher auf gründerbezogene Probleme, also Defizite in der Qualifikation der Gründer zurückzuführen. Die Qualifikation des Gründers kann in die Komponenten technische Qualifikation, kaufmännisch-betriebswirtschaftliche Qualifikation, Managementqualifikation und Branchenqualifikation unterteilt werden. Die Gründer technologieorientierter Unternehmen sind häufig technische Spezialisten, d.h. die technische Qualifikation ist in aller Regel in hohem Maße vorhanden. Bei ihnen besteht allerdings die Gefahr einer unzureichenden betriebswirtschaftlichen Fundierung der Unternehmenskonzeption. Untersuchungen von technologieorientierten Unternehmensgründungen zeigen, dass deren Gründer in der Regel einen hohen

---

1234 Vgl. Pleschak, Ossenkopf, Wolf et al. (2002), S. 43, 46.

formalen Ausbildungsgrad aufweisen, wobei technische und ingenieurwissenschaftliche sowie naturwissenschaftliche Abschlüsse dominieren.[1236] Betriebswirtschaftliche und kaufmännische Kompetenzen sind dagegen oftmals kaum vorhanden. Selbst bei Gründerteams ist häufig eine einseitige Kompetenzausstattung zu beobachten, eine interdisziplinäre Zusammensetzung ist eher die Ausnahme als die Regel. Die Mehrheit der Gründer war vor der Gründung in Unternehmen beschäftigt, eine nicht unerhebliche Minderheit[1237] kommt aus Forschungsinstituten oder aus Hochschulen. Generell verfügen die Gründer aus Unternehmen häufiger über Erfahrungen im kaufmännischen Bereich und in leitenden Positionen, sowie über eine längere Berufserfahrung als Gründer aus Hochschulen und Forschungseinrichtungen.[1238] Insbesondere Gründer aus Forschungseinrichtungen verfügen teilweise über keinerlei Unternehmenserfahrung, unternehmerisches Denken und Handeln sind bei ihnen oftmals nicht stark ausgeprägt. Die Unternehmenserfahrung vieler Gründer beschränkt sich allerdings auf den FuE-Bereich, während in der Produktion, im Vertrieb und im kaufmännischen Bereich keine Erfahrungen gesammelt wurden, d.h. auch viele Gründer, die zuvor in privatwirtschaftlichen Unternehmen beschäftigt waren, verfügen über keine unternehmerische Erfahrung im engeren Sinn. Neben fehlenden betriebswirtschaftlichen Kenntnissen, Marktkenntnisse und Finanzierungserfahrungen sind die technischen Spezialisten zudem häufig kaum in Unternehmensnetzwerke eingebunden, die den Zugang zu Kapitalgebern, Kunden, Vertriebs-

---

1235 Vgl. Pleschak und Werner (1998), S. 10.

1236 Für einen Literaturüberblick vgl. Wippler (1998), S. 106ff. Nach Berechnungen des ZEW erfolgen rund 58,5% aller Gründungen in forschungs- und wissensintensiven Branchen durch Akademiker (vgl. Egeln et al. 2002, S. 10). Untersuchungen ostdeutscher technologieorientierter Unternehmensgründungen zeigen, dass die Mehrheit der Gründer über ein Diplom verfügt, viele Gründer sind sogar promoviert (vgl. hierzu Pleschak und Werner 1998, S. 66f, 68f; Pleschak, Stummer und Ossenkopf 2000, S. 21ff).

1237 Diverse Studien zu Förderprogrammen für technologieorientierte Unternehmensgründungen ermitteln einen Anteil von 20% bis annähernd 30% für Gründer aus Hochschulen (vgl. z.B. Pleschak, Stummer und Ossenkopf 2000, S. 21; Kulicke et al. 1993, S. 33). Einzelne Jahrgänge der im Rahmen des Modellversuchs TOU-NBL geförderten Gründer stammen sogar mehrheitlich aus Hochschulen und Forschungseinrichtungen (vgl. Pleschak und Werner 1998, S. 64).

1238 In diesem Zusammenhang ist zu berücksichtigen, dass Studien zu ostdeutschen technologieorientierten Unternehmensgründungen (vor allem Anfang und Mitte der 1990er Jahre) die Merkmale Berufs- und Managementerfahrung aufgrund der Bedingungen des DDR-Wirtschaftssystems verzerrt widergeben. Der hohe Akademikeranteil unter den Gründern ist auf die Auflösung und Abwicklung vieler DDR-Forschungseinrichtungen zurückzuführen, bei der eine Vielzahl von – häufig auch älteren – Akademikern freigesetzte wurde. Bei einem Vergleich zwischen ost- und westdeutschen TOU-Gründern weisen erstere daher eine höhere formale Qualifikation und eine geringere Unternehmenserfahrung auf. Diese Unterschiede aufgrund der „Umbrucheffekte" sollten sich im Zeitablauf nivellieren.

partnern und anderen innovativen Unternehmen erleichtern.[1239] Zusammenfassend kann konstatiert werden, dass bei Gründern technologieorientierter Unternehmen vor allem Defizite bei der kaufmännisch-betriebswirtschaftlichen Qualifikation, der Branchenqualifikation (d.h. Kenntnisse bezüglich der spezifischen Probleme und Anforderungen eines konkreten Marktsegments) und der Führungsqualifikation (d.h. Fähigkeit zur Akquisition, Motivation und Koordination von Mitarbeitern) bestehen. Die Erfolgsrelevanz der einzelnen Qualifikationselemente wurde bereits in Abschnitt 4.7.2.1 untersucht und kann als weitgehend empirisch bestätigt eingestuft werden. Tendenziell kann in den letzten Jahren allerdings eine gewisse Verbesserung der Gründerqualifikation in Bezug auf betriebswirtschaftliche Kenntnisse festgestellt werden. Hierzu haben sicherlich auch die diversen Existenzgründerprogrammen an den Hochschulen sowie die spezifischen Förderprogramme zur Unterstützung von Existenzgründern an Hochschulen wie z.B. EXIST beigetragen.

4.8.2.6. Beschaffung

Der Problembereich Beschaffung umfasst den Erwerb von Sachgütern des Umlaufvermögens wie Werkstoffe, Waren und Vorleistungen und des Anlagevermögens wie technische Anlagen und Maschinen. Das Ausmaß der beschaffungsbedingten Probleme ist auf die grundlegenden Make-or-Buy Entscheidungen des Gründers zurückzuführen. Die Entscheidung für die Eigenfertigung oder den Fremdbezug der Teilleistungen richtet sich zumeist nach den Produktionskostenunterschieden, es sollten jedoch auch Transaktionskosten berücksichtigt werden. Bei technologieorientierten Unternehmen kann den Transaktionskosten sogar eine größere Bedeutung zukommen als den Produktionskostendifferenzen.[1240] Auf die Transaktionskostentheorie Bezug nehmend kann die Entscheidung entsprechend der transaktionsrelevanten Eigenschaften der Teilleistung getroffen werden. Einfache, standardisierte Teile, für die viele verschiedene Anbieter zur Verfügung stehen, sollten zugekauft werden. Komplexe und komplizierte Teilleistungen sollten dagegen selbst gefertigt werden. Dies gilt insbesondere für Leistungen mit einer hohen Spezifität, da diese ein hohes Gefahrenpotenzial für opportunistische Ausbeutung aufweisen („small numbers“ Problematik). Weiterhin sollten die Teilleistungen, in denen das innovative Know-how

---

[1239] Vgl. Pleschak et al. (2002), S. 21f.
[1240] Vgl. Picot, Laub und Schneider (1989), S. 192.

inkorporiert ist, selbst gefertigt werden, um die Kernkompetenzen des Unternehmens zu sichern. Die Eigenfertigung wirkt damit zugleich als Schutzmechanismus für das innovative Know-how. In Abschnitt 4.7.4 wurde bereits darauf hingewiesen, dass erfolgreiche innovative Unternehmensgründungen in stärkerem Maß Teilleistungen outsorcen und sich auf die innovationsrelevanten Elemente konzentrieren.

Der Beschaffungsbereich wird von mehreren Studien als eine potenzielle Problemquelle identifiziert. Die Beschaffung bereitet tendenziell in den frühen Entwicklungsphasen größere Probleme, wenn die Gründer Informationsmängel bezüglich der Beschaffungsmöglichkeiten beklagen.[1241] Zudem leiden die jungen Unternehmen wiederum unter Vertrauensproblemen (*liability of newness*), die Lieferanten schreiben aufgrund der Unbekanntheit der Gründungsunternehmen ungünstigere Lieferkonditionen fest oder gewähren keine Lieferantenkredite. Unsicherheiten bestehen hier vor allem bezüglich der Bestandssicherheit sowie der Finanzkraft und Zahlungsmoral des neuen Unternehmens. Damit erschweren wieder Qualitäts- und Verhaltensunsicherheiten die Aufnahme von Transaktionsbeziehungen. Die Informationsdefizite können jedoch meist ab- und Vertrauensverhältnisse aufgebaut werden, so dass diese Problembereiche mit der Zeit an Gewicht verlieren. Wenn die ungünstigen Konditionen vor allem auf geringe Bestellmengen zurückzuführen sind, bilden sie dagegen eher ein Größenproblem als ein Neuheitsproblem. Analog zu den Ausführungen in Abschnitt 4.8.2.2 (Transaktionskosten für den Kunden als Hindernis für die Aufnahme von Transaktionsbeziehungen) können ein geringes Transaktionsvolumen und eine potenziell geringe Transaktionshäufigkeit allerdings auch die Aufnahme von Lieferbeziehungen verhindern, wenn dies aus der Sicht des Lieferanten nicht (transaktionskosten-)effizient ist.

Bei technologieorientierten Unternehmensgründungen kann die Beschaffung zudem mit höheren Transaktionskosten verbunden sein, wenn das Unternehmen sehr spezifische Vorleistungen und technische Anlagen benötigt. Neben höheren Such- und Informationskosten können auch höhere Beschaffungskosten anfallen, wenn das Unternehmen auf einzelne Lieferanten angewiesen ist. Zudem kann das junge Unternehmen Opfer von opportunistischen Verhaltensweisen wie z.B. erpresserischen Nachverhandlungen werden, wenn es auf sehr spezialisierte und neuartige Teilleistungen angewiesen ist und aufgrund von

1241 Vgl. Hunsdiek und May-Strobl (1986), S. 72ff.

(teil)irreversiblen Investitionen den Zulieferer nicht ohne weiteres wechseln kann. Dies ist insbesondere dann der Fall, wenn der Zulieferer spezifische Lösungen für das junge Unternehmen entwickeln muss und das junge Unternehmen diese Lösungen bereits frühzeitig in seinen eigenen Entwicklungsprozess integriert. Das hold-up-Risiko besteht bei diesen Beziehungsgefüge zwar für beide Seiten, da auch der Zulieferer transaktionsspezifische Investitionen tätigen muss. Jedoch befindet sich das junge Technologieunternehmen zumeist in der schlechteren Verhandlungsposition, da der (etablierte) Zulieferer in der Regel über ein breiteres Projektportfolio verfügt und damit weniger stark von einer einzelnen Transaktionsbeziehung abhängig ist.[1242]

Befragungen zeigen, dass technologieorientierte Unternehmen oftmals eine geringe Fertigungstiefe anstreben, wobei sie nur die entscheidenden Wertschöpfungsstufen selbst übernehmen.[1243] Das Unternehmen übernimmt vor allem das Engineering, die Qualitätssicherung, die Kontrolle, die Endmontage und die Fertigung der innovativen Bauteile, während Standardbauteile und nicht innovative Bauteile zugeliefert bzw. in Lohnfertigung vergeben werden. Für die Beschaffung von Standardbauteilen sind zwar nur geringere Transaktionskosten zu veranschlagen, um eine Verzögerung des Fertigungsaufbaus zu vermeiden, müssen aber frühzeitig Entscheidungen über die Fertigungstiefe und die Gestaltung der Kooperationsbeziehungen getroffen werden. Um opportunistisches Verhalten zu vermeiden, sollten mit den Lieferanten spezifischer Vorprodukte langfristige Verträge abgeschlossen werden.[1244] Die Aushandlung dieser Verträge ist allerdings selbst wiederum mit höheren Transaktionskosten (z.B. längere und umfangreiche Vorverhandlungen) verbunden, die den Lieferanten von der Aufnahme der Transaktionsbeziehung abhalten können. *Picot, Laub und Schneider* weisen hierbei auf die Bedeutung der Branchenerfahrung und der Marktübersicht des Gründers hin.[1245] Dadurch können Lieferantenbeziehungen zu geringeren Transaktionskosten – dies betrifft vor allem die Such- und Informationskosten – aufgebaut werden, was wiederum die Auslagerungsentscheidung und damit die Konzentration auf die Kernkompetenzen erleichtert.

1242 Vgl. Werner (2000), S. 29.

1243 Vgl. dazu Pleschak und Werner (1998), S. 119.

1244 Zur vertraglichen Gestaltung der Lieferantenbeziehungen bei innovativen Unternehmensgründungen vgl. Picot, Laub und Schneider (1989), S. 203ff.

1245 Vgl. Picot, Laub und Schneider (1989), S. 221.

4.8.2.7. Bürokratie

Mit den Problemen „hohe Steuern und Abgaben" sowie „Bürokratie" wird ein Problembereich erfasst, der direkt dem öffentlichen Sektor zuzurechnen ist. Unter dem Schlagwort „Bürokratie" werden die für eine Gründung benötigten Genehmigungen und Anträge sowie der dafür erforderliche Zeit- und Kostenaufwand erfasst. Für den Gründer stellt sich die Frage, welche Institutionen wann aufzusuchen sind, welche Unterlagen und welche Vorbereitungen erforderlich sind. Generell gilt, je aufwändiger und innovativer das Gründungsprojekt ist, desto mehr Institutionen sind in den Genehmigungsprozess involviert. Die negativen Auswirkungen der administrativen Vorschriften werden z.B. durch eine DtA-Studie bestätigt, demnach wird etwa jede sechste Gründung durch Genehmigungsverfahren verzögert, davon rund 25% um sechs bis 12 Monate und ca. 20% um über ein Jahr.[1246] Die Mehrheit der Unternehmen muss für die Gründung zwischen einem und fünf Genehmigungsverfahren durchlaufen, 10% benötigen sogar mehr als sechs Genehmigungen. Nach Ansicht der im Rahmen des *GEM* befragten Experten beeinträchtigt das Übermaß an Verordnungen und Regulierungen das Gründungsgeschehen in Deutschland in beträchtlichem Maß, Deutschland schneidet hier im internationalen Vergleich unterdurchschnittlich ab.[1247] Einer international vergleichenden Studie der Weltbank zufolge benötigt die Gründung einer GmbH (Limited Company) in Deutschland durchschnittlich 45 Tage, wobei neun Genehmigungen einzuholen sind.[1248] Bei den Spitzenreitern Australien und Kanada sind lediglich zwei Genehmigungen erforderlich, der durchschnittliche Zeitaufwand beträgt zwei bzw. drei Tage.

Die bürokratiebedingten Probleme wirken vor allem in der Gründungsphase, wobei sie in erster Linie den Gründungsprozess verzögern bzw. den Gründungsaufwand erhöhen, eine Verhinderung von Unternehmensgründungen dürfte dagegen die Ausnahme sein.

[1246] Vgl. Skambracks (1999), S. 13ff.
[1247] Vgl. Sternberg und Lückgen (2005), S. 29f.
[1248] Vgl. Kroker, Lichtblau und Röhl (2004), S. 16f.

5. Konsequenzen für TGZ und die Regionalentwicklung

5.1. Einordnung des Instruments TGZ in das Spektrum einer gründungsfördernden Wirtschaftspolitik

Eine gründungsfördernde Wirtschaftspolitik sollte grundsätzlich zwei Stoßrichtungen verfolgen. Zum einen ist eine Steigerung des Gründungsaufkommens anzustreben, dies umfasst sowohl das absolute Niveau wie auch die gezielte Beeinflussung der sektoralen und regionalen Verteilung.[1249] Weiterhin ist die Entwicklung der Gründungsunternehmen zu unterstützen. Zur effektiven Ausgestaltung einer gründungsfördernden Wirtschaftspolitik sind wissenschaftlich fundierte Kenntnisse über die Einflussgrößen der Entstehung, Entwicklung und des Scheiterns von Unternehmensgründungen erforderlich, weiterhin werden Erkenntnisse über die Gründungsprobleme und Entwicklungshemmnisse benötigt. Die entsprechenden Einflussgrößen wurden in den Abschnitten 4.4 bis 4.8 diskutiert und anhand ökonomischer Theorieansätze fundiert. Hierbei wurde ein sehr breites Spektrum an potenziellen Einflussfaktoren, die unterschiedlichen Wirkungsebenen zugeordnet werden können, identifiziert. Dementsprechend muss eine gründungsfördernde Wirtschaftspolitik viele unterschiedliche Politikbereiche und Interventionsinstrumente beinhalten. Entsprechende Politikansätze umfassen die:

- makroökonomische Wirtschaftspolitik (z.B. Zinssätze, Steuersystem, Staatsausgaben, Sozialversicherungssystem),
- (De-)Regulierung und Bürokratieabbau (z.B. Arbeitsmarktregulierung, Zutrittsregulierung in einzelnen Sektoren bzw. für einzelne Gewerbe, Abbau administrativer Hemmnisse und Vorschriften bei der Gründung von Unternehmen) sowie Privatisierung (d.h. die Öffnung von Märkten für private Anbieter),
- sektorale und regionale Wirtschaftspolitik (gezielte Förderung von Unternehmensgründungen in spezifischen Sektoren oder Regionen, z.B. technologieorientierte Gründungen und Gründungen in ländlichen Räumen; außerdem

---

1249 Falls die politischen Entscheidungsträger (bzw. die Gesellschaft) der Meinung sind, dass das gegenwärtige und das zukünftig zu erwartende Gründungsaufkommen aus gesamtwirtschaftlicher Sicht zu niedrig oder nicht effizient aufgeteilt ist und dass die Marktkräfte alleine nicht für eine ausreichende Anpassung des Gründungsaufkommens sorgen werden.

gezielte Förderung einzelner Bevölkerungs- oder Personengruppen wie z.B. Hochschulabsolventen, Frauen oder Arbeitslose), jeweils mit den Bestandteilen finanzielle Förderung (z.B. Zuschüsse, Kredite, Beteiligungskapital), Infrastrukturbereitstellung (z.B. TGZ und Technologietransferstellen) und Informations-, Beratungs- und Trainingsangebote,

- Bildungspolitik (z.B. „Entrepreneurship"-Ausbildung an Schulen und Hochschulen sowie generell die Steigerung des Qualifikationsniveaus der Schüler und Studenten),
- Wettbewerbspolitik (z.B. durch die Verhinderung von Behinderungspraktiken, insbesondere eintrittsbehindernde Strategien),
- Forschungs-, Technologie- und Innovationspolitik (z.B. durch die Unterstützung von FuE in Unternehmen, insbesondere in KMU und jungen Unternehmen).

Einige dieser Politikansätze sind allgemeiner Natur, d.h. sie betreffen grundsätzlich alle Wirtschaftsakteure (wie z.B. die Ausgestaltung des Steuersystems, des Ausbildungssystems und der Wettbewerbspolitik), andere Maßnahmen sind zielgruppenspezifisch, d.h. nur auf einzelne Wirtschaftsakteure fokussiert (wie z.B. gezielte Fördermaßnahmen für einzelne Regionen oder Sektoren sowie der Abbau von gründungsbezogenen Vorschriften und Regelungen).

TGZ wurden in Abschnitt 2.3 als Instrument der (innovationsorientierten) Regionalentwicklung eingestuft. Die Initiierung und Unterstützung von Unternehmensgründungen bilden einen wichtigen Bestandteil der potenzial- und der innovationsorientierten Regionalentwicklung. Damit kann eine gründungsfördernde Wirtschaftspolitik als ein Strategieansatz innerhalb einer (innovationsorientierten) Regionalentwicklung eingestuft werden.[1250] TGZ bilden wiederum ein Element einer viele heterogene Politikbereiche umfassenden gründungsfördernden Wirtschaftspolitik. Das Instrument TGZ wirkt damit im Zusammenspiel mit vielen anderen wirtschaftspolitischen Instrumenten und Interventionsmaßnahmen, die grundsätzlich in einer gegenseitig verstärkenden, neutralen oder

---

[1250] Die gründungsfördernde Wirtschaftspolitik kann allerdings nicht in einem eindeutigen Hierarchieverhältnis unterhalb der Regionalentwicklung angesiedelt werden. Einzelne Elemente einer gründungsfördernden Wirtschaftspolitik setzen an der „Makroebene" an und bilden damit selbst Rahmenbedingungen für die Regionalentwicklung. Insofern stehen die Politikbereiche der Gründungsförderung und der Regionalentwicklung eher „nebeneinander", bzw. es gibt erhebliche Überschneidungen zwischen den beiden Politikbereichen sobald die gründungsfördernde Wirtschaftpolitik auf die regionale Ebene (d.h. Förderung von Unternehmensgründungen in einer konkreten Region) übertragen wird.

auch konkurrierenden Wirkungsbeziehung zueinander stehen können. Da viele der oben genannten Politikbereiche auf einer „höheren Wirkungsebene" angesiedelt sind, wirken sie vielfach als Rahmenbedingung für den Einsatz des Instruments TGZ.

Da TGZ nur ein Element einer übergeordneten und umfassenderen gründungsfördernden Wirtschaftspolitik bilden, kann natürlich nicht erwartet werden, dass mit diesem einzelnen Instrument alle der in den vorherigen Abschnitten identifizierten Gründungs- und Entwicklungsdeterminanten sowie Gründungsprobleme und Entwicklungshemmnisse angegangen werden können. Im Folgenden soll daher untersucht werden, welche Ansatzpunkte für das Instrument TGZ bestehen, das Gründungsaufkommen zu fördern (Abschnitt 5.2), die Entwicklung von neugegründeten Unternehmen zu unterstützen (Abschnitt 5.3) und Probleme und Entwicklungshemmnisse von Unternehmensgründungen abzubauen (Abschnitt 0).

5.2. TGZ als Instrument zur Förderung des Gründungsaufkommens

Wie anhand der Abbildung 4.7 und der Tabelle 4.3 in Abschnitt 4.4 ersichtlich wurde, wird das regionale Gründungsaufkommen – also die Anzahl der Unternehmensgründungen in einer Region sowie dessen Zusammensetzung (z.B. Sektoralstruktur, Anteil technologieorientierter Gründungen) – von einer Vielzahl von Einflussgrößen beeinflusst. Neben den gesamtwirtschaftlichen Rahmenbedingungen sind dies in erster Linie Regionalfaktoren, d.h. Faktoren welche die unterschiedlichen Aspekte der sozioökonomischen Ausstattung und die Charakteristika der Region abbilden. Wichtige Bestandteile der Regionalfaktoren bilden das regionale Gründerpotenzial und die regionalen Umfeldfaktoren, zudem ist die sektorale Wirtschaftsstruktur zu berücksichtigen. Außerdem ist zu beachten, dass für die Gründungsentscheidung nicht nur die objektiv feststellbare Existenz und Ausprägung der Umfeldfaktoren relevant sind, sondern auch deren subjektive Wahrnehmung seitens des potenziellen Gründers. Dem breiten Spektrum an Gründungsdeterminanten entsprechend bietet sich für eine gründungsfördernde Wirtschaftspolitik ein breites Spektrum an Maßnahmen und Interventionsansätzen. Dabei ist auch dem Prozesscharakter[1251] von Unternehmensgründungen Rechnung zu tragen, d.h. für die einzelnen Phasen des Gründungsprozess sind unterschiedliche Maßnahmen relevant. In Anlehnung an *Verheul et al.* lassen sich die einzelnen gründungsfördernden Maßnahmen fünf Interventionstypen zuordnen:[1252]

1. Interventionen zur Beeinflussung der Nachfrageseite. Diese Maßnahmen sind darauf ausgerichtet, neue Chancen und Möglichkeiten für Unternehmensgründungen zu schaffen. Zu diesen Maßnahmen zählen auch Ansätze zur Verbesserung und Erleichterung der Teilnahmemöglichkeiten neuer Unternehmen an den Markt- und Wettbewerbsprozessen. Diesem Interventionstyp können z.B. Maßnahmen der Technologie-, Regional- und der Wettbewerbspolitik sowie Maßnahmen zur Deregulierung und Privatisierung zugerechnet werden.
2. Maßnahmen zur generellen Erweiterung des Bestands an potenziellen Unternehmern. Diese Interventionen haben die Erhöhung der Anzahl der grundsätzlich für die Durchführung einer Unternehmensgründung geeigneten Personen zum Ziel und umfassen Maßnahmen wie z.B. die Bildungspolitik, die Familienpolitik oder die Immigrationspolitik.
3. Interventionen zur Steigerung der individuellen Gründungsbereitschaft (Gründungsneigung). Diese Maßnahmen sind weniger konkret und beinhalten vor allem Anätze zur Beeinflussung der Einstellungen und Werte der potenziellen Unternehmer. Zu diesen Maßnahmen zählen insbesondere die Bildungspolitik sowie die grundsätzliche wertende Darstellung des Themas Unternehmertum durch die Politik und die Medien.
4. Interventionen zur Beeinflussung der individuellen Entscheidungsprozesse. Diese Maßnahmen setzen konkret am Entscheidungsprozess der potenziellen Unternehmer an. Der Übergang vom potenziellen zum werdenden Gründer soll forciert werden, indem das Nutzen-Risiko-Profil der potenziellen Gründer verändert wird. Die Maßnahmen zielen auf die Absenkung der Opportunitätskosten bzw. auf die Erhöhung des Nutzenniveaus der Gründungsentscheidung ab. Zu diesen Maßnahmen zählen z.B. die Ausgestaltung des Einkommenssteuer- und des Sozialversicherungssystems, die Regelungen des Insolvenzrechts oder die finanzielle Unterstützung im Rahmen von Förderprogrammen.
5. Interventionen zur Steigerung der Gründungsfähigkeit. Hierbei handelt es sich um Input bezogene Maßnahmen, welche die Aktivierung von potenziel-

---

[1251] Vgl. dazu Abschnitt 4.1.2.5 sowie Abbildung 4.3.

len Gründern unterstützen sollen indem Defizite und Hemmnisse gezielt abgebaut werden. Die Ressourcenausstattung, die Fähigkeiten und das Wissen der potenziellen und aktiven Gründer bilden die wesentlichen Ansatzpunkte. Diese Maßnahmen setzten also in erster Linie an den Personen an, die die grundsätzliche Gründungsentscheidung bereits getroffen haben. Entsprechende Maßnahmen umfassen vor allem die Ausbildung, finanzielle Unterstützung, Schulung und Beratung.

TGZ als Instrument einer gründungsfördernden Wirtschaftspolitik können in erster Linie dem fünften Interventionstyp zugeordnet werden, da sie durch ihr Unterstützungsangebot an den Bedürfnissen und Defiziten der Unternehmensgründer bzw. der neugegründeten Unternehmen ansetzen. Die ersten beiden Interventionstypen wirken dagegen auf einer „höheren Wirkungsebene", d.h. ein räumlich begrenzt wirksames und inhaltlich stark fokussiertes Instrument kann keinen Beitrag zu generellen Steigerung des Bestands an potenziellen Gründern und zur generellen Verbesserung der unternehmerischen Möglichkeiten leisten. Auch bezüglich des dritten Interventionstyps kann nur eine geringe Relevanz des Instruments TGZ festgestellt werden, da die Bildung von Präferenzen und Einstellungen durch einen langfristigen Sozialisationsprozess erfolgt. Auch auf den individuellen Entscheidungsprozess und das Chancen-Risiko-Profil der potenziellen Gründer können TGZ nur bedingt Einfluss nehmen, auch hier sind eher Interventionsmaßnahmen der „höheren Wirkungsebenen" relevant. TGZ können allenfalls durch Informationsbereitstellung zu einer Veränderung der Nutzenbewertung beitragen und durch ihre Unterstützungsleistungen die Erfolgschancen eines Gründungsprojekts steigern und damit die Risikowahrnehmung beeinflussen. Diese Übersicht verdeutlicht nochmals, dass TGZ nur einen kleinen Ausschnitt aus dem breiten Spektrum an Interventionsmaßnahmen innerhalb einer gründungsfördernden Wirtschaftspolitik abdecken können. Dementsprechend können nur aus einem kleinen Teil der identifizierten Gründungsdeterminanten Anknüpfungspunkte für das Instrument TGZ abgeleitet werden.

Wie die Auswertung der empirischen Studien in Abschnitt 3.2.50 ergeben hat, ist die Mobilisierungswirkung von TGZ eher als schwach ausgeprägt einzustufen, die überwiegende Mehrheit der Unternehmen wäre auch ohne die Existenz der TGZ gegründet worden. Daher ist nun der Frage nachzugehen, an wel-

[1252] Vgl. Verheul et al. (2002), S. 58ff.

chen der in Abschnitt 4.4 identifizierten Einfluss- und Bestimmungsgrößen für das (regionale) Gründungsaufkommen das Instrument TGZ tatsächlich effektiv ansetzen kann. Dazu werden die einzelnen in Tabelle 4.3 zusammengefassten Gründungsdeterminanten ausgewertet. Einigen dieser Determinanten wurde eine stärkere oder spezifische Relevanz für technologieorientierte Gründungen attestiert. Da diese Einflussgrößen somit eine spezifische Zielgruppe der TGZ-Konzeption betreffen, ist hier eine Überprüfung der Ansatzmöglichkeiten für das Instrument TGZ von besonderem Interesse.

Die nationalen Einflussgrößen bilden den ersten Block an Gründungsdeterminanten in der Übersicht der Tabelle 4.3. Die nationalen Einflussgrößen können weiter in allgemeine nationale Rahmenbedingungen, makroökonomische Daten/Trends und gründungsbezogene nationale Rahmenbedingungen untergliedert werden. Auf die Gründungsdeterminanten dieser Wirkungsebene können TGZ als Instrument der „regionalen Ebene“ keinen direkten Einfluss ausüben. Die nationalen Einflussgrößen wirken vielmehr als allgemeine Rahmenbedingungen, innerhalb derer das Instrument TGZ zum Einsatz kommt. TGZ können hier allenfalls negative Auswirkungen teilweise kompensieren. Dies lässt sich insbesondere für den Aspekt *Bürokratie und administrative Hemmnisse* aufzeigen. Durch Informationen und Unterstützung im Vorfeld und während der Unternehmensgründung (im Rahmen der Gründungsberatung) können die Transaktionskosten für die behördlichen Anmelde- und Genehmigungsverfahren reduziert werden, indem der Gründer an alle erforderlichen und relevanten Stellen verwiesen wird und indem der Gründer bei der Zusammenstellung der hierfür erforderlichen Unterlagen unterstützt wird. Dadurch kann der Zeitaufwand für die formale Unternehmensgründung reduziert werden. Folgekosten und Zeitverzögerungen durch das Kontaktieren von falschen Institutionen und das Übersehen von erforderlichen Genehmigungen und Auflagen können vermieden werden, so dass insgesamt die wahrgenommene bürokratische Belastung reduziert wird. Auch auf die Aspekte *Förderprogramme des Bundes* und *gründungsbezogene Infrastruktur* können TGZ insofern indirekt einwirken, als sie potenzielle und aktuelle Gründer durch ihre Beratungsleistungen (die Fördermittelberatung wird vielfach als eigenständige Serviceleistung innerhalb des Katalogs an Beratungsleistungen angeboten) auf passende Angebote und deren Nutzungsmöglichkeiten hinweisen und somit als „Lotse durch den Förderdschungel“ fungieren. Die hier beschriebenen Ansatzpunkte der TGZ-Konzeption dürften aber kaum zu einer Initiierung von Unternehmensgründungen, also zu einer Steigerung des regionalen Gründungsaufkommens, führen. Vielmehr wirken die Maßnahmen unterstützend, tragen also dazu bei, Probleme und Hemmnisse abzubauen. Die Rolle von TGZ als „Lotse" oder „Informationsbroker" wird in Abschnitt 0 nochmals aufgegriffen.

Die regionalen Einflussgrößen, die den zweiten Block in der Übersicht der Gründungsdeterminanten bilden, werden weiter unterteilt in kulturelle und gesellschaftliche Rahmenbedingungen, das Gründerpotenzial und die personenbezogenen Einflussgrößen, die regionalen Umfeldfaktoren sowie die Maßnahmen der Regionalentwicklung.

Auf die kulturellen und gesellschaftlichen Rahmenbedingungen können TGZ kaum Einfluss nehmen. Wie bereits erläutert erfolgt die Bildung und Veränderung von Präferenzen und Einstellungen durch einen langfristigen Sozialisationsprozess beginnend mit der schulischen Ausbildung[1253] und dem familiären Umfeld, so dass sich TGZ hier kaum ein geeigneter Angriffspunkt bietet. Allenfalls durch die Generierung von Vorbildern. d.h. Beispiele erfolgreicher Unternehmensgründungen, die durch das TGZ unterstützt wurden, kann ein bescheidener Beitrag zur Veränderung der Präferenzen geleistet werden. Dies setzt allerdings eine entsprechend dauerhafte und umfassende Öffentlichkeitsarbeit der TGZ voraus.

Das regionale Gründerpotenzial wird durch demographische Merkmale wie die Alterstruktur der regionalen Bevölkerung, die Bevölkerungsentwicklung (inklusive Wanderungsbewegungen und Immigration) und die Erwerbsstruktur bestimmt. Auch bei diesen Einflussgrößen, die letztlich das absolute Angebot an potenziellen Gründern bestimmen, bieten sich kaum Ansatzpunkte für die TGZ-Konzeption. Innerhalb der personenbezogenen Einflussgrößen bestehen dagegen bei einzelnen Aspekten zumindest mittelbare Einflussmöglichkeiten für TGZ. Unter den aufgeführten personenbezogenen Einflussgrößen nimmt die in Abschnitt 4.4.2 erläuterte *Humankapitalausstattung* gerade für technologieorientierte Unternehmensgründungen eine wichtige Rolle ein. Aufgrund der technologischen Ausrichtung, des hohen Innovationsgrads und der hohen Komplexität dieser Gründungsprojekte benötigen diese Gründer sowohl technologisches und wissenschaftliches Know-how als auch betriebswirtschaftliche Kenntnisse und allgemeine Managementkenntnisse. Gerade bei letzteren weisen die Gründer

---

[1253] Vgl. auch die Ergebnisse der GEM-Expertenbefragung (vgl. Sternberg und Lückgen 2005, S. 34ff).

technologieorientierter Unternehmen häufig noch Defizite auf.[1254] TGZ können zwar nicht direkt die Humankapitalausstattung der Region (z.B. die Anzahl und die fachliche/technologische Struktur der hochqualifizierten Arbeitskräfte in der Region) beeinflussen, die Zentren können aber immerhin mittelbar Einfluss auf die Humankapitalausstattung nehmen, indem sie durch ihre Informations-, Beratungs-, Schulungs- und Vermittlungsleistungen dazu beitragen, Humankapitaldefizite bei den Gründern auszugleichen und abzubauen.[1255] Das Wissen um diese Angebote kann dann wiederum die Gründungsentscheidung beeinflussen, da ein Abbau der wahrgenommenen Defizite der individuellen Gründungsfähigkeit nun wahrscheinlicher erscheint. Dies setzt allerdings voraus, dass die Leistungen der TGZ den potenziellen Gründern tatsächlich bekannt sind und von diesen auch als nützlich eingeschätzt werden. Bei den Gründern muss weiterhin die Einsicht in die eigenen Defizite und die Bereitschaft zur Inanspruchnahme von Unterstützungsangeboten vorhanden sein. Bei den anderen Aspekten der personenbezogenen Einflussgrößen bieten sich dagegen kaum Ansatzpunkte für die TGZ-Konzeption. Sowohl die *Begabungen und Fähigkeiten* („abilities“) als auch die *Persönlichkeitsmerkmale und Wesenszüge* („traits“) werden als inhärent und angeboren eingestuft. Damit muss die grundsätzliche Beeinflussbarkeit dieser Merkmale in Frage gestellt werden. Außerdem kann die empirische Forschung bislang keine konsistenten, Kontext unabhängige Persönlichkeitsmerkmale identifizieren, die exklusiv erfolgreichen Gründern zugeordnet werden können.[1256] Die *individuellen Wertvorstellungen* sind wiederum Ergebnis langfristiger Sozialisationsprozesse und können daher ebenfalls kaum (kurzfristig) beeinflusst werden. Die unter den Schlagworten Push- und Pull-Faktoren diskutierten *Gründungsmotive* hängen stark von der augenblicklichen und individuellen Situation der Person (z.B. Unzufriedenheit mit der gegenwärtigen Beschäftigungssituation als Push-Faktor) und auch wiederum von den individuellen Werthaltungen und Einstellungen der Person (z.B. Wunsch nach Verwirklichung eigener Ideen und Streben nach Unabhängigkeit als Pull-Faktor) ab und entziehen sich damit weitestgehend der Beeinflussung durch TGZ. Diese können allenfalls über die bereits angesprochene Vorbildergenerierung durch das Aufzeigen von Erwerbsalternativen die Motivationsstruktur mit beeinflussen. Die *Er-*

[1254] Vgl. dazu Abschnitt 4.8.2.5.

[1255] Der in Abschnitt 4.4.2 erläuterten „Jack-of-All-Trades“-Hypothese folgend ist dabei vor allem die Verbreiterung des Humankapitals relevant.

[1256] Vgl. Tamásy (2004), S. 29.

werbs- und Berufsstellung, die *soziale Herkunft*, das *Alter, Geschlecht* und der *Familienstand* sowie die *Einkommens- und Vermögenssituation* der potenziellen Gründer wirken als unveränderbare Daten für den Einsatz des Instruments TGZ. Der Faktor *Netzwerkbeziehungen* bietet dagegen wiederum gewisse Ansatzpunkte für TGZ. Zwar müssen die mikrosozialen Netzwerke der potenziellen Gründer aus Sicht der TGZ als gegeben und nicht beeinflussbar eingestuft werden, beim Aufbau „professioneller“ Netzwerke, also Verbindungen zu potenziellen Kapitalgebern und Geschäftspartnern können TGZ durch ihre vernetzende Wirkung durchaus einen Beitrag leisten. Potenziellen Gründern, die bislang über keine „professionellen“ Netzwerkbeziehungen verfügen, kann die Aussicht auf die Nutzung der Vernetzungsleistungen der TGZ – und damit die Möglichkeit auf die Einbindung in bestehende Netzwerkstrukturen – die Entscheidung für die Aufnahme einer selbstständigen Tätigkeit erleichtern. Die vernetzende Wirkung von TGZ wird in Abschnitt 0 erläutert, so dass an dieser Stelle auf weitere Ausführungen verzichtet wird. Die *subjektive Wahrnehmung* der objektiven gründungsbezogenen Rahmenbedingungen und der eigenen unternehmerischen Fähigkeit, welche die individuelle Gründungsneigung potenzieller Gründer beeinflusst, ist ebenfalls nur bedingt durch TGZ beeinflussbar, da die subjektive Wahrnehmung durch eine Vielzahl von personen- und regionsbezogener Faktoren bestimmt wird, wobei der derzeitige Forschungsstand keine fundierten Aussagen über tatsächlich wirksamen Kausalitäten zulässt. Wird die subjektive Wahrnehmung vor allem durch kulturelle Faktoren, personenbezogene Faktoren (z.B. Humankapitalausstattung, Persönlichkeitsmerkmale) oder die gesamtwirtschaftlichen Rahmenbedingungen bestimmt, sind die bereits erläuterten Grenzen der Wirkungsweise von TGZ zu beachten. Ist dagegen in erster Linie das „regionale Gründungsklima“ für die subjektive Wahrnehmung verantwortlich, dann bestehen durchaus Ansatzpunkte für TGZ, z.B. indem erfolgreiche Gründungsprojekte in der Region kommuniziert werden und indem Unterstützungsmöglichkeiten aufgezeigt werden.

Unter den regionalen Umfeldfaktoren finden sich einige Ansatzpunkte für die Einflussnahme von TGZ, auch wenn viele der *„klassischen“ Standortfaktoren* wie die Infrastrukturausstattung, das Nachfragepotenzial, die geographische Lage, das Lohnniveau oder die Höhe der Steuersätze und viele der *„weichen“ Standortfaktoren* wie der Wohn- und Freizeitwert nicht beeinflusst werden können. Anknüpfungspunkte bieten zum einen die Determinanten *Unternehmensbestand und -struktur* sowie *regionales Gründungsaufkommen*. Eine kleinbetriebliche Unternehmensstruktur wurde in Abschnitt 4.4.3.1 als gründungsfördernd identifiziert, da KMU eine wichtige Inkubatorfunktion ausüben. TGZ können zwar natürlich nicht die Unternehmensstruktur einer Region beeinflussen, die bereits referierten Ergebnisse von *Sternberg und Wagner* zeigen jedoch Ansatzpunkte für den Einsatz von TGZ auf. Demnach wirken weniger die KMU-Ausstattung bzw. der Anteil an Selbstständigen in einer Region gründungsfördernd, relevant ist vielmehr die „entrepreneurial culture", die sich in einem hohen regionalen Gründungaufkommen und einer Vielzahl von Kontakten der potenziellen Gründern zu anderen jungen Unternehmen/ern äußert und die über die unterstützende Wirkung eines regionalen Milieus und die Generierung von Vorbildwirkungen das Gründungsaufkommen fördert. Die TGZ können dazu beitragen, eine solche regionale „entrepreneurial culture" aufzubauen und zu fokussieren, indem sie zum einen direkt die Anzahl der Gründungen in der Region erhöhen und indem sie Kontaktmöglichkeiten zu jungen Unternehmen schaffen (z.B. durch die Mitwirkung an regionalen Gründernetzwerken, Durchführung von Informationsveranstaltungen und eines Tags der offenen Tür sowie durch die gezielte Kontaktvermittlung zu anderen jungen Unternehmen wie z.B. zu ehemaligen Mietern). Letztlich darf der Einfluss der TGZ hierbei aber nicht überschätzt werden, da auch die kulturelle-soziale Komponente beim Aufbau der Kontakt- bzw. Netzwerkbeziehungen beachtet werden muss, d.h. sowohl die potenziellen Gründer als auch die jungen Unternehmer der Region müssen eine gewisse „Kontaktoffenheit" aufweisen. Der *Unternehmensbestand* der Region wirkt ebenfalls als Gründungsdeterminante, da die bestehenden Unternehmen als potenzielle Abnehmer, Nachfrager, Kooperationspartner und auch als Konkurrenten den Aktionsspielraum von Gründungsunternehmen mitbestimmen. TGZ können hierbei wiederum nur einen indirekten Einfluss ausüben, indem sie zur Einbindung der Mieter in regionale Netzwerke beitragen. Die *Forschungsinfrastruktur* fördert das Gründungsaufkommen zum einen direkt, da die Forschungseinrichtungen und die FuE-betreibenden Unternehmen als Inkubatororganisationen für technologieorientierte Gründungen fungieren, und zum anderen indirekt, indem diese Organisationen wichtige Quellen für den regional wirksamen Wissens- und Technologietransfer bilden. Ansatzpunkte für TGZ bestehen hier einerseits durch die gezielte Ansprache und Unterstützung von Hochschulabsolventen und Mitarbeitern von Forschungseinrichtungen, um die Gründungsneigung und -bereitschaft bei diesem wichtigen Gründersegment zu steigern. Weiterhin sind hier die ebenfalls bereits in Abschnitt 3.2.6.2 diskutierten Kontaktvermittlungs- und Vernetzungsangebote der TGZ relevant, wobei die hierzu vorliegenden empirischen Studien aber auf ein bislang unzureichend ausgeschöpftes Potenzial hindeuten. Auch bezüglich der Determinante *Finanzierungsmöglichkeiten* bieten sich zwei grundsätzliche Anknüpfungspunkte. Zum einen sorgt das Unterstützungsangebot der TGZ (subventionierte Mieten und Infrastrukturnutzung sowie kostenlose oder subventionierte Beratungs- und Serviceleistungen) für eine finanzielle Entlastung und damit für eine Reduzierung des Finanzierungsbedarfs. Zum anderen bildet die Finanzierungsberatung einen der zentralen Aspekte des Beratungsangebots von TGZ. Schließlich können TGZ durch die Bündelung von Finanzierungsbedarfen unter Umständen zur Entstehung neuer regionaler Finanzierungsangebote (z.B. Niederlassung einer Venture Capital Gesellschaft) beitragen. Einen direkten gründungsfördernden Einfluss üben TGZ über die Faktoren *regionale gründungsbezogene Infrastruktur* und *Gewerbeflächenverfügbarkeit und -kosten* aus, da TGZ selbst ein Bestandteil dieser Infrastruktur sind und eine vernetzende Wirkung mit den anderen Infrastrukturbestandteilen ausüben, weiterhin erweitern sie das Angebot an Gewerbeflächen (wobei die in Abschnitt 3.2.6.3 diskutierten Möglichkeiten der Ansiedlung nach dem Auszug aus dem TGZ zu berücksichtigen sind). Schließlich üben TGZ auch einen direkten Einfluss auf die Determinante *Ausstattung mit unterstützenden Dienstleistern* – wozu unter anderem Steuer- und Unternehmensberater sowie Rechtsanwälte zu zählen sind – aus, da diese Dienstleistungen wie in Abschnitt 3.3 erläutert entweder selbst durch das TGZ-Management oder die im TGZ angesiedelten Dienstleister erbracht werden oder zumindest durch das TGZ-Management und dessen Kontakte zu regionalen Dienstleistern vermittelt werden.

Zu den *Maßnahmen der Regionalentwicklung* bestehen ebenfalls direkte Anknüpfungspunkte, da TGZ hierzu entweder Informationen und Kontakte vermitteln (dies betrifft z.B. die Fördermittelberatung, wodurch potenzielle Gründer auf regionale Förderprogramme wie z.B. Existenzgründerwettbewerbe aufmerksam gemacht werden oder die Vermittlungsleistungen, wodurch potenzielle Gründer an die Beratungsangebote der regionalen öffentlichen Einrichtungen vermittelt werden) oder selbst Bestandteil regionalpolitischer Maßnahmen sind (z.B. TGZ als Mitglieder von regionalen Gründungsunterstützungsnetzwerken bzw. TGZ als regionalpolitisches Unterstützungsinstrument[1257]).

Die *sektorspezifischen Einflussgrößen* erfassen die spezifischen Bedingungen des Wirtschaftszweigs, in den das neugegründete Unternehmen eintritt. Da die Markteintrittsbedingungen zwischen den einzelnen Sektoren differieren, übt auch die sektorale Struktur einer Region einen Einfluss auf das regionale Gründungsaufkommen aus. Die Sektoralstruktur einer Region kann durch TGZ nicht beeinflusst werden, sie wirkt vielmehr als Rahmenbedingung für den Einsatz des Instruments TGZ. Falls Sektoren mit ungünstigen Markteintrittsbedingungen dominieren, können TGZ durch eine fokussierte Ausrichtung auf andere, „eintrittsfreundlichere" Sektoren eventuell zu einer Steigerung des Gründungsaufkommens beitragen, wobei aber die in Abschnitt 3.1.2.2 diskutierten Vor- und Nachteile einer Spezialisierungsstrategie, die letztlich nur an bestimmten Standorten praktikabel erscheint, zu beachten sind.

Der Überblick verdeutlicht nochmals den Umstand, dass TGZ nur einzelne Faktoren aus dem sehr umfassenden Spektrum an Gründungsdeterminanten auf direkten oder zumindest indirekten Weg beeinflussen können, während viele andere Faktoren als Datum für den Einsatz des Instruments TGZ wirken. Auf den Problemaspekt, dass die Instrumente der Regionalentwicklung auf der kommunalen und regionalen Ebene nur innerhalb bestimmter Rahmenbedingungen eingesetzt werden können, wobei die Rahmenbedingungen selbst – die für unternehmerische Entscheidungen möglicherweise größere Relevanz aufweisen – nicht veränderbar sind, wurde bereits in Abschnitt 2.1.2.3 hingewiesen. Die Möglichkeiten des Instruments TGZ zur Beeinflussung des Gründungsaufkommens einer Region sollten daher nicht überschätzt werden. Des Weiteren verweist der Überblick auf die unbedingte Notwendigkeit einer umfassenden Standortanalyse vor der Entscheidung für die Errichtung eines TGZ und der Ausgestaltung der TGZ-Konzeption. Der TGZ-Standort muss ein entsprechendes langfristiges (technologieorientiertes) Gründerpotenzial aufweisen, den potenziellen Gründern müssen sich in der TGZ-Region entsprechende Entwicklungsmöglichkeiten und Marktchancen bieten. Als mögliche Indikatoren für die Abbildung der Standortanforderungen kommen z.B. die Nähe zu Hochschulen und Forschungseinrichtungen, die Ausstattung mit FuE-betreibenden Unternehmen, die Ausstattung mit Ausbildungseinrichtungen, das regionale Arbeitskräf-

---

[1257] In Abschnitt 2.1.3 wurden TGZ unter der Kategorie Infrastrukturbereitstellung als Instrument der tepotenzial, die Infrastrukturausstattung, die sektorale Wirtschaftsstruktur, die Unternehmensstruktur und der Unternehmensbestand, das Angebot an potenziellen Kooperationspartnern für das TGZ und die TGZ-Unternehmen und die Ansiedlungsmöglichkeiten für die Unternehmen nach dem Auszug aus dem TGZ in Frage. Dementsprechend sind bestimmte TGZ-Konzeptionen wie z.B. Technologiezentren oder auf einzelne Technologien fokussierte Zentren nur an bestimmten Standorten praktikabel, dagegen sind andere Standorte wie z.B. ländliche und periphere Regionen mit einer geringen Bevölkerungsdichte und einer veralteten Industriestruktur grundsätzlich nicht für den Einsatz des Instruments TGZ geeignet.

5.3. TGZ als Instrument zur Unterstützung der Entwicklung von Unternehmensgründungen

Zur Unterstützung der Entwicklung von Unternehmensgründungen steht der Politik ebenfalls ein breites Spektrum an Interventionsmaßnahmen zur Verfügung. Grundsätzlich können zwei Arten von Interventionsmaßnahmen unterschieden werden:

1. Interventionen zur Beeinflussung der Rahmenbedingungen für die Unternehmensentwicklung. Diese Maßnahmen setzen an den unternehmensexternen Entwicklungsdeterminanten an und beeinflussen die Möglichkeiten von jungen Unternehmen zur Teilnahme an den Markt- und Wettbewerbsprozessen. Zu den entsprechenden Maßnahmen zählen z.B. die Regulierung und die Anpassung der institutionellen Rahmenbedingungen, die Intensivierung der Nachfrage nach den Produkten der jungen Unternehmen sowie die Gestaltung und Anwendung des Wettbewerbsrechts.
2. Interventionen zur Steigerung der Entwicklungsfähigkeit der jungen Unternehmen. Diese Maßnahmen setzen an den unternehmensinternen und gründerbezogenen Entwicklungsdeterminanten an. Ziel ist der Abbau von Entwicklungshemmnissen und Defiziten bei den Gründern. Die Ressourcenausstattung, die Fähigkeiten und das Wissen der jungen Unternehmer bilden die wesentlichen Ansatzpunkte für diese Interventionen. Entsprechende Maßnahmen umfassen vor allem die Bereiche Schulung, finanzielle Unterstüt-

Regionalentwicklung eingestuft.

zung, Kontaktvermittlung und Beratung sowie die allgemeine Informationsbereitstellung.

TGZ als Instrument einer gründungsfördernden Wirtschaftspolitik können in erster Linie dem zweiten Interventionstyp zugeordnet werden, da sie durch ihr Unterstützungsangebot an den Bedürfnissen und Defiziten der neugegründeten Unternehmen ansetzen. Die Maßnahmen des ersten Interventionstyps wirken dagegen auf einer „höheren Wirkungsebene", auf der räumlich begrenzt wirksame und inhaltlich stark fokussierte Instrumente wie TGZ nicht effektiv eingesetzt werden können. Analog zur Vorgehensweise des vorherigen Abschnitts wird nun überprüft, an welchen der in den Abschnitten 4.5, 4.6 und 4.7 identifizierten Entwicklungsfaktoren das Instrument TGZ tatsächlich effektiv ansetzen kann. Dazu werden die einzelnen in Tabelle 4.4 zusammengefassten Erfolgsdeterminanten ausgewertet. Da viele dieser Determinanten gleichzeitig als Gründungsdeterminanten wirken, wurden sie bereits im vorherigen Abschnitt untersucht. Dies betrifft die nationalen Einflussgrößen, einige gründerbezogene Einflussfaktoren, die regionalen und die sektoralen Einflussgrößen. Im Folgenden werden daher nur die bislang nicht erfassten Einflussfaktoren überprüft.

Unter den gründerbezogenen Einflussfaktoren nimmt die *Humankapitalausstattung* – wie in Abschnitt 4.7.2.1 ausführlich erläutert – eine wichtige Stellung ein. Zwar können TGZ die Anfangsausstattung der Gründer nicht beeinflussen, mit der Lernbereitschaft der Gründer bietet sich aber doch ein Ansatzpunkt für TGZ. Wie die Auswertungen empirischer Studien in Abschnitt 4.7.2.2 zeigen, wirken Maßnahmen zur Steigerung des Humankapitals (wie die Teilnahme an Schulungs- und Qualifizierungsprogrammen) erfolgssteigernd. In den Beratungsgesprächen mit dem Zentrumsmanager können Defizite in der Humankapitalausstattung aufgedeckt werden, die dann durch Weiterbildungsangebote des Zentrums oder durch die Vermittlung zu externen Anbietern abgebaut werden können. Allerdings weisen die zitierten Studien auch darauf hin, dass nur eine Minderheit der Gründer solche Angebote in Anspruch nimmt. Weiterhin bemängeln viele Gründer das Fehlen einer zentralen Anlaufstelle, die eine gezielte Weitervermittlung an die passenden Beratungsinstitutionen leistet. TGZ können hier als eine Transaktionskosten senkende Vermittlungsinstitution fungieren, die den Gründer an den passenden Anbieter unter der Vielzahl an öffentlichen und privaten, oftmals nicht hinreichend bekannten Beratungsinstitutionen verweist. Die *Gründungsvorbereitung und Planung* sowie die Erstellung einer

Unternehmenskonzeption wurden in Abschnitt 4.7.2.2 als weitere erfolgsrelevante Faktoren identifiziert. Auf diese Erfolgsdeterminanten können TGZ ebenfalls direkten Einfluss nehmen, da die Unterstützung werdender Gründer bei der Gründungsvorbereitung und -durchführung zu den zentralen Leistungselementen der TGZ-Konzeption zählen.[1258] Die Erfolgsdeterminante *Teamgründungen* kann durch TGZ dagegen nur indirekt beeinflusst werden, z.B. indem potenzielle Gründer durch die Einrichtung von Gründerbörsen zusammengebracht werden oder indem potenzielle Gründer im Rahmen der Gründungsberatung auf eigene Defizite und die potenziellen Vorteile einer Beteiligung weiterer Partner aufmerksam gemacht werden. Die anderen *personenbezogenen Erfolgsdeterminanten* – Verhaltensweise und Managementstil, physische und psychische Belastbarkeit, vorherige Arbeitslosigkeit bzw. drohende Arbeitslosigkeit bei Unternehmensaufgabe, Eigentum an oder Management weiterer Unternehmen – können durch TGZ kaum beeinflusst werden. Lediglich das *Führungsverhalten* und der *Managementstil* des Gründers können eventuell im Rahmen der Beratungsgespräche und von Schulungsmaßnahmen verändert werden, wobei die Verhaltensweisen eng mit den inhärenten Persönlichkeitsmerkmalen verbunden sein dürften, so dass eine kurzfristige Veränderung nur bedingt möglich erscheint. Der Erfolgsfaktor *finanzielle Ressourcen* des Gründers kann schließlich insoweit beeinflusst werden, als das TGZ durch die Finanzierungsberatung und durch die finanzielle Unterstützung in Form von subventionierten Mieten sowie kostengünstiger Nutzung der Infrastruktur und Serviceleistungen zu einer Entlastung der finanziellen Ressourcen beitragen kann.

Unter den unternehmensbezogenen Einflussfaktoren finden sich ebenfalls einige Ansatzpunkte für das Instrument TGZ. Zwar wirken einige der grundlegenden Entwicklungsdeterminanten wie die *Größe*, das *Alter*, die *Technologieorientierung*, die *Rechtsform*, die *Gründungsform*, die *Betriebsart* und der *Diversifizierungsgrad* des Unternehmens als feststehende Rahmenbedingungen, da sie auf den grundlegenden strategischen Entscheidungen der Gründer beruhen – diese können durch TGZ allenfalls im Rahmen der Gründungsberatung beeinflusst werden, indem z.B. die Vor- und Nachteile der einzelnen Rechtsformen und Haftungsbestimmungen oder die Vor- und Nachteile einer Diversifizierungsstrategie gegenüber eine Spezialisierungsstrategie erörtert werden. Andere betriebliche Charakteristika wie die *Ressourcenausstattung*, die *Finanzierungs-*

[1258] Vgl. dazu Abschnitt 3.1.3.

und die Eigentumsstruktur sowie die *Organisationsstruktur* sind dagegen direkt durch das TGZ beeinflussbar. Die Ressourcen entlastende Wirkung der TGZ-Leistungen, die eine Reduzierung des Fixkostenblocks und eine teilweise Umwandlung in variable Kosten bewirken, wurde bereits mehrfach angesprochen. Hinsichtlich der Finanzierungs- und Beteiligungsfragen ist auf die Finanzierungsberatung zu verweisen. Die Beratung durch das TGZ muss hierbei mehrere Funktionen erfüllen, dazu zählen die Schaffung eines Problembewusstseins (z.B. Erkennen der Notwendigkeit einer langfristigen Finanzierungsperspektive), die Informationsvermittlung (z.B. Information über verschiedene Finanzierungsarten sowie der jeweiligen Vor- und Nachteile) sowie die Vermittlung zu passenden Kapitalgebern und die Unterstützung bei der Verhandlungsvorbereitung (z.B. Erstellung einer Unternehmenskonzeption zur Vorlage beim Kapitalgeber). Auch hier ist eine enge regionale Vernetzung der TGZ selbst von Vorteil, da die Netzwerkbeziehungen zu Kapitalgebern (z.B. regionale Venture Capital Fonds oder Business Angel Netzwerke) für die Unterstützung der Gründungsunternehmen genutzt werden können. Auf die Gestaltung und Entwicklung der Unternehmensorganisation kann wiederum durch das Angebot an Beratungs- und Schulungsleistungen eingewirkt werden.

Die anderen *unternehmensinternen und entscheidungsbezogenen Entwicklungsdeterminanten* (Gestaltung der betrieblichen Informations- und Planungssysteme, Gestaltung der Lieferanten- und Kundenbeziehungen bzw. -strukturen, Entscheidungen bezüglich der Innovationsstrategie, der Marktpositionierung, der Wettbewerbsparameter, der Marktorientierung sowie der Gestaltung der Marketingkonzeption) können allesamt durch die in Abschnitt 3.1.3 beschriebenen Beratungs- und Vermittlungsleistungen beeinflusst werden. Da für einige dieser Fragestellungen eine fundierte Marktanalyse als Entscheidungsgrundlage erforderlich ist, sollte die Unterstützung in diesem Bereich eine zentrale Stellung in der Ausgestaltung der Beratungs- und Unterstützungskonzeption einnehmen. Zur Beeinflussung des Kooperationsverhaltens, das in Abschnitt 4.7.4 gerade für technologieorientierte Gründungen als erfolgsrelevant identifiziert wurde, können TGZ eine Vermittlerfunktion einnehmen. Allerdings zeigen die in Abschnitt 3.2.6.2 referierten empirischen Studien, dass einige Zentren selbst nur schwach mit anderen regionalen Akteuren vernetzt sind, so dass das Unterstützungspotenzial hier wohl nicht immer vollständig ausgeschöpft wird.

Die Beratungs- und Vermittlungsleistungen wurden mehrfach als Ansatzpunkte der TGZ für die Beeinflussung der Entwicklungsdeterminanten identifiziert. Allerdings haben die empirischen Auswertungen in Abschnitt 3.2.4 gezeigt, dass die Beratungsleistungen der TGZ von den TGZ-Unternehmen nur in eingeschränktem Maße genutzt und nur mäßig bewertet werden. Das alleinige Angebot an Qualifizierungs- und Beratungsleistungen durch TGZ ist daher nicht ausreichend. Gleichzeitig müssen bei den Gründern auch ein entsprechendes Problembewusstsein und eine erforderliche Beratungsoffenheit geschaffen werden. Besteht eine entsprechende Beratungsreife und Nutzungsbereitschaft seitens der Gründer, ist für ein individuelles, problem- und unternehmensentwicklungsadäquates und qualitativ hochwertiges Beratungs-, Schulungs- und Vermittlungsangebot zu sorgen, wobei auch externe Experten einzubinden sind, was wiederum eine entsprechende Vernetzung der TGZ selbst voraussetzt. Die ebenfalls mehrfach hervorgehobene Rolle von TGZ als „Lotse" oder „Informationsbroker" wird in Abschnitt 0 nochmals aufgegriffen.

Das bereits im vorherigen Abschnitt festgestellte Problem der begrenzten Möglichkeiten des Instruments TGZ zur Beeinflussung des Gründungsaufkommens muss nach diesem Überblick auch für die Förderung der Unternehmensentwicklung konstatiert werden. TGZ können nur einzelne Faktoren aus dem sehr umfassenden Spektrum an Entwicklungsdeterminanten auf direktem oder zumindest indirektem Weg beeinflussen, während viele andere Faktoren als Datum für den Einsatz des Instruments TGZ wirken. Die Möglichkeiten der TGZ zur Beeinflussung der Entwicklung junger Unternehmen in einer Region sollten daher nicht überschätzt werden. Da Gründungsunternehmen hohe Liquidationsrisiken in den ersten Jahren aufweisen[1259], sollte bei der Konzeption der Instrumente einer gründungsfördernden Wirtschaftspolitik eine längerfristige Perspektive eingenommen werden. Die Unterstützung darf sich nicht nur auf die eigentliche Gründung und die Entwicklungsphase unmittelbar nach der Gründung beschränken, sondern muss längerfristig ausgerichtet sein. TGZ leisten dies, da die Gründungsunternehmen mehrere Jahren in einem TGZ verbleiben können und auch nach dem Auszug dessen Leistungen nutzen können. Wo dies nicht der Fall ist, sollte eine Anpassung der TGZ-Konzeption erwogen werden, zudem ist eine zu strenge Mietzeitbegrenzung, vor allem für hoch innovative und FuE-intensive Gründungsprojekte, zu überdenken. Wie diverse empirische Studien zeigen, weisen einige technologieorientierte Gründungen ein sehr rasantes

[1259] Vgl. Abschnitt 4.5.2.

Wachstum auf.[1260] Flexible Erweiterungsmöglichkeiten innerhalb des TGZ sind daher erforderlich, auch wenn diese zu Lasten einer hohen Auslastungsquote – die vor dem Hintergrund des politischen Rechtfertigungszwangs der Träger und der Wirtschaftlichkeitsanforderungen durchaus gerechtfertigt sind – gehen. Zudem müssen günstige Standorte außerhalb des TGZ, z.B. in einem anliegenden Gewerbe- oder Wissenschaftspark, vorgehalten werden, um diese für die Region besonders interessanten Unternehmen längerfristig an die Region zu binden. Dies verweist erneut auf die unbedingte Notwendigkeit, die TGZ-Konzeption in eine umfassende Regionalentwicklungsstrategie einzubetten.

5.4. TGZ als Instrument zum Abbau der Gründungsprobleme und Entwicklungshemmnisse von Unternehmensgründungen

In Abschnitt 4.8 wurden die Gründungsprobleme und Entwicklungshemmnisse von Unternehmensgründungen untersucht. Tabelle 4.5 gibt dabei einen Überblick über die wesentlichen Problembereiche, die in diversen empirischen Studien identifiziert wurden. Aus dem Überblick können drei wesentliche Erkenntnisse gewonnen werden:

1. Die meisten Unternehmen müssen gleichzeitig mehrere Schwierigkeiten bewältigen. Die Kombination gleichzeitig und unabhängig voneinander auftretender Probleme führt zu den in Abschnitt 4.5.2 identifizierten hohen Ausfallraten junger Unternehmen. Aus der Kumulation verschiedenartiger Problembereiche ergibt sich ein entsprechend differenzierter Unterstützungsbedarf.
2. Die Problemschwerpunkte ändern sich mit der Unternehmensentwicklung. Einzelne Probleme sind nur in einzelnen Gründungsphasen relevant, die Problemintensität bzw. die Problemrangfolge ändert sich im Lauf des Gründungsprozesses. Dementsprechend wandelt sich auch der Informations-, Beratungs-, und Unterstützungsbedarf. Anfangs benötigt der (potenzielle) Gründer eher allgemeine Informationen, in der Gründungs- und Frühentwicklungsphase wird der Beratungsbedarf konkreter, der Gründer benötigt nun auch spezifisches Fachwissen und finanzielle Unterstützung. Daher ist eine entwicklungsphasenorientierte Unterstützung erforderlich, die den phasenspezifischen Unterstützungsbedürfnissen gerecht wird.

[1260] Vgl. Abschnitt 4.1.3.1.

3. Die von den Gründern angegebenen Probleme spiegeln nicht das ganze Problemausmaß wider. Eine fehlende Problemnennung kann auf ein mangelndes Problembewusstsein und die Überschätzung der eigenen Fähigkeiten hindeuten.[1261] Somit ergeben sich zwei Ansatzpunkte für die Gründungsunterstützung: Zusätzlich zur Hilfe beim Abbau der wahrgenommenen Probleme und Defizite muss die Gründungsunterstützung auch auf die Entwicklung und Schärfung des Problembewusstseins der Gründer ausgerichtet werden. Dabei weisen die einzelne „Gründertypen" ein unterschiedliches Problembewusstsein auf. Eine wichtige Erklärungsgröße für das Problembewusstsein und die Bereitschaft, Unterstützungsangebote zu suchen und nachzufragen ist z.B. das Humankapital.[1262]

Vor dem Hintergrund dieser Erkenntnisse erscheinen TGZ als ein grundsätzlich geeignetes Instrument zum Abbau der Gründungsprobleme und Entwicklungshemmnisse. Wie in den Abschnitten 2.1.3 und 3.1.3 erläutert wurde, sind TGZ als multiinstrumentelle Unterstützungsinstrumente konzipiert. Durch die Kombination von Infrastrukturbereitstellung, finanzieller Unterstützung, Informations- und Beratungsangeboten und Vermittlungs- und Vernetzungsleistungen wird den vielfältigen und kumuliert auftretenden Problemen der Gründungsunternehmen Rechnung getragen. Die längerfristig ausgelegte Unterstützung – im Idealfall beginnend mit der Beratung des potenziellen Gründers, gefolgt von einem zumeist drei- bis fünfjährigen TGZ-Aufenthalt und einer anschließenden Ansiedlung des jungen Unternehmens in Zentrumsnähe, die eine weitere Nutzung der Beratungsleistungen und der mittlerweile entstandenen Netzwerkbeziehungen ermöglicht – erlaubt eine entwicklungsphasen- und problemschwerpunktorientierte Unterstützung im Gegensatz zu punktuellen Unterstützungsansätzen wie z.B. der Gründungsförderung durch Existenzgründungszuschuss und Überbrückungsgeld. Das neugegründete Unternehmen wird über einen längeren Zeitraum – über mehrere Phasen hinweg – begleitet, wobei der Gründer wäh-

---

[1261] So zeigen parallele Befragungen von Gründern und Gründungsberatern, dass letztere die einzelnen Problemfelder systematisch kritischer einstufen (vgl. Möhlig, Diethelm und Feidicker 1998, S. 70, 72). Die kritischere Haltung der Berater ist allerdings auch darauf zurückzuführen, dass bei diesen die Erfahrungen mit einer Vielzahl von Abbrechern und Insolvenzen in die Einschätzung einfließen, während die Gründer für die Einschätzung nur die subjektiven Erfahrungen aus der eigenen „erfolgreichen" Gründung heranziehen (erfolgreich in dem Sinne, dass das Gründungsprojekt tatsächlich realisiert wurde und das Unternehmen noch existiert).

[1262] Die Selektionseffekte der Humankapitalausstattung bei der Nutzung von Unterstützungsleistungen wurden bereits in Abschnitt 4.7.2.2 diskutiert.

rend dieser Zeit einen konstanten Ansprechpartner (oder zumindest eine sehr überschaubare Anzahl von Ansprechpartnern) hat. Durch den engen, informellen und regelmäßigen Kontakt zwischen Gründer und TGZ-Manager kann schließlich auch besser auf die Entwicklung und Schärfung des Problembewusstseins der Gründer hingewirkt werden als dies bei eher passiv ausgerichteten Unterstützungsmaßnahmen wie z.B. der Bereitstellung von Beratungsangeboten durch die IHKs, die letztlich auf die aktive Inanspruchnahme des Gründers setzen, möglich ist.

Wie für die Gründungs- und Entwicklungsdeterminanten gilt allerdings auch für die Beeinflussbarkeit der Problembereiche die Einschränkung, dass TGZ nicht alle Faktoren gleichermaßen gut beeinflussen können. Insbesondere bei unternehmensinternen, also primär auf Schwächen, Defiziten und Engpässen des Unternehmens bzw. des Unternehmers beruhenden Problemfaktoren bieten sich erfolgsversprechende Ansatzpunkte für das Unterstützungsinstrument TGZ, während sich unternehmensexterne Problemfaktoren zum Teil der Beeinflussbarkeit durch TGZ entziehen. Allerdings besteht bei vielen Problembereichen eine Vermischung der externen und internen Dimension. Das häufig genannte Problemfeld Finanzierung hat beispielsweise eine unternehmensinterne Dimension, wenn der Gründer über zu geringe eigene Kapitalressourcen verfügt und wegen einer unzureichenden Unternehmenskonzeption keine Kapitalgeber gewinnen kann. Gleichzeitig können die Finanzierungsprobleme auch auf ein zu geringes Finanzierungsmittelangebot zurückzuführen sein. Die unterschiedlichen Problemdimensionen sind daher bei der Konzeption der Unterstützungsstrategie unbedingt zu berücksichtigen.

Im Folgenden können nicht alle identifizierten Problemaspekte einzeln abgehandelt werden, stattdessen werden die zentralen Problemstellungen, die mehrere Problemaspekte betreffen können, im Hinblick auf ihre Beeinflussbarkeit durch TGZ analysiert.

Eine zentrale Problemstellung bilden die *asymmetrisch verteilten Informationen* zu Lasten der Transaktionspartner der Gründungsunternehmen. Informationsasymmetrien prägen die wesentlichen Transaktionsbeziehungen junger Unternehmen, dies betrifft insbesondere die Beziehung zu potenziellen Kapitalgebern (Abschnitt 4.8.2.1), Kunden (Abschnitt 4.8.2.2), Kooperationspartnern (insbesondere im Bereich FuE; Abschnitt 4.8.2.3), Mitarbeitern (Abschnitt 4.8.2.4) und Lieferanten (Abschnitt 4.8.2.6). In allen Fällen ist der Gründer bzw. das neue Unternehmen für den Transaktionspartner eine unbekannte Größe. Die

Qualität, das Verhalten, die Verlässlichkeit, das Risiko und die Bestandssicherheit können durch die Transaktionspartner wesentlich schlechter beurteilt werden als durch den Gründer selbst, gleichzeitig sind viele Ansätze des Screening und Signalling, die normalerweise zum Abbau von Informationsasymmetrien eingesetzt werden, hier wirkungslos bzw. nicht anwendbar.[1263]

TGZ bieten nun verschiedene Ansatzpunkte zum Abbau dieser Informationsasymmetrien. So kann der Aufenthalt eines jungen Unternehmens in einem TGZ selbst bereits als Qualitätssignal wirken. Das TGZ als eine in der Region anerkannte und etablierte Institution verleiht dem Gründungsunternehmen Legitimation, vergleichbar einem Zertifikat. Der Standort in einem TGZ kann einerseits als Signal für eine höhere Bestandssicherheit interpretiert werden, da das Liquidationsrisiko von TGZ-Unternehmen vergleichsweise gering ist.[1264] Die Auswahl der Mieter durch das TGZ-Management wirkt weiterhin als Qualitätsfilter – vorausgesetzt, das TGZ-Management betreibt tatsächlich eine Qualitätskontrolle und -auswahl und verfolgt nicht nur das Ziel einer möglichst hohen Auslastung des Zentrums. Dic Prüfung der Unternehmenskonzeption vor der Aufnahme sowie die laufende Beratung und Betreuung sollten eine gewisse Mindestqualität der Gründungsprojekte sicherstellen. Der Aufenthalt eines jungen Unternehmens in einem TGZ sollte daher eine höhere Qualität (Bestandssicherheit des Unternehmens, Realisierbarkeit der Gründungsidee, Marktrisiken des innovativen Produkts) signalisieren. Gleichzeitig weisen TGZ gegenüber externen Akteuren diverse Vorteile beim Screening, also bei der Informationssammlung auf. Durch die räumliche Nähe sowie die informellen und laufenden Kontakte zu den Gründern erhält das TGZ-Management einen detaillierteren Einblick in das Gründungsunternehmen. Außerdem können die TGZ Skaleneffekte bei der Informationssammlung realisieren, wenn die Prüfung und Bewertung der Unternehmenskonzeptionen im Vorfeld der Aufnahmeentscheidung nach festen Regeln erfolgen. Schließlich können die TGZ-Manager als Experten eher das Risiko und die Realisierbarkeit der innovativen und technologisch-wissenschaftlichen Konzeptionen beurteilen. Zwar sind dem Management hier ebenfalls relativ enge Grenzen gesetzt – dies betrifft insbesondere kleine Zentren mit einem „Ein-Personen-Management" – jedoch haben TGZ die Möglichkeit,

---

1263 Im Rückgriff auf die Erklärungsansätze der liability of newness (vgl. Abschnitt 4.5.2) kann argumentiert werden, dass die jungen Unternehmen nur über eine geringe Legitimation gegenüber ihrer Umwelt verfügen.

1264 Vgl. Abschnitt 3.2.5.

durch die organisatorische Ausgestaltung (z.B. Einrichtung eines wissenschaftlichen Beirats mit Beteiligung der regionalen Hochschulen) externe Experten in die Bewertung einzubinden.

Da bei der Informationssammlung durch das TGZ-Management auch sehr sensible Informationen gewonnen werden, ist die Informationsweitergabe an externe Akteure wie z.B. Kapitalgeber aber nur in sehr eingeschränktem Maß möglich. Weiterhin ist zu beachten, dass durch die bislang geschilderten Screening- und Signallinganansätze lediglich die Qualitäts- nicht aber die Verhaltensunsicherheit abgebaut werden kann. Ein Signal für eine gute Qualität – und in gewissem Umfang auch für gutes Verhalten – kann weiterhin durch Reputationsübertragung entstehen, d.h. die gute Reputation des TGZ wird von den Transaktionspartnern auf das Gründungsunternehmen übertragen. In diesem Fall haben die Träger des TGZ selbst ein Interesse daran, für eine hohe Qualität „ihrer" Unternehmen zu sorgen, da sie ansonsten eine Schädigung der eigenen Reputation befürchten müssen (z.B. müsste das TGZ eine Verschlechterung der Beziehungen zu regionalen Kreditinstituten befürchten, wenn es diesen mehrfach schlechte Kreditnehmer vermittelt, was sich dann wiederum negativ auf die eigenen Finanzierungsmöglichkeiten auswirken kann). Die Wirksamkeit des Reputationsübertragungsmechanismus setzt eine enge Vernetzung des TGZ mit regionalen Akteuren voraus, da TGZ aufgrund ihrer begrenzten räumlichen Reichweite nur auf regionaler Ebene eine Reputationswirkung entfalten können. Weiterhin ist zu vermuten, dass private Akteure wie Großunternehmen oder Unternehmensverbände stärker von einer Reputationsschädigung betroffen sind, was wiederum für eine Einbindung privater Akteure in die TGZ-Organisation im Rahmen von Public-Private-Partnership Modellen spricht. Eine Verhaltenskontrolle ist insofern möglich, als die Gründer bei nicht vertragskonformen Verhalten, das gleichzeitig die Reputation des TGZ und seiner Träger schädigt, mit dem Entzug von Vergünstigungen (bis hin zum erzwungenen Auszug aus dem TGZ) rechnen müssen. Diesem Verhaltenssteuerungsmechanismus sind jedoch enge Grenzen gesetzt, da das TGZ-Management entsprechende Verhaltensabweichungen identifizieren muss und die erforderlichen Sanktionsmaßnahmen bereits bei der Aufnahme der neuen Mieter vereinbaren muss.

Eine zweite zentrale Problemstellung ergibt sich aus dem *Beratungsbedarf* und der *suboptimalen Nutzung der Beratungsangebote.*[1265] Wie die Übersicht über die diversen Problemstellungen in Abschnitt 4.8.2 verdeutlicht, können viele der identifizierten Problemaspekte und Entwicklungshemmnisse auf Informationsmängel, Fehlverhalten und Fehlentscheidungen der Gründer zurückgeführt werden (und somit auch auf bislang unbefriedigte Beratungs- und Unterstützungsbedarfe und die suboptimale Nutzung bestehender Angebote) und damit durch gezielte Beratungs- und Qualifizierungsmaßnahmen abgebaut werden. Der potenzielle Beratungsbedarf der Gründer erstreckt sich dabei über alle wesentlichen Entwicklungsaspekte und umfasst insbesondere die Bereiche Finanzierung, Marketing, Markteinführung, Kooperation, Forschung und Entwicklung, Personal sowie Organisationsgestaltung und -entwicklung. Weiterhin zeigen die in den Abschnitten 4.4.2 und 4.7.2.1 referierten empirischen Studien, dass die Humankapitalausstattung der (potenziellen) Gründer eine wichtige Erklärungsgröße für das regionale Gründungsaufkommen und die Entwicklung junger Unternehmen darstellt. Defizite in der Humankapitalausstattung wirken demnach als Gründungs- und Entwicklungshemmnis, woraus ebenfalls ein Beratungsbedarf für potenzielle Gründer und junge Unternehmer zum gezielten Abbau der Humankapitaldefizite abgeleitet werden kann.[1266] Dementsprechend zeigen empirischen Studien, dass sich die Nutzung von Beratungs-, Qualifizierungs- und Trainingsangeboten im Vorfeld und während der Gründung signifikant positiv auf die spätere Unternehmensentwicklung auswirken kann.[1267] Gleichzeitig zeigen die empirischen Studien, dass viele Gründer solche Beratungsangebote nicht in Anspruch nehmen. Für diese Nichtnutzung sind verschiedene Gründe denkbar. Zum einen sind sich viele Gründer ihrer Defizite nicht bewusst oder sie sind nicht bereit, zum Abbau dieser Defizite auf fremde Hilfe zurückzugreifen, d.h. es fehlt, wie bereits mehrfach angesprochen, das Problembewusstsein und die Beratungsoffenheit bzw. -reife. Aber auch wenn die Gründer grundsätzlich ihren Unterstützungsbedarf erkennen, kann die Inanspruchnahme der Beratungsleistungen durch verschiedene Hemmnisse verhindert werden. Einen wesentlichen

---

1265 Im Folgenden werden unter dem Begriff „Beratung" auch Schulungs-, Qualifizierungs- und Coachingmaßnahmen subsumiert.

1266 Allerdings können nicht alle Bestandteile des Humankapitals allein durch Beratung und Schulung aufgebaut werden. So umfassen beispielsweise die Management- und die Banchenerfahrung Kenntnisse, Fähigkeiten und Verhaltensweisen, die nur über einen längeren Zeitraum erworben und erlernt werden und die eben nicht innerhalb einiger weniger Beratungsgespräche und Schulungstermine vermittelt werden können.

1267 Vgl. Abschnitt 4.7.2.2.

Erklärungsfaktor hierzu bilden Informationsmängel und Informationsasymmetrien. Informationsmängel können bezüglich des privaten Nutzens der externen Beratung bestehen, wodurch der Gründer keine oder eine suboptimale Menge an Beratungsleistungen nachfragt. In diesem Fall reicht prinzipiell ein Anstoßeffekt (im Sinne einer Anstoßförderung), um den Gründer vom wahren Nutzen der Beratung zu überzeugen und eine entsprechende selbstständige Nachfrage zu generieren.[1268] Informationsmängel bestehen weiterhin bezüglich des Bestands und der Eignung der vorhandenen Angebote. Während in ländlichen Regionen Beratungsangebote (insbesondere technologiespezifische) knapp sind oder die relevanten Beratungsinstitutionen weit verstreut sind[1269], weisen Agglomerationsräume häufig eine unübersichtliche Vielfalt an Beratungsangeboten auf. Wie bereits in Abschnitt 4.7.2.2 erläutert wurde, bemängeln viele Gründer das Fehlen einer zentralen Anlaufstelle, die eine gezielte Weitervermittlung an die passenden Beratungsinstitutionen leistet. Die Vielzahl an öffentlichen und privaten Beratungsinstitutionen bei gleichzeitig geringen Bekanntheitsgrad vieler Einrichtungen erhöht die Transaktionskosten der Suche und Auswahl der Beratungsleistungen und führt dazu, dass benötigte und verfügbare Beratungsangebote nicht wahrgenommen oder Beratungsleistungen überteuert eingekauft werden. Außerdem kann der Gründer die Qualität (z.B. Fachkenntnisse) und das Verhalten (z.B. Bereitschaft, auf unternehmensspezifische Bedürfnisse einzugehen) der Beratungsanbieter ex ante schlecht beurteilen. Dies ist insbesondere bei Transaktionen mit Spezialisten wie Steuerberatern oder Patenanwälten relevant, bei denen sensible Informationen preisgegeben werden müssen. Zwar können Informationen über deren bisherige Qualität und Verhalten gesammelt werden, was aber wiederum mit Such- und Informationskosten verbunden ist. Die Beurteilung und Überwachung der Tätigkeit des Spezialisten ist weiterhin mit Überwachungs- und gegebenenfalls Durchsetzungskosten verbunden. Hohe Transaktionskosten als Folge asymmetrisch verteilter Informationen können daher die Aufnahme von Beratungsbeziehungen erschweren. Zuletzt können auch einfach zu hohe Preise für Beratungsleistungen die Nachfrage einschränken, was vor

---

[1268] Vgl. dazu Storey (2003), S. 478ff. Bei der Nutzung von Beratungsleistungen können allerdings auch externe Effekte entstehen (wenn durch die suboptimale Nutzung eine bessere Unternehmensentwicklung verhindert wird und dadurch gesamtwirtschaftlich wünschenswerte Effekte wie Beschäftigungssteigerungen unterbleiben). In diesem Fall kann eine dauerhafte Förderung der Nutzung von Beratungsleistungen gerechtfertigt sein, um eine gesamtwirtschaftlich optimale Nachfrage nach Beratungsleistungen zu generieren.

[1269] Vgl. Kistenmacher (2001), S. 224f.

dem Hintergrund der knappen Ressourcenausstattung und der Finanzierungsproblematik ebenfalls für viele Gründer relevant sein dürfte.

In der Realität treten diese Hemmnisse zumeist kombiniert auf, dementsprechend muss ein Unterstützungsinstrument verschiedene Ansatzpunkte beinhalten, was bei TGZ grundsätzlich der Fall ist. Die elementaren Beratungsleistungen (z.B. eine kostenlose allgemeine Gründungsberatung) sowie der laufende und informelle Kontakt des TGZ-Managements zu den Gründungsunternehmern können zur Schaffung des Problembewusstsein und der Beratungsoffenheit beitragen. Zudem kann der enge Kontakt mit anderen Gründungsunternehmen im TGZ, der einen Erfahrungsaustausch zwischen den Gründern und die Orientierung an erfolgreich verlaufenden Gründungsprojekten ermöglicht, dazu beitragen, dass die Gründer sich ihrer eigenen Entwicklungsprobleme stärker bewusst werden. Die Vorbildwirkung erfolgreich verlaufener Beratungsprojekte bei anderen Gründern kann weiterhin eine Steigerung der Beratungsoffenheit bewirken. Die Vorbildwirkungen und Erfahrungsberichte anderer Gründer sowie die kostenlose Anfangsberatungen (z.B. als allgemeine Gründungsberatung durch das TGZ-Management) können außerdem dazu beitragen, dem Gründer den tatsächlichen Nutzen von Beratungsleistungen zu vermitteln, also die Informationsmängel bezüglich des individuellen Beratungswerts abzubauen. Die Informations-, Beratungs- und Vermittlungsleistungen der TGZ wirken zudem Transaktionskosten senkend und ermöglichen den TGZ-Unternehmen dadurch die Aufnahme zusätzlicher Transaktionen wie eben die Inanspruchnahme einer Beratungsleistung durch einen TGZ-externen Experten. TGZ reduzieren die Informations- und Suchkosten, indem durch die eigenen Informations- und Beratungsangebote ein breites Spektrum an bereits überprüften und bewerteten Informationen bereitgestellt wird. Ein Großteil der Such- und Informationskosten wird also durch das TGZ übernommen, wobei das TGZ Skaleneffekte in der Informationsbeschaffung und -auswertung ausnutzen kann, da dieselben Informationen nur einmal erhoben werden und dann vielen Gründern und Unternehmern zu Verfügung gestellt werden können. Beispiele hierfür sind Beratungen zu Finanzierungsalternativen und zur Nutzung von Förderprogrammen. Diese Informationsbündelung wirkt sowohl in ländlichen Regionen mit einer geringen – und einen größeren Suchradius bedingenden – Beratungsinstitutionendichte, als auch in Agglomerationsräumen mit einem unübersichtlichen Beratungsangebot für die Gründer Transaktionskosten senkend. Ein weiterer Vorteil besteht in dem verhältnismäßig größeren Maß an Vertrauen, das der Institution TGZ aufgrund ihres Zielsystems gegenüber anderen Beratungsinstitutionen – vor allem gewinnorientierten privaten Anbietern – entgegengebracht wird.[1270] Das TGZ trägt weiterhin zum Abbau der Informationsasymmetrien bei der Nutzung externer Berater bei. Da das TGZ-Management öfters mit denselben externen Spezialisten und Beratern zusammenarbeitet – indem es betreute Unternehmen weitervermittelt – bestehen Anreize, Informationen über deren Qualität und Vertrauenswürdigkeit zu sammeln. Außerdem können die Erfahrungswerte der zuvor vermittelten Unternehmen ausgewertet werden. Schließlich haben die vermittelten Berater einen geringeren Anreiz zu opportunistischem Verhalten, da sie ansonsten den Abbruch zukünftiger Vermittlungen durch das TGZ-Management befürchten müssen. Eine eigene enge regionale Vernetzung des TGZ ist dabei förderlich, da dadurch die Transaktionskosten für das TGZ gesenkt werden.

Das TGZ fungiert damit als zentrale Anlaufstelle („One-Stop-Agency", „Informationsbroker") und „neutrale" Vermittlungsinstanz, die den Gründer dabei unterstützt, den Unterstützungs- und Beratungsbedarf zu identifizieren und zu artikulieren und die ihn dann gezielt an geeignete, qualitativ hochwertige und vertrauenswürdige Berater weitervermittelt bzw. die Unterstützung durch eigene Beratungsleistungen erbringt. Das TGZ sorgt dabei auch für die erforderliche Vorbereitung und Beratungsreife. Da die externen Berater selbst konkrete Erwartungen an die Unterstützung suchenden Gründer richten – eine Finanzierungsberatung setzt z.B. einen Businessplan voraus – setzt eine erfolgreiche Beratung eine entsprechende Vorbereitung des Gründers voraus. Da das TGZ-Management die jeweiligen Erwartungen der einzelnen Berater kennt, kann es für eine gezielte Vorbereitung der Gründer sorgen und dadurch die Effizienz von Beratungen erhöhen. Die in den TGZ gebündelte Nachfrage ermöglicht außerdem das Anbieten spezifischer Beratungsleistungen, deren Bereitstellung sich bisher wegen des Fehlens einer „kritischen Masse" nicht gelohnt hatte.[1271] Durch das Überwinden der kritischen Masse können TGZ vor allem in ländliche Regionen einen Beitrag zur Erweiterung der regionalen Unterstützungs- und Wissenstransferinfrastruktur leisten. Durch TGZ kann damit eine bessere und effizientere Befriedigung der Unterstützungs- und Beratungsbedürfnisse der jungen Unternehmen erreicht werden. Da die Beratungs- und Informationsleistungen oftmals auch TGZ-externen Unternehmen zur Verfügung stehen, verfügen TGZ

[1270] Zum Zielsystem von TGZ vgl. Abschnitt 3.1.2.1. Es kann eine gewisse Übereinstimmung in den Zielsetzungen der TGZ und der Gründungsunternehmen festgestellt werden.

[1271] Vgl. Mitsch (2000), S. 93.

hier über ein breiteres Wirkungspotenzial, d.h. die Möglichkeiten zum Abbau der Entwicklungshemmnisse sind nicht auf TGZ-Unternehmen beschränkt. Bezüglich des letztgenannten Hemmnisses zur Nutzung von Beratungsleistungen – den (subjektiv empfundenen) hohen Preisen für Beratungsleistungen – wird auf das weit verbreitete Angebot kostenloser und kostengünstiger Beratungsleistungen durch das TGZ-Management verwiesen, das aber zumeist nur den TGZ-Unternehmen zu diesen Konditionen zur Verfügung steht.

Als dritte zentrale Problemstellung soll im Folgenden die Aufnahme von Kooperations- oder allgemeiner von *Netzwerkbeziehungen*, insbesondere im Bereich Forschung und Entwicklung, diskutiert werden.[1272] Die Aufnahme von innovationsbezogenen Transaktionsbeziehungen ist aufgrund der Transaktionseigenschaften mit hohen Transaktionskosten verbunden.[1273] Da Innovationsprojekte einen einmaligen Charakter haben, den Einsatz spezifischer Faktoren erfordern (wodurch sich die Anzahl der potenziellen Transaktionspartner reduziert), mit hohen Unsicherheiten behaftet sind (die vollständige Spezifikation der Innovationsergebnisse ist ex ante nicht möglich) und gleichzeitig das Verhalten, also die Vertragseinhaltung, der Transaktionspartner schlecht beobachtbar ist, unterliegen „Innovationstransaktionen" einer hohen Opportunismusgefahr. Zudem bestehen beträchtliche Informationsasymmetrien bezüglich des Werts des eingebrachten Wissens. Der Nutzen des Wissens, welches ein Partner in den Innovationsprozess einbringt, kann von den anderen Partnern vorab schlecht beurteilt werden. Bei einer vollständigen Offenlegung des Wissens ex ante entfiele dagegen der Anreiz, die Transaktion durchzuführen. Dementsprechend bestehen sowohl hohe Überwachungs- und Durchsetzungskosten als auch hohe Such- und Informationskosten, um geeignete und vertrauenswürdige Transaktionspartner zu identifizieren. Hohe Transaktionskosten können daher Unternehmensgründungen von der Aufnahme von FuE-Kooperationen abhalten.
In Abschnitt 4.8.2.3 wurde auf die Transaktionskosten senkende Wirkung der Mitgliedschaft in einem Technologietransfernetzwerk hingewiesen. Die Aufnahme von FuE-Kooperationen mit Forschungseinrichtungen wird erleichtert, wenn der Gründer einen „akademischen Hintergrund" aufweist und „Insider" in einem (regionalen) Innovationsnetzwerk ist. Die hohe Qualitäts- und Verhaltensunsicherheit bei Innovationsprojekten bewirkt aber nicht nur höhere Trans-

---

[1272] Diese dritte Problemstellung kann auch als spezielle Ausprägung der ersten Problemstellung eingestuft werden.

[1273] Vgl. dazu auch Abschnitt 2.2.3.2.

aktionskosten für die Unternehmensgründungen, sondern kann sich auch gegen die jungen Unternehmen richten. Da Gründungen als neue und unbekannte Transaktionspartner kaum eingeschätzt werden können – ihre Vertrauenswürdigkeit kann nicht beurteilt werden, da Vertrauen wie Reputation erst über einen längeren Zeitraum aufgebaut werden muss – wird ihnen der Zugang zu Innovationsnetzwerken durch die etablierten Netzwerkmitglieder unter Umständen verweigert. Wenn ein junges Unternehmen nicht selbst Mitglied eines solchen Innovationsnetzwerks ist, sollte es daher über Kontakte zu einem „Gatekeeper" verfügen. Das TGZ kann als eine solche Zutritt vermittelnde Institution fungieren und zumindest in gewissem Umfang für die Vertrauenswürdigkeit der Transaktionspartner bürgen. Das TGZ-Management kann die Qualität und Vertrauenswürdigkeit seiner Mieter durch die mit der Aufnahme verbundenen Prüfung und Bewertung der Unternehmenskonzeption, den laufenden und informellen Kontakten und den mit den Beratungsgesprächen entstehenden tieferen Einblick am ehesten abschätzen und kann durch eine aktive Kontaktvermittlung Vorbehalte bei den Mitgliedern bestehender Innovationsnetzwerke abbauen. Gleichzeitig bürgt das TGZ mit seiner eigenen Reputation für die Qualität der vermittelten Gründungsunternehmen. Werden mehrfach „schlechte Qualitäten" vermittelt, muss das TGZ eine Schädigung seiner eigenen Reputation bis hin zum Abbruch der Netzwerkbeziehungen befürchten. Starke Reputationswirkungen sind insbesondere bei Technologiezentren, die an eine renommierte Hochschule angebunden sind, zu erwarten. Damit ein TGZ eine solche Vermittler- und Netzwerkzugangsfunktion ausüben kann, ist eine intensive Vernetzung des TGZ mit den regionalen Innovationsakteuren erforderlich. Wie die Auswertungen in Abschnitt 3.2.6.2 zeigen, ist dies allerdings nicht bei allen Zentren der Fall. Bei reinen Gründerzentren kann auf eine solche Vernetzung eher noch verzichtet werden, für Technologiezentren erscheint eine enge Einbindung in regionale Innovationsnetzwerke dagegen unumgänglich. Die Ausgestaltung der Organisationsstruktur von TGZ bietet dabei eine Möglichkeit zur Einbindung regionaler Innovationsakteure, z.B. als Träger oder Beiratsmitglied. Bezüglich des Problemaspekts der Identifikation geeigneter Kooperationspartner kann auf die bereits erläuterte Vermittlungsfunktion der TGZ verwiesen werden. Analog zur Transaktionskosten reduzierenden Vermittlung an geeignete Berater können TGZ auch eine Vermittlung an geeignete Kooperationspartner leisten. Dies setzt allerdings ebenfalls eine enge Vernetzung des TGZ mit den regionalen Innovationsakteuren voraus, da nur dann eine mit einem vertretbaren Transaktionskostenaufwand verbundene Identifikation geeigneter Kooperationspartner seitens des TGZ möglich ist.

Abschließend ist auf einige Einschränkungen bezüglich der Wirksamkeit der Vernetzungsfunktion von TGZ hinzuweisen. In Abschnitt 4.7.2.4 wurde der Investitionscharakter von Netzwerkbeziehungen erläutert, d.h. der Aufbau von Netzwerken bzw. von Sozialkapital erfordert laufende Anstrengungen von den Netzwerkakteuren. Dies kann von den TGZ alleine nicht geleistet werden. Damit sind die Gründer selbst für die Aufrechterhaltung sowie die Vertiefung und Erweiterung der Netzwerkbeziehungen verantwortlich, TGZ sind dagegen weitgehend auf die Vermittlung des ersten Kontakts beschränkt. Weiterhin wurde auf die Bedeutung der sozialen Aspekte der Netzwerkbeziehungen, also der persönlichen Beziehungsebene zwischen den Netzwerkakteuren hingewiesen.[1274] Der Aufbau von Vertrauen zwischen Personen benötigt zumeist eine längere Zeit und ist von personenbezogenen Faktoren abhängig. Sobald aber der persönlichen Dimension eine wichtige Rolle für die Funktionsfähigkeit von Kooperations- und Netzwerkbeziehungen zukommt, muss die externe Initiierbarkeit und Steuerbarkeit von Netzwerken in Frage gestellt werden, wodurch der Gestaltungsspielraum von TGZ stark eingeschränkt wird. Schließlich wurde in Abschnitt 4.7.2.4 auf die Notwendigkeit des Wandels der Netzwerkbeziehungen im Laufe der Unternehmensentwicklung hingewiesen (die Entwicklung vom „Wissenschaftsnetzwerk“ zum „Unternehmensnetzwerk“). Das TGZ-Management muss daher für ein entsprechendes Problembewusstsein – Erkennen der Notwendigkeit und Bereitschaft zur Netzwerkanpassung – bei den Gründern sorgen und durch ein eigenes heterogenes Netzwerk die für die einzelnen Entwicklungsphasen jeweils passenden Kooperationspartner vermitteln.

Die Ausführungen dieses Abschnitts haben verschiedene Ansatzpunkte aufgezeigt, wie TGZ einige der zentralen Problembereiche von Unternehmensgründungen beeinflussen können. Durch eine entsprechende Ausgestaltung der TGZ-Konzeption können TGZ prinzipiell einen wirksamen Beitrag zum Abbau der Gründungsprobleme und Entwicklungshemmnisse und damit zur Steigerung des Gründungsaufkommens und zur erfolgreichen Entwicklung von Unternehmensgründungen leisten.

5.5. Konsequenzen für die Wirkungsanalyse

In den bisherigen Abschnitten des fünften Kapitels wurde aufgezeigt, inwieweit die aus den theoretischen und empirischen Forschungsbeiträgen abgeleiteten Gründungs- und Entwicklungsdeterminanten die Funktionsfähigkeit und die Wirksamkeit des Unterstützungsinstruments TGZ beeinflussen. Weiterhin wurden Ansätze aufgezeigt, wie die empirisch belegten und theoretisch begründeten Gründungsprobleme und Entwicklungshemmnisse durch das Unterstützungsinstrument TGZ abgebaut werden können. Dabei musste konstatiert werden, dass TGZ nur einzelne Determinanten innerhalb des sehr breiten Spektrums an Einflussgrößen und Rahmenbedingungen direkt oder indirekt beeinflussen können und dass TGZ nicht alle Problemaspekte gleichermaßen gut erfassen können. Nachdem damit Hinweise auf die prinzipielle Wirksamkeit des Instruments TGZ abgeleitet wurden, soll nun abschließend diskutiert werden, wie die tatsächliche Wirksamkeit von TGZ vor dem Hintergrund der referierten Forschungsergebnisse besser bewertet werden kann.

In Abschnitt 0 wurde konstatiert, dass die bisher vorliegenden Studien zur Analyse der Wirkungen und des Erfolgs von TGZ nur unzureichend theoretisch fundiert sind. Insbesondere Erkenntnisse zu den Forschungsobjekten „Unternehmensgründung“ und „Entwicklung junger Unternehmen“ wurden dabei bislang nur in geringem Umfang für die Konzeption von Wirkungsanalysen genutzt. Weiterhin ist zu vermuten, dass auch bei der Ausgestaltung der Konzeptionen der einzelnen TGZ selbst (z.B. die Ausgestaltung des Unterstützungsprogramms oder die Organisationsstruktur betreffend) oftmals nur sehr bedingt auf wissenschaftliche Erkenntnisse zurückgegriffen wurde. Im vierten Kapitel wurden einige wesentliche empirische und theoretische Erkenntnisse zum Forschungsobjekt „Unternehmensgründung“ referiert, wobei neben der Volkswirtschaftslehre weitere sozialwissenschaftliche Forschungsdisziplinen zur Fundierung herangezogen wurden. Die Erkenntnisse und Analysen des vierten und des fünften Abschnitts können in die Ausgestaltung zukünftiger TGZ-Wirkungsanalysen einfließen. Des Weiteren können diese Erkenntnisse auch für die Ausgestaltung der Konzeptionen neuer TGZ bzw. für die Anpassung der Konzeptionen bestehender TGZ genutzt werden, was aber nicht die Zielsetzung dieses Abschnitts bildet.

[1274] Die Relevanz der persönlichen Beziehungsebene wurde auch bereits bei der Frage der Initiierbarkeit innovativer Milieus in Abschnitt 2.2.3.2 diskutiert.

In Abschnitt 3.2.1.2 wurden die wesentlichen Bestandteile einer umfassenden Wirkungsanalyse vorgestellt. Im Folgenden soll nun diskutiert werden, welche Konsequenzen und Schlussfolgerungen für die Konzeption zukünftiger Wirkungsanalysen zu beachten sind. Dabei werden die einzelnen Bestandteile der Wirkungsanalyse separat untersucht.

Die *Zielgruppenanalyse* bildet die Grundlage für eine systematische Wirkungsanalyse. Hierbei wird die notwendige Bedingung für die Wirksamkeit eines Instruments überprüft, nämlich ob das Instrument überhaupt die aus den Zielsetzungen abgeleiteten Zielgruppen erreicht. Zur Unterstützung der Zielgruppenanalyse können in erster Linie die Erkenntnisse zu den Gründungsdeterminanten herangezogen werden. Ausgehend von einer Standortanalyse und einer Bestimmung des tatsächlichen regionalen Gründerpotenzials kann beurteilt werden, ob überhaupt ein ausreichendes Zielgruppenpotenzial für TGZ in der Region vorhanden ist und wie die Zielgruppen für TGZ vor dem Hintergrund der bestehenden regionalen sozioökonomischen Rahmenbedingungen definiert werden sollten. In einem zweiten Schritt kann dann überprüft werden, ob die bestehenden Zielgruppenvorgaben sinnvoll sind und ob die angestrebten Zielgruppen tatsächlich erreicht werden. Dabei ist auch der dynamische Aspekt zu berücksichtigen, d.h. das regionale Potenzial sollte auch eine dauerhafte zielgruppengerechte Auslastung des Zentrums ermöglichen. Wenn z.B. in einer Region keine Forschungseinrichtungen und forschenden Großunternehmen sowie nur ein geringer Bestand an innovativen KMU vorhanden sind, nur eine geringe Gründungsintensität und eine geringe Ausstattung mit hochqualifizierten Arbeitskräften zu verzeichnen sind und außerdem nur wenige Finanzierungsangebote verfügbar sind (z.B. Venture Capital Gesellschaften; Kreditinstitute der Sparkassen und Genossenschaftsbanken, die auch gegenüber innovativen Unternehmenskonzeptionen aufgeschlossen sind), ist ein ausreichendes Zielgruppenpotenzial für ein Technologiezentrum wohl nicht vorhanden. Eine Verfehlung der Zielgruppenvorgaben kann in diesem Fall auf eine unpassende Zielgruppendefinition und somit eine unpassende TGZ-Konzeption zurückgeführt werden. Als Ergebnis der Zielgruppenanalyse sollte daher die Zielgruppendefinition angepasst werden. Außerdem sind auch die kulturellen und personenbezogenen Gründungsdeterminanten sowie der Aspekt der subjektiven Wahrnehmung der objektiven Gründungschancen und gründungsbezogenen Rahmenbedingungen zu berücksichtigen. Eventuell ist eine Zielgruppenverfehlung auch darauf zurückzuführen, dass das durchaus vorhandene Zielgruppenpotenzial nicht ausreichend aktiviert werden konnte, da die Aktivierungsstrategie nicht in erforderlichem Maß auf die Motive, Werthaltungen, Zielsetzungen, Risikoeinstellungen und Wahrnehmungen der potenziellen Gründer ausgerichtet ist. Die Erkenntnisse zu den Gründungsdeterminanten können also dazu beitragen, die Ursachenidentifikation von Zielgruppenverfehlungen zu verbessern.

Aus den Erkenntnissen zu den Entwicklungsdeterminanten und dem Wissen um die Gründungsprobleme und die Entwicklungshemmnisse kann der tatsächliche Unterstützungsbedarf von Unternehmensgründungen abgeleitet und dann mit den bestehenden Unterstützungsangeboten (Service-, Infrastruktur- und Beratungsleistungen) abgeglichen werden. Auch hierbei sind wiederum die subjektiven Wahrnehmungen (Ausmaß des Problembewusstseins) und die regionsspezifischen Rahmenbedingungen (z.B. Verfügbarkeit von Finanzierungsquellen und Beratungsangeboten) zu berücksichtigen. Auch die Ausprägungen der sozialen Netzwerke sind hierbei zu berücksichtigen (Gründer mit umfangreichen, heterogenen und hochwertigen Netzwerkbeziehungen sind weniger stark auf die Vermittlungs- und Beratungsleistungen angewiesen, so dass eine geringere Nutzungsintensität nicht automatisch als Hinweis auf ein unzureichendes Unterstützungsangebot interpretiert werden kann). Aufbauend auf diesen Erkenntnissen kann dann eine besser fundierte *Akzeptanzanalyse* durchgeführt werden. Bei einer geringen Inanspruchnahme und Nutzenbewertung durch die TGZ-Unternehmen kann dann weitergehend analysiert werden, ob die Unterstützungsmaßnahmen am tatsächlichen Bedarf vorbeigehen (d.h. die der TGZ-Konzeption zugrunde liegenden Annahmen erweisen sich als nicht korrekt), ob die grundsätzlich passenden Unterstützungsmaßnahmen nur unzureichend implementiert und kommuniziert wurden oder ob die geringe Akzeptanz in erster Linie auf ein mangelndes Problembewusstsein der Gründer zurückzuführen ist. In Bezug auf den letztgenannten Punkt sind wiederum Selektionseffekte zu berücksichtigen, da die einzelnen Gründersegmente ein unterschiedlich stark ausgeprägtes Problembewusstsein aufweisen, so sind höher qualifizierte Gründer tendenziell eher dazu bereit, Unterstützungsangebote anzunehmen.[1275] Bezogen auf den identifizierten Problembereich der Finanzierung wäre z.B. zu überprüfen, wie sich das Finanzierungsangebot in der Region gestaltet und ob tatsächlich eine Kreditrationierung in der Region vorliegt. Darauf aufbauend können die finanzierungsbezogenen Unterstützungsmaßnahmen untersucht werden –

[1275] Vgl. dazu Abschnitt 4.7.2.2.

wird z.B. nur eine allgemeine Finanzierungsberatung angeboten oder übernimmt das TGZ eine echte Vermittlungsfunktion und trägt dazu bei, Informationsasymmetrien abzubauen bzw. zu kompensieren? Schließlich ist zu ermitteln, welche Gründer(-segmente) die finanzierungsbezogenen Unterstützungsangebote nutzen und positiv bzw. negativ bewerten, ob die TGZ-Unternehmen die Voraussetzungen für eine Außenfinanzierung erfüllen (z.B. Existenz von fundierten Businessplänen als Qualitätssignal für Kapitalgeber) und wie die Gründer gegenüber den verschiedenen Finanzierungsformen eingestellt sind (z.B. Bereitschaft zur Aufnahme von Beteiligungskapital). Das Beispiel verdeutlicht, dass die Akzeptanzanalyse über eine reine Nutzungsabfrage hinausgehend als echte Kausalanalyse konzipiert werden kann.

Um eine echte *Effektivitätsanalyse* im Sinne einer *Zielerreichungsgradanalyse* durchführen zu können, sind konkrete – möglichst durch quantitative Indikatoren messbare – Zielvorgaben erforderlich. Da diese oftmals nicht hinreichend präzise formuliert sind, beschränkt sich die Effektivitätsanalyse zumeist auf die Erfassung der erreichten Zielwirkungen wie z.B. die Anzahl der geschaffenen Arbeitsplätze oder den Anteil der überlebenden Gründungen. Dabei sind aber – wie bereits mehrfach erläutert – nur die Nettowirkungen relevant, d.h. es ist der Nachweis zu erbringen, dass die erreichten Zielwirkungen auf das Unterstützungsinstrument TGZ zurückzuführen sind, es ist also eine bessere Zielerreichung gegenüber der hypothetischen Situation ohne TGZ-Unterstützung nachzuweisen. Zur Abschätzung des Mehrwerts werden Referenzgrößen benötigt (noch besser geeignet wäre prinzipiell ein Kontrollgruppenansatz, der aber kaum praktikabel ist, da jedem TGZ-Unternehmen ein möglichst in allen Merkmalen identisches, nicht TGZ-gefördertes Unternehmen gegenübergestellt werden müsste). Aus den in den Abschnitten 4.4 bis 4.7 zitierten empirischen Studien zur Gründung, Entwicklung und dem Überleben von Unternehmen können solche Referenzwerte abgeleitet werden. Insbesondere zum Überleben und zur (Beschäftigungs-)Entwicklung von (technologieorientierten) Unternehmensgründlugen liegen mittlerweile vielfältige empirisch gestützte Erkenntnisse vor, wobei auch diverse methodische und auf die Datenerfassung bezogene Probleme berücksichtigt werden, so dass für eine Referenzwertbestimmung prinzipiell eine fundierte Basis vorliegt. Dabei ist allerdings auf eine möglichst enge inhaltliche Übereinstimmung zu achten. So ist beispielsweise ein Vergleich mit der durchschnittlichen Beschäftigungsentwicklung und den Ausfallraten von Unternehmensgründungen generell wenig aussagekräftig, da TGZ mit innovativen und technologieorientierten Gründungen auf ein spezifisches Segment des gesamten Spektrums an Unternehmensgründungen ausgerichtet sind und diese Teilgruppe tendenziell eine stärkeres Beschäftigungswachstum und höhere Überlebensraten aufweist als „normale“ Gründungen. Zur Ableitung von Referenzgrößen sind daher allenfalls auf technologieorientierte Unternehmensgründungen fokussierte Studien geeignet. Allerdings beziehen sich viele der hierzu verfügbaren Datensätze auf die Teilnehmer spezifischer Förderprogramme (z.B. Modellversuch TOU-NBL). Damit werden die Wirkungen einer Fördermaßnahme – der Unterstützung durch TGZ – letztlich nur mit den Wirkungen anderer Fördermaßnahmen verglichen, was die Bestimmung des tatsächlichen Mehrwerts erschwert. Die Vergleichbarkeit wird weiterhin durch den unterschiedlichen räumlichen und zeitlichen Bezug eingeschränkt. Zu anderen Zielsetzungen wie dem Beitrag zum sektoralen Strukturwandel und zur Diversifizierung der regionalen Wirtschaftsstruktur liegen zwar ebenfalls empirisch gestützt Erkenntnisse vor. Wie der Überblick in Abschnitt 4.1.3 verdeutlicht, beruhen diese Ergebnisse aber zumeist auf Auswertungen, die auf einem vergleichsweise hohen Aggregationsniveau durchgeführt werden, zudem wurden einige methodische Probleme identifiziert, so dass für die Bestimmung des Mehrwerts nur eine unsichere Referenzbasis besteht.

Des Weiteren können die Erkenntnisse zu den Entwicklungsdeterminanten dazu beitragen, den TGZ-induzierten Mehrwert besser abzuschätzen. Das Wissen um die tatsächlich wirksamen Einflussgrößen und die Entwicklung gefährdenden und Existenz bedrohenden Faktoren kann zur Beurteilung der vorliegenden TGZ-Unterstützungsmaßnahmen genutzt werden. Nur wenn diese sinnvoll auf die Entwicklungsdeterminanten abgestimmt sind, kann die Entstehung eines TGZ-induzierten Mehrwerts erwartet werden. Gleichzeitig erlauben die Erkenntnisse zu den Entwicklungsdeterminanten die Abschätzung der Selektionseffekte. Wird ein Mehrwert ermittelt, stellt sich nämlich die Frage, ob dieser tatsächlich auf die Effektivität des Unterstützungsinstruments oder in erster Linie auf die erfolgreiche Selektion von Gründungen mit einem größeren Erfolgspotenzial zurückzuführen ist. Anhand der Entwicklungsdeterminanten können Indikatoren für die Identifikation potenziell erfolgreicherer Gründungen (z.B. Humankapitalausstattung, Gründungsmotive, Kapitalausstattung, Rechtsform, Branche, Technologiebereich) abgeleitet werden, eine Analyse der entsprechenden Charakteristika der TGZ-Unternehmen zum Aufnahmezeitpunkt gibt dann einen Hinweis auf die Wirksamkeit von Selektionseffekten. Die Erkenntnisse zur Entwicklung und zum Überleben von Unternehmensgründungen zeigen weiterhin, dass für die Effektivitätsanalyse eine längerfristige Betrachtungsweise erforderlich ist. So sind beispielsweise die das Überleben betreffenden Auswirkungen der liability of newness und der liability of smallness über eine Zeitraum von mehreren Jahren messbar. Die Effektivitätsanalyse darf daher nicht auf die Erfassung der Entwicklung während des TGZ-Aufenthalts beschränkt bleiben, sondern muss auch die Entwicklung der TGZ-Unternehmen nach deren Auszug aus dem TGZ berücksichtigen. Dies spricht weiterhin dafür, dass eine fundierte und umfangreiche Effektivitätsanalyse die Existenz einer längeren Wirkungsphase des Instruments voraussetzen muss. Kurz nach der Implementierung des Instruments – z.B. weniger als fünf Jahre nach der Errichtung eines TGZ – können lediglich potenzielle Wirkungen im Rahmen einer Ex-ante Evaluation oder einer begleitenden Evaluierung prognostiziert und Wirkungstendenzen abgeschätzt werden.

Für die Durchführung der Effektivitätsanalyse in den Zielbereichen Technologietransfer und regionale Vernetzung können insbesondere die Erkenntnisse der Transaktionskostentheorie, der Prinzipal-Agent-Theorie, der Netzwerkansätze und der Sozialkapitalansätze genutzt werden. Diese Theorien und Theorieansätze können dazu beitragen, das Problemverständnis zu verbessern, indem z.B. die zugrunde liegenden Transaktionsbeziehungen und -bedingungen sowie die Hindernisse und Probleme für die Aufnahme solcher Transaktionsbeziehungen abgebildet und analysiert werden. Die empirisch gestützten Erkenntnisse zur Wirkung und Bedeutung von räumlich begrenzten Wissensexternalitäten (Abschnitt 4.4.3.2) und zur räumlichen Ausdehnung von Innovationsnetzwerken (Abschnitt 4.8.2.3) tragen dazu bei, die räumliche Dimension der Vernetzungsbeziehungen besser beurteilen zu können. Ein solches Problemverständnis ist erforderlich, um die gemessenen Wirkungen vor dem Hintergrund der jeweiligen regionalen Rahmenbedingungen sinnvoll bewerten zu können. So wurde beispielsweise darauf hingewiesen, dass die Aufnahme von Kooperationsbeziehungen aufgrund von Informationsasymmetrien bei Fehlen von wirksamen Reputationsmechanismen und Vertrauen erschwert wird. Wird eine geringe regionale Vernetzung der TGZ-Unternehmen ermittelt, ist weiterhin zu untersuchen, ob die geringe Zielerreichung auf fehlende komplementäre Transaktionspartner in der Region, fehlende Kooperationsvoraussetzungen der Gründer (z.B. der Gründer ist bislang nicht in regionale Innovationsnetzwerke eingebunden, da er nicht aus der Region stammt oder durch seine vorherige Beschäftigung bzw.

Ausbildung keine Kontakte zu regionalen Innovationsakteuren aufbauen konnte) oder auf unzureichende Vernetzungs- und Vermittlungsmaßnahmen des TGZ (werden entsprechende Leistungen überhaupt angeboten? hat das TGZ wirksame Mechanismen zur Reputationsübertragung und zum Vertrauensaufbau entwickelt?) zurückzuführen ist. Die Forschungserkenntnisse können somit dazu beitragen, die zugrunde liegenden Kausalzusammenhänge und die Ursachen für Zielverfehlungen aufzudecken. Außerdem können die Erkenntnisse dazu beitragen, bessere Messansätze zu entwickeln. So können z.B. aus der Netzwerktheorie Indikatoren zur Messung der regionalen Vernetzung der TGZ-Unternehmen und der Vernetzungsmaßnahmen der TGZ abgeleitet werden.

Die Analyse von *Lerneffekten* wurde bei den bisher durchgeführten Wirkungsanalysen zumeist vernachlässigt (oder sie war aufgrund des Erhebungsdesigns und des geringen Alters der untersuchten Einrichtungen überhaupt nicht möglich). Zukünftige Wirkungsanalysen sollten daher auch Panelerhebungen enthalten, da nur dadurch erfasst werden kann, ob die TGZ-Unterstützung tatsächlich zu Verhaltensänderungen bei den Unternehmern führt. Gleichzeitig kann durch Panelerhebungen überprüft werden, ob das TGZ seine Unterstützungsangebote und die Unterstützungsmechanismen an die neu identifizierten und möglicherweise veränderten Unterstützungsbedürfnisse seiner Mieter anpasst, ob also auch Lerneffekte bei den TGZ-Verantwortlichen, den Trägern und dem TGZ-Management, zu verzeichnen sind. Auch hierbei können die Erkenntnisse zu den Gründungs- und Entwicklungsdeterminanten genutzt werden. So sind beispielsweise die Erkenntnisse zur Gründungsvorbereitung (z.B. Umfang und Art der Gründungsvorbereitung und Planung, Inanspruchnahme externer Unterstützungsangebote, Einflussgrößen auf die Bereitschaft zur Nutzung externer Angebote und auf die Vorbereitungsqualität) erforderlich, um Verhaltensänderungen der Unternehmer identifizieren zu können und beurteilen zu können, inwieweit diese Veränderungen tatsächlich auf die Unterstützungsleistungen zurückführbar sind. Gleichzeitig kann dadurch bewertet werden, ob die bestehenden Unterstützungsangebote problemadäquat ausgestaltet sind und ob das TGZ sinnvolle Anpassungsmaßnahmen vornimmt.

Zusätzlich zur Messung der beabsichtigten Wirkungen sollte ein Wirkungsanalyse auch *nicht-intendierte Wirkungen* erfassen, um – insbesondere wenn die nicht-intendierten Wirkungen mehrheitlich als negativ einzustufen sind – den tatsächlich wirksamen Nettoeffekt bestimmen zu können. Im Zusammenhang mit dem Unterstützungsinstrument TGZ wurden vor allem die Verdrängung nicht geförderter Unternehmen und die Verstärkung regionaler Disparitäten diskutiert. Zur besseren Abschätzung der Verdrängungswirkungen und damit zur besseren Beurteilung des Nettobeschäftigungseffekts von TGZ können die Erkenntnisse zu den Wettbewerbswirkungen und Struktur wandelnden Wirkungen von Unternehmensgründungen herangezogen werden. Allerdings wurde in den entsprechenden Abschnitten darauf hingewiesen, dass methodische Probleme die Erfassung der tatsächlichen Kausalbeziehungen erschweren, so dass die Bestimmung der Verdrängungswirkungen weiterhin nur annäherungsweise möglich ist. Ausgehend von den regionsspezifischen Gründungs- und Entwicklungsdeterminanten kann eine Checkliste erstellt werden, anhand der abgeschätzt werden kann, ob an den bestehenden oder geplanten Standorten geeignete Voraussetzungen für einen erfolgreichen TGZ-Betrieb gegeben sind, wodurch wiederum der Beitrag zum Abbau regionaler Disparitäten beurteilt werden kann. Entsprechende Auswertungen können bereits im Rahmen einer Ex-ante Evaluation durchgeführt werden.

Zur Aufdeckung der *Mitnahmeeffekte* wurden verschiedene Indikatoren diskutiert. Aus den Anteilen der Unternehmen, die auch ohne das TGZ gegründet worden wären oder überlebensfähig wären, sowie den Unternehmen, die sich auch ohne das TGZ gleich gut entwickelt hätten, kann das Ausmaß der Mitnahmeeffekte annäherungsweise abgeleitet werden. In allen Fällen wird die Abschätzung allerdings dadurch erschwert, dass ein Vergleich mit einer hypothetischen Referenzsituation erforderlich ist. Ein Vergleich mit Referenzwerten zur Bestimmung des Mehrwerts (z.B. Vergleich der Ausfallraten im TGZ mit den Ausfallraten nicht geförderter technologieorientierter Gründungen) ist, wie bereits erläutert wurde, auch nur bedingt praktikabel. Die Erkenntnisse zu den Gründungs- und Entwicklungsdeterminanten sowie zu den Gründungshemmnissen und Entwicklungsproblemen können daher dazu beitragen, exaktere Ansätze zur Abschätzung der Mitnahmeeffekte zu entwickeln. Beispielsweise ermöglicht eine detaillierte Befragung der TGZ-Unternehmen zu den identifizierten und erfolgreich überwundenen Gründungs- und Entwicklungsproblemen, dem Beitrag der TGZ zur Überwindung dieser Probleme, den Gründungsmotiven und den individuellen Gründungsvoraussetzungen (z.B. Eigenkapital- und Humankapitalausstattung) und ein Abgleich mit den entsprechenden empirischen und theoretischen Forschungsergebnissen eine besser fundierte Einschätzung der Mitnahmeeffekte als alleine die Frage, ob das Unternehmen auch ohne die TGZ-Unterstützung gegründet worden wäre. Dabei erscheint es sinnvoll, eine parallele Befragung der TGZ-Manager durchzuführen, um eine objektivere Einschätzung zu ermöglichen, da eine allein auf die Befragung von Unternehmen gestützte Bewertung einem starkem subjektiven Verzerrungspotenzial unterworfen ist. Die auf diese Weise identifizierten tatsächlichen Bedürfnisse der TGZ-Unternehmen können dann mit dem Unterstützungsangebot und dessen Inanspruchnahme abgeglichen werden, aus entsprechenden Diskrepanzen können Hinweise auf das Ausmaß an Mitnahmeeffekten abgeleitet werden. Entsprechend detaillierte Befragungen und Parallelerhebungen wurden zwar bereits vereinzelt bei Wirkungsanalysen durchgeführt, zukünftige Analysen sollten diesen Aspekten mehr Gewicht zukommen lassen. Die Erkenntnisse zu den Gründungsdeterminanten (insbesondere die Beeinflussung der Gründungsneigung und -bereitschaft betreffend) und die Phasen- und Trichtermodelle des Gründungsprozess ermöglichen weiterhin die Beurteilung, ob die Unterstützungsmaßnahmen der TGZ und deren Umsetzung zur Initiierung von Unternehmensgründungen überhaupt geeignet sind. Wenn die relevanten Gründungsdeterminanten durch die konkrete Ausgestaltung der TGZ-Konzeption nicht ausreichend berücksichtigt werden (können) und die Unterstützungsmaßnahmen erst in den späteren Phasen des Gründungsprozess ansetzen, kann nur eine geringe Initiierungswirkung erwartet werden, was wiederum für ein starkes Mitnahmepotenzial spricht.

Ein weiterer, allerdings bislang kaum erfasster Bestandteil der systematischen Wirkungsanalyse bildet die Überprüfung der dem Instrument zugrunde liegenden Annahmen. Eine solche *Konzeptionsanalyse* bildet eigentlich einen wichtigen Bestandteil einer Wirkungsanalyse, da Zielverfehlungen oftmals auf Konzeptionsfehler, die wiederum auf falschen Annahmen beruhen, zurückzuführen sind. Die sinnvolle Durchführung einer Konzeptionsanalyse setzt allerdings voraus, dass die Konzeption des Instruments tatsächlich auf aus empirischen und theoretischen Forschungserkenntnissen abgeleiteten Annahmen beruht, oder dass zumindest eine generelle Regionalanalyse vorliegt, aus der Annahmen zu den Problemen und Bedürfnissen der zu unterstützenden Unternehmen abgeleitet werden können. Weiterhin müssen diese Hypothesen im Rahmen der Konzeptionserstellung explizit formuliert worden sein, um sie einer Überprüfung unterziehen zu können. Da die Ausgestaltung und der Einsatz des Instruments TGZ zumeist auf der lokalen oder regionalen Ebene konzipiert werden, fehlt ein einheitlicher, umfassender und theoretisch fundierter Strategieansatz, innerhalb dessen das Instrument TGZ zum Einsatz kommt. Stattdessen wird die Konzeption oftmals durch die sozioökonomischen Bedingungen und die politischen Interessenslagen vor Ort bestimmt, wobei meist eher diffuse Begründungsansätze wie die Entwicklung eines innovativen Milieus, die Aktivierung endogener Potenziale oder das Ausgleichen von Nachteilen oder gar von Marktversagen bei der Entwicklung von kleinen und jungen Unternehmen angeführt werden, ohne diese weitergehend zu fundieren. Eine echte Hypothesenüberprüfung wird dadurch erheblich erschwert. Letztlich ist eine Einzellfallprüfung erforderlich, eine „Generalüberprüfung" ist aufgrund des Fehlens eines einheitlichen Strategieansatzes nicht möglich. Im Einzelfall ist dann zu überprüfen, ob die TGZ-Konzeption überhaupt auf konkreten Hypothesen zu den Bedürfnissen und Problemen von Unternehmensgründungen sowie kleinen und jungen Unternehmen beruht und ob diese mit den Forschungserkenntnissen übereinstimmen. Insbesondere aus der Transaktionskostentheorie, der Prinzipal-Agent-Theorie, der Humankapitaltheorie, den Erklärungsansätzen zu Spillovereffekten (Wissensexternalitäten), den Netzwerkansätzen und den Sozialkapitalansätzen können Hypothesen für TGZ-Konzeptionen abgeleitet werden. Ausgehend von den Ergebnissen der bereits beschriebenen Akzeptanz-, Lerneffekts- und Effektivitätsanalysen kann dann abgeschätzt werden, ob die der Konzeption zugrunde liegenden Annahmen korrekt sind. Erweisen sich die Annahmen als nicht zutreffend, muss die TGZ-Konzeption eventuell angepasst werden, wozu auf die Erkenntnisse der oben genannten Theorien und Forschungsansätze zurückgegriffen werden kann.

Den Abschluss einer systematischen Wirkungsanalyse bildet die *Effizienzanalyse*. Die Durchführung wird durch das Problem erschwert, sämtliche Kosten- und Nutzenbestandteile vollständig zu erfassen und zu quantifizieren. Die Kosten, insbesondere die Errichtungs- und Betriebskosten, lassen sich zwar annähernd verlässlich quantifizieren. Probleme bereiten jedoch die indirekten Kosten in Form der nicht-intendierten Effekte. Soweit diese Effekte den intendierten Zielen entgegenwirken, sind sie entweder als weitere Kosten des Instruments oder aber als den Nettonutzen des Instruments reduzierende Wirkungsbestandteile zu interpretieren. Wie bereits bei der Diskussion um die Bestimmung des Mehrwerts deutlich wurde, ist die Erfassung aller Nutzenbestandteile und insbesondere des Nettonutzens mit großen Schwierigkeiten verbunden. Dies betrifft die Effizienzanalyse umso mehr, da der Nutzen hier konkret quantifiziert werden muss. Die Darstellung der gesamtwirtschaftlichen Auswirkungen von Unternehmensgründungen in Abschnitt 4.1.3 verdeutlicht, dass die Bestimmung des Nutzens nicht auf die Erfassung der Beschäftigungseffekte beschränkt bleiben darf, auch wenn sich dieser Nutzenaspekt noch am einfachsten quantifizieren lässt. Die anderen Nutzen- bzw. Zielkomponenten wie die Diversifizierung und Modernisierung der regionalen Wirtschaftsstruktur, die Intensivierung der regionalen Innovationsprozesse oder die Erhaltung und Nutzung des Humankapitals lassen sich dagegen vielfach kaum verlässlich operationalisieren. Die Erkenntnisse zur Entwicklung und zu den Problemen und Hemmnissen von Unternehmensgründungen zeigen weiterhin, dass für die Nutzenbestimmung eine längerfristige Perspektive erforderlich ist, was eine kurzfristige oder sogar nur zeitpunktbezogene Nutzenbestimmung (z.B. als Momentaufnahme in Form der Anzahl der Mitarbeiter, die gegenwärtig in den Unternehmen eines TGZ beschäftigt sind) ausschließt. Zumindest weisen die Erkenntnisse und der daraus abgeleitete Unterstützungsbedarf darauf hin, dass eine selbst tragende TGZ-Konzeption nur an einzelnen Standorten möglich sein dürfte, d.h. das Unterstützungsinstrument TGZ benötigt in den meisten Fällen dauerhafte Zuschüsse.

Die Ausführungen zeigen, dass Wirkungsanalysen eher als Fallstudien konzipiert werden sollten, also als umfassende, dafür nur einzelne bzw. einige wenige Zentren umfassende Untersuchungen. Aufgrund der individuellen Zielsetzungen und der spezifischen sozioökonomischen Rahmenbedingungen der einzelnen Zentren sowie aufgrund des Fehlens eines einheitlichen Strategieansatzes für das Unterstützungsinstrument erscheint eine standardisierte, parallel in vielen unterschiedlichen Zentren durchgeführte Erhebung, die die Wirksamkeit von TGZ anhand von über allen Zentren hinweg gebildete Summen und Durchschnittswerte bewertet, weniger aussagekräftig.

6. Fazit: TGZ als prinzipiell geeignetes aber nur bedingt wirksames Instrument der Regionalentwicklung

Diese Arbeit verfolgte zwei zentrale Zielsetzungen:

1. Die Bewertung der Wirksamkeit von TGZ als Instrument der Regionalentwicklung
2. Die Identifikation und Bewertung von gründungsbezogenen Forschungserkenntnissen und Theorieansätzen, die zur Fundierung der TGZ-Konzeption herangezogen werden können, die das Potenzial und die Grenzen des Instruments TGZ aufzeigen und die zur Fundierung zukünftiger TGZ-Evaluationen genutzt werden können.

TGZ bilden ein umfassendes, ganzheitliches Instrument der Gründungsförderung innerhalb des Strategieansatzes einer potenzialorientierten Regionalentwicklung. Neben der Bereitstellung von Infrastruktur vereint das Instrument weitere Maßnahmenelemente wie die Beratung und Information, finanzielle Unterstützung sowie die Vernetzung in einer ganzheitlichen Förderkonzeption. Gleichzeitig können TGZ als ein räumlich begrenzt wirksames und inhaltlich stark fokussiertes Instrument aber nur ein Element innerhalb einer umfassenderen gründungsfördernden Wirtschaftspolitik bilden. TGZ sind damit prinzipiell dazu geeignet, durch die Aktivierung des endogenen Potenzials – also die Initiierung von Unternehmensgründungen, die Unterstützung der Entwicklung junger (innovativer) Unternehmen, die Forcierung des regionalen Technologietransfers und die Unterstützung regionaler Innovationsnetzwerke – die Regionalentwicklung zu unterstützen. TGZ setzen im Idealfall an den spezifischen Gründungsproblemen und Entwicklungshemmnissen von (technologieorientierten) Unternehmensgründungen an. Durch den gezielten Abbau dieser Probleme und Hemmnisse initiieren TGZ zusätzliche Unternehmensgründungen, tragen zur Existenzsicherung der neugegründeten Unternehmen bei und fördern das Wachstum und die Innovationsaktivitäten der jungen Unternehmen. Als mittelbare und längerfristige Folge entstehen positive Wirkungen für die Entwicklung der Region wie z.B. die Initiierung von regionalen Innovationsprozessen und -kreisläufen oder die Schaffung zusätzlicher, hochwertiger Beschäftigungsmöglichkeiten, die die Abwanderung von hochqualifizierten Erwerbspersonen verhindern.

Die im dritten Abschnitt referierten Evaluierungsansätze geben Hinweise auf eine nur bedingte Wirksamkeit des Instruments TGZ. Es können bislang nur mehr oder weniger stark begrenzte Regionalentwicklungseffekte festgestellt bzw. erwartet werden. Die zentralen Zielsetzungen der TGZ-Konzeption können ausgehend von den Ergebnissen der Wirkungsanalysen als nur in begrenztem Umfang erfüllt angesehen werden. Insbesondere bei der Initiierung von Unternehmensgründungen muss bislang eine deutliche Zielverfehlung konstatiert werden. Bei den anderen Zielsetzungen (Unterstützung der Überlebensfähigkeit und der Entwicklung von Unternehmensgründungen; Initiierung und Unterstützung von Innovationsprozessen) ist von einer begrenzten Zielerfüllung bei gleichzeitig deutlichem Steigerungspotenzial auszugehen. Nachdem die zentralen Zielsetzungen nicht vollständig erfüllt werden, ist auch eine nur begrenzte Zielerfüllung bei den Oberzielen – zu deren Konkretisierung und Realisierung die zentralen Zielsetzungen abgeleitet wurden – zu konstatieren. Insbesondere bezüglich der Zielsetzungen *Beschäftigungsentwicklung* und *Verbesserung der kommunalen Einnahmen* ist nur ein geringer Zielbeitrag zu erwarten. Zur Umsetzung der Zielsetzungen *Förderung des sektoralen Strukturwandels* sowie *Erhaltung und Nutzung von Humankapital* können TGZ dagegen einen prinzipiell stärkeren Beitrag leisten.

Eine abschließende Beurteilung der Wirkungen bzw. des Erfolgs der TGZ kann auf Basis der vorliegenden Wirkungsanalysen noch nicht vorgenommen werden, da zum Teil erhebliche Erfassungsdefizite konstatiert werden mussten. Zum einen werden nicht alle Bestandteile einer systematischen Wirkungsanalyse durchgeführt. Insbesondere die Analyse der nicht-intendierten Effekte, die Konzeptionsanalyse und die Analyse der Lernereffekte werden weitgehend ausgeklammert. Auch die intendierten Wirkungen können bislang nicht umfassend und vollständig erfasst werden. Vielfach konnten hier die Kausalzusammenhänge nicht vollständig geklärt werden, was neben methodischen Problemen sicherlich auch auf die unzureichende Fundierung der Evaluationskonzeptionen mit Erkenntnissen der gründungsbezogenen Forschung zurückzuführen ist. Weitere Probleme bereiten die räumliche und die zeitliche Dimension der Evaluierung. Die räumliche Reichweite der TGZ, also die Definition der „Region“, wird vielfach nicht eindeutig abgegrenzt, dementsprechend wird die vollständige Erfassung der Regionalwirkungen erschwert. Außerdem wird nur ein Bestandteil der Regionalentwicklungskonzeption, nämlich die TGZ und die durch die Zentren unterstützten Unternehmen erfasst, während die anderen relevanten Interaktionspartner in der Region aus der Wirkungsanalyse weitestgehend ausgeklammert werden (so werden z.B. nie die potenziellen und aktuellen Kooperationspartner der TGZ befragt). In zeitlicher Hinsicht besteht das Problem, dass für die Wirkungsentfaltung ein längerfristiger Zeitraum veranschlagt werden muss. Viele Untersuchungen erfassen aber nur die aktuell in den Zentren eingemieteten Unternehmen, womit die weiteren Wirkungen durch die ausgezogenen Unternehmen nicht erfasst werden. Außerdem beinhalten viele Untersuchungen Zentren, die noch selbst im Aufbau befindlich sind oder erst seit kurzer Zeit „in Betrieb" sind. Für diese Einrichtung kommt eine Wirkungsanalyse noch zu früh. Zudem bestehen deutliche Hinweise auf eine unterschiedliche Eignung der TGZ-Konzeption bei unterschiedlichen regionalwirtschaftlichen Rahmenbedingungen. Eine spezifische TGZ-Konzeption kann an einem Standort wirksam und an einem anderen Standort nicht wirksam sein. Die tatsächliche Wirksamkeit und Eignung lässt sich letztlich nur im jeweiligen Einzelfall bewerten.

Die theoretisch und empirisch gestützten Erkenntnisse zu den Gründungs- und Entwicklungsdeterminanten und zu den Gründungsproblemen und Entwicklungshemmnissen ermöglichen eine bessere Bestimmung des tatsächlichen Wirkungspotenzials der TGZ. Dabei muss konstatiert werden, dass TGZ nur einzelne Faktoren aus dem sehr umfassenden Spektrum an Determinanten und Problemstellungen auf direkten oder zumindest indirektem Weg beeinflussen können, während viele andere Faktoren als Datum für den Einsatz des Instruments TGZ wirken. TGZ als Instrument der Regionalentwicklung auf der kommunalen und regionalen Ebene können somit nur innerhalb bestimmter Rahmenbedingungen eingesetzt werden, wobei die Rahmenbedingungen selbst – die für unternehmerische Entscheidungen möglicherweise größere Relevanz aufweisen – nicht veränderbar sind. Zum Abbau der Gründungsprobleme und Entwicklungshemmnisse können TGZ vor allem dann beitragen, wenn es ihnen gelingt, Ansätze zum Abbau der Informationsasymmetrien zu entwickeln und den Beratungs- und Unterstützungsbedarf der Gründer zu befriedigen, indem sie als eine zentrale Anlaufstelle fungieren, was eine eigene enge regionale Vernetzung und eine hochwertige und zielgruppenorientierte Ausgestaltung der Beratungs- und Vermittlungsleistungen voraussetzt.

Inwieweit die begrenzte prinzipielle Wirksamkeit der TGZ tatsächlich ausgeschöpft wird, hängt somit von der konkreten Ausgestaltung und Umsetzung der TGZ-Konzeption ab. Dabei sind insbesondere der Umfang und die Qualität der Vermittlungs- und Beratungsleistungen – die den eigentlich innovativen Bestandteil des Unterstützungsinstruments TGZ bilden – von Relevanz. Die Möglichkeiten von TGZ zur Beeinflussung des unternehmerischen Entwicklungspotenzials einer Region dürfen daher nicht überschätzt werden.

Die theoretisch und empirisch gestützten Erkenntnisse zum Forschungsobjekt „Unternehmensgründungen" können weiterhin zur Verbesserung der Konzeption zukünftiger Wirkungsanalysen genutzt werden. Es wurden Ansätze aufgezeigt, wie die einzelnen Bestandteile einer systematischen Wirkungsanalyse ausgestaltet werden können, um eine bessere Erfassung der Wirkungsbestandteile zu erreichen. Dabei wurde insbesondere auf zusätzliche Erhebungsinhalte hingewiesen sowie auf Aspekte, die für die Erfassung der Kausalzusammenhänge relevant sind.

Es war nicht Intention dieser Arbeit, Handlungsempfehlungen für die Akteure der Regionalentwicklung zur besseren Ausgestaltung der TGZ-Konzeption abzuleiten. Dennoch hat die Analyse der Gründungs- und Entwicklungsdeterminante sowie der Gründungsprobleme und Entwicklungshemmnisse einige Hinweise und Erkenntnisse erbracht, die auch für die Ausgestaltung zukünftiger TGZ-Konzeptionen genutzt werden können. Des Weiteren erbringen die Ergebnisse der bisherigen Wirkungsanalysen und die Erkenntnisse zum Forschungsobjekt „Unternehmensgründungen" Hinweise auf die unterschiedliche Eignung von Standorten für TGZ. Insbesondere in ländlich-peripheren Regionen ist zumeist kein ausreichendes Innovations- und Gründerpotenzial vorhanden, um eine dauerhafte konzeptionsgerechte Auslastung eines Zentrums – insbesondere eines Technologiezentrums – zu gewährleisten. Es ist zumindest eine gewisse Mindestausstattung erforderlich, damit TGZ überhaupt als Instrument der Regionalentwicklung wirken können. Da TGZ vor allem an Standorten mit einer starken Potenzialausstattung eine hohe Erfolgswirksamkeit versprechen, muss der Beitrag von TGZ zum Abbau regionaler Disparitäten zumindest in Frage gestellt werden.

TGZ bilden damit ein grundsätzlich geeignetes Instrument der Regionalentwicklung. Es besteht aber ein noch erheblicher Evaluierungsbedarf, um die tatsächliche Erfolgswirksamkeit des Instruments beurteilen zu können, wozu diese Arbeit hierzu sicherlich einige Ansatzpunkte geliefert hat.

Literaturverzeichnis

Acs, Z.J. (1996): Small Firms and Economic Growth, in: Acs, Z.J.; B. Carlsson und A.R. Thurik (Hrsg.): Small Business in the Modern Economy, Cambridge (Mass.), S. 1-62.

Acs, Z.J. und C. Armington (2003): The Geographic Concentration of New Firm Formation and Human Capital: Evidence From the Cities, CES Research Paper Nr. 03-05.

Acs, Z.J. und D.B. Audretsch (1990): Innovation and Small Firms, Cambridge (Mass.).

Acs, Z.J.; D.B. Audretsch und M.P. Feldman (1994): R&D Spillovers and Recipient Firm Size, in: The Review of Economics and Statistics, Vol. 76, S. 336-340.

Acs, Z.J.; B. Carlsson und C. Karlsson (1999): The Linkages Among Entrepreneurship, SMEs and the Macroeconomy, in: Acs, Z.J.; B. Carlsson und C. Karlsson (Hrsg.): Entrepreneurship, Small and Medium-Sized Enterprises and the Macroeconomy, Cambridge (U.K.), S. 3-42.

Acs, Z.J.; F.R. FitzRoy und I. Smith (2002): High-Technology Employment and R&D in Cities: Heterogeneity vs Specialization, in: The Annals of Regional Science, Vol. 36, S. 373-386.

Adrian, L. (2003): Regionale Netzwerke als Handlungskonzept. Erfolg versprechender Weg einer innovationsorientierten Regionalentwicklung?, Berlin.

ADT (2005): http://www.adt-online.de/adt/index.htm; Zugriff: 08.02.2005.

Agarwal, R. und D.B. Audretsch (2001): Does Entry Size Matter? The Impact of the Life Cycle and the Technology on Firm Survival, in: The Journal of Industrial Economics, Vol. 49, S. 21-43.

Agarwal, R. und M. Gort (1996): The Evolution of Markets and Entry, Exit and Survival of Firms, in: The Review of Economics and Statistics, Vol. 78, S. 489-498.

Albert, J. (1994): Unternehmensgründungen. Träger des Strukturwandels in wirtschaftlichen Regionalsystemen? Nürnberg.

Aldrich, H.E. (1999): Organizations Evolving, London u.a.

Aldrich, H.E. und C.M. Fiol (1994): Fools Rush in? The Institutional Context of Industry Creation, in: Academy of Management Review, Vol. 19, S. 635-670.

Aldrich, H.E. und L. Zimmer (1986): Entrepreneurship Through Social Networks, in: Aldrich, H.E. (Hrsg.): Advances in Entrepreneurship, Firm Emergence, and Growth, Greenwich, S. 145-195.

Almus, M. (2002): Wachstumsdeterminanten junger Unternehmen. Empirische Analysen für Ost- und Westdeutschland, Baden-Baden.

Almus, M.; J. Egeln und D. Engel (2001): Determinanten regionaler Unterschiede in der Gründungshäufigkeit wissensintensiver Dienstleister, in: Jahrbuch für Regionalwissenschaft, Vol. 21, S. 25-51.

Almus, M und E. Nerlinger (1998): Beschäftigungsdynamik in jungen innovativen Unternehmen: Empirische Ergebnisse für Westdeutschland, ZEW Discussion Paper No. 98-09, Mannheim.

Almus, M.; E. Nerlinger und F. Steil (1999): Wachstumsdeterminanten junger Unternehmen in den alten und neuen Bundesländern: Ein Vergleich zwischen innovativen und nicht-innovativen Unternehmen, ZEW Discussion Paper No. 99-09, Mannheim.

Almus, M.; S. Prantl; J. Brüderl; K. Stahl und M. Woywode (2001): Die ZEW-Gründerstudie – Konzeption und Erhebung, Mannheim.

Anselin, L.; A. Varga und Z.J. Acs (2000): Geographical Spillovers and University Research: A Spatial Economic Perspective, in: Growth and Change, Vol. 31, S. 501-515.

Armington, C. und Z.J. Acs (2002): The Determinants of Regional Firm Variation in New Firm Formation, in: Regional Studies, Vol. 36, S. 33-45.

Arntz, C.H. und A. Bindewald (1998): Innovation versus Tradition, DtA Wissenschaftliche Reihe, Bd. 12, Bonn.

Arrow, K.J. (1962): Economic Welfare and the Allocation of Ressources for Invention, in: NBER (Hrsg.): The Rate and Direction of Inventive Activity: Economic and Social Factors, Princton, S. 609-625.

Audretsch, D.B. (1995): Innovation and Industry Evolution, Cambridge (Mass.).

Audretsch, D.B. und J.A. Elston (2002): Does Firm Size Matter? Evidence on the Impacts of Liquidity Constraints on Firm Investment Behaviour in Germany, in: The International Journal of Industrial Organization, Vol. 20, S. 1-17.

Audretsch, D.B. und M.P. Feldman (1996): Innovative Clusters and the Industry Life Cycle, in: Review of Industrial Organization, Vol. 11, S. 253-273.

Audretsch, D.B. und M. Fritsch (2002): Growth Regimes Over Space and Time, in: Regional Studies, Vol. 36, S. 113-124.

Audretsch, D.B. und M. Keilbach (2003): Entrepreneurship Capital and Economic Performance, CEPR Discussion Paper No. 3678.

Audretsch, D.B.; L. Klomp und A.R. Thurik (1999): Do Services Differ from Manufacturing? The Post-Entry Performance of Firms in Dutch Services, in: Audretsch, D.B. und A.R. Thurik (Hrsg.): Innovation, Industry Evolution, and Employment, Cambridge (UK), S. 230-252.

Audretsch, D.B.; E.E. Lehmann und S. Warning (2004): University Spillovers and New Firm Location, Discussion Papers on Entrepreneurship, Growth and Public Policy Nr. 0204, MPI Jena..

Audretsch, D.B.; E. Santarelli und M. Vivarelli (1999): Does Startup Size Influence the Likelihood of Survival?, in: Audretsch, D.B. und A.R. Thurik (Hrsg.): Innovation, Industry Evolution, and Employment, Cambridge (UK), S. 280-296.

Audretsch, D.B. und A.R. Thurik (2000): What's New About the New Economy? Sources of Growth in the Managed and Entrepreneurial Economies, ERIM Report Series Research in Management, ERS-2000-45-STR, Rotterdam.

Audretsch, D.B. und A.R. Thurik (2001): Linking Entrepreneurship to Growth, STI Working Papers 2001/2, OECD, Paris.

Aulinger, A. (2005): Entrepreneurship und soziales Kapital. Netzwerke als Erfolgsfaktor wissensintensiver Dienstleistungsunternehmen, Marburg.

Ausschuß für Evolutorische Ökonomik des Vereins für Socialpolitik (2004): http://www.evolutionsoekonomik.de/aus_uber.html#wasistevo; Zugriff: 28.11.2004.

Autio, E. (2005): Global Entrepreneurship Monitor. 2005 Report on High-Expectation Entrepreneur-ship. http://www.gemconsortium.org; Zugriff: 21.12.2005.

Axt, H.-J. (2000): EU-Strukturpolitik. Einführung in die Politik des wirtschaftlichen und sozialen Zusammenhalts, Opladen.

Bachter, J. (2001): Quod erat demonstrandum? The Evaluation of Regional Policy, in: Eckey, H.-F.; D. Hecht; M. Junkernheinrich; H. Karl; N. Werbeck und R. Wink (Hrsg.): Ordnungspolitik als konstruktive Antwort auf wirtschaftspolitische Herausforderungen, Stuttgart, S. 3-20.

Backes-Gellner, U.; W. Freund; R. Kay und P. Kranzusch (2000): Wettbewerbsfaktor Fachkräfte. Rekrutierungschancen und -probleme von kleinen und mittleren Unternehmen, Wiesbaden.

Backes-Gellner, U.; F. Maass und A. Werner (2005): On the Explanation of Horizontal, Vertical and Cross-Sector R&D Partnerships – Evidence for the German Industrial Sector, in: International Journal of Entrepreneurship and Innovation Management, Vol. 5, S. 103-116.

Backhaus, K. und M. Voeth (1995): Innovations- und Technologiemarketing, in: Zahn, E. (Hrsg.): Handbuch Technologiemanagement, Stuttgart, S. 395-408.

Bade, F.J. und E. Nerlinger (2000): The Spatial Distribution of New Technology-Based Firms: Empirical Results for West Germany, in: Papers in Regional Science, Vol. 79, S. 155-176.

Bain, J.S. (1956): Barriers to New Competition, Harvard.

Bain, J.S. (1968): Industrial Organization, 2. Aufl., New York u.a.

Baldwin, J.R. (1995): The Dynamics of Industrial Competition – A North American Perspective, Cambridge (UK).

Bandulet, F. (2005): Finanzierung technologieorientierter Unternehmensgründungen. Wirtschaftshistorische und institutionenökonomische Erklärungsansätze von Schumpeter bis Williamson, Wiesbaden.

Bania, N.; R.W. Eberts und M.S. Fogarty (1993): Universities and the Startup of New Companies: Can We Generalize From Route 128 and Silicon Valley?, in: The Review of Economics and Statistics, Vol. 65, S. 761-766.

Baptista, R. und P. Swann (1998): Do Firms in Clusters Innovate More?, in: Research Policy, Vol. 27, S. 525-540.

Baranowski, B.; B. Dressel und U. Heukeroth (2002): Innovationszentren in Deutschland 2002/2003 mit Firmenangaben, Berlin.

Bartelsman, E; S. Scarpetta und F. Schivardi (2003): Comparative Analysis of Firm Demographics and Survival: Micro-Level Evidence for the OECD Countries; OECD Economics Department Working Paper No. 348, Paris.

Bates, T. (1990): Entrepreneur Human Capital Inputs and Small Business Longevity, in: The Review of Economics and Statistics, Vol. 72, S. 551-559.

Bauer, H.H. und U. Hannig (1992): Kritische Erfolgsfaktoren deutscher Technologiezentren, Studie der WHU Koblenz.

Baumol, W.J. (1968): Entrepreneurship and Economic Theory, in: American Economic Review, Vol. 58, S. 64-71.

Baumol, W.J. (2002): The Free Market Innovation Machine. Analyzing the Growth Miracle of Capitalism, Princeton und Oxford.

Baumol, W.J.; J.C. Panzar und R.D. Willig (1988): Contestable Markets and the Theory of Industry Structure, San Diego.

Bayer, M.F. und P. Hütter (2003): Technologieorientierte Unternehmensgründungen in der Region Aachen. Erhebung zur Entwicklung der letzten 25 Jahre, in: Nathusius, K. (Hrsg.): Wirkungen des regionalen Kontexts auf Unternehmensgründungen, Köln, S. 243-272.

BBR (2000): Raumordnungsbericht 2000, Bonn.

BBR (2001) (Hrsg.): Evaluation und Qualitätsmanagement der EU-Strukturpolitik, Informationen zur Raumentwicklung, Heft 6/7.

Becker, G.S. (1965): Human Capital. A Theoretical and Empirical Analysis, with Special Reference to Education, New York.

Becker, W. und J. Dietz (2002): Unternehmensgründungen, etablierte Unternehmen und Innovationsnetzwerke, in: J. Schmude und R. Leiner (Hrsg.): Unternehmensgründungen. Interdisziplinäre Beiträge zum Entrepreneurship Research, Regensburg, S. 235-268.

Becker, W. und J. Dietz (2004): Innovationsverhalten von neugegründeten Unternehmen und etablierten Unternehmen, in: Achleitner, A.-K.; H. Klandt; L.T. Koch und K.-I. Voigt (Hrsg.): Jahrbuch Entrepreneurship 2003/04. Gründungsforschung und Gründungsmanagement, Heidelberg, S. 73-92.

Behrendt, H. (1996): Wirkungsanalyse von Technologie- und Gründerzentren in Westdeutschland, Heidelberg.

Behrendt, H. und H. Seeger (1995): Technologie- und Gründerzentren in Niedersachsen – eine Zwischenbilanz, Hannover.

Beise, M. und A. Spielkamp (1996): Technologietransfer von Hochschulen: Ein Insider-Outsider-Effekte, ZEW Discussion Paper No. 96-10, Mannheim.

Beise, M. und H. Stahl (1998): Public Research and Industrial Innovations in Germany, ZEW Discussion Paper No. 98-37, Mannheim.

Bellman, L; H. Düll; J. Kühl; M. Lahner und U. Lehmann (1996): Flexibilität von Betrieben in Deutschland. Ergebnisse des IAB-Betriebspanels 1993-1995, Nürnberg.

Bellmann, L.; D. Harhoff und N. Schulz (1999): Zur Analyse von Gründungen und Schließungen auf Grundlage der Beschäftigtenstatistik, in: ifo Studien, Vol. 45, S. 435-447.

Benzler, G. und R. Wink (2000): Technologie- und Gründerzentren – Relikt einer „old economy"?, in: Wirtschaftsdienst, Vol. 80, S. 423-430.

Berg, H. (2004): Evolution der Gründungsunternehmen im Lichte des Ressource-Based View, Köln.

Berg, H.; D. Cassel und K.-H. Hartwig (2003): Theorie der Wirtschaftspolitik, in: Bender, D. et al. (Hrsg.): Vahlens Kompendium der Wirtschaftstheorie und Wirtschaftspolitik, Band 2, 8. Aufl., München, S. 171-297.

Berger, G. und E. Nerlinger (1997): Informationstechnologien in Deutschland: Marktentwicklung und Unternehmensgründungen, in: Harhoff, D. (Hrsg.): Unternehmensgründungen: empirische Analysen für die alten und neuen Bundesländer, S. 151-186, Baden-Baden.

Berger, S. (1999): Dezentralisierung und Regionalisierung der Regionalpolitik als eine wesentliche Implikation der neuen Wachstumstheorie, Aachen.

Bergmann, H. (2000): Gründungspotenzial und Gründungsengagement im Spiegel des Sozioökonomischen Panels (SOEP), Essen.

Bianchi, P. und N. Bellini (1991): Public Policies for Local Networks of Innovators, in: Research Policy, Vol. 20, S. 487-497.

Birch, D.L. (1979): The Job Generation Process, M.I.T. Program on Neighbourhood and Regional Change, Cambridge (Mass.).

Bitzer, J. (2003): Technologische Spillover-Effekte als Determinanten des Wirtschaftswachstums. Theoretische Erkenntnisse und empirische Relevanz, Berlin.

Blume, L. (2004): Erfolgsfaktoren kommunaler Wirtschaftsförderung in Ostdeutschland, in: Raumforschung und Raumordnung, Vol. 62, S. 3-17.

Blume, L. und O. Fromm (2000): Regionalökonomische Bedeutung von Hochschulen. Eine empirische Untersuchung am Beispiel der Universität Gesamthochschule Kassel, Wiesbaden.

BMBF (2002): Faktenbericht Forschung 2002, Bonn.

BMBF (2004): Technologie und Qualifikation für neue Märkte. Ergänzender Bericht zur technologischen Leistungsfähigkeit Deutschlands 2003-2004, Berlin.

BMBF (2005a): http://www.unternehmen-region.de/; Zugriff: 10.01.2005.

BMBF (2005b): http://www.bmbf.de/de/962.php; Zugriff: 2.02.2005.

BMBF (2005c): Wissens- und technologieorientiertes Gründungsgeschehen. Kienbaum-Bestandsaufnahme für eine Weiterentwicklung von EXIST, Berlin und Bonn.

Bode, E. (1998): Lokale Wissensdiffusion und regionale Divergenz in Deutschland, Tübingen.

Bögenhold, D. (1985): Der Gründerboom. Realität und Mythos der neuen Selbständigkeit, Frankfurt am Main und New York.

Böhler, H.; J. Sigloch; P.R. Wossidlo; R. Hechtfischer; S. Kling; B. Wolfrum und M. Lochmüller (1989): Der Technologietransfer in einer strukturschwachen Region, Bayreuth.

Bottazzi, L. und G. Peri (2003): Innovation and Spillovers in Regions: Evidence from European Patent Data, in: European Economic Review, Vol. 47, S. 687-710.

Braczyk, H.-J.; P. Cooke und M. Heidenreich (1998) (Hrsg.): Regional Innovation Systems. The Role of Governance in a Globalised World, London.

Brandkamp, M. (2000): Technologien für innovative Unternehmensgründungen. Bewertung aus betriebswirtschaftlicher Sicht, Wiesbaden.

Breitenbacher, M.; G. Illing; E. Langmantel; A. Städtler; L. Uhlmann; H. Klandt; S. Kirchhoff; J. Struck und B.C. Manstedten (1994): Gesamtwirtschaftliche Wirkungen der Existenzgründungspolitik sowie Entwicklungen der mit öffentlichen Mitteln – insbesondere Eigenkapitalhilfe – geförderten Unternehmensgründungen. Kurzfassung des Abschlussberichts, Gemeinschaftsgutachten ifo-Institut für Wirtschaftsforschung, München und Bifego, Universität Dortmund; ifo Studien zur Finanzpolitik Nr. 56.

Breschi, S. und F. Lissoni (2001): Localised Knowledge Spillovers vs. Innovative Milieux: Knowledge "Tacitness" Reconsidered, in: Papers in Regional Science, Vol. 80, S. 255-273.

Brixy, U. (1999): Die Rolle von Betriebsgründungen für die Arbeitsplatzdynamik: Eine räumliche Analyse für Ostdeutschland 1991 bis 1996, Nürnberg.

Brixy, U. und R. Grotz (2004a): Gründungsraten, Anteil überlebender Betriebe und Beschäftigungsentwicklung im Ost-West-Vergleich, in: Fritsch, M. und R. Grotz (Hrsg.): Empirische Analysen zum Gründungsgeschehen in Deutschland, Heidelberg, S. 187-197.

Brixy, U. und R. Grotz (2004b): Regionale Muster und Determinanten des Gründungserfolgs, in: Fritsch, M. und R. Grotz (Hrsg.): Empirische Analysen zum Gründungsgeschehen in Deutschland, Heidelberg, S. 161-186.

Brixy, U. und M. Niese (2004): Analyse von Standorteinflüssen auf das Gründungsgeschehen, in: Fritsch, M. und R. Grotz (Hrsg.): Empirische Analysen zum Gründungsgeschehen in Deutschland, Heidelberg, S. 111-121.

Brüderl, J.P. und P. Preisendörfer (1998): Network Support and the Success of Newly Founded Business, in: Small Business Economics, Vol. 10, S. 213-225.

Brüderl, J.; P. Preisendörfer und R. Ziegler (1992): Survival Chances of Newly Founded Business Organizations, in: American Sociological Review, Vol. 57, S. 227-242.

Brüderl, J.; P. Preisendörfer und R. Ziegler (1998): Der Erfolg neugegründeter Betriebe. Eine empirische Studie zu den Chancen und Risiken von Unternehmensgründungen, 2. Aufl., Berlin.

Brüderl, J. und R. Schüssler (1990): Organisational Mortality: the Liabilities of Newness and Adolescence, in: Administrative Science Quarterly, Vol. 35, S. 530-547.

Bulmahn, G. (2002): Determinanten der Gründungsaktivität und des Gründungserfolgs. Eine empirische Analyse für das Verarbeitende Gewerbe Nordrhein-Westfalens, Bonn.

Burgel, O.; G. Murray; A. Fier und G. Licht (2001): Führt frühzeitige Internationalisierung zu einem höheren Erfolg von High-Tech Unternehmensgründungen? Empirische Ergebnisse für Großbritannien und Deutschland, in: Merz, J. (Hrsg.): Existenzgründung 2. Erfolgsfaktoren und Rahmenbedingungen, Baden-Baden, S. 74-92.

Burr, W.; A. Musil; M. Stephan und C. Werkmeister (2005): Unternehmensführung. Strategien der Gestaltung und des Wachstums von Unternehmen, München.

Burt, R.S. (1992): Structural Holes: The Social Structure of Competition, Cambridge.

Butzin, B. (2000): Netzwerke, Kreative Milieus und Lernende Region: Perspektiven für die regionale Entwicklungsplanung?, in: Zeitschrift für Wirtschaftsgeographie, Vol. 44, S. 149-166.

Camagni, R. (1991): Introduction: From the Local "Milieu" to Innovation Through Cooperation Networks, in: Camagni, R. (Hrsg.): Innovation Networks: Spatial Perspectives, London und New York, S. 1-9.

Caroll, G.R. (1984): Organizational Ecology, in: Annual Review of Sociology, Vol. 10, S. 71-93.

Carree, M.A. und A.R. Thurik (2003): The Impact of Entrepreneurship on Economic Growth, in: Acs, Z.J. und D.B. Audretsch (Hrsg.): Handbook of Entrepreneurship Research, Dordrecht, S. 437-471.

Casson, M. (1982): The Entrepreneur: An Economic Theory, Oxford.

Castringius, R. (2004): Regionale Gründungsförderung, Köln.

Caves, R.E. (1998): Industrial Organization and New Finding on the Turnover and Mobility of Firms, in: Journal of Economic Literature, Vol. 36, S. 1947-1982.

CSES (2002): Benchmarking of Business Incubators, Final Report, European Commission Enterprise Directorate-General; http://europa.eu.int/comm/enterprise/entrepreneurship/support_measures/incubators/benchmarking_bi_part_one_2002.pdf und http://europa.eu.int/comm/enterprise/entrepreneurship/support_measures/incubators/benchmarking_bi_part_two_2002.pdf; Zugriff: 12.09.2003.

Chef, J. und H. Müller-Merbach (1999): Unternehmensgründungen aus Hochschulen – Europäisches Handbuch. Leitfaden für Wirtschaftsministerien, Technologieministerien, Regionalpolitiker, Kommunalverwaltungen, Universitätsleitungen, Unternehmensverbände und TechnologieZentren, Luxemburg.

Chrisman, J.J.; A. Bauerschmidt und C.W. Hofer (1998): The Determinants of New Venture Performance: An Extended Model, in: Entrepreneurship Theory and Practice, Vol. 23, S. 5-29.

Christians, U. und W. Schröder (2001): Finanzierungsprobleme kleinerer Unternehmen in strukturschwachen Regionen, in: Wirtschaftsdienst, Vol. 81, S. 102-110.

Clemens, R. und G. Kayser (2001): Existenzgründungsstatistik – Unternehmensgründungsstatistik. Zur Weiterentwicklung der Gründungsstatistik des IfM Bonn, IfM-Materialien Nr. 149, Bonn.

Coase, R.H. (1937): The Nature of the Firm, in: Economica, Vol. 4, S. 386-405.

Cohen, H.M. und D. Levinthal (1990): The Implications of Spillovers for R&D Investment and Welfare: A New Perspective, in: Administrative Science Quarterly, Vol. 35, S. 128-152.

Commons, J.R. (1934): Institutional Economics, Madison.

Cooper, A.C. (2003): Entrepreneurship: The Past, the Present, the Future, in: Acs, Z.J. und D.B. Audretsch (Hrsg.): Handbook of Entrepreneurship Research, Dordrecht, S. 21-34.

Corsten, H. (1982): Der nationale Technologietransfer. Formen – Elemente – Gestaltungsmöglichkeiten – Probleme, Berlin.

Corsten, H. (2002): Determinanten der Gründungsentscheidung. Ein empirischer Befund, in: Corsten, H. (Hrsg.): Dimensionen der Unternehmensgründung. Erfolgsaspekte der Selbstständigkeit, Berlin, S. 1-41.

Cressy, R. (1996): Are Business Startups Debt-Rationated?, in: The Economic Journal, Vol. 106, S. 1253-1270.

Davis, S.J.; J. Haltiwanger und S. Schuh (1996): Small Business and Job Creation: Dissecting the Myth and Reassessing the Facts, in: Small Business Economics, Vol. 8, S. 297-315.

Dejardin, M. (2002): Firm Demography, Innovation and Regional Economic Growth, Beitrag zur ZEW Konferenz "The Economics of Entrepreneurship and the Demography of Firms and Industries" in Mannheim, 3.-4.10. 2002.

Dejardin, M. (2004): Sectoral and Cross-sectoral Effects of Retailing Firm Demographies, in: Annals of Regional Science, Vol. 38, S. 311-334.

Deutsche Bundesbank (2004): Neue Eigenkapitalanforderungen für Kreditinstitute (Basel II), in: Marktbericht September 2004, S. 75-100; http://www.bundesbank.de/download/volkswirtschaft/mba/2004/200409mba_baselII.pdf; Zugriff: 19.11.2004.

Deutscher Bundestag (2004): Dreiunddreißigster Rahmenplan der Gemeinschaftsaufgabe „Verbesserung der Regionalen Wirtschaftsstruktur" (GA) für den Zeitraum 2004 bis 2007, in: Bundestagsdrucksache 15/2961.

Dietrich, V.; P. Franz; I. Haschke und G. Heimpold (1998): Ansiedlungsförderung als Strategie der Regionalpolitik. Theoretische Grundlagen, instrumentelle Möglichkeiten und Grenzen, Baden-Baden.

Dietz, J.-W. (1989): Gründungen innovativer Unternehmen, Wiesbaden.

Dietzfelbinger, S.; H. Hoffmann und J. Orlemann (1997): Die Technologiefabrik Karlsruhe – Bestandsaufnahmen und Perspektiven, IHK-UTB-Studie, Karlsruhe.

DIHK (2005): Gründerreport 2005. Zahlen und Einschätzungen der IHK-Organisation zum Gründungsgeschehen in Deutschland, Berlin.

DIW (2003): http://www.diw.de/deutsch/sop/uebersicht/index.html; Zugriff: 24.01.2003.

Dosi, G. (1988a): The Nature of the Innovative Process, in: Dosi, G.; C. Freeman; R. Nelson; G. Silverberg und L. Soete (Hrsg.): Technical Change and Economic Theory, London, S. 221-238.

Dosi, G. (1988b): Sources, Procedures, and Microeconomic Effects of Innovation, in: Journal of Economic Literature, Vol. 26, S. 1120-1171.

Eberstein, H.H. (1999): Grundlagen der Regionalpolitik und ihre wesentlichen Grundsätze, in: Eberstein, H.H. und H. Karl (Hrsg.): Handbuch der regionalen Wirtschaftsförderung, Köln, Teil A, Abschnitt III.

Eckey, H.-F. (1978): Grundlagen der regionalen Strukturpolitik. Eine problemorientierte Einführung, Köln.

Eckey, H.-F. (2001): Verbesserung der regionalen Wirtschaftsstruktur – Gesetz über die Gemeinschaftsaufgabe vom 6. Oktober 1969, in: Eberstein, H.H. und H. Karl (Hrsg.): Handbuch der regionalen Wirtschaftsförderung, Köln, Teil A, Abschnitt V.

Ege, C. (2004): Unterstützungsnetzwerke für forschungsnahe Unternehmensgründungen, Köln.

Egeln, J.; H. Gassler und P. Schmidt (1999): Regionale Aspekte von Unternehmensgründungen in Österreich, Baden-Baden.

Egeln, J.; S. Gottschalk; C. Rammer und A. Spielkamp (2002): Spinoff-Gründungen aus der öffentlichen Forschung in Deutschland. Gutachten für das Bundesministerium für Bildung und Forschung (Kurzfassung).

Egeln, J.; G. Licht und F. Steil (1997): Firm Foundations and the Role of Financial Constraints, in: Small Business Economics, Vol. 9, S. 137-150.

Ehmanns, F. (2004): Frühphasenfinanzierung innovativer Unternehmer: Eine vergleichende Betrachtung der Grenzen klassischer Finanzintermediäre und Vorteile informeller Risikokapitalgeber bei der Finanzierung wirtschaftlichen Wandels unter Berücksichtigung asymmetrischer Informationsverteilung, Marburg.

Eickelpatsch, A. (2001): Die Wirtschaftsförderung der Bundesländer, in: Eberstein, H.H. und H. Karl (Hrsg.): Handbuch der regionalen Wirtschaftsförderung, Köln, Teil B, Abschnitt VI.

Elfers, M. (1995): Unternehmensgründungen – eine empirische Erfolgskontrolle der Bremer Finanzierungshilfen zur Existenzgründungsförderung, Bremen.

van Elkan, M. (1998): Unternehmensgründungen und Unternehmensliquidationen in Rheinland-Pfalz, Münster.

Elle, H.-D.; B. Huckestein; P. Karnbrock-Elle; K. Löhken und F. Roentgen (1997): Technologiezentren in Nordrhein-Westfalen. Entwicklung, Leistungen, Perspektiven. Studie zur Evaluierung im Auftrag des Ministeriums für Wirtschaft und Mittelstand, Technologie und Verkehr des Landes Nordrhein-Westfalen, Köln.

Engel, D. und A. Fier (2001): Does R&D-Infrastructure Attract High-Tech Start-Ups?, in: Fischer, M.M. und J. Fröhlich (Hrsg.): Knowledge, Complexity and Innovation Systems, Berlin u.a., S. 402-422.

EOS Gallup Europe (2002): Flash Eurobarometer 146 "Entrepreneurship"; http://europa.eu.int/comm/enterprise/enterprise_policy/survey/eurobarometer146_en.pdf; Zugriff: 26.03.2004.

Ernst, W. (1995): Raumordnung, in: Akademie für Raumforschung und Landesplanung (Hrsg.): Handwörterbuch der Raumordnung, Hannover, S. 752-758.

Europäische Kommission (1993): Wachstum, Wettbewerbsfähigkeit, Beschäftigung. Herausforderungen der Gegenwart und Wege ins 21. Jahrhundert („Weißbuch"; Bulletin, Beilage 6/93), Luxemburg.

Europäische Kommission (1999): Verordnung (EG) Nr. 1260/1999 des Rates vom 21. Juni 1999 mit allgemeinen Bestimmungen für den Strukturfonds, Luxemburg.

Europäische Kommission (2000a): Die europäischen Gründer- und Innovationszentren (EG-BIC). Ein Instrument im Dienste der Entwicklung der Regionen, Brüssel.

Europäische Kommission (2000b): Das Europäische Beobachtungsnetz für KMU, Sechster Bericht, Luxemburg.

Europäische Kommission (2001a): Verordnung (EG) Nr. 69/2001 der Kommission vom 12. Januar 2001 über die Anwendung der Artikel 87 und 88 EG-Vertrag auf „De-minimis“-Beihilfen.

Europäische Kommission (2001b): Verordnung (EG) Nr. 70/2001 der Kommission vom 12. Januar 2001 über die Anwendung der Artikel 87 und 88 EG-Vertrag auf staatliche Beihilfen an kleine und mittlere Unternehmen.

Europäische Kommission (2002): Konsolidierte Fassung des Vertrags zur Gründung der Europäischen Gemeinschaft, Amtsblatt der Europäischen Gemeinschaften vom 24.12. 2002.

Europäische Kommission (2003): Grünbuch. Unternehmergeist in Europa, Brüssel.

Europäische Kommission (2004a): Aufteilung der operativen EU-Ausgaben 2003 nach Mitgliedstaaten, http://europa.eu.int/comm/budget/agenda2000/reports_de.htm; Zugriff: 28.12.2004.

Europäische Kommission (2004b): Aktionsplan: Europäische Agenda für unternehmerische Initiative. Mitteilung der Kommission an den Rat, das Europäische Parlament, den Europäischen Wirtschafts- und Sozialausschuss und den Ausschuss der Regionen, Brüssel.

Europäische Kommission (2005a): Annex to the Communication from the Commission to the Council and the European Parliament, Common Actions for Growth and Employment: The Community Lisbon Programme, SEC (2005) 981, Brüssel.

Europäische Kommission (2005b): http://europa.eu.int/comm/regional_policy/innovation/index_de.htm; Zugriff: 11.01.2005.

Europäischer Rat (2000): Schlussfolgerungen des Vorsitzes, Europäischer Rat (Lissabon), 23. und 24. März 2000; http://ue.eu.int/ueDocs/cms_Data/docs/pressData/de/ec/00100-r1.d0.htm; Zugriff: 05.01.2006.

Evans, D.S. (1987a): Tests of Alternative Theories of Firm Growth, in: Journal of Political Economy, Vol. 95, S. 657-674.

Evans, D.S. (1987b): The Relationship Between Firm Growth, Size, and Age: Estimates for 100 Manufacturing Industries, in: The Journal Of Industrial Economics, Vol. 35, S. 567-581.

Evans, D.B. und B. Jovanovic (1989): An Estimated Model of Entrepreneurial Choice Under Liquidity Constraints, in: Journal of Political Economy, Vol. 97, S. 808-827.

Ewers, H.-J. (1995): Innovation, in: ARL (Hrsg.): Handwörterbuch der Raumordnung, Hannover, S. 499-507.

Ewers, H.-J. und A. Brenck (1992): Innovationsorientierte Regionalpolitik: Zwischenfazit eines Forschungsprogramms, in: Birg, H. und H.J. Schalk (Hrsg.): Regionale und sektorale Strukturpolitik. Rainer Thoss zum 60. Geburtstag, Münster, S. 309-341.

Ewers, H.-J. und T. Wein (1993): Der Begründungszusammenhang zur Förderung der jungen Technologieunternehmen, Diskussionspapier Nr. 173, TU Berlin.

Ewers, H.-J. und R. Wettmann (1978): Innovationsorientierte Regionalpolitik – Überlegungen zu einem regionalstrukturellen Politik- und Forschungsprogramm, in: Informationen zur Raumentwicklung 1978, Heft Nr. 7, S. 467-483.

Falk, M. (1999): Technological Innovations and the Expected Demand for Skilled Labour at the Firm Level, ZEW Discussion Paper No. 99-59, Mannheim.

Fallgatter, M.J. (2002): Theorie des Entrepreneurship. Perspektiven zur Erforschung der Entstehung und Entwicklung junger Unternehmungen, Wiesbaden.

Felder, J.; A. Fier und E. Nerlinger (1997): High Tech in den neuen Ländern: Unternehmensgründungen und Standorte, in: Zeitschrift für Wirtschaftsgeographie, Vol. 41, S. 1-17.

Feldman, M.P. (1999): The New Economics of Innovation, Spillovers and Agglomeration: a Review of Empirical Studies, in: Economics of Innovation and New Technology, Vol. 8, S. 5-25.

Feldman, M.P. (2001): The Entrepreneurial Event Revisited: Firm Formation in a Regional Context, in: Industrial and Corporate Change, Vol. 10, S. 861-891.

Feldman, M.P. und D.B. Audretsch (1996): Location, Location, Location: The Geography of Innovation and Knowledge Spillovers, Discussion Paper des WZB Berlin, FS IV 96-28.

Feldman, M.P. und D.B. Audretsch (1999): Innovation in Cities: Science-based Diversity, Specialization and Localized Competition, in: European Economic Review, Vol. 43, S. 409-429.

Feldmann, F. (1999): Betriebs- und regionalwirtschaftliche Effekte von Technologieparks, Köln.

Fichman, M. und D.A. Levinthal (1991): Honeymoons and the Liability of Adolescence: A New Perspective on Duration Dependence in Social and Organizational Relationships, in: Academy of Management Review, Vol. 16, S. 442-468.

Fiedler, O. und E. Kühn (1997): Innovationsförderung und Technologietransfer durch Technologie- und Gründerzentren, in: Spur, G. (Hrsg.): Optionen zukünftiger industrieller Produktionssysteme, Berlin, S. 397-464.

Fischer, M.M. (2002): Systems of Innovation: A Novel Cenceptual Framework for Innovation Analysis, in: Higano, Y.; P. Nijkamp; J. Poot und K. von Wyk (Hrsg.): The Region in the New Economy. An International Perspective on Regional Dynamics in the 21st Century, Aldershot, S. 115- 137.

Florence, P.S. (1934): The Problem of Management and the Size of the Firm: A Reply, in: The Economic Journal, Vol. 44, S. 723-729.

Franz, P. (1996): Technologie- und Gründerzentren als Hoffnungsträger kommunaler Wirtschaftsförderung in Ostdeutschland. Eine erste Bestandsaufnahme, in: Raumforschung und Raumordnung, Vol. 54, S. 26-35.

Freeman, J.; G.R. Caroll und M.T. Hannan (1983): The Liability of Newness: Age Dependence in Organizationale Death Rates, in: American Sociological Review, Vol. 48, S. 692-710.

Frese, M. (1998) (Hrsg.): Erfolgreiche Unternehmensgründer: Psychologische Analysen und praktische Anleitungen für Unternehmer in Ost- und Westdeutschland, Göttingen.

Frick, S; B. Lageman; B. von Rosenbladt; H. Voelzkow und F. Welter (1998): Möglichkeiten der Verbesserung des Umfelds für Existenzgründer und Selbständige: Wege zu einer neuen Kultur der Selbständigkeit, Essen.

Fritsch, M. (1997): New Firms and Regional Employment Change, in: Small Business Economics Vol. 9, S. 437-448.

Fritsch, M. (2004a): Von der innovationsorientierten Regionalförderung zur regionalisierten Innovationspolitik, in: Fritsch, M. (Hrsg.): Marktdynamik und Innovation, Gedächtnisschrift für Hans-Jürgen Ewers, Berlin, S. 105-127.

Fritsch, M. (2004b): Analyse zeitlicher und sektoraler Determinanten des Gründungsgeschehens, in: Fritsch, M. und R. Grotz (Hrsg.): Empirische Analysen zum Gründungsgeschehen in Deutschland, Heidelberg, S. 41-57.

Fritsch, M. (2005): Technologietransfer durch Unternehmensgründungen – Was man tun und realistischerweise erwarten kann, in: Fritsch, M. und K. Koschatzky (Hrsg.): Den Wandel gestalten – Perspektiven des Technologietransfers im deutschen Innovationssystem, Stuttgart, S. 21-33.

Fritsch, M. und O. Falck (2002): New Firm Formation by Industry over Space and Time: A Multi-Level Analysis, DIW Discussion Paper No. 322.

Fritsch, M. und R. Grotz (2002): Das Gründungsgeschehen in Deutschland – Darstellung und Vergleich der Datenquellen, Heidelberg.

Fritsch, M.; R. Grotz; U. Brixy; M. Niese; A. Otto und A. Weyh (2004): Der Markterfolg von Gründungen – sektorale und regionale Bestimmungsgründe, in: Fritsch, M. und M. Niese (Hrsg.): Gründungsprozess und Gründungserfolg. Interdisziplinäre Beiträge zum Entrepreneurship Research, Heidelberg, S. 39-62.

Fritsch, M.; K. Koschatzky, L. Schätzl und R. Sternberg (1998): Regionale Innovationspotentiale und innovative Netzwerke, in: Raumforschung und Raumordnung, Vol. 56, S. 243-252.

Fritsch, M. und P. Mueller (2004): Effects of New Business Formation on Regional Development over Time, in: Regional Studies, Vol. 38, S. 961-975.

Fritsch, M. und M. Niese (1999): Betriebsgründungen in den westdeutschen Raumordnungsregionen von 1983-97, Fakultät für Wirtschaftswissenschaften TU Bergakademie Freiberg, Working Paper No. 20/1999.

Fritsch, M. und M. Niese (2000): Der Einfluss der Branchenstruktur auf das Gründungsgeschehen – Eine Analyse für die westdeutschen Raumordnungsregionen 1983-1997, in: Geographische Zeitschrift, Vol. 88, S. 234-250.

Fritsch, M. und M. Niese (2002): Vergleichende Gegenüberstellung der Informationen zum Gründungsgeschehen. Vergleich auf gesamtwirtschaftlicher und sektoraler Ebene, in: Fritsch, M. und R. Grotz (Hrsg.): Das Gründungsgeschehen in Deutschland – Darstellung und Vergleich der Datenquellen, Heidelberg, S. 141-164.

Fritsch, M. und M. Niese (2004): Alternative Indikatoren des Gründungsgeschehens, in: Fritsch, M. und M. Niese (Hrsg.): Empirische Analysen zum Gründungsgeschehen in Deutschland, Heidelberg, S. 5-17.

Fritsch, M.; T. Wein und H.-J. Ewers (1999): Marktversagen und Wirtschaftspolitik, 3. Aufl., München.

Fritsch, M. und A. Weyh (2004): How Large are the Direct Employment Effects of New Businesses? – An Empirical Investigation, Freiberg Working Papers No. 5/2004.

Fromhold-Eisebith, M. (1995): Das "kreative Milieu" als Motor der regionalwirtschaftlichen Entwicklung, Forschungstrends und Entwicklungsmöglichkeiten, in: Geographische Zeitschrift, Vol. 83, S. 30-47.

Fromhold-Eisebith, M. (1999): Das "kreative Milieu" – nur theoretisches Konzept oder Instrument der Regionalentwicklung?, in: Raumforschung und Raumordnung, Vol. 57, S. 168-175.

Fueglistaller, U.; C. Müller und T. Volery (2004): Entrepreneurship. Modelle – Umsetzungen – Perspektiven. Mit Fallbeispielen aus Deutschland, Österreich und der Schweiz, Wiesbaden.

Fürst, D.; P. Klemmer und K. Zimmermann (1976): Regionale Wirtschaftspolitik, Tübingen und Düsseldorf.

Gareis, K. (2002): Das Konzept Industriepark aus dynamischer Sicht. Theoretische Fundierung – empirische Ergebnisse – Gestaltungsempfehlungen, Wiesbaden.

Gartner, W.B. (1988): „Who is an Entrepreneur?" is the Wrong Question, in: Entrepreneurship Theory and Practice (American Journal of Small Business), Vol. 12, S. 47-68.

Gartner, W.B. und N.M. Carter (2003): Entrepreneurial Bahaviour and Firm Organizing Processes, in: Acs, Z.J. und D.B. Audretsch (Hrsg.): Handbook of Entrepreneurship Research, Dordrecht, S. 195-221.

Gehrke, B. und H. Grupp (1994): Innovationspotential und Hochtechnologie. Technologische Position Deutschlands im internationalen Wettbewerb, 2. Aufl., Heidelberg.

Gehrke, B. und H. Legler (2001): Innovationspotenziale deutscher Regionen im europäischen Vergleich, Berlin.

Gemünden, H.G. und E.D. Konrad (2001): Unternehmerisches Verhalten – Ein Erfolgsfaktor von technologieorientierten Unternehmensgründungen, in: Merz, J. (Hrsg.): Existenzgründung 1: Tips, Training und Erfahrungen, Baden-Baden, S. 123-145.

Genosko, J. (1999): Netzwerke in der Regionalpolitik, Marburg.

Gerlach, K. und J. Wagner (1994): Regional Differences in Small Firm Entry in Manufacturing Industries, Lower Saxony, 1979-1991, in: Entrepreneurship & Regional Development, Vol. 6, S. 63-80.

Gerlach, K. und J. Wagner (1997): Analysen zur Nachfrageseite des Arbeitsmarktes mit Betriebsmeldedaten aus Erhebungen der amtlichen Industriestatistik: Ein Überblick über Ansätze und Ergebnisse für niedersächsische Industriebetriebe, in: Kühl, J.; M. Lahner und J. Wagner (Hrsg.): Die Nachfrageseite des Arbeitsmarktes, Nürnberg, S. 11-82.

Geroski, P.A. (1991): Market Dynamics and Entry, Oxford und Camebridge.

Geroski, P.A. (1995): What Do We Know About Entry?, in: International Journal of Industrial Organization, Vol. 13, S. 421-440.

Gibrat, R. (1931): Les Inégalités Économique, Paris.

Giersch, H. (1960): Allgemeine Wirtschaftspolitik, 1. Band: Grundlagen, Wiesbaden.

Giersch, H. (1964): Das ökonomische Grundproblem der Regionalpolitik, in: Jürgensen, H. (Hrsg.): Gestaltungsprobleme der Weltwirtschaft. Festschrift für Andreas Predöhl, Jahrbuch für Sozialwissenschaft, Bd. 14,3 Göttingen, S. 386-400.

Gimeno, J.; T.B. Folta; A.C. Cooper und C.Y. Woo (1997): Survival of the Fittest? Entrepreneurial Human Capital and the Persistance of Underperforming Firms, in: Administrative Science Quarterly, Vol. 42, S. 750-783.

Gläser, J. (2002): Staatliche Gründungsförderung: Erkenntnisse aus der Neuen Institutionenökonomie, Münster.

Glaeser, E.L.; H.D. Kallal; J.A. Scheinkman und A.Shleifer (1992): Growth in Cities, in: Journal of Political Economy, Vol. 100, S. 1126-1152.

Gort, M. und S. Klepper (1982): Time Paths in the Diffusion of Product Innovations, in: The Economic Journal, Vol. 92, S. 630-653.

Grabher, G. (1993): The Weakness of Strong Ties: The Lock-in of Regional Development in the Ruhr Area, in: Grabher, G. (Hrsg.): The Embedded Firm – On the Socioeconomics of Industrial Networks, London und New York, S. 255-277.

Grabow, B.; D. Henckel und B. Hollbach-Grömig (1995): Weiche Standortfaktoren, Stuttgart, Berlin und Köln.

Granovetter, M. (1973): The Strenght of Weak Ties, in: American Journal of Sociology, Vol. 78, S. 1360-1380.

Gries, C.-I.; E.M. Strobl und M. Paulini (1997): Die Bedeutung der Beratung für die Gründung von Unternehmen, IfM Materialien Nr. 126, Bonn.

Griliches, Z. (1979): Issues in Assessing the Contribution of Research and Development to Productivity Growth, in: The Bell Journal of Economics, Vol. 10, S. 92-116.

Griliches, Z. und H. Regev (1995): Firm Productivity in Israeli Industry 1979-1988, in: Journal of Econometrics, Vol. 65, S. 175-203.

Grimaldi, R. und A. Grandi (2005): Business Incubators and New Venture Creation: An Assessment of Incubating Models, in: Technovation, Vol. 25, S. 111-121.

Götz, C. (1999): Kommunale Wirtschaftsförderung zwischen Wettbewerb und Kooperation, Hamburg.

Gort, M. und S. Klepper (1982): Time Paths in the Diffusion of Product Innovations, in: The Economic Journal, Vol. 92, S. 630-653.

Groß, B. (1997): Technologie- und Gründerzentren und ihr Beitrag zur Entwicklung technologie-orientierter Unternehmen, Berlin.

Groß. B.; R. Nyderle und M. Aßmann (1998): Akademische Unternehmensgründungen in Technologie- und Gründerzentren, in: ADT (Hrsg.): ATHENE-Projekt. Ausgründungen technologieorientierter Unternehmen aus Hochschulen und außeruniversitären Forschungseinrichtungen, Berlin, S. 100-149.

Groß, B. und F. Pleschak (1999): Technologie- und Gründerzentren im Freistaat Thüringen – Untersuchungen zur Leistungsfähigkeit. Kurzfassung einer Studie für das Thüringer Ministerium für Wirtschaft und Infrastruktur, Stuttgart.

Große, U.; F. Hartmann; R. Voß und M. Brandt (2002): Innovative Gründungsförderung in Regionen. Evaluation eines Brandenburger Modells, Köln.

Grotz, R. und B. Braun (1997): Territorial or Trans-territorial Networking: Spatial Aspects of Technology-oriented Co-operation within the German Mechanical Engineering Industry, in: Regional Studies, Vol. 31, S. 545-557.

Günterberg, B. und H.-J. Wolter (2002): Unternehmensgrößenstatistik 2001/2002 – Daten und Fakten, Bonn.

Habersam, M.; K. Burmeister; T. Knoblauch; V. Colom und D. Sibum (1994): Technologiezentren im Wandel. Wirkungsanalyse von Fördermaßnahmen des Landes Nordrhein-Westfalen im Bereich des Technologietransfers, Berlin.

Hagemann, O.N. (1999): Innovationsmarketing für technologieorientierte kleine und mittlere Unternehmen, Wiesbaden.

Hahne, U. (1984): Endogenes Potential: Stand der Diskussion, in: ARL (Hrsg.): Endogene Entwicklung. Theoretische Begründung und Strategiediskussion, Arbeitsmaterial Nr. 76, Hannover, S. 1-71.

Hahne, U. (1985): Regionalentwicklung durch Aktivierung intraregionaler Potentiale: zu den Chancen "endogener" Entwicklungsstrategien, München.

Hahne, U. (1992): Regionale Entwicklungsdynamik und Technologiezentrum Flensburg, Flensburger Regionale Studien, Band 7.

Hahne, U. (1995): Neuere Entwicklungen in der Regionalförderung, in: Ridinger, R. und M. Steinröx (Hrsg.): Regionale Wirtschaftsförderung in der Praxis, Köln, S. 8-30.

Hahne, U.; A. Gaiser; J.-A. Héraud und E. Muller (1994): Innovationstätigkeit der Unternehmen und regionales Umfeld. Eine vergleichende Untersuchung im Elsaß und im Bodenseeraum, in: Raumforschung und Raumordnung, Vol. 52, S. 194-202.

Hannan, M.T. und J. Freeman (1989): Organizational Ecology, Cambridge (Mass.) und London.

Harhoff, D. (1999): Firm Formation and Regional Spillover – Evidence from Germany, in: Economics of Innovation and New Technology, Vol. 8, S. 27-55.

Harhoff, D.; G. Licht et al. (1996): Innovationsaktivitäten kleiner und mittlerer Unternehmen. Ergebnisse des Mannheimer Innovationspanels, Baden-Baden.

Harhoff, D. und K. Stahl (1995): Unternehmens- und Beschäftigungsdynamik in Westdeutschland: Zum Einfluß von Haftungsregeln und Eigentümerstruktur, in: ifo Studien, Vol. 41, S. 17-50.

Harhoff, D; K. Stahl und M. Woywode (1998): Legal Form, Growth and Exit of West German Firms – Empirical Results for Manufacturing, Construction, Trade and Service Industries, in: The Journal of Industrial Economics, Vol. 46, S. 453-488.

Hart, P.E. (2000): Theories of Firms' Growth and the Generation of Jobs, in: Review of Industrial Organization, Vol. 17, S. 229-248.

Hart, P.E. und N. Oulton (1996): Growth and Size of Firms, in: The Economic Journal, Vol. 106, S. 1242-1252.

Haug, P. (2004): Kommunale Wirtschaftsförderung. Eine theoretische und empirische Analyse, Hamburg.

Havighorst, F. (1997): Regionalisierung der Regionalpolitik, Münster.

von Hayek, F.A. (1945): The Use of Knowledge in Society, in: American Economic Review, Vol. 35, S. 519-530.

von Hayek, F.A. (1968): Der Wettbewerb als Entdeckungsverfahren, Kiel.

von Hayek, F.A. (1975): Die Anmaßung von Wissen, in: Ordo, Vol. 26, S. 12-21.

Hébert, R.F. und A.N. Link (1982): The Entrepreneur. Mainstream Views and Radical Critiques, New York.

Heil, H. (1999): Erfolgsfaktoren von Wachstumsführern, DtA Wissenschaftliche Reihe, Bd. 11, Bonn.

Henze, M. (1992): Innovationspolitik und Rent-Seeking: zur politischen Ökonomie der staatlichen Förderung unternehmerischer Innovationen, Köln.

Herdzina, K. (1975): Einleitung – Zur historischen Entwicklung der Wettbewerbstheorie, in: Herdzina, K. (Hrsg.): Wettbewerbstheorie, Köln, S. 15-29.

Herdzina, K. (1981): Wirtschaftliches Wachstum, Strukturwandel und Wettbewerb, Berlin.

Herdzina, K. (1995): Ländliche Räume – Problemlagen und Ansatzpunkte der Regionalpolitik, in: Ridinger, R. und M. Steinröx (Hrsg.): Regionale Wirtschaftsförderung in der Praxis, Köln, S. 119-138.

Herdzina, K. (1999): Wettbewerbspolitik, 5. Aufl. , Stuttgart.

Herdzina, K. (2005): Einführung in die Mikroökonomik, 10. Aufl., München.

Herdzina, K. und G. Koglin (1999): Strukturelle Wirkungsanalyse des Entwicklungsprogramms Ländlicher Raum (ELR) in den Fördergebieten nach Ziel 5b des Landes Baden-Württemberg, Endbericht zum 30.11.1999.

Herdzina, K.; A. Findeis; S. Fleischmann und C. Wander (2004): Entrepreneurship in Rural Germany: Waldshut and Nordwestmecklenburg, in: Labrianidis, L. (Hrsg.): The Future of Europe's Rural Peripheries, Hampshire, S. 198-222.

Herner, J.; G. Walter; H. Berteit und M. Göthner (2005): Erfolgsfaktoren für Unternehmensgründungen aus der Wissenschaft. Zusammenfassung des Endberichts für das Bundesministerium für Bildung und Forschung; FhG-ISI und Söstra Forschungs GmbH, Karlsruhe und Berlin.

Herr, T. (2000): Innovationszentren als Gebäudetyp für die Unterbringung von Wissensunternehmen. Entwicklungsstand und Perspektiven, Berlin.

Heuer, H. (1985): Instrumente kommunaler Gewerbepolitik, Stuttgart u.a.

Heukeroth, U.; T. Konzack; A. Peschke; F. Pleschak; G. Raetz und F. Stummer (2000): Abschlussbericht zum Projekt MINERVA. Maßstäbe für Innovationszentren – Erfolgsstrategien durch vergleichende Analysen, Berlin.

Heuß, E. (1965): Allgemeine Markttheorie, Tübingen.

Hicks, J. (1939): Value and Capital, Oxford.

Hinz, T. (1998): Betriebsgründungen in Ostdeutschland, Berlin.

Hinz, T.; M. Jungbauer-Gans und P. Kriwy (2004): Reputation und soziale Netzwerke in der Filmindustrie, in: Achleitner, A.-K.; H. Klandt; L.T. Koch und K.-I. Voigt (Hrsg.): Jahrbuch Entrepreneurship 2003/04, Heidelberg, S. 143-164.

Hinz, T.; S.H. Wilsdorf und R. Ziegler (1997): Beschäftigungsentwicklung in ostdeutschen Betriebsgründungen – Analysen mit den Paneldaten der Leipziger Gründerstudie, in:

Kühl, J.; M. Lahner und J. Wagner (Hrsg.): Die Nachfrageseite des Arbeitsmarktes. Ergebnisse aus Analysen mit deutschen Firmenpaneldaten, Nürnberg, S. 189-203.

von Hippel, E. (1994): „Sticky Information" and the Locus of Problem Solving: Implications for Innovation, in: Management Science, Vol. 40, S. 429-438.

Honig, B. und T. Karlsson (2004): Institutional Forces and the Written Business Plan, in: Journal of Management, Vol. 30, S. 29-48.

Hölscher, R. (1999): Finanzierung von Existenzgründungen in Rheinland-Pfalz – eine empirische Analyse unter besonderer Berücksichtigung der Rolle der Kreditinstitute, Kaiserslautern.

Hoover, E.M. (1937): Location Theory and the Shoe and Leather Industries, Cambridge (Mass.).

Hoover, E.M. (1948): The Location of Economic Activity, New York.

Hoppmann, E. (1967): Wettbewerb als Norm der Wettbewerbspolitik, in: Ordo, Vol. 18, S. 77-94.

Hoppmann, E. (1968): Zum Problem einer wirtschaftspolitisch praktikablen Definition des Wettbewerbs, in: Schneider, H.K. (Hrsg.): Grundlagen der Wettbewerbspolitik, Berlin, S. 9-49.

Howells, J.R.L. (2002): Tacit Knowledge, Innovation and Economic Geography, in: Urban Studies, Vol. 39, S. 871-884.

Hunsdiek, D. (1987): Unternehmensgründungen als Folgeinnovation: Struktur, Hemmnisse und Erfolgsbedingungen der Gründung industrieller innovativer Unternehmen, Stuttgart.

Hunsdiek, D. und E. May-Strobl (1986): Entwicklungslinien und Entwicklungsrisiken neugegründeter Unternehmen, Stuttgart.

IASP (2005a): http://www.iasp.ws/joining/indexjoining.php?ce=; Zugriff: 08.02.2005.

IASP (2005b): http://www.iasp.ws/information/definitions.php?ce=; Zugriff: 08.02.2005.

IfM-Bonn (2006): Gründungen und Liquidationen in Deutschland. http://www.ifm-bonn.org/dienste/gruend.htm.; Zugriff: 06.03.2006.

Icks, A. und M. Richter (1999): Innovative kommunale Wirtschaftsförderung. Wege – Beispiele – Möglichkeiten, Wiesbaden.

Iglhaut, J. (1994): Wirtschaftsförderung als Marketingaufgabe, in: Iglhaut, J. (Hrsg.): Wirtschaftsstandort Deutschland mit Zukunft, Wiesbaden, S. 56-65.

IRE (2005): http://www.innovating-regions.org/network/presentation/regional.cfm; Zugriff: 2.02.2005.

Isard (1956): Location and Space-Economy. A General Theory Relating to Industrial Location, Market Areas, Land Use, Trade, and Urban Structure, Cambridge (Mass.) und London.

Jacobs, J. (1969): The Economy of Cities, New York.

Jaffe, A.B. (1989): Real Effects of Academic Research, in: The American Academic Review, Vol. 79, S. 957-970.

Jaffe, A.B., M. Trajtenberg und R. Henderson (1993): Geographical Localization of Knowledge Spillovers as Evidenced by Patent Citations, in: The Quarterly Journal of Economics, Vol. 108, S. 577-598.

Jansen, D. (2003): Supporting Newly Founded Firms – Personal and Professional Networks, FÖV Discussion Paper No. 3, Forschungsinstitut für Öffentliche Verwaltung bei der Deutschen Hochschule für Verwaltungswissenschaften Speyer.

Jansen, D. und M. Weber (2003): Zur Organisation des Gründungserfolgs. Eine organisationstheoretische Untersuchung des Erfolgs neu gegründeter Betriebe im Ruhrgebiet, Wiesbaden.

Jung, V. (2004): Markteintrittsgestaltung neugegründeter Unternehmen. Situationsspezifische und erfolgsbezogene Analyse, Frankfurt am Main.

Joos, T. (1987): Unternehmensgründungen aus wirtschaftspolitischer Sicht, Frankfurt am Main u.a.

Jovanovic, B. (1982): Selection and the Evolution of Industry, in: Econometrica, Vol. 50, S. 649-670.

Jovanovic, B. (1994): Firm Formation with Heterogeneous Management and Labor Skills, in: Small Business Economics, Vol. 6, S. 185-191.

Kaden, S. (1991): Technologiezentren: Standortvoraussetzungen, Anforderungsprofile, Planungsdirektiven – am Beispiel von Baden-Württemberg, Münster.

Kailer, N. (2000): Gründung und Frühentwicklung von Unternehmen. Leistungsspektrum der Gründungshelfer, Kooperationsprobleme und Ansatzpunkte zur Verbesserung, in: Kailer, N.; H. Pernsteiner und R. Schauer (Hrsg.): Initiativen zur Unternehmensgründung und Unternehmensentwicklung. Konzeptionelle Überlegungen und Fördermaßnahmen auf dem Prüfstand, Wien, S. 57-90.

Kantzenbach, D. (1967): Die Funktionsfähigkeit des Wettbewerbs, 2. Aufl., Göttingen.

Karlsson, C. und A. Manduchi (2001): Knowledge Spillovers in a Spatial Context – A Critical Review and Assessment, in: Fischer, M.M. und J. Fröhlich (Hrsg.): Knowledge, Complexity and Innovation Systems, Berlin u.a., S. 101-123.

Kay, R. (2003): Die Entwicklung junger Unternehmen in Nordrhein-Westfalen, in: IfM (Hrsg.): Jahrbuch zur Mittelstandsforschung 2/2002, Bonn, S. 1-38.

Kay, R.; E. May-Strobl und F. Maaß (2001): Neue Ergebnisse der Existenzgründungsforschung, Wiesbaden.

Keeble, D. und S. Walker (1994): New Firms, Small Firms and Dead Firms: Spatial Patterns and Determinants in the United Kingdom, in: Regional Studies, Vol. 28, S. 411-427.

KfW (2004): MittelstandsMonitor 2004: Chancen zum Aufschwung nutzen, Frankfurt am Main.

KfW (2005a): MittelstandsMonitor 2005. Den Aufschwung schaffen – Binnenkonjunktur und Wettbewerbsfähgikeit stärken, Frankfurt am Main.

KfW (2005b): KfW-Gründungsmonitor 2005. Zahl der Vollerwerbsgründungen stabil – Kleinstgründungen weiter auf dem Vormarsch, Frankfurt am Main.

KfW (2005c): Mittelstands- und Strukturpolitik, Ausgabe 33, Frankfurt am Main.

KfW (2006): MittelstandsMonitor 2006: Konjunkturaufschwung bei anhaltendem Problemdruck, Frankfurt am Main.

Kihlstrom, R.E. und J.J. Laffont (1979): A General Equilibrium Entrepreneurial Theory of New Firm Formation Based on Risk Aversion, in: The Journal of Political Ecomomy, Vol. 87, S. 719-748.

Kirchhoff, B.A. (1994): Entrepreneurship and Dynamic Capitalism – The Economics of Business Firm Formation and Growth, Westport.

Kirzner, I.M. (1978): Wettbewerb und Unternehmertum, Tübingen.

Kirzner, I.M. (1988): Unternehmer und Marktdynamik, München und Wien.

Kistenmacher, H. (2001): Die Standortwahl technologieorientierter Existenzgründer – Anforderungen an die Raumplanung und Regionalentwicklung, Kaiserslautern.

Klandt, H. (1984): Aktivität und Erfolg des Unternehmensgründers. Eine empirische Analyse unter Einbeziehung des mikrosozialen Umfelds, Bergisch-Gladbach.

Klandt, H. (1999): Gründungsmanagement – Der integrierte Unternehmensplan, München und Wien.

Klandt, H. und D. Daniels (2001): Gründungshemmnisse für innovative Unternehmen, in: Merz, J. (Hrsg.): Existenzgründung 1. Tips, Training und Erfahrungen, Baden-Baden, S. 147-167.

Klepper, S. (1996): Entry, Exit, Growth, and Innovation over the Product Life Cycle, in: American Economic Review, Vol. 86, S. 562-583.

Klesse, C. (1992): Technologiezentren und Strukturwandel – Analyse der regionalen Beschäftigungseffekte des Technologiezentrums Dortmund, Dortmund.

Kline, S.J. und N. Rosenberg (1986): An Overview of Innovation, in: Rosenberg, N. und R. Landau (Hrsg.): The Positive Sum Strategy, Washington, S. 275-305.

Knight, F.H. (1921): Risk, Uncertainty and Profit, Boston und Cambridge.

Koch, L.T. und K. Tobarski (2004): Microlending, in: Wisu – Das Wirtschaftsstudium Vol. 33, S. 643-648.

Koch, A. und H. Strotmann (2005): The Impact of Functional Integration and Spatial Proximity on the Post-entry Performance of Knowledge Intensive Business Service Firms, IAW-Diskussionspapiere, Nr. 18.

Köllinger, P. und C. Schade (2005): Warum Amerikaner mehr Unternehmen gründen als Deutsche. Der Einfluss von subjektiven Wahrnehmungen auf Gründungsentscheidungen, in: DIW Wochenbericht Nr. 45/2005.

Koschatzky, K. (1997): Innovative regionale Entwicklungskonzepte und technologieorientierte Unternehmen, in: Koschatzky, K. (Hrsg.): Technologieunternehmen im Innovationsprozeß. Management, Finanzierung und regionale Netzwerke, Heidelberg, S. 181-205.

Koschatzky, K. (2001): Räumliche Aspekte im Innovationsprozess. Ein Beitrag zur neuen Wirtschaftsgeographie aus Sicht der regionalen Innovationsforschung, Münster.

Koschatzky, K. (2003a): Innovationsorientierte Regionalentwicklung: Konzepte zur regionalen Technik- und Innovationsförderung, in: Koschatzky, K. (Hrsg.): Innovative Impulse für die Region – Aktuelle Tendenzen und Entwicklungsstrategien, Stuttgart, S. 107-132.

Koschatzky, K. (2003b): Innovationsnetzwerke als Grundlagen regionaler Entwicklunsgprozesse, in: Koschatzky, K. (Hrsg.): Innovative Impulse für die Region – Aktuelle Tendenzen und Entwicklungsstrategien, Stuttgart, S. 3-22.

Krätzschmar, S. (1995): Theorie und Empirie der Regionalpolitik, Fuchsstadt.

Krieger-Boden, C. (1995): Die räumliche Dimension in der Wirtschaftstheorie: ältere und neuere Erklärungsansätze, Kiel.

Krist, H. (1985): Der Beitrag von Technologiezentren zur Entwicklung technologieorientierter junger Unternehmen, in: Internationales Gewerbearchiev, Vol. 10, S. 170-182.

Kroker, R.; K. Lichtblau und K-H. Röhl (2004): Abbau von Bürokratie in Deutschland, Köln.

Krugman, P. (1991): Geography and Trade, Leuven und Cambridge (Mass.).

Kugler, F. (2003): Erfolgsfaktoren und Erfolgsmuster von Unternehmensgründungen. Eine empirische Analyse aus Südthüringen, Köln.

Kulicke, M. (1987): Technologieorientierte Unternehmen in der Bundesrepublick Deutschland: Eine empirische Untersuchung der Strukturbildungs- und Wachstumsphase von Neugründungen, Frankfurt.

Kulicke, M. et al. (1993): Chancen und Risiken junger Technologieunternehmen: Ergebnisse des Modellversuchs „Förderung technologieorientierter Unternehmensgründungen", Heidelberg.

Külp, B. (1982): Wohlfahrtsökonomik I: Grundlagen, in: Handwörterbuch der Wirtschaftswissenschaft, Band 9, Stuttgart, Tübingen und Göttingen, S.469-486.

Kurz, R.; W. Röger und M. Zarth (1990): Existenzgründungshilfen von Bund und Ländern. Eine Wirkungsanalyse der Programme im Hinblick auf Wettbewerb, Produktivitätswachstum und Beschäftigung, Tübingen.

Kußmaul, H. (2002): Business-Plan – Der Schlüssel zum Erfolg, in: Corsten, H. (Hrsg.): Dimensionen der Unternehmensgründung. Erfolgsaspekte der Selbstständigkeit, Berlin, S. 103-125.

L-Bank (2005): http://www.l-bank.de; Zugriff:10.01.2005.

Lagemann, B.; S. Frick und F. Welter (1999): Kultur der Selbständigkeit, in: Ridinger, R. und P. Weiss (Hrsg.): Existenzgründungen und dynamische Wirtschaftsentwicklung, Berlin, S. 61-93.

Lageman, B.; K. Löbbe et al. (1999): Kleine und mittlere Unternehmen im sektoralen Strukturwandel, Essen.

Lammers, K. und A. Niebuhr (2002): Erfolgskontrolle in der deutschen Regionalpolitik: Überblick und Bewertung, HWWA Report Nr. 214.

Lang-von Wins, T.; R. Leiner, L. von Rosenstiel und J. Schmude (2002): Aufgaben und ihre Bewältigung in der Vorgründungs-, Gründungs- und Nachgründungsphase: Eine empirische Erfassung des Verlaufs von geförderten Unternehmensgründungen, in: Schmude, J. und R. Leiner (Hrsg.): Unternehmensgründungen. Interdisziplinäre Beiträge zum Entrepreneurship Reserach, Regensburg, S. 97-136.

Launhardt, W. (1882): Bestimmung des zweckmäßigsten Standorts einer gewerblichen Anlage, Zeitschrift des Vereins deutscher Ingenieure, Vol. 26, S. 107-116.

Lauschmann, E. (1976): Grundlagen einer Theorie der Regionalpolitik, Hannover.

Lazear, E.P. (2002): Entrepreneurship, NBER Working Paper No. 9109.

Lechler, T. und H.G. Gemünden (2003): Gründerteams. Chancen und Risiken für den Unternehmenserfolg, Heidelberg.

Lechler, T. und C. Artmann (2005): Hyper-growth Ventures. Demanding New Entrepreneurial Growth Theory, in: Gemünden, H.G.; S. Salomo und T. Müller (Hrsg.): Entrepreneurial Excellence. Unternehmertum, unternehmerische Kompetenz und Wachstum junger Unternehmen, Wiesbaden, S. 225-249.

Lechner, C. und M. Dowling (2003): Firm Networks: External Relationships as Sources for the Growth and Competitiveness of Entrepreneurial Firms, in: Entrepreneurship & Regional Development, Vol. 15, S. 1-26.

Legler, H. und B. Gehrke (2005): Zur technologischen Leistungsfähigkeit Deutschlands 2005, Gutachten im Auftrag des Bundesministeriums für Bildung und Forschung.

Legler, H.; G. Licht und J. Egeln (2001): Zur Technologischen Leistungsfähigkeit Deutschlands. Zusammenfassender Endbericht 2000. Gutachten im Auftrag des Bundesministeriums für Bildung und Forschung.

Lehmann, E. und D. Neuberger (2001): Do Lending Relationships Matter? Evidencc From Bank Survey Data in Germany, in: Journal of Economic Behavior and Organization, Vol. 45, S. 339-359.

Leicht, R. (2000): Die „Neuen Selbständigen" arbeiten alleine. Wachstum und Struktur der Solo-Selbständigen in Deutschland, in: Internationales Gewerbearchiv, Vol. 48, S. 75-90.

Leinweber, B.; K. Schumann; L. Schätzl und C. Steinle (2004): Kooperationsbeziehungen zwischen technisch orientierten Gründungen und Forschungseinrichtungen – regionale Verflechtung und ausgewählte Erfolgsfaktoren, in: Fritsch, M. und M. Niese (Hrsg.): Gründungsprozess und Gründungserfolg. Interdisziplinäre Beiträge zum Entrepreneurship Research, Heidelberg, S. 163-184.

Leitinger, R. und H. Strohbach (2001): Informationsasymmetrien bei der Finanzierung von KMUs und deren Lösungsmöglichkeiten, in: Klandt, H.; K. Nathusius; J. Mugler und A.H. Heil (Hrsg.): Gründungsforschungs-Forum 2000, Dokumentation des 4. G-Forums Wien, 5./6. Oktober 2000, Köln, S. 335-358.

Lendner, C. (2004): Organisationsmodell und Erfolgsfaktoren von Hochschulinkubatoren. Eine internationale Studie, Köln.

Lessat, V.; J. Hemer; T.H. Eckerle; M. Kulicke; G. Licht; E. Nerlinger et al. (1999): Beteiligungskapital und technologieorientierte Unternehmensgründungen, Wiesbaden.

Leuninger, S. (2003): Branchen- und technologiefokussierte Gründerzentren – zielgerichtete Förderung von Unternehmensgründungen, in: IMAKOMM (Hrsg.): Wirtschaftsförderung im Umbruch: Zielgruppe Unternehmen – Konzepte und Modelle einer kundenorientierten Wirtschaftsförderung, Band 2, Aalen, S. 113-128.

Licht, G. und E. Nerlinger (1997): New Technology-Based Firms in Germany: A Survey of the Recent Evidence, ZEW-Discussion Paper No. 97-18, Mannheim.

Liefner, I. (2002): 15 Jahre Technologie- und Gründerzentren in Niedersachsen – eine regionalwirtschaftliche Bilanz. Hannoversche Geographische Arbeitsmaterialien Nr. 27.

Liefner, I. (2004): Technologie- und Gründerzentren und regionales Wissenspotenzial. Eine empirische Analyse geförderter Unternehmen am Beispiel Niedersachsen, in: Raumforschung und Raumordnung, Vol. 62, S. 290-300.

Lucas, R.E. (1978): On the Size Distribution of Business Firms, in: The Bell Journal of Economics, Vol. 9, S. 508-523.

Lucas, R.E. (1988): On the Mechanics of Economic Development, in: Journal of Monetary Economics, Vol. 22, S. 3-39.

Luckenbach, H. (2000): Theoretische Grundlagen der Wirtschaftspolitik, 2. Aufl., München.

Lückgen, I. und D. Oberschachtsiek (2004): Regional Entrepreneurship Monitor (REM II 2003/2004). Zur Dynamik von Gründungsaktivitäten in Deutschland: Ausmaß und Ursachen, Köln und Lüneburg.

Maaß, F. (2000): Begründung regionaler Unterschiede in der Gründungsdynamik im Land Nordrhein-Westfalen. Eine Ursachenanalyse, Bonn.

Mahmood, T. (1996): Überlebenschancen neugegründeter Berliner Betriebe: Eine Auswertung der Gewerbean- und abmeldungen für den Zeitraum 1981-1990, Discussion Paper des WZB Berlin, FS IV 96-19.

Maier, G. und F. Tödtling (1992): Regional- und Stadtökonomik. Standorttheorie und Raumstruktur, Wien und New York.

Maier, G. und F. Tödtling (1996): Regional- und Stadtökonomik 2. Regionalentwicklung und Regionalpolitik, Wien und New York.

Maillat, D. (1998): Vom „Industrial District" zum innovativen Milieu: ein Beitrag zur Analyse der lokalen Produktionssysteme, in: Geographische Zeitschrift, Vol. 86, S. 1-15.

Maillat, D.; B. Lecoq; F. Nemeti und M.C. Pfister (1995): Technology District and Innovation: The Case of the Swiss Jura Arc, in: Regional Studies, Vol. 29, S. 251-263.

Markusen, A.; P. Hall und A. Glasmeier (1986): High Tech America: The What, How, Where, and Why of the Sunrise Industries, Boston.

Marshall, A. (1920): Principles of Economics, 8. Aufl., London.

Mason, E.S. (1959): Economic Concentration and the Monopoly Problem, Cambridge (Mass).

Massey, D.; P. Quintas und D. Wield (1992): High Tech Fantasies: Science Parks in Society, Science and Space, London und New York.

Mata, J. und P. Portugal (1999): Technology Intensity, Demand Conditions, and the Longevity of Firms, in: Audretsch, D.B. und A.R. Thurik (Hrsg.): Innovation, Industry Evolution, and Employment, Cambridge (UK), S. 265-279.

Maurer, I. (2003): Soziales Kapital als Erfolgsfaktor junger Unternehmen. Eine Analyse der Gestaltung und Entwicklungsdynamik der Netzwerke von Biotechnologie Start-ups, Wiesbaden.

Mautsch, E. (2003): Die Investitionszulage nach dem Investitionszulagengesetz 1999, in: Eberstein, H.H. und H. Karl (Hrsg.): Handbuch der regionalen Wirtschaftsförderung, Köln, Teil B, Abschnitt II, Kap. 1.

Meier, A. (1998): Marketing junger Technologieunternehmen, Wiesbaden.

Mellewigt, T. und J.F. Späth (2005): Entrepreneurial Teams – A Survey of German and US Empirical Studies, in: Gemünden, H.G.; S. Salomo und T. Müller (Hrsg.): Entrepreneurial Excellence. Unternehmertum, unternehmerische Kompetenz und Wachstum junger Unternehmen, Wiesbaden, S. 145-168.

Meyer, M. (2004): Prinzipale, Agenten und ökonomische Methode, Tübingen.

Meyer, J.-A. und A. Imberg (1999): Kundenzufriedenheit in Technologiezentren, Berlin.

Meyer-Krahmer, F. (1989): Der Einfluss staatlicher Technologiepolitik auf industrielle Innovationen, Baden-Baden.

Meyer-Krahmer, F. (1990): Innovationsorientierte Regionalpolitik: Ansatz, Instrumente, Grenzen, in: Gramatzki, H.; F. Klinger und H. Nutzinger (Hrsg.): Wissenschaft, Technik und Arbeit: Innovationen in Ost und West, Kassel, S. 343-360.

Mincer, J. (1958): Investment in Human Capital and Personal Income Distribution, in: Journal of Political Economy, Vol. 66, S. 281-302.

Miner, J.B. (1997): A Psychological Typology of Successful Entrepreneurs, Westport und London.

Mitsch, M. (2000): Marketing in der kommunalen Wirtschaftsentwicklungsplanung am Beispiel von Gründer- und Technologiezentren, Aachen.

Möhlig, G.; G. Diethelm und H. Feidicker (1998): Problembereiche und Handlungsfelder bei Existenzgründungen. Erfolgs- und Mißerfolgsfaktoren neuer Unternehmen. Eine empirische Studie mit Gründern und Beratern, Trier.

Mönnich, E. (2004): Erklärungsansätze regionaler Entwicklung und politisches Handeln, Frankfurt am Main u.a.

Moog, P. (2004): Humankapital des Gründers und Erfolg der Unternehmensgründung, Wiesbaden.

Mugler, J. (1998): Betriebswirtschaftslehre der Klein- und Mittelbetriebe, Bd.1, 3. Aufl., Wien und New York.

Müller, C. (2002): Existenzgründungshilfen als Instrument der Struktur- und Beschäftigungspolitik, Frankfurt am Main u.a.

Müller, C.A. (2003): (De-)Regulierung und Unternehmertum, St. Gallen.

Müller-Merbach, H. (1999): Europäische Netzwerke zur Ausbildung, Betreuung, Finanzierung und Förderung von Existenzgründern, in: Klandt, H.; K. Nathusius; N. Szyperski und A. H. Heil (Hrsg.): G-Forum 1999. Dokumentation des 3. Forums Gründungsforschung, Köln, S. 83-102.

Nalebuff, B.J. und A.M. Brandenburger (1996): Coopetition, kooperativ konkurrieren. Mit der Spieltheorie zum Unternehmenserfolg, Frankfurt am Main.

Nelson, R.R. und S.G. Winter (1982): An Evolutionary Theory of Economic Change, Cambridge (Mass.).

Nerlinger, E. (1998): Standorte und Entwicklung junger innovativer Unternehmen. Emprische Ergebnisse für West-Deutschland, Baden-Baden.

Nerlinger, E. und G. Berger (1995): Technologieorientierte Industrien und Unternehmen: Alternative Definitionen, ZEW Discussion Paper No. 95-20, Mannheim.

Niese, M. (2003): Ursachen von Betriebsschließungen. Eine mikroökonomische Analyse von Probezeiten und Todesschatten im Verarbeitenden Gewerbe, Münster.

Nittka, I. (2000): Informelles Venture Capital am Beispiel von Business Angels, Stuttgart.

Nordhaus, W.D. (1969): Invention, Growth, and Welfare: A Theoretical Treatment of Technological Change, Cambridge (Mass.).

North, D.C. (1990): Institutions, Institutional Change and Economic Performance, Cambridge (Mass.).

OECD (1998): Fostering Entrepreneurship. The OECD Jobs Strategy, Paris.

Ohlin, B. (1967): Interregional and International Trade, überarbeitete Auflage, Cambridge (Mass.).

Osterhoff, F. (2000): Innovations- und Technologiepolitik in der kommunalen Wirtschaftsförderung. Das Beispiel Essen, Hagen.

Otten, C. (2000): Einflußfaktoren auf Nascent Entrepreneurs an Kölner Hochschulen, Universität Köln, Wirtschafts- und Sozialgeographisches Institut, Working Paper No. 2000-3.

Otto, A. (2004a): Kooperative Strategien junger technologiebasierter Dienstleistungsbetriebe, in: Fritsch, M. und R. Grotz (Hrsg.): Gründungsprozess und Gründungserfolg. Interdisziplinäre Beiträge zum Entrepreneurship Research, Heidelberg, S. 141-162.

Otto, A. (2004b): Regionale Strukturen von Gründungen und Stilllegungen in Deutschland, in: Fritsch, M. und M. Niese (Hrsg.): Empirische Analysen zum Gründungsgeschehen in Deutschland, Heidelberg, S. 59-84.

Paffenholz, N. (2002): Raumordnung und Regional- und Strukturförderung, Münster.

Pakes, A. und R. Ericson (1998): Empirical Implications of Alternative Models of Firm Dynamics, in: Journal of Economic Theory, Vol. 79, S. 1-45.

Penrose, E. (1959): The Theory of the Growth of the Firm, Oxford.

Peters, H.-R. (2000): Wirtschaftspolitk, 3. Aufl., München und Wien.

Peters, H.-R. (1988): Sektorale Strukturpolitik, München und Wien.

Pett, A. (1994): Technologie- und Gründerzentren. Empirische Analyse eines Instruments zur Schaffung hochwertiger Arbeitsplätze, Frankfurt am Main u.a.

Pfahler, T. und P. Böhnlein (2004): Transaktionskosten im Verlauf des Marktlebenszyklus, in: WiSt, Vol. 33, S. 476-482.

Pfeiffer, F. (1994): Selbständige und abhängige Erwerbstätigkeit. Arbeitsmarkt- und industrieökonomische Perspektiven, Frankfurt und New York.

Phillips, B.D.; B.A. Kirchoff und H.S. Brown (1991): Formation, Growth and Mobility of Technology-based Firms in the US Economy, in: Entrepreneurship & Regional Development, Vol. 3, S. 129-144.

Picot, A.; U.-D. Laub und D. Schneider (1989): Innovative Unternehmensgründungen: eine ökonomisch-emprische Analyse, Berlin.

Picot, A.; H. Dietl und E. Franck (2005): Organisation. Eine ökonomische Perspektive, 4. Aufl., Stuttgart.

Pieper, M. (1994): Das interregionale Standortwahlverhalten der Industrie in Deutschland. Konsequenzen für das kommunale Standortmarketing, Göttingen.

Piore, M.J. und C.F. Sabel (1984): The Second Industrial Divide. Possibilities for Prosperity, New York.

Pleschak, F. (1995): Technologiezentren in den neuen Bundesländern, Heidelberg.

Pleschak, F. (1997a): Technologie- und Gründerzentren als Instrument der regionalen Wirtschaftsförderung, in: Koschatzky, K. (Hrsg.): Technologieunternehmen im Innovationsprozeß. Managment, Finanzierung und regionale Netzwerke, Heidelberg, S. 229-246.

Pleschak, F. (1997b): Entwicklungsprobleme junger Technologieunternehmen und ihre Überwindung, in: Koschatzky, K. (Hrsg.): Technologieunternehmen im Innovationsprozeß. Managment, Finanzierung und regionale Netzwerke, Heidelberg, S. 13-32.

Pleschak, F; H. Berteit; B. Ossenkopf und F. Stummer (2002): Gründung und Wachstum FuE-intensiver Unternehmen. Untersuchungen in Ostdeutschland, Heidelberg.

Pleschak, F; B. Ossenkopf; B. Wolf et al. (2002): Ursachen des Scheiterns von Technologieunternehmen mit Beteiligungskapital aus dem BTU-Programm, Stuttgart.

Pleschak, F.; F. Stummer und B. Ossenkopf (2000): Erfolgsmodell FUTOUR. Technologieorientierte Unternehmensgründungen in den neuen Bundesländern, DtA Wissenschaftliche Reihe, Bd. 14, Bonn.

Pleschak, F. und H. Werner (1998): Technologieorientierte Unternehmensgründungen in den neuen Bundesländern. Wissenschaftliche Analyse und Begleitung des BMBF-Modellversuchs, Heidelberg.

Pohle, H. (1995a): Ziele, Leitbilder und Konzepte der Deutschen Regionalpolitik und Regionalentwicklung im Wandel, in: Holthus, M. (Hrsg.): Elemente regionaler Wirtschaftspolitik in Deutschland, Baden-Baden, S. 33-63.

Pohle, H. (1995b): Die Träger der Regionalentwicklung im Staats- und Verwaltungsaufbau der Bundesrepublik Deutschland, in: Holthus, M. (Hrsg.): Elemente regionaler Wirtschaftspolitik in Deutschland, Baden-Baden, S. 81-111.

Polanyi, M. (1966): The Tacit Dimension, New York.

Porter, M.E. (1999): Wettbewerbsstrategie. Methoden zur Analyse von Branchen und Konkurrenten, 10. Aufl., Frankfurt und New York.

Prantl, S. (2002): The Role of Start-up Assistance für New Firms: A Microeconometric Evaluation, Beitrag zur ZEW Konferenz "The Economics of Entrepreneurship and the Demography of Firms and Industries" in Mannheim, 3.-4.10. 2002.

Preisendörfer, P. (2002a): Aktuelle Therieansätze in der Entrepreneurship-Forschung, in: Braun, G und C. Diensberg (Hrsg.): Entrepreneurship im Ostseeraum. Unternehmen als Motor von Wachstum und Integration, Berlin, S. 11-28.

Preisendörfer, P. (2002b): Erfolgsfaktoren von Unternehmensgründungen. Theorieansätze und empirische Ergebnisse, in: Corsten, H. (Hrsg.): Dimensionen der Unternehmensgründung. Erfolgsaspekte der Selbstständigkeit, Berlin, S. 43-70.

Preisendörfer, P. und T. Voss (1990): Organizational Mortality of Small Firms: The Effects of Entrepreneurial Age, in: Organization Studies, Vol. 11, S. 107-129.

Rammer, C. und D. Czarnitzki (2000): Interaktion zwischen Wissenschaft und Wirtschaft – die Situation an den öffentlichen Forschungseinrichtungen in Deutschland, in: Schmoch, U.; G. Licht und M. Reihnhard (Hrsg.): Wissens- und Technologietransfer in Deutschland, Stuttgart, S. 38-73.

Rammer, C. (2004): FuE-Verhalten von jungen Unternehmen in Deutschland – eine Panelanalyse für den Zeitraum 1998-2003, ZEW, Studien zum deutschen Innovationssystem Nr. 8-2005, Mannheim.

Razik, S. (2002): Spin-Off-Gründungen. Bausteine eines marktorientierten Gründungsmanagements, Osnabrück.

Rehfeld, D. (1999): Produktionscluster: Konzeption, Analysen und Strategien für eine Neuorientierung der regionalen Strukturpolitik, München.

Reiß, M. und E. Rudorf (1999): Unternehmensgründungen in Netzwerken, in: von Rosenstiel, L. und T. Lang-von Wins (Hrsg.): Existenzgründung und Unternehmertum, Stuttgart, S. 129-156.

Reynolds, P.D. (1994): Autonomous Firm Dynamics and Economic Growth in the United States, 1986-1990, in: Regional Studies, Vol. 28, S. 429-442.

Reynolds, P.D.; D.J. Storey und P. Westhead (1994): Cross-National Comparison of the Variation in New Firm Formation Rates, in: Regional Studies, Vol. 28, S. 443-456.

Richter, R. und E.G. Furubotn (1999): Neue Institutionenökonomik. Eine Einführung und kritische Würdigung, 2. Aufl., Tübingen.

Ricketts, M. (2002): The Economics of Business Enterprise. An Introduction to Economic Organisation and the Theory of the Firm, 3. Aufl., Cheltonham und Northampton.

Ridinger, R. (1999): Existenzgründungen und dynamische Wirtschaftsentwicklung, in: Ridinger, R. und P. Weiss (Hrsg.): Existenzgründungen und dynamische Wirtschaftsentwicklung, Berlin, S. 29-39.

Ridinger, R. (2001): EG-Regionalpolitik, Konzeption und Instrumente, in: Eberstein, H.H. und H. Karl (Hrsg.): Handbuch der regionalen Wirtschaftsförderung, Köln, Teil A, Abschnitt VII 1.

Riedel, J.; F. Scharr et al. (1999): Wirtschaftsförderung im Transformationsprozess. Die Gemeinschaftsaufgabe „Verbesserung der regionalen Wirtschaftsstruktur" in Thüringen, Dresden.

Rogers, E.M. (1982): Diffusion of Innovations, 3. Aufl., New York.

Romer, P.M. (1986): Increasing Returns and Long-Run Growth, in: Journal of Political Economy, Vol. 94, S. 1002-1037.

Roscher, W. (1865): Ansichten der Volkswirtschaft aus dem geschichtlichen Standpunkt, Leipzig und Heidelberg.

Rösch, A. (2000): Kreative Milieus als Faktoren der Regionalentwicklung, in: Raumforschung und Raumordnung, Vol. 58, S. 161-171.

Rüggeberg, H. (2003): Marketing für Unternehmensgründer. Von der ersten Geschäftsidee zum Wachstumsunternehmen, Wiesbaden.

Russ, D. und U. Färber (1996): Das BITZ und seine regionalwirtschaftlichen Effekte – Der Stand nach zehnjährigen Erfahrungen, in: Bremer Zeitschrift für Wirtschaftspolitik, Vol. 19, S. 63-93.

Salomo, S. (1999): Förderung von Existenzgründungen in Technologiezentren – eine ordnungspolitische Bewertung, in: List-Forum für Wirtschafts- und Finanzpolitik, Vol. 25, S. 25-36.

Samuelson, P.A. (1947): Foundation of Economic Analysis, Cambridge (Mass.).

Sarkar, M.; R. Echambadi; R. Agarwal und B. Sen (2002): The "When, Where, and How" of Entrant Survival: The Effects of Knowledge Regime, Technological Intensity and Start-Up Size on New Venture Survival, University of Illinois, Bureau of Economic and Business Research, Working Paper No. 02-01012.

Sautter, B. (2005): Einflussfaktoren auf die Gründungsintensität im Cluster. Eine Längsschnittsanalyse des Tuttlinger Medizintechnik-Clusters 1870-2002, Berlin.

Schäffle, A. (1867): Das gesellschaftliche System der menschlichen Wirtschaft, Tübingen.

Scharff, R. (1993): Regionalpolitik und regionale Entwicklungspotentiale. Eine kritische Analyse, Frankfurt am Main u.a.

Schätzl, L. (1996): Wirtschaftsgeographie 1, Theorie, 6. Aufl., Paderborn u.a.

Schechler, J.M. (2002): Sozialkapital und Netzwerkökonomik, Frankfurt am Main u.a.

Scheidt, B. (1995): Die Einbindung junger Technologieunternehmen in Unternehmens- und Politiknetzwerke: Eine theoretische, empirische und strukturpolitische Analyse, Berlin.

Scherer, B. (1997): Regionale Entwicklungspolitik. Konzeption einer dezentralisierten und intergrierten Regionalpolitik, Frankfurt am Main u.a.

Scherer, F.M. und D. Ross (1990): Industrial Market Structure and Economic Performance, 3. Aufl., Boston.

Schilling-Kaletsch, I. (1976): Wachstumspole und Wachstumszentren – Untersuchungen zu einer Theorie sektoral und regional polarisierter Entwicklung, Hamburg.

Schlotböller, D. (2001): Raumordnung und regionale Wirtschaftsförderung. Konflikte aus ökonomisch-theoretischer und empirischer Sicht, Münster.

Schmidt, I. und J.B. Rittaler (1987): Marktphasen und Wettbewerb, in: Wirtschaftswissenschaftliches Studium, Vol. 16, S. 597-602.

Schmidt, T. (2005a): Knowledge Flows and R&D Co-operation: Firm-level Evidence From Germany, ZEW Discussion Paper No. 05-22, Mannheim.

Schmidt, T. (2005b): Absorptive Capacity – One Size Fits All? A Firm-level Analysis of Absorptive Capacity for Different Kinds of Knowledge, ZEW Discussion Paper No. 05-72, Mannheim.

Schmoch, U. (2000): Konzepte des Technologietransfers, in: Schmoch, U.; G. Licht und M. Reihnhard (Hrsg.): Wissens- und Technologietransfer in Deutschland, Stuttgart, S. 3-14.

Schmude, J. (1994): Geförderte Unternehmensgründungen in Baden-Württemberg. Eine Analyse der regionalen Unterschiede des Existenzgründungsgeschehens am Beispiel des Eigenkapitalhilfe-Programms (1979 bis 1989), Stuttgart.

Schmude, J. und R. Leiner (2002): Unternehmensgründungen – Interdisziplinäre Beiträge zum Entrepreneurship Research, Heidelberg.

Schönert, M. (2000): Das personelle Innovationspotential. Empirische Ergebnisse zur Entwicklung regionaler Disparitäten in der Bundesrepublik Deutschland, Bremen.

Schulte, R. (1999): Das Risikoverhalten von Banken gegenüber Existenzgründungen, in: Ridinger, R. und P. Weiss (Hrsg.): Existenzgründungen und dynamische Wirtschaftsentwicklung, Berlin, S. 95-119.

Schultz, T.W. (1971): Investment in Human Capital – The Role of Education and Research, New York u.a.

Schulz, N. (1995): Unternehmensgründungen und Markteintritt, Heidelberg.

Schumann, J.; U. Meyer und W. Ströbele (1999): Grundzüge der mikroökonomischen Theorie, 7. Aufl., Berlin u.a.

Schumpeter, J.A. (1928): Unternehmer, in: Elster, L.; A. Weber und F. Wieser (Hrsg.): Handwörterbuch der Staatswissenschaften, Band 8, 4. Aufl., S. 476-487.

Schumpeter, J.A. (1939): Business Cycles. A Theoretical, Historical, and Statistical Analysis of the Capitalist Process, Vol.1, New York und London; wiederveröffentlicht in deutscher Übersetzung als: Schumpeter, J.A. (1961): Konjunkturzyklen. Eine theorethische, historische und statistische Analyse des kapitalsitischen Prozesses, erster Band, Göttingen.

Schumpeter, J.A. (1942): Capitalism, Socialism and Democracy, New York; wiederveröffentlicht in deutscher Übersetzung als: Schumpeter, J.A. (1975): Kapitalismus, Sozialismus und Demokratie, 4. Aufl., München.

Schumpeter, J.A. (1952): Theorie der wirtschaftlichen Entwicklung. Eine Untersuchung über Unternehmergewinn, Kapital, Kredit, Zins und Konjunkturzyklus, 5. Aufl. (unveränderter Nachdruck der 1934 erschienenen 4. Aufl.), Berlin.

Schutjens, V. und E. Wever (2000): Determinants of New Firm Success, in: Papers in Regional Science, Vol. 79, S. 135-159.

Schweitzer, S.O. und M.R. Di Tommaso (2003): Why Do Biotechnology Firms Cluster? Some Possible Explantions, in: Sugden, R.; R. Hartung Chen und G.R. Meadows (Hrsg.): Urban and Regional Prosperity in a Globalised New Economy, Cheltenham und Northampton, S. 181-195.

Seeger, H (1997): Ex-Post-Bewertung der Technologie- und Gründerzentren durch die erfolgreich ausgezogenen Unternehmen und Analyse der einzel- und regionalwirtschaftlichen Effekte, Münster.

Seiter, S. (1997): Der Beitrag Nicholas Kaldors zur Neuen Wachstumstheorie, Frankfurt am Main.

Seltsam, C. (2001): Kommunale Wirtschaftsförderung: Ziele, Instrumente, Erfolgskontrolle, Bayreuth.

Semlinger, K. (1998): Innovationsnetzwerke. Kooperationen von Kleinbetrieben, Jungunternehmen und kollektiven Akteuren, Eschborn.

Shapero, A. (1975): The Displaced, Uncomfortable Entrepreneur, in: Psychology Today, Vol. 9, S. 83-88.

Shane, S.A. (2003): A Ganeral Theory of Entrepreneurship. The Individual-Opportunity Nexus, Cheltenham und Northhampton.

Shane, S.A. und M.-D. Foo (1999): New Firm Survival: Institutional Explanations for New Franchisor Mortality, in: Management Science, Vol. 45, S. 142-159.

Shane, S.A. und S. Venkataraman (2000): The Promise of Entrepreneurship as a Field of Research, in: Academy of Management Review, Vol. 25, S. 217-226.

Skambracks, D. (1999): Gründungsbremse Bürokratie, DtA Wissenschaftliche Reihe, Bd. 13, Bonn.

Simon, H. (1957): Models of Man, New York.

Simon, H. (1959): Theories of Decision Making in Economics and Behavioral Science, in: American Economic Review, Vol. 49, S. 253-283.

Solow, R. (1956): A Contribution to the Theory of Economic Growth, in: Quarterly Journal of Economics, Vol. 70, S. 65-94.

Sorenson, O. und P.G. Audia (2000): The Social Structure of Entreprenurial Activity: Geographic Concentration of Footwear Production in the United States 1940-1989, in: American Journal of Sociology, Vol. 106, S. 424-462.

Spence, M. (1973): Job Market Signalling, in: Quarterly Journal of Economics, Vol. 87, S. 355-374.

Stahlecker, T. (2006): Regionale Bindungen im Gründungs- und Entwicklungsprozess wissensintensiver Dienstleistungsunternehmen. Dargestellt am Beispiel der Regionen Bremen und Stuttgart, Berlin.

Stahlecker, T. und V. Lo (2004): Gestaltungsmöglichkeiten von Gründerräumen und Inkubatoren an der Hochschule, FhG-ISI, Karlsruhe.

Statistisches Bundesamt (2005a): http://www.destatis.de/themen/d/thm_mikrozen.htm; Zugriff: 23.12.2005.

Statistisches Bundesamt (2005b): Gendermonitor Existenzgründung 2004. Existenzgründungen im Kontext der Arbeits- und Lebensverhältnisse in Deutschland. Eine Strukturanalyse von Mikrozensusergebnissen, Bonn.

Steil, F. (1999): Determinanten regionaler Unterschiede in der Gründungsdynamik. Eine empirische Analyse für die neuen Bundesländer, Baden-Baden.

Steil, F. und E. Wolf (1997): Welche Bedeutung haben Unternehmenscharakteristika und regionales Umfeld für die Beschäftigungsdynamik? Eine mikroökonometrische Analyse für das ostdeutsche Verarbeitende Gewerbe, ZEW Discussion Paper No. 97-22, Mannheim.

Steinkühler, R.H. (1994): Technologiezentren und Erfolg von Unternehmensgründungen, Wiesbaden.

Steinle, C. und K. Schumann (2003): Kooperation, Innovation und Erfolg technologieorientierter Gründungen – Konzept und Ergebnisse einer repräsentativen Studie, in: Steinle, C. und K. Schumann (Hrsg.): Gründung von Technologieunternehmen. Merkmale – Erfolg – empirische Ergebnisse, Wiesbaden, S. 15-66.

Steinröx, M. (1994): Kommunale Wirtschaftsförderung aus Sicht der Privatwirtschaft, in: Dieckmann, J. und E.M. König (Hrsg.): Kommunale Wirtschaftsförderung. Handbuch für Standortsicherung und -entwicklung in Stadt, Gemeinde und Kreis, Köln, S. 33-44.

Steinröx, M. (1995), Kommunale Wirtschaftsförderung – Etikettenschwindel oder Beitrag zur Wirtschaftsentwicklung?, in: Ridinger, R. und M. Steinröx (Hrsg.): Regionale Wirtschaftsförderung in der Praxis, Köln, S. 87-97.

Sternberg, R. (1988): Technologie- und Gründerzentren als Instrument kommunaler Wirtschaftsförderung. Bewertung auf der Grundlage von Erhebungen in 31 Zentern und 117 Unternehmen, Dortmund.

Sternberg, R. (1995): Technologiepolitik und High-Tech Regionen – ein internationaler Vergleich, Münster und Hamburg.

Sternberg, R. (1999): Innovative Linkages and Proximity: Empirical Results from Recent Surveys of Small and Medium Sized Firms in German Regions, in: Regional Studies, Vol. 33, S. 529-540.

Sternberg, R. (2000a): Entrepreneurship in Deutschland. Das Gründungsgeschehen im internationalen Vergleich. Länderbericht Deutschland 1999 zum Global Entrepreneurship Monitor, Berlin.

Sternberg, R. (2000b): Gründungsforschung – Relevanz des Raumes und Aufgaben der Wirtschaftsgeographie, in: Geographische Zeitschrift, Vol. 88, S. 199-219.

Sternberg, R. (2003a): Das Konzept endogener Regionalentwicklung – Implikationen für Existenzgründungen und deren Förderung, in: Sternberg, R. (Hrsg.): Endogene Regionalentwicklung durch Existenzgründungen? Empirische Befunde aus Nordrhein-Westfalen, Hannover, S. 4-19.

Sternberg, R. (2003b): Wissensintensität und regionales Umfeld als Determinanten der Entstehung und Entwicklung junger Unternehmen, in: Steinle, C. und K. Schumann (Hrsg.): Gründung von Technologieunternehmen, Merkmale – Erfolg – empirische Ergebnisse, Wiesbaden, S. 219-237.

Sternberg, R.; H. Behrendt; H. Seeger und C. Tamásy (1997): Bilanz eines Booms. Wirkungsanalysen von Technologie- und Gründerzentren in Deutschland, 2. Aufl., Dortmund.

Sternberg, R. und H. Bergmann (2003): Global Entrepreneurship Monitor. Länderbericht Deutschland 2002, Köln.

Sternberg, R. und I. Lückgen (2005): Global Entrepreneurship Monitor. Länderbericht Deutschland 2004, Köln.

Sternberg, R. und J. Wagner (2004): The Decision to Start a New Firm: Personal and Regional Determinants. Empirical Evidence from the Regional Entrepreneurship Monitor (REM) Germany, in: Fritsch, M. und M. Niese (Hrsg.): Gründungsprozess und Gründungserfolg. Interdisziplinäre Beiträge zum Entrepreneurship Research, Heidelberg, S. 19-38.

Stiglitz, J. und A. Weiss (1981): Credit Rationing in Markets With Imperfect Information, in: American Economic Review, Vol. 71, S. 393-410.

Stinchcomb, A.L. (1965): Social Structure and Organisations, in: March, J.G. (Hrsg.): Handbook of Organizations, Chicago, S. 142-193.

Storey, D.J. (1982): Entrepreneurship and the New Firm, London.

Storey, D. J. (1994): Understanding the Small Business Sector, London und New York.

Storey, D.J. (2003): Entrepreneurship, Small and Medium Sized Enterprises and Public Policies, in: Acs, Z.J. und D.B. Audretsch (Hrsg.): Handbook of Entrepreneurship Research, Boston, Dordrecht und London, S. 473-511.

Storper, M. (1996): Innovations as Collective Action: Conventions, Products and Technologies, in: Industrial and Corporate Change, Vol. 5, S. 761-790.

Strohm, A. (1988): Ökonomische Theorie der Unternehmensentstehung, Freiburg.

Strotmann, H. (2002): Determinanten des Überlebens von Neugründungen in der badenwürttembergischen Industrie. Eine empirische Survivalanalyse mit amtlichen Betriebsdaten, IAW-Dislussionspapiere Nr.6.

Struck, J. (1998): Gründungsstatistik als Informationsquelle der Wirtschaftspolitik. Eine empirische Analyse statistischer Quellen mit internationalem Vergleich. Köln-Dortmund.

Stuart, T. und O. Sorenson (2003): The Geography of Opportunity: Spatial Heterogeneity in Founding Rates and the Performance of Biotechnology Firms, in: Research Policy, Vol. 32, S. 229-253.

Sünner, I. und W. Wilms (2002): 6 000 Tage BITZ. Regionalwirtschaftliche Effekte des Bremer Innovations- und Technologiezentrums, in: BAW Monatsbericht Heft 9/2002, Bremen.

Sutaria, V. (2001): The Dynamics of New Firm Formation, Aldershot u.a.

Szyperski, N. und K. Nathusius (1977): Probleme der Unternehmensgründung: Eine betriebswirtschaftliche Analyse unternehmerischer Standortbedingungen, Stuttgart.

Tamásy, C. (1996): Technologie- und Gründerzentren in Ostdeutschland – eine regionalwirtschaftliche Analyse, Münster.

Tamásy, C. (2004): Determinanten des regionalen Gründungsgeschehens, Münster.

Tappe, H.-U. (1993): Informationsmanagement in Technologie-, Innovations- und Gründerzentren in der Bundesrepublik Deutschland. Eine Analyse der Beratungs- und Informationsdienstleistungsangebote unter besonderer Berücksichtigung der Nachfrage durch die Branche der Umwelttechnik, Münster.

Tidelski, O. (2002): Dezentrale Innovationspolitik. Entwurf einer anreizgerechten Reform am Beispiel Nordrhein-Westfalens, Frankfurt am Main u.a..

Toepel, K. und O. Schwab (2005): Evaluation in der europäischen Strukturpolitik, in: Zeitschrift für Evaluation 1/2005, S. 63-74.

Tödt, A. (2001): Wirkung und Gestaltung von Beratung und Weiterbildung im Prozess der Existenzgründung. Eine qualitative Untersuchung am Beispiel von Existenzgründern im ostdeutschen Transformationsprozess, München und Mering.

Tödtling, F. und A. Kaufmann (1999): Innovation Systems in Regions of Europe – A Comparative Perspective, in: European Planning Studies, Vol. 7, S. 699-717.

Tödtling, F.; P. Lehner und M. Trippl (2004): Knowledge Intensive Industries, Networks and Collective Learning, SRE Discussion Paper 2004/02.

Träger, U. und L. Uhlmann (1984): Technologietransfer in der Bundesrepublik Deutschland. Grundstrategien auf dem Technologiemarkt, Berlin.

TU-Freiberg (2003): „Gründungsatlas“; http://www.wiwi.tu-freiberg.de/wipol/gr%FCndungsatlas/gr%FCndungs_start.htm; Zugriff: 22.01.2003

Tuchtfeldt, E. (1993): Grundlagen der Wirtschaftspolitik, in: Issing, O. (Hrsg.): Allgemeine Wirtschaftstspolitik, 3. Aufl., München, S. 1-22.

Unterkofler, G. (1989): Erfolgsfaktoren innovativer Unternehmensgründungen: Ein gestaltungsorientierter Lösungsansatz betriebswirtschaftlicher Gründungsprobleme, Frankfurt am Main u.a.

Varga, A. (2000): Local Academic Knowledge Transfers and the Concentration of Economic Activity, in: Journal of Regional Science, Vol. 40, S. 289-309.

Venerius, W. (1995): Regionale und kommunale Wirtschaftsförderung durch Technologiezentren. Theoretische, instrumentelle und empirische Aspekte am Beispiel des Technologie- und Gründerparks Nordhorn, Universität Osnabrück, OSG-Materialien Nr. 28.

Verheul, I.; S. Wennekers; D. Audretsch und R. Thurik (2002): An Eclectic Theory of Entrepreneurship: Policies, Institutions and Culture, in: Audretsch, D.; R. Thurik; I. Verheul und S. Wennekers (Hrsg.): Entrepreneurship: Determinants and Policy in a European-U.S. Comparison, Boston, Dordrecht und London, S. 11-81.

Vernon, R. (1966): International Investment and International Trade in the Product Life Cycle, in: Quarterly Journal of Economics, Vol. 80, S. 190-207.

Voigt, E. (1998): Regionale Wissens-Spillovers Technischer Hochschulen, in: Raumforschung und Raumordnung, Vol. 56, S. 27-35.

Wagner, J. (1992): Firm Size, Firm Growth, and Persistence of Chance: Testing Gibrat's Law with Establishment Data from Lower Saxony, 1978-1989, in: Journal of Small Business Economics, Vol. 4, S. 125-131.

Wagner, J. (1994): The Post Entry Performance of New Small Firms in German Manufacturing Industries, in: Journal of Industrial Economics, Vol. 42, S. 141-154.

Wagner, J. (1999): The Life History of Cohorts of Exits From German Manufacturing, in: Small Business Economics, Vol. 13, S. 71-79.

Wagner, J. (2003): Are Nascent Entrepreneurs *Jacks-of-All-Trades*? A Test of Lazear's Theory of Entrepreneurship with German Data, IZA Discussion Paper No. 911.

Wagner, J. (2004): Are Young and Small Firms Hothouses for Nascent Entrepreneurs? Evidence From German Micro Data, IZA Discussion Paper No. 989.

Walter, A. (2003): Technologietransfer zwischen Wissenschaft und Wirtschaft. Voraussetzungen für den Erfolg, Wiesbaden.

Wanzenböck, H. (1998): Überleben und Wachsum junger Unternehmen, Wien.

Weber, A. (1909): Über den Standort der Industrien, Heidelberg.

Weibert, W. (2001): Regionale Determinanten der Innovation. Eine empirische Analyse, Baden-Baden.

Weigand, J. und D.B. Audretsch (1999): Does Science Make a Difference? Investment, Finance and Corporate Governace in German Industires, CEPR Discussion Paper No. 2056.

Weihe, J. (2001): Networking als zentrale Schlüsselqualifkation für Gründungsvorhaben, in: Klandt, H.; K. Nathusius; J. Mugler und A.H. Heil (Hrsg.): Gründungsforschungs-Forum 2000, Dokumentation des 4. G-Forums Wien, 5./6. Oktober 2000, Köln, S. 231-251.

Weiss, L.W. (1964): The Survival Technique and the Extent of Suboptimal Capacity, in: The Journal of Political Economy, Vol. 72, S. 246-261.

Weiss, L.W. (1976): Optimal Plant Scale and the Extent of Suboptimal Capacity, in: Mason, R.T. und P.D. Qualls (Hrsg.): Essays on Industrial Organization in Honor of Joe S. Bain, Cambridge (Mass.), S. 126-134.

Weißhuhn, G. und T. Wichmann (2000): Beschäftigungseffekte von Unternehmensgründungen. Endbericht einer Studie im Auftrag des Bundesministeriums für Wirtschaft und Technologie, Berlin.

Welsch, J. (1985): Durch „Technologieparks" zu mehr Arbeitsplätzen? – Ein neuer Ansatz der Strukturpolitik aus gewerkschaftlicher Sicht, in: WSI-Mitteilungen 1/1985, S. 6-17.

Welter, F. und H. Bergmann (2002): „Nascent Entrepreneurs" in Deutschland, in: Schmude, J. und R. Leiner (Hrsg.): Unternehmensgründungen. Interdisziplinäre Beiträge zum Entrepreneurship Research, Heidelberg, S. 33-65.

Welter, F.; U. Ammon und L. Trettin (2004): Netzwerke und Gründungen von Unternehmen durch Frauen, Berlin.

Welzel, B. (1995): Der Unternehmer in der Nationalökonomie, Köln.

Wennekers, S. und A.R. Thurik (1999): Linking Entrepreneurship and Economic Growth, in: Small Business Economics, Vol. 13, S. 27-55

Wenz, J. (1993): Unternehmensgründungen aus volkswirtschaftlicher Sicht, Bergisch Gladbach, Köln.

Werner, H. (2000): Junge Technologieunternehmen. Entwicklungsverläufe und Erfolgsfaktoren, Wiesbaden.

Werner, A.; U. Backes-Gellner und G. Kayser (2004): Zum Einfluss von Bildungssignalen auf innovative Unternehmensgründungen: Eine theoretische und empirische Analyse, in: Fritsch, M. und M. Niese (Hrsg.): Gründungsprozess und Gründungserfolg. Interdisziplinäre Beiträge zum Entrepreneurship Research, Heidelberg, S. 113-139.

Werner, A.; P. Kranzusch und R. Kay (2005): Unternehmerbild und Gründungsentscheidung. Genderspezifische Analyse, Wiesbaden.

Westhead, P. und D.J. Storey (1994): An Assessment of Firms Located On and Off Science Parks in the United Kingdom, Main Report, London.

Wiechmann, T. und M. Beier (2004): Evaluationen in der Regionalentwicklung. Eine vernachlässigte Herausforderung für die Raumplanung, in: Raumforschung und Raumordnung, Vol. 62, S. 387-396.

Wießner, F. (2001): Arbeistlose werden Unternehmer. Eine Evaluation der Förderung von Existenzgründungen vormals Arbeitsloser mit Überbrückungsgeld nach § 57 SB III, Nürnberg.

Wilhelm, H.; H. Corsten und P. Peckedrath (1985): Erste Analyse ausgewählter Technologieparks in der Bundesrepublik Deutschland – Ergebnisse einer Befragung, in: Zeitschrift für betriebswirtschaftliche Forschung, Vol. 34, S. 618-630.

Williamson, O.E. (1975): Markets and Hierarchies: Analysis and Antitrust Implications. A Study in the Economics of Internal Organization, New York.

Williamson, O.E. (1990): Die ökonomischen Institutionen des Kapitalismus. Unternehmen, Märkte, Kooperationen, Tübingen.

Williamson, O.E. (1991): Comparative Economic Organization: The Analysis of Discrete Structural Alternatives, in: Administrative Science Quarterly, Vol. 36, S. 269-296.

Willms, W. (2000): Technologiepark Universität Bremen. Ergebnisse der Unternehmensbefragung 1998/1999, BAW Institut für Wirtschaftsforschung, Regionalwissenschaftliche Studien Nr. 17, Bremen.

Willms, W. (2001): Der Technologiepark Universität Bremen im internationalen Vergleich. Ergebnisse der XVIII. IASP-Weltkonferenz Science & Technology Parks. BAW Monatsbericht Heft 7/2001, Bremen.

Wilmes, M.; I. Keil und K. Schroeder (1997): Der Forschungs- und Technologiepark Berlin-Adlershof: Modell einer neuen Form regionaler Kooperation zwischen Wirtschaft, Wissenschaft und Politik?, Abschlußbericht des Forschungsprojektes "Der Forschungs- und Technologiepark Berlin-Adlershof ..." im Rahmen des DFG-Schwerpunktes "Technologischer Wandel und Regionalentwicklung in Europa"; http://www.berlinews.de/wista/text-005.shtml; Zugriff: 24.03.2005.

Winker, P. (1999): Causes and Effects of Financing Constraints at the Firm Level, in: Small Business Economics, Vol. 12, S. 169-181.

Winter, S.G. (1984): Schumpeterian Competition in Alternative Technological Regimes, in: Journal of Economic Behaviour and Organization, Vol. 5, S. 287-320.

Wippler, A. (1998): Innovative Unternehmensgründungen in Deutschland und den USA, Wiesbaden.

Witt, P. und P. Zillmer (2001): Renditeorientierte Business Inkubatoren in Deutschland – eine empirische Analyse von Marktveränderungen, WHU-Forschungspapier Nr. 85.

Witt, P. und S. Rosenkranz (2002): Netzwerkbildung und Gründungserfolg, in: Zeitschrift für Betriebswirtschaft, Ergänzungsheft 5/2002, S. 95-105.

Wößmann, L. (2001): Der Aufstieg und Niedergang von Regionen: Die dynamische Markttheorie von Heuß in räumlicher Sicht, in: Jahrbuch für Regionalwissenschaft, Vol. 21, S. 65-89.

Woywode, M. (1998): Determinanten der Überlebenswahrscheinlichkeit von Unternehmen. Eine empirische Überprüfung organisationstheoretischer und industrieökonomischer Erklärungsansätze, Baden-Baden.

Wupperfeld, U. (1996): Grundlagen des Marketing junger Technologieunternehmen, in: Baier, W. und F. Pleschak (Hrsg.): Marketing und Finanzierung junger Technologieunternehmen: Den Gründungserfolg sichern, Wiesbaden S. 47-49.

Zacharias, C. (2001): Gründungsmanagement als komplexe unternehmerische Aufgabe, in: Koch, L.T. (Hrsg.): Gründungsmanagement mit Aufgaben und Lösungen, Wien, S. 37-48.

ZEW (2001a): Gründungsreport 1/2001, Mannheim.

ZEW (2001b): Gründungsreport 2/2001, Mannheim.

ZEW (2002): Gründungsreport 2/2002, Mannheim.

ZEW (2003): Gründungsreport 2/2003, Mannheim.

ZEW (2004a): Gründungsreport 1/2004, Mannheim.

ZEW (2004b): Gründungsreport 2/2004, Mannheim.

ZEW (2005): Gründungsreport 1/2005, Mannheim.

Zimmermann, H. (1987): Der Mitnahmeeffekt, in: WiSt, Vol. 16, S. 339-343.